中华人民共和国商务部
国际贸易经济合作研究院

中国对外经济贸易白皮书

吴仪题

2004

中信出版社
CITIC PUBLISHING HOUSE

图书在版编目（CIP）数据

中国对外经济贸易白皮书：2004版／中华人民共和国商务部国际贸易经济合作研究所编. —北京：中信出版社，2004.11

ISBN 7-5086-0319-2

Ⅰ. 中… Ⅱ. 中… Ⅲ. 对外贸易-白皮书-中国-2004 Ⅳ. F752

中国版本图书馆CIP数据核字（2004）第106595号

中国对外经济贸易白皮书

ZHONGGUO DUIWAI JINGJI MAOYI BAIPISHU

编 著 者：中华人民共和国商务部国际贸易经济合作研究院

责任编辑：季红

出 版 者：中信出版社（北京市朝阳区东外大街亮马河南路14号塔园外交办公大楼　邮编　100600）

经 销 者：中信联合发行有限责任公司

承 印 者：中国农业出版社印刷厂

开　　本：787mm × 1092mm　1/16　　**印　　张**：35　　**字　　数**：557千字

版　　次：2005年1月第1版　　**印　　次**：2005年1月第1次印刷

书　　号：ISBN 7-5086-0319-2/F · 804

定　　价：148.00元

目　录

论 坛 篇

中国的市场多元化战略 …… 3
一、我国对外经贸市场多元化的形成与多元化战略的形成 …… 3
二、世界贸易投资的总体格局是我国对外经贸市场多元化形成的基础 …… 6
三、对我国市场多元化现状的分析 …… 11
四、利用市场结合度指标对我国对外经贸市场多元化的分析 …… 17
五、对实施市场多元化战略现行政策措施的评估 …… 27
六、实施市场多元化战略面临的新形势 …… 31
七、新形势下促进我国多元化战略向更高阶段发展的战略性举措 …… 36

我国高新技术产品出口的现状与前景 …… 42
一、我国高新技术产品出口的现状分析 …… 42
二、扩大自主知识产权产品出口的必要性 …… 51
三、政策建议 …… 53
四、我国高新技术产品出口的发展趋势预测 …… 56

纪 实 篇

2003年中国对外货物贸易概况 …… 61
一、总体情况 …… 61
二、机电产品 …… 62
三、高新技术产品 …… 65
四、纺织品 …… 66
五、轻工产品、工艺品 …… 69
六、农产品 …… 72
七、医药保健品 …… 77
八、五金矿产、石油化工产品 …… 81

2003年中国对外服务贸易概况 ……88
一、总体情况 ……88
二、主要行业进出口情况 ……89
三、中国服务业发展概况 ……91

2003年中国吸收外商直接投资概况 ……98
一、总体情况 ……98
二、外商投资来源分析 ……99
三、外商投资方式分析 ……104
四、外商投资行业分析 ……105
五、外商投资地域分析 ……106
六、2004年中国吸收外资前景展望 ……108

2003年中国对外经济合作概况 ……110
一、对外投资 ……110
二、承包工程和劳务合作 ……110
三、对外援助 ……113
四、国际工程承包和劳务合作市场概况 ……116
附：2003年度中国对外直接投资统计公报 ……117

2003年中国各省市自治区的对外经济贸易 ……126
1. 北京市 ……126
2. 天津市 ……127
3. 河北省 ……129
4. 山西省 ……131
5. 内蒙古自治区 ……133
6. 辽宁省 ……134
7. 吉林省 ……136
8. 黑龙江省 ……138
9. 上海市 ……139
10. 江苏省 ……141

11. 浙江省 ……143
12. 安徽省 ……146
13. 福建省 ……147
14. 江西省 ……148
15. 山东省 ……150
16. 河南省 ……152
17. 湖北省 ……153
18. 湖南省 ……155
19. 广东省 ……157
20. 广西壮族自治区 ……159
21. 海南省 ……161
22. 重庆市 ……163
23. 四川省 ……164
24. 贵州省 ……166
25. 云南省 ……167
26. 西藏自治区 ……169
27. 陕西省 ……170
28. 甘肃省 ……171
29. 青海省 ……173
30. 宁夏回族自治区 ……175
31. 新疆维吾尔自治区 ……177
32. 香港特别行政区 ……178
33. 澳门特别行政区 ……181
34. 台湾省 ……183

2003年中国与主要国家（地区）的经济贸易关系 ……187
一、中国内地与港、澳、台地区的经济贸易关系 ……187
二、中国与日本、韩国、东盟的经济贸易关系 ……191
三、中国与南亚、西亚、中亚国家的经济贸易关系 ……199
四、中国与非洲国家的经济贸易关系 ……202
五、中国与欧洲联盟、瑞士、挪威的经济贸易关系 ……205
六、中国与独联体及波罗的海国家的经济贸易关系 ……207

七、中国与中东欧国家的经济贸易关系 ……210
八、中国与美国、加拿大的经济贸易关系 ……211
九、中国与拉丁美洲和加勒比地区的经济贸易关系 ……214
十、中国与澳大利亚、新西兰的经济贸易关系 ……218

2003年中国海关工作 ……220

2003年中国质检工作 ……223

附：
2003年世界贸易发展概况 ……226
一、总体情况 ……226
二、国际商品市场 ……231
三、主要国家和地区贸易情况 ……237

2003年中国经济发展概况 ……240
一、综合 ……240
二、农业 ……241
三、工业和建筑业 ……242
四、固定资产投资 ……244
五、国内贸易 ……245
六、对外经济贸易 ……245
七、交通、邮电和旅游 ……246
八、金融、证券和保险 ……247
九、教育和科学技术 ……248
十、文化、卫生和体育 ……249
十一、人口、人民生活和社会保障 ……250
十二、资源与环境 ……251

法 规 篇

中华人民共和国对外贸易法 ……255
中华人民共和国进出口关税条例 ……264
中华人民共和国反倾销条例 ……274
中华人民共和国反补贴条例 ……283
中华人民共和国保障措施条例 ……292
反倾销产业损害调查规定 ……296
反补贴产业损害调查规定 ……301
保障措施产业损害调查规定 ……306
关于外商投资举办投资性公司的规定 ……309
外商投资商业领域管理办法 ……315
外商投资广告企业管理规定 ……320
关于设立外商投资出口采购中心管理办法 ……325
外国保险机构驻华代表机构管理办法 ……327
中国银行业监督管理委员会关于向外资金融机构进一步开放人民币业务的公告 ……332
境外金融机构投资入股中资金融机构管理办法 ……333
汽车金融公司管理办法 ……336
电影制片、发行、放映经营资格准入暂行规定 ……342
中外合作摄制电影片管理规定 ……345
外商投资电影院暂行规定 ……347
中外合资人才中介机构管理暂行规定 ……349
卫生部关于修改《外国医师来华短期行医暂行管理办法》第十八条的通知 ……353
民政部关于对中外合作办学机构登记有关问题的通知 ……354
财政部、商务部关于印发《对外承包工程保函风险专项资金管理暂行办法》补充规定的通知 ……355
关于做好在中国境内承包工程的外国企业资质管理有关工作的通知 ……356
国家外汇管理局关于进一步深化境外投资外汇管理改革有关问题的通知 ……357
财政部、商务部关于取消对外经济合作企业向外派劳务人员收取履约保证金的通知 ……360
商务部办公厅关于贯彻落实《财政部、商务部关于取消对外经济合作企业向外派劳务人员收取履约保证金的通知》的通知 ……361

在东南非洲地区开展纺织服装加工贸易类投资国别指导目录 ……362
商务部关于调整进出口经营资格标准和核准程序的通知 ……367
财政部、国家税务总局关于调整出口货物退税率的通知 ……370
财政部、国家税务总局关于调整出口货物退税率的补充通知 ……372

统 计 篇

贸易

1. 2003年世界主要国家（地区）货物贸易额及中国的排名表 ……381
2. 2003年世界主要国家（地区）服务贸易额及中国的排名表 ……382
3. 中国历年货物进出口总额表 ……383
4. 中国历年货物进出口总额增长速度表 ……383
5. 中国历年货物出口额占世界货物出口总额的比重和位次表 ……384
6. 中国历年出口商品构成表 ……385
7. 中国历年进口商品构成表 ……386
8. 2003年中国进出口商品国家（地区）总值表 ……387
9. 2003年中国出口主要商品量值表 ……397
10. 2003年中国进口主要商品量值表 ……414
11. 2003年中国对外服务贸易统计表 ……426
12. 2003年中国国内贸易基本情况统计表 ……426
13. 2003年中国进出口额最大的500家企业名录表 ……427
14. 2003年中国出口额最大的200家企业名录表 ……445

投资

1. 2003年中国固定资产投资统计表 ……451
2. 2003年中国批准海外投资企业统计表 ……452
3. 中国历年吸收外商直接投资统计表 ……457
4. 2003年中国吸收外商直接投资分方式统计表 ……457
5. 2003年中国吸收外商直接投资分产业统计表 ……458
6. 2003年中国吸收外商直接投资分行业统计表 ……458
7. 2003年中国吸收外商直接投资分省市统计表 ……459

8. 2003年中国吸收外商直接投资分国家（地区）统计表 ……460
9. 截至2003年中国吸收外商直接投资分方式统计表 ……461
10. 截至2003年中国吸收外商直接投资分产业统计表 ……461
11. 截至2003年中国吸收外商直接投资分行业统计表 ……461
12. 截至2003年中国吸收外商直接投资分省市统计表 ……462
13. 截至2003年中国吸收外商直接投资分国家（地区）统计表 ……463
14. 2002－2003年度中国最大500家外商投资企业名录表 ……464
15. 国际直接投资流量统计表 ……478

对外经济合作 ……479
1. 2003年中国对外经济合作分国别（地区）统计表（承包工程和劳务合作）…479
2. 2003年中国对外经济合作分省市统计表 ……485
3. 2003年中国对外承包工程完成营业额前30名企业名录表 ……526
4. 2002年世界最大100家国际工程承包公司名录表 ……527
5. 2002年世界最大100家国际工程设计咨询公司名录表 ……530

其他 ……533
1. 中国国民经济与社会发展总量指标表 ……533
2. 中国国民经济与社会发展速度指标表 ……536
3. 中国国内生产总值统计表 ……538
4. 中国国内生产总值构成表 ……539
5. 中国黄金和国家外汇储备统计表 ……540
6. 中国沿海主要港口货物吞吐量统计表 ……540
7. 2001年按国外资产排序的世界最大100家非金融类跨国公司名录表 ……541
8. 2001年按国外资产排序的发展中国家（地区）最大50家非金融类跨国公司名录表 ……546

编后语 ……549

论坛篇

中国的市场多元化战略

市场多元化战略是20世纪90年代初提出并实施的我国对外经贸领域的重要战略。经过十多年市场多元化战略的实施，基本形成了以“周边国家和地区为首要市场，发达国家为关键市场，发展中国家为基础市场”的国别多元化格局；并初步形成了“中日韩、中国-北美自贸区、中国欧盟、中国-东盟、上海合作组织、大中华经济圈”为基本框架的区域多元化格局。进入新的世纪，世界经济全球化和区域经济一体化正如火如荼地进行，在这种背景下，我国正在由经济大国向经济强国迈进，以实现“三步走”的宏伟战略目标。新世纪的头二十年是我国重要的战略机遇期，相应地在对外经济关系领域，我国也将利用这一难得的战略机遇期，实现从贸易大国向贸易强国的转变。在新形势下应以创新的姿态继续推进和实施对外经贸领域的“市场多元化战略”、“以质取胜战略”、“科技兴贸战略”和“走出去战略”，而市场多元化战略又是首要战略，为此，有必要对我国对外经贸市场多元化战略的形成、现状和未来发展进行更加深入的探讨，以期实现既定的战略目标。

一、我国对外经贸市场多元化的形成与多元化战略的形成

多元化市场与市场多元化战略是两个既相互联系又相互区别的不同概念。因此，首先有必要区分我国多元化市场的形成和市场多元化战略的形成。

1. 多元化市场与市场多元化战略。多元化市场是一种客观现实，世界上任何一个国家，特别是经济贸易大国都是与众多的、不同层次的外部市场相互依存的。而这种众多的、不同层次的外部市场即为多元化的外部市场。这是世界市场内在构成的反映。而市场多元化战略则是国家为了有意识地全方位、多层次开拓国际市场而主动采取的一种国家发展策略。为实现这一战略，国家采取了一系列相应的政策、措施、手段，进一步全方位地开拓国际市场，以使外经贸市场多元化的发展朝着体现国家意志、符合本国利益的方向进行。

多元化市场与市场多元化战略之间存在密切联系。我国改革开放以来初步形成的外经贸多元化市场为20世纪90年代初提出多元化战略提供了现实基础，否则是不可能有90年代初的多元化战略的。而提出多元化战略的目的则是更好地在国际市场上拓展，优化已初步形成的多元化市场。

多元化市场的形成存在一定的自然属性，我国实行对外开放政策以来，对外经贸市场的多元化逐步形成雏形；而多元化战略的提出则是一种人的行为，是国家主动调控对外经贸活动的一种战略性策略。

2. 我国多元化市场的逐步形成与市场多元化战略的孕育。对外经贸的市场多元化是发展对外经贸关系的内在要求。无论一个国家有没有对外经贸市场多元化战略，只要这个国家实行对外开放，那么它就有实现市场多元化的本能。

无论哪个国家，只要进行对外经济交往，对市场多元化的追求就是必然的。对于老牌资本主义国家，例如英国、西班牙、荷兰等国家，在资本主义发展早期，就极力拓展

海外市场，并将整个世界作为拓展海外贸易的版图。老牌的资本主义国家的多元化市场的形成与其对外侵略扩张是联系在一起的。由于他们本身就是不平等国际经济格局的始作俑者，从一开始就主导和控制着世界商品销售和原料来源的国际市场，因此他们似乎没有明确提出多元化战略的必要。

对于那些新兴工业化国家和地区来说，其本身的经济发展之路就是外向型的，面对早已为西方发达资本主义国家所支配的世界市场，这些国家和地区在经济腾飞的初期，都不可避免地要严重依赖于某些主要的西方发达资本主义国家，韩国、新加坡、中国台湾概莫能外。但是，这些新兴工业化国家和地区都将面临如何扩大海外市场和减少对少数发达国家严重依赖的问题，这些国家和地区发展到一定阶段时，都会制定自己的对外经贸市场多元化战略。例如，韩国在20世纪80年代后半期，就实行了市场多元化战略，改变其出口集中于少数国家的情况；1986年新加坡贸易和发展局制定了减少对欧美市场依赖，促进市场多元化的经贸政策，重点开拓印度、中国、西北非和加拿大等新市场。可见，这些新兴工业化国家为了摆脱对少数发达国家市场的严重依赖，实现国民经济健康、安全地发展，都将实施多元化战略。

在建国初期，由于美国等西方资本主义国家的封锁，中国外交被迫实行了"一边倒"的战略，在对外经济交往方面，也被迫只与前苏联和东欧社会主义国家以及一些发展中国家交往，严重阻碍了我国对外经贸多元化市场的形成。

我国实施的对外开放政策极大地拓宽了我国对外经济贸易关系，到20世纪90年代末，外贸总额达851亿美元，我国在对外开放近10年的时间里，也遇到了其他新兴工业化国家曾遇到的问题，即对外经济关系严重依赖少数发达国家。这种情况也许是在发达国家主导的世界贸易和投资格局的环境中不可避免的问题，但是作为一个发展中的大国，在对外经济安全、在未来与其他国家在政治经济等方面的竞争优势，以及其他相关问题方面是必须认真考虑的。

3. 20世纪90年代初我国市场多元化战略的形成。在对外开放进入新的发展阶段后，国家根据目前对外经贸的国际格局，提出了对外经贸市场多元战略。

（1）邓小平面向三个世界开放的理论成为市场多元化战略的基础。市场多元化是改革开放后逐步形成的。邓小平面向三个世界的开放理论阐述得十分清楚，就是要通过对外贸易、投资和经济技术合作寻求多元化的国际市场。在20世纪80年代中期，邓小平对中国对外开放的国际格局进行了如下部署，他指出："我们实行对外开放政策，并不只是对美国、日本、西欧等发达国家开放。对这些国家开放，是一个方面；另一个方面，是南南合作；还有一个方面，是对苏联和东欧国家开放。一共三个大方面。"①邓小平的面向三个世界开放的理论既是对20世纪70年代末80年代初的对外经贸多元化市场格局的一个总结，也是进一步做好面向三个世界开放格局的战略部署。因此，20世纪90年代初提出的多元化

① 邓小平《建设有中国特色的社会主义（增订本）》，83页。

战略是在改革开放的伟大设计师邓小平的三个世界开放理论的总体战略规划之中的。

邓小平强调了市场多元化的内涵不仅仅指出口贸易市场的多元化，也包括吸引外资来源的多元化，以及经济技术合作伙伴的多元化。他说“对外开放，我们还有一些人没有弄清楚，以为只是对西方开放，其实我们是三个方面的开放……一个是对西方发达国家的开放，我们吸引外资、引进技术等主要从那里来。一个是对苏联东欧国家的开放，这也是一个方面。国家关系即使不能够正常化，但是可以交往，如做生意呀，搞技术合作呀，甚至于合资经营，技术改造呀，一百五十六个项目的技术改造，他们可以出力嘛。还有一个是对第三世界发展中国家的开放，这些国家都有自己的特点和长处，这里有许多文章可以做。所以，对外开放是三个方面，不是一个方面。”“开放是对所有国家开放，对各种类型的国家开放”。[①]

邓小平面向三个世界开放的理论奠定了20世纪90年代初提出的市场多元化战略的基础，即在贸易、投资和经济技术合作三个方面对各种类型的国家开放，力求做到贸易伙伴的多元化，不过度依赖于少数国家，尤其是对于重要产品的进口和出口不严重依赖于少数国家，贸易赢余不严重依赖于少数国家；利用外资来源和经济技术合作伙伴多元化，走出去与引进来相结合，积极发展中国的对外投资，以及对外工程承包和劳务合作等。

（2）20世纪90年代市场多元化战略的提出。对外开放国策给中国经济注入了全新的活力，进出口贸易迅速增加，尤其是进口的高速增加缓解了国内重要生产物资和设备的紧张局面，引进了国外先进的生产设备和技术，使得我国工业生产总值连年高速增加。1989年春夏之交在北京发生了政治风波。这时，有人把对外开放政策歪曲成“过去是东倒，现在是西歪”，有些人对对外开放政策提出了异议，在这样的国内舆论背景下，提出对外开放政策的进一步细化的对外经贸市场多元化战略则是不可想像的。

1992年春邓小平视察南方的谈话更是对改革开放政策作了进一步的肯定，以排除社会上出现的异议对于改革开放政策的干扰。在外经贸领域，邓小平的南方谈话无疑为对外开放政策进一步推向深入定下了基调。而在对外开放方面，在90年代初最迫切需要认真考虑的问题就是市场多元化问题。

西方发达国家以这一政治风波为借口，联合向中国实行“经济制裁”，重要物资和设备对中国实行“禁运”，虽然经济制裁延续时间不长，对中国整体的影响也只是短期的，但是这一事件的确给中国敲响了警钟。那就是对外经济贸易不能过分依赖少数国家。

国际政治和经济的斗争是联系在一起的。以美国为例，其对华的贸易最惠国待遇长期与所谓中国人权状况挂钩，从90年代初到中国加入WTO之前，每年都要在国会要进行一次最惠国待遇的投票表决。

对于中国来说，要对付少数国家利用有利的国际经济地位达到其国际政治之目的，就必须实行对外经贸市场多元化战略，以摆脱对少数国家的过度依赖。中国对于国际政

---

① 《邓小平文选》第3卷，98页、237页，人民出版社，1993年10月第1版。

治历来主张世界要多极化发展，反对霸权主义和强权政治；要实现中国国际政治多极化的理念，在对外经济方面就要求实施多元化的战略。

（3）市场多元化战略是构建我国对外经济贸易总体战略的重要一步。从20世纪70年代末到90年代初，中国进行了改革开放的探索，在对外经济领域，提出要“利用国内国外两种资源，两个市场”。在对外经济贸易方面，以世界经济规律这一“看不见的手”来决定我国未来的对外经贸发展，但是，同时也需要国家的这只“看得见的手”来引导我国对外经济贸易的发展方向。

由于在90年代初以前，我国的贸易、投资和经济技术合作还没形成系统的战略性指导，因此，其发展基本处于探索阶段。我国的主要外资来源集中于港澳台及东南亚华人资本，而对外贸易尤其是出口则集中于美国、日本等发达国家；在出口秩序和出口商品质量方面主要表现为：出口秩序混乱，出口企业竞相压价，出口产品质量低劣，在国际市场上形成了不好的印象；在出口商品结构上主要表现为：出口的主要是些初级产品和初级加工品，附加值比较低，出口效益欠佳；在吸引外资方面主要表现为：吸引外资质量不高，高技术引进没有达到预期效果，而且是单方面的吸引外资，对外投资少、质量不高，我国很多企业尚不具备走出国门在世界市场上竞争的能力。针对上述几方面的问题，我国在90年代前后，陆续提出并形成了“市场多元化战略”、“以质取胜战略”、“科技兴贸战略”、“走出去战略”等重大战略。这些战略是一个有机整体，相互关联，构成了我国对外经贸领域的整体战略。

二、世界贸易投资的总体格局是我国对外经贸市场多元化形成的基础

中国的对外经贸格局是世界贸易和投资格局的一部分。世界经济本身是“少数主导、多元发展”的格局，我国的多元化战略必然要受世界格局的制约。

1. 世界贸易的多元化格局。自第二次世界大战后，除苏联东欧等社会主义国家之间形成的贸易集团外，世界市场形成了以欧美日为主导的多元化格局态势。这种格局一直持续到现在。

（1）世界货物贸易由欧美日主导的三极格局。1980年到2003年世界贸易格局中，贸易总额排名前三位的均为欧盟、美国、日本三大经济体，而且这三大经济体的进出口总额占世界份额的比重，均占1/2强。各年三大经济体具体份额见表1。

表1　欧美日占世界货物贸易份额百分比　单位：%

国家 \ 年份	1980	1990	1995	2000	2002	2003
欧盟	38.95	43.80	39.65	35.90	37.40	38.10
美国	11.74	12.99	12.97	15.45	14.29	14.52
日本	6.61	7.48	7.47	6.55	5.73	5.62
总份额	57.30	64.27	60.09	57.90	57.42	58.24

资料来源：WTO网站。

注：欧盟包括成员国内部贸易。

统计数据表明，欧美日三极经济从20世纪80年代起到2003年一直占据世界进出口贸易的中心地位，历年占世界进出口贸易份额始终保持在50%以上，占据着主导地位。自20世纪80年代以来，欧美日各年在世界贸易中的份额排名没有变化。但是三大经济体各年占贸易总额的份额稍有不同：欧盟所占份额变化不大，美国呈上升趋势，而日本有所下降。

（2）地区性贸易大国使得多元化格局明显。世界贸易格局除了美欧日占据主导地位的特征外，还有一个显著特点，就是地区性贸易大国也是世界货物进出口贸易的一股重要力量。统计资料显示，从1980年到2003年，从进出口贸易排名（将欧盟作为一个整体）第4位到第20位的国家其进出口贸易总额几乎占世界总进出口贸易额的1/3。

从1980年到2003年间，第4位到20位的国家进出口的总份额虽然历年都占近30%，且有上升的趋势，而且第4位到第20位的国家排名顺序几乎每年都有较大变化，有的国家位次虽然在前20名，但排名下降（如沙特、瑞士、巴西等），有的国家迅速成长为地区性贸易大国（如中国、韩国等），从1990年起，前20名的国家名单的变化明显反映出各国对外经济贸易力量的对比变化，反映了整体世界经济格局的调整和重新组合。从1980年到1995年第4位到20位排名及占世界进出口份额见表2。

表2　货物贸易额第4位到20位排名及占世界的份额　单位：%

位次	国家/地区	1980年	国家/地区	1990年	国家/地区	1995年
4	苏联	3.53	加拿大	3.59	中国香港	3.54
5	沙特阿拉伯	3.41	中国香港	2.39	加拿大	3.46
6	加拿大	3.17	韩国	1.93	中国	2.69
7	瑞士	1.60	瑞士	1.91	韩国	2.49
8	南非	1.10	中国台湾	1.75	新加坡	2.32
9	巴西	1.10	中国	1.65	中国台湾	2.08
10	澳大利亚	1.08	新加坡	1.62	瑞士	1.55
11	新加坡	1.05	墨西哥	1.20	墨西哥	1.49
12	中国香港	1.05	澳大利亚	1.17	马来西亚	1.45
13	尼日利亚	1.04	沙特阿拉伯	0.98	俄罗斯	1.36
14	伊拉克	0.98	挪威	0.88	泰国	1.22
15	墨西哥	0.98	马来西亚	0.84	澳大利亚	1.09
16	韩国	0.97	泰国	0.80	巴西	0.96
17	中国台湾	0.96	巴西	0.77	印度尼西亚	0.82
18	中国	0.93	印度尼西亚	0.68	沙特阿拉伯	0.75
19	民主德国	0.92	南非	0.60	挪威	0.72
20	波兰	0.88	印度	0.59	印度	0.63
总份额		24.75		23.34		28.63

续表

位次	国家/地区	2000年	国家/地区	2002年	国家/地区	2003年
4	加拿大	3.97	中国	4.71	中国	5.59
5	中国	3.61	加拿大	3.64	加拿大	3.40
6	中国香港	3.17	中国香港	3.11	中国香港	2.99
7	墨西哥	2.65	墨西哥	2.56	韩国	2.45
8	韩国	2.53	韩国	2.39	墨西哥	2.26
9	中国台湾	2.22	中国台湾	1.88	中国台湾	1.83
10	新加坡	2.07	新加坡	1.83	新加坡	1.79
11	马来西亚	1.37	马来西亚	1.31	俄罗斯	1.38
12	瑞士	1.26	瑞士	1.30	瑞士	1.29
13	俄罗斯	1.15	俄罗斯	1.28	马来西亚	1.20
14	澳大利亚	1.03	澳大利亚	1.04	澳大利亚	1.04
15	泰国	1.00	泰国	1.01	泰国	1.02
16	巴西	0.86	巴西	0.84	印度	0.81
17	沙特阿拉伯	0.83	印度	0.80	巴西	0.81
18	印度尼西亚	0.73	沙特阿拉伯	0.80	沙特阿拉伯	0.81
19	挪威	0.72	波兰	0.73	波兰	0.78
20	印度	0.71	挪威	0.72	土耳其	0.75
总份额		29.89		29.94		30.20

资料来源：WTO网站。

当今世界贸易格局对我国的启示：

（1）中国的对外贸易市场多元化战略的首要目标市场应该是美日欧国家，在我国与美日欧三大经济体发展对外贸易时，力求相对平衡发展，不过度依赖其中某一市场。这也可作为中国的对外经贸关系第一个层次的多元化。

（2）要大力发展与新兴工业化国家和地区的经贸关系，可作为中国对外贸易的第二个层次的多元化。虽然排名第4位到20位国家的对外贸易进出口额占整体世界份额远不如美欧日那么大，但几乎占30%，且有上升的趋势。因此，发展与这一类国家的经贸关系，对于我国实施对外经贸市场多元化战略十分重要。与此同时，还应更加注重亚非拉发展中国家市场。

2. 世界直接投资多元化格局。与世界贸易格局一样，世界投资格局也呈现出欧美日主导的多元化态势。除欧美日外，世界直接投资还有以下的主要来源：东亚各国和地区、其他西方发达国家、少数发展中国家和部分自由港。

（1）国际直接投资来源多元化不太明显。相对于国际贸易，国际直接投资风险，需要的经营实力更高，且往往国际直接投资的主体跨国公司大部分是以少数发达国家为母国的，因此，国际直接投资的来源地高度集中在少数发达国家。数据显示，按来源地分，国际直接投资前10位占了世界直接投资来源的近95%，各年具体份额如表3所示。

表3 各年国际投资来源前10位占世界直接投资来源份额 单位：%

位次	1990~1995（年平均）		1998年		2000年		2001年	
1	欧盟	46.31	欧盟	60.72	欧盟	70.17	欧盟	58.83
2	美国	22.96	美国	19.15	美国	11.96	美国	18.36
3	日本	9.89	加拿大	5.02	中国香港	4.30	日本	6.14
4	中国香港	5.11	日本	3.53	加拿大	3.44	加拿大	5.71
5	瑞士	3.36	瑞士	2.74	瑞士	3.09	瑞士	2.63
6	加拿大	2.71	中国香港	2.48	日本	2.29	澳大利亚	1.80
7	中国台湾	1.15	韩国	0.69	挪威	0.53	新加坡	1.65
8	维尔京群岛	1.15	中国台湾	0.56	中国台湾	0.49	中国香港	1.45
9	澳大利亚	1.02	澳大利亚	0.49	澳大利亚	0.37	中国台湾	0.88
10	中国	0.93	巴西	0.42	韩国	0.36	智利	0.61
总份额		94.58		95.82		97.01		98.06

资料来源：UNCTAD，FDI/TNC数据库整理计算而得。

注：将欧盟作为一个整体计算其直接投资额，包括了集团内部各成员国的相互投资。

由表3可以看出，前10位的直接投资来源地占世界份额的95%以上，可见相对于国际贸易来说，国际直接投资多元化不甚明显。

（2）国际直接投资多元化格局。将各年直接投资主要来源地进行分类，我们大致可得如下几个国际直接投资来源区位。

① 欧盟。数据显示欧盟内部和外部的直接投资额占世界直接投资份额的一半以上，但如果将成员国内部的直接投资减去，表中的数据将大幅度减少。

② 美国。美国各年均居国际直接投资份额的第二位，如果欧盟不包括成员国内部的相互投资，那么美国和欧盟的份额将不相上下。

③ 日本。虽然日本对外直接投资能力与欧盟和美国相去甚远，但在世界直接投资中的地位不容忽视。

④ 东亚各国和地区，包括韩国、中国香港、中国台湾、新加坡和中国。东亚各国和地区经济的快速成长，迅速崛起的对外直接投资能力是一支不可忽视的力量。

⑤ 其他西方发达国家，包括加拿大、澳大利亚、挪威、瑞士等。

⑥ 少数发展中国家和自由港，包括巴西、智利、英属维尔京群岛（简称维尔京群岛）等。

3. 我国贸易和投资多元化格局。中国的贸易和投资多元化格局是世界贸易和投资多元化格局的一部分，这可以通过1980、1985、1995、2000、2002、2003年我国贸易前十位贸易伙伴看出，见表4。

表4　各年我国前十大贸易伙伴　单位：%

名次	1985年		1990年		1995年		2000年		2003年	
	国别/地区	总额依存度	国别/地区	总额依存度	国别/地区	总额依存度	国别/地区	总额依存度	国别/地区	总额依存度
1	日本	27.28	中国香港	31.06	日本	20.46	日本	17.53	日本	15.69
2	中国香港	18.08	日本	15.19	美国	15.50	美国	15.70	美国	14.84
3	美国	11.66	美国	11.52	欧盟	14.36	欧盟	14.56	欧盟	14.71
4	欧盟	9.87	欧盟	8.92	中国香港	14.09	中国香港	11.37	中国香港	10.27
5	新加坡	3.79	苏联	4.57	中国台湾省	6.37	韩国	7.27	韩国	7.43
6	苏联	3.12	新加坡	2.73	韩国	6.05	中国台湾省	6.44	中国台湾省	6.86
7	加拿大	1.82	加拿大	2.01	新加坡	2.46	新加坡	2.28	马来西亚	2.36
8	约旦	1.79	澳大利亚	1.90	俄罗斯	1.95	澳大利亚	1.78	新加坡	2.27
9	澳大利亚	1.76	泰国	0.89	加拿大	1.50	马来西亚	1.70	俄罗斯	1.85
10	巴西	1.62	古巴	0.78	澳大利亚	1.50	俄罗斯	1.69	澳大利亚	1.59

资料来源：《中国商务年鉴》《中国对外经济贸易年鉴》各期，经计算整理而得。

注：欧盟包括：比利时、丹麦、德国、法国、英国、爱尔兰、荷兰、意大利、卢森堡、荷兰、希腊、葡萄牙、西班牙、奥地利、瑞典。

由表4看出，我国最大的前四位贸易伙伴各年均为日本、美国、欧盟、中国香港，由于中国香港很大一部分属于转口贸易，因此是个例外。从1995年起，日本、美国、欧盟对华进出口总额均约占45%，而我国前十大贸易伙伴对华进出口总额则将近80%。

基于对世界贸易格局的分析，我们对我国对外贸易格局得出以下两个基本判断。

（1）我国的对外贸易格局明显受到世界贸易总体格局的制约。由于世界贸易格局呈现出以美欧日为主导的多元化态势，三大经济体占世界贸易总额近1/2，因此我国与日本、美国、欧盟的贸易总额也占了我国进出口总额的近45%。

（2）我国对外贸易的多元化格局有进一步发展与调整的空间。我国前十大贸易伙伴占我国进出口总额的近80%，与世界贸易的多元化格局相比，我国有进一步分散贸易风险，提升与后十位贸易伙伴的经贸关系的空间。

我国在吸引对外直接投资方面也是如此，见表5。

从表5可以看出，2001年到2003年对华投资前10位的国家和地区均在上文分析中的世界直接投资六极[①]之中。表5显示，世界直接投资六极中的四极：东亚各国和地区（包括香港、韩国、新加坡、台湾省）、美国、欧盟（其中的德国和英国）、日本，以及自由港（维尔京群岛、开曼群岛、萨摩亚）是我国吸引外资来源的重要对象。因此，我国吸引外资来源的多元化需要加以完善：一是利用外资来源要做到对上述四极的多元化；二是在继续保持吸引以上四极的外资外，还要积极利用除欧盟、美国、日本外的其他西方发达国家的外资。

① 指上文提到的欧盟、美国、日本、东亚各国和地区、其他西方发达国家、少数发展中国家和部分自由港。

表5 2001~2003年对华投资前10位国家和地区 单位：亿美元，%

2001年	实际金额	百分比	2002年	实际金额	百分比	2003年	实际金额	百分比
香港	167.17	35.66	香港	178.61	33.86	香港	177.00	33.08
维尔京群岛	50.42	10.76	维尔京群岛	61.17	11.60	维尔京群岛	57.77	10.80
美国	44.33	9.46	美国	54.24	10.28	日本	50.54	9.45
日本	43.48	9.28	日本	41.90	7.94	韩国	44.89	8.39
台湾省	29.80	6.36	台湾省	39.71	7.53	美国	41.99	7.85
韩国	21.52	4.59	韩国	27.21	5.16	台湾省	33.77	6.31
新加坡	21.44	4.57	新加坡	23.37	4.43	新加坡	20.58	3.85
德国	12.13	2.59	开曼群岛	11.80	2.24	萨摩亚	9.86	1.84
开曼群岛	10.67	2.28	德国	9.27	1.76	开曼群岛	8.66	1.62
英国	10.52	2.24	英国	8.96	1.70	德国	8.57	1.60
合计	411.48	87.78	合计	456.24	86.50	合计	453.63	84.78

资料来源：商务部外资司业务统计。

在实施和评估我国的多元化战略时，必须充分考虑当今世界经济格局这一现实，既要注意对新伙伴和市场的开拓，又要特别注意对已有的伙伴和市场积极实施多元化。必须进一步优化我国的贸易和投资的外部环境，同时要充分考虑世界贸易和投资现实格局的制约。

三、对我国市场多元化现状的分析

迄今为止，我国的经济贸易合作伙伴已达200多个，基本上与所有国家和地区都有经济贸易往来，目前我国对外经贸基本形成以美国、日本、欧盟、港台为重点，遍布全球的多元化市场格局。

1. 中国对外贸易的市场多元化现状分析。我国在20世纪90年代初提出的以邓小平的面向三个世界开放的理论为基础对外经贸市场的多元化战略，虽然本质应该包括三个方面的内容，即“进出口市场的多元化、外资来源多元化，以及对外经济技术合作伙伴的多元化”①。但是，人们往往把多元化战略理解成对外贸易的多元化，尤其是出口市场的多元化，因此，对于我国出口市场的多元化方面的研究比较多，也比较深入。但是，“我们的市场多元化不仅是出口市场的多元化，而且是进口市场的多元化，是以‘保持进出口基本平衡’和‘平等互利’基础的。②”因此，研究对外贸易的市场多元化，也应该从进口的多元化和出口的多元化两个方面来分析。

（1）我国出口市场多元化现状分析。我国出口市场的多元化现状分成三个层次。

① 见1994年《中国对外经济贸易年鉴》中吴仪的序言。

② 见《国际贸易》杂志1993年第4期吴仪部长在赋予首批100家科研院所对外经营权大会上的总结讲话摘要。

第一层次多元化：这一层次的多元化是指占我国出口总额10%以上的多元化格局情况，主要是指美欧日等世界级的贸易大国和地区。

第二层次多元化：这一层次的多元化是指占我国出口额5%~10%的贸易伙伴。

第三层次多元化：这一层次的多元化是指占我国出口额1%~5%的贸易伙伴，主要是指除前两个层次以外的我国比较重要的经贸伙伴。

这三个层次的多元化发展状况可以用下面的表6加以说明。

表6　中国出口市场三个层次的多元化发展状况

年份	第一层次	第二层次	第三层次	1%以上的贸易伙伴数
1985	中国香港（22.17%）	欧盟（8.69%）	约旦（4.09%）苏联（3.74%）	第一层次：3个
	日本（21.64%）	新加坡（8.08%）	巴西（1.63%）瑞士（1.36%）	第二层次：2个
	美国（10.23%）		罗马尼亚（1.03%）波兰（1%）	第三层次：6个
1990	中国香港（35.70%）	美国（9.25%）	苏联（4.10%）新加坡（3.58%）	第一层次：2个
	日本（17.04%）	欧盟（7.05%）	泰国（1.77%）巴基斯坦（1.09%）	第二层次：2个
				第三层次：4个
1995	中国香港（24.19%）		韩国（4.50%）新加坡（2.35%）	第一层次：4个
	日本（19.13%）		中国台湾省（2.08%）泰国（1.18%）	第二层次：0个
	美国（18.43%）		俄罗斯（1.12%）澳大利亚（1.09%）	第三层次：7个
	欧盟（12.83%）		加拿大（1.03%）	
2000	美国（20.91%）		韩国（4.53%）新加坡（2.31%）	第一层次：4个
	香港（17.86%）		中国台湾省（2.02%）澳大利亚（1.38%）	第二层次：0个
	日本（16.71%）		加拿大（1.27%）印度尼西亚（1.23%）	第三层次：8个
	欧盟（15.33%）		马来西亚（1.03%）俄罗斯（1.12%）	
2003	美国（21.09%）		韩国（4.58%）中国台湾省（2.05%）	第一层次：4个
	香港（17.40%）		新加坡（2.02%）澳大利亚（1.43%）	第二层次：0个
	欧盟（16.46%）		马来西亚（1.40%）俄罗斯（1.38%）	第三层次：9个
	日本（13.56%）		加拿大（1.39%）阿拉伯联合酋长国（1.15%）印度尼西亚（1.02%）	

资料来源：相应年份《中国商务年鉴》、《中国对外经济贸易年鉴》，经计算整理而得。

注：括号中的百分数为我国对其出口贸易依存度。各年的欧盟均包括2004年5月1日以前的15个国家。

由表6可以看出，我国各年第一、二层次的出口贸易伙伴均为美国、欧盟、日本以及中国香港地区，这四大出口市场各年均占我国总出口份额的70%左右，美国和欧盟市场在我国出口中的份额不断上升，而日本则有下降的趋势。

表6显示出的一个重要特点就是随着时间的推移，我国第二层次的出口市场出现了空白，这主要是由于欧美上升为第一层次，强化了其重要地位，以及新加坡地位相对降低所致。

我国第三层次的出口贸易伙伴不断增多，从1985年的6个增加到2003年的9个；我国的出口份额也不断上升，2003年达到16.42%，这是我国实施市场多元化战略取得的明显成绩。在第三层次的出口贸易伙伴中，韩国是最为重要的出口市场，对其出口份额从1995年起就一直保持在4%以上，有进入第二层次出口市场的态势。三个层次的出口贸易伙伴各年占我国出口市场份额见表7。

表7 我国对出口贸易的三个层次伙伴各年的出口贸易依存度 单位：%

出口贸易伙伴	1985年	1990年	1995年	2000年	2003年
第一、二个层次	64.28	69.03	74.54	70.81	68.51
第三层次	12.85	10.54	13.35	14.89	16.42
总份额	77.13	79.57	87.89	85.70	84.93

资料来源：根据《中国商务年鉴》、《中国对外经济贸易年鉴》各期计算整理而得。

（2）进口市场多元化现状分析。进口对于一个国家国民经济发展的重要性也是十分重要的。尤其是进口的原材料和成套技术和设备对于国民经济的发展至关重要。近年来随着对石油的战略性进口市场的重视也唤起了对于重要战略物资的进口市场多元化的关注。

与我国出口市场多元化分析一样，我们也将我国进口市场的多元化现状分成三个层次来介绍。

第一层次多元化：这一层次的多元化是指占我国进口总额10%以上的多元化格局情况，主要是指美欧日等世界级的贸易大国和地区。

第二层次多元化：这一层次的多元化是指占我国进口额5%~10%的贸易伙伴。

第三层次多元化：这一层次的多元化是指占我国进口额1%~5%的贸易伙伴，主要是指除前两个层次以外的我国比较重要的经贸伙伴。

表8 中国进口市场三个层次的多元化发展状况

年份	第一层次	第二层次	第三层次	1%以上的贸易伙伴数
1985	日本（31.53%） 中国香港（14.99%） 美国（12.70%） 欧盟（10.77%）		苏联（2.66%）加拿大（2.54%） 澳大利亚（2.53%）巴西（1.61%） 罗马尼亚（1.33%）瑞士（1.23%）	第一层次：4个 第二层次：0个 第三层次：6个
1990	中国香港（23.76%） 美国（15.11%） 日本（12.27%） 欧盟（11.85%）	苏联（5.32%）	加拿大（3.98%）澳大利亚（3.63%） 新加坡（1.40%）古巴（1.03%）	第一层次：4个 第二层次：1个 第三层次：4个
1995	日本（21.96%） 欧盟（16.09%） 美国（12.20%） 中国台湾省（11.19%）	韩国（7.79%）	俄罗斯（2.88%）中国香港（2.72%） 新加坡（2.57%）加拿大（2.03%） 澳大利亚（1.96%）马来西亚（1.56%） 印度尼西亚（1.55%）泰国（1.22%）	第一层次：4个 第二层次：1个 第三层次：8个

续表

年份	第一层次	第二层次	第三层次	1%以上的贸易伙伴数
2000	日本（18.44%） 欧盟（13.70%） 台湾（11.33%） 韩国（10.31%）	美国（9.93%）	中国香港（4.19%）俄罗斯（2.56%） 马来西亚（2.43%）新加坡（2.25%） 澳大利亚（2.23%）印度尼西亚（1.96%） 泰国（1.95%）加拿大（1.67%） 阿曼（1.45%）	第一层次：4个 第二层次：1个 第三层次：9个
2003	日本（17.96%） 欧盟（12.85%） 台湾（11.96%） 韩国（10.45%）	美国（8.20%）	马来西亚（3.39%）中国香港（2.69%） 新加坡（2.54%）俄罗斯（2.36%） 泰国（2.14%）澳大利亚（1.77%） 菲律宾（1.53%）巴西（1.42%） 印度尼西亚（1.39%）沙特阿拉伯 （1.26%）加拿大（1.06%）印度（1.03%）	第一层次：4个 第二层次：1个 第三层次：12个

资料来源：相应年份《中国商务年鉴》、《中国对外经济贸易年鉴》，经计算整理而得。

注：括号中的百分数为我国对其进口贸易依存度。各年的欧盟均包括2004年5月1日以前的15个国家。

由表8可知，相对于出口市场而言，我国进口市场多元化格局比较明显，主要表现在两个方面：一是第一、二层次的进口市场相对出口市场而言所占份额较低，且呈下降趋势，2003年为61.42%；而第三层次所占份额相对较高，2003年达到了22.57%；二是对于进口市场，第三层次的贸易伙伴较多，2003年达到了12个。

表9　我国对进口贸易的三个层次伙伴各年的进口贸易依存度　单位：%

出口贸易伙伴	1985年	1990年	1995年	2000年	2003年
第一、二个层次	70.03	68.31	69.24	63.72	61.42
第三层次	11.91	10.03	16.49	22.28	22.57
总份额	81.95	78.34	85.73	86.00	83.99

资料来源：《中国商务年鉴》、《中国对外经济贸易年鉴》，经计算整理而得。

另外，战略性物资的进口市场多元化是应该得到特别关注的，尤其是石油进口市场的多元化问题。自从1993年成为石油进口国以来，我国对进口石油的依赖越来越大，到2002年对石油进口的依存度达到33%，而根据权威估计，到2020年这个数字将达到50~60%，这意味着中国到时候需要进口原油1.8亿至2亿吨。石油资源的制约直接关系到国家的可持续发展及经济安全问题。目前我国石油进口来源的多元化正在受到关注，主要是寻求从中亚、南美、非洲、东南亚各国进口，从而降低对中东石油的依赖。

2. 市场多元化的延展分析。虽然过去人们更加关注出口市场的多元化，但是进入新世纪以来，随着我国经济条件和经济环境的改变，使得人们对市场多元化的关注又重新回到了其本源意义上的概念，即“进出口贸易的市场多元化、利用外资和对外投资的市场多元化，以及对外经济合作的市场多元化”。

（1）利用外资来源多元化。国外直接投资来源多元化是指对华直接投资的国家和地区地理分布的多样化和多层次性。2003年我国利用外商直接投资金额达535.05亿美元，居世界首位，外资来源也呈进一步多元化发展的趋势。但与进出口贸易相比，在利用外资来源多元化方面不够明显，形成了对港澳台的引资比例较高，美欧等发达国家比例较低的局面。我国各年前十大外资来源地见表10。

表10　我国前十大外资来源国和地区　单位：亿美元，%

1985年	实际金额	百分比	1990年	实际金额	百分比	1995年	实际金额	百分比
香港、澳门	9.5568	48.86	香港	38.3334	58.12	香港	200.6037	53.47
美国	3.5719	18.26	日本	4.57	6.93	台湾省	31.6155	8.43
日本	3.1507	16.11	美国	3.5782	5.42	日本	31.0846	8.28
英国	0.7135	3.65	英国	1.1903	1.80	美国	30.8301	8.22
法国	0.3254	1.66	澳门	1.1015	1.67	新加坡	18.5122	4.93
联邦德国	0.2414	1.23	新加坡	1.0349	1.57	韩国	10.4289	2.78
意大利	0.1938	0.99	德国	0.4564	0.69	英国	9.1414	2.44
澳大利亚	0.1436	0.73	泰国	0.4173	0.63	澳门	4.3982	1.17
新加坡	0.1013	0.52	荷兰	0.216	0.33	德国	3.8635	1.03
加拿大	0.094	0.48	瑞士	0.1855	0.28	维尔京群岛	3.0376	0.81
合计	18.0924	92.49	合计	51.0835	77.44	合计	343.5157	91.55

续表

2000年	实际金额	百分比	2002年	实际金额	百分比	2003年	实际金额	百分比
香港	154.998	38.07	香港	178.61	33.86	香港	177	33.08
美国	43.8389	10.77	维尔京群岛	61.17	11.60	维尔京群岛	57.77	10.80
维尔京群岛	38.3289	9.41	美国	54.24	10.28	日本	50.54	9.45
日本	29.1585	7.16	日本	41.9	7.94	韩国	44.89	8.39
台湾省	22.9628	5.64	台湾省	39.71	7.53	美国	41.99	7.85
新加坡	21.722	5.34	韩国	27.21	5.16	台湾省	33.77	6.31
韩国	14.8961	3.66	新加坡	23.37	4.43	新加坡	20.58	3.85
英国	11.6405	2.86	开曼群岛	11.8	2.24	西萨摩亚	9.86	1.84
德国	10.4149	2.56	德国	9.27	1.76	开曼群岛	8.66	1.62
法国	8.5316	2.10	英国	8.96	1.70	德国	8.57	1.60
合计	356.4922	87.56	合计	456.24	86.50	合计	453.63	84.78

资料来源：根据《中国商务年鉴》、《中国对外经济贸易年鉴》各期数据计算而得。

到目前为止，我国在外资来源方面仍然基本形成了以港澳台为第一层次，以东亚新兴工业化国家、日本、美国、欧盟以及部分自由港为第二层次的多元化格局态势。我国吸引直接投资来源国家和地区的多元化格局演变见表11。

表11 我国各年吸引外资来源多元化格局 单位：%

年份 \ 地区（国家）	港澳台	东亚六国	日本	美国	欧盟	部分自由港
1995	63.06	7.05	8.28	8.22	5.68	1.10
2000	42.35	10.63	7.16	10.77	11.00	11.61
2002	42.28	11.23	7.94	10.28	7.03	15.51
2003	52.69	10.33	8.25	8.79	7.55	7.61

资料来源：《中国商务年鉴》、《中国对外经济贸易年鉴》各期。

注：东亚六国包括：印度尼西亚、马来西亚、菲律宾、新加坡、韩国、泰国。

欧盟包括：比利时、丹麦、德国、法国、英国、爱尔兰、荷兰、意大利、卢森堡、荷兰、希腊、葡萄牙、西班牙、奥地利、瑞典。

部分自由港包括：英属维尔京群岛、开曼群岛、萨摩亚。

（2）技术来源多元化。在过去十多年的时间里，在技术来源多元化方面至少在以下两个方面取得了显著成绩：一是基本上形成了欧美日三大技术来源的多元化格局，从欧盟、日本的技术引进上升迅速。1990年我国从美国的技术引进项目的合同金额达3.20亿美元，占当年技术引进项目合同总金额的25.16%，大大高于第二位的德国（8.96%）。而到1995年从美国引进的技术项目合同金额为22.7亿美元，虽然也居第一位，但是所占当年我国引进技术项目合同总金额比例降到17.43%，与处于第二位的日本（17.25%）相差无几。到2001年，我国的第一大技术来源国变成了德国，若算上其他欧盟成员国，无疑欧盟早已成为我国最大的技术来源地了。二是加大了从新兴工业化国家和部分有特殊技术优势的国家引进技术的力度，拓宽了我国的技术来源渠道。在1990年，我国前十大技术来源国无一例外是西方发达国家；而1995年前十大技术来源国除西方发达国家外，还有俄罗斯，从俄引进技术的合同金额占当年总金额的5.82%；2000年中国香港和韩国，2001年捷克相继成为我国技术来源的前十大来源地。可见，我国除了从传统的技术来源地发达国家引进外，也加强了从新兴工业化国家和一些具有特殊技术优势的国家引进技术，向技术来源的多元化方向迈进。

（3）"走出去"多元化。在实施"走出去"战略中，也有"走出去"的市场多元化问题。"走出去"多元化涉及两个方面的内容：一是境外直接投资的多元化，二是对外经济合作的多元化。

我国企业境外投资的国家和地区分布的主要特点是：以周边国家和地区（尤其是香港）为主；在发达国家中的投资则主要以美加澳为主；而广大发展中国家也是我国对外直接投资的主要对象，例如2000年，我国境外直接投资前两位的均为发展中国家，居首位的对赞比亚的直接投资占当年对外直接投资总额的14.52%。我国在非洲、拉美、东欧、俄罗斯及亚洲国家均有一定数量的直接投资，特别是加工贸易和资源开发项目较多。截至2003年上半年，我国海外投资各大洲的分布比例为：亚洲（59.85%）、欧洲（6.32%）、非洲（8.31%）、北美（13.02%）、拉美（6.82%）、大洋洲（5.68%）；从国别来看，我国对外直接投资前十位的国家（地区）为：香港、美国、加拿大、澳大利亚、韩国、泰国、俄罗斯、秘鲁、澳门、墨西哥。

在对外经济合作方面，我国在市场多元化方面也取得了显著成绩。在援外基础上发展起来的对外经济合作包括对外承包工程、劳务合作和对外设计咨询。我国目前在全球180多个国家和地区都有对外工程承包业务往来，基本形成了“亚洲为主，非洲、拉美、南太平洋地区为辅，中东稳步恢复，欧美取得进展”的向多元化方向迈进的市场格局。2002年对外承包工程营业额各大洲所占比例分别为：亚洲（51.2%）、非洲（16.1%）、欧洲（8.1%）、北美（5.0%）、拉美（3.1%）、大洋洲（0.8%）。从国别来看，前十位国家（地区）为：中国香港、美国、新加坡、苏丹、孟加拉国、伊朗、巴基斯坦、缅甸、哈萨克斯坦、阿尔及利亚，这十个国家（地区）的营业额合计占全部对外工程承包营业额的近一半，其中除美国外，其他各国均为我国对外工程承包的传统市场。在对外劳务输出方面，同样高度集中在亚洲地区，2002年年底我国在各大洲的劳务数量所占份额分别为：亚洲（73.64%）、非洲（12.49%）、欧洲（5.46%）、拉美（2.73%）、北美（3.81%）、大洋洲（1.45%）；从国别来看，最大的劳务市场分别是新加坡、韩国、港澳台、美国、以色列、毛里求斯、俄罗斯、阿尔及利亚，这10个国家和地区的劳务量占全部劳务的71.60%。

综合上述分析，无论是海外投资、对外工程承包还是劳务合作都明显偏重在亚洲地区。这一方面反映了我国在亚洲地区开展投资和经济合作活动有相似文化和市场条件熟悉的优势，也反映了我国在投资和经济合作方面对于开拓新兴市场方面尚有不足。而正在实施的多元化战略不仅仅要求进口市场多元化、外资和技术来源多元化，也要求“走出去”的市场多元化，在确保亚洲周边市场作为“走出去”主战场的同时，也要积极拓展非洲、美洲、欧洲等市场“走出去”的空间。

四、利用市场结合度指标对我国对外经贸市场多元化的分析

我国市场的多元化是在世界贸易和投资的客观环境中进行的，离不开世界贸易和投资“少数主导、多极发展”的现实格局的制约。因此，一方面应看到我国与发达国家在贸易和投资的绝对份额确实很大，但是另一方面也要看到，发达国家尤其是美日欧在整个世界的贸易和投资中的份额占绝对的主导地位，尤其是区域内部或是这三大经济体间的相互贸易和投资十分紧密。判断我国是否过于依赖发达国家的贸易和投资，一方面要看绝对份额，另一方面也要看双边贸易和投资的相对紧密程度，并将世界各国平均与这些国家的紧密程度作为参照。

衡量双边贸易关系相对紧密性的指标可以用贸易结合度指数来表示。贸易结合度指数首先由经济学家布朗（A.J.Brown）提出，后经小岛清、彼得·德拉斯戴尔（Peter Drtsadle）、山泽逸平等人的研究得到了完善，并明确了其统计学和经济学上的意义。

这里我们利用市场结合度指标对我国的贸易和投资市场多元化进行评估。

（一）贸易结合度分析

1. 出口贸易结合度指数。可以将出口贸易结合度指数用公式表述如下：

$$EI_{ij}=（X_{ij}/X_{i}）/（M_{j}/M_{w}）$$

其中X_{ij}为I国对J国的出口额，X_{i}为I国的出口总额，M_{j}为J国的进口总额，M_{w}为世界进口总额。X_{ij}/X_{i}表示I国对J国的出口占I国出口总额的比率（这实际上为I国对J国的出口依存度），M_{j}/M_{w}表示J国的进口占世界进口总额的比率（这实际上为J国的进口能力）。所以，贸易结合度指数表明，与J国的进口占世界进口总额的比率（J国的进口能力）相比，I国对J国的出口占I国出口总额的比率究竟多大。如果后者的比率大于前者的比率，即$I_{ij}>1$，就说明（与世界平均水平相比）I国和J国在出口贸易上存在密切的关系；如果后者的比率小于前者的比率，即$I_{ij}<1$，就说明（与世界平均水平相比）I国和J国在出口贸易上较为疏远。

1995年和2003年我国与出口贸易前60个国家（地区）的出口贸易结合度指数见表12。

表12　1995年和2003年出口贸易结合度国别（地区）指数

指数值	1995年	2003年
10以上	朝鲜（16.34）缅甸（13.84）中国澳门（13.33）	无
5－10	多哥（8.05）巴拿马（8.00）中国香港（6.52）	巴拿马（8.89）缅甸（6.47）中国香港（5.80）
2－5	孟加拉国（3.55）越南（3.23）日本（3.01）巴基斯坦（2.41）	哈萨克（3.34）尼日利亚（2.91）苏丹（2.80）日本（2.77）阿联酋（2.61）巴基斯坦（2.52）印度尼西亚（2.45）孟加拉国（2.45）越南（2.35）
1-2	古巴（1.97）阿联酋（1.85）韩国（1.76）斯里兰卡（1.61）埃及（1.34）菲律宾（1.28）美国（1.26）印度尼西亚（1.26）叙利亚（1.16）约旦（1.08）台湾省（1.06）新加坡（1.00）	韩国（1.99）叙利亚（1.76）伊朗（1.49）菲律宾（1.39）斯里兰卡（1.38）俄罗斯（1.38）马来西亚（1.35）澳大利亚（1.30）中国台湾省（1.28）新加坡（1.26）美国（1.26）埃及（1.25）智利（1.18）沙特阿拉伯（1.12）科威特（1.07）
0.5-1	俄罗斯（0.97）澳大利亚（0.94）沙特（0.93）智利（0.92）泰国（0.88）印度（0.78）匈牙利（0.75）南非（0.73）伊朗（0.72）秘鲁（0.70）黎巴嫩（0.68）尼日利亚（0.64）荷兰（0.62）新西兰（0.60）马来西亚（0.59）波兰（0.58）罗马尼亚（0.56）巴西（0.50）	南非（0.94）阿尔及利亚（0.89）泰国（0.87）摩洛哥（0.87）匈牙利（0.85）印度（0.85）中国澳门（0.82）新西兰（0.77）巴西（0.75）芬兰（0.72）乌克兰（0.71）德国（0.57）以色列（0.55）朝鲜（0.55）土耳其（0.54）

续表

指数值	1995年	2003年
0~0.5	阿根廷（0.48）德国（0.43）土耳其（0.43）摩洛哥（0.40）英国（0.37）意大利（0.36）加拿大（0.32）西班牙（0.31）希腊（0.26）挪威（0.24）丹麦（0.24）法国（0.23）以色列（0.22）比利时-卢森堡（0.22）瑞典（0.22）芬兰（0.21）捷克共和国（0.20）瑞士（0.18）奥地利（0.09）墨西哥（0.09）其他国家和地区（0.02）	英国（0.49）爱尔兰（0.47）丹麦（0.45）捷克共和国（0.44）希腊（0.43）波兰（0.43）意大利（0.41）加拿大（0.40）荷兰（0.40）挪威（0.40）罗马尼亚（0.37）其他国家和地区（0.35）西班牙（0.34） 法国（0.33）墨西哥（0.32）瑞典（0.31）比利时（0.30）瑞士（0.15）奥地利（0.12）

资料来源：由WTO网站、《中国商务年鉴》、《中国对外经济贸易年鉴》数据计算整理而得。

根据表12中国对各个国家出口贸易结合度数据，我们可以对多元化战略所取得的成绩做出大致的判断：

（1）我国与世界上绝大多数国家的出口贸易紧密程度增强。由表12可知，与1995年相比，2003年与我国出口贸易结合度指数大于1的国家数量明显增多。虽然出口贸易结合度在1995年大于10的有三个国家和地区，而2003年却没有贸易结合度10以上的国家，但是我国比较重要的贸易伙伴几乎其出口贸易结合度都有所提高，特别是与大部分欧盟各国的出口贸易结合度虽然两年均在0.5以上，但其值却有明显提高，显示出我国与欧盟的经贸关系相对紧密程度得到了加强。

（2）我国与日本出口贸易的相对紧密程度略有降低。出口贸易对日本的绝对依存度从1995年的19.13%降到2003年13.56%的同时，中国与日本的出口贸易结合度（出口贸易相对依存度）也由1995年的3.01%降到2003年的2.77%，因此，中国对于日本出口的紧密程度有了小幅降低。在所有发达国家中，日本与我国的出口贸易联系最为紧密，可从出口贸易结合度指标中看出。

（3）我国与美国的出口贸易紧密程度变化不大。由表12可知，中国与美国的出口贸易结合度没有变化，1995年与2003年两年均为1.26%，但是由前文可知，我国对美国出口贸易的绝对依存度却从1995年的18.43%提到到2003年的21.09%。可见，美国在我国出口贸易中的地位无论从绝对依存度还是相对依存度来看都是比较高的。

（4）中国对欧洲各国的出口贸易紧密程度明显加强，但是仍有进一步紧密的空间。在数据上表现为1995年和2003年大部分欧洲国家的出口贸易结合度均在0~0.5之间，其数值均有不同程度的提高，尤其是德国。

（5）与我国出口贸易关系最为紧密的多为亚非拉发展中国家及新兴工业化国家。从表12看出，2003年我国与发达国家出口贸易结合度指数大于1的国家只有日本（2.77），美国（1.26）；其他的出口贸易结合度指数大于1的均为发展中国家和周边新兴工业化国家；我国与其他发达国家的出口贸易结合度均小于1。

（6）虽然我国与个别发展中国家出口贸易关系比较紧密，但是我国对大多数发展中国家的出口与他们从世界的平均进口而言相对偏低，因此对广大发展中国家有进一步开拓市场的空间。这从表12中我国对“其他国家和地区”的出口贸易结合度数值可以看出，在1995年这一数值为0.02，而2003年则为0.35，可见出口贸易关系较以前紧密得多，但仍低于0.5，因此还有较大的改善空间。

（7）多元化战略取得了比较显著的成绩。从表12可以看出，我国与世界各国和地区的出口贸易结合度有向中间靠拢的趋势，主要表现在前60位的出口市场中，出口贸易结合度在10以上的国家和地区没有，同时低于0.1的也没有。因此，我国整体上与世界各国出口贸易发展正在向多元化方向迈进。我国对美国的出口贸易结合度维持不变，而对欧洲各国的出口贸易结合度均有上升，因此，我国与欧美日的出口贸易呈平衡发展态势。但是，前60位出口市场后的其他国家（在表12中用其他国家和地区表示）虽然整体上出口贸易结合度上升很大，从1995年的0.02上升到2003年的0.35，但是仍低于0.5。因此，对这些市场的开拓仍然是未来我国多元化战略的重点。

我国与世界各地区出口贸易结合度指数见表13。

表13　我国与世界各地区出口贸易结合度指数

1995年·	出口贸易结合度	2003年	出口贸易结合度
港澳台	4.69	港澳台	4.23
日韩	2.65	日韩	2.51
东南亚国家联盟	1.05	上海合作组织	1.63
美加墨	1.02	东南亚国家联盟	1.42
上海合作组织	0.99	中东地区	1.25
欧盟	0.95（0.32）	澳新自贸区	1.17
亚洲其他	0.88	欧盟	1.15（0.43）
澳新自贸区	0.87	拉丁美洲	1.12
中东地区	0.81	非洲	1.10
非洲	0.70	美加墨	1.04
拉丁美洲	0.44	亚洲其他	0.86
欧洲其他	0.23	欧洲其他	0.32

资料来源：由WTO网站、《中国商务年鉴》、《中国对外经济贸易年鉴》数据计算整理而得。

注：东盟包括10个国家；欧盟包括15个国家；上海合作组织包括除中国外的其他5个国家；中东包括13个国家；根据WTO网站上的统计分类亚洲包括了大洋洲；我国对欧盟的出口贸易结合度括号里的数字是包括了欧盟成员国内部的贸易而计算的；拉丁美洲不包括墨西哥。

由表13可见，我国与世界各地区的出口贸易结合度也有平衡发展的趋势，但是很明显我国与港澳台地区、日韩的出口贸易关系最为紧密，而我国与上海合作组织的成员国的出口贸易关系上升较快。从数值上看2003年我国与各主要地区的出口贸易结合度均大于1，而只有亚洲其他国家和欧洲其他国家小于1，从数值上看我国与欧洲其他国家的出口贸易关系疏远。如果将欧盟的内部贸易考虑在内，那么与欧盟的出口贸易关系也较为疏远。

2. 进口贸易结合度指数。与出口贸易结合度指数相似，进口贸易结合度指数用公式可表述为：

$MI_{ij}=(M_{ij}/M_i)/(X_j/X_w)$。

其中M_{ij}为I国对J国的进口总额，M_i为I国的进口总额，M_j为J国的进口总额，M_w为世界进口总额。如果$MI_{ij}>1$，就说明I国和J国在进口贸易上存在密切的关系；如果$MI_{ij}<1$，就说明I国和J国在进口贸易上较为疏远。

1995年和2003年我国进口贸易前60个国家（地区）的进口贸易结合度指数见表14。

表14　1995年和2003年进口贸易结合度国别（地区）指数

指数值	1995年	2003年
10以上	吉尔吉斯（11.78）	无
5－10	蒙古（8.33）也门共和国（6.92）缅甸（6.87）古巴（5.23）台湾省（5.09）	苏丹（8.73）朝鲜（7.98）台湾省（5.95）刚果（布）（5.64）
2－5	阿曼（3.65） 秘鲁（3.48） 韩国（3.25） 中国澳门（2.56） 日本（2.55） 越南（2.51） 哈萨克斯坦（2.39）	安哥拉（4.45）韩国（4.02）菲律宾（3.08）阿曼（3.01）日本（2.85）赤道几内亚（2.85）马来西亚（2.52）哈萨克斯坦（2.42）也门共和国（2.34）
1－2	澳大利亚（1.90） 俄罗斯（1.80） 加蓬（1.78）印度尼西亚（1.73）苏丹（1.65）乌拉圭（1.62） 安哥拉（1.48）乌克兰（1.36）巴布亚新几内亚（1.15）新加坡（1.12）马来西亚（1.12）泰国（1.11）美国（1.08）南非（1.04）巴西（1.04）	智利（1.94）泰国（1.93）澳大利亚（1.88）加蓬（1.82）伊朗（1.80）印度尼西亚（1.72）阿根廷（1.69）哥斯达黎加（1.68）秘鲁（1.56）巴西（1.45）印度（1.41）越南（1.36）新加坡（1.32）俄罗斯（1.30）文莱（1.26）新西兰（1.13）沙特阿拉伯（1.07）
0.5－1	罗马尼亚（0.96）新西兰（0.87）巴基斯坦（0.84）中国香港（0.80）其他国家和地区（0.73） 阿根廷（0.70）菲律宾（0.70）卡塔尔（0.68） 德国（0.60）芬兰（0.59）智利（0.56）加拿大（0.55）意大利（0.52）印度（0.50）	乌克兰（0.98）南非（0.92）中国香港（0.90）巴基斯坦（0.88） 美国（0.85） 其他国家和地区（0.66） 芬兰（0.61）德国（0.59）
0－0.5	瑞典（0.47）瑞士（0.44）伊朗（0.43）沙特阿拉伯（0.42）奥地利（0.39）科威特（0.38）西班牙（0.36）法国（0.35）英国（0.32）土耳其（0.26）丹麦（0.24）比利时-卢森堡（0.24）以色列（0.23）挪威（0.21）阿拉伯联合酋长国（0.18）捷克共和国（0.17）荷兰（0.16）波兰（0.16）墨西哥（0.10）	瑞典（0.49）瑞士（0.49）罗马尼亚（0.48）科威特（0.43）委内瑞拉（0.42）以色列（0.40）意大利（0.32）加拿大（0.29）法国（0.29）丹麦（0.26）阿联酋（0.24）挪威（0.23）英国（0.21）奥地利（0.21）土耳其（0.21）比利时（0.20）爱尔兰（0.19）墨西哥（0.18）西班牙（0.16）匈牙利（0.13）波兰（0.12）荷兰（0.12）捷克共和国（0.11）

资料来源：由WTO网站、《中国商务年鉴》、《中国对外经济贸易年鉴》数据计算整理而得。

与出口贸易结合度相似，根据表13我国1995年和2003年进口贸易前60个国家和地区的进口贸易结合度的数据我们有以下判断：

（1）我国与世界上绝大多数国家的进口贸易紧密程度普遍增强。在进口贸易结合度指标上表现为前60个进口贸易伙伴中大多数2003年进口贸易结合度值较之1995年都有不同程度提高。

（2）我国与日本进口贸易紧密程度略有上升。1995年我国与日本进口贸易结合度指数值为2.55，而2003年上升到2.85。可见，我国的进口贸易相对于以前更加紧密。2003年我国的出口贸易与日本较之1995年更为疏远，这与进口贸易关系刚好相反。

（3）我国与美国的进口贸易关系变得疏远。由表14见，中国与美国的进口贸易结合度在1995年是大于1的，其值为1.08；而到2003年其值为0.85，小于1。因此，我国与美国的进口贸易的关系变得相对疏远了。

（4）中国与欧洲（包括欧盟各国）各发达国家的进口贸易关系比较疏远。表14显示，我国对西欧各国的进口贸易结合度指数没有一个国家大于1。虽然2003年较之1995年我国与西欧各国的进口贸易关系有所加强，2003年的进口贸易结合度较1995年大部分国家都有所提高，但提高的程度远不如中国对西欧各国出口贸易结合度那么显著。

（5）较之发达国家而言，我国进口贸易与周边国家和地区以及其他地区的发展中国家更为密切，但是与大多数发展中国家的进口贸易关系较疏远。这一点可从上表数据看出，2003年进口贸易结合度大于1的发达国家只有日本（2.85）澳大利亚（1.88）和新西兰（1.13），其余的均为周边或其他地区的发展中国家和新兴工业化国家。而“其他国家和地区”的进口贸易结合度值不仅从1995年的0.73下降到2003年的0.66，而且低于1，因此我国对其进口贸易关系属于疏远层次。

（6）我国与“其他国家和地区”的进口贸易较之与其出口贸易关系要紧密得多。这可以由出口贸易结合度指数与进口贸易结合度指数的对比中看出。出口贸易结合度在1995年值为0.02，而进口贸易结合度在1995年值为0.73；出口贸易结合度在2003年为0.35，而进口贸易结合度在2003年为0.66。

（7）进口的多元化较出口多元化更为明显。主要表现为进口贸易与发展中国家的关系更为紧密，出口贸易则相对来说更集中在发达国家。美国是我国与世界各国进出口贸易发展不平衡的一个典型。2003年我国与美国的出口贸易结合度达1.26，属于紧密关系；而2003年我国与美国的进口贸易结合度仅为0.85，因此关系较为疏远。但是，由于日欧美在世界出口中的份额庞大，因此尽管相对进口贸易结合度低，但进口的绝对值仍然是发展中国家不可比拟的。

进口贸易的以上特点也可以通过我国与世界各主要经济区域的进口贸易结合度指数加以印证。

表15　我国与世界各地区进口贸易结合度指数

1995年	进口贸易结合度	2003年	进口贸易结合度
日韩	2.70	日韩	3.19
港澳台	2.50	港澳台	2.92
上海合作组织	1.86	东盟	1.91
澳新自贸区	1.71	澳新自贸区	1.68
东盟	1.21	上海合作组织	1.39
欧洲其他	1.17	亚洲其他	1.36
欧盟	1.04	欧洲其他	1.35
美加墨	0.87	拉丁美洲（除墨）	1.28
拉丁美洲（除墨）	0.73	中东	0.90
中东	0.55	非洲	0.88
亚洲其他	0.52	欧洲联盟	0.87
非洲	0.49	美加墨	0.62

资料来源：由WTO网站、《中国商务年鉴》、《中国对外经济贸易年鉴》数据计算整理而得。

注：东盟包括10个国家；欧盟包括15个国家；上海合作组织包括除中国外的其他5个国家；中东包括13个国家；根据WTO网站上的统计分类亚洲包括了大洋洲；我国对欧盟的出口贸易结合度括号里的数字是包括了欧盟成员国内部的贸易而计算的；拉丁美洲不包括墨西哥。

由表15看出，在2003年日本和韩国无疑是与我国的进口贸易保持最为密切的两个国家（当年从日本和韩国的进口额占总进口的28.41%，远高于港澳台的份额14.7%和东盟的份额11.46%），紧随其后的为港澳台、东盟、澳大利亚和新西兰、上海合作组织的五个成员。表15中欧盟和北美自贸区在我国的进口贸易伙伴中，关系最为疏远（事实上从欧盟进口的绝对份额达12.85%，仅次于从日韩的进口份额；而从美加墨的进口份额为9.67%），但进口贸易结合度值均低于1，这与他们在我国的出口贸易中的地位是不相称的（2003年我国与北美自由贸易区和欧盟的出口结合度分别为1.04和1.15）。但是由于这两个区域的出口占世界总出口的巨大份额，其我国对其进口贸易结合度低并不意味着欧美两集团在我国进口贸易中的地位就低了，事实上，2003年我国从美欧两大经济集团的进口总值占当年进口总额的22.52%。我国对欧美的进口贸易结合度不像出口贸易那样高（2003年我国对欧美的出口份额占总出口额的近40%），由于我国从欧美进口的多为技术型或资本型产品，这些进口产品对于我国生产技术水平的提高，国内产业结构的提升都是十分重要的。因此，对于进口不能仅仅关注多元化问题，而是要考虑与出口贸易的平衡发展以及从发达国家引进技术提高自己的生产能力等方面。

（二）外资结合度分析

1. 吸引外资结合度指数。与进出口贸易结合度指标类似，投资结合度指标也可分为吸引外资结合度指数和对外投资结合度指数。吸引外资结合度指数用公式可表述为：

$$IFDI_{ij}=(FDI_{ij}/FDI_{i})/(OFDI_{j}/OFDI_{w})$$

其中FDI_{ij}为I国从J国所吸收的直接投资额，FDI_i为I国当年吸收的直接投资总额，$OFDI_j$为J国当年对外投资总额，$OFDI_w$为当年世界直接投资总额。如果$IFDI_{ij} > 1$，就说明I国从J国在吸收对外直接投资上存在密切的关系；如果$IFDI_{ij} < 1$，就说明I国从J国吸收其对外直接投资上的关系相对疏远。

1995年和2000年我国吸收对外直接投资的前40个国家（地区）的对华直接投资结合度指数见表16。

表16　1995年和2000年对华直接投资结合度国别（地区）指数

指数值	1995年	2000年
10以上	无	毛里求斯（690.12）泰国（132.64）维尔京群岛（94.14）印度尼西亚（36.09）菲律宾（27.29）新加坡（14.82）开曼群岛（11.78）台湾（11.51）韩国（10.16）
5－10	台湾省（9.91）澳门（9.77）菲律宾（9.40）香港（7.54）	香港（8.85）捷克共和国（7.68）沙特阿拉伯（6.28）
2－5	新加坡（4.37）百慕大（3.64）泰国（3.07）韩国（2.75）	马来西亚（3.32）日本（3.13）澳大利亚（2.05）
1-2	捷克共和国（1.94）印度尼西亚（1.75） 利比里亚（1.67）日本（1.30）	巴拿马（1.75）印度（1.28）南非（1.13）
0.5-1	维尔京群岛（0.99）马来西亚（0.95）俄罗斯（0.68）澳大利亚（0.58）马耳他（0.56）	美国（0.90）德国（0.71）匈牙利（0.65）新西兰（0.64）意大利（0.58）
0-0.5	肯尼亚（0.44）巴拿马（0.42）开曼群岛（0.40）科威特（0.39）意大利（0.36）美国（0.31）阿根廷（0.29）加拿大（0.22）英国（0.19）法国（0.17）奥地利（0.17）丹麦（0.11）新西兰（0.11）德国（0.09）西班牙（0.07）荷兰（0.05）比利时-卢森堡（0.05）瑞士（0.05）芬兰（0.03）瑞典（0.01）	阿根廷（0.49）百慕大（0.45）荷兰（0.38）希腊（0.21）加拿大（0.20）以色列（0.18）俄罗斯（0.17）法国（0.16）英国（0.16）瑞士（0.15）瑞典（0.13）奥地利（0.13）挪威（0.11）芬兰（0.08） 丹麦（0.07）西班牙（0.02）比利时-卢森堡（0.01）

资料来源：由各年度《中国对外经济贸易年鉴》和《世界投资报告》数据计算整理而得。

注：由于数据缺失，个别前40位的对华直接投资国（地区）无法统计在内。

从表16中的数据可以对我国吸引直接投资方面做如下的判断：

（1）我国在吸引直接投资方面与绝大多数国家和地区的紧密关系得到了显著增强。表16中的吸引外资结合度指数表现为各个国家的对华投资结合度均有不同程度的提高。尤其是某些国家和地区，例如2000年指数值大于10以上的毛里求斯、泰国、维尔京等，多数为当年在其他地方撤资，而在中国则增加投资，这突显中国相对于世界其他地方更受到这些国家和地区的青睐。

（2）我国在吸引直接投资方面与美国和日本的关系得到了较大幅度提升。在结合度指数方面表现为：日本从1995年的1.3上升到3.13，美国从1995年的0.31上升到2000年的0.9。

（3）欧盟各国对华直接投资紧密关系变化不大。其中德国对华投资紧密程度是变化最大，从1995年的0.09上升到2000年的0.71，其次为意大利。欧盟其他主要成员国如英国、法国、西班牙对我国投资的紧密程度仍较低，且变化不大。当然这其中与欧盟贸易和投资的内向化有关。仍然有进一步加大力度吸收欧盟各国对华投资的空间。

（4）在发达国家中，只有日本和澳大利亚对我国直接投资关系属于紧密层次，投资结合度大于1，其他均属于疏远层次。虽然美国对华直接投资关系发展迅速，但是到2000年，其结合度值为0.9，因此我国仍需要大力吸引发达国家的直接投资。

（5）对华直接投资比较偏好的多为周边新兴工业化国家和地区以及一些自由港和一些发展中国家。2000年对华直接投资呈紧密关系的国家和地区依次为：毛里求斯（690.12）泰国（132.64）维尔京群岛（94.14）印度尼西亚（36.09）菲律宾（27.29）新加坡（14.82）开曼群岛（11.78）台湾（11.51）韩国（10.16）香港（8.85）捷克共和国（7.68）沙特阿拉伯（6.28）马来西亚（3.32）、巴拿马（1.75）印度（1.28）南非（1.13）。

1995年和2000年外资来源分地区的结合度指数见表17。

表17　1995年和2000外资来源分地区结合度指数

1995年	外资来源结合度	2000年	外资来源结合度
港澳台	7.82	部分自由港	13.44
东盟	3.04	东盟	13.17
日韩	1.50	港澳台	9.30
部分自由港	1.31	中东	6.92
中东	0.70	日韩	4.08
上海合作组织	0.69	澳新自贸区	1.82
澳新自贸区	0.43	美加墨	0.74
美加墨	0.30	上海合作组织	0.17
欧盟	0.13	欧盟	0.16

资料来源：由各期《中国对外经济贸易年鉴》和《世界投资报告》数据计算整理而得。

注：部分自由港包括马绍尔群岛，维尔京群岛，开曼群岛，萨摩亚、百慕大。

由表17明显可以看出，对外投资结合度指数，世界各主要经济地区除上海合作组织的五个成员国下降之外，其余均为有不同程度的上升。2000年港澳台对华直接投资额虽然占我国吸收外资总额的近45%，但是其与大陆的相对紧密关系还不如部分自由港和东盟。这表现出我国在直接投资来源方面的多元化有较大发展。尽管欧美的对华直接投资占我国利用外资总额在2000年为22.46%，但是与北美自由贸易区和欧盟的吸引直接投资结合度却仍然低于1，要进一步提高我国利用外资的规模和水平，平衡外资来源，要加大力度进一步吸引来自欧美的直接投资。

2. 我国对外直接投资结合度。与吸引直接投资结合度指标类似，对外投资结合度指标用公式可表述为：$OFDI_{ij}=(FDI_{ij}/FDI_{i})/(IFDI_{j}/IFDI_{w})$。其中$FDI_{ij}$为I国对J国的直接投资额，$FDI_{i}$为I国当年对外直接投资总额，$IFDI_{j}$为J国当年吸引直接投资总额、$IFDI_{w}$为当年世界吸引直接投资总额。如果$OFDI_{ij}>1$，就说明I国对J国的直接投资关系密切；如果$OFDI_{ij}<1$，就说明I国对J国的直接投资的关系相对疏远。

1995年和2000年我国对外直接投资前40个国家（地区）的结合度指数见下表。

表18　1995年和2000年我国对外直接投资结合度国别（地区）指数

指数值	1995年	2000年
10以上	澳门（9553.23）毛里塔尼亚（749.05）巴西（200.54）日本（122.15）塞舌尔（101.48）蒙古（99.58）莫桑比克（93.02）马布亚新几内亚（60.40）牙买加（56.38）老挝（46.98）肯尼亚（42.28）缅甸（38.84）中国香港（30.96）巴哈马（30.07）坦桑尼亚（28.66）南非（26.55）斯里兰卡（23.49）赤道几内亚（23.37）安哥拉（23.25）乌干达（17.15）泰国（12.86）	中非（6320.59）也门（4542.40）老挝（1814.38）赞比亚（1452.01）缅甸（596.60）马里（520.36）贝宁（494.27）多哥（317.23）柬埔寨（312.55）蒙古（251.42）津巴布韦（229.74）莫桑比克（210.90）洪都拉斯（128.87）南非（95.23）博茨瓦纳（93.64）肯尼亚（80.95）毛里求斯（55.18）加纳（47.92）越南（35.51）埃及（19.44）孟加拉国（16.24）哈萨克斯坦（15.59）坦桑尼亚（14.52）乌克兰（14.52）俄罗斯（13.24）
2－10	毛里求斯（5.36）越南（3.15）阿联酋（3.13）委内瑞拉（3.07）韩国（2.77）马来西亚（2.24）	尼日利亚（6.77）菲律宾（6.59）印度（3.28）墨西哥（3.23）匈牙利（2.99）泰国（2.46）
1－2	智利（1.84）印尼（1.41）厄瓜多尔（1.34）新加坡（1.31）拉脱维亚（1.13）美国（1.12）	澳大利亚（1.96）巴西（1.65）加拿大（1.20）捷克共和国（1.16）韩国（1.15）意大利（1.09）
0－1	阿根廷（0.39）哈萨克（0.34）比利时（0.24）菲律宾（0.21）墨西哥（0.20）澳大利亚（0.19）俄罗斯（0.16）	中国香港（0.71）阿根廷（0.34）美国（0.19）德国（0.02）

资料来源：由各期《中国对外经济贸易年鉴》和《世界投资报告》数据计算整理而得。

由上表可以看出我国对外直接投资具有以下特点：

（1）从整体上看，我国对外直接投资与其他国家的紧密程度整体上有很大程度的提高。

（2）与我国对外直接投资关系紧密的国家主要集中在非洲及周边发展中国家的状况基本没有变化。2000年我国对外直接投资第一大接受国为赞比亚，占我国当年直接投资总额的14.52%。2000年我国对外直接投资前40位国家和地区中只有少数发达国家，其余均为发展中国家，尤其以非洲和亚洲较不发达国家为主。2000年在发达国家中只有澳大利亚、加拿大、意大利与我国的对外直接投资关系属于紧密层次。

（3）我国对外直接投资与中亚部分国家的关系紧密程度迅速提升，如与俄罗斯的对外直接投资结合度从1995年的0.16上升至2000年的13.24；而哈萨克从1995年的0.34迅速上升至2000年的12.59。

（4）在发达国家中，我国对美国和加拿大在2000年的直接投资绝对份额分别达到5.74%和4.2%，而且加拿大的结合度指数在2000年达到1.2，已经属于紧密层次了。

我国对世界各地区的直接投资紧密程度可以通过下表看出。

表19　1995年和2000年我国对世界各地区的直接投资结合度指数

1995年	对外投资结合度	2000年	对外投资结合度
港澳台	25.79	上海合作组织	20.72
日韩	4.94	东盟	14.68
东盟	2.97	澳新自贸区	1.55
其他国家和地区	1.04	其他国家和地区	0.75
美加墨	0.87	港澳台	0.68
上海合作组织	0.20	日韩	0.65
澳新自贸区	0.18	美加墨	0.48
欧盟	0.05	欧盟	0.03

资料来源：由各期《中国对外经济贸易年鉴》和世界投资报告数据计算整理而得。

注：其他国家和地区指除表19中各经济体成员国外的国家和地区，绝对大数为亚非拉的发展中国家和地区。

由表19知2000年与1995年相比我国对上海合作组织各成员国的直接投资的紧密程度迅速上升，居各地区首位（从绝对份额来看，2000年我国对上海合作组织成员国的直接投资为6.01%），明显高于世界对这些国家直接投资的平均偏向。我国对其他的亚非拉国家的直接投资紧密程度虽然较低，但是在2000年仍然高于欧美日等发达国家。可见，我国对外直接投资的地区偏向主要集中在亚洲的周边地区以及亚非拉其他发展中国家。虽然2000年我国对美加墨的直接投资绝对份额高达13.53%，远远高于上海合作组织成员国6.01%的份额，而仅低于东盟的19.68%，但是由于美加墨当年吸收的直接投资占世界的份额达28.45%，因此，使得我对美加墨的直接投资结合度也比较低。

五、对实施市场多元化战略现行政策措施的评估

在过去十年多年时间里，为落实对外经贸市场多元化战略，我国采取了一系列政策措施旨在深度开拓发达国家市场的基础上，对发展中国家进行重点开发，一方面，对外经贸市场多元化措施的确在一定程度上大大加强了我国同亚非拉发展中国家的经贸关系的密切程度，使我国在国际经贸交往中的回旋余地大大增加了；另一方面我们也应该看到在相当长时间内我国对外经贸格局将以“以周边国家和地区为首要市场，发达国家为关键市场，以发展中国家市场为基础”的特点。我国实施多元化战略要受到世界贸易和

投资格局的制约，而世界贸易和投资的多极化格局受到世界经济全球化、区域经济一体化、国内经济条件、区位文化条件、跨国公司的活动等多方面因素的制约。

1. 实施对外经贸市场多元化战略所采取的政策促进措施。

（1）财政支持。落实多元化战略的实施，国家以财政拨款的形式建立了中央外贸发展基金等各种开拓国际市场的基金。例如，为解决部分国家双边贸易中方大量顺差问题，减少双边贸易摩擦，国家财政每年安排一定的进口国别政策补贴预算，以弥补企业从发展中国家进口商品发生亏损，鼓励中方企业扩大进口，减少开拓市场的阻力。

（2）金融支持。落实多元化战略的实施，政策性金融支持是一个主要手段。如我国已经建立了中小企业开拓国际市场基金、援外合资合作基金、援外优惠贷款、境外加工贸易项目的中长期人民币贷款贴息等以优惠利率或贴息方式支持企业开拓国际市场。上述对我国企业开拓国际市场的政策性金融支持构成了实施多元战略的主要政策措施体系。此外，为扩大对一些需要重点开拓的发展中市场的机电产品和成套设备进行外贸政策性贷款，包括卖方信贷和买方信贷业务，并适当延长贷款期限。

（3）保险支持。国家对于开拓国际市场的保险支持与金融支持一样，也是构成多元化政策措施体系的主体部分。由于企业尤其是中小型企业在开拓国际市场过程中必然会遇到市场进入的风险，因此，国家提高保险支持，以分散和避免开拓国际市场的风险十分必要。因此，我国陆续建立了出口风险保险制度以及对外承包工程保险风险专项资金等项目。另外，还建立了出口特殊风险保险制度，为外贸企业到一些高风险的地区进行投资和贸易提供特殊的政策性保险服务。

（4）信息技术援助。企业开拓国际市场必然要受到国际市场信息的制约，首先是中小企业缺乏对国际市场的了解，不能获得潜在经贸伙伴的信息；另一方面不能盲目地进入国际市场，要做到及时成功地进入市场，避免事倍功半，就需要政府的信息技术援助。为此，商务部建立了中国贸易指南网站、中国投资指南网站等，免费介绍出口企业及其出口产品的情况，并向各类企业免费提供各种政策信息、商务信息、展览信息、世界进口商名录等。

（5）举办国际展览。商务部积极鼓励有能力的企业到海外举办展览会、展销会，特别是推动企业参加国际知名的专业博览会，开拓重点市场。为扩大中国商品的影响，推动企业实地考虑市场，了解消费市场需求，原外经贸部还陆续在瑞典、俄罗斯、阿根廷、南斯拉夫、科威特、肯尼亚和科特迪瓦主办了7个中国出口商品展览（销）会。极大地了促进了中国商品在这些国家和地区的出口。

（6）构建对外出口、对外工程承包、经济技术合作、对外投资以及对外发展援助等相结合的多元化战略政策措施体系。各种国际经贸合作方式是相互联系的，例如对外投资、对外工程承包、经济技术合作以及发展援助都可以带动并扩大我国的出口；而反过来，要进一步打开国外市场，需要对外投资以及发展援助等经贸方式的配合。在过去十多年时间里，有关部门逐步放开了各地方和部门经济技术合作公司的进出口权，鼓励经济技术合作公司利用在发展中国家承包工程、熟悉当地市场和客户的条件开展出口贸易。自1999年我国提出并实施“走出去”战略以来，我国积极组织和推动有实力的大中型自营进出口生产企业到一些发展中国家和俄罗斯及中东欧国家投资建立境外加工企业，带动我国设备、半成品及零部件的出口。而且充分发挥我国对外援助的作用，与受援国合作，利用援外贴息贷款等举办能够带动我国产品出口的合资、合作项目。

（7）对企业开拓国际市场的其他服务。由于我国企业开拓国际市场的复合型经贸人才缺乏，因此，国家加大了对既懂外语，又懂贸易政策，熟悉贸易业务的专业性人才的培养。

除此之外，为了打开一些发展中国家市场，我们在一些经济发展水平较好、当地市场较大、便于辐射周边地区和交通便利的地区建立了若干贸易中心、商品分拨中心及精品店。这些都是实施市场多元化战略的有益探索和尝试。

另外，由于我国对非洲和拉美运输条件限制，在一定程度上影响了我国对非洲和拉美市场的开发，因此我国政府也为改善对非洲、拉美国家的运输条件采取了重要措施。我国根据贸易发展的需要，开辟了直达航线、适当增加了班轮班次，允许承运单位自行租用外轮挂靠我国港口，弥补我国运力的不足。

此外，在我国提出市场多元化战略之后，又相继提出了“以质取胜战略”、“科技兴贸战略”、“走出去战略”。这些战略的实施最终目的也是在于扩大我国对外经贸市场，其具体的措施也包含有市场多元化的内容。因此，这些战略的实施也进一步促进了我国对外经贸市场的多元化。

2. 对我国市场多元化战略实施效果的评估。

（1）我国实施市场多元化战略所取得的成绩。自提出并实施市场多元化战略以来，我国对市场多元化战略的认识、市场多元战略与政治多极外交的相互配合，以及我国对外经贸市场多元化的现实格局等方面都取得了显著成绩。

第一，市场多元战略支持了政治多极外交。自从20世纪90年代初我国正式确定并实施市场多元化战略以来，其战略内涵不断完善、丰富和拓展。由贸易拓展到了投资和国际经济技术合作等多层次、多领域。而我国对外经贸领域的改革，以及中国加入WTO深入融入世界多边贸易体制，使市场多元化战略与我国开放型经济发展，融入世界经济发展主流呈一致性。

第二，我国对外经贸市场格局既有与世界市场多元格局的一致，体现了我国具体的政治经济利益。经过十多年的发展，我国对外经贸市场格局基本与世界市场多元化格局一致，这主要体现了美欧日在我国对外经贸市场中的重要地位，这一点与世界大多数开放型经济体是一致的。但同时，我国的对外经贸市场也有基于我国具体的政治经济利益的考虑的独立选择，以及不同的侧重点，这主要体现在我国与周边国家和地区的经贸关系相对紧密，尤其是与东亚各国华人经济圈国家和地区，以及一些亚非拉发展中国家的贸易和投资关系相对紧密，从而形成了具有我国特色的多元化市场，而这种特色正体现了我国具体的政治经济利益。

第三，我国已经形成的“周边国家和地区为首要市场，发达国家为关键市场，发展中国家为基础市场”的多元化格局整体上符合我国政治经济利益。经过十多年的努力而形成的我国对外经贸市场格局是历史上最合理的，整体上符合我国政治经济利益。因此，应当继续保持这个整体格局。同时，也有进一步调整的必要和空间，进一步强化新兴市场，特别是发展中国家市场的地位，使未来市场多元化格局更趋于合理。

（2）我国市场多元化格局进一步调整的制约因素

进一步优化我国目前的多元化格局至少受到以下四个方面的客观因素的制约：

一是受各国国内经济条件的制约。由于美日欧为代表的发达国家经济总量大，他们的对外经济活动如贸易和投资相应总量较大，我国发展开放型经济就必然要与贸易和投资大国打交道的机会多，例如，中国发展与上海合作组织成员国的经济贸易关系虽然其他方面的条件都不错，但由于俄罗斯等国经济总量小、国内经济不景气、市场条件不成熟等因素制约了将这些国家与美日欧同等重要的关系。

二是受区位因素的制约。地缘政治和地缘经济决定了周边国家和地区是我国对外经贸首要市场。

三是跨国公司的活动制约着进一步优化市场多元化格局。跨国公司的活动对一个国家影响是方方面面的，其中也会影响着一个国家对外经济贸易战略的实施。显然，跨国公司多以西方发达国家为母国，跨国公司对中国的贸易和投资都是根据其事先规划好的全球布局实施的，而跨国公司的这种全球布局往往与我国所希望的贸易和投资国别和区域方向不一致。

四是区域经济的一体化也在一定程度上制约着多元化战略的实施。众所周知，欧盟高度一体化的一个重要结果就是其经济的越来越内向化，即由于贸易和投资的转移效应导致贸易和投资多发生在成员国之间，这使得本来是欧盟成员国与域外的国家发生的贸易和投资活动很有可能由于“壁垒因素”而转移到成员国内来。区域一体化给多元化战略的实施带来了新的挑战。我们应积极主动参加区域经济的一体化进程，使之不仅为我国的政治和经济服务，也为我国对外经贸市场多元化战略的实施服务，那么区域经济一体化不仅不会成为我国多元化战略的制约因素，还很有可能成为市场多元化战略的促进因素。事实上，区域经济一体化的过程就是寻找和建立长期稳定的贸易和投资伙伴关系的过程，同时也是实现更加稳定的贸易和投资伙伴多元化格局的过程。

鉴于实施多元化战略有如此众多而且十分重要的因素所制约，我们就不能奢望对市场多元化的调整一步到位，多元化战略也就是一个长期的战略，是一个动态过程。实施多元化战略的根本目的是在未来的国际政治和经济斗争中取得优势地位，事实上要真正使多元化战略能按照自己所期望的方向发展，也需要实现自身多元化战略的经济优势和能力，因为一旦在国际经济竞争中处于优势地位，也能进一步加强本国实施多元化战略的能力。

在新形势下我国的市场多元化从根本上讲是要在全世界范围内部署我国的贸易和投资力量，发展战略性贸易和投资伙伴，与其他国家尤其是西方发达国家在世界范围内“争市场”和“夺市场”。中国在世界经济格局中日益崛起的过程中的多元化战略已经不再是一个外经贸的部门发展战略，而是整个国家对外经济的重要战略。因此，进一步实施我国多元化战略已经构成我国国家战略的一部分，而从根本上讲我国国家战略的实施旨在未来与其他国家竞争中取得优势地位，即取得国家竞争优势。因此促进我国多元化战略实施的措施则不仅仅是完善已有的促进贸易和投资的措施了，而必须有新的战略性举措。

六、实施市场多元化战略面临的新形势

21世纪的头二十年是我国未来发展的战略机遇期，如何利用好这一战略机遇期，实现我国的和平崛起，是摆在中国人民面前的重大课题。2003年我国进出口总额居世界第四，正在从贸易大国向贸易强国转变。为了更好地继续深入推进对外经贸多元化战略就必须认清当前的国际国内新形势。

1. 对外经济贸易地位空前提高，在崛起过程中出现的经济摩擦更加凸显实施市场多元化战略的必要性和紧迫性。2003年，我国国内生产总值达14 000多亿美元；进出口贸易额达8 512亿美元，目前，中国经济总量居世界第六，进出口贸易额居世界第四，已成为世界第三大进口市场和亚洲第一大进口市场；外汇储备达4 033亿美元；累计利用外资达6 796亿美元，每年以500多亿美元的速度增长，持续居发展中国家首位。

20世纪90年代中国对外经济贸易迅速发展，实现了向贸易大国的转变。但是要注意分散影响中国崛起的风险。例如：中国与世界各国不断增加的贸易摩擦，其中以反倾销及其他新型的非关税壁垒为主，这些贸易摩擦严重影响了中国某些产品的出口；最近出现的美国以中国对美大量贸易顺差为由要求人民币汇率升值问题；日本以各种理由减少对华贷款等事件都使得我们能够真切地感觉到在中国崛起过程中来自外部的风险，尤其是我国作为一个出口贸易依存度达20%[①]的外经贸大国分散对外经贸风险更为紧迫和必要。

2. 区域经济一体化加强，要利用区域经济合作这一形式构建我国多元化战略的区域多元伙伴体系。区域经济集团化是当今世界越来越突出的一种趋势。区域经济集团化始于20世纪50年代，进入80年代、90年代发展更为猛烈，进程更加明显。据WTO统计，从90年代起到2002年，世界各国共签订了250个地区性贸易协定，而如果包括计划签订或正在谈判的地区性贸易协定，到2005年其总数将达300个，WTO的大部分成员国都参加了至少一个区域性贸易协定。

世界性区域经济集团化的趋势给得我国实施多元化战略带来了新的影响因素：首先，

① 此数据的计算方法为：出口贸易依存度 =（一般贸易出口 + 加工贸易净出口）/GDP。

要适应世界经济发展潮流，主动利用区域经济集团化这一战略手段为我国在新形势下实施多元化战略助力，世界上大部分发达国家都加入了至少一个区域性经济组织，例如，美国在主导建立的北美自由贸易区后，积极与南美各国建立超洲域的自由贸易区，而日本与新加坡签订“新时代经济合作伙伴”协定后也积极进行与东盟建立自由贸易区的谈判。虽然发达国家为了划分自己的经济势力范围，都力图建立自己主导的区域性经济集团，以在世界经济政治竞争中增强自己的谈判力量，但是同时在客观上也促进了市场多元化的发展，因此，我国在未来若干年，要适应世界区域经济集团化这一趋势，主动构建我国的对外经贸战略伙伴体系，促进我国对外经贸市场多元化向高级阶段发展；其次，区域经济集团化对我国实施多元化战略有负面影响，区域经济集团的形成虽然既有贸易和投资转移效应也有贸易和投资扩大效应，但是往往贸易和投资的扩大效应在短期内很难实现，而贸易和投资的转移效应则是立竿见影的，即将区域成员国和地区的对区域外的国家和地区的对外贸易和投资转移到了区域内成员之间的贸易上了，例如，这次欧盟东扩，东欧10个国家于2004年5月1日正式加入欧盟会迅速产生贸易和投资转移效应，从而影响我国对东欧各国的出口。因此，区域经济集团化和区域经济合作潮流对我国既有机遇，又有挑战，我国应趋利避害，积极主动顺应区域经济合作和区域经济一体化的趋势，为构造我国对外经贸市场区域多元化助力。

到目前为止，我国参加的最重要的两个泛区域经济合作组织：一是亚太经济合作组织，一是亚欧会议，我国的贸易和投资的绝大部分都是与这两个经济组织的成员国实现的。在这两大泛区域经济合作组织下，根据我国目前对外经贸关系发展现状，中国的六大战略性区域经贸伙伴已经浮现。

（1）中日韩。与我国为近邻的日本和韩国经济发达，又由于与国文化的相似性使得他们历来是我国对外经济贸易关系的重要伙伴。日本作为世界三大经济体之一，与欧盟和美国一起构成我国对外经济贸易三大支柱。而韩国作为亚洲新兴工业化国家之一，自1992年与我国建交以来，经济贸易文化交流得到了迅速发展，2003年中韩国进出口贸易总额达630多亿美元，韩国是我国的第四大出口国、第三大进口国。东南亚经济一体化主要问题就是中日韩经济一体化，如果中日韩能够建立自由贸易区，那将更加有利于巩固我国对外经济贸易的良好外部环境，即通过自贸区的形式将对外经济贸易关系稳定化、内部化。日本和韩国应为我国市场多元化战略的中心之一。

（2）中国—欧盟。欧盟作为高度一体化的区域经济组织与美国日本共同主导着当今世界贸易和投资。自1995年欧盟发表历史上第一份对华文件《中国—欧洲关系长期政策》以来，中欧关系进行了快车道。而后欧盟又陆续发布《与中国建立全面伙伴关系》文件、《欧盟 – 中国关系报告》、《欧盟对华战略：1998年文件执行情况和促进欧盟政策更为有效的未来步骤》、《国家战略报告：中国》、《走向成熟的伙伴关系 – 欧中关系中的共同利益和挑战》等文件，标志着中国与欧盟的关系进入了与美、日、俄同等重要的地位。而对于我国来说，同欧盟的经贸关系长期落后于同美国和日本的关系，因此，进一步巩固和提升同欧盟的经贸关系水平是我国对外经济关系的战略重点，无疑也是实现我国对外经贸市场多元化战略的重要组成部分。2003年10月13日发布的《中国对欧盟政策文件》是我国发布的第一份对欧文件，提出在不太长的时间内，使欧盟成为中国第一大贸易投资伙伴，凸显欧盟在我国市场多元化中的特殊重要地位。欧盟也是我国进一步实施多元化战略的中心之一。

（3）中国—北美自由贸易区。毫无疑问以美国为核心的北美自由贸易区是我国贸易和投资的最为重要的伙伴。2003年我国的最大出口市场是美国，最大顺差来源国是美国，是除香港之外的最大的对外直接投资来源国。但是，另一方面中美贸易近年来摩擦不断，美国频频利用反倾销等手段向中国发难，甚至以中方的大量顺差为由压迫人民币贬值。我们不能因此而放弃美国这个全球最大市场，但是在进一步深度发展同美国的经贸关系的同时，要注意进口与出口的均衡发展。北美地区与日韩和欧盟一样，也是我国多元化战略的中心之一。

（4）中国—东盟自由贸易区。中国和东盟的地缘政治经济关系使得中国与东盟发展经贸关系具有十分优越的条件，而且东亚各国近几十年良好的经济表现，使得中国与东盟的合作前景十分看好。中国与东盟计划在2010年前达成建立自由贸易区的协定，无疑会更加巩固我国与东盟的经贸关系，这将是我国参加的第一个区域性经济集团。在中国—东盟自由贸易区框架下东盟市场将是我国多元化战略的重点这一。

（5）上海合作组织。上海合作组织是由1996年成立的“上海五国”发展而来的，它建立在政治、外交、军事安全合作基础之上。2000年后逐步转向包括经贸领域在内的全面合作。2001年9月14日中、俄、哈、吉、塔、乌六国总理签署了《上海合作组织成员国政府间关于区域经济合作的基本目标和方向及启动贸易投资便利化进程的备忘录》，以此为标志正式启动了上海合作组织区域经济合作的进程。而2003年5月在莫斯科举行的六国峰会签署的《上海合作组织多边经贸纲要》标志着上海合作组织区域经济合作开始步入正轨，纲要明确了六国区域经济合作的优先领域，现阶段的主要任务和长远战略目标。因此上海合作组织不仅仅是中国寻求世界政治多极化的一个重要舞台，也必将是中国寻求对外经济贸易多元化过程中的重要伙伴。虽然目前我国与上海合作组织各成员国的经济和贸易关系从绝对份额来看远不如与欧美日这三大经济体的份额，也不如与港澳台以及东盟，但是中国经济的劳动密集型特征和上海合作组织各成员国内的丰富资源有着极强的互补性，我国与其余五国的经济合作潜力将十分可观，尤其是中国正在实施能源来源多元化的情况下，上海合作组织区域经济合作必将是我国实施对外经贸多元化战略的重要方面。但是，中国与上海合作组织各成员国的这种合作潜力现在还远没有发挥出来，随着俄哈等国国内经济的逐步振兴，我国应不失时机地提升上海合作组织经贸合作的层次。上海合作组织也应是我国今后实施多元化战略的重点之一。

（6）一国两制体系下的大中华经济圈。大中华自由贸易区包括中国大陆、香港、澳门和台湾省，港台地区历来是我国出口和吸引外资的重要地区，2003年大陆和香港、澳门和台湾的进出口贸易总额近3 000亿美元，贸易总额依存度近35%；而同时港台也是大陆外资来源的重要地区，2003年港台在大陆的投资额总额近215亿美元，占当年大陆利用外国直接投资总额的40.17%。

除以上六大战略性经贸伙伴外，还有其他的西方发达国家和广大亚非拉国家。是从长远看，大力加强同亚非拉发展中国家的经贸关系始终是我国对外经贸关系的一个重要战略。因此广大非洲和拉丁美洲以及亚洲其他发展中国家将长期是我国实施多元化战略的重点。尤其是在建立自由贸易区渐成国际趋势的情况下，我国与部分亚非拉发展中国家有可能建立自由贸易区，例如中国与智利、中国与南非、中国与海湾六国可能出现的自由贸易区，未来中国与发展中国家的经贸关系必将进入一个崭新阶段，也必将大大促进我国对外经贸多元化战略的实施。

3. 经济外交为和平崛起助力，也为多元化战略的实施注入了新的内涵和动力。

（1）多元化战略增加中国的软实力。美国哈佛大学国家事务研究中心主任约瑟夫·奈在美国《外交季刊》1990年秋季上发表的《软实力》一文中指出，在新形势下一个国家实力不再强调传统意义上的军事实力和征服别国的能力，而更注重经济、科技和其他方面的“软实力”或“融合性实力”。而且“软实力”（指文化的吸引、意识形态和国际机构）和“融合性实力”（让其他国家愿意做你所希望做的事）会变得越来越重要。

新的世纪是中国崛起的世纪。在崛起过程中一方面要提防霸权国家不仅利用自身硬实力，更有可能利用其软实力对我进行压制；另一方面中国崛起的过程不仅仅是硬实力增强的过程，更是自身的软实力增强并发挥作用的过程。

软实力的组成要素很多，但在对外经济贸易领域实施多元化战略无疑是增强自身在对外经济贸易方面的软实力并与强权国家在对外经济贸易领域的软实力相抗衡的重要战略之一。我国实施对外经贸市场多元化战略的初衷之一就是平衡发展我国与世界各国和地区的对外经济贸易关系，尤其要适度减少对某些发达国家市场的过分依赖，以减弱某些发达国家利用我对外经贸对其的过分依赖而获得的软实力制约中国。另一方面，我国大力加强和亚非拉国家的对外经贸关系，减少对少数发达国家的依赖也可以培育自身“软实力”。这又可以包括两个方面，一方面是减少对发达国家的依赖即是减弱了发达国家相对于我的“软实力”，“敌人的弱小就是自身的强大”，从这个方面讲相对来说我国软实力也就增强了；另一方面应大力发展同亚非拉发展中国家经贸关系，虽然其绝对份额可能不大，但我国与部分发展中国家的贸易和投资的紧密程度是十分高的。这样可能出现的情况是某些发展中国家对我市场可能十分依赖，而这些发展中国家市场对我国来说份额可能很小，从而就培养了相对于那些国家的“软实力”。

（2）突出发展援助政策的经济功能。自新中国成立后一直把向贫困友好的发展中国家提供经济技术援助作为外交工作和对外经济关系不可缺少的重要组成部分和履行国际主义义务的重要内容。我国对外援助的规模和地理国别分布与各个时期的国际形势变化格局、对外政经关系的发展和国家财政经济状况密切相关。但是总的来讲从建国到改革开放前我国对外援助的一个显著特点就是政治外交色彩浓厚，对外援的经济功能不够重视。因此，自1978年改革开放后，我国对外援助政策进行了合理的调整，开始注重对外援助的经济功能。

事实上，世界上主要国家的对外援助除了追求政治外交利益外，也常常和对外经贸政策联系在一起，使对外援助在获得政治外交利益的同时，促进对外经济战略的实现。

对于我国来说，如何通过对外援助的方式更多地体现我国对外经济利益成为急需解决的课题。1995年国务院下达《关于改革援外工作有关问题的批复》标志着我国援外工作发展到一个新阶段。这次改革的重点放在推行援外新方式、扩大援外规模；通过银行提供优惠贷款，政府予以贴息；促进对外援助与贸易、投资等互利合作方式相结合；力争援外资金来源和渠道多元化，鼓励中国的优秀企业到发展中受援国举办合资合营企业，以进一步提高经济效益。

对外援助的这次改革为促进我国对受援国的出口、投资和劳务输出起到了极大的带动作用。许多援助项目我国只以较少的优惠贷款便带动了较多的投资以及大量的劳务出口，起到了“四两拨千斤”的作用。在未来若干年，对外援助无疑会为我国进一步开拓与我国经贸关系疏远的发展中市场，促进多元化战略的实施起重要作用。

（3）能源外交凸显。石油一向被称为“工业的血液”，自从战后以来，石油对于国民经济的发展越来越重要。尤其是20世纪70年代发生的“石油危机”使得世界各主要石油消费国越发认识到石油的安全、稳定、价格合理的来源对于一个国家的经济健康发展是多么重要。因此对于主要西方发达国家，以获取安全、稳定、价格合理的石油来源为目的的能源外交早就成为整体外交政策的重要组成部分。

对于中国来说，虽然从1993年成为石油净进口国以来，中国石油进口量迅速增长，石油进口依存度越来越大，到2002年达到33%，专家估计到2020年石油对外依存度将达60%，意味着中国到时需要进口至2亿吨原油，由于石油的供给和生产并不是完全市场化的，受到政治和外交甚至军事的影响较大，面临的巨额数量的石油进口不仅仅是我国经济上的沉重负担，也进一步增加了我国石油来源的安全稳定的风险，如何保障新世纪我国能源的安全供给已成为一重大课题。在这种情况下，中国新世纪的能源外交日益凸显了出来。

能源外交所要解决的最重要课题就是努力寻求石油来源的多元化。目前世界石油输出的地区集中在中东－北非、中亚－俄罗斯、西非及拉美等地区，因此我国的石油进口必然主要从这些国家进口，如果利用政治经济外交手段获取这些地区稳定可靠的能源将是我国未来能源外交的主要内容。

与20世纪90年代相比，目前我国实施多元化战略所面临的国内外环境发生了巨大变化。在90年代初多元化战略的动机可能主要在于对发展中国家市场的开拓，由于当时国内经济规模、外贸规模相对较小，对世界经济和其他国家的影响较小，而现阶段，进出口总额居世界第四，吸引外国直接投资居世界第一的情况下，我国已经完成从一个贸易小国向贸易大国的转变，而现在正从贸易大国向贸易强国转变。在这种背景下要继续推进对外经贸市场多元化战略就需要对其有新认识。面对新的国际政治经济形势，思维要更加开阔，要站得更高，以培育多元化能力（海外市场开拓力）为目的，以新的理念指导促进多元化战略向更高阶段发展的战略性措施。再次要认识到当今区域经济一体化的趋势，要认识到对外经贸市场多元化的高级阶段应是积极参加各种经济合作组织，以自己参加的区域经济组织为基础构建我国对外经贸市场多元化的战略伙伴体系。

七、新形势下促进我国多元化战略向更高阶段发展的战略性举措

在新形势下促进我国多元化战略向更高阶段发展需要有新的认识。未来的多元化战略举措不能单纯地依靠贸易和投资的促进措施，更需要适应当前国内外世界政治经济形势，以理论创新为先导，以建设国家未来的综合性政治经济竞争优势为目标（而市场多元化仅仅是其中一个分目标），采取适合我国实际情况的战略性措施。

1. 发挥比较优势，巩固业已形成的多元化市场。目前我国已基本形成以“以周边国家和地区为首要市场，以发达国家为关健市场，以广大发展中国家为基础市场”的多个层次的多元化市场格局。

由于我国的比较优势体现在多个方面和层次，因此完全可以根据比较优势的这一特点实现我国对外经贸市场的多元化。

首先，劳动力资源的优势是我国最大的比较优势。在未来实施的多元化战略中，要充分利用我国的劳动力密集型产品进一步扩大在发达市场、新兴工业化市场和广大发展中国家市场的占有率。

其次，在劳动力素质方面相对于大部分发展中国家也有一定的优势。经过多年的“科教兴国”战略的实施，我国劳动力素质得到了很大提高，受高等教育的人口数量居世界前列，而且劳动力成本相对低，我国不仅仅对于生产纯粹的劳动密集型产品有比较优势，而且生产需要熟练劳动力的产品也具有优势。

再次，相对于其他发展中国家，我国的工业科技也占有一定的优势。我国完全可以利用科技上的相对比较优势开拓广大发展中国家的市场。

最后，需要强调的是在利用比较优势的同时，要注意不失时机地使产业结构升级，并使外贸的产品结构与国内产业结构保持同步升级，使比较优势高级化，避免落入“比较优势陷阱”，这对于我国未来深度开拓发达国家市场，与发达国家争夺广大发展中国家市场十分重要。

2. 发挥国家竞争优势，促进市场多元化战略的实施。多元化战略的实施最根本的在于中国企业国际竞争力的提高，然而一个国家企业竞争力的状态从根本上说反映了这个国家的竞争力状况。要实施多元化战略，就要培育和扶持中国企业开拓和抢占国际市场的能力，因此，要从根本上提高我国多元战略的实施能力，不是在海外办几个贸易中心

或是商品分拨中心就能解决的问题，而要根据国家竞争优势理论培育和增强我国的国家竞争优势。

波特在《国家竞争优势》中论述了国家的竞争优势的四个方面，即新型标准、菱形模式、政府作用和战略原则。波特的新型标准认为具体行业的竞争优势取决于技术的创新，市场营销水平的提升，原材料资源的优势，全球性战略规划等。他进一步指出没有一个国家能够在所有的行业拥有绝对优势，但只能在某些行业优势突出,一个国家很少能在孤立的行业中形成优势，而是通过紧密结合的行业集团形成核心优势。

波特认为国家的竞争优势取决于构成菱形的四个基本条件：一是该国独特的生产资料优势，如劳动资源，基础设施和资金来源；二是国内市场需求优势，企业的竞争力通常首先是在迅速发展的国内市场上获得的；三是国内相关行业的辅助优势，强大的国内供应商和相关互补行业有助于提供类似的技术支持和共享人才资源；四是国内企业之间竞争带来的优势，当地市场的激烈竞争有利于促进企业加大投资，加快技术创新并迫使企业走向国际市场。

因此首先要充分发挥我国劳动力资源丰富的优势，要根据比较优势原理大力发展劳动密集型产业并出口。把劳动力资源丰富的比较优势转换成竞争优势至关重要，这就需要在基础设施建设、人力资源投资、吸引外资等方面下功夫。

根据波特的国家竞争优势理论，政府在从根本上提高我国实施多元化战略的能力，提升国家和企业的国家竞争力，应该在以下两方面发挥作用。

首先，政府应重视基础设施的建设，应努力为国内企业集团化优势的形成创造一流的基础设施并造就一流的人力资源环境以提高国内企业的国际竞争力。事实上，我国政府对电讯、电力、交通等基础设施的投入，对航空、金融等企业集团的资源整合以及对教育、国内人才培训、外国人才引进的重视都表明我国政府正在努力通过完善基础设施和改进国民教育以提升我国国内企业的核心竞争力。

其次，政府要转变职能。政府的角色从严格控制到放松管制正在发生重大的变化，政府应努力为企业创建一个宽松的竞争环境，而不是设置各种各样的障碍和贸易壁垒以提高企业参与国际竞争的能力。

总之，从根本上增强我国企业的国际市场开拓力对于提高我国实施多元化战略的能力是根本性和长远性的。它是在承认比较优势的基础上，通过政府的行为营造把这种比较优势转换成竞争优势的环境，从而根本上增强企业和国家的竞争力。

3. 利用战略性贸易政策，培育我国有国际竞争力的跨国公司，促进市场多元化战略的实施。所谓“战略性贸易政策”是指在不完全竞争和规模经济条件下，一国政府可以凭借生产补贴、出口补贴或保护国内市场等政策手段，扶持本国战略性工业的成长，增强其在国际市场上的竞争能力。

战略性贸易政策的核心是主张在不完全竞争和规模经济条件下，政府对于贸易的最优政策是要利用战略性的贸易政策扶持本国的工业成长，增强其在国际市场上的竞争力。

战略性贸易政策理论强调决定世界经济格局的是国家的竞争优势，而不是比较优势，在基本比较优势的自由贸易条件下，有比较优势如果不能转换成竞争优势，那么在世界经济竞争中就处于劣势。因此，国家贸易政策的任务之一就是将比较优势转换成竞争优势，甚至是在没有比较优势的行业培育和创造竞争优势。

我国正在实施的多元化战略，虽然国家理所当然要发挥政府政策的导向性作用，但是开拓国际市场，分散对外经贸风险的主体却是微观的单个企业。我国还缺乏国际知名的具有较强国际竞争力的企业，这就决定了我国企业在开拓新国际市场、巩固已有市场时与其他的实力更强的国际公司竞争时，就会处于不利地位。从微观方面讲，这种不利的地位阻碍了我国企业开拓国际市场；从宏观方面讲，则会进一步影响了我国多元化战略的实施。

从理论上讲，政府应该对我国企业实施战略性生产补贴、出口补贴和战略性关税政策，以影响我国企业在国际市场与其他国际公司竞争时的战略态势，尤其是在一些垄断性比较强，规模经济比较突出的行业，更是要对这些行业中的企业进行适当扶持和保护，以增强他们在国际市场上竞争的战略优势。只有这样，才能将我国的多元化战略落到实处。具体地讲，我国在实施多元化战略中，要注意战略性贸易政策的配合运用。

首先，运用战略性贸易政策对技术密集型产业进行必要的保护和扶持。对于技术密集型产业，与发达国家相比我国是不具有比较优势的，但是要进一步深度开拓发达国家市场，除了进一步搞好劳动密集型产品的出口外，有必要提高我国产品的技术含量；而且，与大多数发展中国家相比，我国的某些产业的技术优势还是有的。虽然在加入WTO情况下，逐步弱化和取消某些过时的政策工具，尤其不能滥用补贴和关税；但是，我们也不能完全弃之不用。例如，当我国某些特定产品在国际市场上具有明显的比较优势和一定的市场权力时，就要防止进口国利用进口限制或形成买方垄断集团等方法来转移我方利润。

其次，要扶持我国的跨国公司和集团。由于现在1/3的国际贸易和2/3的国际投资都是由跨国公司进行的，而目前我国还未真正形成一批跨国公司和集团，而国际市场上的垄断竞争、寡头独占竞争为主的局面将在相当长一个时期内保持不变，我国企业在国际市场与大型跨国公司和集团竞争时必然处于劣势，因而会阻碍我国企业有效开拓国际市场。因此，面对国际市场上的这种不完全竞争形势，中国企业应真正成为世界性跨国公司，壮大自身实力，调整经营战略，与发达国家的跨国公司较量和抗衡。只有中国的企业在国际竞争中与其他跨国公司相抗衡时，中国才能从根本上提高我国实施多元化战略的能力。

4. 进一步改进和完善现有的多元化战略政策措施体系。目前我国已经初步建立了一套促进对外经贸市场多元化的政策措施体系，但尚存在的不少缺陷与不足，因此首先要做的工作就是要完善已经的政策措施体系。要完善已经有政策措施体系时必须要注意以下几个方面。

首先，明确国家整体的竞争优势和企业的国际竞争力才是提高我国实施市场多元化战略能力的根本。政府在开拓国际市场中的作用和职责应该是维护本国企业的利益，为本国企业进行国际竞争创造一个良好的国内国际环境。多元化战略无疑需要政府指导与推进，但是最终落实的则是企业对国际市场的均衡开拓。

其次，综合运用国家的产业政策、战略性的贸易政策，以及对外经贸的其他三个战略即以质取胜战略、科技兴贸战略和走出去战略，以培育我国的大型跨国企业和集团，培育和扶持本国企业的国际竞争力创造政策环境。

再次，在实施多元化时，政府应进一步改进和完善对企业的促进服务体系。如对国内企业的商业信息服务、组织国内企业在国外的促进活动、以及地企业进行法律援助等，为微观企业开拓国际市场服务。

最后，企业开拓国际市场也需要大量的高级专门化人才，因此政府也应该在人力资源培育方面为企业服好务。还有国家也应该对多元化战略的实施目标作战略性规划，以使人们对未来若干年我国对外经贸格局有一个前瞻性的期望。

5. 强化经济外交，支持市场多元化。外交工作直接服务于本国的经济建设不仅是本国经济发展的需要，也是由当今国际政治经济的状况决定的。我国改革开放前的纯政治外交的时代已经成为历史，转变到现在政治外交与经济外交相互服务、相互促进的轨道上。经济外交涵概的范围较广，市场多元化战略的提出，无疑为我国经济外交注入了新的内涵，经济外交为我国实施多元化战略应该而且可以发挥重要作用。

促进我国多元化战略的实施而使用的经济外交手段很多，比如与其他国家谈判建立自由区，签订经贸关系使得化协定以及以国家名义进行商务促进活动等。

对外发展援助是经济外交的重要工具和手段。对我国而言，对外发展援助要密切配合多元化战略的实施，即重点投向我国需要着力开拓的亚非拉市场，为我国企业开拓这些市场铺路，增强这些国家在我国外经贸市场中的份额。在促进东道国经济发展的同时，不断朝着互利双赢的方向发展。

6. 注重市场多元化战略与其他对外经贸战略的有机结合。由于我国对外经贸战略包括四大战略，即市场多元化战略、以质取胜战略、科技兴贸战略、“走出去”与“引进来”相结合的战略。市场多元化战略只是我国对外经贸战略的有机组成部分之一，这四大战略互为联系、相互配合，为实现我国整体对外经贸战略目标服务。

市场多元战略保证我国对外经贸的区域结构方面在未来国际竞争中保持有利地位，但是它的实施离不开以质取胜战略、科技兴贸战略和走出去战略的实施。正如前面提到的，要进一步开拓欧美日等发达国际市场，要重点开拓广大发展中国家市场，就离不开产品有好的质量和形象；要想在国际市场竞争中取得优势，不仅仅要靠成本价格的优势，更要靠产品的科技含量；在贸易和投资越来越结合在一起的时代，要想真正牢固地占领外国市场，就需要对外投资的配合。因此，在实施多元化战略的同时，要进一步实施对外经贸的其他三大战略。

7. 积极参与区域经济合作组织，“国别元”与“区域元”相结合，构建我国战略性贸易和投资伙伴区域多元化格局。未来我国实施的多元化战略要强调“国别元”与“区域元”的有机结合。国别元一般指我国与各种类型的国家（包括发达国家、新兴工业化国家、发展中国家）和地区的经贸关系要均衡发展。区域元则指我国要积极参与区域经济一体化进程，并同时保持与世界主要区域经济组织的经贸关系均衡发展。

实施市场多元化战略不仅要增强企业开拓国际市场的能力，从根本上增强我国实施市场多元化战略的能力，同时应在国家层面上积极发展与各地区的国家和国家集团构建稳定的多边或双边经贸关系，为企业开拓国际市场打下良好的外部环境。

目前我国已经与东盟已经签署了自由贸易协定，与香港和澳门也签订了更紧密经贸关系安排的协定，而上海合作组织也在向贸易和投资便利化方面延伸。因此在我国的六大战略性贸易和投资伙伴中已经有三大伙伴已经与我国在经贸关系中有稳定的法律基础。而与日韩、美国、欧盟的经贸关系仍然是我国对外经贸活动的主要部分，是我国对外经贸第一个层次的多元化，未来实施多元化战略的着眼点在于平衡发展与这三大经济体的关系，尤其是大力加强与欧盟的经贸关系。如果中日韩能签署自由贸易协定那么我国的多元化体系将会更加巩固和稳定。

中国与智利、中国与南非、中国与海湾六国等正在进行的自由贸易安排也将是我国市场多元化战略的重要组成部分。从长远来讲中国与非洲、拉丁美洲各国在某种形式上的贸易和投资的自由化安排对于我国在全球范围内构建一个完整的对外经贸市场多元化体系意义十分重大。

参考文献：

1. 陈文敬主编：《邓小平对外开放理论与我国的对外开放政策》，中国对外经济贸易出版社2000年；
2. 刘朝明 张创才主编：《系统工程：中国对外贸易战略》，中国经济出版社 1997年；
3. 华晓红：“拓展均衡－我国出口市场多元化战略评价与调整”，《国际贸易》2002.9；
4. 傅政罗：“我国实施市场多元化战略浅析”，《国际贸易》 1995.6；
5. 师守文：“论对外贸易市场多元化战略”，《辽宁经济》 2003.4；
6. 马云东：“论市场多元化战略及其实施”，《前沿》 1995.5；
7. 强永昌：“对构建我国九十年代出口市场战略的思考”，《国际贸易》1992.4；
8. 赵永青：“积极实施市场多元化战略 大力开拓国际市场”，《国际贸易问题》1998.9；
9. 夏申：“论战略性贸易政策（上）”，《国际贸易问题》1995.8；
10. 夏申：“论战略性贸易政策（下）”，《国际贸易问题》1995.9；

11. 李雨时 李健 李钢 陆燕 赵玉敏："九十年代我国外贸出口发展战略构想"，《国际贸易》1992.2；
12. 赵利宏 杜希晓 张玲 寥进中："过剩经济下的对外贸易市场多元化战略动作模式初探"，《国际贸易问题》1999.9；
13. 刘力："出口市场的分布规律与我国出口市场多元化战略"，《国际贸易问题》1996.5；
14. 苏应蓉："战略性贸易政策的理论及其在中国的实践"，《当代财经》2003.3；
15. 吴德烈："韩国企业加速'世界化战略'步伐"，《国际贸易》1995.11；
16. 曹云华："新加坡90年代对外经贸发展战略"，《国际贸易》1993.5；
17. 刘颖琦 吕文栋 李海升："钻石理论的演变及其应用"，《中国软科学》2003.10；
18. 姚立新："迈克尔· 波特的'国家竞争优势论'评析"，《厦门大学学报（哲社版）》1998.4；
19. 朱文忠："战略性国际贸易理论评介"，《国际经贸探索》2004.1；
20. 徐贤权主编：《中国出口战略研究》，中国对外经济贸易出版社 1992年。

我国高新技术产品出口的现状与前景

自1999年开始实施科技兴贸战略以来，我国高新技术产品出口取得较大发展。2002年我国高新技术产品出口额达678.6亿美元，比1998年的202.5亿美元增长2.35倍，年均增长58.8%，其增长率是同期货物出口总额增长率的3倍。高新技术产品出口在我国货物出口总额中所占的比重也由1998年的11%提高到2002年的20.8%。2003年我国高新技术产品出口总额达1 103.2亿美元，增长62.6%，增量达到425亿美元，占全国货物出口增量（1 128.6亿美元）的37.7%，直接拉动全国货物出口总额增长13个百分点。高新技术产品出口的快速增长不仅促进了我国出口商品结构的改善，也在很大程度上支持着我国货物出口总额的快速增长。

但不容忽视的是，在高新技术产品出口繁荣发展的背后，存在着“外资为主体，加工贸易为主要方式，出口产品单一，东西部差距大”等严重结构性矛盾，以及自主知识产权产品少、自主创新能力低的严峻现实。我们认为，科技兴贸战略实施至今已进入了一个历史转折点，今后应在推动高新技术产品出口总量不断提高的基础上，将政策重点适度向“扩大自主知识产权产品出口数量”的方向倾斜，使高新技术产品出口真正成为拉动我国从“贸易大国”向“贸易强国”转变的有生力量。

一、我国高新技术产品出口的现状分析

（一）我国高新技术产品出口的特点

1. 增长速度较快，对外贸增长贡献大。从1999年开始（我国高新技术产品出口目录是在1999年正式确定的，因此本文所做的分析基本以1999年为起点），我国高新技术产品出口均比上年同期有较大幅度增长，年均增长率均保持在20%以上，其中2000年同比增长50%，2001年25.4%，2002年46.1%，2003年62.6%。高新技术产品出口增长率远远高于同期货物出口总额增长率，2001年为四倍左右，2002年为两倍以上。同时，高新技术产品出口在我国货物出口中的比重逐年增加，从1999年的12.7%上升至2002年的20.8%，年均增长21.3%。高新技术产品出口对外贸增长的贡献较大，2002年我国货物出口总额为3255.7亿美元，进口总额为2952亿美元，分别比上年增加了594.7亿美元和516.5亿美元，其中高新技术产品的贡献分别为214.1亿美元和187.4亿美元，高新技术产品出口增加额占货物出口增加额的36%，这表明约占全部货物出口额1/5的高新技术产品对出口增长的贡献超过1/3。

2. 进出口逐步呈现平衡发展的格局。1999年高新技术产品出口额在我国高新技术产品进出口总额中所占的比例为39.7%，2002年这一比例已提高到45%，表明我国高新技术产品进出口正向着平衡发展的格局转变。关于这一点，我们可以通过贸易特化指数这一

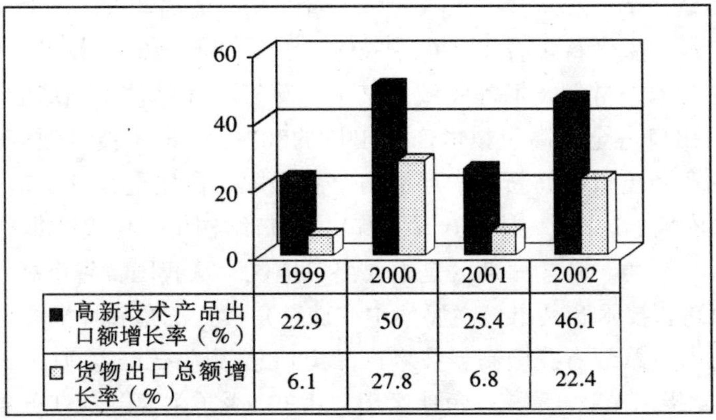

图1 近年来我国高新技术产品出口额与货物出口总额增长率对比图

资料来源：商务部网站。

指标来对我国高新技术产品出口的竞争力进行分析①。计算得出，近几年我国高新技术产品的贸易特化指数分别为–0.21（1999年），–0.17（2000年），–0.16（2001年）和–0.10（2002年），是一个从负数逐渐向零接近的过程，说明我国高新技术产品出口能力不断增强，产业竞争力正在不断提高。

3. 我国产品在世界高新技术产品出口中比重有所增加。我国高新技术产品出口在世界出口总额中的比重不断增加，从1980年的0.6%提高到1998年的2.9%，并已逐步在世界市场中占据一席之地。

表20 中、美、日、德、韩在世界高新技术产品市场中的份额 单位：%

	美国	日本	德国	韩国	中国
1980	36.1	19.7	7.8	1.1	0.6
1985	35.9	23.5	6.6	1.6	1.2
1990	30.6	24.8	6.8	2.9	1.7
1991	30.3	25.5	6.9	2.7	1.9
1992	31.6	23.5	6.7	2.8	2.2
1993	30.8	23.0	6.9	3.1	2.7
1994	30.6	21.2	6.9	3.5	3.0
1995	30.6	21.4	6.6	4.1	2.8
1996	32.4	21.3	6.0	3.9	2.9
1997	34.5	20.9	5.6	3.5	2.9
1998	36.0	20.4	5.4	3.1	2.9

资料来源：Science & Engineering Indicators 2002。

① 贸易特化指数是用来反映产品国际竞争力的指标（某一产品的贸易特化指数=出口额—进口额/出口额+进口额），指数值在1与－1之间变动。贸易特化指数数值越接近1，则该产品的贸易结构越偏向于出口，意味着本国产品对贸易伙伴国具有比较优势；反之越接近－1则越偏向于进口，意味着贸易伙伴国的产品具有比较优势；指数值为零表示进出口平衡。

4. 出口产品结构单一。从技术领域分布来看，我国的高新技术产品出口仍然集中在计算机与通信技术、生命科学技术、电子技术、计算机集成制造技术、航空航天技术、光电技术、生物技术、材料技术等领域，其中计算机与通信技术领域的产品一枝独秀，2002年该领域的出口占全部高新技术产品出口的80.3%；电子技术领域是第二大强项，2002年该领域的产品出口在高新技术产品出口总额中所占比重为11.1%。我国高新技术产品的出口严重依赖于这两个领域的产品出口，出口结构单一化程度非常严重。

5. 珠三角、长三角、环渤海地区是主要出口地区。从我国各省市高新技术产品出口的情况看，我国高新技术产品出口主要集中在珠三角、长三角和环渤海地区各省，2002年这三个地区的出口总额占我国高新技术产品出口总额的92.6%。其中，珠三角地区出口占45.7%（主要指广东省），长三角地区出口占30.7%（主要包括江苏省、上海市和浙江省），环渤海地区出口占16.2%（主要包括北京市、天津市、辽宁省、山东省）。高新技术产品出口的地区分布与加工贸易的地区分布表现出明显的趋同性，显示出我国高新技术产品出口与加工贸易发展之间存在密切的关系。从各省市排名看，广东、江苏、上海遥遥领先，2002年这三个省市的高新技术产品出口总额达到505.5亿美元，占我国高新技术产品出口总额近3/4。

6. 三资企业成为出口主体，私营企业发展迅速。三资企业是我国高新技术产品出口的主体，私营企业进出口增幅较大。值得关注的是，我国加入WTO以后，对外商投资的有关规定逐步放宽，使得引资形势出现新的变化，外商独资企业在三资企业中所占比例迅速提高，高新技术产品出口总额中外商独资企业的份额不断增大，我国内资高新技术企业将面临更激烈的竞争，内资企业高新技术产品出口的发展将受到较大影响。

表21　按企业性质统计的2002年高新技术产品出口情况

序号	企业性质		出口额（亿美元）	比重（%）	增长率（%）
1	三资企业		556.6	82.2	46.9
	其中	外商独资企业	374.8	55.4	67.3
		中外合资企业	161.9	23.9	15.4
		中外合作企业	19.9	2.9	36.5
2	国有企业		102.1	15.1	36.4
3	集体企业		12.5	1.9	44.6
4	私营企业		5.8	0.9	166.8
5	其他企业		0.1	0.0	32.3

资料来源：商务部网站。

7. 出口市场主要集中在发达国家及新兴工业化经济体。近年来我国高新技术出口市场主要集中在亚洲、北美洲和欧洲。其中，对亚洲出口占我国高新技术产品出口总额的一半以上，对北美洲和欧洲的出口分别占我国高新技术产品出口的24%和19%。从出口的国别（地区）结构看，近年来主要市场集中在美国、日本等发达国家和韩国、新加坡、香港、台湾省等亚洲新兴工业化国家和地区，并且对各个市场均保持着快速增长的态势。2002年对香港高新技术产品出口额达到167.3亿美元，占高新技术产品出口总额的24.7%，同比增长49.8%，香港成为我国高新技术产品第一大出口目的地。

8. 加工贸易是主要方出口式。近年来，我国高新技术产品出口中一般贸易方式出口逐年减少，加工贸易方式出口不断增加。2002年以加工贸易方式出口的高新技术产品为606.3亿美元，占高新技术产品出口总额的89.6%，同1993年相比，加工贸易方式所占的比重提高了近20个百分点。其中进料加工贸易503.5亿美元，占高新技术产品出口总额的74.4%，超过以其他贸易方式出口的高新技术产品总额一倍多；来料加工装配贸易102.7亿美元，占高新技术产品出口总额的15.2%。这一现象表明我国高新技术产品出口以加工装配为主要形式，出口产品缺乏自主知识产权和自主品牌竞争力。从未来发展看，我国高新技术产业的自主创新能力形成尚需时日，我国稳定的社会环境和优质、廉价的人才资源将加速外资高新技术企业进驻我国，因此，一段时期之内中国高新技术产品出口还将继续维持以加工贸易为主要方式的格局。

（二）我国高新技术产品出口中存在的问题及原因

1. 我国高新技术产品出口具有较强的对外依附性，外商投资、加工贸易等对我国形成自主创新能力的作用有限。我国高新技术产品出口对外依附性强主要体现在以下几个方面：贸易方式——我国高新技术产品出口以加工贸易方式为主，加工贸易占高新技术产品出口的90%左右；贸易主体——高新技术产品出口主体以外资企业为主，2002年外资企业高新技术产品出口占我国高新技术产品出口的82.2%。产品结构——我国中、低端产品供大于求、生产能力过剩的同时，高端核心电子信息产品主要依赖进口。

我国高新技术产品对外依附性强源于我国高新技术产品中存在的结构性矛盾，即外资为主体，加工贸易为主要方式。尽管在我国高新技术产品迅猛增长的过程中，吸引外商直接投资、发展加工贸易等政策手段促进了我国高新技术产品出口规模的迅速扩张，但其对推动我国自主知识产权产品出口所发挥的作用有限。换言之，这些政策推动了我国高新技术产品出口过程中的“量变”，但未能形成“质变”。

（1）利用外资，“以市场换技术”的战略未达到预期效果。引进先进技术，通过跨国公司的技术溢出效应提升我国企业的技术水平，实现技术创新，是我国利用外资政策的主要目标之一。多年的实践证明，利用外资政策对促进我国高新技术产品出口发挥了重要作用，但对促进我国企业技术升级换代，开发自主知识产权所发挥的作用有限，我国高新技术产业领域尤其是核心技术领域与国外的差距并未有明显的缩小。例如，我国的软件产业、集成电路产业等领域的核心技术与国外至少相差30年；能源技术方面，我国总体上大约落后先进国家15-20年；我国高新技术产业发展所需要的设备严重依赖进口，光纤制造装备的100%，集成电路芯片制造装备的85%，石油化工装备的80%，汽车工业装备、数控机床、纺织机械等70%由进口产品占领。由于“以市场换技术”策略的收效甚微，加上近年来跨国公司对我国进行投资时，更倾向独资或控股，倾向于技术转移在公司内部完成，以达到控制核心技术外溢的目的，这些都对我国企业通过模仿创新，在较短时间内提高新技术创新能力造成了不利影响。

（2）加工贸易对产业技术进步和升级换代的推动作用没有得到充分发挥。从我国加工贸易发展的实践看，① 外资企业在加工贸易发展中占据主导地位。内资企业在发展规模、增长速度、技术进步、新产品研发等方面与外资企业有较大差距；② 外资企业配套水平高，多生产高端产品，内资企业配套多在低端环节，附加值低；③ 外资企业参与环节多，覆盖研发、生产、物流、销售等，而内资企业大多只参与生产加工、包装等劳动密集环节。由于内资企业没有在加工贸易中占据主导地位，而且大部分内资企业从事的加工贸易仍处于劳动密集型环节，在经济总体上与国内产业关联度低，使我国加工贸易的技术进步受到制约，技术转移和技术外溢效果也受到限制，加工贸易对产业技术进步和升级换代的推动作用没有得到充分发挥。结果造成：加工贸易利用了我们的优势，而其自身的优势则没有充分为我所用。

（3）我国各类园区在促进创新和自主知识产权开发方面所发挥的作用有限。我国建立的各类型园区，如高新技术园区、经济技术开发区、高新技术出口基地以及科技园区等，为吸引外资、促进我国高新技术产品出口发挥了重要作用，但在促进创新和自主知识产权开发方面的作用有限。以科技园区为例，我国在建立各级科技园区时明确提出了“以自主创新为主，以技术引进为辅”的技术创新战略，但从十多年的发展轨迹中不难发现，总体上我国的科技园区是“引进技术多，消化吸收少；模仿创新多，自主创新少”。

2. 企业未成为我国技术创新和自主知识产权开发的主体。（1）研发投入结构不合理，企业的主体地位不突出。自改革开放以来，我国企业的研发经费投入不断提高，企业在技术创新活动中的主体性有所增强，但同发达国家相比还有明显的差距。2002年我国企业研发投入占总投入的61.2%，低于其他发达国家2000年的水平。从企业和科研机构在研发投入中所占的比重看，2002年我国科研机构研发投入所占的比例为27.1%，约相当于企业研发投入的1/2左右，而美国2000年科研机构的研发投入仅占总投入的7.5%，相当于企业研发投入的1/10左右。从研发人员投入看，20世纪90年代后，企业研发人员增长迅速，但就体现研发人员质量的指标——科学家和工程师的人数比例而言，政府部门所属的研究机构科学家和工程师所占比例仍然大于企业。从企业研发人员占全部研发人员的比重看，我国与发达国家相比存在明显差距。2000年我国企业的研发人员投入占全部研发人员投入的52.1%，低于发达国家平均60%的水平。再从研发产出情况看，企业甚至还算不上是技术创新的主体，我国科研机构完成的国家级重大科技成果年年都比企业完成的多，所占比重远远超过企业所占比重。

表22　研发经费使用结构国际比较

国家（地区）	年份	研发经费按使用部门分（%）			
		研究机构	企业	高等院校	其他
中国	2002	27.3	61.2	10.1	1.4
美国	2000	7.5	75.3	13.6	3.6
日本	2000	9.9	71.0	14.5	4.6
英国	2000	12.2	65.6	20.7	1.5
法国	2000	17.8	64.0	16.7	1.5
德国	2000	13.4	70.5	16.1	0
韩国	2000	13.3	74.0	11.3	1.4

资料来源：科技部《中国科技统计数据》(网络版2002年)。

表23　部分国家高新技术产业研发经费支出占增加值的比重　单位：%

国家	中国	美国	日本	法国	意大利	OECD14国[a]
年份	2001	1996	1996	1996	1997	1994
高新技术产业	5.07	27.9	19.1	27.8	21.8	22.2
航空航天制造业	13.3	38.7	21.2	32.2	25.1	33.5
计算机及办公设备制造业	2.48	43.1	27.4	9.7	12.5	28.6
电子及通信设备制造业	6.49	21.3	15.5	32.1	25.5	16.7
医药制造业	2.67	21.1	21.2	28.6	19.3	22.6

资料来源：中国2001年数据来源于科技部《中国科技统计数据》(网络版2002年)。其他国家数据来源于科技部《中国研发资源清查数据》统计。

a：加拿大、美国、澳大利亚、日本、丹麦、芬兰、法国、德国、意大利、荷兰、挪威、西班牙、瑞典、英国。

（2）企业重技术引进，轻研究开发，自主技术创新意识较弱。企业技术引进后的消化、吸收和创新，直接关系到企业的进步和发展。而我国技术引进重长期存在着“重技术设备引进，轻消化吸收”的现象。这主要表现在两个方面：①技术引进费用与用于消化吸收和技术再开发费用的比例失调。2002年我国大中型高新技术企业技术引进支出为93.7亿元，而用于消化吸收的支出为9.6亿元，二者的比例为1：0.1，技术引进规模较大的电子计算机及办公设备制造业的引进与消化吸收之比最低，仅为1:0.01。②重视“硬技术”，轻视“软技术”。长期以来，我国引进先进技术主要是引进成套设备和其他关键性机械设备，引进“软技术”—专利和专有技术以及工业设计等的比例很小。这种做法往往导致我国企业在用巨额资金购进先进技术设备后，还要支付巨额专利使用费。“重引进、轻吸收”的做法耗费了国家大量资金，对企业技术进步及经济持续发展的作用却十分有限。由于企业技术创新的意识和能力较弱，直接影响到我国具有自主知识产权的高新技术产品的开发及其产业化和市场化。

3. 对于扩大自主知识产权产品出口，缺乏明确、有力度的扶持政策。（1）关于自主知识产权，战略定位没有侧重。科技兴贸战略定位及奋斗目标中对我国高新技术产品出口做了总体规划，但其中没有突出扩大自主知识产权产品出口的内容，忽视了自主知识产权对企业和国家发展的战略意义，没有使各相关管理部门和企业从战略高度对具有自主知识产权的高新技术产品出口给予足够重视。在奋斗目标中也没有具体设定具有自主产权的高新技术产品的出口目标。而发达国家对自主知识产权的开发和保护则非常重视，并把知识产权提高到国家战略的地位。如日本2002年制定了《知识产权战略大纲》，提出实施“知识产权立国”政策。澳大利亚也将自主知识产权的开发和保护纳入其实施的研发税收减免计划、研发启动计划、创新投资基金计划、合作研究中心计划等一系列科技计划中。

（2）政策缺乏可操作性。在已经出台的促进高新技术产品出口的各项政策中，没有专门针对自主知识产权的开发和保护的鼓励设施，或是已在某些鼓励政策中略有提及，但内容不够明确。例如：《在鼓励和促进中小企业发展的若干政策意见》中，强调鼓励中小企业进行技术创新，并在财税方面给予大力扶持，拓宽融资渠道，建立信用担保体系和健全社会化服务体系等。但是，在鼓励中小企业开发具有自主知识产权的产品方面没有有效的优惠政策。而德国、加拿大、韩国等均有明确、具体的专门鼓励中小企业技术创新的措施。在《关于建立风险投资机制若干意见的通知》中，已经提到我国高新技术产业化程度低，具有自主知识产权的高新技术企业少的状况还未根本改观，需要通过建立风险投资机制，促进高新技术产业的发展。但是缺乏促进风险投资加大对自主知识产权产品开发投资力度的优惠政策，而且风险投资体制建设也不完善。而发达国家均建立了较为完善的风险投资机制。如德国建立了创新市场，使得专利持有人、技术转让人、新成立技术型企业和投资者能够在一个平台上交流相关信息，联邦教研部还通过补贴的方式对其予以支持，以通过风险投资加速科研成果的开发和市场化。在《关于深化科研事业单位人事制度改革的实施意见》中，提出应该创造适合科技人才脱颖而出的机制和环境，但是，人事改革缺乏鼓励和促进科研人员开展自主研发活动的政策措施。而新加坡就非常注重调动和保护科研人员的积极性。如新加坡规定在国立研究机构，政府出资的研究项目其知识产权完全属于投资者即国家或单位所有，职务发明人可以获得专利收益的30%，专利收益的另外40%归政府，30%归研究所。明确的利益分配机制对于促进科研人员开展发明创造具有较大的推动作用。

（3）对科技型企业的政策扶持力度不够。在《科学技术部、财政部关于科技型中小企业技术创新基金的暂行规定》和《中小企业国际市场开拓资金管理（试行）办法》中，分别提出了优先支持具有自主知识产权、高新技术、高附加值的出口创汇的各类项目和优先支持拥有自主知识产权产品的中小企业开拓国际市场。但是这些鼓励政策不够明确，并且附带了一定的条件：如申请“国际市场开拓资金”时要求企业必须有进出口经营权，而许多有自主知识产权产品的中小企业恰恰没有进出口权，因此这些企业就无法申请“国际市场开拓资金”，影响了他们开拓国际市场的积极性。

国家在批准《国家高新技术产业开发区和有关政策规定》的通知及其三个附件中均缺乏对具有自主知识产权的企业给予认定和鼓励的政策措施，也没有将区内企业自主知识产权的开发情况作为认定或评比高新技术产业开发区的条件。同时，在国家高新技术产业开发区税收政策中也没有相应的优惠或鼓励措施。

我国目前的税收政策中明确规定了对研发给予鼓励政策，但是开发具有自主知识产权的高新技术产品需要大量的资金投入，而目前我国的税收优惠政策力度偏小，对推动国内企业开发自主知识产权的效果不明显。而发达国家在这方面的支持力度则比较大。美国1981年就实行了《研究与开发减免税法》，以支持企业进行自主研发，2003年布什政府还要求国会使研究和实验税收减免永久化。澳大利亚对于企业在R&D方面的费用超过前三年平均值的部分，直接给予175%的奖励税收减免。

（4）缺乏关于鼓励加工贸易转型升级的政策。现行的加工贸易政策对促进自主知识产权产品出口的作用有限：第一，目前的加工贸易政策是针对纺织、轻工等产品制定的，传统的手册、合同管理办法及深加工结转、外汇核销、关税倒挂等方面存在的问题难以适应高新技术产品加工贸易发展的需求。第二，我国目前的加工贸易政策更多强调对加工贸易的管理和促进加工贸易总量的增加，缺少鼓励加工贸易转型升级，纵深发展的相关措施。从目前情况看，我国高新技术企业难以在短期内提高技术创新能力和国际竞争力，在今后相当长的时间内其发展仍将对“外力”形成一定程度的依赖。由于加工贸易具有“飞地工业”（或称“无根工业”）的特点，而且我国高新技术产品出口与国内产业的关联度又相对较低，因此如不能实现加工贸易顺利转型升级，将难以保证我国目前以加工贸易为主要方式的高新技术产品的生产和出口持续稳定增长。

4. 企业对知识产权的重要性认识不足，知识产权意识薄弱。（1）企业知识产权意识匮乏，对知识产权的认识有待提高。我国大部分高新技术企业习惯于传统计划经济体制下的科技成果管理模式，往往凭着经验或传统观念进行市场经营，缺乏专利与品牌意识，没有意识到知识产权是一种极具价值的无形资产，没有利用知识产权制度保护技术创新成果。企业领导层和管理层对知识产权的认识存在很多盲点和误区；对世界贸易组织知识产权协议的有关规定缺乏全面地把握；对跨国公司专利、商标策略和著作权（计算机软件）维权措施缺乏了解；对本企业无形资产——知识产权的价值评估、运营管理、市场监控等工作远未到位。此外，企业工程技术人员、经营管理人员的知识产权知识尚未普及。拥有专利代理人、商标代理人和知识产权专门人才的企业为数很少。

（2）技术创新中尚未确立明确的知识产权战略。这主要体现在两个方面，其一，在研发项目的选择上缺少知识产权战略规划，在企业的研发目标决策阶段，虽然有海尔等少数企业开始主动利用专利文献来为决策服务，但绝大多数高新技术企业在立项上都有一定的盲目性，或者只根据市场的短期需求确定开发目标，没有利用专利等知识产权文献来全面分析技术、市场和竞争对手的情况，不善于运用知识产权手段进行技术和市场优势的储备。有很多企业在新产品的研发阶段，不善于利用国内外知识产权文献来提高研发工作的起点和效率，对本可以直接利用的技术成果进行重复开发，浪费了大量资金和人力。其二，专利申请是我国高新技术企业的一个薄弱环节。一些企业研制出新产品、开发出新工艺后，由于没有申请专利，或被国内其他企业仿制，失去市场；或被外国企业窃取或廉价购买后申请外国专利，反过来导致自己产品出口受到极大限制。

5. 知识产权保护还不完善，无法为企业提供充分的制度保证。（1）惩罚力度不够，部分保护标准超越现发展阶段。目前，我国现行的知识产权法律规定的赔偿额较低，难以起到威慑作用。部分地区执法不严，某种程度上存在地方保护主义现象。此外，执法机构的执法水平和力量有限，国内只有少数法院能够审理复杂的专利案件。知识产权执法不严影响了我国的国际形象，也影响了国内企业技术创新的积极性。我国有些知识产权保护标准超出了现阶段的要求。有些立法简单照搬国外标准，与我国国情脱节。例如新修改的软件法对最终用户的责任要求甚至超过了日本和我国台湾地区。

（2）缺少维护知识产权公平竞争的反垄断措施。知识产权制度是一把双刃剑，适度保护将促进技术创新，过度保护将导致垄断，这就需要有相应的法律制约滥用知识产权的垄断行为，以维护知识产权的公平竞争。许多发达国家都利用反垄断法来制约滥用知识产权的非法垄断行为。如美国的《知识产权许可法的垄断指南》、欧盟的《技术转让规章》、日本的《专利和技术秘密许可中的反垄断指南》等。目前一些大型的跨国公司已经开始利用知识产权占领市场，并在知识产权许可和技术转移过程中附加反竞争条款。但是，我国还没有出台反垄断法，在知识产权保护法律中也没有可操作的反垄断条款。面对跨国公司利用知识产权垄断市场的行为，我国没有符合市场经济规则的措施来保护消费者和国内企业的利益。

（3）知识产权权属政策缺乏系统性，制度建设滞后。知识产权权属政策是知识产权制度的基础，它包括知识产权申请权、所有权和利益分配等方面的法律与行政规定。由于我国长期处于计划经济体制下，知识产权基本上归国家所有。改革开放后，我国的专利法、商标法和版权法相继出台，同时承认了个人的知识产权权利。但是，对政府资助、公共机构和职务发明的知识产权权属尚未建立有效的制度和机制。我国目前的知识产权权属政策存在的问题包括：① 职务发明权属政策“重雇主，轻发明人”，过多强调雇主利益，对职务发明人的地位和作用重视不够，职务发明人的激励机制不完善，奖励报酬不能落实。特别是国有企事业单位分配制度上存在平均主义，大部分职务发明人难以获得应有的报酬，员工的创新积极性不高。② 公共资源的知识产权管理“重保护，轻扩散”。政府科技计划项目的责、权、利不清，知识产权名义上归国家所有，事实上由承担单位所有，成果利用和转化无人负责。③ 政府在放权的过程中，强调了承担单位的利益，忽视了公共技术资源的扩散责任和监督管理。

二、扩大自主知识产权产品出口的必要性

党的十六大报告明确指出，“自主知识产权”是与使用他人知识产权相对的概念，指产品生产者对产品中包含的核心技术拥有自己的知识产权。但目前对于自主知识产权这一概念的内涵，无论是学术界还是从事实务的部门，都有不同的看法，有人认为：企业自己独立自主开发出来的科技成果就是有自主知识产权的科技成果，有人认为知识产权根本不存在什么自主和不自主一说。因此，在探讨扩大自主知识产权产品出口的必要性之前，必须先澄清一下自主知识产权的内涵。

（一）关于自主知识产权的界定

自主知识产权的提法产生于我国，国际上没有相应的概念。有关管理部门如科技部、知识产权局等也没有对自主知识产权的明确界定。本文对自主知识产权的界定是指中国的公民、法人或非法人单位经过其主导的研究开发或设计创作活动而形成的、依法拥有的独立自主实现某种技术知识资产的所有权，其中包括从其他中国公民、法人或非法人单位那里购得的知识产权[①]。

1. 自主知识产权与知识产权、专利的关系。以知识产权开发活动中权利主体的地位而论，知识产权可分为自主知识产权和非自主知识产权。即该项自主知识产权应为独立自主的研究开发或设计创作，也包括在与他人的合作中己方的创造性劳动占主要地位的研究开发或设计创作。包括发明专利、新科技产品外观设计、有关科技成果方面的专有技术，计算机芯片（含数据库、多媒体及网络产品）、集成电路芯片布图设计、动植物新品种、中药保护品种。自主知识产权更强调权利主体对核心技术的开发和掌握。专利是知识产权的重要组成部分，专利权也称工业产权，根据我国专利法规定，我国的专利包括发明、实用新型和外观设计。自主知识产权与专利之间是一种相互交叉的概念关系。即专利中既包括有自主知识产权的专利也包括没有形成自主知识产权的专利；自主知识产权中既包括有自主知识产权的专利，也包括具有自主知识产权的著作权、商标权、专有技术、自主计算机软件设定等。

2. 我国自主知识产权的主体应为内资或内资占主导地位的法人或非法人单位。我国自主知识产权的主体，是指对其所持有的高新技术的知识产权拥有独立自主支配能力的中国自然人、法人或其他组织。定义中所称的中国法人或非法人单位是指其原始资本构成中外资不占主导地位的法人或非法人单位。本文探讨的重点也在于扩大内资企业或内资占主导成分的外资企业的自主知识产权产品出口。在高新技术国际合作中：当该知识产权为两个或两个以上的权利主体共同共有时，其中，中国籍的权利主体应占1/2（不含1/2）以上；当该知识产权为两个或两个以上的权利主体按份共有时，其中，中国籍的权利主体所共同持有的权利份额应占1/2（不含1/2）以上；并且，不论是共同共有或

---

① 陈昌柏：《自主知识产权的理论和意义》。

按份共有的场合，在该共有知识产权有效期内，中国籍权利主体须享有“准自主支配权”，即当中国籍权利人行使该共有知识产权时，其他非中国籍权利人同意其行使或依据双方商定的公平合理的条件行使该知识产权。

3. 改进发明不能确保自主知识产权的实施。自主知识产权开发分为基本发明和改进发明。基本发明又称首创发明，凡是满足新颖性、创造性和实用性条件且无类似的在先专利的发明都可以认为是基本发明。由于基本发明要比已有的发明专利有实质上的区别或重大的技术进步，大部分是基础科学研究成果。对基础发明的改进也可能获得知识产权，但改进发明属TRIPS协议（《与贸易有关的知识产权保护协议》）中的第二专利，在实施或转让时必须得到第一专利（基本发明或在先的改进发明）权利人的许可，因此，改进发明有能够自主实施和不能自主实施的知识产权之分。近年来西方国家都广泛采用专利网战略，在基本专利周围申请许多防御性专利，即将和基本发明相关的微小改变都申请了专利以加强对基本发明的保护效果。由于使用改进发明必须征得尚在受保护期内的基本发明人的许可，支付专利使用费将是一项沉重的负担，因此，在高新技术领域拥有自主知识产权显得尤为重要。

（二）扩大自主知识产权产品出口的必要性

1. 扩大自主知识产权产品出口是提高综合国力，赢得发展主动权的关键。在知识经济时代，自主知识产权既是各国和企业间科技经济竞争的战略聚焦点，也是企业和国家提高竞争力的有力武器。未来国际竞争的焦点在高新技术领域，高新技术领域的竞争焦点在自主知识产权，发展拥有自主知识产权的高新技术和高新技术企业是提高综合国力，增强竞争力，是获取更多经济效益的主要手段，争取主动权、实现跨越式发展的重要途径，在国际竞争中后来居上的必由之路。

2. 扩大自主知识产权产品出口是保障国家经济安全的重要手段。作为经济全球化的主体，跨国公司的强大竞争力不仅体现在通过规模经营、比较优势、资源优化配置来实现利润最大化上，也得益于技术创新和知识产权，并通过成功的知识产权战略，占据竞争的最前沿。从我国国内情况看，跨国公司来我国申请技术专利保护呈现不断加速的态势。如在信息技术领域，1997年至1999年的发明专利申请总量中，涉及电子信息技术的发明专利占近1/3，其中外国申请是国内申请的5倍多。另一份统计资料显示，外国公司在我国获得的通信、半导体类授权专利数量约占我国同类授权专利的90%以上，生物行业约占90%，医药和计算机行业占70%以上。对我国内资企业而言，自主知识产权领域的竞争已形成“强敌压境”的局面，有效开发、运用和保护自主知识产权成为竞争中制胜的重要战略。拥有自主知识产权才具有参与国际竞争的资本，才能确保我国高新技术产业持续自主发展不因核心技术领域受限而被人为阻断，才能使我国经济安全得到保障，促进经济稳定、协调、健康发展。

3. 扩大自主知识产权产品出口是突破发达国家新贸易保护主义的有效办法。20世纪80年代以来，高新技术产品出口在全球贸易中所占比重逐年提高，已由原来的18%提高到22%。高新技术产品的发展对各国经济发展的贡献率也由80年代初的15%提高到目前的30%以上。高新技术的核心是以专利、商标、计算机软件、专有技术等为主的知识产权。目前世界绝大多数知识产权掌握在发达国家手中，据统计，97%的专利由发达国家的个人和公司拥有。随着全球经济一体化的趋势加速，对高新技术领域知识产权的保护和垄断，正日益成为发达国家增强竞争力的重要手段之一。在乌拉圭回合谈判中，WTO成员签署了“与贸易有关的知识产权协议”（TRIPS），从而在实践上将知识产权问题与贸易问题紧密联系起来，形成了多边贸易框架内统一的知识产权保护体系，使知识产权保护成为当代世界经济中一个通行的国际规则，并成为发达国家实行贸易保护的新手段。美、欧等国还利用其国内有关执行国际贸易协定的法律对其他国家知识产权保护情况进行监控。例如美国有贸易保护的301条款，欧盟有类似的《欧盟贸易壁垒调查条例》。

三、政策建议

（一）研究、制定扩大自主知识产权产品出口的整体规划

知识产权战略包括有效地开发、运用和保护自主知识产权三个层面，涉及国内众多的行业领域和科技、经济、司法、生产、外贸等众多管理部门。同时，由于其具有国际化的特点，决定了知识产权不是单纯的企业战略或部门战略，而是涉及国家宏观管理的系统工程。因此，应研究制定我国自主知识产权产品出口的总体规划，综合分析国内外高新技术产业和市场发展情况，确立我国专利布局战略；根据我国专利布局战略，对我国高新技术出口产品的总体状况做全面细致的调查研究，在整体推进我国自主知识产权产品发展的同时，将我国有相对优势并可能较快取得突破的领域作为扶持重点，确定一批重点企业，把知识产权从企业行为上升为国家行为，把重点企业或重点技术的知识产权纳入国家标准，并融入国际标准，使企业的技术优势转化为产品优势并进一步形成整个产业的优势；要加强对TRIPs协议及国外有关法律制度的研究，促进我国知识产权管理与国际制度的接轨，要将知识产权工作渗透到涉及高新技术产品出口的各个相关领域，建立快速高效的应对机制，加强协调，妥善处理涉外知识产权业务，对一些重大敏感问题作出快速反应。

（二）引导企业将自主知识产权的开发和保护纳入企业发展战略

一是要增强意识。高新技术出口企业必须增强积极开发和保护自主知识产权的意识，逐步普及知识产权发展战略。要使企业意识到企业是创造、运用和保护知识产权的主体，企业的核心竞争力是技术创新能力、市场开拓能力、资本运营能力、经营管理能力和抵御风险能力的集成。二是要明确方向。企业应从技术、市场、法律等角度综合分析决定研究开发的方向、选题和技术路线，目的是通过技术创新拓展自身的知识产权发展空间，

扩大市场占有率，避免研发的盲目性。三是要加强管理。企业应建立规范的知识产权管理章程和完善的知识产权管理机构或制度，加强对知识产权创造人员的鼓励和约束，促进企业管好、用好、保护好自己的知识产权，使其不断保值和升值，并通过科学的知识产权发展战略，占领市场，获取利润，努力在市场竞争中赢取主动地位。

（三）加大对自主知识产权开发的扶持力度

根据国家产业调整的总体目标，制定先进技术及关键设备引进的总体规划，实现我国研发的“高起点”，力争利用较短的时间，缩短我国与国际先进技术水平的差距。建立相应的专家评估体系，避免盲目引进，充分发挥引进技术对我国相关技术领域发展的带动作用。鼓励内资企业（包括国有企业和民营科技企业）对引进的技术进行消化吸收，继续利用“技术改造贴息贷款”，对引进技术成功消化吸收形成生产能力并有技术创新的企业进行重点扶持和奖励。

自主知识产权产品的开发、专利的检索、国外申请、维护等均需大量的资金支持，仅凭企业自身的资金和力量难以承担。因此，应利用外贸发展基金、优惠信贷利率、政策性贷款和贷款贴息等多种方式加大资金扶持力度。必要时可由政府提供有关信息的免费检索、免费翻译等服务。同时，建立健全创业投资体制，充分利用社会资金支持自主知识产权产品出口。

促进企业与大专院校、科研院所的有机结合，鼓励企业充分利用科研院所的基础研究成果和智力资源，对大专院校和科研院所为企业进行定向研究优先安排科研经费。促进大专院校、科研机构按照产业发展方向和企业需求进行适当的专业设置及研究课题的调整。对于二者联合进行的研发项目优先给予技改贴息或研发资金扶持。

健全知识产权权属政策体系，重视对研发人员的培养，加大对职务发明人的保护力度，建立相应的激励和监督机制，调动科技人员开展自主研发的积极性，减少人才流失，保持和增强研发队伍的竞争力。提高科研人员的知识产权意识，促进科研成果迅速形成知识产权，避免成果的流失。

（四）充分利用加工贸易、外商直接投资等多种有效方式

1. 利用加工贸易方式促进我国企业积极开发自主知识产权，实现民族产业自主成长。（1）探索高新技术产品加工贸易管理的政策性突破。建议以微电子产品为试点，对目前存在的一些阻碍我国高新技术产品加工贸易发展的政策性因素，如深加工结转、关税倒挂、外汇核销等探索新的解决办法，力争使我国更多的内资高新技术企业融入国际产业链，通过为外资企业做配套促进我国内资企业生产能力和自主研发能力的提高。（2）鼓励企业由OEM方式向ODM、OBM方式迈进。研究制定专门的优惠政策，对ODM、OBM企业进行鼓励，例如增加贷款额度、出口信用保险、优先退税，以及对其开拓国际市场提供专门的信息咨询等。鼓励企业在从事加工贸易的过程中不断增加自主研发的

成分，逐步从OEM方式向ODM、OBM方式迈进，力争通过加工贸易方式逐步实现民族产业自主成长。

2. 充分发挥外商直接投资的技术扩散效应，努力提高我国产业的总体竞争力。（1）进一步引导外商直接投资投向我国的重点高新技术领域，加大对那些具有较高附加价值和较高技术含量的外资的招商引资力度，避免低水平重复引进，依靠外资高新技术企业所带来的关联、示范和竞争效应推动我国产业技术水平的进步。（2）依托经济全球化和跨国公司本土化发展的大背景，努力将我国建设成大型跨国公司的地区性研发中心和生产中心，继续推动外商独资或合资研发中心的建设，充分发挥外资在资金、技术等领域的优势，促进技术转移和技术、人才溢出效应的扩大化，为我国自主知识产权产品的发展奠定基础。（3）在大力吸引外商对高新技术领域投资的同时，要加快完善相关法律体系的建设，尽快出台《反垄断法》，防止跨国公司形成市场垄断。重视营造竞争性的市场环境，在同一产品领域至少引进两家跨国公司或是形成能够与外资高新技术企业竞争的国内企业，在竞争中促进我国内资高新技术企业的发展。

3. 整顿园区建设，优化资源配置，形成核心产业，增强竞争力。由于目前园区的地理分布、科技力量和生产要素的配置较为分散，产业集聚效应未得到充分发挥，在一定程度上削弱了园区对高新技术产品出口的促进作用。今后应进一步整合各园区资源，确立各园区间有序竞争、协调发展的合作关系，力争形成地区性核心产业，并促进各园区之间围绕核心产业形成产业带或产业链，鼓励相关领域的科研机构进驻园区，在园区内形成产、学、研相结合的研发生产体系，不断形成和扩大产业集聚效应，使园区成为孕育我国具有自主知识产权的高新技术出口产品的摇篮。

（五）营造有利于企业开发和保护自主知识产权的政策、法律环境

1. 加强知识产权保护。应不断完善我国知识产权管理的有关政策法规，加大执法力度，为高新技术出口产品营造有序竞争的法律环境。对于各种侵犯知识产权的行为要坚决查处，及时处理知识产权纠纷，加强科技成果、专利等无形资产的评估，对取得的科研成果，要重视运用法律手段保护知识产权，鼓励和促进自主发明和有序的技术转让，创造优质名牌产品。

2. 建立健全服务体系。建立完善的市场信息服务体系，为高新技术出口企业及时提供国际高新技术产品市场发展动态，国外有关知识产权、产品或行业标准等方面的管理规定，及有关专利文献等信息。建立健全为高新技术企业提供法律咨询服务的各种服务体系，如律师事务所、知识产权事务所等。建立和发展各种类型的中介机构，促进高新技术研究成果的商品化。建立系统的高新技术企业人才培训体系，为企业培养高水平的复合型人才。

3. 促进企业联合。在促进自主知识产权产品开发的过程中，国有企业和民营企业各有优势。因此应促进各类企业在开发和保护自主知识产权领域的合作，增强我国高新技

术出口企业的整体竞争力。应促进竞争伙伴之间的强强联合，共同分享知识产权和市场份额的分配。通过优势组合，加快实现重大技术项目的突破，谋求在未来国际市场中的优势地位。应促进中小型科技企业的发展，促进大型企业与中小型企业之间的策略联合，充分发挥中小型企业的灵活性，共同向高新技术的前沿领域迈进，不断培育新的经济增长点，提高市场竞争力。

（六）加强知识产权国际战略研究，积极参与国际知识产权规则的制定

1. 加强知识产权战略的研究和普及。知识产权的国际战略因其目的不同所采取的手段也不同，其中除保护知识产权不被侵犯的目的外，还包括：（1）垄断战略：申请专利的目的是为了垄断制造、使用和销售其产品的权利；（2）防御战略：防止别人开发外围产品或利用其他方法生产相同产品与自己竞争；（3）拦路战略：在他人申请专利的基础上进行必要的技术改进，以获得交叉许可；（4）误导战略：企业为了不使竞争对手摸清自己的技术方向或技术核心，在专利申请中真假并存，甚至申请一些与自己研究方向截然相反或不相关的专利，以误导对方。目前我国大部分企业对知识产权战略都缺乏足够的认识，因此应加强对企业的宣传和指导，以利于企业采取应对和防范措施。

2. 积极参与国际知识产权规则的制定。在确定知识产权国际保护规则时，发达国家与发展中国家的利益往往不对等，而只有双方获得平等利益，知识产权保护制度才能得以顺利实施。我国应积极参与有关国际讨论，并代表发展中国家争取合理的利益。加强知识产权领域的理论研究，开展知识产权与经济、产业的跨领域研究，在国际知识产权规则的制定上争取主动权。

3. 加强技术性贸易措施体系建设。促进各有关部门在技术性贸易措施方面的信息交流与配合，建立技术性贸易措施咨询服务体系和预警与快速反应体系，及时收集、通报国外技术法规及产品标准的变化信息，对影响我国产品出口的国外技术法规，及时组织专家研究、论证，与国外有关方面交涉，力争突破国外技术壁垒。

四、我国高新技术产品出口的发展趋势预测

从目前我国高新技术产品出口发展的态势看，我们完全有理由相信在未来的几年里，我国高新技术产品的出口仍将保持良好的发展前景。运用回归模型来进行定量预测，从点线图上，可以看出我国高新技术出口金额在过去的12年内呈现上升趋势，指数曲线平滑增长的趋势也比较明显。利用指数曲线模型来对未来5年的高新技术产品出口金额进行时间序列回归预测。假设出口额为Y，时间为t，令LY = LOG(Y)，我们从LY与t的点线图上可以看出LY与t基本呈线性回归的趋势，故令回归方程为$LY = C_1 + C_2*t$，进行最小二乘回归，运用EVIEWS软件，得到回归方程为：LY = LOG(Y) = 3.087441111+0.28128897*t。

表24　1991-2002年我国高新技术产品出口额

t	1	2	3	4	5	6	7	8	9	10	11	12
年份	1991	1992	1993	1994	1995	1996	1997	1998	1999	2000	2001	2002
出口额（亿美元）	28.8	40.0	46.8	63.4	100.9	126.6	163.1	202.5	247.0	370.4	464.5	678.6

资料来源：商务部网站。

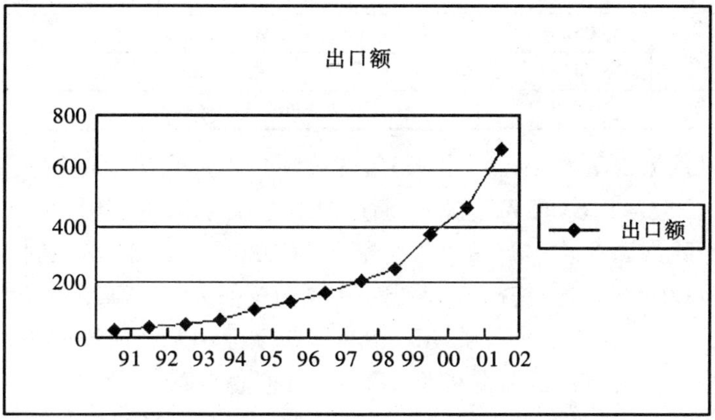

图2　1991-2002年我国高新技术产品出口额点线图

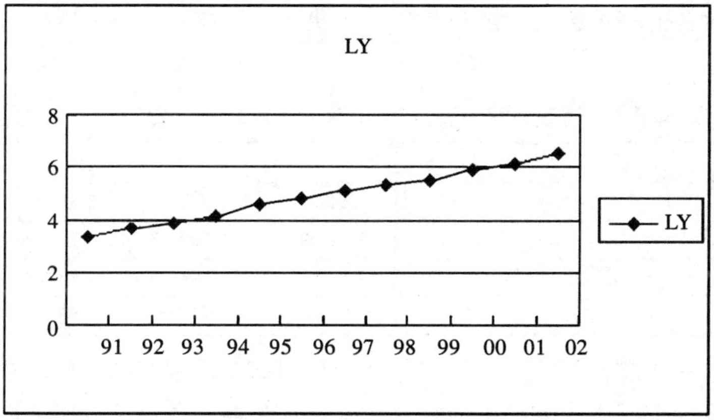

图3　1991-2002年我国高新技术产品出口额LY点线图

同时通过EVIEWS软件，我们还可以得到所示的模型参数估计及检验结果表，从表中可以看到，参数C和T的t估计量分别为70.26693和47.11629，P值都为0，说明方程的估计值都很显著。同时调整后的相关系数R^2为0.995516，接近于1，说明变量间高度线性，模型的相关性很高，拟合程度很好。并且模型的F检验统计量为2219.944，其P值为0，说明回归模型非常显著，拟合优度很高。

表25　由EVIEWS软件得到的模型参数估计及检验结果表

Variable	Coefficient	Std. Error	t-Statistic	Prob
C	3.087441	0.043939	70.26693	0
T	0.281289	0.00597	47.11629	0
R-squared	0.995516	Mean dependent var		4.915819
Adjusted R-squared	0.995067	S.D. dependent var		1.016484
S.E. of regression	0.071392	Akaike info criterion		−2.290249
Sum squared resid	0.050968	Schwarz criterion		−2.209432
Log likelihood	15.7415	F-statistic		2219.944
Durbin-Watson stat	1.854331	Prob(F-statistic)		0

因此，可以依据以上模型，对未来5年的高新技术产品出口进行一个大致的预测，计算过程如下：首先运用EVIEWS软件，通过模型方程得出的高新技术出口的预测值Y_0，即是“未来五年我国高新技术产品出口金额预测（2003－2007）”表中的数据。然后，假设置信水平1-α为95%，通过查表，得出在95%的置信度时，高新技术出口额的预测区间，即（$Y_0*e_{-F\alpha/2}^{(n-2)*S}$，$Y_0*e_{F\alpha/2}^{(n-2)*S}$），其中S为回归标准误差，通过EVIEWS软件可以得到S为0.071392，n−2为自由度，此模型中为10，通过查F统计量的表可以得出$F_{\alpha/2}$（10）为2.228，通过计算，以上的预测区间可以详细写为（Y_0*0.852143789，Y_0*1.173510871），具体结果如下表所示，上限即为Y_0*1.173510871，下限即为Y_0*0.852143789。

如果在其他条件不变时，单纯考虑时间因素，那么未来5年内我国高新技术产品出口将继续保持较快的增长速度，预测到2007年我国高新技术产品出口将达到2600亿美元左右。

表26　未来5年我国高新技术产品出口金额预测（2003－2007年）　单位：亿美元

t		13	14	15	16	17
年份		2003	2004	2005	2006	2007
出口额Y_0		849.12	1 124.94	1 490.36	1 974.49	2 615.87
置信水平为95%时	上限	996.45	1 320.13	1 748.95	2 317.09	3 069.75
	下限	723.57	958.61	1 270.00	1 682.55	2 229.10

综上所述，中国和世界经济的稳定发展为我国高新技术产品出口创造了良好的内外部环境，各级政府部门出台的一系列财政、税收、金融、产业等方面的鼓励政策为高新技术产品出口提供了有力的支持，我国高新技术产品出口规模、速度等均出现喜人的增长，并显示出良好的发展前景。但不难看出，我国高新技术产品出口中仍存在着明显的结构性矛盾，各地区之间、各产业之间、内外资企业之间、各出口市场之间、加工贸易方式与一般贸易方式之间的差距较大。“以外资为主体、以加工贸易为主要方式”的格局将影响到我国高新技术产品出口的持续稳定发展，扭转这种局面需不断提高内资企业在核心技术领域的竞争力，不断增加高新技术产品中具有自主知识产权产品的出口。

纪实篇

2003年中国对外货物贸易概况

一、总体情况

2003年我国对外货物贸易克服了SARS疫情、伊拉克战争等不利因素带来的严峻挑战，进出口总额达8 512亿美元，比上年净增2304亿美元，增长37.1%，增幅创下1980年以来的最高水平。其中，出口4 383.6亿美元，增长34.6%；进口4 128.4亿美元，增长39.9%。进出口商品结构进一步优化，机电产品、高新技术产品出口增幅分别达到44.8%和25.1%，比上年提高3.6个百分点和4.9个百分点，国内急需的原材料、先进技术和关键设备进口明显增多，外贸对国民经济增长的拉动作用进一步增强，2003年我国货物出口额占GDP的比重接近33%，比上年提高了约6个百分点。。2003年我国货物进出口额和出口额世界排名均从上年的第5位上升至第4位，货物进口额从世界第6位跃升至第3位，进口额占世界进口额的比重比上年提高0.9个百分点。

2003年我国一般贸易进出口额3 697.4亿美元，增长39.4%。其中出口1 820.4亿美元，增长33.7%，占当年出口总额的41.5%；进口1 877亿美元，增长45.4%，高出一般贸易出口增速11.7个百分点，占当年进口总额的45.5%。一般贸易项下逆差56.6亿美元。同期，我国加工贸易进出口额4 047.9亿美元，增长34%，占进出口总额的47.6%。其中出口2 418.5亿美元，增长34.4%，占出口总额的55.2%；进口1 629.4亿美元，增长33.3%，占进口总额的39.5%。加工贸易项下实现贸易顺差789.1亿美元。

2003年我国与主要贸易伙伴双边贸易实现全面快速增长。与日本、美国、欧盟3大贸易伙伴的双边贸易总额均突破千亿美元大关，其中与美国和欧盟的双边贸易首次突破1 000亿美元。日本连续11年成为我国最大的贸易伙伴，2003年中日双边贸易总额达1335.8亿美元，同比增长31.1%。中美双边贸易总额1 263.3亿美元，同比增长30%。我国与欧盟双边贸易总额达到了1 252.2亿美元，同比增长44.4%。同时，我国与其他主要贸易伙伴的贸易都保持了快速增长的良好势头，双边贸易增长速度均在20%以上，其中与东盟和韩国的增长速度都超过40%。

在出口商品中，机电产品出口稳占半壁江山，传统大宗商品出口增势良好。2003年我国机电产品出口2 274.6亿美元，增长44.8%，高出总体增速10.2个百分点，在总出口中所占比重达51.9%，比上年提高了3.7个百分点，对当年出口增量的贡献率为62.4%。传统大宗商品出口呈现良好的增长势头，其中服装及衣着附件出口519.2亿美元，增长26.1%；纺织纱线、织物及制品出口269.3亿美元，增长30.8%。

在进口商品中，初级产品进口增长大幅攀升，钢材、汽车进口持续升温。2003年我国进口初级产品727.8亿美元，增长47.7%，其中铁矿砂进口1.5亿吨，增长32.9%；原油进口9 112万吨，增长31.3%；成品油进口2824万吨，增长38.8%；大豆进口2 074万吨，增长83.3%。工业制成品进口3 400.5亿美元，增长38.3%，其中机械设备进口715亿美元，增长37.1%；钢材进口3 717万吨，增长51.8%；汽车进口17.2万辆，增长35.3%。

2003年，我国进出口经营资格准入门槛进一步降低，外贸体制改革继续深化。

一是大大降低了进出口经营资格准入条件，提前一年履行了加入世界贸易组织相关承诺。目前，我国已形成了各种所有制经营主体平等竞争、内外资企业共同发展的外贸经营主体多元化格局。首先，在对内资企业进出口经营资格管理方面实行了统一政策，即外贸流通经营资格实行核准制，生产企业自营进出口资格实行登记制；第二，将核准登记权下放到省级商务主管部门；第三，降低了对企业注册资本的要求，外贸流通企业降为不低于100万元（中西部地区不低于50万元）；生产企业降为不低于50万元人民币。符合条件的内资企业均可通过登记或核准获得进出口经营资格。经过改革，我国进出口经营主体迅速扩大，拥有外贸经营资格的内资企业已达11万家，比上年增加52%。其中，享有自营进出口权的生产企业为65 663家，同比增长66%；外贸流通企业为43 775家，同比增长99%；私营企业58 714家，同比增长114%。经营主体的扩大，尤其是民营企业的增加，为我国外贸发展带来了新的活力。2003年我国民营企业进出口总额达984.4亿美元，同比增长85%，远高于国有企业18.2%和外商投资企业43%的增长水平。其中，出口600亿美元，增长83.1%。民营企业实现顺差215.6亿美元，占当年全国外贸顺差的84%。

二是进一步减少了关税和非关税措施。2003年，根据加入世界贸易组织承诺，我国进一步降低了关税总水平，在2002年大幅降低5 000多个税号商品进口关税的基础上，又有3 000多个税目商品的进口税率不同程度降低。2003年的平均关税从2002年的12%降为11%，其中工业品平均关税从11.3%降为10.3%，农产品平均关税为16.8%。在降低关税总水平的同时，我国进一步减少了非关税措施，2003年，实行出口配额许可证管理的商品进一步减少，由2002年的54种减少到52种。其中，实行进口配额许可证和进口许可证管理的商品由12种减少到8种，取消了部分摩托车及其关键件、汽车及关键件、照相机及手表等16个税号的配额、许可证和特定招标管理。

二、机电产品

机电产品进出口高速增长，增速创18年来最高。2003年，全国机电产品进出口4 524.5亿美元，增长44.7%，高于全国外贸进出口增长率7.6个百分点，占全国外贸进出口的53.2%。机电产品进口和出口规模均首次突破2 000亿美元。其中，机电产品出口2 274.6亿美元，增长44.8%，增幅创15年来最高，占全国外贸出口比重从上年的47.8%提高到51.9%，提前两年实现“十五”计划确定的机电产品出口1 800亿美元、占外贸出口比重达到50%左右的奋斗目标；机电产品进口2 249.9亿美元，增长44.6%，占全国外贸进口的54.5%。

2003年我国机电产品出口在高速、平稳发展中坐稳半壁江山，出口业绩明显好于预期，2 274.6亿美元的出口额占GDP的比重超过了16%，为国民经济的发展作出了重要贡献。机电产品出口增长44.8%，高出全国出口总体增速达10.2个百分点，净增额703.8亿美元（1998年机电产品出口额仅为665亿美元），占全国外贸出口增量的62.4%，拉动全国外贸出口增长21.6个百分点。逐月来看，各月出口屡创新高，12月出口额高达257.3亿美元，比上一年度的单月出口最高额多98.6亿美元。出口逐季递增的态势明显，逐季递增额分别为94亿美元、74亿美元和108亿美元。从增长幅度来看，除2月份（33.9%）和12月份（64.5%）外，各月增幅相对平稳，且全年44.8%的增幅也是自1988年以来最高的，同时也比前15年平均增长幅度高20.6%。在高增长的带动下，机电产品出口额占全国出口总额的比重较上一年提高3.7个百分点，达到51.9%，首次过半。

2003年年初机电产品进出口出现了多年来的首次逆差，引起人们的关注，到6月份逆差扩大到20.2亿美元，第三季度继续增加到42.9亿美元，但第四季度出口迅速增长，各月均实现了20亿美元左右的顺差，全年最终实现24.7亿美元的顺差，后几个月的出口快速增长与出口退税政策的调整存在较大关系。

出口机电产品的技术含量和附加值进一步提高，机电产品进口结构不断优化。2003年高新技术机电产品出口1082亿美元，占机电产品出口比重进一步上升，达到47.6%，同比增长63.6%，远高于机电产品总体增长水平。同时，在高科技产品出口中，高新技术机电产品占据主导地位，占比逐年提高，2003年占比为98.1%，高新技术机电产品引领高科技产品出口的格局进一步得到巩固。高新技术机电产品进口1 161.8亿美元，增长44.4%，占高新技术产品进口的97.4%，占机电产品进口的比重提高到51.6%。消费类机电产品和一般加工设备进口进一步下降，国民经济发展以及产业结构调整所需的先进技术、关键设备进口大幅增加。

2003年自动数据处理设备、家电及消费类电子、通信设备是我国出口额最大的三类机电产品，分别出口597.7亿美元、298.9亿美元和195.4亿美元，共占机电产品出口额的48%。它们的快速增长也是带动机电产品增长的主要因素，三者净增416.8亿美元，占机电产品净增额的59.2%，尤其是自动数据处理设备，净增262.1亿美元，带动机电产品整体增长16.7个百分点。以上三类商品中便携机、摄像机、空调器、显示器、打印机和激光视盘机等出口金额较大且增幅超过50%。

电子元器件、电工器材和机械基础件等大宗产品出口平稳增长，出口额分别为147.8亿美元、144.5亿美元和74.8亿美元，分别增长了37%、30%和26%，与上年增幅持平或有所上升。摩托车、船舶和集装箱是出口增长较快的商品，增幅分别为77%、55%和74%，且较上年的增幅均提高了50个百分点以上。起重及工程机械和游戏用品出口44.3亿美元和44.6亿美元，增幅分别为24%和23%，比上一年增幅分别下降了104个百分点和56个百分点，在高增长之后进入平稳增长期。

一般贸易、加工贸易出口全面增长，增幅均在40%以上。2003年机电产品一般贸易出口505.5亿美元，增长41.7%，比上一年增幅高13个百分点，占机电产品出口比重为22.2%；加工贸易出口1 701.1亿美元，增长45.4%，比上一年增幅高12.9个百分点，占机电产品出口比重的74.8%，其中进料加工贸易出口增长50.5%，占出口比重为61.9%，来料加工装配贸易出口增长25.2%，占出口比重为12.9%。

2003年机电产品一般贸易方式出口额占全商品一般贸易方式出口额（1 820.3亿美元）的27.8%；而加工贸易占全商品加工贸易方式出口额（2418.5亿美元）的70.3%，可见加工贸易出口主要集中在机电产品部分。

加工贸易近年发展的主要特点是：1995年，机电产品出口中加工贸易占比为69.9%，自1996年开始保持在75%左右，牢牢占据主导地位；2003年重点机电产品出口中加工贸易占比较高的有：自动数据处理设备及零部件高达96.6%，消费类电子及零件为91.6%，通信设备及零件为87%，另外集装箱、复印设备、船舶、照相机等也都在85%以上；加工贸易出口中外商投资企业占比不断提高，2003年这一占比达到83.8%，且由早期的试探性投资向长远投资转变。中国加工贸易已从珠三角地区迅速扩展到长三角地区和其他沿海地区，并逐步向内陆扩展，对出口的迅速发展起到重要的促进作用。

机电产品一般贸易进口794.4亿美元，增长42.3%，占机电产品进口总额的35.3%，比上年下降0.7个百分点；机电产品加工贸易进口984.9亿美元，增长46.7%，占机电产品进口总额的43.8%，比上年提高0.7个百分点。

国有企业出口占比下降，外商投资企业和民营企业出口发展迅速。2003年国有企业虽然在出口总量上继续增长，但因增幅低于整体32.2个百分点，在出口中的份额降至两成；在外商直接投资和加工贸易的带动下，外商投资企业以超过50%的增速将出口份额扩大到七成；民营企业充分展现了蓬勃的发展活力，增速超过了80%。具体数据为：国有企业出口466.5亿美元，增长12.6%，增幅较上年回落了3.7个百分点，占机电产品出口比重为20.5%，较上年下降了5.9个百分点。外商投资企业出口1608.6亿美元，增长53.2%，增幅较上年提高了16.2个百分点，占比为70.7%，较上年提高2.9个百分点，其中外商独资企业出口增长最为迅速，出口额达1074.7亿美元，增长63.1%。民营企业出口199亿美元，增长87.8%，占比上升到8.8%。

2003年机电产品出口企业数量增长迅速，尤其是大企业出口占比提高较快。2003年有机电产品出口业绩的企业共计45 217家，比上年增加8 848家。国有企业8 160家，比上年减少143家，其中出口额超过1亿美元的有46家，比上年增加9家，出口207.8亿美元；外商投资企业24 033家，比上年增加3 486家，其中出口额超过1亿美元的有254家，比上年增加93家，出口966.1亿美元；民营企业13 124家，比上年增加5 605家，其中出口额超过1亿美元的17家，比上年增加7家，出口47.3亿美元。以上出口超过1亿美元的企业出口总额占机电产品出口的比重为53.7%，比上年提高了7个百分点。

机电产品出口市场多元化取得新进展。2003年，美国、香港地区、欧盟、日本和东盟仍是我国机电产品出口的主要市场，其中对前三位的出口占全国机电产品出口的62.8%，三者平均增幅为49.3%，高出全国机电产品出口增速4.5个百分点。开拓新兴市场效果明显。除主要出口市场保持高速增长外，对其他地区出口也出现高增长。在机电产品出口额超过10亿美元的国家和地区中，增幅大于90%的有土耳其和匈牙利，分别增长99.6%和91.5%。对各大洲出口增长相对均衡。

2003年对亚洲、北美洲、欧洲三大洲出口机电产品分别为1 087亿美元、566亿美元和500亿美元，总占比为94.7%，尤其对欧洲出口增长迅速，增幅为65.8%，高于平均水平21个百分点，对非洲、拉丁美洲出口增幅提高较快，出口额分别为39.4亿美元和49.7亿美元，增长47.5%和36%，比上年增幅分别提高了26.2个百分点和27.4个百分点，但因基数较小，出口增量不大。对大洋洲出口31亿美元，增长56.1%，增幅基本上与上年持平。

2003年我出口的十大机电产品市场为：美国（540亿美元）、香港（444亿美元）、欧盟（443亿美元）、日本（251亿美元）、东盟（166亿美元）、韩国（72亿美元）、台湾省（54亿美元）、澳大利亚（27亿美元）、加拿大（26亿美元）和阿联酋（22亿美元），对其出口占总额的89.8%，其中对欧盟、澳大利亚和阿联酋的增长率高达64.4%、54.9%和50.8%。其他重点市场中出口增幅高于80%的依次为：阿根廷、哈萨克斯坦、土耳其、乌克兰、匈牙利和俄罗斯。

国内重点地区机电产品出口增势强劲，中西部地区出口实现新突破。出口及净增量仍主要集中在东部地区。2003年机电产品出口中东部、中部和西部地区的占比分别为96.6%、1.5%和1.9%。2003年出口机电产品前十位的省市依次为：广东、江苏、上海、浙江、天津、福建、北京、山东、辽宁和四川，与上年位次相同。其中广东、江苏和上海三者占比已经达到了73.1%，比上年提高2.8个百分点。重庆、安徽、广西、新疆、江西和贵州等中西部地区机电产品出口在全国的排名较上年有所上升。从各省市出口增长幅度来看，9个省市的出口增幅高于整体幅度，以青海（167.5%）、新疆（118.9%）、甘肃（97.2%）和贵州（95.2%）等西部地区的增幅最为突出，而江苏和上海也在较高基础上实现了73.7%和76%的高增幅，对出口增长的拉动作用较大。机电产品净增额也主要集中在东部地区，主要有广东（271.7亿美元）、江苏（161亿美元）、上海（124亿美元）、浙江（46.4亿美元）、福建（23.2亿美元）和天津（17.4亿美元）等，以上共占净增额的91.5%。

三、高新技术产品

在全国高新技术产品进出口连续4年保持高速增长的基础上，2003年我国高新技术产品进出口总额达到2 296.2亿美元，比上年（下同）增长52.9%，占全国外贸进出口总额的27.0%。其中，出口1103.2亿美元，进口1193.0亿美元，分别增长62.6%和44.0%。2003年，我国高新技术产品对外贸易始终保持高速增长态势，占全国进出口总额的比重逐月提高，对外贸增长的带动作用日趋明显。高新技术产品出口比2002年（678亿美元）增长425亿美元，占全国外贸出口增量（1 128.6亿美元）的37.7%，直接拉动全国外贸出口增长13个百分点。

2003年我国高新技术产品进出口呈现以下特点：1. 月度出口屡创新高，国际竞争力显著提高。2. IT类是我国高新技术产品进出口的主体，材料类产品出口增长加快。IT类产品出口1061.8亿美元，占高新技术产品出口的96.2%，提高了1.6个百分点；材料类产品出口4.1亿美元，增长82.0%，成为非IT类高新技术出口中的亮点。3.传统出口市场得到进一步巩固，新兴市场开拓力度不断加大。我国高新技术产品出口市场前5位国家和地区出口总额达到946.6亿美元，占我国高新技术产品出口总额的85.8%，市场集中度比2002年（85.3%）略有提高；同时，东欧、拉美、印度和非洲等新兴市场也得到进一步开拓。4.三资企业出口继续保持高速增长，私营企业已成为我国高新技术产品进口的新生力量。三资企业累计出口高新技术产品942.7亿美元，增长69.3%，占比85.5%，私营企业累计进口45.1亿美元，增长173.2%，占进口总额的3.8%。5.沿海地区进出口继续高速增长，四川跃居全国前十位；全年沿海地区出口高新技术产品1 082.6亿美元，占全国的98.1%。

表1　2003年中国高新技术产品主要进出口市场统计

国别（地区）	出口额（亿美元）	增长率（%）	比重（%）	进口额（亿美元）	增长率（%）	比重（%）
美国	267.1	69.6	24.2	118.8	6.4	10.0
香港	251.4	50.2	22.8	36.7	3.1	3.1
欧盟	223.8	100.2	20.3	123.0	30.3	10.3
日本	118.4	53.4	10.7	237.6	49.8	19.9
东盟	85.9	31.0	7.8	221.7	72.8	18.6
韩国	30.7	46.0	2.8	120.2	65.3	10.1
台湾省	26.8	46.1	2.4	175.3	41.0	14.7
澳大利亚	11.1	77.5	1.0	1.4	34.7	0.1
加拿大	7.9	80.2	0.7	5.8	–23.3	0.5
印度	7.1	22.9	0.6	0.8	43.7	0.1

数据来源：海关统计。

四、纺织品

对我国纺织品进出口贸易而言，2003年是极不平凡的一年。先是年初的伊拉克战争，导致国际石油期货价格上升，引发国内涤纶、胺纶、聚脂切片等纺织原料价格上涨，战争的阴影也影响了对中东市场的出口；紧接着是四五月份SARS的突袭，许多国外客户取消了到我国的商务旅游，部分订单被取消或转移，企业的生产受到严重影响，悲观情绪甚至超过1997年亚洲金融危机；而棉价的暴涨，无疑使刚刚经历了SARS打击的棉纺企业雪上加霜。棉价自2002年年底起一直呈上升趋势，2003年10月达到历史新高，涨至1.8万元/吨，12月份仍高居1.7万元/吨。棉价的上涨进一步推动了面料价格的上升，增加了企业出口的成本，一些棉纺企业面临亏损；这一年，针对我国纺织品出口的外部环境也变得更为严峻，印度、南非、秘鲁等先后对我纺织品进行反倾销和反倾销调查。最引人关注的是，美国对我国三类纺织品实施特别保障措施，其负面效应十分严重，不利影响已经开始显现。

然而，历经种种艰难曲折，我国纺织品出口仍保持快速增长。全国纺织品服装出口总额达788.7亿美元，同比增长27.7%，正在逼近800亿美元出口大关，较2002年的出口617.9亿美元增长了171亿美元，是我国历史上纺织品服装出口年增加值最大的一年，也是近十年来我国纺织品服装出口增幅最大的三个年份之一（注：出口增幅超过20%的年份有：1994年出口额342.2亿美元，增长31.2%；1997年432.1亿美元，增长23.5%；2000年521.7亿美元，增长29.4%）。如此之大的出口规模和出口增幅，在世界纺织品出口中的位置是其他国家所无法替代的。

2003年全国纺织品服装累计实现进出口945亿美元，增长24%，占我国货物进出口总额的11%。其中出口788.7亿美元，增长27.7%，占全国货物出口总额的18%；进口156.3亿美元，增长8.5%，占全国货物进口总额的3.8%。累计实现贸易顺差632.5亿美元，增长33%。

全年纺织品服装进出口主要有如下特点：

1. 贸易顺差持续增长，继续位居全国外贸顺差第一大来源。长期以来，纺织品服装一直是我国贸易顺差的主要来源。2003年随着我国进口贸易发展的加快，纺织品服装出口的平衡作用更加显现。2004年1月和3月，我国外贸总体曾出现了两个月的单月逆差，由于纺织品服装贸易顺差的强劲拉动，使得全国总体贸易顺差仍达到了255亿美元，但较上年度是下降的，降幅为16%，而纺织品服装实现贸易顺差额高达632.5亿美元，为全国贸易顺差额的2.5倍，较2002年的1.6倍又提高了56%，为我国外汇收支平衡发挥了至关重要的作用。

2. 一般贸易进、出口增势明显，加工贸易增长平稳。占出口总额近三分之二的一般贸易出口534.5亿美元，同比增长35%；加工贸易出口245亿美元，其中进料加工146.8亿美元，增长18.8%，来料加工98.3亿美元，增长1.3%。加工贸易的增速虽仍小于一般贸易出口的增速，但较2002年的负增长已出现大的飞跃。进口方面，共计156.3亿美元的纺织品服装进口额中，一般贸易进口实现了43.5%的增幅，超过一般贸易出口增幅9个百分点，加工贸易中的进料加工进口也实现了12.4%的增长，但来料加工进口略有下降，下降了0.4%。

3. 国有、三资企业贸易均实现增长，民营企业贸易增长迅猛。国有企业和三资企业分别出口334.7亿美元和272.8亿美元，分别增长11.6%和23.5%，二者合计占出口额的77%，其出口主体的地位仍然没有改变，但较去年86%的出口份额下降了9个百分点，显示出民营企业的发展势头更为强劲。民营企业181.2亿美元的出口额已占总出口的五分之一强（23%），集体和私营企业同比增长幅度分别高达38%和164%，远高于国有和三资企业的出口增长速度，同时民营企业的进口增长也十分迅猛，私营企业的进口增幅更是高达178%，预示着今后民营企业的进出口贸易将得到更大发展。

4. 大类商品价量齐升，我出口商品档次正在逐步提高。纺织半成品中的纱线和面料的出口金额分别增长25%和29%，服装出口金额增长26%。这三大类商品的出口单价分别增长1.7%、5.8%和2.3%。出口单价虽然增长不多，但体现我出口产品的档次、质量已有了整体的进步和提高。

5. 主要进口商品增势平稳，棉花等原料性商品大幅增长。按进口额计，主要进口商品依次是面料、纱线、制成品和服装。面料进口81.8亿美元，同比增长6.7%；纱线39.3亿美元，增长13.6%；制成品24.1亿美元，增长4.8%；服装10.9亿美元，增幅为13.3%。面料和纱线等半成品为我主要进口商品，其中玻璃纤维纱线及织物进口增长较快。进口原料（不计入纺织品服装进口总值）中，主要以化学纤维和天然纤维中的棉花、羊毛为主，棉花的进口额为11.9亿美元，同比增长521%，进口量达95.4万吨，增长359%。我国纺织服装进口的传统国家（地区）是台湾、日本、香港和韩国，但进口增长幅度不大，自香港进口甚至出现了下降。在原料方面，主要从美国、台湾、日本和韩国进口，其中以从美国的进口额增长最快，增幅达248%。

6. 对主要市场出口继续增长，非洲、独联体等新兴市场增长明显。对五大出口市场香港、日本、美国、欧盟和韩国的出口增长分别达到19.1%、12.5%、28.6%、34.4%和11.8%，合计出口额为516亿美元，占总出口的65%，较2002年的69%下降了4个百分点，我国多年来倡导的多元化市场战略已取得一定成效，但我国纺织品服装出口过分依赖传统市场的格局依然没有改变。目前，非洲和独联体国家已成为增长最迅速的地区，对这两个地区的出口增幅分别达59%和109%。其中，对非洲出口增长较快的是尼日利亚和南非，分别增长123%和73%。对独联体国家出口增长较快的是俄罗斯和哈萨克斯坦，分别增长103%和231%。对这些地区出口的高速增长，为实施“走出去”战略奠定了良好的发展基础，也有利于抵御和分散国外贸易保护主义带来的风险。

7. 绝大多数省市出口保持增长，广东、浙江和江苏均超百亿美元。除贵州出口下降1.3%外，各省（市）纺织品服装全部实现增长，增长最快的省（市）集中在西部地区，如新疆和青海增幅达三位数，分别为135%和219%，但出口规模比较小。从主要出口省份看，广东仍位居第一，出口165亿美元，同比增长15.6%，占全国总出口的21%；浙江省发展势头最为强劲，出口额激增至155.4亿美元，占全国总出口的20%，出口增幅高达43.7%；江苏省首次过百亿美元，达119.4亿美元，增长26.9%，占比15%。位居前五位的广东、浙江、江苏、上海和山东的出口额合计达到了614亿美元，占去了78%的出口份额，如果再将位列6~10名的福建、辽宁、河北、北京和天津的出口额统计在内，前10大出口省（市）的出口份额高达89%，显示出我国经营纺织品服装出口业务高度集中在发达省（市）及沿海地区。

8. 对设限地区出口继续增长，配额商品出口比重仍然过高。我对美国、欧盟、加拿大和土耳其等四个有设限配额的国家（地区）纺织品服装出口共计192.2亿美元，其中对美国和欧盟两大市场出口分别为91亿美元和86.3亿美元，占对设限地区总出口的比重分别为47%和45%，同比增长分别高达28.6%和34.4%，对加拿大和土耳其合计出口额仅占8%，出口分别为11.8亿美元和3.2亿美元，同比增长分别为22.7%和71.8%。对设限地区的出口实现了全面增长，而且除加拿大外，增幅均高于对全球整体增幅。从具体设限配额商品的出口看，按许可证发证金额数据统计，输美85个类别商品出口34.7亿美元，同比增长1%，占我对美纺织品服装总出口的38%；输欧41个类别47亿美元，同比增长20%，占对欧出口的55%；对加拿大23个类别出口3.5亿美元，同比下降10%，占对加出口的30%；对土耳其38个类别出口5724万美元，同比上升32%，占对土耳其出口的18%。配额商品的出口由于受配额数量的限制，出口增幅低于对相应地区的平均增幅，但配额所占比重依然较高，对欧盟配额类别的出口比重甚至高达55%，在一定程度上限制了对该地区出口的进一步扩大。

五、轻工产品、工艺品

据我国海关统计，2003年我轻工工艺品进出口总额达到1 728.81亿美元，与2002年相比增长27.02%，占全国进出口总额的20.31%。其中出口1 324.45亿美元，同比增长26.42%，占全国出口总额的30.21%；进口404.36亿美元，同比增长29.06%，占全国进口总额的9.79%。顺差920.09亿美元，同比增长25.29%。

与往年不同的是，2003年轻工工艺品进出口总额、出口额、进口额增长幅度均低于全国外贸进出口平均增长水平。这种情况说明，一是国家出口商品结构调整，高新技术产品出口比例越来越高；二是我国传统出口商品在国际市场所占比重已经很大，能够保持两位数增长实属不易，要有更大的增长比例比较困难。

2003年轻工工艺品出口有以下特点：

第一，大宗商品出口稳定增长，平均单价普遍提高。2003年，轻工工艺品大宗商品出口额实现全面增长。其中，出口额增长幅度高于轻工工艺品平均增长率（26.42%）的商品有：抽纱制品出口21.99亿美元，增长46.32%；家具73.24亿美元，增长36.22%；纸张纸浆23.28亿美元，增长35.05%；玻璃制品23.63亿美元，增长30.25%；陶瓷制品29.58亿美元，增长26.82%。低于轻工工艺品出口平均增长率的有：草柳竹藤制品出口9.08亿美元，增长20.85%；塑料制品出口78.78亿美元，增长20.51%；鞋类出口129.55亿美元，增长16.81%；箱包出口50.58亿美元，增长16.08%；珠宝首饰出口28.06亿美元，增长12.79%；玩具59.79亿美元，增长7.26%。

平均出口单价方面，除玻璃制品、纸张纸浆分别下降4.2%和2.04%、玩具和箱包单价与2002年持平外，其他商品都有不同程度提高，其中珠宝首饰提高33.33%，家具提高9.14%，钟表及配件提高7.89%，抽纱制品提高7.11%，陶瓷制品提高6.25%，草柳竹藤制品提高5.59%，塑料制品提高1.49%，鞋类提高0.40%。

2003年出口前五位的轻工工艺类大宗商品是鞋类、塑料制品、家具、玩具、箱包。

我国鞋类出口额居世界第一。据我国海关统计，2003年鞋类出口51.49亿双，同比增长16.76%；出口金额129.55亿美元，同比增长16.81%。我国鞋类出口遍及世界190多个国家和地区，美国、欧盟、日本是我国鞋类出口的三大传统市场。2003年对美国出口金额53.33亿美元，占鞋类出口总额的41.17%，同比增长5.58%。据美国商务部统计，中国鞋类产品占美国鞋类进口总额的60%以上。2003年对欧盟出口金额16.44亿美元，占鞋类出口总额的12.69%，同比增长29.83%。据欧盟统计局统计，中国鞋类产品占欧盟鞋类进口总额的20%。2003年对日本出口金额10.96亿美元，占鞋类出口总额的8.46%，同比增长8.79%。据日本海关统计，中国鞋类产品占日本鞋类进口总额约67%。

家具是近年来出口增长较快的商品。据我国海关统计，1978年我国家具出口额只有几千万美元，20年后的1997年达到18.2亿美元，2001年达39.7亿美元，比1997年翻了一番。2003年出口73.24亿美元，比2001年又翻了近一番。从2002年开始，我已成为全球第二大家具出口国。美国、香港、欧盟、日本是我国家具出口的主要市场。2003年对美国出口金额37.24亿美元，占家具出口总额的51.7%，同比增长36.22%。由于近年来我国家具出口激增，已遭遇来自美国的反倾销。2001年5月，美国对我国输美金属折叠桌椅立案调查，2002年5月终裁征收0-70.71%不等的关税。2003年，美国又对我木制卧室家具立案调查。此案涉案金额高，涉及企业面广，对今后我向美国出口木制卧室家具前景至关重要，我国有关部门正在组织企业积极应诉。

玩具2003年出口59.79亿美元，比上一年增长7.26%。我国玩具出口主要市场是美国、欧盟、香港、日本，出口上述国家和地区的金额约占玩具出口总额的87.6%。

2003年箱包出口额为50.58亿美元，比上年增长16.08%。主要出口市场集中在欧盟、日本、美国和香港地区。

第二，出口企业数量增长。国有企业数量减少，私营企业数量及出口金额增长迅猛。2003年，我国轻工工艺品出口企业达56 559家，与2002年相比增长23.17%。国有企业8 276家，占轻工工艺品出口企业总数的14.63%，减少了305家；出口405.45亿美元，占出口总额的30.61%，同比增长6.78%。三资企业31991家，占56.56%，增长14.47%；出口709.87亿美元，增长28.31%。集体企业3281家，占5.8%，增长7.86%；出口77.34亿美元，增长23.6%。随着进出口经营权门槛的不断降低，外贸经营主体进一步多元化，大量民营企业成为扩大出口的主力军。私营企业在2002年发展迅猛的基础上，继续保持高速增长势头，出口企业数量12 538家，占轻工工艺品出口企业的22.17%，增长106.25%；出口额131.66亿美元，增长152.59%。在三资企业中，中外合作企业数量继续呈下降态势，外商独资企业的数量增长到19048家，占轻工工艺品出口企业总数的33.68%，出口额464.25亿美元，同比增长33.22%。

第三，一般贸易出口增长率高于加工贸易，加工贸易仍占主导地位。2003年，我国轻工工艺品一般贸易方式出口达549.52亿美元，占出口额的41.49%，同比增长33.93%，已连续三年增长幅度超过30%，且出口比重逐年稳步上升。加工贸易方式下的轻工工艺品出口，多年来一直保持着主导地位，但由于近年来一般贸易出口稳步增长，加工贸易方式下的出口比重呈现下降趋势。2003年，加工贸易方式下轻工工艺品出口723.59亿美元，占轻工工艺品出口额的54.63%，同比增长19.62%。其中进料加工贸易约占70%。

第四，对传统市场出口有不同程度增长，对俄罗斯等国出口增幅较大。2003年，我国轻工工艺品出口的主要市场仍是美国、欧盟、香港、日本。对美国出口409.83亿美元，占轻工工艺品出口额的30.94%，同比增长21.81%；市场排名第一；对欧盟出口239.32亿美元，占轻工工艺品出口额的18.07%，同比增长37.21%；对香港出口207.62亿美元，占轻工工艺品出口额的15.68%，同比增长19.83%；对日本出口127.12亿美元，占轻工工艺品出口额的9.6%，同比增长18.92%。2003年我国轻工工艺品对俄罗斯联邦的出口额有了较大增长，出口额达28.95亿美元，同比增长77.96%。俄罗斯已成为我轻工工艺品第五大出口市场。对哈萨克斯坦出口6.24亿美元，增长177.8%，已连续两年增长超过一倍；对巴基斯坦出口3.27亿美元，同比增长108.13%。

第五，东部沿海省市出口仍占主导地位，中西部省市出口增长幅度大。2003年，我国轻工工艺品出口排名前五位的省市分别为：广东省出口607.62亿美元，占轻工工艺品出口额的45.88%，同比增长20.70%；浙江省出口138.11亿美元，占10.43%，同比增长38.06%；江苏省出口125.68亿美元，占9.49%，同比增长42.22%；上海市出口115.88亿美元，占8.75%，同比增长35.73%；福建省出口89.39亿美元，占6.75%，同比增长17.31%。上述五省市出口占全国轻工工艺品出口额的81.3%，东部沿海地区仍是我国轻工工艺品出口的主要地区。在中央关于加快中西部地区经济发展战略的有力推动下，中西部地区的大部分省市区出口增长明显加快。出口增长幅度较大的有：青海同比增长164.77%；新疆同比增长150.95%；甘肃同比增长65.86%；河北同比增长56.28%；内蒙古同比增长48.85%；西藏同比增长48.36%；江西同比增长44.64%；宁夏同比增长42.97%。

2003年，轻工工艺行业通过不断引进先进设备和技术、加大研发投入、大力培育品牌商品等项措施，使轻工工艺产品质量不断提高、花色品种不断增多，过去那种只增数量不增价格的现象有了很大改观。但是，我国轻工工艺行业历史形成的产品结构不合理、企业规模小、技术改造投入少以及研发资金严重不足等问题，使得轻工工艺产品出口仍然存在以下问题：

1. 以低价和数量占有市场份额。目前，我国很多轻工工艺商品在国际市场上已占有很大份额，但大多属中低档产品，只能满足国外中低收入消费者的需求。企业之间的竞争主要表现在低价战略，这种做法造成的直接后果就是越来越多的商品受到国外反倾销指控。2003年，我轻工工艺产品共遭受国外反倾销立案调查11起，一般保障措施调查3起，特别保障措施1起。这些案子涉及眼镜片、玻璃、购物袋、胶合板、纸制品、家具等15种轻工产品，总涉案金额约为6亿美元。发起上述调查的国家和地区有美国、土耳其、菲律宾、澳大利亚和欧盟。其中，立案最多的国家是美国和土耳其，这对我轻工产品出口已经或将产生非常不利的影响。

2. 设计研发投入严重不足。由于轻工工艺企业普遍规模较小的特点所致，企业科研力量薄弱，用于开发新材料、新工艺、新技术、新产品的经费远远低于发达国家，甚至大大低于国内机电等行业。尽管有些企业已经认识到开发新产品的重要性，并在努力追赶世界先进水平的产品，但多数企业处于模仿阶段。近几届广交会陶瓷展区届届推出新产品，使广交会上陶瓷产品成交火爆，企业切身感受到了开发新产品的甜头。但这些企业只是为数众多的轻工工艺企业中的少数，轻工工艺行业整体在研发方面的投入严重不足，已经成为阻碍轻工工艺行业提升整体形象的症结。

3. 企业不熟悉国际贸易规则，深受贸易壁垒困扰。我国加入世贸组织后，出口企业获得了相对公平的竞争环境，也遇到了从未有过的各种出口障碍。除了愈演愈烈的反倾销外，2003年，我国企业在出口过程中又遭遇到了各种壁垒和限制。如，技术标准、卫生标准、环境标准等。特别是欧美各种标准繁杂、苛刻，给出口企业带来极大困扰。

近年来，一个新的国际标准SA8000——社会责任标准摆在出口企业面前。这是全球首个道德规范责任标准。我国服装、玩具、制鞋等劳动密集型产品的出口已经遇到SA8000的要求。有些工厂因为没有达到当地最低工资标准、有些工厂因为使用童工等问题，已经被国外厂商撤销合同。如果今后美国、欧盟强行推广SA8000标准认证，将劳工权利与订单挂钩，我出口企业将会非常被动。

2003年，我国轻工工艺品出口在我国出口总额中仍占有30%以上的份额。从行业现状来看，我国劳动力资源丰富，轻工工艺品总体生产成本较低，产品价格相对便宜，这些是我国轻工工艺品的竞争优势，这种优势虽然还将继续，但正在受到一些新发展国家的冲击，我们不能长期依赖于此。我们要不断适应国际市场日益变化的新形势，在开发技术含量高、附加值高、市场占有率高的产品的基础上，大力调整出口产品结构，努力培育自有品牌和拳头产品，巩固传统市场，积极开拓新的市场，使我国轻工工艺品的出口保持稳步、持续、健康发展。

六、农产品

（一）2003年我国农产品进出口贸易情况概述

2003年是我国加入世界贸易组织的第二年。从全年的情况来看，尽管受到上半年SARS疫情影响，我国农产品进出口贸易仍保持了较高的增长速度。按照商务部统计口径（商务部的农产品统计口径为WTO《农业协议》所定义的农产品加水产品），1~12月农产品进出口总额达401.4亿美元，比上增长32%。其中出口212.4亿美元，比上年增长32.2亿美元，增幅为17.9%；进口189亿美元，比上年增长52.18%。

我国各省（市、自治区）农产品进出口贸易概况。2003年，居农产品出口前五位的省（市、自治区）是山东、广东、浙江、辽宁、吉林，其农产品出口额占行业出口总额的58.6%。农产品出口增长幅度最快的五个省（市、自治区）分别是：西藏、黑龙江、山西、河南、内蒙古。从进口看，居农产品进口前五位的省（市、自治区）是广东、山东、北京、上海、江苏，其农产品进口额占行业进口总额的70%。农产品进口增长幅度最快的五个省（市、自治区）分别是：宁夏、陕西、湖北、四川、新疆。

表2　1994年－2003年中国农产品进出口额统计　单位：亿美元

	出口额	进口额
1994年	129.59	61.16
1995年	143.64	121.60
1996年	142.50	108.22
1997年	149.37	99.57
1998年	138.44	83.31
1999年	135.38	82.10
2000年	156.19	112.34
2001年	159.75	118.14
2002年	180.19	124.15
2003年	212.43	188.93

表3　2003年中国各省（市、自治区）农产品进出口统计　单位：万美元

出口				进口			
省（市、自治区）	2002年	2003年	同比（%）	省（市、自治区）	2002年	2003年	同比（%）
山东	392 428	474 815	20.99	广东	261 139	359 159	37.54
广东	268 280	289 597	7.95	山东	186 269	318 563	71.02
浙江	154 089	178 028	15.54	北京	202 491	296 341	46.35
辽宁	144 120	171 823	19.22	上海	107 687	189 134	75.63
吉林	102 200	131 202	28.38	江苏	113 310	163 668	44.44
福建	129 581	128 672	–0.70	辽宁	85 776	119 119	38.87
北京	76 568	100 520	31.28	浙江	68 566	93 916	36.97
江苏	65 629	79 965	21.84	河北	38 363	68 319	78.09
黑龙江	39 724	67 505	69.93	天津	37 451	63 196	68.75
上海	61 456	67 313	9.53	福建	37 544	58 635	56.18
河北	52 936	57 643	8.89	广西	30 562	39 661	29.77
天津	35 340	48 049	35.96	河南	25 415	38 927	53.16
云南	30 342	37 127	22.36	四川	4 415	12 787	189.65
新疆	37 540	32 150	–14.36	湖南	6 906	10 597	53.44
河南	23 121	32 055	38.64	黑龙江	6 338	10 414	64.30
内蒙古	22 456	30 924	37.71	新疆	3 448	7 823	126.85

续表

出口				进口			
省（市、自治区）	2002年	2003年	同比（%）	省（市、自治区）	2002年	2003年	同比（%）
四川	26 435	29 958	13.33	湖北	2 501	7 390	195.54
安徽	24 693	29 098	17.84	安徽	5 031	6 614	31.46
广西	22 107	27 532	24.54	吉林	3 815	5 501	44.22
湖北	16 843	22 763	35.15	云南	4 077	4 729	15.99
湖南	15 436	18 765	21.56	内蒙古	2 357	4 541	92.67
陕西	11 018	14 267	29.49	海南	2 952	3 247	9.97
山西	7 710	10 991	42.56	陕西	763	2 674	250.50
江西	10 804	9 839	–8.93	甘肃	1 279	1 525	19.23
海南	9 723	9 832	1.12	江西	1 101	934	–15.13
重庆	7 612	8 365	9.90	山西	720	777	7.86
甘肃	5 436	6 962	28.07	重庆	463	504	8.90
贵州	5 763	5 435	–5.70	西藏	411	339	–17.52
西藏	629	1 334	112.13	贵州	330	181	–45.00
宁夏	1 287	1 177	–8.56	宁夏	25	96	278.27
青海	546	632	15.66	青海	32	9	–71.66

我国农产品进出口国别（地区）分布情况。2003年我农产品出口前五大市场分别是日本、韩国、香港、美国、欧盟，对上述五个市场的出口占我农产品出口总额的69%。2003年我国对73个国家（地区）出口超过1 000万美元，其中对巴布亚新几内亚、坦桑尼亚、伊朗出口增长最快，分别增长了30.8倍、19.5倍和11倍。

2003年我国农产品进口前五大来源地分别是美国、阿根廷、巴西、澳大利亚、欧盟，从上述五个国家和地区的进口占我农产品进口总额的62.6%。2003年我国从65个国家（地区）进口超过1 000万美元，其中增长最快的是喀麦隆、布基纳法索、希腊，分别增长了370倍、47倍和20倍。

表4　2003年中国农产品主要进出口市场统计　单位：万美元

出口市场				进口市场			
国别（地区）	2002年	2003年	2003年增长率（%）	国别（地区）	2002年	2003年	2003年增长率（%）
日本	571 806	604 443	5.71	美国	272 091	501 079	84.16
韩国	204 069	256 421	25.65	阿根廷	89 152	225 949	153.44
香港	205 725	221 128	7.49	巴西	114 405	211 352	84.74
美国	162 724	205 169	26.08	澳大利亚	144 881	122 686	–15.32
马来西亚	57 023	66 988	17.48	马来西亚	71 903	114 488	59.22
德国	49 171	60 863	23.78	俄罗斯	67 715	71 485	5.57
俄罗斯	44 221	56 845	28.55	印尼	33 139	54 151	63.41
印尼	53 002	53 738	1.39	新西兰	38 558	53 812	39.56

续表

出口市场				进口市场			
国别（地区）	2002年	2003年	2003年增长率（%）	国别（地区）	2002年	2003年	2003年增长率（%）
荷兰	30 104	36 057	19.78	泰国	43 321	52 974	22.28
越南	19 082	31 723	66.25	加拿大	48 767	52 210	7.06
菲律宾	20 223	29 194	44.36	法国	23 767	39 514	66.26
台湾省	29 084	27 167	–6.59	秘鲁	40 776	28 842	–29.27
英国	19 960	26 903	34.78	日本	25 193	28 753	14.13
新加坡	24 655	25 191	2.17	朝鲜	16 109	22 522	39.81
意大利	22 909	24 923	8.79	越南	14 178	18 755	32.29
加拿大	18 263	23 111	26.54	丹麦	9 663	18 414	90.56
泰国	16 716	22 164	32.59	智利	16 962	18 204	7.32
印度	23 059	19 779	–14.22	乌兹别克	2 465	16 278	560.36
澳大利亚	13 801	19 141	38.69	津巴布韦	14 975	16 069	7.31
波兰	10 553	18 411	74.47	韩国	12 567	15 354	22.18

（二）2003年我国农产品出口情况分析

1. 谷物出口大幅增长，成为拉动2003年农产品出口增长的主要因素。2003年我国出口谷物2 164万吨，同比增长49%，出口金额达25.9亿美元，同比增长56.9%。其中大米出口258.9万吨，同比增长31.7%；玉米出口1 638.9万吨，同比增长40.4%；小麦出口223.7万吨，同比增长2.3倍。与2002年相比，谷物出口金额增加9.4亿美元，占2003年农产品出口增加值的29%。

2. 食用水果和坚果出口增长较快。2003年我国食用水果和坚果出口162.9万吨，同比增长32%，出口金额7.5亿美元，同比增长35.5%。其中，苹果出口60.9万吨，2.1亿美元，同比分别增长38.8%、40.4%；梨出口29.7万吨，7 997万美元，同比分别增长22%、34.6%；柑橘和橙出口26.5万吨，6 933万美元，同比分别增长35%、35.5%；冷冻草莓出口7.8万吨，5 477万美元，同比分别增长123%、122%。

3. 民营企业出口增长迅速，成为我国农产品出口新生力量。2003年，民营企业出口农产品26亿美元，同比增长96.2%，在我农产品出口中所占的份额从上一年的7.4%提高到12.2%。

4. 技术壁垒仍是制约我农产品出口增长的主要因素，一些拳头产品出口甚至出现下降。如烤鳗，对日出口下降22.5%；鸡肉，对日出口下降46.2%。

（三）2003年我国农产品进口情况分析

1. 进口主要商品。2003年，进口金额居前三位的商品是大豆、棕榈油和棉花。其中大豆进口2 074万吨，54亿美元，同比分别增长83%、118%；棕榈油进口332.5万吨，

14.4亿美元，同比分别增长49.7%、70%；棉花（包括废棉）进口95.4万吨，11.9亿美元，同比分别增长3.6倍和5.2倍。其他进口金额较大的商品还有：豆油、羊毛、冻鱼、鱼粉、牛皮、冻鸡杂碎、大麦等。

2. 进口关税配额农产品。2003年我国农产品进口关税配额量为：小麦905.2万吨，玉米652.5万吨，大米465.5万吨（其中：长粒米，即籼米232.75万吨；中短粒米，即其他米232.75万吨），棕榈油260万吨，豆油281.8万吨，菜子油101.86万吨，食糖185.2万吨，棉花85.625万吨。关税配额农产品全年实际进口占我农产品进口总额的26.6%，达50.3亿美元，同比增长81.5%。其中，棉花和食用油进口增长迅速，特别是棕榈油和棉花进口都超过了关税配额量。

3. 以加工贸易方式进口农产品增长迅速。2003年我国以加工贸易方式进口的农产品占农产品进口总额的20.9%，达39.4亿美元，同比增长33.1%。主要品种有：棉花、冻鱼、生皮及毛皮、大豆等。这些产品在我国加工后复出口，既增加了出口，同时也有利于农村剩余劳动力就业。

表5　2003年进口关税配额农产品量值表　单位：万吨，100万美元

商品名称	数量	金额	比上年增减（%）	
			数量	金额
小麦	42.4	76.6	−32.9	−32.1
玉米	0.0	0.5	−96.2	−78.2
稻谷和大米	25.7	96.5	8.0	20.2
豆油	188.4	1 015.1	116.6	148.8
棕榈油	332.5	1 443.4	96.2	116.3
菜子油和芥子油	15.2	85.3	94.4	117.0
食糖	77.5	174.1	−34.5	−26.9
羊毛	19.5	913.5	1.3	12.1
毛条	0.8	57.0	−82.2	−74.5
棉花	87.4	1 168.9	393.8	527.1

2003年我国农产品出口在面临国内外诸多不利条件的情况下，仍出现了历史上罕见的高增长，说明我国农产品出口已经具备了一定抗风险能力，进入了一个新的发展阶段。从我国农产品出口的发展潜力看，今后几年具备稳定增长的条件，但是必须看到，加入世界贸易组织两年来，我国农产品出口所面临的外部环境并未得到根本改善，国际上针对我国的贸易保护措施还有愈演愈烈的趋势。因此，除继续保持我国出口农产品竞争优势外，我国企业还须进一步加大对农产品质量检测设备和质量控制体系建设的投入，采用国外先进食品安全管理体系和生产技术，提高出口农产品的质量，确保对动植物产品从生产源头到加工、出口环节全过程监控管理，从根本上提高我国动植物产品卫生安全水平。

七、医药保健品

据海关统计，2003年中国医药保健品进出口总额首次超过130亿美元，达到138.03亿美元，同比增长了24.33%。商品结构得到进一步优化，其中，医疗器械增幅最大，进出口额为45.74亿美元，同比增长33.47%；西药原料药继续保持老大地位，进出口额为52.87亿美元，同比增长22.45%；西成药进出口额为13.67亿美元，同比增长23.45%；生化药进出口额为4.36亿美元，同比增长11.85%；医用敷料进出口额为3.83亿美元，同比增长18.54%；农药进出口额为8.39亿美元，同比增长19.94%；中药材进出口额为4.88亿美元，同比增长4.46%；中成药进出口额为2.06亿美元，同比增长20.17%；提取物进出口额为2.23亿美元，同比增长11.89%。总体上看，2003年中国医药保健品对外贸易保持较大顺差，全年累计实现贸易顺差21.95亿美元，其中，出口额为79.99亿美元，同比增长24.11%；进口额为58.04亿美元，同比增长24.63%，进出口双增长，富有活力。

西药及医疗器械类商品出口概况 2003年，我国西药及医疗器械类商品月均出口额为6.07亿美元，出口额单月最高纪录在12月份达到8亿美元，比上年12月份创造的出口额当年单月最高纪录增长了35.81%。由于从2004年1月1日起普遍调低了商品出口退税率，在12月份出现了突击出口的现象，创造了西药及医疗器械类商品有海关统计以来的单月出口最高纪录。

从贸易方式上看，一般贸易方式出口占70.30%，同比下降了1%，进料加工贸易方式出口占23.71%，同比增长了2个百分点，来料加工装配贸易方式出口占4.50%，保税区仓储转口货物贸易方式出口占0.70%，边境小额贸易方式占0.16%。

2003年，全国共有8147家企业经营的327种西药及医疗器械类商品出口到197个国家和地区，分别比上年同期增加了1497家企业、增加了2种商品，增加了2个出口国家和地区。其中前200名企业（约占经营企业家数的2.5%）经营该类商品的出口额占该类商品同期出口总额的51.69%，集中度与上年同期相比下降了1.5%。东北制药总厂、中化宁波进出口公司、航卫通用电气医疗系统有限公司、安徽丰原生物化学股份有限公司、欧姆龙（大连）有限公司名列前五位，同比分别增长了69.64%、100.61%、8.53%、30.55%、14.57%；所占比重依次是1.78%、1.59%、1.46%、1.3%、1.13%。国有企业继续扮演拉动出口增长的中坚力量，外商投资企业增速放缓。

江苏省、浙江省、上海市、广东省出口西药及医疗器械类商品占同期出口总额的57.41%，它们的相对比重依次占到18.52%、15.69%、13.21%、9.99%，有力地拉动了我国西药及医疗器械类商品出口总额的增长。

西药及医疗器械类商品出口市场 2003年，对亚洲、欧洲和北美洲的出口额分别达到28.72亿美元、20.5亿美元和15.05亿美元，同比分别增长了20.19%、35.31%和26.72%，继续保持了较高速度的增势。开拓南美洲和非洲市场进一步取得了较好成效，出口额分别达到4.64亿美元和2.79亿美元，同比分别增长了30.14%和21.23%。

2003年，我国西药及医疗器械类商品出口的三大贸易伙伴依次是：1、美国，占

14.17亿美元，同比增长25.8%；主要商品是维生素C，按摩器具，矫正视力、护目等用途的眼镜，药棉、纱布、绷带，维生素E。2、日本，占7.61亿美元，同比增长20.4%；主要商品是按摩器具，针管、导管、插管，药棉、纱布、绷带，血压测量仪器及器具，维生素C。3、德国占5.12亿美元，同比增长29.72%；主要商品是维生素C，维生素E，其他未列名抗菌素，血压测量仪器及器具，四环素。三大贸易伙伴所占比重达36.92%，除对美国保持3.02亿美元顺差外，对日本逆差1.71亿美元，对德国逆差最大，达3.09亿美元。

西药及医疗器械类商品出口结构

1. 西药原料药出口额为37.14亿美元，同比增长24.61%，占西药及医疗器械类商品同期出口总额的50.97%。其中：

（1）维生素C出口额达3.27亿美元，同比增长125.91%，首次一举连续突破2亿美元和3亿美元大关，占西药原料药比重达8.8%；出口数量为5.36万吨，同比增长24.33%，创造了西药及医疗器械类商品单一品种出口之最。平均出口单价为6.10美元/公斤，同比增长了81.55%。主要出口市场是美国、德国、日本和荷兰。

（2）青霉素工业盐出口额为1.61亿美元，同比增长19.61%，出口数量为1.14万吨，同比增长45.58%。前5个月，出口平均单价走势平稳，6月份以来，由于国内生产企业扩产后竞争加剧，而国际市场需求未有大的变化，出口平均单价大幅下挫，跌幅达40%左右。主要出口市场是印度，占70%~75%。

（3）维生素E出口首次突破1亿美元大关，出口额为1.28亿美元，同比增长44.47%，出口数量2.08万吨，同比增长48.33%，出口平均单价同比下降了2.6%。主要出口市场是美国、德国、荷兰、比利时和日本。

（4）扑热息痛出口额为6 065万美元，同比增长了1.21%，出口数量为2.81万吨，同比增长了1.03%，出口平均单价同比略微增长了0.18%。4－5月份由于国际市场需求减少，走势较为低迷，进入6月份后，开始逐渐回升。主要出口市场是美国、尼日利亚、印尼、泰国和越南。

（5）糖精钠出口额为5 259万美元，同比增长22.22%，出口数量为1.97万吨，同比增长4.78%，出口平均单价同比增长了16.64%。主要出口市场是德国、印度、印尼、日本和巴西。

2. 医疗器械已经成为西药及医疗器械类商品出口新的增长点，2003年医疗器械出口额为20.20亿美元，同比增长33.16%，发展迅猛，占西药及医疗器械类商品同期出口总额的27.71%。其中：

（1）按摩器具出口额首次突破3亿美元大关，达到3.16亿美元，同比增长20.57%，出口平均单价同比增长19.4%，占医疗器械类商品出口额的15.63%。主要出口市场是日本、美国、香港地区、德国和马来西亚。

（2）血压测量仪器及器具出口额为1.76亿美元，同比增长47.04%，出口平均单价同比增长5.72%。主要出口市场是日本、美国、荷兰、德国和香港地区。

（3）大型医疗设备出口发展趋势良好，CT出口454台、5 238万美元，核磁共振出口140台、1 958万美元，同比CT出口数量增长17.31%、出口金额增长29.29%，核磁共振出口数量增长25%、出口金额下降12.23%。

3. 医用敷料出口额为3.57亿美元，同比增长18.49%。其中：药棉、纱布、绷带出口额为3.1亿美元，同比增长17.59%，出口平均单价同比增长3.06%。主要出口市场是美国、日本、德国、香港地区和意大利。

4. 生化药出口额为2.39亿美元，同比增长16.15%。其中：肝素钠出口额为6 558万美元，同比增长11.27%，出口平均单价同比增长6.49%。主要出口市场是美国、德国、法国、意大利和奥地利。

5. 西成药出口额为2.50亿美元，同比增长21.87%。其中：头孢三嗪制剂出口增幅最大，出口额为81.5万美元，同比增长258.88%，出口平均单价同比增长107.09%。

6. 农药出口额为7.07亿美元，同比增长25.16%。其中：非零售包装除草剂出口额为2.87亿美元，同比增长41.58%，出口平均单价同比增长1.59%；非零售包装杀虫剂出口额为2.36亿美元，同比增长10.43%，出口平均单价同比增长4.15%。

中药类商品出口概况　2003年我国中药类商品出口总额达到7.12亿美元，同比增长6.11%，8年之后再次突破7亿美元大关。其中，中药材出口额为4.2亿美元，同比增长7.75%，占中药类商品出口总额的58.84%；提取物出口额为1.81亿美元，同比增长5.18%，占中药类商品出口总额的25.42%；中成药出口额为1.12亿美元，同比增长1.75%，占中药类商品出口总额的14.24%。

中药类商品出口市场　中药类商品对主要市场的出口保持稳定增长，全年对亚洲的出口额为4.86亿美元，占中药类商品出口总额的68.19%，同比增长5.71%；对北美洲出口额为1.05亿美元，同比增长3.64%；对欧洲出口额为9 270万美元，同比增长12.58%；对非洲和大洋洲的出口额也继续增长，对非洲出口额为1 049万美元，同比增长8.16%，对大洋洲出口额为889万美元，同比增长2.19%；但对南美洲的出口额出现下降，全年出口额为975万美元，同比下降1.72%。

在我国中药类商品出口的十大贸易伙伴中，对第一大伙伴日本的出口出现强劲增长，出口总额达1.72亿美元，同比增长24.18%；对美国出口额为9 887万美元，同比增长4.06%；对德国出口额为2876万美元，同比增长31.54%；对台湾省出口额为2 097万美元，同比增长51.23%；对越南出口额为2384万美元，同比增长21.48%；但对中国香港特区以及韩国、新加坡、印度等出口额均出现下降，对中国香港特区出口额为1.14亿美元，下降1.55%；对韩国出口额为5 471万美元，下降5.62%；对新加坡出口额为1 970万美元，下降17.77%；对印度出口额为1 408万美元，下降20.23%。

受伊拉克战争影响，我国中药类商品对中东的主要市场阿联酋和沙特的出口额均大幅下降，对阿联酋出口额为797万美元，同比下降44.56%，对沙特出口额为467万美元，同比下降12%。由于农残重金属超标等问题，对印度和巴基斯坦的出口额也出现下降，对印度出口额下降了20.23%，对巴基斯坦出口额下降了6.07%。

中药类商品出口结构 西洋参加工贸易出口在2002年大幅下降的基础上继续下降，全年西洋参加工贸易出口1 370万美元，同比下降60.19%。美国实质上禁止我国麻黄提取物的进口，使全年我国麻黄提取物出口额下降超过3 000万美元。提取物对美国、欧洲的出口额都出现下降，对美国出口额为6 222万美元，下降1.64%，对欧洲出口额为3 316万美元，下降3.63%。

全年各类未列名中药材的出口额为1.07亿美元，同比增长26.91%，平均单价增长1.48%。大宗出口品种中，人参出口数量达到2711吨，同比增长20.7%，出口额为3 121万美元，同比增长44.02%；平均单价增长18.56%。虽然仍然受到欧盟进口禁令的影响，全年鲜蜂王浆和粉的出口数量仍高达1 265吨，比历史上同期最高的上年仍增加出口89吨，增长7.57%，出口额为1 710万美元，增长2.46%。

西药及医疗器械类商品进口情况 医疗器械增幅最大，继续保持进口老大地位，进口额为25.54亿美元，同比增长33.71%，占同期我国西药及医疗器械类商品进口总额的45.61%，大型医疗设备进口增长迅猛，CT进口501台、1.64亿美元，核磁共振进口333台、1.25亿美元，同比CT进口数量增长55.59%、进口金额增长了20.82%，核磁共振进口数量增长了141.3%、进口金额增长54.31%，进口平均单价分别下降22.34%和36.04%；西药原料药进口额为15.73亿美元，同比增长17.63%，氨基酸类原料进口比重较大；西成药进口额为11.18亿美元，同比增长23.81%，抗菌素类西成药进口比重大；生化药进口额为1.97亿美元，同比增长7.05%，人用疫苗需求下降；医用敷料进口额为2548万美元，同比增长19.10%，无菌外科肠线进口比重达59.87%；农药进口额为1.32亿美元，同比下降1.94%，市场比较稳定。

2003年，全国共有9 639家企业从90个国家和地区进口315种西药及医疗器械类商品，分别比上年增加1 295家企业、多经营2个品种、进口国家和地区增加7个，上海殊力基贸易有限公司、中国医药对外贸易总公司、上海东松国际贸易有限公司、上海诺华贸易有限公司、国药集团药业股份有限公司位列企业进口额前五名，所占比重达7.43%。上海市、北京市、广东省、江苏省、浙江省在省市进口额排名中位列前五位，所占比重高达78.2%。

2003年，从欧洲、亚洲、北美洲进口西药及医疗器械类商品金额分别为24.97亿美元、18.64亿美元和11.41亿美元，同比分别增长29.63%、18.59%和25.54%，所占比重依次是44.59%、33.29%和20.38%。2003年，我国进口西药及医疗器械类商品的三大贸易伙伴依次是:（1）美国，占11.15亿美元，同比增长24.8%；（2）日本，占9.32亿美元，同比增长14.95%；（3）德国，占8.21亿美元，同比增长42.99%。三大贸易伙伴所占比重高达51.22%。

中药类商品进口情况 2003年中药类商品进口额为2.05亿美元，同比增长22.83%。

其中，中药材进口额为6 752万美元，同比下降12.24%；中成药进口额为9 423万美元，同比增长53.02%；提取物进口额为4 309万美元，同比增长52.52%。

从进口市场看，从亚洲进口中药类商品占该类商品进口总额的66.09%，进口额为1.35亿美元，同比增长34.91%，从北美洲进口3 214万美元，同比下降20.64%，从欧洲进口2 622万美元，同比增加47.16%。此外，从大洋洲进口中药类商品的增幅最大，增幅达289.29%。

2003年，中国进口中药类商品的十大贸易伙伴依次是香港（8 186万美元）、美国（1 913万美元）、德国（1 705万美元）、加拿大（1 300万美元）、印尼（1 174万美元）、日本（945万美元）、印度（730万美元）、智利（575万美元）、朝鲜（507万美元）、菲律宾（354万美元），它们占到中国该类商品进口额的84.39%。

展望2004年，我国医药保健品与主要贸易伙伴的贸易形势既有严峻的一面，如美国的贸易保护主义仍然是世界经济增长的潜在威胁，我国出口退税政策的调整等，客观上可能都会对我出口医药保健品有一些影响；也有有利的一面，2004年我国国内市场仍将比较活跃，我国经济仍将保持高速发展，同时我国加入世界贸易组织两年来，外部环境得到了较大改善，为我们提供了广阔的出口空间和巨大的国际舞台，有利于市场多元化，能够更好地开拓国外市场。2004年中国医药保健品进出口仍将继续保持增长的势头。

八、五金矿产、石油化工产品

（一）2003年我国五矿化工类商品进出口贸易总体情况

在宏观经济环境和对外贸易形势大好的带动下，2003年我国五矿化工行业进出口贸易同样保持了较快的增长速度。据海关统计，2003年五矿化工类商品进出口总额为2 045.1亿美元，占全国进出口总额的24.0%，同比增长37.5%。其中出口691.4亿美元，占全国出口总额的15.8%，同比增长30.8%；进口1 353.7亿美元，占全国进口总额的32.8%，同比增长41.3%。全行业贸易逆差662.3亿美元。

2003年我国五矿化工类商品进出口形势呈现如下特点：

1. 在进出口同时高速增长的情况下，进口增幅快于出口增幅。五矿化工类商品存在很大的贸易逆差，进口额、出口额之比基本达到2∶1，且有进一步扩大趋势。

2. 2003年全国生产资料总体价格水平出现较大幅度上涨，一些原料性商品如钢材、橡胶等涨幅更大。

3. 五矿化工类商品2003年对各地区出口全面增长，其中对欧洲出口增幅最大。具体来看，对亚洲出口377.6亿美元，占五矿化工类商品出口总额的54.6%，增长30.0%，其中对日本出口90.0亿美元，增长29.9%；对香港出口76.4亿美元，增长19.7%；对韩国出口56.2亿美元，增长35.2%。对北美洲出口130.0亿美元，占18.8%，增长23.5%，其中对美国出口119.7亿美元，增长22.9%。对欧洲出口126.1亿美元，占18.2%，增长40.1%，其中对欧盟出口110.6亿美元，增长37.5%。对拉丁美洲出口24.9亿美元，占3.6%，增长31.3%。对非洲出口17.8亿美元，占2.6%，增长39.4%。对大洋洲出口15.0亿美元，占2.2%，增长34.1%。

4.一般贸易方式出口仍为主要贸易方式。2003年五矿化工类商品一般贸易项下出口为453.0亿美元，占五矿化工类商品出口总额的65.5%，增长33.0%。加工贸易项下出口为214.8亿美元，占31.1%，增长24.1%。其中进料加工贸易项下出口为168.1亿美元，增长27.9%；来料加工装配贸易项下出口46.7亿美元，增长12.2%。

（二）2003年我国五矿化工行业大类商品进出口情况

1. 五矿类商品

（1）有色金属及制品

作为世界上重要的有色金属贸易国之一，2003年我国在国际有色金属市场上的影响进一步加强。据海关统计资料，2003年我国包括原料及制品在内的基本有色金属外贸总额为205.5亿美元，比上年增长35.7%。其中进口额150.91亿美元，增长35.4%；出口额54.59亿美元，增长36.6%。全年贸易逆差达96.32亿美元，比上年增长34.7%。2003年有色金属产品出口结构进一步优化，钨、钼、稀土等具有资源优势的金属初级原料性产品出口减少，深加工产品出口增加。有色金属产品贸易逆差逐年加大。虽然我国是有色金属的主要生产国，但我国一直也是主要有色产品的进口大国。进口额中用于原料的额度增加。2003年我国进口各种原料（含废杂料和粗铜）共用汇50.69亿美元，其中废杂料用汇18.04亿美元。进口原料仍以铜、铝的原料为主，分别占原料用汇的56.3%和35.9%。按大类产品分，铅锌、钨钼锡锑、稀有稀土类产品是主要的外贸顺差产品，铜、铝镁、镍钴、贵金属类产品均为逆差。

表6　2003年中国基本有色金属进出口额统计　单位：万美元

	2003年	2002年	2003年增长率（%）
1. 矿产原料			
铜精矿：进口	128 818.6	80 945.0	59.1
出口	373.6	108.4	244.6
氧化铝：进口	137 576.1	106 888.6	28.7
出口	2 133.0	879.2	142.6
铅精矿：进口	20 396.9	8 508.8	139.7
出口	0	0.2	–100
锌精矿：进口	15 377.0	17 974.0	–14.4
出口	0	57.5	–100
锡精矿：进口	423.8	452.3	–6.3
出口	0	0	0

续表

	2003年	2002年	2003年增长率（%）
镍精矿：进口	510.1	340.0	50.0
出口	0.2		
合 计：进口	303 102.5	215 108.7	40.9
出口	2 506.8	1 045.3	139.8
2. 金属及其制品			
铜：进口	716 021.0	566 787.2	26.3
出口	95 229.3	75 148.5	26.7
铝：进口	336 122.0	244 103.3	37.7
出口	339 979.0	228 138.7	49.0
铅：进口	4 833.0	3 701.0	30.6
出口	24 163.8	24 345.7	-0.7
锌：进口	41 841.7	31 217.2	34.1
出口	52 635.6	49 218.7	6.9
锡：进口	20 457.3	11 143.9	83.6
出口	19 118.4	16 643.2	14.9
镍：进口	85 764.6	42 694.3	100.9
出口	15 437.2	5 087.0	203.5
合计：进口	1 206 139.6	899 646.6	34.1
出口	543 719.4	398 581.8	36.4
总计：进口	1 509 142.1	1 114 755.3	35.4
出口	545 926.2	399 627.1	36.6

（2）黑色金属及制品

2003年，受经济增长和投资拉动的影响，钢材价格快速上涨，生产、进出口数量都有了显著提高。2003年我国钢产量达到了创纪录的2.2亿吨，连续8年保持着世界第一产钢大国的地位；同时也是世界第一大钢材进口国。2003年出口钢材695.6万吨、310 496.4万美元，同比分别增长27.51%和42.22%，出口钢坯130.75万吨和33 000.5万美元，同比分别增长30.29%、53.96%；2003年我国进口钢材3 716.9万吨和1 991 580.69万美元，同比分别增长51.78%和61.05%，进口钢坯587.96万吨、151 194.51万美元，同比分别增长27.69%和76.03%。

表7 2003年中国钢材进口分国别（地区）统计 单位：吨，万美元

		累计数量	数量同比（%）	累计金额	金额同比（%）
	总计	37 168 510	51.78	1 991 581	61.05
1	日本	7 252 096.4	5.05	443 761.2	21.69
2	台湾省	5 988 907.8	19.5	361 998.9	20.08
3	韩国	5 173 118.9	58.23	315 443.5	69.52

续表

		累计数量	数量同比%	累计金额	金额同比（%）
4	俄罗斯	3 445 942.7	60.31	128 111.5	111.24
5	乌克兰	2 511 799.9	117.35	77 249.66	194.45
6	印度	2 205 897.3	358.89	107 802.9	318.61
7	哈萨克	1 317 100.3	–24.1	46 806.93	8.41
8	巴西	1 012 145.9	242.8	44 158.73	290.64
9	美国	862 361.74	1 494.34	50 106.77	556.03
10	罗马尼亚	753 731.8	148.04	25 087.03	186.7
11	其他	6 645 407		391 054	

表8 2003年中国钢材出口分国别（地区）统计 单位：吨，万美元

		累计数量	数量同比%	累计金额	金额同比（%）
	总计	6 955 657.4	27.51	310 496.4	42.22
1	韩国	1 493 936.5	42.23	47 319.81	64.71
2	香港	1 057 272.6	42.74	38 153.2	49.82
3	美国	713 397.87	–13.21	39 616.36	7.01
4	意大利	338 470.28	–24.43	12 836.72	1.36
5	新加坡	250 492.27	63.05	9 440.25	54.98
6	日本	227 225.39	153.59	14 648.02	78.12
7	泰国	205 119.1	86.51	7 744.41	92.1
8	越南	204 771.94	57.47	7 949.68	74.46
9	印度尼西亚	189 671.7	–10.96	7 785.23	–3.11
10	菲律宾	184 193.87	61.62	7 317.72	97.67
11	其他	2 091 105.9		117 685.1	

铁矿石　钢铁生产规模的不断扩大，必然带来铁矿石需求的高速增长。目前，我国铁矿石的自给率在60%—70%，剩下的缺口只能由进口铁矿石填补。继2002年我国铁矿石进口突破1亿吨、成为世界第二大铁矿石进口国后，2003年我国又跃升为世界最大的铁矿石进口国。2003年我国进口铁矿石1.48亿吨，同比分别增长32.86%、75.38%。预计今后几年我国进口铁矿石的数量还将增长。

我国铁矿石在世界铁矿石的贸易中所占的比例也逐年提高，1992年仅为7.5%，到2002年达到21.8%，2003预计为27.9%。我国对世界铁矿石的贸易具有举足轻重的影响。

（3）煤炭及其制品

煤炭　据海关统计，2003年我国出口煤炭9 393万吨，同比增长12.02%，出口创汇27.6亿美元，同比增长8.77%，平均单价29.34美元/吨，同比下降2.9%；其中，无烟煤出口737万吨，出口创汇2.54亿美元，平均单价34.53美元/吨；炼焦煤出口1 314万吨，出口创汇5.06亿美元，平均单价38.48美元/吨；其他烟煤7 335万吨，出口创汇19.9亿美元，平均单价27.13美元/吨。

表9 2003年中国煤炭出口分国别（地区）统计 单位：吨，万美元

		累计数量	数量同比%	累计金额	金额同比%
	总计	93 927 317.32	12.02	275 561.85	8.77
1	日本	31 275 076.94	11.72	98 464.14	7.32
2	韩国	29 723 087.05	17.26	82 569.59	14.32
3	台湾省	17 117 584.31	20.12	44 882.9	16.03
4	菲律宾	2 908 385.17	1.03	7 235.41	−2.67
5	巴西	2 388 025.08	−6.34	8 893.49	−9.14
6	印度	2 353 103.82	0.97	6 697.08	−7.48
7	香港	2 118 270.5	−28.53	5 767.9	−26.79
8	土耳其	1 360 401.11	756.84	5 121.9	699.47
9	法国	556 435.11	−24.88	1 867.47	−25.96
10	其他	4 126 948.23		14 061.95	

2003年我国进口煤炭1 076万吨，同比下降0.46%，累计金额3.64亿美元，同比增长10.91%,平均单价33.85美元/吨，同比增长11.42%。其中进口烟煤338万吨，累计金额0.72亿美元，平均单价21.2美元/吨；进口炼焦煤260万吨，累计金额1.38亿美元，平均单价53.05美元/吨；其他烟煤463万吨，累计金额1.5亿美元，平均单价32.37美元/吨。

表10 2003年煤炭中国进口分国别（地区）统计 单位：吨，万美元

		累计数量	数量同比%	累计金额	金额同比%
	总计	10 761 370.59	−0.46	36 431.85	10.91
1	澳大利亚	5 102 253.16	13.66	20 814.00	42.52
2	越南	2 492 730.57	11.20	5 144.99	5.28
3	印度尼西亚	777 836.20	−59.86	2 675.50	−60.55
4	朝鲜	745 339.17	83.34	1 542.77	108.82
5	俄罗斯	723 776.00	−37.20	2 524.62	−32.19
6	加拿大	384 807.90	—	2 196.81	—
7	蒙古	283 970.80	453 527.48	211.32	259 510.07
8	新西兰	204 725.69	24.56	1 216.47	50.87
9	吉尔吉斯	16 743.67	358.74	11.71	301.49
10	其他	29 187.42		93.65	

焦炭及半焦炭　在钢铁工业飞速发展及其他原因的共同作用下，从2002年5月开始，中国焦炭国内和出口市场价格迅速上升，出现了供不应求的局面。国内焦炭资源紧张，价格大幅增长。2003年我国焦炭及半焦炭出口1 475万吨，同比增加8.56%,，出口创汇16.75亿美元，同比增长74.64%，平均单价113.58美元/吨，同比增长60.87%。从出口数量来看，仅次于2000年的1 520万吨，从出口创汇和出口单价来看，是我国自1984年开

始出口焦炭以来出口创汇最高、出口单价最高的一年。

从出口国别和地区分析，2003年我国焦炭出口到51个国家和地区，比2002年有所减少。出口100万吨以上的国家为日本、巴西、印度、意大利四个国家，占我国焦炭出口总量的50.2%。

（4）建材制品

在国家经济持续发展的推动下，我国建材产品近几年进出口有较高速度的增长。1999—2003年建材产品贸易额年均增长率为23.90%，其中进口额年均增长23.86%；出口额年均增长23.94%；贸易顺差年均增长25.89%。2003年，建材产品进出口总额增长率为24.7%，超过了86亿美元，占我国货物进出口总额的1.02%，其中进口产品金额增长速度进一步加快，比2002年增长了23.54%，出口产品金额也已突破50亿美元大关，增长速度为24.73%，进出口贸易顺差增长速度有所放缓，这表明我国建材产品进出口贸易结构趋于合理，市场正步入良性、高速发展阶段。

中国建材产品进出口结构长期以来主要以水泥、玻璃、滑石、萤石等非金属矿产品和石材等产品为主，技术含量高的新产品及深加工产品所占比例偏低，进出口产品结构不尽合理。为了扩大出口，中国建材工业通过产品结构调整、大力提高技术科研水平、提高产品质量等措施，使中国建材产品进出口结构已经取得了一定程度的改善，玻璃纤维及玻璃纤维制品、中空、钢化玻璃、建筑卫生陶瓷等有一定技术含量的产品所占份额有所提高，产品结构将以越来越快的速度向深加工、高技术含量的方向转变。

2003年我国建材产品出口份额最大的是花岗岩荒料及板材，2003年出口金额为9.3亿美元，在整个出口金额中所占比例达到了18.31%。其次是钻石及宝石、建筑陶瓷、玻纤及玻纤制品、浮法玻璃、卫生陶瓷、水泥及熟料、夹层玻璃、水泥及混凝土制品、重烧镁，所占比例分别为17.66%、9.45%、7.51%、4.75%、4.12%、3.41%、2.58%、2.39%、2.01%，这10类产品占2003年我国建材产品出口总金额的72.19%。而2002年我国建材产品出口份额最大的是花岗岩板材及荒料，出口金额为8.75亿美元，在整个出口金额中所占比例达到了18.8%。其次是钻石及宝石、建筑陶瓷、平板玻璃、水泥及熟料、玻璃纤维纱及制品、卫生陶瓷、中空玻璃、萤石、水泥及混凝土制品，所占比例分别为18.5%、7.8%、5.7%、4.0%、3.9%、3.3%、2.5%、2.4%、2.1%，这10类产品占2002年我国建材产品出口金额的69.0%。从这里可以看出，2003年我国建材产品出口结构已经比2002年有了一定程度的改观，产品附加值较高的产品在整个建材产品出口结构中所占的比例明显增加，如玻纤及玻纤制品在建材产品出口总金额中所占比例由2002年的3.90%上升到2003年的7.51%，浮法玻璃所占比例也已经由4.50%上升到4.75%，卫生陶瓷所占比例也已经由3.30% 上升到4.12%。上述数字说明我国建材产品出口结构正在向合理化、多元化、深层次方向发展。

2. 石油及化工类产品

据海关统计，2003年我国石油和化工产品进出口总额达1 112.21亿美元，比上年增长32.0%；其中出口总额300.50亿美元，比上年增长28.9%；进口811.7亿美元，比上年增长35.4%。贸易逆差511.2亿美元，比上年增加71.1亿美元。化肥出口是2003年我国石油和化工行业出口的一大亮点，化肥出口量（实物量）为546.6万吨，比上年增长111.1%，出口贸易额为8亿美元，比上年增长128.8%。

在进口贸易中，占比重最大的原油进口增速依然不减。其次为有机原料，进口额为160.8亿美元，比上年增长46.1%；合成树脂进口额为159.2亿美元，比上年增长14.5%。

（1）石油及加工产品

根据海关统计，2003年我国原油出口813万吨，同比增长6.1%；出口金额16.6亿美元，同比增长28.2%。2003年我国原油进口9 112.6万吨，同比增长31.3%；进口金额198.2亿美元，同比增长55.4%。进口原油主要来自沙特阿拉伯、伊朗、安哥拉、阿曼、也门共和国、苏丹、俄罗斯，自上述七国进口原油占我国原油进口总额的71.3%。2003年我国原油贸易逆差达181.5亿美元。

2003年成品油出口1 382万吨，比上年增长29.4%；出口金额37.2亿美元，比上年增长56.0%。主要出口市场为越南、新加坡、日本、印度尼西亚、香港。其中汽油出口754万吨，金额20.5亿美元，同比分别增长23.2%和51.3%；柴油出口224万吨，金额5.3亿美元，同比分别增长81.1%和99.8%；煤油出口183万吨，金额5.6亿美元，同比分别增长17.8%和49.5%。

2003年成品油进口2 824万吨，金额58.6亿美元，同比增长分别为38.8%和54.3%。成品油进口主要来自韩国、新加坡、俄罗斯。其中5-7号燃料油进口2 232万吨，金额40.4亿美元，同比分别增长58.2%和81.9%。

（2）肥料

根据海关统计，2003年我国肥料出口8亿美元，比上年增长128.8%；进口为1 213万吨，金额17.6亿美元，同比分别减少27.9%和25.1%。我国肥料进口主要来自俄罗斯、美国、加拿大，金额依次为6.7亿美元、4.8亿美元、2.0亿美元，自上述三国进口额占我国肥料进口的76.8%。其中化肥（包括尿素、氮磷钾复合肥、磷酸氢二胺）进口数量499万吨，同比下降41.6%，进口金额90亿美元，同比下降25%。

（3）橡胶及其制品

据海关统计，2003年我国出口橡胶及制品25亿美元，比上年增长28.3%；进口橡胶及其制品37.17亿美元，比上年同期增长50.5%。进口强劲增长的原因是2003年下半年国家增发了不少的天然胶进口配额。2003年，由于进口强劲增长，大大超出了消费需求的增长幅度，总体市场关系呈现供大于求格局，但由于中间需求的过度膨胀，“钱比货多”的特定环境，以及国际市场价格的上涨，使得市场价格在剧烈动荡中上行。

（4）塑料及其制品

2003年，我国塑料及制品出口额99.82亿美元，比上年增长24.2%；进口额为210.32亿美元，比上年增长21.0%。

2003年中国对外服务贸易概况

一、总体情况

随着服务领域的对外开放以及与其他国家和地区人员、经济往来的日益密切，我国服务贸易规模呈逐年扩大之势。2003年，中国服务贸易继续稳步发展，但逆差也继续扩大。据国家外汇管理局统计，2003年我国服务出口和进口分别达到467亿美元和553亿美元，分别比上年增长18%和19%，增长速度位居世界前列，仅次于中东欧国家（据世界贸易组织统计，2003年中东欧服务出口和进口增长速度分别为21%和28%）。

服务贸易逆差仍呈现扩大趋势，达到86亿美元，比上年增长26%。从具体构成看，运输仍是服务项目逆差的主要因素；旅游收支和其他商业服务均为顺差，但旅游顺差有所下降，降幅达56%，其中旅游收入同比下降15%，支出同比下降1%。此外，我国在计算机和信息服务、专有权利使用费、咨询项下的支出增长迅速，逆差明显上升。

中国服务贸易的世界排名以及占世界服务贸易比重稳步上升。据世界贸易组织统计，2003年中国服务贸易出口占世界服务贸易出口的比重达2.5%，出口排名上升为第9位，进口上升至第8位。

表1　中国服务贸易出口额及占全球比例（1990-2003年）

年份	中国服务出口额（百万美元）	占全球比例（%）
1990	5 748	0.73
1995	18 430	1.55
1998	23 879	1.79
1999	26 165	1.90
2000	30 146	2.06
2001	32 903	2.26
2002	37 300	2.40
2003	44 500	2.50

资料来源：世界贸易组织。

表2　中国服务贸易平衡状况（2000-2003年）　单位：百万美元

年份	出口	进口	差额
2000	30 430	36 031	-5 600
2001	33 335	39 266	-5 931
2002	39 745	46 828	-6 784
2003	46 734	55 306	-8 572

资料来源：国家外汇管理局《国际收支平衡表》，2000~2003年。

二、主要行业进出口情况

2003年中国各服务部门进出口与上年相比有以下特点：

1. 运输服务的进口超过旅游的进口，成为进口额最大的服务部门。

2. 旅游出口由于受非典影响，首次出现了大幅下降，但旅游服务的进口下降不明显，使得此部门的贸易顺差显著减少。

3. 其他商业服务出口增加迅速，成为仅次于旅游的第二大服务出口部门。

4. 计算机和信息服务、广告和宣传服务从去年的逆差转为顺差，说明中国在过去一年中计算机服务和广告服务的出口方面取得了实质性进展。

以下是中国服务业主要行业2003年进出口情况简介：

1. 旅游业——2003年是我国旅游业发展史上不寻常的一年。旅游行业一手抓抗击"非典"，一手抓旅游业的恢复与振兴，积极推动旅游各项工作不断取得新的进展，中国旅游业在逆境中奋进。旅游业是中国服务贸易的最主要部门，占据整个服务贸易出口的半壁江山，但由于受"非典"影响，2003年旅游出口首次出现了大幅下降，全年出口创汇174.06亿美元，比上年下降14.61%。

（1）入境旅游。全年入境旅游人数9166.21万人次，同比下降6.38%。其中，外国人1 140.29万人次，同比下降15.15%；香港同胞5 877.01万人次，同比下降5.02%；澳门同胞1 875.73万人次，同比下降0.91%；台湾同胞273.19万人次，同比下降25.37%。全年入境过夜旅游者人数3 297.05万人次，同比下降10.41%。除非洲外，其他各洲入境人数均比上年下降。16个主要客源国中，除俄罗斯、印度来华人数实现增长外，其余14个主要客源国比上年下降。具体情况是：俄罗斯增长8.57%，印度增长2.57%，蒙古下降7.7%，韩国下降8.42%，菲律宾下降10%，印尼下降15.61%，澳大利亚下降15.75%，英国下降15.93%，加拿大下降20.94%，德国下降21.22%，日本下降22.93%，新加坡下降23.95%，美国下降26.64%，马来西亚下降27.40%，泰国下降28.71%，法国下降29.74%。

全年旅游外汇收入174.06亿美元，比上年下降14.61%。其中：长途交通（民航、铁路、汽车、轮船）收入44.38亿美元，占25.5%（其中，民航收入为30.9亿美元，占总收入的17.7%）；游览收入12.2亿美元，占7%；住宿收入21.64亿美元，占12.4%；餐饮收入14.31亿美元，占8.2%；商品销售收入36.2亿美元，占20.8%；娱乐收入13.02亿美元，占7.5%；邮电通讯收入6.18亿美元，占3.5%；市内交通收入7.86亿美元，占4.5%；其他服务收入18.27亿美元，占10.5%。按月份来看，1月收入15.81亿美元，2月收入15.83亿美元，3月收入16.04亿美元，4月收入8.99亿美元，5月收入7.02亿美元，6月收入9.63亿美元，7月收入14.24亿美元，8月收入17.17亿美元，9月收入16.57亿美元，10月收入18.69亿美元，11月收入17.01亿美元，12月收入16.96亿美元。

（2）出境旅游。2003年，中国公民出境旅游人数2 022.19万人次，同比增长21.8%。其中，因公出境541.1万人次，同比下降17.27%；因私出境1 481.09万人次，同比增长47.2%。从出境方式来看，乘坐飞机和汽车出境的人数分别为411.81万人次和333.05万人次，分别比上年下降5.14%和2.5%；乘坐轮船、火车和徒步出境的人数为269.49万人次、53.83万人次和954.02万人次，比上年增长2.96%、2.11%和67.36%。

2. 运输业——运输业是中国服务贸易的重要部门。2003年全国港口完成外贸货物吞吐量9.5亿吨，比上年增长21.6%。其中沿海港口完成8.7亿吨，比上年增长22.1%，内河港口完成0.7亿吨，比上年增长16.4%。2003年我国集装箱港口吞吐量增长幅度比较大，同比增长30.9%。全年完成4 735.3万标准箱，首次成为世界第一。上海港和深圳港集装箱港口吞吐量双双突破1000万标准箱，分别达到1 128万标准箱和1 065万标准箱，名列世界集装箱大港的第三和第四。

2003年，我国运输服务的进口超过旅游的进口，成为进口额最大的服务部门，使得本部门的逆差增加到103.26亿美元，继续成为各服务行业中逆差最大的部门。

3. 其他商业服务——2003年其他商业服务出口增加迅速，成为仅次于旅游的第二大服务出口部门。全年其他商业服务出口额达150.56亿美元，比上年增长了近50%；顺差达85.92亿美元，比上年增长了50%多。

4. 技术贸易——据商务部业务统计，2003年，我国共登记技术进口合同7 130份，比上年增长15.30%；合同金额134.51亿美元，比上年下降22.83%；其中技术费95.11亿美元，占合同总金额的70.71%，比上年下降12%。

2003年我国技术进口具有以下特点：（1）技术进口合同数量增长较快，但技术进口金额同比下降22.83%。（2）专有技术进口44.33亿美元，占全部技术进口的32.96%，同比下降10.09%，以成套设备、关键设备、生产线方式的技术进口有所增长。（3）技术引进国别日趋多样化，但美国、日本、欧盟仍然是我国技术进口的主要来源地。（4）技术进口主要集中于电子及通信设备制造业，电力、蒸汽、热水的生产和供应业，化学原料及化学制品制造业等领域。（5）技术进口集中于东部地区，中西部地区的技术进口所占份额不大。（6）外资企业、国有企业是我国技术进口的主体。外资企业登记技术进口4 313项，占全部技术进口的60.49%，合同金额76.07亿美元，占全部技术进口的56.55%，同比下降38.87%。

表3　2003年中国对外服务贸易分行业统计表　单位：百万美元

部门	出口	进口	差额
运输	7 906	18 233	–10 326
旅游	17 406	15 187	2 219
通信服务	638	427	211
建筑服务	1 290	1 183	106
保险服务	313	4 564	–4 251
金融服务	152	233	-81
计算机和信息服务	1 102	1 036	66
专有权利使用费和特许费	107	3 548	–3 441

续表

部门	出口	进口	差额
咨询	1 885	3 450	-1 565
广告、宣传	486	458	28
电影、音像	33	70	-36
其他商业服务	15 056	6 464	8 592
合计	46 734	55 306	-8 572

三、中国服务业发展概况

据国家统计局2004年10月13日公布的数据，2003年中国国内生产总值117 252亿元，按可比价格计算，比上年增长9.3%。其中，第一产业增加值17 092亿元，增长2.5%，减慢0.4个百分点；第二产业增加值61 274亿元，增长12.6%，加快2.8个百分点；第三产业增加值38 886亿元，增长6.7%，减慢0.8个百分点。在第三产业中，金融保险业增长6.9%，批发和零售贸易餐饮业增长6.6%，房地产业增长5.3%。值得注意的是，在世界其他国家服务业快速发展并超过第二产业的同时，我国第三产业增加值占GDP的比例仅为33.1%，而且该比例出现了自2000年来的首次缩小，第三产业的增长速度也比2002年有所减缓。

表4　中国国内生产总值构成（2000–2003年）　（国内生产总值=100）

年份	第一产业	第二产业			第三产业		
			工业	建筑业		#交通运输仓储邮电通信业	#批发和零售贸易餐饮业
2000	16.4	50.2	43.6	6.6	33.4	6.0	8.2
2001	15.8	50.1	43.5	6.6	34.1	6.1	8.1
2002	15.3	50.4	43.7	6.7	34.3	6.1	8.1
2003	14.6	52.3	45.3	7.0	33.1	5.7	7.7
“六五”时期	31.4	44.2	39.8	4.4	24.4	4.5	6.1
“七五”时期	26.2	43.2	38.2	5.0	30.6	5.0	9.4
“八五”时期	20.9	46.9	40.7	6.2	32.2	5.8	9.0
“九五”时期	18.3	49.7	43.1	6.6	32.0	5.4	8.3

注：本表按当年价格计算。

以下是中国服务业主要领域2003年情况介绍：

1. 国内贸易。消费品市场稳定增长。全年社会消费品零售总额达到45 842亿元，比上年实际增长9.2%。其中，城市消费品零售额29 777亿元，增长10.3%；县及县以下消费品零售额16 065亿元，增长6.8%。分行业看，批发零售贸易业零售额37 693亿元，增长9.2%；餐饮业零售额6 066亿元，增长11.6%；其他行业零售额2 083亿元，增长0.2%。

表5 国内贸易基本情况（1998－2003年）

指标	单位	1998年	1999年	2000年	2001年	2002年	2003年
一、批发零售贸易业商品购销存总额							
商品购进总额	亿元	24 297	24 581	29 784	32 489	36 886	
商品销售总额	亿元	56 438	58 780	66 360	72 415	81 266	95 507
限额以上	亿元	27 147	27 448	32 266	35 153	40 090	45 323
限额以下	亿元	29 291	31 332	34 094	37 262	41 176	50 184
商品库存总额	亿元	3 790	3 630	3 570	3 618	3 578	3 148
二、社会消费品零售总额	亿元	29 153	31 135	34 153	37 595	42 027	45 842
按销售单位所在地分							
市	亿元	17 825	19 092	21 110	23 543	26 986	29 777
县	亿元	3 682	3 893	4 217	4 583	4 860	5 248
县以下	亿元	7 645	8 151	8 825	9 469	10 181	10 817
按行业分							
批发零售贸易业	亿元	19 186	20 552	23 042	25 511	34 514	37 693
餐饮业	亿元	2 816	3 200	3 753	4 369	5 433	6 066
其他	亿元	7 150	7 383	7 358	7 716	2 080	2 084
三、城乡消费品市场情况							
市场数	个	89 177	88 576	88 811	86 454	82 498	81 017
城市	个	24 127	24 983	26 395	26 699	26 529	27 006
乡村	个	65 050	63 593	62 416	59 755	55 969	54 011
成交额	亿元	19 836	21 708	24 280	24 949	25 976	26 498
城市	亿元	11 043	12 326	13 800	14 320	15 140	15 448
乡村	亿元	8 793	9 382	10 479	10 630	10 836	11 050
在成交额中							
#粮油类	亿元	1 465	1 591	1 960	1 869	2 096	2 325
肉禽蛋类	亿元	3 557	3 802	4 202	4 185	4 468	4 802
水产品类	亿元	1 659	1 801	2 073	2 077	2 205	2 246
蔬菜类	亿元	2 207	2 426	2 662	2 695	2 888	2 938
干鲜果类	亿元	1 235	1 398	1 546	1 584	1 692	1 709
工业品	亿元	7 793	8 767	9 559	10 001	9 987	9 927

注：1. 批发零售贸易业商品购进总额和商品库存总额为限额以上批发零售贸易业数据。
2. 2003年社会消费品零售总额的口径进行了调整，2002年数据作了相应调整。

2. 交通运输和邮电。交通运输和邮电通信业全年实现增加值6 531亿元，比上年增长7.0%。全年完成货物周转量53 859亿吨公里；港口完成货物吞吐量33亿吨，增长17.9%。全年完成邮电业务总量7 282亿元，比上年增长27.8%。其中，邮政业务总量543亿元，增长9.7%；电信业务总量6 739亿元，增长29.6%。新增固定电话用户4 908万户，年末达到26 330.5万户。新增移动电话用户6 269万户，年末达到26 869万户。年末全国固定及移动电话用户总数达到53 200万户，电话普及率达到42部/百人。

表6 交通运输业基本情况（1990－2003年）

指标	单位	1990年	1995年	2000年	2002年	2003年
运输线路长度						
铁路营业里程	万公里	5.78	6.24	6.87	7.19	7.30
公路里程	万公里	102.83	115.70	140.27	176.52	180.98
内河航道里程	万公里	10.92	11.06	11.93	12.16	12.40
民航营运里程	万公里	50.68	112.90	150.29	163.77	174.95
客运量	万人	772 682	1 172 596	1 478 573	1 608 150	1 587 497
#铁路	万人	95 712	102 745	105 073	105 606	97 261
公路	万人	648 085	1 040 810	1 347 392	1 475 257	1 464 335
旅客周转量	亿人公里	5 628	9 002	12 261	14 126	13 811
#铁路	亿人公里	2 613	3 546	4 533	4 969	4 789
公路	亿人公里	2 620	4 603	6 657	7 806	7 696
货运量	万吨	970 602	1 234 937	1 358 682	1 483 446	1 561 422
#铁路	万吨	150 681	165 982	178 581	204 955	221 178
公路	万吨	724 040	940 387	1 038 813	1 116 324	1 159 957
水运	万吨	80 094	113 194	122 391	141 832	158 070
货物周转量	亿吨公里	26 208	35 909	44 321	50 686	53 859
#铁路	亿吨公里	10 622	13 050	13 771	15 658	17 247
公路	亿吨公里	3 358	4 695	6 129	6 782	7 099
水运	亿吨公里	11 592	17 552	23 734	27 511	28 716
铁路机车数量	台	13 970	15 554	15 253	16 026	16 320
国家铁路	台	13 592	15 146	14 472	15 159	15 456
地方铁路	台	378	408	327	357	359
合资铁路	台			454	510	505
铁路客车数量	辆	27 526	32 663	37 249	39 438	40 487
铁路货车数量	辆	368 561	436 414	443 902	459 017	510 327
民用汽车拥有量	万辆	551.36	1 040.00	1 608.91	2 053.17	2 382.93
#载客汽车	万辆	162.19	417.90	853.73	1 202.37	1 478.81
载货汽车	万辆	368.48	585.46	716.32	812.22	853.51
#私人汽车拥有量	万辆	81.62	249.96	625.33	968.98	1 219.23
民用运输船舶拥有量	艘	425 934	364 968	229 676	202 977	204 270
#机动船	艘	325 858	299 717	185 018	165 936	163 813
驳船	艘	82 482	57 998	44 658	37 041	40 457
#私人运输船舶	艘	231 168	196 736	142 117	115 108	114 297
沿海主要港口货物吞吐量	万吨	48 321	80 166	125 603	166 628	201 126

表7 邮电业务基本情况（1990年－2003年）

指标	单位	1990年	1995年	2000年	2002年	2003年
邮电业务量						
邮电业务总量	亿元	155.54	988.85	4 792.70	5 695.80	7 281.80
邮政业务总量	亿元	45.95	113.34	232.80	494.69	542.50
电信业务总量	亿元	109.59	875.51	4 559.90	5 201.12	6 739.30
函件	亿件	54.90	79.60	77.71	106.01	103.84
特快专递	万件	343.3	5 562.7	1 1031.4	14 036.0	17 237.8
报刊期发数	万份	20 078	21 689	20 090	17620	16 594
长途电话	亿次	11.63	101.40	210.75	192.79	
无线寻呼用户	万户	43.7	1 739.2	4 884.3	1 872.1	870.6
移动电话用户	万户	1.8	362.9	8 453.3	20 600.5	26 869.3
本地电话年末用户	万户	685.0	4 070.6	14 482.9	21 422.2	26 330.5
城市电话用户	万户	538.4	3 263.6	9 311.6	13 579.1	17 129.2
#住宅电话	万户	152.7	2 358.4	7 219.4	10 196.7	12 467.9
乡村电话用户	万户	146.6	807.0	5 171.3	7 843.1	9 201.3
#住宅电话	万户	30.7	551.4	4 597.8	7 183.8	8 415.4
公用电话用户	万户	4.6	85.0	352.0	985.5	1 535.8
邮政局所及邮电通信电路						
邮政局所	处	53 629	61 898	58 437	76358	63 555
邮路及农村投递路线总长度	万公里	498.31	523.19	643.78	659.22	680.20
长话业务电路	万路	11.24	73.55	220.17	578.22	1 040.75
长途光缆线路长度	公里	3 334	106 882	286 642	487 684	547 076
邮电通信设备拥有量						
长途自动交换机容量	万路端	16.14	351.88	563.55	773.01	862.00
本地电话局用交换机容量	万门	1232	7204	17 826	28 657	35 401
移动电话交换机容量	万户	5.1	796.7	13 985.6	27 400.0	33 632.4
电话机(含移动电话)	万部	1 233.2	5 762.1	25 606.6	42 972.2	53 199.8
#固定电话	万部	1 231.4	5 399.2	17 153.3	22 371.7	26 330.5
邮电通信服务水平						
全国电话普及率（含移动）	部/百人	1.11	4.66	20.1	33.60	42.10
移动电话普及率	部/百人	0.002	0.30	6.77	16.10	20.90

注：1.邮电业务总量2000年及以前按1990年不变价格计算，2001年起按2000年不变价格计算。

2.1997年及以前城市电话用户为市内电话用户数，乡村电话用户为农村电话用户数。

3.1998年及以前邮政局所为邮电局所。

3. 旅游业。旅游业受"非典"疫情影响较大。全年入境人数9 166万人次，比上年下降6.4%。全年国内出境人数达2 022万人次，增长21.8%。旅游总收入3 442亿元，下降11.2%。国际旅游外汇收入174亿美元，下降14.6%。

表8　旅游人数和收入统计表（1998年－2003年）

指标	1998年	1999年	2000年	2001年	2002年	2003年
旅游人数（万人次）						
入境旅游人数	6 347.8	7 279.6	8 344.4	8 901.0	9 790.8	9 166.2
外国人	722.8	854.0	1 023.6	1 122.4	1 343.9	1 140.3
#日本	157.2	185.5	220.2	238.6	292.6	225.5
韩国	63.3	99.2	134.5	167.9	212.4	194.6
菲律宾	25.6	29.8	36.4	40.8	50.8	45.8
新加坡	31.6	35.2	39.9	41.5	49.7	37.8
英国	24.3	25.9	28.4	30.3	34.3	28.8
德国	19.2	21.8	23.9	25.3	28.2	22.2
俄罗斯	69.2	83.3	108.0	119.6	127.2	138.1
加拿大	19.6	21.4	23.7	25.4	29.1	23.0
美国	67.7	73.6	89.6	94.9	112.1	82.3
澳大利亚	18.6	20.4	23.4	25.5	29.1	24.5
港澳同胞	5 407.5	6 167.1	7 009.9	7 434.6	8 080.8	7 752.7
台湾同胞	217.4	258.5	310.9	344.0	366.1	273.2
#入境过夜旅游者人数	2 507.3	2 704.7	3 122.9	3 316.7	3 680.3	3 297.1
国内旅游人数	69 450	71 900	74 445	78 366	87 800	87 000
#国内居民出境总人数	842.6	923.2	1 047.3	1 213.4	1 660.2	2 022.2
因私出境人数	319.0	426.6	563.1	694.7	1 006.1	1 481.1
旅游收入						
国际旅游收入（亿美元）	126.0	141.0	162.2	177.9	203.9	174.1
国内旅游总花费（亿元）	2 391.2	2 831.9	3 175.5	3 522.4	3 878.4	3 442.3

4. 建筑业。建筑业保持较快发展。全年全社会建筑业实现增加值8 166亿元，比上年增长11.9%。

5. 金融业。货币供应量增长加快。金融机构存贷款增加较多。年末全部金融机构本外币各项存款余额220 364亿元，比上年末增长20.2%；全部金融机构本外币各项贷款余额169 771亿元，增长21.4%。贷款结构继续改善。

表9　金融机构人民币信贷收支统计表（1999－2003年）　单位：亿元
（年底余额）

项目	1999年	2000年	2001年	2002年	2003年
资金来源总计	123 230.6	135 483.7	154 876.1	184 024.5	225 313.3
各项存款	108 778.9	123 804.4	143 617.2	170 917.4	208 055.6
企业存款	37 182.4	44 093.7	51 546.6	60 028.6	72 487.1
财政存款	2 128.1	3 508.1	3 369.8	3 481.9	5 126.9
机关团体存款	1 814.5	2 224.3	2 852.8	5 184.5	6 727.7
城乡储蓄存款	59 621.8	64 332.4	73 762.4	86 910.7	103 617.7

续表

项目	1999年	2000年	2001年	2002年	2003年
农业存款	2 126.3	2 642.9	3 083.3	3 764.2	4 898.3
信托类存款	3 072.2	2 873.6	2 689.8	2 414.4	2 458.1
其他类存款	2 833.7	4 129.4	6 312.5	9 133.2	12 739.9
金融债券	39.5	30.2	51.4	90.3	2 226.27
对国际金融机构负债	371.9	368.3	484.5	423.1	482.57
货币流通量	13 455.5	14 652.7	15 688.8	17 278.0	19 745.99
其他	584.8	−3 371.9	−4 965.8	−4 684.3	−5 197.17
资金运用总计	123 230.6	135 483.7	154 876.1	184 024.5	225 313.3
各项贷款	93 734.3	99 371.1	112 314.7	131 293.9	158 996.2
短期贷款	63 887.6	65 748.1	67 327.2	74 247.9	83 661.2
工业贷款	17 948.9	17 019.3	18 636.7	20 190.5	22 756.0
商业贷款	19 890.9	17 868.5	18 563.4	17 973.1	17 994.4
建筑业贷款	1 476.9	1 617.1	2 099.6	2 748.0	3 002.1
农业贷款	4 792.4	4 889.0	5 711.5	6 884.6	8 411.4
乡镇企业贷款	6 161.3	6 060.8	6 413.0	6 812.3	7 661.6
私营企业及个体贷款	579.1	654.6	918.0	1 058.8	1 461.6
三资企业贷款	2 985.8	3 049.8	3 263.5	2 697.4	2 569.4
其他短期贷款	10 052.4	14 589.0	11 721.6	15 883.4	19 804.7
中长期贷款	23 968.3	27 931.2	39 328.1	48 642.0	63 401.4
信托类贷款	2 504.6	2 409.7	2 497.6	2 170.3	2 281.3
其他类贷款	3 373.8	3 282.1	3 251.8	6 233.7	9 652.4
有价证券及投资	12 505.8	19 651.1	22 112.7	26 789.7	30 259.5
在国际金融机构资产	604.1	576.3	754.2	798.2	873.4
金银占款	12.0	12.0	256.0	337.2	337.2
外汇占款	14 792.4	14 291.1	17 856.4	23 223.3	34 846.9
财政借款	1 582.1	1 582.1	1 582.1	1 582.1	

6. 证券业。证券市场稳定发展。全年证券市场通过发行、配售股票共筹集资金1 358亿元，比上年增加396亿元。年末境内上市公司（A、B股）数量由上年末的1 224家增加到1 287家，市价总值42 578亿元，比上年末增长11%。

7. 保险业。保险事业发展较快。全年中外资保险公司保费收入3 880亿元，比上年增长27.1%。支付各类赔款及给付841亿元。

表10　中外资保险公司业务经济技术指标　单位：亿元

项目	保费		赔款及给付	
	2002年	2003年	2002年	2003年
合计	3 054	3 880	707	846

续表

项目	保费		赔款及给付	
	2002年	2003年	2002年	2003年
财产保险公司	780	893	403	476
企业财产保险	123	125	56	64
家庭财产保险	24	19	4	4
机动车辆保险	472	540	271	328
船舶保险	13	15	9	11
货物运输保险	42	41	16	17
卫星及核能保险	6	4	2	1
建筑、安装工程保险及责任保险	8	12	4	5
责任保险	37	35	16	20
保证保险	9	2	2	1
信用保险	7	8	8	8
农业保险	5	5	4	3
其他保险	34	87	11	13
人寿保险公司	2 274	2 987	304	370
寿险	2 074	2 669	229	272
健康险	121	239	49	68
人身意外伤害险	79	78	26	29

8. 教育。教育事业保持较快发展。全国研究生教育招生26.9万人，在学研究生65.1万人，毕业生11.1万人。全国普通高等教育招生382.2万人，在校生1 108.6万人，毕业生187.8万人。各类中等职业教育招生504.1万人，在校生1240.2万人，毕业生343.8万人。全国普通高中招生752.1万人，在校生1 964.8万人，毕业生458.1万人。全国初中招生2 220.1万人，在校生6 690.6万人，毕业生2 018.4万人。普通小学招生1 829.4万人，在校生11 689.7万人，毕业生2267.9万人。特殊教育招生4.9万人，在校生36.5万人。幼儿园在园幼儿2004万人。

9. 文化。文化事业稳步发展。年末全国共有艺术表演团体2 587个，文化馆2 892个，公共图书馆2 708个，博物馆1 519个。广播电台282座，中、短波广播发射台和转播台744座，电视台320座，教育台62个。全国有线电视用户10 508万户。生产故事影片140部，科教、纪录、美术片61部，特种影片1部。出版全国性和省级报纸243.6亿份，各类期刊29.9亿册，图书67.5亿册（张）。

10. 医疗和卫生。卫生事业发展加快。年末全国共有卫生机构30.5万个，其中医院、卫生院6.4万个，妇幼保健院（所、站）3 058个，专科疾病防治院（所、站）1 811个。医院和卫生院床位290万张。卫生技术人员424万人，其中执业医师和执业助理医师183万人，注册护士124万人。

注：本文部分数据为初步统计。

2003年中国吸收外商直接投资概况

一、总体情况

2003年是中国经济经受严峻考验的一年。在全球经济复苏缓慢、国内遭受非典疫情影响的情况下，我国GDP依然保持了9.3%的增长速度，吸收外商直接投资再创历史新高。

2003年外商对华投资新设立企业41 081家，同比增长20.22%；合同外资金额1 150.70亿美元，同比增长39.03%；实际使用外资金额535.05亿美元，同比增长1.44%。

截至2003年年底，全国累计批准设立外商投资企业465 277家，合同外资金额9 431.30亿美元，实际使用外资金额5 014.71亿美元。

表11　2001—2003年中国吸收外商直接投资情况表　金额单位：亿美元

年 份	项目数（个）	同比增长（%）	合同外资金额	同比增长（%）	实际使用外资金额	同比增长（%）
2001	26 140	16.97	691.95	10.93	468.78	15.14
2002	34 171	30.72	827.68	19.62	527.43	12.51
2003	41 081	20.22	1150.70	39.03	535.05	1.44

2003年外商对华投资有以下主要特点：

（一）外商投资结构进一步优化。2003年新设立外商投资企业中，制造领域占70%，其中以化学原料及化学制品制造业和交通运输设备制造业吸收外资增幅较大。服务贸易领域新设立外商投资企业1 0179家，同比增长27.64%，所占比重从2002年的23.59%提升至24.78%；外商投资新设立大型企业较上一年大幅度增长，合同外资金额超过1 000万美元的大型外商投资企业2 477家，比上年增长58.68%。

（二）外商投资高技术领域持续大幅上扬，设立的研发中心和地区总部快速增加，服务贸易领域吸收外资稳步推进，外商投资服务外包发展加速。全球最大的500家跨国公司已有400多家在华投资，其中30家设立了地区总部，外商以多种形式在华设立研发机构超过600家。

（三）东部地区吸收外商投资的集聚效应明显，中西部地区对外商投资的吸引力进一步加强，东北老工业基地成为外商投资热点区域。

（四）外商投资企业的经营业绩进一步提高。2003年全国外商投资企业经济增长情况良好，其工业增加值、工业产值、出口额、税收、银行结售汇顺差值等主要经济指标的增长幅度均高于全国平均水平，对外依存度明显高于其他类型企业，在国民经济总量，特别是在国民经济增量中所占比重继续提高，对国民经济持续快速健康发展的促进作用明显增强。2003年全国外商投资企业出口额达2 403.41亿美元，比上年同期增长41.43%，高于全国同期出口增幅（34.6%）6.83个百分点，占全国出口总值的54.83%，所占比重同比提高了2.65个百分点。2003年全国外商投资企业实现工业增加值达11 174亿元，同比增长20%，高于全国工业增加值增幅（17.00%）3个百分点，占全国工业增加值（41 045亿元）的27.22%，所占比重与上年提高1.5个百分点。同期，全国工业总产值（可比价）为128306.14亿元，同比增长25.8%，净增加26 313.97亿元。其中，外商投资企业工业产值（可比价）为46 019.55亿元，同比增长30.40%，高于全国增幅4.6个百分点，净增加10 728.46亿元。2003年外商投资企业工业产值增量占全国工业产值增量的比重为40.77%。全国工业产值（以现价计算，下同）141 481.23亿元，同比增长27.2%。其中，外商投资企业工业产值43 351.70亿元，同比增长29.3%，高于全国工业产值增幅2.1个百分点，占全国工业产值的30.64%。2003年全国外商投资企业缴纳税收额达4 268亿元，同比增长22.81%，高于全国税收增幅（20.34%）2.47个百分点，比上年净增加792.67亿元。2003年外商投资企业税收额占全国税收总额（20 461.6亿元）的比重为20.86%，税收增加值占全国税收增加值的22.92%。

二、外商投资来源分析

2003年美国对华投资设立企业数、合同外资金额呈增长态势，但实际投入金额为负增长；欧盟对华投资继续保持全面增长；亚洲十国/地区仍为我国吸收外资主要来源地区；部分自由港对华投资的合同外资金额增幅乏力、实际投入外资金额出现负增长。

美国对华投资新设立企业数4 060家，同比增长20.73%；合同外资金额101.61亿美元，同比增长24.58%；实际使用外资金额41.99亿美元，同比下降 22.59%。占同期我国吸收外资总量（企业总数、合同外资总额和实际使用外资总额，下同）的比重依次为9.88%、8.83%和7.85%，分别比2002年增长0.04、下降1.02和2.43个百分点。

欧盟对华投资新设立企业数2 074家，同比增长39.57%；合同外资金额58.54亿美元，同比增长29.90%；实际使用外资金额39.30亿美元，同比增长5.94%。占同期我国吸收外资总量中的比重依次为5.05%、5.09%和7.35%。欧盟十五国中对华实际投入外资金额居前五位的国家为：德国（8.57亿美元）、英国（7.42亿美元）、荷兰（7.25亿美元）、法国（6.04亿美元）、意大利（3.17亿美元）。

亚洲十国/地区（香港、澳门、台湾省、日本、菲律宾、泰国、马来西亚、新加坡、印尼、韩国）对华投资新设立企业数29 010家，同比增长17.80%；合同外资金额738.71亿美元，同比增长55.14%；实际使用外资金额338.90亿美元，同比增长4.56%。占同期我国吸收外资总量的比重分别为70.62%、64.20%和63.34%。在亚洲十国/地区中，对华实际投入外资金额居前五位的国家/地区为：香港（177.00亿美元）、日本（50.54亿美元）、韩国（44.89亿美元）、台湾省（33.77亿美元）、新加坡（20.58亿美元）；合同外资金额居前五位的国家/地区为：香港（407.08亿美元）、韩国（91.77亿美元）、台湾省（85.58亿美元）、日本（79.55亿美元）、新加坡（34.19亿美元）。

部分自由港（英属维尔京群岛、开曼群岛、萨摩亚等）对华投资新设立企业数3 113家，同比增长15.68%；合同外资金额169.43亿美元，同比增长0.94%，实际使用外资金额76.29亿美元，同比增长6.70%。占同期我国吸收外资总量的比重分别为7.58%、14.72%和14.26%。

2003年对华投资前十位国家/地区（以实际投入外资金额计）依次为：香港（177.00亿美元）、英属维尔京群岛（57.77亿美元）、日本（50.54亿美元）、韩国（44.89亿美元）、美国（41.99亿美元）、台湾省（33.77亿美元）、新加坡（20.58亿美元）、萨摩亚（9.86亿美元）、开曼群岛（8.66亿美元）、德国（8.57亿美元）。前十位国家/地区对华实际投入外资金额占全国实际使用外资金额的 84.78%。

截至2003年年底，对华投资前十位国家/地区（以实际使用外资金额排序）是：香港（2 225.75亿美元）、美国（440.88亿美元）、日本（413.94亿美元）、台湾省（364.88亿美元）、英属维尔京群岛（301.65亿美元）、新加坡（235.31亿美元）、韩国（196.88亿美元）、英国（114.38亿美元）、德国（88.51亿美元）、法国（61.48亿美元）。实际投资额占全国累计实际使用外资总额的比重依次为44.38%、8.79%、8.25%、7.28%、6.02%、4.69%、3.93%、2.28%、1.77%、1.23%。香港继续位居对华投资国家/地区累计实际投入金额之首，但在外商投资总量中所占比重继续下降。

以下为主要国别（地区）对华投资情况：

（一）港澳对内地投资情况

2003年香港、澳门特别行政区对内地投资项目数和合同外资金额继续保持大幅增长，但实际使用外资金额有所下降。

2003年香港、澳门在内地投资新设立企业1 4213家，比上年同期增长25.08%；合同外资金额420.03亿美元，同比增长62.59%；实际使用外资金额181.17亿美元，同比下降-1.16%。2003年港澳客商新设外商投资企业、合同外资金额和实际投入金额分别占全国同期吸收外资总量的34.60%、36.50%和33.86%。以实际使用外资金额计，2003年香港、澳门在内地投资额继续位居内地吸收外资国别/地区之首位。

截至2003年年底，香港、澳门地区在内地投资累计设立企业232 916家，合同外资金额4 266.01亿美元，实际投入金额2 277.65亿美元，分别占全国累计批准设立外商投资企业数、合同外资金额和实际使用外资金额总量的50.06%、45.23%和45.42%。以实际使用外资累计金额计，香港、澳门在内地投资位居各国别/地区第1位。

（二）台湾对祖国大陆投资情况

2003年台湾对祖国大陆投资新设立企业数和实际投入金额均有下降，合同台资金额有所增加。

2003年台湾在祖国大陆投资新设立企业4 495家，同比下降7.38%；合同台资金额85.58亿美元，同比增长26.96%；实际使用台资金额33.77亿美元，同比下降14.94%。2003年台湾新设台商投资企业、合同台资金额和实际投入台资金额分别占全国同期吸收外资总量的10.94%、7.44%和6.32%。以实际使用外资金额计，2003年台湾对祖国大陆投资位于香港、英属维尔京群岛、日本、韩、美国之后，居各国别/地区第6位。

截至2003年年底，台湾在祖国大陆投资累计设立企业60 186家，合同台资金额700.29亿美元，实际投入台资金额364.88亿美元，分别占全国累计批准设立外商投资企业数、合同外资金额和实际使用外资金额总量的12.94%、7.43%和7.28%。以实际使用外资累计金额计，台湾对祖国大陆投资位于香港、美国、日本之后，居国别/地区第4位。

（三）美国对华投资情况

2003年美商对华投资新设立企业、合同美资金额均呈增长态势，实际投入美资金额有一定下降。

2003年美商在华投资新设立企业4 060家，合同美资金额101.61亿美元，实际投入美资金额41.99亿美元，同比增长20.73%、24.58%、–22.59%，占全国同期吸收外资总量的9.88%、8.83%和7.85%。美商对华投资在香港、英属维尔京群岛、日本、韩国之后，位居各国别/地区第5位。

截至2003年底，美国在华投资累计设立美资企业41 340家，合同美资金额864.43亿美元，实际投入美资金额440.88亿美元，分别占全国累计批准设立外商投资企业数、合同外资金额和实际使用外资金额总量的8.89%、9.17%和7.93%。以实际使用外资累计金额计，美国居对华投资国别/地区第2位，仅次于香港、澳门特别行政区。

（四）日本对华投资情况

2003年日本对华投资项目数、合同外资金额和实际投入金额继续大幅增长。

2003年日商在华投资新设立企业3 254家，合同日资金额79.55亿美元，实际投入日资金额50.54亿美元，比2002年同期分别增长18.54%、50.16%、20.62%。2003年日商新设外商投资企业、合同日资金额和实际投入日资金额分别占全国同期吸收外资总量的7.92%、6.91%和9.45%，项目数、合同日资金额和实际投入日资金额所占比重比去年同期分别增长0.11、0.51和1.51个百分点。以实际使用外资金额计，2003年日本对华投资位居各国别/地区第3位，仅次于香港和澳门特别行政区、英属维尔京群岛。

截至2003年底，日本在华投资累计设立日资企业28 401家，合同日资金额574.87亿美元，实际投入日资金额413.94亿美元，分别占全国累计批准设立外商投资企业数、合同外资金额和实际使用外资金额总量的6.10%、6.10%和8.25%。以实际使用外资累计金额计，日本对华投资位居各国别/地区第3位，第一、二位分别是香港和澳门特别行政区、美国。

（五）欧盟对华投资情况

2003年欧盟对华投资新设立企业数增长较大，而合同金额和实际投入金额也有所增长。

2003年欧盟在华投资新设立企业2 074家，合同欧资金额58.54亿美元，实际使用欧资金额39.30亿美元，比2002年同期分别增长39.57%、29.90%及5.94%。2003年欧盟新设外商投资企业、合同欧资金额和实际投入金额分别占全国同期吸收外资总量的5.05%、5.09%和7.35%。以实际使用外资金额计，2003年欧盟对华投资位居各国别/地区第6位，位于香港（177.00亿美元）、英属维尔京群岛（57.77亿美元）、日本（50.54亿美元）、韩国（44.89亿美元）、美国（41.99亿美元）之后。

截至2003年底，欧盟在华投资累计设立企业16 158家，合同欧资金额659.43亿美元，实际投入欧资金额378.72亿美元，分别占全国累计批准设立外商投资企业数、合同外资金额和实际使用外资金额总量的3.47%、6.99%和7.55%。以实际使用外资累计金额计，欧盟居对华投资国别/地区第5位，仅次于香港地区、美国、日本、台湾省。

（六）英属维尔京群岛对华投资情况

2003年英属维尔京群岛对华投资新设立企业数、合同金额有所增加，但实际投入金额有轻微减少。

2003年英属维尔京群岛在华投资新设立企业2 218家，合同维资金额126.64亿美元，实际使用维资金额57.77亿美元，比2002年同期分别增长13.22%、0.11%及-5.56%。2003年英属维尔京群岛新设外商投资企业、合同维资金额和实际投入维资金额分别占全国同期吸收外资总量的5.40%、11.01%和10.80%。以实际使用外资金额计，2003年英属维尔京群岛对华投资位于香港之后，居各国别/地区第2位。

截至2003年底，英属维尔京群岛在华投资累计设立企业8 877家，合同维资金额620.12亿美元，实际投入维资金额301.65亿美元，分别占全国累计批准设立外商投资企业数、合同外资金额和实际使用外资金额总量的1.90%、6.58%和6.02%。以实际使用外资累计金额计，英属维尔京群岛位于中国香港、美国、日本、中国台湾省、欧盟之后，居对华投资国别/地区第6位。

（七）新加坡对华投资情况

2003年新加坡对华投资新设立企业数、合同金额均有较大幅度增长。但实际使用外资金额有所下降。

2003年新加坡在华投资新设立企业1 144家，合同新资金额34.19亿美元，实际使用新资金额20.58亿美元，比2002年同期分别增长23.01%、22.73%及-11.93%。2003年新加坡新设外商投资企业、合同新资金额和实际投入新资金额分别占全国同期吸收外资总量的2.78%、2.97%和3.85%。以实际使用外资金额计，2003年新加坡对华投资位于香港地区、英属维尔京群岛、日本、韩国、美国、中国台湾省之后，居各国别/地区第7位。

截至2003年底，新加坡在华投资累计设立企业11 871家，合同新资金额435.68亿美元，实际投入新资金额235.31亿美元，分别占全国累计批准设立外商投资企业数、合同外资金额和实际使用外资金额总量的2.55%、4.62%和4.69%。以实际使用外资累计金额计，新加坡位于香港、美国、日本、台湾省、欧盟、英属维尔京群岛之后，居对华投资国别/地区第7位。

（八）韩国对华投资情况

2003年韩国对华投资新设企业、合同外资金额和实际投入金额均有大幅度增长。

2003年韩商在华投资新设立企业4 920家，合同外资金额91.77亿美元，实际使用外资金额44.89亿美元，相比2002年同期分别增长22.75%、73.74%、64.98%。2003年韩商新设外商投资企业、合同外资金额和实际投入金额分别占全国同期吸收外资总量的11.98%、7.98%和8.39%。以实际使用外资金额计，2003年韩国对华投资位居各国别/地区第4位。

截至2003年12月底，韩国在华累计设立韩资企业27 128家，合同韩资金额366.53亿美元，实际投入金额196.88亿美元，分别占全国累计批准设立外商投资企业数、合同外资金额和实际使用外资金额总量的5.83%、3.88%和3.93%。以实际使用外资累计金额计，韩国对华投资位居各国别/地区第8位。

表12　截至2003年底对华投资前10位国家/地区情况表　金额单位：万美元

国别/地区	项目数		合同外资金额		实际使用外资金额	
	个 数	比 重（%）	金 额	比 重（%）	金 额	比 重（%）
合 计	465 277	100	94 312 957	100	50 147 112	100
香港地区	224 509	48.25	41 451 403	43.95	22 257 533	44.38
美 国	41 340	8.89	8 644 337	9.17	4 408 794	8.79
日 本	28 401	6.1	5 748 747	6.1	4 139 405	8.25
台湾省	60 186	12.94	7 002 873	7.43	3 648 752	7.28
英属维尔京群岛	8 877	1.91	6 201 219	6.58	3 016 461	6.02
新加坡	11 871	2.55	4 356 828	4.62	2 353 110	4.69
韩 国	27 128	5.83	3 665 309	3.89	1 968 750	3.93
英 国	3 856	0.83	2 084 210	2.21	1 143 797	2.28
德 国	3 504	0.75	1 571 301	1.67	885 064	1.76
法 国	2 302	0.49	791 483	0.84	614 766	1.23

表13　2001－2003年部分国家/地区对华直接投资情况表　金额单位：万美元

年份	国别 / 地 区	项目数（个）	增幅（%）	比重（%）	合同外资金额	增幅（%）	比重（%）	实际使用外资金额	增幅（%）	比重（%）
2001	总 计	26 140	16.97		6 919 455	10.93		4 687 759	15.14	
	亚洲十国/地区	18 819	17.76	71.99	4 029 870	32.33	58.24	2 948 833	16.16	62.9
	欧盟	1 214	7.43	4.64	515 284	−41.81	7.45	418 270	−6.62	8.92
	北美洲	3 149	3.35	12.05	881 033	−0.67	12.73	487 452	4.52	10.4
	加拿大	543	23.97	2.08	129 546	49.17	1.87	44 130	57.73	0.94
	美国	2 606	−0.11	9.97	751 487	−6.07	10.86	443 322	1.13	9.46
	部分自由港	2 039	40.33	7.8	1 162 663	3.04	16.8	661 309	39.93	14.11

续表

年份	国别 / 地 区	项目数（个）	增幅（%）	比重（%）	合同外资金额	增幅（%）	比重（%）	实际使用外资金额	增幅（%）	比重（%）
2002	总 计	34 171	30.72		8 276 833	19.62		5 274 286	12.51	
	亚洲十国/地区	24 626	30.86	72.07	4 761 497	18.16	57.53	3 241 119	9.91	61.45
	欧盟	1 486	22.41	4.35	450 693	–12.54	5.45	370 982	–11.31	7.03
	瑞典	51	6.25	0.15	12 651	124.03	0.15	9 980	18.26	0.19
	北美洲	4 071	29.28	11.91	930 490	5.61	11.24	601 190	23.33	11.40
	加拿大	708	30.39	2.07	114 843	–11.35	1.39	58 798	33.24	1.11
	美国	3 363	29.05	9.84	815 647	8.54	9.85	542 392	22.35	10.28
	部分自由港	2 691	31.98	7.88	1 678 535	44.37	20.28	817 640	23.64	15.50
2003	总 计	41 081	20.22		11 506 969	39.03		5 350 467	1.44	
	亚洲十国/地区	29 010	17.8	70.62	7 387 075	55.14	64.2	3 388 976	4.56	63.34
	欧盟	2 074	39.57	5.05	585 432	29.9	5.09	393 031	5.94	7.35
	北美洲	4 961	21.86	12.08	1 177 119	26.51	10.23	476 202	–20.79	8.9
	加拿大	901	27.26	2.19	160 972	40.17	1.4	56 351	–4.16	1.05
	美国	4 060	20.73	9.88	1 016 147	24.58	8.83	419 851	–22.59	7.85
	部分自由港	3 113	15.68	7.58	1 694 307	0.94	14.72	762 872	–6.7	14.26

三、外商投资方式分析

2003年外商投资设立中外合资、中外合作企业在全国吸收外资总量中的比重有所下降，外资企业（外商独资）所占比重明显提高。

2003年外商对华投资新设立中外合资企业12 521家，比上年增长20.63%；合同外资金额255.06亿美元，同比增长37.86%；实际使用外资金额153.92亿美元，同比增长2.67%。在全国吸收外资总量（全国新批设立企业数、合同外资金额和实际使用外资金额，下同）中的比重分别为30.48%、22.17%和28.77%，比2002年所占比重分别增长了0.10、-0.19和0.34个百分点。

同期，外商对华投资新设立中外合作企业1547家，同比下降3.01%；合同外资金额74.79亿美元，同比增长20.30%；实际使用外资金额38.36亿美元，同比下降24.14%，在全国吸收外资总量中的比重分别为3.77%、6.50%和7.17%，比上年分别下降了0.83、1.02和2.42个百分点。

2003年外商对华投资新设立外资企业（外商独资）26 943家，合同外资金额816.09亿美元，实际使用外资金额333.84亿美元，同比增长21.51%、42.54%和5.23%，在全国吸收外资总量中的比重依次为65.59%、70.92%和62.39%，比上年分别提升了0.70、1.74和2.24个百分点。

截至2003年底，外商对华投资新设立中外合资企业238 367家，合同外资金额3 518.37亿美元，实际使用外资金额2 060.27亿美元。外商对华投资新设立中外合作企业54 512家，合同外资金额1 707.99亿美元，实际使用外资金额866.19亿美元。外商对华投资新设立外资企业172 108家，合同外资金额4 141.47亿美元，实际使用外资金额1 990亿美元。

表14 2001年—2003年外商直接投资分方式统计 金额单位：亿美元

方 式	项目数（个）			合同外资金额			实际使用外资金额		
	2001年	2002年	2003年	2001年	2002年	2003年	2001年	2002年	2003年
总 计	26 140	34 171	41 081	691.95	827.68	1 150.70	468.78	527.43	535.05
中外合资企业	8 893	10 380	12 521	175.36	185.02	255.06	157.39	149.92	153.92
中外合作企业	1 589	1 595	1 547	83	62.17	74.79	62.12	50.58	38.36
外资企业	15 643	22 173	26 943	429.99	572.55	816.09	238.73	317.25	333.84
外商投资股份有限公司	11	19	37	3.27	7.39	3.89	5.28	6.97	3.28
合作开发	3	4	8	0.19	0.55	0.86	5.11	2.72	0.33
其他	1	0	25	0.13	0	0	0.15	0	5.31

四、外商投资行业分析

除农林牧渔领域实际使用外资金额外，2003年外商投资我国农林牧渔领域、制造业领域、服务贸易领域均实现增长。

（一）制造业仍是外商投资的主要领域

2003年外商投资制造业领域新设立企业29281家，合同外资金额807.47亿美元，实际使用外资金额369.36亿美元，比上年同期分别增长17.45%、36.24%和0.37%，占同期全国吸收外商直接投资总量的比重分别为71.32%、70.17%和69.72%。

在制造业领域中，化学原料及化学制品制造业和交通运输设备业吸收外资增幅较大。其中，化学原料及化学制品业外商投资新设立企业1 812家，同比增长14.18%；合同外资金额71.31亿美元，同比增长91.67%；实际使用外资金额26.02亿美元，同比增长6.23%。以汽车制造为代表的交通运输设备制造业外商投资新设立企业1 126家，同比增长51.14%；合同外资金额48.68亿美元，同比增长111.17%；实际使用外资金额23.73亿美元，同比增长42.76%。

（二）农林牧渔领域吸收外资在总量中所占比重略有下降

2003年外商投资农林牧渔领域新设立企业1 116家，比上年增长14.46%；合同外资金额22.76亿美元，同比增长34.84%；实际使用外资金额10.01亿美元，同比下降2.61%。农林牧渔领域新设立企业数、合同外资金额、实际使用外资金额占全国吸收外商直接投资总量的比重依次为2.72%、1.98%和1.89%，新设立企业数比上年下降0.13个百分点，合同外资金额下降0.06个百分点，实际使用外资金额下降0.06个百分点。

（三）服务贸易领域是外商投资的热点

2003年我国服务贸易领域（按WTO分类）吸收外商直接投资所占比重超过总量四

分之一，且同比增幅大于其他领域。全年新设立外商投资企业10 179家，同比增长27.64%；合同外资金额284.79亿美元，同比增长49.75%；实际使用外资金额131.36亿美元，同比增长3.66%。外商投资服务贸易领域新设立企业数、合同外资金额、实际使用外资金额占全国吸收外商直接投资总量的比重依次为25.00%、25.00%和24.60%。

（四）产业分类

从2003年全国吸收外商直接投资产业结构看，第一产业新设立外商投资企业1 116家，合同外资金额22.76亿美元，实际使用外资金额10.01亿美元，分别比上年增长14.46%、34.84%和−2.61%，分别占全国吸收外商直接投资总量的2.72%、1.98%和1.87%。

第二产业新设立外商投资企业3 0247家，合同外资金额851.53亿美元，实际使用外资金额397.10亿美元，分别比上年增长18.12%、36.94%和0.62%，分别占全国吸收外商直接投资总量的73.63%、74%和74.22%。

第三产业新设立外商投资企业9 718家，合同外资金额276.40亿美元，实际使用外资金额127.94亿美元，分别比上年增长28.07%、46.27%和4.44%，分别占全国吸收外商直接投资总量的23.66%、24.02%和23.91%。

截至2003年底，在全国累计新设立外商投资企业中，第一产业、第二产业、第三产业所占比重分别为2.87%、75.26%和21.87%，在合同外资累计金额中，所占比重分别为1.91%、67.01%和31.08%。

表15　2001年—2003年外商直接投资产业结构情况表　金额单位：万美元

年份	产业名称	项目数（个）	同比增长（%）	比重（%）	合同外资金额	同比增长（%）	比重（%）	实际使用外资金额	同比增长（%）	比重（%）
2001	总　计	26 140	16.97	100	6 919 455	10.93	100	4 687 759	15.14	100
	第一产业	887	8.04	3.39	176 174	18.78	2.55	89 873	32.96	1.92
	第二产业	19 647	19.14	75.16	5 344 837	14.16	77.24	3 479 795	17.66	74.23
	第三产业	5 606	11.32	21.45	1 398 444	−0.66	20.21	1 118 091	6.85	23.85
2002	总　计	34 171	30.72	100	8 276 833	19.62	100	5 274 286	12.51	100
	第一产业	975	9.92	2.85	168 804	−4.18	2.04	102 764	14.34	1.95
	第二产业	25 608	30.34	74.94	6 218 329	16.34	75.13	3 946 489	13.41	74.83
	第三产业	7 588	35.35	22.21	1 889 700	35.13	22.83	1 225 033	9.56	23.23
2003	总　计	41 081	20.22	100	11 506 969	39.03	100	5 350 467	1.44	100
	第一产业	1 116	14.46	2.72	227 611	34.84	1.98	100 084	−2.61	1.87
	第二产业	30 247	18.12	73.63	8 515 331	36.94	74	3 971 019	0.62	74.22
	第三产业	9 718	28.07	23.66	2 764 027	46.27	24.02	1 279 364	4.44	23.91

五、外商投资地域分析

2003年我国东部、中部地区吸收外商直接投资新设立企业数、合同外资金额和实际使用外资金额均实现增长，西部地区吸收外商直接投资新设立企业数、合同外资金额为增长，实际使用外资金额为负增长。东部地区仍是外商投资的集中区域，中部地区吸收外资在总量中的比重略有提高，西部地区略有下降，与上年相比，外商投资区域结构未有明显改善。

东部地区新设立外商投资企业36 159家，合同外资金额1 005.30亿美元，实际使用外资金额459.51亿美元，分别比2002年增长20.53%、37.38%和0.48%；在全国吸收外资总量中的比重依次为88.02%、87.36%和85.88%，新设立企业数在全国总量中的比重比上年提高了0.22个百分点，合同外资金额、实际使用外资金额所占比重比上年下降了1.05和0.82个百分点。

中部地区吸收合同外资金额增幅较大，新设立企业数、实际使用外资金额稳步增长，在全国吸收外资总量中的比重有所提高。2003年中部地区新设立外商投资企业3 177家，合同外资金额95.52亿美元，实际使用外资金额58.31亿美元，分别比2002年增长16.37%、59.38%和16.43%。在全国吸收外资总量中所占比重分别为7.73%、8.30%和10.90%，与2002年相比，合同外资金额和实际使用外资金额在全国吸收外资总量中的比重比上年分别提高了1.06和1.40个百分点，新设立企业下降了0.26个百分点。

西部地区吸收外资新设立企业数和合同外资金额呈增长，且增势较大，实际使用外资金额同比下降，在全国吸收外资总量中的比重合同外资金额和实际使用外资金额略有下降。新设立外商投资企业1 745家，合同外资金额49.88亿美元，实际使用外资金额17.23亿美元，分别比2002年增长21.18%、38.68%和下降14.10%；在全国吸收外资总量中所占比重为4.25%、4.33%和3.22%。与2002年相比，新设立企业数增长了0.04个百分点，合同外资金额和实际使用外资金额分别降低了0.02和0.58个百分点。

截至2003年底，在全国累计批准设立的外商投资企业数、合同外资金额和实际使用外资金额中，东部地区所占比重分别为82.00%、86.86%和86.27%；中部地区所占比重分别为11.27%、7.55%和8.93%；西部地区所占比重分别为6.73%、5.59%和4.80%。

表16　2001—2003年东部、中部、西部地区利用外商直接投资情况表　金额单位：亿美元

年份	地方名称	项目数（个）	比重（%）	合同外资金额	比重（%）	实际使用外资金额	比重（%）
2001	总　计	26 140	100.00	691.95	100.00	468.78	100.00
	东部地区	22 492	86.04	603.51	87.22	408.54	87.15
	中部地区	2 133	8.16	48.73	7.04	41.01	8.75
	西部地区	1 515	5.80	39.71	5.74	19.22	4.10
2002	总　计	34 171	100.00	827.68	100.00	527.43	100.00
	东部地区	30 001	87.80	731.78	88.41	457.29	86.70
	中部地区	2 730	7.99	59.93	7.24	50.09	9.50
	西部地区	1 440	4.21	35.97	4.35	20.05	3.80
2003	总　计	41 081	100.00	1 150.70	100.00	535.05	100.00
	东部地区	36 159	88.02	1 005.30	87.36	459.51	85.88
	中部地区	3 177	7.73	95.52	8.30	58.31	10.90
	西部地区	1 745	4.25	49.88	4.33	17.23	3.22

六、2004年中国吸收外资前景展望

当前，世界经济增长加快，跨国直接投资止跌回升，服务业外包和高科技含量、高附加值的高端制造及研发环节转移成为新一轮全球产业结构调整的主要特征。世界经济格局变化的新趋势为我国更多更好地利用外资，促进国民经济发展和产业结构升级提供了难得的历史机遇。我国持续快速发展的国民经济、日益改善的投资环境、不断增长的国内市场、较为完善的产业配套能力、丰富的劳动力资源等综合引资优势使我国继续成为跨国直接投资的热点地区，为我国抓住这一重要的战略机遇期奠定了良好的基础。要进一步提高我国吸收外资的质量和水平，将从以下几个方面开展工作：

（一）全面贯彻党的十六届三中全会决定。党的十六届三中全会通过的《中共中央关于完善社会主义市场经济体制若干问题的决定》要求："更好地发挥外资的作用。抓住新一轮全球生产要素优化重组和产业转移的重大机遇，扩大利用外资规模，提高利用外资水平。……力争再形成若干外资密集、内外结合、带动力强的经济增长带"。国务院各部门、各级政府出台的与吸收外资相关的政策应充分体现十六届三中全会决定的上述精神，紧紧把握重要的战略机遇期，创造性地开拓新的工作局面，制定有效政策措施，更多更好地吸收外资，争取通过几年的努力，再形成若干"外资密集、内外结合、带动力强的经济增长带",促进国民经济持续健康快速发展。

（二）保持各项吸收外资政策的连续性和稳定性。为避免影响境外投资者的信心，抵消我国现有的竞争优势，从而错失发展机遇，当前保持鼓励外商投资的各项政策措施和法律法规的连续性和稳定性尤为重要。在一段时期内，外商投资企业所得税、进口设备免税政策应保持不变。要立足于科学的发展观，在对吸收外资政策进行调整前，应对国际国内形势全面分析，综合考虑利弊得失，充分听取包括国务院相关部门、地方政府以及外商投资企业在内的各方意见和建议；在调整的过程中，提高透明度，尽量避免因政策调整对吸收外商投资工作带来负面影响。

（三）把握世界新一轮产业结构调整的机遇，更多更好吸收外资，促进我国产业结构优化和升级。根据跨国直接投资的新特点，抓紧制定有效措施。鼓励外商投资设立服务外包企业，承接跨国公司的外包业务；鼓励跨国公司在华设立地区总部、研发中心；鼓励外国公司将高技术含量、高附加值的生产环节转移到我国；鼓励中小企业对外合作，加强引导民营企业、中小企业参与跨国公司全球配套网络；全面落实加工贸易深加工结转政策，推动外商投资加工贸易落地生根、转型升级；鼓励外商通过并购参与多种所有制企业的改组改造，优化存量资源的配置；认真执行并进一步完善现行法规规章，促进外商投资风险投资和参与不良资产的重组与处置。

（四）尽快修订《外商投资产业指导目录》。一方面将国家严格控制投资的钢铁（炼钢、炼铁）、电解铝、水泥等列入《目录》限制类；另一方面将《鼓励外商投资高新技术产品目录》和《鼓励高新技术出口产品目录》中符合国家宏观调控目标的产品列为《外商投资产业指导目录》的鼓励类，鼓励外商投资高新技术产业，提升我国的产业水

平和国家竞争力。

（五）全面贯彻落实《行政许可法》。《行政许可法》于今年七月一日开始实施，对进一步完善投资环境提供了有利契机。依法行政是我国吸收外资工作历来遵循的基本原则。经过20多年的努力，我国已经形成了完善的外商投资法律体系。《中外合资经营企业法》、《中外合作经营企业法》、《外资企业法》及其实施条例以及依其制定的法规、规章是各级政府部门做好吸收外资工作的法律依据。推进投资体制改革，是建立和完善社会主义市场经济的重要举措。《国务院关于投资体制改革的决定》明确提出要充分发挥市场配置资源的基础性作用，确立企业在投资活动中的主体地位，依照《行政许可法》的要求合理界定政府的投资管理职能和政府投资职能。各有关部门在吸收外资工作中要加大依法行政力度，在审批外商投资项目时不得随意改变审批程序，增加审批环节和内容，凡是外商投资法律未做规定的审批事项，应一律停止实行。在各项工作中要严格遵照外商投资有关法律、法规、规章办事。

（六）加大鼓励外商参与东北老工业基地振兴的力度。根据国务院关于振兴东北老工业基地的战略部署，商务部与黑龙江省、吉林省和辽宁省经过反复研究，联合向国务院报送了《关于吸收外资促进东北地区等老工业基地调整改造振兴的工作设想》，针对东北地区的特点，提出了改善投资环境、降低准入门槛、扩大开放领域、形成特色产业等具体政策措施。建议国务院尽快予以批准，以抓住境外投资者将东北老工业基地作为投资热点区域的机遇，加快东北老工业基地的经济发展和结构调整，形成新的经济增长带。

（七）鼓励台商到大陆投资，扩大对台经贸合作。根据“同等优先、适当放宽”的政策，按照法定程序加快台资企业的核准，在符合国家土地政策和信贷政策的前提下，给予台资企业优先用地和信贷发放。重点吸收台湾的IT、石化等核心产业，对于支持发展两岸关系和祖国统一的台商在大陆投资项目予以放宽，加快项目核准。继续做好台商服务工作，加快台商投诉事项的协调解决。适时修改和完善《台湾同胞投资保护法》及实施细则，依法保护台商在大陆投资的合法权益。

（八）进一步提高国家级经济技术开发区的工作水平。2004年是设立国家级经济技术开发区重大决策实施20周年。经国务院批准，商务部、国土资源部、建设部将于下半年召开“国家级经济技术开发区工作会议”，总结20年来国家级经济技术开发区发展的经验，研究并解决发展中存在的问题，确定今后一段时期的发展目标。商务部将会同有关部门抓紧做好会议的各项筹备工作，在充分听取各国家级经济技术开发区意见的基础上，拟定“关于办好国家级经济技术开发区的若干意见”，指导国家级经济技术开发区在新的历史时期，开拓进取，增创新优势。

2003年中国对外经济合作概况

一、对外投资

2003年，经商务部批准和备案设立的境外非金融类中资企业510家，中方协议投资额20.87亿美元，同比分别增长45.7%和112.3%。其中，境外加工贸易企业70家，中方协议投资额1.45亿美元。油气、矿产、林业、渔业等境外资源合作项目运作良好，经济效益逐步显现。在境外设立研发中心、进行跨国并购、开展农业合作等方面也取得一定进展。

对外投资多元化取得新成果。2003年我国对发达国家和地区投资大幅增长，全年我国对欧洲国家投资额达8.9亿美元，占同期我国对外投资总额的42.6%，首次超过亚洲国家（23%）和港澳地区(14%)。资源开发、加工制造业和服务贸易成为我国对外投资的三大支柱领域，其中资源开发占我国对外投资总额的25.2%，加工制造业占24.7%，服务贸易（主要包括贸易分销、运输、研发、旅游等）占41.7%，三项合计占91.6%。跨国并购已成为我国对外投资的重要方式之一，2003年我国企业以跨国并购方式对外投资8.34亿美元，占去年中方协议对外投资总额的40%，如京东方科技集团股份有限公司收购韩国现代显示技术项目（中方出资额1.9亿美元）、中国中化集团公司（原中国化工进出口总公司）收购挪威ATLANTIS石油项目（4.6亿美元）。

大型企业和优秀民营企业的作用明显。2003年，由国资委履行出资人职责的企业对外投资达10亿美元,占同期我国对外投资总额的49%。海尔、万向、远大空调、新希望等优秀民营企业以开展境外加工贸易为切入点，已逐步成为我国对外投资的重要力量。

建立和完善支持“走出去”的政策体系，改革和完善“走出去”的管理制度。商务部会同财政部、中国人民银行、国家外汇管理局联合下发了《关于境外加工贸易企业周转外汇贷款贴息和人民币中长期贷款贴息有关问题的补充通知》，加大了中央外贸发展基金对境外加工贸易项目的支持力度。商务部与国土资源部协商设立“境外矿产资源勘查开发专项资金”。制定出台了在“中非合作论坛”框架下促进对非资源开发合作的政策措施。

结合国家外汇管理部门外汇管理改革试点工作，先后在沿海12个省市进行对外投资审批改革试点，下放部分对外投资审批权限，简化审批手续。会同国家外汇管理局，简化境外加工贸易项目审批程序，将300万美元以下项目的审批权下放到地方。建立了境外矿产资源开发项目和境外林业资源开发项目备案制度。

二、承包工程和劳务合作

2003年我国对外承包工程完成营业额138.4亿美元，新签合同额176.7亿美元，分别比上年增长23.6%和17.4%。对外劳务合作完成营业额33.09亿美元，新签合同额30.87亿美元，分别比上年增长7.7%和12.2%；年末在外各类劳务人员总数达52.5万人，同比增加3.5万人。

截至2003年底，我国对外承包工程累计完成营业额1 065.6亿美元,合同额1 324.5亿美元；对外劳务合作累计完成营业额270.7亿美元，合同额295.2亿美元，累计派出劳务人员326.1万人。

新签承包工程大项目增多，项目规模和档次进一步提高。2003年新签合同额5 000万美元以上的承包工程项目57个（其中上亿美元的大项目18个），累计合同金额66.3亿美元，占全年新签合同总额的37.5%。“设计-采购-施工”（EPC）总承包已成为我国对外承包工程的主要方式，并逐步向BOT等更高层次的方式发展。

近年来，我国对外承包工程企业的竞争实力日益增强，在普通房建、交通运输、水利电力等领域的专业优势逐渐形成，新签的大项目数量不减，规模增大。据2003年8月ENR统计，43家中国内地公司入围“2002年全球最大225家国际承包商”排行榜，比上年新增4家公司，其2002年营业额总和为71.29亿美元，比上年增长13.3%。15家中国公司进入前100强，较上年增加3家；17家企业营业额超过1亿美元，较上年增加4家。其中，中建总公司营业额达14.8亿美元，比上年增长35.4%，排名跃升6名至16位；中国港湾建设集团公司营业额为6.6亿美元，较上年提高11.6%，排名升至39位。据商务部统计，2003年，我国企业新签上亿美元的合同达18个，大部分属于房建、交通、石化和电力等行业。其中，由中国水利电力对外公司和水电建设集团联合承揽的苏丹麦洛维大坝工程合同总额达到6.5亿美元；由山东核电集团签订的印度BALCO电厂项目合同额为2.3亿美元；中国机械装备(集团)公司签订的菲律宾北吕宋铁路项目合同总额约为4.2亿美元；哈萨克斯坦肯基亚克稠油热采开发项目合同总额达1.4亿美元；孟加拉国程控交换机项目合同总额达2.14亿美元；科威特苏比亚配水工程一期合同总额达1.09亿美元。

我国企业承揽的项目层次不断提升，承包方式趋于多样化，开始涉足PMC、BOOT工程，走上强强联合的共赢之路。2003年5月，中国寰球工程公司在多家公司参与的竞标中胜出，签订越南海防磷酸二铵项目工程建设管理承包（PMC）合同。寰球公司作为业主的项目管理承包商，将帮助业主进行项目基础设计，编制招标文件，确定评标标准，选择总承包商，并对项目进行全过程的管理。这是我国企业在海外签订的首例PMC合同，标志着我国企业的承包模式上升了一个新的台阶。2003年4月，中国化学工程总公司率其全资子公司成达工程公司正式签署印尼巨港电站BOOT项目合同。这是中国第一份海外BOOT项目，总投资金额9.84亿美元，经营期20年。该项目得到政府相关部门、银行、保险公司的大力支持，是金融界与承包商之间加强合作的实例。2003年6月，中国水利电力对外公司与水利水电工程集团两家公司将前者丰富的国际承包工程经验与后者专业实力相结合，其联营体从众多竞争对手中脱颖而出，以优秀的技术方案和合理的价格等诸多优势一举中标苏丹麦洛维大坝项目。这是迄今为止中国企业在国际上获得的合同额最大的单项工程，也成为企业强强联合，互利共赢闯市场的典范。

对外承包工程市场开拓取得新进展。我国对外承包工程业务的传统市场继续得到巩固，欧美市场开拓取得新进展。据统计，我国企业2003年在亚洲、非洲等传统市场的营业额之和仍占海外营业总额的70%左右，超过80%的上亿美元项目分布在巴基斯坦、苏丹、阿尔及利亚、香港等亚、非国家和地区。中国企业已经在欧美市场破开坚冰，初展拳脚。2003年底，中建美国公司连续中标美国纽约布鲁克林第八大道地铁站项目和纽约曼哈顿万豪酒店工程管理项目，在强手如林的美国工程市场杀出一条血路，有力地证明了我国工程承包企业的技术水平和竞争实力。

政府对承包工程的政策支持力度不断加大，给企业的市场开拓以有力的支撑。政府有关部门继推出了保函风险专项资金、出口信用保险扶持发展基金、工程优惠出口信贷和贷款贴息等一系列促进行业发展的政策措施后，2003年，又出台支持我国企业带资承包国外工程的若干政策，推动金融、保险机构为对外承包工程企业提供融资便利。这些措施为企业解决了部分融资和担保的困难。

对外劳务合作克服多种困难继续增长。2003年对外劳务合作受突发情况、战争及国际市场变化等不利因素影响较大，如SARS疫情、美伊战争、主要劳务市场经济不景气等。部分传统市场趋于饱和，一些国家暂停引进外籍劳务，部分国家加大打击非法外劳力度，日益激烈的市场竞争使劳务人员工资水平不断下降。商务部积极采取措施，完善管理体制，拓展外派劳务的渠道和空间，克服了上述因素造成的负面影响，保持了业务的增长势头。

2003年，我国对外劳务合作的主要市场仍然集中于日本、韩国、和港澳等国家和地区。从行业分布看，从事制造业、建筑业、农林牧渔业和交通运输业的劳务占据总外派人数的80%以上。

2003年，一些市场和行业由于新因素的注入而引起分外关注：

由于新加坡一度暂停引进中国建筑劳务，中国公司在这一传统市场的经营受到很大影响。2003年7月1日起，新加坡开始有条件开放对中国的建筑劳务市场。规范和保护这一失而复得的市场，承包商会和经营公司共同制定了一系列自律办法，维护正常竞争秩序和企业共同利益。不少获得对新建筑劳务经营资格的派遣公司已重返新加坡市场签订新合同，该市场营业额回升指日可待。

2003年，我国输日研修生人数为3.3万人。由于日本政府加强了对研修生企业的审查和管理，一些输入企业因违反有关研修生政策而受到处罚。此举秧及我国在日研修生，数百人被遣返，这对我国经营公司的业务造成一定冲击。中国企业亟待树立风险意识，增强抵御风险的能力。

2003年度，中国对外承包工程商会会员企业对韩研修生业务签订合同额1.14亿美元，完成营业额9 000万美元，派出研修生7 500余人。与往年相比，整体业务量有所下滑。这一定程度上是韩国调整外劳政策、控制研修生引进规模等因素所致。2003年，韩国决定对原有的研修制度作重大调整和改革，计划于2004年8月实行雇佣许可制。目前乃至今后一段时期，新旧两种引进体制会并行存在，这可能对我国研修生队伍的稳定性和派遣企业的未来业务带来影响。

近来以色列政府实施了鼓励雇佣本国工人、限制外籍劳务的政策，2003年，又关闭了该国的建筑劳务市场，在以外国劳务人数逐年减少。据中驻以使馆经商处统计，截至2003年年末，中国在以劳务人数5 768人，同比减少3 870人；全年完成营业额约6 215万美元，比上年减少3 899万美元。

综合我国主要劳务合作市场的情况，不难发现中国对外劳务合作行业存在的几个问题：第一，我国对外派遣劳务管理体制还存在问题。政出多门、多头对外的现状使得企业的经营行为和行业秩序难以规范，恶性竞争屡禁不止，劳务人员的合法权益得不到保障。第二，中国经营公司的抗风险能力较弱。经营主体众多，企业规模和管理水平参差不齐，但主要市场和行业相对集中，所在国政治、经济和有关政策有所变化，企业的业务就会受到较大的影响。此外，我国海员、医护等行业劳务人员的语言能力和技能水平还难以满足国际市场的需求，制约了该行业的长足发展。

三、对外援助

2003年，我国同105个国家和组织签订提供援款的协议216笔。在35个国家新承担了45个援外成套项目，在亚洲，承担了阿富汗帕尔旺水利工程修复、尼泊尔电视台改扩建工程、叙利亚校园网项目；在非洲，援建突尼斯3个小水坝、科摩罗机场维修、刚果（金）综合医院、尼日尔拖拉机装配；在拉美和南太平洋地区，有苏里南国家电视台发射机设备项目、圭亚那国际会议中心、巴布亚新几内亚公路改造和萨摩亚游泳馆。在30个国家承担43个技术合作项目。在建成套项目有71个。全年向57个国家提供一般物资援助89批，主要有：向阿富汗、巴勒斯坦、纳米比亚、牙买加提供办公设备，向朝鲜、蒙古、斯里兰卡、厄立特里亚、几内亚、摩尔多瓦提供粮食，向阿富汗、斯里兰卡、巴布亚新几内亚、亚美尼亚提供交通车辆，向阿尔及利亚、东帝汶、乌干达提供救灾物资等。全年，新开工成套项目32个，主要有阿富汗共和国医院维修项目、尼日尔津得尔供水工程、乌干达外交部办公楼、中非体育场、瓦努阿图农业学院和汤加首都中学等；竣工项目33个，主要有：越南北江氮肥厂技术改造项目、缅甸农机厂、斯里兰卡展览中心、约旦马鞍工业城、中非经济住房、莫桑比克会议中心、厄瓜多尔下水道改造后续工程等。在建设项目、提供物资和开展技术合作的同时，我国政府还举办各类政务、管理和技术培训班58个，来自107个国家的1 480人参加培训。

我国企业在受援国探讨实施优惠贷款项目又取得了新的进展。全年，中国进出口银行评估通过15个优惠贷款项目。这些项目的实施，有利于推进我国企业对发展中国家的投资合作，增加当地就业和税收，促进共同发展。

加大对外紧急人道主义援助力度，彰显了我国作为一个负责任大国的形象。人道主义援助是我国政府对外援助的重要内容之一，2003年，我国适当加大了对外提供紧急人道主义援助的力度。全年，我共向十几个国家提供了紧急人道主义救灾援助。主要体现在以下几个方面。

1. 提供粮食援助。南部非洲和非洲之角遭遇20年来罕见的旱灾，1 000多万人口面临饥荒。我相继向津巴布韦、厄立特里亚等六国提供了1.8万多吨的黄玉米援助。为缓解几内亚的粮食危机，提供了220吨大米援助。

2. 提供难民救助物资。伊拉克战争爆发后，我向约旦政府提供了500顶帐篷，用以安置在约境内的伊难民。为帮助乌干达北部因叛军袭扰而流离失所的难民。我向乌政府提供了一批日常生活物资。同时，我还向索马里难民提供了一批蚊帐和毛毯等人道主义物资援助。

3. 提供地震救灾物资。 阿尔及利亚5月发生强烈地震，为支持其抗震救灾，我向其提供了一批紧急人道主义物资援助。12月，伊朗巴姆大地震，我向伊政府提供了1 500万元人民币人道主义物资援助，首批救灾物资在地震的第二天即随救援队专机运抵灾区，成为伊最早接受国际救援物资的国家之一。

4. 提供水灾救助物资。斯里兰卡西南部发生60年不遇的特大洪灾，我国向其提供一批紧急人道主义援助。巴基斯坦遭受水灾、菲律宾发生泥石流灾害，我国向其分别提供了紧急人道主义援助资金。

5. 提供防非典物资。2003年春，我国遭受突如其来的严重非典疫情。在全力抗击非典的同时，我国政府还应受援国的要求，对其提供了抗非典物资，如5月向塞舌尔政府提供一批防SARS用品，7月向柬埔寨政府提供了一批包括防护服、便携式测温仪和口罩等防SARS物资。

注重开展与发展中国家人力资源开发合作，促进发展中国家能力建设和可持续发展。人力资源开发是发展中国家实现经济自主发展和可持续发展的重要因素。我国政府历来十分重视并开展了与非洲国家在人力资源开发领域内卓有成效地合作。2003年，我们继续采取“请进来、走出去”相结合的方式，通过举办政务管理和技术培训，开展研修和研讨活动，传授我国成熟的管理经验和适用的中间技术，为发展中国家经济和社会发展培训培养各类人才。全年，共为发展中国家举办各类政务、管理和技术培训班58期，来自亚、非、拉等发展中国家的1 480人参加了研修、研讨和培训活动。其中，经济官员研修7期，培训174人；技术培训40期，培训975人；区域性培训2期，培训37人；双边培训9期，培训294人。

在“请进来”的同时，我国政府还应受援国要求，派出技术专家“走出去”到发展中国家开展对当地人员的培训，如几内亚和圭亚那竹编技术培训、马里刺绣技术培训等等。

继续减免友好重债贫穷国和最不发达国家债务，赢得受援国广泛赞誉和国际社会的普遍关注。当前，沉重的外债已成为一些发展中国家制约发展的瓶颈，他们迫切呼吁国际社会为减轻其债务负担采取更实质性的行动。我国作为发展中国家一员，对其他发展中国家的援助属于“穷朋友之间”的一种相互帮助，不构成受援国经济发展的负担。但我国还是适当参照国际减债做法，并根据我国的可能和受援国欠我债务的特点，对一些友好的重债贫穷国和最不发达国家实行了债务减免行动。继减免非洲国家债务后，根据在2002年11月东盟“10+3”首脑会议上的承诺，我国政府在2003年相继减免了越南、老挝、缅甸和马尔代夫4个友好重债贫穷国和最不发达国家的9笔到期债务。在减免亚非国家债务的同时，还免除了加勒比地区的圭亚那3笔到期债务。

截至2003年底，我国已同40个国家签署了免债议定书，免除这些部分对华到期债务共计182笔。我减免债务的举措，赢得了受援国的广泛赞誉和国际社会的普遍关注，扩大了我国影响，收到了良好的效果。

拓展与区域、次区域性组织的合作，扩大了我国对外援助的领域和效果。参与与发展同区域、次区域经济合作组织的合作，已成为发展中国家的共识。2003年我国在拓展与发展中国家双边经济技术合作的同时，积极拓展与区域、次区域合作组织的合作活动。寻求在更广领域、更大范围、更高层次参与国际经济技术合作。

2003年10月，首届中国与葡语国家经贸合作论坛在澳门成功举办，来自中国、巴西、葡萄牙、安哥拉、莫桑比克、佛得角、几内亚比绍和东帝汶8个国家主管经贸的部长级官员出席。论坛期间，我国政府同5个亚非葡语国家签订了提供经济援助的协议。“论坛”成为中国和葡语国家参与经济全球化的重要工作平台。

2003年12月，成功召开了中非合作论坛第二届部长级会议。会议期间，我国政府对外宣布将加大对非人力资源开发合作，增加资金投入，在今后3年内，帮助非洲国家培训培养1万人。为此，我国政府将采取“请进来、走出去”相结合的方式，加强中非在经贸、科技、文化、教育、卫生和农业等广泛领域的人才交流和合作。

商务部于2003年10月中旬举办了上海合作组织经贸官员研讨班，来自上述组织的20名官员参加了研讨活动；10月还举办第一期东盟经济技术开发区研讨会，来自东盟国家的17人参加研讨。通过研讨，增进了相互了解和友谊，为进一步开展经贸合作打下了良好的基础。

加强和改进援外工作管理，努力实现援外项目成果最大化。2003年，商务部条法部门会同相关司局正式启动了《我国对外援助条例》的起草工作，以加强援外工作管理，将对外援助纳入法制法管理。

完善援外项目的招标制度，重点规范了援外物资评标制度和援外物资项目的配单规则。完成了援外成套项目推行“设计-采购-施工”（EPC）管理模式研究课题。启动了第二次援外项目奖惩评审工作。

继续推行援外成套项目工程保险制度，已有22个成套项目办理了工程保险，总保险金额约9.6亿元，发生索赔案件9起，已赔付或预付2起，赔付金额约238万元。自1997年推行援外成套项目工程保险制度以来，已有98个成套项目办理了工程保险，总保险金额约49亿元，出险27起,赔付结案8起，实际赔付约813万元。援外工程保险制度为合理分散成套项目工程风险发挥了积极作用。

坚持举办援外管理规章培训班，对援外项目执行单位的国内负责人、技术组负责人、设计代表、监理工程师和项目质检员进行培训，切实把好援外项目质量关。全年共举办5期培训班，对27个项目的近200人进行了培训。

四、国际工程承包和劳务合作市场概况

2003年，世界经济显著复苏。虽然出现了美伊战争和SARS疫情等干扰因素，但美国、日本和欧元区等几大经济体的多数经济指标呈现恢复性增长，东亚、拉美等新兴市场继续保持较为强劲的增长态势。在此背景下，国际承包工程和劳务合作市场经受了考验，中国对外承包工程和劳务合作业务稳步发展。

（一）国际工程承包市场

2003年国际工程承包市场稳步发展，据美国标准普尔公司估计，2003年全球建筑业投资规模达到4.3万亿美元，国际工程承包市场的规模达到1.2万亿美元。从地区分布来看，欧洲、北美和亚太地区仍然占据了国际工程发包量的主要份额。美国《工程新闻纪录》（ENR）2003年8月的统计，全球最大225家国际承包商2002年在欧洲完成的营业额占总额的28.4%；在北美地区完成的营业额占23.6%；在亚太地区完成的营业额占19.5%。中东和拉美分别占据8.4%和7%的份额。从行业分布看，普通房建、交通和石化行业仍为主要行业，分别占225家国际承包商总营业额的28.7%，24.7%和20.6%。

亚太地区成为全球建筑业关注的焦点。尽管受到伊拉克战争和 SARS疫情等突发事件的影响，但在区域内合作、市场开放和内需扩大等因素的促进下，亚洲地区经济增速依然快于其他地区，区内各国纷纷采取扩张的财政、货币政策，刺激内需，促进产业发展，在一定程度上带动了建筑业的增长。中国近几年经济高速增长，基础设施建设规模扩大，加之西部大开发、2008年奥运会和上海世博会等项目，使得工程承包市场欣欣向荣，吸引了越来越多的国际承包商的关注。越南年建设项目规模近100亿美元，主要集中在交通和能源等基础工程，2003和2004两年电力设施投资估计达15亿美元。新加坡建筑业的形势虽然严峻，但建筑业年发包额仍然稳定在120亿新元左右的水平。

近两年中东地区建筑行业的投入增长很快，主要投资领域是农业、石油和天然气、旅游、电力以及基础设施。伊拉克的战后重建预计将耗资1 000亿美元以上，2003年对外公布的重大工程项目合同额为186亿美元，重建中的夺标竞争相当激烈。2003年阿联酋经济仍然经历了快速增长，一系列建筑工程项目陆续开工，其中仅杰拜阿里发电淡化水厂一期工程就投资8.2亿美元，将于2005年初完工。伊朗正与亚、欧等国家合作，投资建造7个国内机场和铁路建设项目。以色列2003年投资在交通、水利、能源等基础设施项目的资金达到43亿美元，比2002年增加43%。

在欧洲地区，虽然法、德等西欧国家整体经济尚无明显起色，建筑投资徘徊于较

低水平，但中东欧地区15个国家（包括波罗地海3国在内）2003年平均经济增长率达到4.51%，推出了诸多新兴建设项目，支撑了欧洲地区的营业总额。俄建筑业在经济连年健康发展的推动下，2003年增长达7.1%，世界各大工程承包商纷纷进入俄建筑市场寻找商机。

北美工程承包市场规模巨大。20世纪90年代末期至今，美国的年建筑业投资规模一直保持在7000亿美元左右。即使在近两年以来的经济衰退中，其住房领域仍延续强劲的增长势头。据美国商务部估计，2003年美国实际工程投入的增长率达到1.5%。

2003年，拉丁美洲地区经济走出困境，该地区建筑业也开始复苏。巴西政府近期制定了千余项基础设施和基础工业的建设方案，仅其石油和天然气开采项目就计划投资342亿美元。2002年以来哥伦比亚政府采取了一系列措施解决中低收入阶层住房问题，这将进一步刺激住宅建筑业的发展。

近年来，非洲国家加快了经济建设步伐，各国政府致力于市容、交通、能源及其他公共设施的建设。其中，埃及2003年得到世行和非行等国际金融机构7亿美元的资金支持，用于兴建电站、铁路和机场。摩洛哥在2003年投资1.5亿美元用于国家铁路网的建设。塞拉利昂政府决定使用非洲发展基金的援助资金，改善国内道路系统。

（二）国际劳务合作市场

据国际劳工组织估计，目前全球每年的流动劳务约为3 000万—3 500万人。从劳务需求的行业分布看，信息产业、生物和环保工程、计算机技术、商业和旅游业等朝阳产业对外籍劳动力需求的增长速度快于建筑、纺织、土木工程等传统产业，同时医护和农技等人员的需求也在不断增多。全球经济发展的不平衡决定了劳动力的流向，从目前的市场分布看，欧洲、北美、中东、东亚和东南亚依然是四大吸引外籍劳务的中心。为了保持经济长期稳定发展，根据各国政府近期预测，日本每年需要补充60万个劳动力，新加坡需输入8万名外国劳工，韩国国内中小制造企业人力缺口为20.5万名，而德国每年至少要接纳5万名外籍劳工才能满足需要。

附：2003年度中国对外直接投资统计公报

前言

为了科学、有效地组织全国的对外直接投资统计工作，客观、真实地反映我国对外直接投资的实际情况，保障统计资料的准确性、及时性和完整性，加强对我国企业开展境外投资活动的宏观动态监管，为各级政府管理部门掌握情况、制定政策、指导工作以及建立我国资本项目预警机制提供依据，2002年12月原外经贸部（现商务部）、国家统计局共同制定了《对外直接投资统计制度》（外经贸合发[2002]549号）。制度所涉及的对外直接投资的定义、统计原则及计算方法等是以经济合作与发展组织（OECD）《关于外国直接投资的基准定义》（第三版）及国际货币基金组织（IMF）国际收支手册（第五版）为基础建立的。制度规定，境内投资主体所属行业类别按中华人民共和国《国民经济行业分类》（GB/T4754-2002）执行，境外企业所属行业类别参照执行；中国的对外直接投资统计也包括境内投资主体对香港、澳门及台湾地区的投资。

国家统计局为《对外直接投资统计制度》有关指标及统计方法等设定方面做了大量的指导，铁道部、司法部、国家广电总局、国家烟草专卖局、国家质量监督检验检疫总局、中国科学院、中国国际贸易促进委员会等部门在2003年对外直接投资统计数据收集方面做了大量工作，为第一次对社会公众发布我国非金融类对外直接投资统计公报打下了基础，深表感谢。

本公报所发布有关中国对外直接投资数据均为非金融类对外直接投资，不包括香港、澳门、台湾地区对其他国家（地区）及中国内地的直接投资。

一、中国对外直接投资概况

- 2003 年，中国对外直接投资总额29亿美元，扣除对外直接投资企业对境内投资主体的反向投资，投资净额为28.5 亿美元，比上年增长5.5%。
- 截至2003年,中国累计对外直接投资总额334 亿美元，扣除对外直接投资企业对境内投资主体的反向投资,累计对外直接投资净额332 亿美元。
- 据联合国贸发会议（UNCTAD）发布的2003 年世界投资报告显示，2002年全球外国直接投资流出总额为6 470亿美元，存量为68 660亿美元，以此为基期进行测算，2003年中国对外直接投资分别相当于全球对外直接投资流量、存量的0.45%和0.48%。

（单位：亿美元）

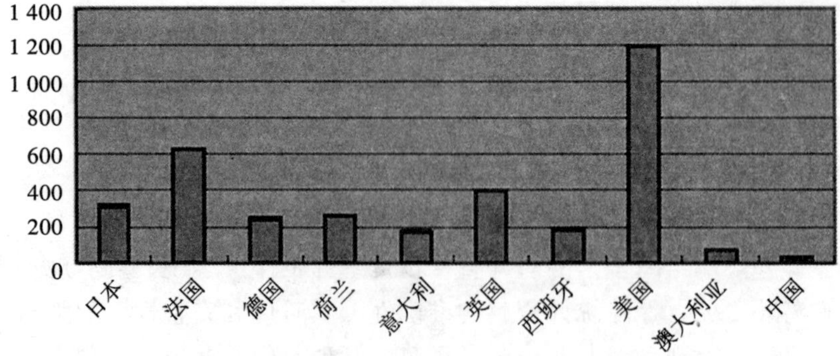

图1　中国与发达国家对外直接投资情况比较*

（单位：亿美元）

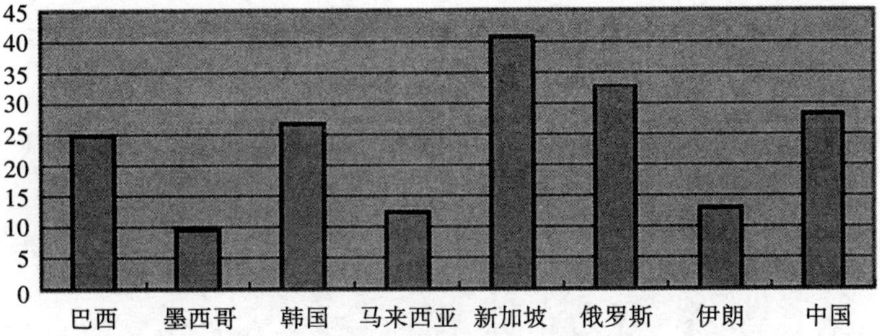

图2　中国与发展中国家对外直接投资比较*

*：图1，图2 国家资料来源：中国对外直接投资数据出自商务部统计，其他国家对外直接投资统计数据来源于联合国贸发会议2003年世界投资报告。

二、中国对外直接投资的境内主体特点

- 投资主体多元化，国有企业对外投资占较大比重。

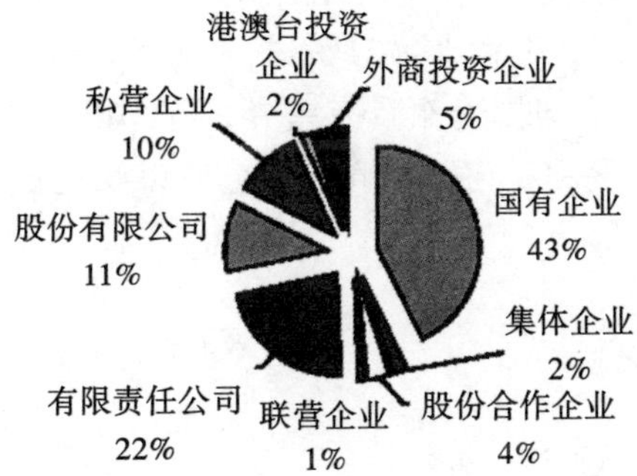

图3　境内投资主体按企业登记注册类型分布情况

- 从境内投资主体的行业分布看，所属行业以制造业、批发零售业比例最大。
- 31 个省、自治区、直辖市，5个计划单列市，新疆生产建设兵团在境外均设有对外直接投资企业。

三、中国对外直接投资企业的特点

根据3 439家中国对外直接投资企业的统计资料汇总显示：到2003年年底，中国累计对外直接投资净额332亿美元。其中，2003年对外直接投资净额28.5亿美元。

• 中国的对外直接投资企业（以下简称境外企业）共分布在全球139个国家和地区，占全球国家（地区）的60%。其中亚洲地区投资覆盖率最高，80%以上的国家中有中国直接投资企业。

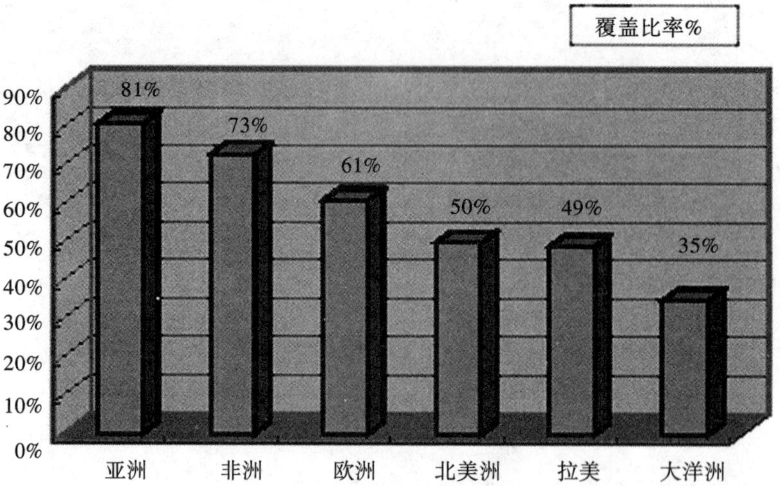

图4　2003年境外企业世界各地区覆盖比率图

• 从境外企业的国别(地区)分布来看，香港、美国、日本、德国的聚集程度最高，集中了境外企业的41%；其中香港为21%。

• 不同行业单个境外企业平均投资额具有差异，70%以上的企业集中在平均单项投资额较低的制造业、批发和零售业、商务服务业以及建筑业。

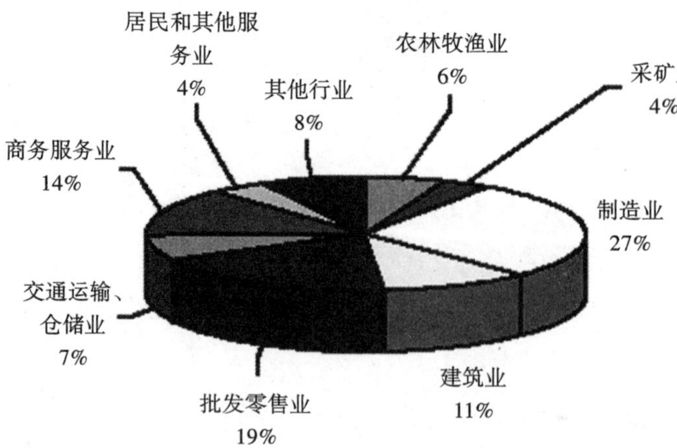

图5　2003年境外企业分行业构成情况

四、中国对外直接投资的特点

2003年，中国对外直接投资净额28.5亿美元,截至2003年年底累计对外直接投资净额332亿美元。

(一)2003 年对外直接投资净额的特点

1. 亚洲地区占当年对外直接投资净额的一半以上，香港是投资最集中的地区。

- 亚洲15亿美元，占当年对外直接投资净额的52.5%。其中，中国香港11.5亿美元，以下依次为韩国、泰国、澳门、印度尼西亚、柬埔寨。
- 拉丁美洲10.4美元，占36.5%。
- 欧洲1.5亿美元,占5.3%。主要流向丹麦、俄罗斯、德国。
- 非洲0.75亿美元,占2.6%。主要流向尼日利亚、毛里求斯、南非等国家。
- 北美洲0.58亿美元，占2%。主要流向美国。
- 大洋洲0.34亿美元，占1.1%。主要流向澳大利亚、新西兰。

表1 2003 年中国对外直接投资前十位国家(地区)净额 单位：亿美元

序号	国家(地区)	金额
1	香港地区	11.50
2	开曼群岛	8.07
3	英属维尔京群岛	2.10
4	韩国	1.54
5	丹麦	0.74
6	泰国	0.57
7	美国	0.65
8	澳门	0.32
9	俄罗斯	0.31
10	印度尼西亚	0.27

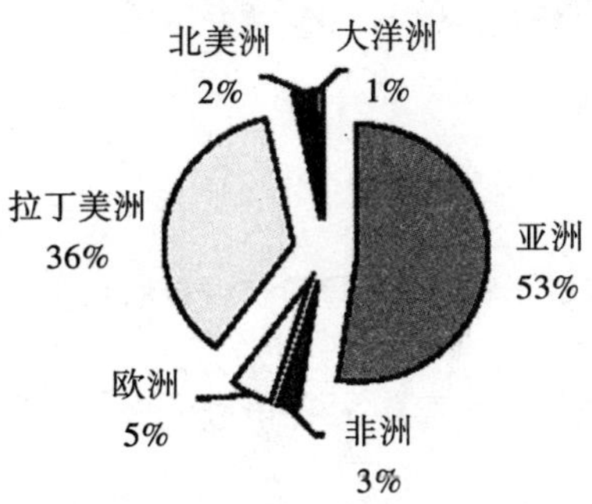

图6 2003年中国对外直接投资净额的地区分布

2、投资方式多样化，以收购方式实现的对外直接投资占18%，股本投资14%，利润再投资35%，其他投资33%。

3、北京及沿海省市对外直接投资较为活跃。

2003年，地方省份的对外投资净额7.57亿美元，占总流量26.6%。其中，北京市在当年对外直接投资流量中位居榜首，占地方省市总流量的40%；以下依次为广东、山东、福建、上海、浙江、江苏等沿海省市。

4、私营企业投资占我国当年对外直接投资净额的1.5%。

为加快实施“走出去”的步伐，鼓励有比较优势的各种所有制企业对外投资，2002年以来，国家商务部与国家外汇管理局密切配合，共同采取减少审批程序、简化手续、下放权限等措施改革境外投资审批工作，对促进沿海私营企业对外投资起到了积极作用，并受到普遍关注。2003年，私有企业对外直接投资0.42亿美元，占我国当年对外直接投资净额的1.5%。

5、从行业分布看，采矿业、制造业、批发和零售业、商务服务业占当年对外直接投资净额的92.6%。

- 采矿业13.8 亿美元，占总流量的48.4%，主要是石油和天然气开采业的投资。
- 制造业6.2 亿美元,占21.8%,主要是通信设备、计算机及其他电子设备制造业、纺织业、黑色金属冶炼及压延加工业等。
- 批发和零售业3.6 亿美元，占12.6%。
- 商务服务业2.8 亿美元，占9.8%。

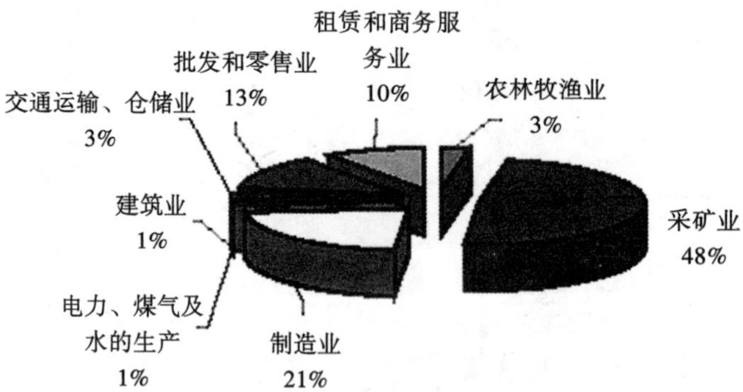

图7　2003年对外直接投资流量的行业分布

（二）截至2003 年中国累计对外直接投资净额的特点

1、中国累计对外直接投资（以下简称存量）主要集中在亚洲。

- 亚洲地区存量265.6 亿美元，占对外直接投资总存量的80%，其中香港地区246亿美元，占总存量的74%。

- 拉丁美洲地区存量46.2 亿美元，占14%，主要分布在英属维尔京及开曼群岛。
- 北美洲地区5.5 亿美元，占1.7%，主要分布在美国。
- 欧洲地区5.3 亿美元，占1.6%，主要分布在西班牙、德国、英国、丹麦、俄罗斯。
- 非洲地区4.9 亿美元，占1.5%，主要分布在赞比亚、南非、津巴布韦、尼日利亚等国家。
- 大洋洲地区4.72 亿美元,占1.4%,主要分布在澳大利亚、新西兰。

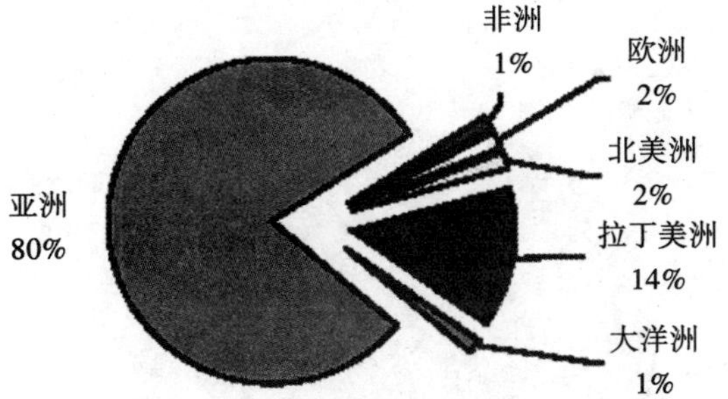

图8　截至2003年中国累计对外直接投资净额地区构成

表2　截至2003 年中国累计对外直接投资前二十位的国家地区净额　（单位：亿美元）

序号	国家（地区）	累计净额
01	香港地区	246.3
02	开曼群岛	36.91
03	英属维尔京群岛	5.33
04	美国	5.02
05	澳门	4.46
06	澳大利亚	4.16
07	韩国	2.35
08	新加坡	1.65
09	泰国	1.51
10	赞比亚	1.44
11	秘鲁	1.26
12	西班牙	1.02
13	马来西亚	1.00
14	墨西哥	0.97
15	日本	0.89
16	德国	0.83
17	英国	0.75
18	丹麦	0.74
19	俄罗斯	0.62
20	柬埔寨	0.59

2、行业投向广泛，重点突出。

• 信息传输、计算机服务和软件业存量占总量的32.8%。

• 批发及零售业65.3 亿美元，占总量的19.7%，即通常讲的进出口贸易类的投资。

• 采矿业59 亿美元,占总量的18%，主要是石油和天然气开采业、黑色金属、有色金属矿采选业。

• 制造业20.7 亿美元，占总量的6.2%；主要分布在纺织业、黑色金属冶炼及压延加工业（如钢、铁）、有色金属冶炼及压延加工业（如铜、锌、铅、镍等）、造纸及制品业、木材加工业、纺织服装、鞋、帽制造业等。

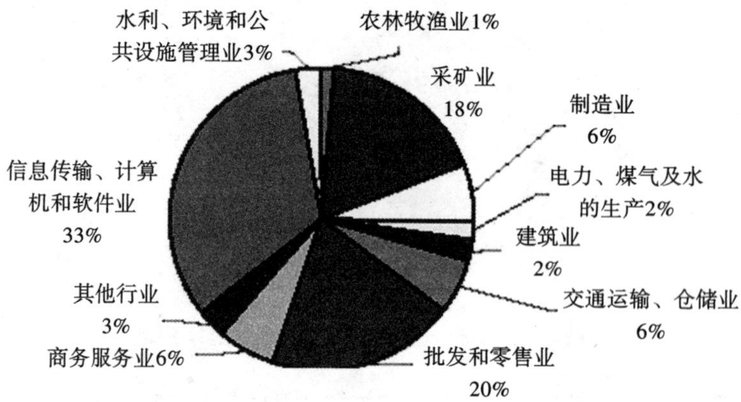

图9 2003年对外直接投资存量分行业分布情况

3、香港地区境外企业的平均存量较高。

4、中央管理的企业拥有存量的九成以上。

5、广东省对外直接投资在地方省市存量中独占鳌头。

6、国有大中型企业占主导地位，私营企业渐露头角。

五、截至2003 年累计对外直接投资净额按省、市、区和新疆建设兵团排名情况

表3 截至2003 年中国对外直接投资净额表 单位：万美元

序号	省、市、区	累计对外直接投资
01	广东省	141 410
	其中：深圳市	16 870
02	上海市	92 815
03	北京市	44 844
04	山东省	30 555
	其中：青岛市	10 848

续表

序号	省、市、区	累计对外直接投资
05	福建省	12 572
	其中：厦门市	1 184
06	浙江省	6 724
	其中：宁波市	1 656
07	江苏省	6 127
08	黑龙江省	5 701
09	山西省	5 406
10	吉林省	3 710
11	辽宁省	2 742
	其中：大连市	1 922
12	广西壮族自治区	2 400
13	四川省	2 048
14	新疆建设兵团	1 933
15	河南省	1 527
16	甘肃省	1 450
17	安徽省	1 448
18	新疆维吾尔自治区	1 319
19	云南省	1 178
20	湖北省	1 147
21	湖南省	910
22	陕西省	899
23	内蒙古自治区	742
24	海南省	571
25	天津市	544
26	重庆市	438
27	江西省	425
28	河北省	326
29	贵州省	194
30	西藏自治区	160
31	青海省	102
32	宁夏回族自治区	12
合计		372 380

2003年中国各省市自治区的对外经济贸易

北京市

对外贸易 2003年北京市（地区）进出口总额685.13亿美元，比上年的525.1亿美元增长30.4%；（地方）进出口总额189.32亿美元，比上年的140.42亿美元增长34.8%。其中（地区）出口总额168.58亿美元，比上年的126.1亿美元增长33.6%；（地方）出口总额73.66亿美元，比上年的58.99亿美元增长24.9%，占全市GDP 3 611.9亿元的16.9%；占全国出口额的1.7%。（地区）进口总额516.55亿美元，比上年增长29.4%；（地方）进口总额115.66亿美元，比上年的81.43亿美元增长42%。2003年北京市出口商品销往207个国家和地区，进口商品来自161个国家和地区。

从出口商品结构来看，初级产品出口额6.26亿美元，占出口总额的8.6%；工业制成品出口额66.94亿美元，占出口总额的91.4%。从进口商品结构来看，初级产品进口额10.67亿美元，占进口总额的9.2%；工业制成品进口额104.82亿美元，占进口总额的90.8%。

表1 2003年北京市（地方）主要出口市场情况表

国别（地区）	出口金额（万美元）	占出口总额比重（%）
日本	132 005	17.92
美国	106 531	14.46
香港	81 736	11.10
德国	56 594	7.68
韩国	28 271	3.84
捷克	14 833	2.01
匈牙利	72 591	9.85
荷兰	12 588	1.71
马来西亚	11 403	1.55
芬兰	11 565	1.57
合计	528 117	71.70

表2 2003年北京市（地方）主要进口市场情况表

国别（地区）	进口金额（万美元）	占进口总额比重（%）
日本	204 921	17.72
韩国	147 381	12.74
美国	121 540	10.51
德国	87 020	7.52
香港	81 222	7.02
台湾省	52 066	4.50
马来西亚	37 400	3.23
芬兰	30 767	2.66
新加坡	28 940	2.50
澳大利亚	27 226	2.35
合计	818 483	70.77

吸收外资 2003年北京市外商直接投资项目1 360个，其中生产型项目534个，非生产型项目826个。按行业分：农林牧渔业18个，制造业494个，电力、煤气及水的生产和供应业1个，建筑业21个，交通运输、仓储及邮电通信业10个，批发和零售贸易、餐饮业57个，金融、保险业3个，房地产业45个，社会服务业614个，卫生、体育和社会福利业14个，教育、文化艺术及广播电影电视业10个，科学研究及综合技术服务业41个，其他行业32个。

外商直接投资来自112个国家和地区，主要投资国家和地区的项目数及合同外资金额的情况是：香港280项，合同外资额74 403万美元；英属维尔京群岛151项，75 133万美元；美国244项，23 440万美元；韩国175项，26 785万美元；日本89项，39 272万美元。

截至2003年底，已有5 482家外商投资企业在京开业，共吸纳职工52.4万人。全年完成总产值1 707.54亿元，比上年增长30.2%；实现销售收入3 261.81亿元，比上年增长19.9%；实现利润256.58亿元，比上年增长64.5%；缴纳税金总额259.16亿元，比上年增长24.3%。

表3 2003年北京市吸收外商直接投资情况表

投资方式	项目数（个）	投资总额（万美元）	注册资本（万美元）	合同外资（万美元）
合资企业	482	378 084	226 892	115 297
合作企业	73	159 505	72 093	51 782
外资企业	801	207 497	153 010	152 105
股份有限公司	4	34 546	35 395	7 948
合计	1 360	779 632	487 390	327 132

对外经济合作 2003年北京市签订对外承包劳务合作项目117个，合同金额4.83亿美元，比上年增长73%，新签合同额是北京市开展对外承包劳务工作20年来最多的一年；完成营业额3.49亿美元，比上年增长51%；外派劳务人数1 343人，比上年增长3%，主要派往台湾、日本、挪威、新加坡等国家和地区。

2003年北京市批准境外投资项目38个，投资总额6.66亿美元，其中中方投资额3.73亿美元，占投资总额的56%，投资总额和中方投资额分别比上年增长了696%和852%。新批项目中贸易项目9个，技贸项目11个，生产性项目7个，办事处、联络处、商业零售、技术研发、售后服务等项目11个。项目分布在美国、加拿大、香港、澳门、韩国、新加坡、埃塞俄比亚、日本、柬埔寨、澳大利亚、越南、英国、俄罗斯、意大利、伊朗、新西兰、玻利维亚、孟加拉国、黎巴嫩等19个国家和地区。

天津市

对外贸易 2003年天津市进出口总额293.71亿美元,比上年的228.26亿美元增长

28.67%。其中出口总额143.74亿美元，比上年的115.95亿美元增长23.97%，占全市GDP 2 386.94亿元（288.63亿美元）的49.80 %，占全国出口额的3.28%,居全国第9位；进口总额149.97亿美元,比上年的112.31美元增长33.53%。

从出口商品结构来看，初级产品出口额16.32亿美元，占出口总额的11.35 %；工业制成品出口额127.42亿美元，占出口总额的88.65%。从进口商品结构来看，初级产品进口额13.29亿美元,占进口总额的8.86%；工业制成品的进口额136.68亿美元, 占进口总额的91.14%。

2003年天津市出口商品销往192个国家和地区，进口商品来自132个国家和地区。

表4　2003年天津市主要出口市场情况表

国别（地区）	出口金额(亿美元)	占出口总额比重(%)
美国	41.74	29.04
日本	18.15	12.63
韩国	15.16	10.55
香港	8.89	6.18
德国	7.88	5.48
新加坡	6.32	4.40
印度尼西亚	4.52	3.14
荷兰	3.61	2.51
英国	2.64	1.84
芬兰	2.29	1.59
合计	111.20	77.36

表5　2003年天津市主要进口市场情况表

国别（地区）	进口金额（亿美元）	占进口总额比重（%）
日本	39.02	26.02
韩国	38.84	25.90
美国	15.31	10.21
德国	11.06	7.38
台湾省	8.75	5.84
新加坡	5.69	3.79
马来西亚	4.63	3.09
香港	4.36	2.91
法国	2.10	1.40
英国	1.67	1.11
合计	131.43	87.66

吸收外资　2003年天津市共批准外商直接投资项目941个，其中生产型项目594个，非生产型项目347个。合同外商直接投资金额35.13亿美元，比上年增长

74.30%；实际外商直接投资金额16.33亿美元，比上年增长62.90%。投资额居前10位的是：香港、美国、英属维尔京群岛、台湾省、韩国、日本、加拿大、德国、马来西亚、萨摩亚。

2003年天津市已开业的三资企业完成GDP 1 932.70亿元，比上年增长19.84%，其中工业总生值1 917.54亿元，比上年增长19.87%，占天津市工业总产值的47.35%；销售收入2 233.07 亿元，比上年增长23.58%;利税总额197.38亿元，比上年增加17.87%（其中，利润总额97.60亿美元，比上年增长27.82%）;出口114.27亿美元, 比上年增长25.43 %,占全市出口总额的79.50%。

表6 2003年天津市吸收外资情况表

吸收外资方式	合同外资			实际使用外资	
	项目数（个）	外资金额（亿美元）	金额比上年增加（%）	金额（亿美元）	金额比上年增加（%）
对外借款	–	–	–	0.72	14.50
外商直接投资	941	35.13	74.30	16.33	62.90
合资企业	218	6.21	44.56	–	–
合作企业	23	1.45	–23.36	–	–
外资企业	700	27.48	96.63	–	–
合计	941	35.13	74.30	17.05	58.16

对外经济合作 2003年天津市签订对外承包工程和劳务合作合同项目1 107个，金额4.04亿美元，比上年的2.85亿美元增长41.75%；完成营业额4.05亿美元，比上年的2.68亿美元增长51.12%；年末在外人数11 320人。

2003年天津市批准设立海外企业51家，其中生产型企业38家，总投资4 251万美元，比上年增长60.90%。其中中方投资2 427.75万美元。投资的主要行业有：医药、服装、轻工和食品等。

河北省

对外贸易 2003年河北省进出口总额89.79亿美元，比上年的66.66亿美元增长34.7%。其中出口总额59.29亿美元，比上年的45.94亿美元增长29.1%，占全省GDP 7 095.4亿元（相当于857.24亿美元）的6.92%，占全国出口额的1.35%，居全国第10位；进口总额30.5亿美元，比上年的20.72亿美元增长47.3%。

从出口商品结构来看，2003年河北省初级产品出口额13.69亿美元，占出口总额的23.1%；工业制成品出口额45.6亿美元，占出口总额的76.9%。从进口商品结构来看，初级产品进口额15.68亿美元，占进口总额的51.4%；工业制成品进口额14.82亿美元，占进口总额的48.6%。

2003年河北省出口商品销往200个国家和地区，进口商品来自94个国家和地区。

表7　2003年河北省主要出口市场情况表

国别（地区）	出口金额（万美元）	占出口总额比重（%）
欧盟	98 100	16.55
俄罗斯	78 204	13.19
日本	75 537	12.74
美国	68 119	11.49
韩国	61 682	10.40
台湾省	35 353	5.96
东盟	30 675	5.17
香港	22 661	3.82
印度	10 046	1.69
加拿大	9 277	1.56

表8　2003年河北省主要进口市场情况表

国别（地区）	进口金额（万美元）	占进口总额比重（%）
欧盟	49 531	16.2
巴西	39 208	12.9
美国	39 030	12.8
日本	34 175	11.2
澳大利亚	31 750	10.4
印度	22 389	7.3
韩国	21 598	7.1
东盟	17 021	5.6
阿根廷	11 607	3.8
台湾省	9 549	3.1

吸收外资　2003年河北省共批准592个外商直接投资项目，其中生产型项目占85.64%，非生产型项目占14.36%。合同外商直接投资金额18.64亿美元，比上年增长46.79%；实际外商直接投资金额9.78亿美元，比上年增长18.68%。外商直接投资主要来自香港、美国、英属维尔京群岛、韩国、日本、新加坡、台湾省、泰国等国家和地区。

对外经济合作　2003年河北省签订对外承包工程和劳务合作合同金额3.71亿美元，比上年增长31.1%；完成营业额2.03亿美元，比上年增长11.9%；当年派出劳务人员7 504人次，年末在外人数16 962人。

2003年河北省经批准在境外举办非贸易性企业5家，总投资额246万美元，均为中方投资。投资国别（地区）为肯尼亚、津巴布韦、香港、俄罗斯。

表9　2003年河北省吸收外资情况表

吸收外资方式	合同外资			实际使用外资	
	项目数（个）	外资金额（万美元）	金额比上年增长（%）	金额（万美元）	金额比上年增长（%）
对外借款	13	27 703	682.6	17 125	-0.25
外商直接投资	592	186 419	46.79	97 847	18.68
合资企业	301	68 296	36.77	45 955	-1.21
合作企业	45	32 998	68.89	7 600	-30.28
外资企业	246	83 221	46.81	43 502	81.20
外商其他投资				13 574	183.38
国际租赁				60	-50.0
补偿贸易				658	81.77
加工贸易				546	67.25
对外发行股票				12 310	186.28
合计	605	214 122	62.87	128 546	22.67

山西省

对外贸易　2003年山西省进出口总额30.84亿美元，比上年的23.12亿美元增长33.39%。其中出口总额22.66亿美元，比上年的16.62亿美元增长36.34%，占全省GDP 2445.60亿元(相当于295.40亿美元)的7.67%,占全国出口额的0.52%；进口总额8.18亿美元，比上年的6.50亿美元增长25.85%。

从出口商品结构来看，初级产品出口额13.76亿美元，占出口总额的60.72%；工业制成品出口额8.90亿美元，占出口总额的39.28%。从进口商品结构来看，初级产品进口额3.56亿美元，占进口总额的43.52%；工业制成品进口额4.62亿美元，占进口总额的56.48%。

2003年山西省出口商品销往135个国家和地区，进口商品来自62个国家和地区。

表10　2003年山西省主要出口市场情况表

国别（地区）	出口金额（万美元）	占出口总额比重（%）
日本	39 135	17.27
韩国	38 950	17.19
美国	20 990	9.26
巴西	15 491	6.84
荷兰	14 254	6.29
意大利	11 112	4.90
印度	7 616	3.36
香港	5 874	2.59
英国	5 641	2.49
德国	5 509	2.43
合计	164 572	72.62

表11　2003年山西省主要进口市场情况表

国别（地区）	进口金额（万美元）	占进口总额比重(%)
澳大利亚	24 467	29.90
印度	11 645	14.23
德国	7 557	9.24
日本	5 515	6.74
美国	5 380	6.58
巴西	2 914	3.56
秘鲁	2 380	2.91
哥伦比亚	1 904	2.33
法国	1 859	2.27
南非	1 693	2.07
合计	65 314	79.83

吸收外资　2003年山西省批准外商投资项目89个，比上年增加21.92%；项目总投资9.25亿美元，比上年增长54.94%。外商直接投资项目中生产型项目69个，占77.53%；非生产型项目20个，占22.47%。外商直接投资主要来自香港、英属维尔京群岛、美国、利比里亚、巴哈马、萨摩亚、日本等国家和地区。

2003年山西省外商投资企业出口完成2.64亿美元，比上年增长64.02%。

表12　2003年山西省吸收外资情况表

吸收外资方式	合同外资			实际使用外资	
	项目数（个）	外资金额（万美元）	金额比上年增长（%）	金额（万美元）	金额比上年增长（%）
外商直接投资	89	48 100	50.80	22035	−11.56
合资企业	40	9 425	165.27	5647	−4.11
合作企业	20	16 029	8.18	7747	−14.99
外资企业	29	22 646	67.43	8641	−12.84

表13　2003年山西省外商投资主要来源情况表

国别（地区）	项目数（个）	合同外资（万美元）	实际外资（万美元）
香港	29	14 717	6 223
英属维尔京群岛	6	11 410	4 403
美国	18	9 854	2 457
利比里亚	1	3 000	
巴哈马		2 380	253
萨摩亚	1	2 000	500
日本	7	1 549	783
加拿大	3	759	2 700
台湾省	4	485	2 812
澳大利亚	4	459	6
合计	73	46 613	20 137

对外经济合作 2003年山西省签订对外承包工程和劳务合作合同项目23个，金额3 030万美元，比上年的4 061万美元下降25.39%；完成营业额4 280万美元，比上年的4 628万美元下降7.52%；当年派出劳务人员211人，年末在外人数1 462人，主要派往以色列、孟加拉国、柬埔寨、香港等国家和地区。

内蒙古自治区

对外贸易 2003年内蒙古自治区进出口总额28.29亿美元，比上年的24.41亿美元增长15.9%。其中出口总额11.56亿美元，比上年的8.07亿美元增长43.3%，占全区GDP 2 092.86亿元（相当于253.37亿美元）的4.56%；占全国出口额0.26%；进口总额16.73亿美元，比上年的16.34亿美元增长2.39%。2003年内蒙古自治区出口商品销往146个国家(地区)，进口商品来自159个国家（地区）。

从出口商品结构来看，初级产品出口额3.15亿美元，占出口总额的27.29%；工业制成品出口额8.40亿美元，占出口总额的72.71%。从进口商品结构来看，初级产品进口额5.27亿美元，占进口总额的31.5%；工业制成品进口额11.46亿美元，占进口总额的68.5%。

2003年内蒙古自治区边境贸易进出口额13.9亿美元,比上年的13.3亿美元增长4.6%。主要出口商品有：纺织品、皮革制品、水果蔬菜、音像设备、塑料制品、玩具；主要进口商品有：原木、塑料、橡胶、纸浆、铜矿砂、化肥等。

表14 2003年内蒙古自治区主要出口市场情况表

国别（地区）	出口金额(万美元)	占出口总额比重（%）
日本	24 616	21.28
韩国	21 225	18.34
俄罗斯	11 228	9.71
香港	9 163	7.96
美国	6 921	5.97
意大利	5 888	5.10
蒙古国	5 016	4.34
马来西亚	4 753	4.11
英国	2 135	1.85
印度尼西亚	2 135	1.85
合计	93 080	80.48

吸收外资 2003年内蒙古自治区共批准148个外商直接投资项目，其中生产型项目89个，非生产型项目59个。合同外商直接投资金额43 438万美元，比上年增长75%；实际外商直接投资金额36 805万美元，比上年增长61%。外商直接投资主要来自24个国家和地区。合同外资额居前10位的是：美国、香港、台湾省、毛里求斯、韩国、瑞士、加拿大、泰国、新加坡、南非。实际使用外资额居前10位的是：香港地区、美国、毛里求斯、加拿大、日本、英国、台湾省、南非、韩国、英属维尔京群岛。

表15 2003年内蒙古自治区主要进口市场情况表

国别（地区）	进口金额(万美元)	占进口总额比重（%）
俄罗斯	113 633	67.9
蒙古国	17 249	10.3
澳大利亚	7 242	4.3
德国	6 284	3.7
日本	3 889	2.3
新西兰	2 787	1.7
意大利	2 608	1.5
美国	2 377	1.4
瑞典	2 333	1.4
英国	1 405	0.8
合计	159 807	95.5

表16 2003年内蒙古自治区吸收外资情况表

吸收外资方式	合同外资			实际使用外资	
	项目数（个）	外资金额（万美元）	金额比上年增加（%）	金额（万美元）	金额比上年增加（%）
外商直接投资	148	43 438	75	36 805	61
合资企业	47	8 620	71	9 808	2
合作企业	14	17 954	106	3 629	43
外资企业	71	13 171	84	11 772	86
股份有限公司	—	1 161	-55	9 737	207
再投资	5	616	—	436	—
合作开发	1	256	—	—	—
其他	10	1 660	33	1 423	26

对外经济合作　2003年内蒙古自治区签订对外承包工程和劳务合作合同项目110个，金额7 510万美元，比上年的7 440万美元增长0.94%；完成营业额2 742万美元，比上年的2 622万美元增长4.58%；当年派出劳务人员3 314人次，比上年的2 470人次增长34%。

2003年内蒙古自治区在海外举办非贸易性企业6家，总投资额2 034万美元，其中中方投资金额1 961万美元。

辽宁省

对外贸易　2003年辽宁省进出口总额265.61亿美元，比上年的217.39亿美元增长22.2%。其中出口总额146.31亿美元，比上年的123.66亿美元增长18.3%，占全省GDP 6 002.54亿美元（相当于725.82亿美元）的20.2%，占全国出口额的3.3%，居全国第七位，进口总额119.3亿美元，比上年的93.73亿美元增长27.3%。

从出口商品结构来看，初级产品出口额38.48亿美元，占出口总额的26.3%；工业制成品出口额107.83亿美元，占出口总额的73.7%。从进口商品结构来看，初级产品进口额32.23亿美元，占进口总额的27.0%；工业制成品进口额87.07亿美元，占进口总额的73.2%。

2003年辽宁省出口商品销往181个国家和地区，进口商品来自124个国家和地区。

表17　2003年辽宁省主要出口市场情况表

国别（地区）	出口金额（万美元）	占出口总额比重（%）
日本	516 941	35.33
美国	214 921	14.69
韩国	156 034	10.66
香港	60 808	4.16
荷兰	55 588	3.80
新加坡	52 353	3.58
德国	40 553	2.77
朝鲜	31 535	2.16
英国	24 013	1.64
印尼	21 308	1.46
合计	1 174 054	80.24

表18　2003年辽宁省主要进口市场情况表

国别（地区）	进口金额（万美元）	占进口总额比重（%）
日本	371 811	31.17
韩国	183 146	15.35
德国	84 643	7.09
美国	68 657	5.75
沙特阿拉伯	61 691	5.17
朝鲜	30 698	2.57
澳大利亚	24 743	2.07
马来西亚	24 191	2.03
阿根廷	22 145	1.86
伊朗	21 819	1.83
合计	893 544	74.90

吸收外资　2003年辽宁省共批准外商直接投资项目2 327个，其中生产型项目1 672个，非生产型项目655个。合同外商直接投资金额97.24亿美元，比上年增长35.3%；实际外商直接投资金额55.83亿美元，比上年增长42.57%。外商直接投资来源于51国家和地区，合同外资额居前十位的是：港澳、韩国、美国、日本、澳大利亚、台湾省、加拿大、英国、德国。到2003年年底，外商投资企业开业投产8 500家。

2003年外商投资企业完成出口创汇87.46亿美元，占全省出口总额的59.78%；实现税收184.27亿元，占全省税收总额的19.96%。

表19　辽宁省2003年吸收外资情况表

吸收外资方式	合同外资			实际使用外资	
	项目数（个）	外资金额（亿美元）	金额比上年增长（%）	金额（亿美元）	金额比上年增长（%）
对外借款	1	1.20	7.2	1.28	–38.3
外商直接投资	2 327	97.24	35.3	55.83	42.57
合资企业	923	30.86	6.6	21.41	19.42
合作企业	110	12.91	72.0	4.79	76.68
外资企业	1 294	52.52	51.6	29.03	62.37
股份有限公司				0.024	–92.71
合作开发		0.96	27.7	0.567	85.90
合计	2 328	98.44	34.9	57.11	38.5

对外经济合作　2003年辽宁省签订对外承包工程和劳务合作合同981个，合同金额49 749万美元，比上年的54 504万美元下降9%；完成营业额48 368万美元，比上年的50 326万美元下降4%;派出劳务人数58 376人；年末在外人数64 126人。

2003年辽宁省在海外举办企业19家，投资总额3 178万美元，其中中方投资金额2 998.8万美元，投资国别（地区）有蒙古、香港、俄罗斯、朝鲜等。

吉林省

对外贸易　2003年吉林省进出口总额614 841万美元，比上年增长66.1%。其中出口总额218 228万美元，比上年增长23.4%，占全省GDP 1 557亿元人民币的11.6%，占全国出口额的0.5%；进口总额396 613万美元，比上年增长105.1%，占全国进口额的1%。边境贸易进出口额14 739万美元，比上年增长15.22%。其中进口6 457万美元，增长17.24%；出口8282万美元，增长13.69%。

从出口商品结构来看，初级产品出口额136 915万美元，占出口总额的62.7%；工业制成品出口额81 313万美元，占出口总额的37.3%。从进口商品结构来看，初级产品进口额21 515万美元，占进口总额的5.4%；工业制成品进口额375 099万美元，占进口总额的94.6%。

2003年吉林省出口商品销往145个国家和地区，进口商品来自70个国家和地区。

表20　吉林省2003年主要出口市场情况表

国别（地区）	出口额（万美元）	年增长率 (%)	占出口总额比重(%)
韩国	70 169	20.5	32.2
东盟	37 104	8.9	17.0
日本	34 536	30.8	15.8
欧盟	15 177	45.5	7.0
伊朗	13 334	20 684.0	6.1
朝鲜	11 465	6.1	5.3
美国	9 122	5.7	4.2
香港	3 639	11.9	1.7
俄罗斯	2 970	50.7	1.4
南非	2 964	43.4	1.4

表21　2003年吉林省主要进口市场情况表

国别（地区）	进口额（万美元）	年增长率(%)	占进口总额比重(%)
欧盟	271 635	107.8	68.5
日本	55 466	222.1	14.0
美国	11 657	24.6	2.9
韩国	10 830	17.1	2.7
匈牙利	10 195	3 658.8	2.6
朝鲜	6 536	48.6	1.6
墨西哥	6 445	48.6	1.6
巴西	4 038	70.7	1.0
东盟	3 809	–2.1	1.0
俄罗斯	2 760	–27.6	0.7

吸收外资　截止到2003年底，全省现存外商投资企业2 968户，其中食品加工行业有外商投资企业269户，食品制造行业有外商投资企业160户，交通运输设备制造行业有外商投资企业149户，医药制造行业有外商投资企业120户。2003年外商投资企业生产经营取得较好成绩，全年实现销售（营业）收入1 192亿元，创利税121亿元。

表22　2003年吉林省吸收外资情况表

吸收外资方式	合同外资			实际使用外资	
	项目数（个）	外资金额（万美元）	金额比上年增长（%）	金额（万美元）	金额比上年增长（%）
外商直接投资	340	72 591	26.7	31 808	0.3
合资企业	109	24 754	6.0	23 252	48.0
合作企业	34	10 748	–22.1	1 785	–57.0
外资企业	196	36 930	85.1	6 771	–38.8
股份有限公司	1	159	–18.3		

表23　2003年吉林省外商投资主要来源情况表

国家（地区）	项目数（个）	合同外资金额（万美元）
韩国	150	11 372
香港	52	21 194
美国	34	11 414
日本	33	5 699
台湾省	14	6 496
新加坡	5	4 567

对外经济合作　2003年吉林省签订对外承包工程和劳务合作合同项目179个，金额2.37亿美元，比上年下降38%；完成营业额2.33亿美元，增长17.4%；当年新派出劳务人员14 669人，期末在外34 339人，派往主要国家和地区是韩国、俄罗斯、日本等。其中签订对外承包工程项目11个，合同额7 945万美元，完成营业额10 113万美元。

2003年吉林省设立境外企业11家，新批境外项目总投资2 155.7万美元，其中中方投资1 592.2万美元，主要集中在俄罗斯、朝鲜、孟加拉国。

黑龙江省

对外贸易　2003年黑龙江省进出口总额53.30亿美元，比上年的43.49亿美元增长22.54%。其中出口总额28.75亿美元，比上年的19.87亿美元增长44.62%，占全省GDP 4 433亿元人民币（相当于535.39亿美元）的10%；进口总额24.55亿美元，比上年的23.62亿美元增长3.96%。

从出口商品结构来看，初级产品出口额7.45亿美元，占出口总额的25.91%；工业制成品出口额21.30亿美元，占出口总额的74.09%。从进口商品结构来看，初级产品进口额10.13亿美元，占进口总额的41.25%；工业制成品进口额14.42亿美元，占进口总额的58.75%。

2003年黑龙江省出口商品销往166个国家（地区），进口商品来自62个国家（地区）。

2003年黑龙江省边境小额贸易进出口总额21.31亿美元，比上年的18.54亿美元增长14.94%，占全省进出口总额的39.98%，其中出口10.24亿美元，比上年的7.10亿美元增长44.22%。主要出口商品有服装、鞋类、大米、蔬菜、鲜苹果、纺织物及制品、鲜及冻猪肉、塑料制品、食用油籽、彩色电视机、煤等；进口11.07亿美元，比上年的11.44亿美元减少3.24%。主要进口商品有原木、纸浆、肥料、塑料、钢材、合成橡胶、纸及纸板、锯材、铝、废钢等。

表24　2003年黑龙江省主要出口市场情况表

国别（地区）	出口金额（万美元）	占出口总额比重（%）
俄罗斯	163 801	56.98
韩国	28 899	10.05
日本	19 713	6.86
美国	10 959	3.81
香港地区	10 712	3.73
德国	3 877	1.35
南非	1 336	0.46
加拿大	1 047	0.36

表25　2003年黑龙江省主要进口市场情况表

国别（地区）	进口金额（万美元）	占进口总额比重（%）
俄罗斯	131 703	53.65
日本	24 844	10.12
韩国	15 797	6.43
德国	13 253	5.40
美国	13 049	5.32
台湾省	3 399	1.38
巴西	2 089	0.85
澳大利亚	1 231	0.50

吸收外资　2003年黑龙江省共批准外商直接投资项目230个，其中生产型项目175个，非生产型项目55个。外商直接投资主要来源国家和地区是：韩国60项，合同外资金额5 136万美元；香港46项，合同外资金额12 016万美元；日本20项，合同外资金额3 737万美元；美国28项，合同外资金额7 440万美元；台湾省15项，合同外资金额3 113万美元；俄罗斯12项，合同外资金额632万美元。

表26　2003年黑龙江省吸收外资情况表

吸收外资方式	合同外资			实际使用外资	
	项目数（个）	外资金额（亿美元）	金额比上年增长（%）	金额（万美元）	金额比上年增长（%）
外商直接投资	230	139 483	24.20	102 972	8.90
合资企业	100	31 816	99.75	20 491	–5.34
合作企业	19	14 942	-32.85	4 057	–6.17
外资企业	110	29 627	57.81	15 590	17.78
股份有限公司	1	2 026	--	1 762	--
外商其他投资	--	61 072	10.34	61 072	10.34
合计	230	139 483	24.20	102 972	8.90

对外经济合作　2003年黑龙江省签订对外承包工程和劳务合作项目87个，金额21 088万美元，比上年的14 024万美元增长50.37%；完成营业额20 057万美元，比上年增长28.02%；当年派出劳务人员3 969人，年末在外9 263人，主要派往俄罗斯、阿尔及利亚、日本、韩国等29个国家和地区。

2003年黑龙江省在境外投资项目15个，投资总额1 907万美元，其中中方投资1 683万美元，投资国别和地区分别是博茨瓦纳、蒙古、朝鲜、中国香港地区、美国、越南、俄罗斯。

上海市

对外贸易　2003年上海市进出口总额1 123.6亿美元，比上年增长54.7%。其中出口总额484.6亿美元，比上年增长51.2%，占全市GDP 5 408.8亿元（相当于653.5亿美元）的74.2%，占全国出口总额的11.1%，居全国第三位；进口总额639.0亿美元，比上年增长57.4%。

从出口商品结构来看，2003年上海市初级产品出口额 12.3 亿美元，占出口总额的2.5 %；工业制成品出口额 472.3 亿美元，占出口总额的 97.5 %。从进口商品结构来看，初级产品进口额 60.7 亿美元，占进口总额的 9.5 %；工业制成品进口额 578.34 亿美元，占进口总额的 90.5 %。

2003年上海市出口商品销往217个国家和地区，进口商品来自173个国家和地区。主要出口市场是美国、日本、香港地区、德国、法国、韩国、台湾省、新加坡、英国和马来西亚，主要进口市场是日本、美国、德国、台湾省、韩国、马来西亚、法国、新加坡和香港。

表27 2003年上海市主要出口市场情况表

国别（地区）	出口金额（亿美元）	占出口总额比重（%）
美国	119.9	24.7
日本	87.6	18.1
中国香港	45.3	9.3
德国	21.1	4.4
法国	19.7	4.1
韩国	14.8	3.1
中国台湾省	14.2	2.9
新加坡	11.8	2.4
英国	11.2	2.3
马来西亚	10.6	2.2
合计	356.2	73.5

表28 2003年上海市主要进口市场情况表

国别（地区）	进口金额（亿美元）	占进口总额比重（%）
日本	120.7	18.9
美国	71.2	11.1
德国	64.3	10.1
中国台湾省	59.9	9.4
韩国	55.8	8.7
马来西亚	24.1	3.8
法国	20.1	3.1
中国	19.4	3.0
新加坡	18.7	2.9
中国香港	15.6	2.1
合计	469.8	73.5

吸收外资 2003年上海市共批准外商直接投资项目4 321个，合同外商直接投资金额110.6亿美元，比上年增长23.5%；实际外商直接投资金额58.5亿美元，比上年增长30.1%。按产业分，外商直接投资第一产业项目14个，合同外资4 621万美元；第二产业项目1 941个，合同外资731 587万美元；第三产业项目2 366个，合同外资370 163万美元。

2003年上海市外商直接投资来自108个国家和地区。合同外资金额居前5位的是：英属维尔京群岛391项，合同外资207 844万美元；香港864项，202 810万美元；日本788项，127 272万美元；美国468项，85 118万美元；台湾省427项，82 701万美元。

2003年上海市外商投资企业销售收入7 881.9亿元，比上年的5 887.5亿元增长33.9%；同期实现利润437.1亿元，比上年的284.0亿元增长53.9%；缴纳税金300.4亿元，比上年的237.4亿元增长26.5%；外贸出口308.1亿美元，比上年的191.6亿美元增长

60.8%。

表29　2003年上海市吸收外资情况表

吸收外资方式	合同外资			实际使用外资	
	项目数（个）	外资金额（亿美元）	金额比上年增长（%）	金额（亿美元）	金额比上年增长（%）
外商直接投资	4 321	110.6371	23.5	58.502	30.1
合资企业	818	24.9012	36.8	18.418	55.4
合作企业	132	5.6804	–19.6	2.821	11.6
外资企业	3 367	78.4465	27.1	37.215	46.1
股份有限公司	4	1.6090	–37.9	0.048	–98.1

对外经济合作　2003年上海市签订对外承包工程和劳务合作合同项目928个，金额16.6亿美元，比2002年的15.4亿美元增长7.8%；完成营业额13.3亿美元，比2002年的12.6亿美元增长5.6%；当年派出劳务人员1.3万人次，比2002年的1.1万人次增长18.2%，年末在外人数3.2万人，比2002年的3.1万人增长0.3%。劳务人员主要分布在日本、新加坡、香港地区、台湾省和德国等国家和地区。至2003年末，上海对外承包工程和劳务合作涉及的国家和地区已达120个。

2003年上海市经商务部批准的海外非贸易型项目81个，总投资1.7亿美元，比上年的1.3亿美元增长30.8%；其中，中方投资1.6亿美元，比上年的1.1亿美元增长45.5%。这些项目主要分布中国香港、日本、美国、新加坡、德国等国家和地区。

江苏省

对外贸易　2003年江苏省进出口总额1136.5亿美元，比上年增长61.7%。其中出口总额591.2亿美元，比上年增长53.7%，占全省GDP 12 451.8亿元（相当于1 505.7亿美元）的39.3%,占全国出口额的13.5%，居全国第二位；进口总额545.2亿美元，比上年增长71.3%。

从出口商品结构来看，初级产品出口额11.4亿美元，占出口总额的1.9%；工业制成品出口额579.9亿美元，占出口总额的98.1%。从进口商品结构来看，初级产品进口额45.3亿美元，占进口总额的8.3%；工业制成品进口额499.9亿美元，占进口总额的91.7%。

2003年江苏省出口商品销往220个国家（地区），进口商品来自151个国家（地区）。

吸收外资　2003年江苏省共批准外商直接投资项目7 301个，其中生产型项目6 182个，非生产型项目1 118个。外商直接投资仍以制造业为主，新批协议注册外资258亿美元，占总额的83.76%，实际到账注册外资140亿美元，占全年实际到账外资的88.61%。电子及信息产业是吸收外资最集中的领域，全年新批协议注册外资60亿美元。第三产业吸收外资保持了适度规模，全年新批协议注册外资47亿美元，实际到账注册外资7亿美元。2003年江苏省外商直接投资来自103个国家和地区。

表30　江苏省2003年主要出口市场情况表

国别（地区）	出口额（万美元）	占出口总额比重（%）
美国	1 270 984	21.50
日本	1 009 955	17.08
中国香港	590 592	9.99
荷兰	314 108	5.31
德国	314 086	5.31
韩国	225 312	3.81
中国台湾省	186 874	3.16
英国	174 295	2.95
新加坡	144 762	2.45
马来西亚	122 123	2.07

表31　江苏省2003年主要进口市场情况表

国别（地区）	进口额（万美元）	占进口总额比重（%）
日本	1 266 119	23.22
中国台湾省	1 120 532	20.55
韩国	729 315	13.38
美国	390 048	7.15
德国	235 652	4.32
马来西亚	176 673	3.24
中国香港	141 476	2.59
泰国	138 277	2.54
新加坡	135 927	2.49
菲律宾	105 762	1.94

2003年江苏省外商投资企业进出口进出口总值860.03亿美元，比上年增长72.4%。其中，出口411.20亿美元，比上年增长69.6%，占全省当年出口总值的69.6%，出口超过1亿美元的企业达60家。2003年确认产品出口企业133家，先进技术企业58家。

表32　江苏省2003年吸收外资情况表

吸收外资方式	合同外资			实际使用外资	
	项目数（个）	外资金额（亿美元）	金额比上年增长（%）	金额（亿美元）	金额比上年增长（%）
外商直接投资	7 301	308.0	56.6	158.0	53.3
合资企业	2 563	55.6	79.3	33.4	28.4
合作企业	142	11.4	245.4	3.8	31.0
外资企业	4 592	239.8	48.0	120.6	62.8
股份有限公司	3	0.3	200.0	0.1	-80.0

表33 江苏省2003年外商直接投资前10位国别（地区）表

国别（地区）	项目数（个）	合同外资金额（亿美元）
中国香港	1 914	82.45
英属维尔京群岛	506	41.14
中国台湾省	1 238	34.78
美国	820	25.72
日本	670	23.79
韩国	440	16.20
新加坡	292	13.12
萨摩亚	177	11.15
澳大利亚	201	7.5
德国	88	5.43

对外经济合作 2003年江苏省签订对外承包工程和劳务合作合同项目1 253个，金额20.86亿美元，比上年增长21.53%；完成营业额19.75亿美元，比上年增长26.69%；当年派出劳务人员30 195人，年末在外人数79 053人，派往的主要国家和地区：日本、新加坡、毛里求斯、阿尔及利亚、香港地区、美国。

2003年江苏省新批设立境外非贸易企业及机构28家，新批增资项目1家；总投资为5 128.8万美元，同比增长78.3%，其中中方投资为3 146.8万美元，同比增长45.8%。所批准的境外企业分属化工、机械、交通运输、轻工、冶炼、建材、电子、餐饮、广告、IT等行业，分布在越南、印度、巴西、美国、阿富汗、圣文森特、俄罗斯、印尼、马来西亚、尼日利亚、日本、阿根廷、约旦、埃及、澳大利亚、菲律宾、开曼群岛等国家和地区。

浙江省

对外贸易 2003年浙江省进出口总额614.23亿美元，比上年的419.6亿美元增长46.4%。其中出口总额416.03亿美元，比上年的294.2亿美元增长41.5%，占全省GDP 9 200亿元（相当于1 112.45亿美元）的37.4%，占全国出口额的9.49%，继续居全国第四位；进口总额198.2亿美元，比上年的125.45亿美元增长58.0%。

从出口商品结构来看，初级产品出口额24.5亿美元，占出口总额的5.89%；工业制成品出口额391.53亿美元，占出口总额的94.11%。从进口商品结构来看，初级产品进口额31.57亿美元，占进口总额的15.93%；工业制成品进口额166.63亿美元，占进口总额的84.07%。

2003年浙江省出口商品销往218个国家和地区，比上年增加6个；进口商品来自159个国家和地区，比上年增加17个。

吸收外资 2003年浙江省共批准外商直接投资项目4 442个，其中生产型项目3 947个，占88.86%；非生产型项目495个，占11.14%。合同外商直接投资金额120.50亿美元，比上年增长77.49%；实际外商直接投资金额54.49亿美元，比上年增长72.45%。

表34　2003年浙江省主要出口市场情况表

国别（地区）	出口金额（万美元）	占出口总额比重（%）
美国	804 037	19.33
日本	489 708	11.77
德国	195 657	4.70
中国香港	190 577	4.58
阿拉伯联合酋长国	156 677	3.77
韩国	132 024	3.17
英国	128 691	3.09
意大利	121 842	2.93
荷兰	97 292	2.34
西班牙	90 750	2.18
合计	2 407 255	57.86

表35　2003年浙江省主要进口市场情况表

国别（地区）	进口金额（万美元）	占进口总额比重（%）
日本	456 701	23.04
韩国	241 161	12.17
中国台湾省	204 906	10.34
美国	174 935	8.83
德国	110 202	5.56
法国	52 469	2.65
意大利	47 929	2.42
马来西亚	46 958	2.37
印度	45 032	2.27
新加坡	40 377	2.04
合计	1 420 670	71.69

2003年浙江省外商直接投资主要来自香港地区、英属维尔京群岛、美国、台湾省、日本、萨摩亚、韩国、开曼群岛、意大利、英国等国家和地区。

截至2003年年底，浙江省已开业投产的外商投资企业7 989家，2003年销售收入2 795.77亿元，比上年增长24.18%；盈利总额234.83亿元，比上年增长20.43%；出口130.5亿美元，比上年增长41.85%。

对外经济合作　2003年浙江省签订对外承包工程和劳务合作项目656个，合同金额122 250万美元，比上年的127 900万美元下降4.42%；完成营业额125 056万美元，比上年的105 483万美元增长18.56%；当年派出劳务人员8 907人次，年末在外人数25 228人。

表36 2003年浙江省吸收外资情况表

吸收外资方式	合同外资			实际使用外资	
	项目数（个）	外资金额（万美元）	金额比上年增长（%）	金额（万美元）	金额比上年增长（%）
对外借款	—	108 301	181.65	207 160	39.49
外国政府贷款	—	390	—	5 594	-17.48
金融组织贷款	—	192	—	1 334	-76.06
境外金融机构贷款	—	9 816	130.48	7 916	154.21
贸易信贷	—	—	—	157 703	10 152.18
其他	—	97 903	186.32	34 613	-70.89
外商直接投资	4 442	1 205 014	77.49	544 936	72.45
合资企业	2 341	382 970	76.06	213 122	71.12
合作企业	75	23 554	-22.19	17 236	63.92
外资企业	2 018	793 938	84.19	310 216	70.09
股份有限公司	8	4 552	7 486.67	4 362	—
外商其他投资	—	4 163	19.59	5 728	13.88
补偿贸易	—	—	—	—	—
加工装配	—	—	—	1 565	1.03
对外发行股票	—	4 163	19.59	4 163	19.59
合计	4 442	1 317 478	82.77	757 824	61.39

表37 2003年浙江省外商直接投资主要来源情况表

国别（地区）	项目数（个）	合同外资（万美元）	实际外资（万美元）
中国香港	1 573	474 301	201 980
英属维尔京群岛	237	117 944	60 566
美国	497	111 949	42 022
中国台湾省	522	91 139	38 689
日本	255	58 148	41 120
萨摩亚	39	29 904	11 490
韩国	175	28 448	16 503
开曼群岛	33	26 419	25 506
意大利	113	25 205	13 948
英国	70	22 146	10 871
合计	3 514	985 603	462 695

注：以上排序以合同外资额多少为序。实际外资中，第4—10位的排序分别是：日本、台湾省、开曼群岛、韩国、意大利、萨摩亚和英国。

2003年浙江省共批准境外投资项目301个，比上年增长33.2%。其中非贸易性项目43个，市场及营销网络项目258个；投资总额9 658万美元，比上年增长51.8%；中方投资8 513万美元，比上年增长65.9%。至2003年年底，浙江省境外投资累计前十位的国家和地区分别是：美国、香港、印度尼西亚、德国、阿拉伯联合酋长国、泰国、澳大利亚、俄罗斯、意大利、巴西。

安徽省

对外贸易 2003年安徽省进出口总额59.4亿美元，比上年增长42.1%。其中出口总额30.6亿美元，比上年增长24.9%，占全省GDP 3 973.2亿元（相当于480.0亿美元）的6.4%，占全国出口额4 383.7亿美元的0.7%；进口总额28.8亿美元，比上年增长66.6%。

从出口商品结构来看，初级产品出口额3.5亿美元，占出口总额的11.5%；工业制成品出口额27.1亿美元，占出口总额的88.5%。从进口商品结构来看，初级产品进口额9.0亿美元，占进口总额的31.3%；工业制成品进口额19.8亿美元，占进口总额的68.7%。

2003年安徽省出口商品销往199个国家（地区），主要出口市场是北美58 549万美元，占出口总额的19.1%；欧盟55 709万美元，占18.2%；日本31 141万美元，占10.2%；东盟19 204万美元，占6.3%；中国香港16 285万美元，占5.3%；韩国12 597万美元，占4.1%。2003年安徽省主要进口市场是欧盟67 676万美元，占23.5%；日本58 856万美元，占20.5%；拉丁美洲37 173，占12.9%；韩国25 910万美元，占9.0%；北美20 782万美元，占7.2%；澳大利亚16 667万美元，占5.8%；中国台湾省13 812万美元，占4.8%。

吸收外资 2003年安徽省共批准外商直接投资项目431个，合同外商直接投资金额102 367万美元，比上年增长15.40%；实际外商直接投资金额39 051万美元，比上年增长4.10%。在新批准的外商直接投资项目中，生产型项目316项，合同外资额74 659万美元；服务型项目115项，合同外资额27 705万美元。外商直接投资主要来自中国香港、美国、英国、英属维尔京群岛、韩国、加拿大、中国台湾省等国家和地区。2003年安徽省外商投资企业完成出口额5.8亿美元，比上年增长25.5%，在全省出口总额中的比重为18.9%，略高于上年的18.8%。

表38 安徽省2003年吸收外资情况表

吸收外资方式	合同外资			实际使用外资	
	项目数（个）	外资金额（万美元）	金额比上年增长（%）	金额（万美元）	金额比上年增长（%）
外商直接投资	431	102 367	15.40	39 051	4.10
合资企业	195	38 503	84.04	17 878	13.60
合作企业	29	9 210	16.97	646	–59.45
外资企业	207	54 654	–8.46	20 527	2.63
股份有限公司	0	0		0	
其他	0	0		0	

对外经济合作 2003年安徽省签订对外承包工程和劳务合作合同额20 779万美元，比上年增长0.1%；完成营业额16 208万美元，比上年增长46.9%；当年派出劳务人员3 881人次，年末在外8 760人。承包工程和劳务合作的主要市场是阿尔及利亚、新加坡、日本、莫桑比克、马达加斯加、蒙古。

表39 2003年安徽省外商直接投资主要行业情况表

行业	项目数（个）	合同外资金额（万美元）
房地产业	43	14 580
电力、燃气及水的生产和供应业	7	10 566
居民服务和其他服务业	43	8 523
化学原料及化学制品制造业	15	6 032
农业	18	5 190
医药制造业	14	4 736
通信设备、计算机及其他电子设备制造业	17	3 817

表40 2003年安徽省外商直接投资主要来源情况表

国别（地区）	项目数（个）	合同外资金额（万美元）
香港	153	42 477
美国	67	11 494
英国	3	8 778
英属维尔京群岛	20	8 073
韩国	17	6 790
加拿大	15	5 805
台湾省	56	5 478

福建省

对外贸易 2003年福建省进出口总额353.37亿美元，比上年增长24.43%。其中出口总额211.43亿美元，比上年增长21.70%，占全省GDP 5 241.73亿元（相当于633.82亿美元）的33.36%，占全国出口总额的4.82%，居全国第6位；进口总额141.94亿美元，比上年增长28.72%。

从出口商品结构来看，初级产品出口额13.71亿美元，占出口总额的6.49%；工业制成品的出口额197.69亿美元，占出口总额的93.51%。从进口商品结构来看，初级产品进口16.85亿美元，占进口总额的11.87%；工业制成品进口125.10亿美元，占进口总额的88.13%。

2003年福建省出口商品销往199个国家和地区。主要出口市场：美国51.22亿美元、日本42.82亿美元、中国香港地区21.81亿美元、德国7.62亿美元、荷兰7.14亿美元、中国台湾省5.19亿美元、英国4.99亿美元、新加坡4.41亿美元、加拿大3.91亿美元、韩国3.67亿美元、澳大利亚3.43亿美元、意大利3.41亿美元、阿联酋3.32亿美元、马来西亚3.24亿美元、西班牙2.58亿美元、法国2.39亿美元、比利时2.12亿美元、匈牙利2.08亿美元。对以上主要出口市场出口额合计175.35亿美元，占出口总额的82.94%。

2003年福建省进口商品来自125个国家和地区。主要进口市场：中国台湾省30.49亿美元、日本22.76亿美元、韩国18.64亿美元、美国13.13亿美元、马来西亚6.70亿美元、德国4.96亿美元、新加坡3.85亿美元、泰国2.83亿美元、中国香港2.78亿美元、菲律宾2.52亿美元、印度1.87亿美元、印度尼西亚1.81亿美元、巴西1.56亿美元、意大利1.51亿美元。从以上主要市场进口的商品金额合计115.41亿美元，占进口总额的81.31%。

吸收外资 2003年福建省共批准外商直接投资项目2 274个，合同外商直接投资金额477 321万美元，比上年增长22.74%；实际外商直接投资金额407 506万美元，比上年增长5.20%。在新批准的外商直接投资项目中，生产型项目1 949个，非生产型项目325个。

2003年福建省新开业投产的外商投资企业220家。截止到2003年底，全省累计已开业投产的外商投资企业17 453家，2003年实现工业产值3 110.97亿元，比上年增长34.92%，占全省工业产值的62.90%；出口134.68亿美元，比上年增长228.70%，占全省出口总额的63.70%。

表41 2003年福建省吸收外资情况表

吸收外资方式	合同外资			实际使用外资	
	项目数（个）	外资金额（万美元）	金额比上年增长（%）	金额（万美元）	金额比上年增长（%）
外商直接投资	2 274	477 321	22.74	407 506	5.20
合资企业	330	63 373	40.78	71 548	2.28
合作企业	18	6 168	−71.56	5 987	−43.94
外资企业	1 922	403 697	27.27	327 229	11.16
股份有限公司	4	4 083	−33.95	2 742	−78.06
合计	2 274	477 321	22.74	407 506	5.20

对外经济合作 2003年福建省签订对外承包工程和劳务合作合同1 022项，合同金额6.6亿美元，比上年增长61.52%；完成营业额5.02亿美元，比上年增长8.19%；当年派出劳务人数1.77万人次，年末在外劳务人数5.26万人。

2003年福建省新批准在南非、尼日利亚、古巴、美国、德国、埃及、阿尔及利亚、越南、印度尼西亚和香港等地举办海外投资项目40项，中方投资2 732.18万美元。其中加工贸易型14项、进出口贸易型21项、设立代表处5项。

江西省

对外贸易 2002年江西省进出口总额16.95亿美元，比上年增长10.68%。其中出口总额10.52亿美元，比上年增长1.25%，占全省GDP 2 450亿元（相当于295.99亿美元）的3.55%，占全国出口额的0.32%；进口总额64 237万美元，比上年增长30.59%。从出口商品结构来看，初级产品出口额9 578万美元，占出口总额的9.11%；工业制成品出口额95 654万美元，占90.89%。从进口商品结构来看，初级产品进口额20 864万美元，占进口总额的32.48%；工业制成品进口额43 373万美元，占67.52%。2002年江西省出口商品销往146个国家和地区。进口商品来自64个国家和地区。

表42 2003年江西省主要出口市场情况表

国别（地区）	出口额（万美元）	年增长率(%)	占出口总额比重(%)
韩国	70 169	20.5	32.2
东盟	37 104	8.9	17.0
日本	34 536	30.8	15.8
欧盟	15 177	45.5	7.0
伊朗	13 334	20 684.0	6.1
朝鲜	11 465	6.1	5.3
美国	9 122	5.7	4.2
中国香港	3 639	11.9	1.7
俄罗斯	2 970	50.7	1.4
南非	2 964	43.4	1.4

表43 2003年江西省主要进口市场情况表

国别（地区）	进口额（万美元）	年增长率(%)	占进口总额比重(%)
欧盟	271 635	107.8	68.5
日本	55 466	222.1	14.0
美国	11 657	24.6	2.9
韩国	10 830	17.1	2.7
匈牙利	10 195	3 658.8	2.6
朝鲜	6 536	48.6	1.6
墨西哥	6 445	48.6	1.6
巴西	4 038	70.7	1.0
东盟	3 809	–2.1	1.0
俄罗斯	2 760	–27.6	0.7

吸收外资 2002年江西省批准外商直接投资项目591个，其中生产型373项，占63.11%；非生产型218项，占36.89%。外商直接投资来自45个国家和地区。投资额居前六位的是：中国香港地区、新加坡、中国台湾省、美国、英属维尔京群岛、英国。前六位的国家和地区投资总额为92 866万美元，占全年利用外商直接投资的85.41%。

截至2002年年底，江西省累计批准外商投资企业6 116家，其中投产的1 909家。外商投资企业2002年出口创汇18 066万美元，比上年增长60.84%，占全省出口总额的比重为17.17%。

表44 江西省2003年吸收外资情况表

吸收外资方式	合同外资			实际使用外资	
	项目数（个）	外资金额（万美元）	金额比上年增长（%）	金额（万美元）	金额比上年增长（%）
外商直接投资	340	72 591	26.7	31 808	0.3
合资企业	109	24 754	6.0	23 252	48.0
合作企业	34	10 748	–22.1	1 785	–57.0
外资企业	196	36 930	85.1	6 771	–38.8
股份有限公司	1	159	–18.3		

对外经济合作 2002年江西省签订承包工程和劳务合作合同97个，比上年减少47项；合同金额8 449万美元，比上年增长0.61%；完成营业额13 477万美元，比上年增长1.06%；当年派出劳务人员2 222人，年末在外人数6 372人，比上年减少268人。劳务人员派往68个国家和地区，主要国家和地区是：日本、新加坡、塞班、约旦、马来西亚等。

山东省

对外贸易 2003年山东省进出口总额446.6亿美元,比上年增长31.6%。

其中出口总额265.7亿美元，比上年增长25.8%,占全省GDP 12 430亿元人民币（相当于1 503亿美元）的17.7%，占全国出口额的6.1%，居全国第五位；进口总额180.8亿美元，比上年增长41%。

从出口商品结构来看，初级产品出口额53.7亿美元，占出口总额的20.2%；工业制成品出口额212.1亿美元，占出口总额的79.8%。

2003年山东省出口商品销往197个国家和地区，进口商品来自79个国家和地区。

表45 2003年山东省主要出口市场情况表

国别（地区）	出口金额（万美元）	比上年增长（%）
亚洲	1532 852	23.3
中国香港	153 094	41.2
中国台湾省	33 098	30.8
日本	612 331	14
韩国	417 532	27.6
东南亚	155 699	32.4
马来西亚	30 700	22
南亚	46 144	14.3
印度	25 587	6.1
中近东	92 391	25.8
非洲	75 544	47.5
南非	12 130	47.4
欧洲	455 497	37.4
欧盟	362 080	34.1
英国	66 151	42.4
德国	73 347	27
法国	22 226	32.1
意大利	43 156	38.7
独联体及东欧	71 217	57.3
俄罗斯	49 421	55.6
南美洲	63 067	36.2
巴西	11 532	25.4
北美洲	491 247	21.1
美国	449 017	20.3
加拿大	42 179	29.7
大洋洲	39 079	18.3
澳大利亚	31 844	19.2
合计	2 657 286	25.8

表46　2003年山东省主要进口市场情况表

国别（地区）	进口金额（万美元）	比上年增长（%）
亚洲	1 117 458	38.9
中国香港	22 781	21.5
中国台湾省	58 769	9.2
日本	277 146	38.8
韩国	546 376	31.9
东南亚	140 682	56.2
马来西亚	24 594	42.2
南亚	32 622	103.8
印度	30 704	114.8
中近东	18 712	97.3
非洲	37 023	65.4
南非	12 419	42.7
欧洲	283 225	33.9
欧盟	190 242	36.1
英国	11 565	8.7
德国	69 424	31.5
法国	19 516	110.7
意大利	30 216	14.0
独联体及东欧	72 978	27.1
俄罗斯	68 998	34.5
南美洲	92 322	71.5
巴西	49 552	49.8
北美洲	225 689	50.6
美国	184 874	53.4
加拿大	40 275	39.2
大洋洲	52 747	30.1
澳大利亚	44 538	34.1
合计	1 808 464	41.0

吸收外资　2003年山东省批准外商直接投资项目5 305个，其中第一产业项目143个，第二产业项目4 559个，第三产业项目603个。合同外商直接投资金额134.1亿美元，比上年增长86%；实际外商直接投资金额70.9亿美元，比上年增长49%。

外商直接投资主要来自：韩国项目2 431个,合同外资金额45.7亿美元;香港788个，29.8亿美元；美国479个，11.0亿美元；日本443个，7.3亿美元；台湾省396个，10.2亿美元；英属维尔京群岛79个，5.2亿美元。

对外经济合作　2003年山东省签订对外承包工程和劳务合作项目合同额12.4亿美元，完成营业额9.9亿美元，当年外派劳务人员22 944人次，分别比上年增长29.7%、71.1%和7.8%。

表47　2003年山东省吸收外资情况表

吸收外资方式	合同外资			实际使用外资	
	项目数（个）	外资金额（亿美元）	金额比上年增长（%）	金额（亿美元）	金额比上年增长（%）
外商直接投资	5 305	134.1	86	70.9	49
合资企业	1 484	34.4	150	15.9	47
合作企业	153	5.7	24	3.3	6
外资企业	3 663	93.6	77	51.0	54
合作开发	0	0	0		
股份有限公司	5	0.5	–12	0.6	13

全省新批准境外企业(机构)113家，协议投资总额3.14亿美元，中方协议投资额1.15亿美元，占投资总额的41.3%。截至2003年年底，全省共有各类境外企业（机构）806家，协议投资总额10.4亿美元，中方协议投资额6.9亿美元，投资企业分布在94个国家和地区。

河南省

对外贸易　2003年河南省进出口总额471 640.07万美元，比上年增长47.20%。其中出口总额298 041万美元，比上年增长40.63%，占全省GDP 7 025.93亿元（相当于852.66亿美元）的3.49%，占全国出口额4 383.7亿美元的0.68%；进口总额173 599万美元，比上年的108 475万美元增长60.00%，占全国进口额4 128.4亿美元的0.42%。

从出口商品结构来看，初级产品出口额34 891.17万美元，占出口总额的11.71%；工业制成品出口额255 689.92万美元，占出口总额的85.79%。从进口商品结构来看，初级产品进口额88 548万美元，占进口总额的51.01%；工业制成品进口额85 051万美元，占进口总额的48.99%。

2003年河南省出口商品销往177个国家和地区，进口商品来自82个国家和地区。

表48　2003年河南省主要出口市场情况表

国别（地区）	出口金额（万美元）	占出口总额比重（%）
美国	42 814	14.37
欧盟	37 390	12.55
中国香港	37 362	12.54
韩国	35 395	11.88
日本	32 717	10.98
东盟	25 637	8.60
印度	7 988	2.68
中国台湾省	6 794	2.28
俄罗斯	4 638	1.56
澳大利亚	3 712	1.25
合计	234 447	78.69

表49　2003年河南省主要进口市场情况表

国别（地区）	进口金额（万美元）	占进口总额比重（%）
欧盟	35 212	20.28
美国	29 185	16.81
日本	24 233	13.96
澳大利亚	20 571	11.85
巴西	11 614	6.69
印度	9 958	5.74
东盟	9 375	5.40
韩国	3 832	2. 20
加拿大	3 257	1. 87
中国台湾省	2 957	1.70
合计	150 194	86.50

吸收外资　2003年河南省共批准外商直接投资项目324个，合同外商直接投资金额171 683万美元，比上年增长68.38%；实际外商直接投资金额69 732万美元，比上年增长38.32%。截至2003年年底，河南省批准设立的外商投资企业7 485个，其中已投产开业企业1 209家，从业职工近3 万人；2003年外商投资企业出口创汇53 682万美元，比上年增长44.26%，占全省出口总额的 18.01%；以外商投资企业为主体的涉外税收 24.67亿元人民币，比上年下降26.79%。

表50　河南省2003年吸收外资情况表

吸收外资方式	合同外资			实际使用外资	
	项目数（个）	外资金额（万美元）	金额比上年增长（%）	金额（万美元）	金额比上年增长（%）
外商直接投资	324	171 683	68.38	69 732	38.32
合资企业	148	69 392	96.67	37 008	34.96
合作企业	45	39 874	28.12	7 481	−10.15
外资企业	127	60 550	70.29	22 858	55.84
股份有限公司	4	1 867	1.76	385	4.73

对外经济合作　2003年河南省签订对外承包工程和劳务合作项目116个，金额34 852万美元，比上年增长8.49%；完成营业额19 340万美元，增长25.93%；当年派出劳务人数 3 208人次，增长13%，年末在外人数 12 002人。

2003年河南省在日本、阿尔及利亚、越南、韩国、尼日利亚、伊朗等6个国家投资兴办企业9个，中方投资787万美元，比上年增长3835%。

湖北省

对外贸易　2003年湖北省进出口总额51.1亿美元，比上年增长29.2%。其中出口总额26.56亿美元，比上年增长26.5%，占全省GDP 5 395.91亿元人民币（相当于652.46亿美元）的4.07%，占全国出口额4 383.7亿美元的0.61%；进口总额24.55亿美元，比上年增长32.3%。

从出口商品结构来看，初级产品出口额22 753.7万美元，占出口总额的8.6%; 工业制成品出口额242 846.3万美元，占出口总额的91.4%。从进口商品结构来看，初级产品进口额1.72亿美元，占进口总额的7.02%；工业制成品进口额22.83亿美元，占进口总额的92.98%。

表51　2003年湖北省主要出口市场情况表

国别（地区）	出口金额（万美元）	占出口总额比重（%）
中国香港	38 112.54	14.35
美国	30 736.63	11.57
日本	30 726.19	11.57
德国	19 240.77	7.25
荷兰	16 648.40	6.27
韩国	11 276.31	4.25
中国台湾省	10 044.86	3.78
英国	5 144.36	1.94
马来西亚	5 127.86	1.93
泰国	4 776.93	1.80

表52　2003年湖北省主要进口市场情况表

国别（地区）	进口金额（万美元）	占进口总额比重（%）
日本	34 156.36	13.91
法国	30 204.00	12.30
中国香港	20 145.51	8.21
德国	18 600.40	7.58
美国	17 978.75	7.32
西班牙	16 236.78	6.61
澳大利亚	13 124.13	5.35
韩国	10 557.08	4.30
比利时	9 800.37	3.99
巴西	9 013.98	3.67

吸收外资　2003年湖北省批准外商直接投资项目532个，其中生产型项目344个，非生产型项目188个。按行业分，农、林、牧、渔业项目31个，制造业项目327个，采掘业项目8个，建筑业项目12个，电力、煤气及水的生产和供应业9个，批发和零售业项14个，房地产业项目55个，居民服务和其他服务业项目55个。

表53 2003年湖北省吸收外资情况表

吸收外资方式	合同外资			实际使用外资	
	项目数（个）	外资金额（万美元）	金额比上年增长（%）	金额（万美元）	金额比上年增长（%）
外商直接投资	532	254 523	153.88	155 702	11.10
合资企业	237	164 695	413.93	104 622	95.09
合作企业	32	14 059	−18.94	5 513	−80.12
外资企业	262	75 248	47.94	45 139	−22.27
股份制有限公司	1	521		428	−40.88
外商其他投资	—	25 202	−39.86	22 772	−36.54
加工装配	—	12 318	−17.28	9 888	11.48
国际租赁	—	12 884	−0.89	12 884	−0.89
对外发行股票	—	—	−100	—	−100
合计	532	279 725	96.77	178 474	1.38

表54 2003年湖北省外商直接投资主要来源情况表

国别（地区）	实际使用外资（万美元）	所占比重（%）
日本	48 087	30.88
中国香港	46 229	29.69
美国	16 281	10.46
英属维尔京群岛	14 893	9.57
法国	11 640	7.48
中国台湾省	4 613	2.96
加拿大	2 962	1.90
新加坡	2 029	1.30
澳门	1 628	1.05
英国	1 348	0.87

对外经济合作 2003年湖北省对外经济合作业务取得较好成绩，完成营业额首次突破2亿美元，达到20 333万美元，比上年增长28.18%，创历史最好水平；新签合同额29 882万美元，比上年增长1.40%；外派劳务3 153人次、年末在外人数4 923人，分别下降5.63%和30.68%。

对外投资平稳增长，新设立境外生产性企业数额与上年持平。经商务部批准，2003年全省新设立境外生产性企业8家（其中境外加工贸易项目1个），项目分布在澳大利亚、美国、乌克兰、越南、泰国、赤道几内亚和俄罗斯等国家和地区，涉及棉花种植、食品、建材、化工、光纤通信系统和农产品加工等领域，项目总投资471.51万美元，其中中方投资450.21万美元。

湖南省

对外贸易 2003年湖南省进出口总额373 280万美元，比上年增长29.79%。其中出口总额214 630万美元，比上年增长19.55%，占全省GDP 4 633.73亿元（相当于5 582 800万美元）的3.84%，占全国出口额的0.49%；进口总额158 650万美元，比上年增长46.79%。

从出口商品结构来看，初级产品出口额21 807万美元，占出口总额的10.16%；工业制成品出口额192 823万美元，占出口总额的89.84%，其中机电产品出口额43 078万美元，占出口总额的20.07%，比上年增长17.53%。从进口商品结构来看，初级产品进口额30 110万美元，占进口总额的18.98%；工业制成品进口额128 540万美元，占进口总额的81.02%，其中机电产品进口额101 336万美元，占进口总额的63.87%。

2003年湖南省出口商品销往161个国家和地区，比上年增加2个国家；进口商品来自63个国家（地区），比上年增加6个国家。

表55　2003年湖南省主要出口市场情况表

国别（地区）	出口金额（万美元）	年增长率（%）	占出口总额比重（%）
中国香港	38 032	30.55	17.72
美国	29 600	2.28	13.79
日本	21 609	31.38	10.07
韩国	10 600	−2.31	4.94
荷兰	8 027	35.20	3.74
德国	7 557	20.80	3.52
中国台湾省	6 664	15.92	3.10
加拿大	5 554	11.28	2.59
英国	4 893	10.15	2.28
印度	4 572	75.44	2.13

表56　2003年湖南省主要进口市场情况表

国别（地区）	进口金额（万美元）	年增长率（%）	占进口总额比重（%）
日本	36 033	103.73	22.71
韩国	27 837	−5.58	17.55
德国	23 887	220.72	15.06
美国	10 097	36.26	6.36
意大利	6 086	77.43	3.84
澳大利亚	5 869	8.75	3.70
瑞典	4 937	107.79	3.11
巴西	3 941	41.86	2.48
印度	3 543	58.45	2.23
秘鲁	3 510	23.46	2.21

吸收外资　2003年，湖南省共批准利用外资项目565个，比上年增加225个；合同利用外资金额216 701万美元，比上年增长62.37%；实际利用外资金额155 400万美元，比上年增长45.11%。外商直接投资项目中，第一产业项目41个，合同利用外资金额11 374

万美元，占5.48%，实际利用外资金额7 456万美元，占5%；第二产业项目326个，合同外资金额113 593万美元，占54.75%，实际利用外资金额78 275万美元，占52.57%；第三产业项目191个，合同利用外资金额82 509万美元，占39.77%，实际利用外资金额63 176万美元，占42.43%。

外商直接投资来自37个国家和地区，按实际到位外资金额排列前8位是：香港地区78 923万美元，占全省实际利用外资总额的53%；台湾省10 714万美元，占7.20%；韩国10 369万美元，占6.96%；美国8 944万美元，占6.01%；荷兰6 310万美元，占4.24%；新加坡4 911万美元，占3.30%；澳门地区3 835万美元，占2.58%；英属维尔京群岛4 303万美元，占2.89%。

截至2003年年底，全省共批准外商直接投资企业7 022家，合同外资金额117.45亿美元，实际使用外资金额85.73亿美元，外资到位率为73%。外商投资企业从业人数约30万人。2003年三资企业进出口额76 875万美元，其中出口33 414万美元。

表57　湖南省2003年吸收外资情况表

吸收外资方式	合同外资			实际使用外资	
	项目数（个）	外资金额（万美元）	金额比上年增长（%）	金额（万美元）	金额比上年增长（%）
对外借款	7	9 225	301.09	6 493	62.33
外商直接投资	558	207 476	58.19	148 907	44.45
合资企业	197	39 851	-16.55	50 000	19.18
合作企业	45	27 016	21.37	16 451	17.49
外资企业	316	140 609	129.96	82 456	74.94
合计	565	216 701	62.37	155 400	45.11

对外经济合作　2003年湖南省签订对外承包工程和劳务合作项目1 054个，合同总金额39 109万美元，比上年增长25.35%；完成营业额38 593万美元，比上年增长30.31%；当年外派承包劳务人员5 027人，比上年增长20.67%；年末在外人数9 018人，比上年增长25.83%。外经业务涉及74个国家和地区，分布的主要国家（前5位）是：德国，合同额807万美元，营业额1 533万美元；南非，合同额1 171万美元，营业620万美元；越南，合同额515万美元，营业额673万美元；埃塞俄比亚，营业额3 118万美元；沙特阿拉伯，合同额4 480万美元，营业额27万美元。

2003年湖南省在海外举办企业12家，投资总额1 800万美元，其中中方投资1 256万美元。目前，全省“走出去”的企业共31家，投资总额5 363.77万美元，其中中方投资3 959万美元，可带动年出口4800万美元。项目主要分布在老挝、泰国、印度等国家。

广东省

对外贸易　2003年广东省进出口总额2 836.4 亿美元，比上年增长28.3%。其中出口总额1 529.4亿美元，比上年增长29.1%，占全国出口额的34.9%，居全国第一位；进口总额1 307.0亿美元，比上年增长27.3%。

从出口商品结构来看，初级产品出口额40.0亿美元，占出口总额的2.6%；工业制成品的出口额1 489.4亿美元，占出口总额的97.4%。从进口商品结构来看，初级产品进口额140.4亿美元，占进口总额的10.7 %；工业制成品进口额1 166.6 亿美元，占进口总额的89.3%。

2003年广东省出口商品销往219个国家（地区），进口商品来自170个国家（地区）。

表58　2003年广东省主要出口市场情况表

国别（地区）	出口金额（亿美元）	占出口总额比重（%）
香港地区	538.6	35.2
美国	370.4	24.2
日本	116.8	7.6
德国	54.8	3.6
荷兰	48.5	3.2
英国	40.1	2.6
新加坡	27.6	1.8
台湾省	25.2	1.7
韩国	25.2	1.7
法国	21.1	1.4
合计	1 268.3	82.9

表59　2003年广东省主要进口市场情况表

国别（地区）	进口金额（亿美元）	占进口总额比重（%）
台湾省	230.3	17.6
日本	229.2	17.5
中国	189.8	14.5
韩国	105.2	8.1
美国	75.1	5.7
马来西亚	62.7	4.8
香港地区	54.0	4.1
新加坡	43.1	3.3
泰国	38.9	3.0
德国	33.2	2.5
合计	1 061.3	81.2

吸收外资　2003年广东省新批准外商直接投资项目7 306个。外商直接投资来自86个国家（地区）。其中，来自香港项目4 531个，合同外资金额101.78亿美元；来自英属维尔京群岛项目540个，合同外资金额38.10亿美元；来自新加坡项目86个，合同外资金额15.07亿美元；来自萨摩亚项目201个，合同外资金额10.24亿美元；来自美国项目288个，

合同外资金额9.07亿美元；来自日本项目132个，合同外资金额7.2832亿美元；来自台湾省项目674个，合同外资金额6.28亿美元；来自开曼群岛项目34个，合同外资金额5.59亿美元；来自澳门项目300个，合同外资金额5.46亿美元；来自韩国项目122个，合同外资金额3.14亿美元；来自英国项目29个，合同外资金额2.14亿美元；来自毛里求斯项目56个，合同外资金额1.48亿美元；来自澳大利亚项目58个，合同外资金额1.27亿美元；来自百慕大项目5个，合同外资金额1.08亿美元。

截至2003年年底，全省经批准的外商直接投资企业累计为103 004家。大批技术和管理先进的外商投资企业取得了较好的经济效益。当年全省外商投资企业出口总额953.7亿美元，占全省出口总额的62.36%。

表60 2003年广东省吸收外资情况表

吸收外资方式	合同外资			实际使用外资	
	项目数（个）	外资金额（万美元）	金额比上年增长（%）	金额（万美元）	金额比上年增长（%）
对外借款	65	110 173	153.66	109 261	6.92
外商直接投资	7 306	2 178 926	34.74	1 557 779	18.82
中外合资企业	1 065	359 037	42.77	364 465	26.03
中外合作企业	340	147 805	2.61	257 157	8.29
外资企业	5 896	1 638 383	44.22	881 801	20.55
股份有限公司	5	28 594	50.71	26 683	198.13
合作开发		5 107		5 107	
其他				22 566	–48.71
外商其他投资	4 101	157 612	–31.34	227 041	–7.59
加工装配	4 101	153 439	–9.51	211 868	7.15
对外发行股票		4 173	–93.05	15 173	–68.36
合计	11 472	2 446 711	29.45	1 894 081	14.17

对外经济合作　2003年广东省签订对外承包工程和劳务合作合同项目12 335个，金额12.03亿美元，比上年增长42.9%；完成营业额10.92亿美元，比上年增长43.4%。当年派出劳务人员6 667人次，年末在外22 507人，主要派往中国澳门、中国香港，柬埔寨、新加坡等国家和地区。

2003年广东省在海外举办企业（系指非贸易性企业）的项目数8个，投资总额 1 831.6万美元，其中中方投资金额1 636.52万美元，投资国别分别有德国、泰国、老挝、俄罗斯、约旦、加蓬、埃塞俄比亚。上述项目正在筹建阶段，尚未产生经济效益。

广西壮族自治区

对外贸易　2003年广西壮族自治区进出口总额319 173万美元，比上年的243 030万美元增长31.4%。其中出口总额197 007万美元，比上年增长30.7%，占全自治区GDP 2 733.21亿元（相当于330.22亿美元）的5.97%，占全国出口额的0.449%；进口总额122 166万美元，比上年增长32.3%。

从出口商品结构来看，初级产品出口额34 838万美元，占出口总额的17.7%；工业制成品出口额162 169万美元，占出口总额的82.3%。从进口商品结构来看，初级产品进口额65 421万美元，占进口总额的53.6%；工业制成品进口额56 745万美元，占进口总额的46.4%。

2003年广西壮族自治区出口商品销往141个国家（地区），进口商品来自89个国家（地区）。

2003年广西壮族自治区对越南边境小额贸易进出口总额为53 519万美元，比上年增长55.2%。其中出口31 422万美元，增长52.7%，进口22 097万美元，增长58.5%。

表61　2003年广西壮族自治区主要出口市场情况表

国别（地区）	出口金额（万美元）	占出口总额比重（%）
东盟	55 235	28.0
其中：越南	44 016	22.3
欧盟	35 374	18.0
香港地区	27 590	14.0
美国	21 872	11.1
日本	18 071	9.2
合计	158 142	80.3

表62　2003年广西壮族自治区主要进口市场情况表

国别(地区)	进口金额(万美元)	占进口总额比重（%）
越南	22 539	18.50
巴西	17 189	14.07
美国	14 764	12.09
日本	10 766	8.81
德国	8 225	6.73
澳大利亚	7 052	5.77
台湾省	5 854	4.79
合计	86 389	70.76

吸收外资　2003年广西壮族自治区外商直接投资项目中，生产型项目186个，实际利用外资23 005万美元；非生产型项目154个，实际利用外资22 614万美元。外商直接投资来自36个国家和地区。投资额居前10位的是：中国香港166个，20 945万美元；英属维尔京群岛16个，6 579万美元；美国27个，3 519万美元；新加坡5个，3 337万美元；中国台湾省39个，2 390万美元；澳门17个，2 269万美元；马来西亚7个，1 030万美元；澳大利亚18个，983万美元；英国5个，818万美元；日本3个，772万美元。

表63　2003年广西壮族自治区吸收外资情况表

吸收外资方式	合同外资			实际使用外资	
	项目数（个）	外资金额（万美元）	金额比上年增长（%）	金额（万美元）	金额比上年增长（%）
外商直接投资	340	67 198	36.5	45 619	9.3
合资企业	114	11 506	21.6	16 072	8.6
合作企业	33	9 906	37.0	4 216	−44.1
外资企业	192	45 645	47.9	24 464	38.2
股份有限公司	1	141	−91.6	867	−48.3

对外经济合作　2003年广西壮族自治区签订对外承包工程和劳务合作合同项目29个，金额3 872万美元，比上年增长48.9%；完成营业额2 196万美元，比上年增长22.3%；外派各类劳务人员763人次，年末在外人数434人次。对外承包工程劳务合作业务主要分布在越南、日本、泰国、马来西亚、孟加拉国、安哥拉、纳米比亚、肯尼亚、冈比亚、德国等25个国家和地区。

2003年广西壮族自治区获商务部批准在境外投资兴办非贸易性合资项目9个，协议投资金额927.32万美元，其中中方投资金额618.82万美元，主要投资国别为越南、老挝、尼日利亚等。

海南省

对外贸易　2003年海南省进出口总额22.78亿美元，比上年增长22.1%。其中出口总额8.69亿美元，增长6.1%；进口总额14.09亿美元，增长34.5%。

出口总额中，一般贸易出口（含天然气）7.68亿美元，增长6.2%；加工贸易出口1.01亿美元，增长8%。外商投资企业出口2.78亿美元，下降21.7%。从出口商品结构来看，出口商品共2 226个品种，其中出口额在1 000万美元以上的大宗商品11种，出口额共3.35亿美元，占出口总额38.5%。主要出口商品中，天然气、机电产品、水海产品、纺织原料及制品、化工及化肥、木及制品等6种商品出口额在6 000万美元以上。本省产品出口4.61亿美元，占52.98%，主要有天然气、水海产品、木制品家具、尿素等。出口商品中初级产品与工业制成品的比重为32.63∶67.37。全年高新技术产品出口1 440万美元，比上年减少26.19%。

从进口商品结构来看，初级产品进口额1.51亿美元，占10.74%；工业制成品进口12.57亿美元，占89.3%。进口商品有1461种，其中进口额在2 000万美元以上的商品10种，分别是飞机、钢材、汽车零件、有机化学品、发动机、仪器仪表、电器及电子设备、医药品、液化石油气、纺织品。

2003年海南省出口商品销往149个国家和地区，主要出口市场为香港地区、美国、日本、韩国等。进口商品来自59个国家（地区），进口额在2 000万美元以上的国家（地区）9个，依次为日本、美国、德国、芬兰、香港、台湾省、越南、韩国、马来西亚。

表64　2003年海南省出口商品结构表

商品类别	出口额（万美元）	占出口总额比重（%）
初级产品	28 362	32.63
工业制成品	58 554	67.37
其中：机电产品	13 158	15.14

表65　2003年海南省主要进出口市场情况表

序号	出口			进口		
	国别（地区）	出口额（万美元）	占出口总额比重（%）	国别（地区）	进口额（万美元）	占进口总额比重（%）
1	香港地区	24 330	27.99	日本	46 326	32.87
2	美国	12 331	14.18	美国	37 484	26.60
3	日本	10 236	11.77	芬兰	14 556	10.33
4	韩国	4 614	5.31	德国	9 643	6.84
5	德国	2 537	2.92	中国香港	3 739	2.65
6	台湾省	2 406	2.77	台湾省	3 705	2.63
7	荷兰	1 664	1.91	越南	3 000	2.13
8	意大利	1 553	1.79	韩国	2 826	2.01
9	西班牙	1 535	1.77	马来西亚	2 278	1.62
10	英国	1 445	1.66	泰国	1 990	1.41
11	马来西亚	1 336	1.54	俄罗斯	1 371	0.97
12	阿联酋	1 310	1.51	瑞士	1 264	0.90
13	澳大利亚	1 252	1.44	印度尼西亚	924	0.66
14	新加坡	1 012	1.16	意大利	922	0.65

吸收外资　2003年海南省批准设立外商投资企业（项目）164家，比上年减少29.61%；合同外资额2.92亿美元，增长26.49%；外商实际投资5.81亿美元，增长13.45%。

新批企业按企业类型分，中外合资经营企业40家，占24.39%，合同外资金额5 070万美元；中外合作经营企业5家，占3.05%，合同外资金额7 662万美元；外资企业118家，占71.95%，合同外资金额13 711万美元；外商投资股份有限公司1家，合同外资金额2 742万美元。按产业分，第一产业企业有47家，占28.66%，合同外资金额2 865万美元；第二产业企业有45家，占27.44%，合同外资金额8 348万美元；第三产业企业有72家，占43.90%，合同外资金额1.80亿美元。从投资国别看，亚洲国家和地区仍是最大的投资来源地，共投资设立企业130家，占全部新批企业的79.27%；合同外资金额1.49亿美元，占总数的51.03%；外商实际投资4.42亿美元，占76.08%。

对外经济合作　2003年海南省共签订对外承包工程和劳务合作合同21份，比上年减少4份，合同额159万美元，减少69.7%；完成营业额744万美元，减少23.5%；外派劳务147人次，减少15%；年末在外人数311人，增长11%。签订技术引进合同共10项，减少

16%，金额241.4万美元，减少84%；高技术产品出口1 400万美元，减少26.3%。执行国际无偿援助项目5个，金额840万美元。

重庆市

对外贸易 2003年重庆市进出口总额259489万美元，比上年增长44.6%。其中出口总额158 509万美元，比上年增长45.3%，占全市GDP 2 250亿元（相当于271亿美元）的4.02%，占全国出口额的0.36%；进口总额100 979万美元，比上年增长43.7%。

从出口商品结构来看，初级产品出口额6 084万美元，占出口总额的3.84%；工业制成品出口额152 425万美元，占出口总额的96.16%。从进口商品结构来看，初级产品进口额6 470万美元，占进口总额的6.41%；工业制成品进口额94 509万美元，占进口总额的93.59%。

2003年重庆市出口商品销往173个国家和地区，进口商品来自58个国家和地区。

表66 2003年重庆市主要出口市场情况表

国别（地区）	出口金额（万美元）	占出口总额比重（%）
伊朗	14 584	9.2
美国	13 927	8.8
日本	11 740	7.4
中国香港	10 284	6.5
缅甸	9 556	6.0
德国	8 475	5.3
韩国	6 623	4.2
印度尼西亚	6 509	4.1
尼日利亚	6 074	3.8
巴基斯坦	5 650	3.6
合计	93 422	58.9

表67 2003年重庆市主要进口市场情况表

国别（地区）	进口金额（万美元）	占进口总额比重（%）
日本	42 162	41.8
中国台湾省	9 590	9.5
德国	8 609	8.5
中国香港	8 050	8.0
美国	5 312	5.3
印度	4 993	4.9
韩国	3 512	3.5
瑞典	2 858	2.8
意大利	1 945	1.9
英国	1 749	1.7
合计	88 780	87.9

吸收外资　2003年重庆市批准外商直接投资项目187个，其中生产型项目111个，非生产型项目76个。合同外资在1 000万美元以上的行业分布为：制造业，社会服务业，房地产业，电力、煤气及水的生产和供应业，农、林、牧、渔业，建筑业。外商直接投资额居前5位的国家和地区是：英属维尔京群岛、香港、新加坡、英国、美国。2003年重庆市外商投资企业出口创汇21 799万美元，比上年增长58.4%；实现利润24.6亿元，增长84.96%。

表68　2003年重庆市吸收外资情况表

吸收外资方式	合同外资			实际使用外资	
	项目数（个）	外资金额（万美元）	金额比上年增长（%）	金额（万美元）	金额比上年增长（%）
对外借款	7			25 381	50.90
外商直接投资	187	55 654	10.18	31 273	10.83
合资企业	80	22 814	205.37	17 398	7.73
合作企业	14	13 021	69.81	3 951	−30.05
外资企业	92	19 315	−39.57	6 727	9.42
股份有限公司	1	151	−95.15	151	4.86
外商其他投资				2 885	2 153.91
加工贸易	23	353	18.85	161	25.78

对外经济合作　2003年重庆市签订对外承包工程、劳务合作和设计咨询合同金额1.35亿美元，比上年增长10.2%；完成营业额8 810万美元，比上年增长10.7%；当年派出劳务人员2 608人，年末在外人数5 632人。对外承包工程、劳务合作和设计咨询分布在50个国家和地区，比上年减少7个。

2003年重庆市在海外举办企业11家，中方投资金额1 279万美元，投资国别（地区）11个，投资额最大的是重庆太极实业（集团）股份有限公司与澳门合资组建的境外加工贸易企业——IHG太极制药厂（澳门）有限公司，总投资额达1 007万美元。

四川省

对外贸易　2003年四川省进出口总额56.39亿美元，比上年增长26.2%。其中出口总额32.13亿美元，比上年增长18.5%，占全省GDP 5 456.3亿元（相当于659.77亿美元）的4.87%，占全国出口额的0.73%；进口总额24.26亿美元，比上年增长38.00%。

从出口商品结构来看，初级产品出口额3.3亿美元，占出口总额的10.27%；工业制成品出口28.8亿美元，占出口总额的89.64%。从进口商品结构来看，初级产品进口额3.26亿美元，占进口总额的13.44%；工业制成品进口额21亿美元，占进口总额的86.56%。

2003年四川省出口商品销往195个国家和地区，进口商品来自90个国家和地区。

表69　2003年四川省主要出口市场情况表

国别（地区）	出口金额（万美元）	占出口总额比重（%）
美国	76 476	23.80
中国香港	37 881	11.79
日本	25 430	7.91
韩国	18 732	5.83
新加坡	15 070	4.69
印度	10 211	3.18
中国台湾省	7 590	2.36
荷兰	7 218	2.25
巴基斯坦	7 210	2.24
越南	6 917	2.15
合计	212 735	66.21

表70　2003年四川省主要进口市场情况表

国别（地区）	进口金额（万美元）	占进口总额比重（%）
日本	51 301	21.15
美国	33 845	13.95
德国	23 724	9.78
法国	20 028	8.26
中国台湾省	15 658	6.46
韩国	14 460	5.96
澳大利亚	8 133	3.35
马来西亚	7 954	3.28
泰国	7 456	3.07
意大利	6 901	2.84
合计	189 460	78.10

吸收外资　2003年四川省签订外商直接投资项目334个，其中生产型项目238个，非生产型项目96个。合同外商直接投资金额114 687万美元，比上年增长10.7%；实际外商直接投资金额58 209万美元，比上年增长13.5%。外商直接投资来自51个国家和地区，主要有：中国香港、英属维尔京群岛、美国、新加坡、日本、韩国、中国台湾省等。

2003年四川省外商投资企业进出口额95 710万美元，增长43.31%。其中出口45 192万美元，增长41.02%。

对外经济合作　2003年四川省新签对外承包工程和劳务合作合同项目155个。其中，承包工程合同35个，劳务合作合同120个。新签对外承包工程和劳务合作合同额100 223万美元，增长34.52%。其中，承包工程合同额97 412万美元，劳务合作合同额2 811万美元。完成营业额43 187万美元。其中承包工程完成38 960万美元，劳务合作完成4 227万美元。外派劳务7 018人次，下降28.92%。年末在外11 955人。

表71　2003年四川省吸收外资情况表

吸收外资方式	合同外资			实际使用外资	
	项目数（个）	外资金额（万美元）	金额比上年增长（%）	金额（万美元）	金额比上年增长（%）
外商直接投资	334	114 687	10.7	58 209	13.5
合资企业	135	22 978	−36.1	20 237	−24.2
合作企业	29	13 346	143.6	5 774	25.2
外资企业	168	75 764	24.9	29 599	70.9
股份有限公司	2	2 599	66.6	2 599	10.6
外商其他投资	—	5 519	−4.7	3 319	−22.5
加工贸易	—	5 519	−4.7	3 319	−22.5
合计	334	120 206	9.9	61 528	4.8

2003年四川省新批境外投资项目10个，投资总额4 283万美元，设立境外非贸易型代表机构1家。截至2003年年底，共有境外投资项目51个，其中境外加工贸易项目12个，境外非贸易代表机构37个。

贵州省

对外贸易　2003年贵州省进出口总额98 477万美元，比上年增长42.1%。其中出口总额58 834万美元，比上年增长33.2%；进口总额39 643万美元，比2002年增长58.8%。

从出口商品结构来看，初级产品出口额13 746万美元，占出口总额的34.67%；工业制成品出口额25 706万美元，占出口总额的64.84%。从进口商品结构来看，初级产品进口额13 746万美元，占进口总额的34.67%；工业制成品进口额25 706万美元，占进口总额的64.84%。

表72　2003年贵州省主要出口市场情况表

国别（地区）	出口金额（万美元）	占出口总额比重（%）
东盟	14 873	25.28
日本	5 635	9.58
欧盟	5 621	9.55
韩国	5 191	8.82
美国	6 336	10.77
中国香港	5 803	9.86
中国台湾省	2 793	4.75
澳大利亚	1 181	2.01
沙特阿拉伯	680	1.16
印度	2 681	4.56
合计	50 794	86.33

表73　2003年贵州省主要进口市场情况表

国别(地区)	进口金额(万美元)	占进口总额比重(%)
欧盟	3 731	9.41
美国	3 817	9.63
东盟	4 226	10.66
印度	4 289	10.82
日本	10 228	25.80
加拿大	3 593	9.06
澳大利亚	587	1.48
香港地区	400	1.01
韩国	2 617	6.60
南非	860	2.17
合计	34 348	86.64

吸收外资　2003年贵州省批准外商直接投资项目69 个，其中生产型项目46 个,非生产型项目23 个。合同外商直接投资金额19 947万美元，比上年增长5.30%；实际外商直接投资金额5 626万美元，比上年增长52.05%。外商直接投资来自23个国家和地区。主要投资国家和地区有：新加坡303万美元、中国香港1 460万美元、美国129万美元、中国台湾省52 万美元、英属维尔京群岛462 万美元、加拿大141万美元。

2003年贵州省外商直接投资企业出口额11 079万美元，进口额 16 711万美元。

表74　2003年贵州省吸收外资情况表

吸收外资方式	合同外资			实际使用外资	
	项目数（个）	外资金额（万美元）	金额比上年增长（%）	金额（万美元）	金额比上年增长（%）
外商直接投资	69	19 947	5.30	5 626	52.05
合资企业	30	7 576	−26.33	3 430	61.49
合作企业	8	3 737	98.14	42	−44.00
外资企业	28	8 634	37.16	2 154	43.50
合计	69	19 947	5.30	5 626	52.05

（注：项目总数中含3个外商再投资项目，但外资金额不计人本表统计）

对外经济合作　2003年贵州省签订对外承包工程和劳务合作合同份数 3个，合同金额 5 006 万美元，比上年增长13.46 %；完成营业额6 435万美元，比上年增长231.19 %；年末在外人数103 人。

云南省

对外贸易　2003年云南省进出口总额266 767万美元，比上年增长19.8%。其中出口总额167 658万美元，比上年增长17.3%，占全省GDP的5.6%，占全国出口额的0.38%；

进口总额99 109万美元，比上年增长24.3%。2003年全省边境小额贸易进出口总额41 976万美元，比上年增长14.1%。其中，出口253 203万美元，比上年增长9.6%；进口16 656万美元，比上年增长21.5%。

从出口商品结构来看，初级产品出口额43 000万美元，占出口总额的25.6%；工业制成品出口额125 000万美元，占出口总额的74.4%。从进口商品结构来看，初级产品进口额62 000万美元，占进出口总额的62.6%；工业制成品进口额37 000万美元，占进口总额的37.4%。

2003年云南省出口商品销往115个国家和地区，进口商品来自70个国家和地区。

表75　2003年云南省主要出口市场情况表

国别（地区）	出口金额（万美元）	占出口总额比重（%）
缅甸	35 683	21.3
香港地区	23 683	14.1
越南	19 299	11.5
日本	16 378	9.8
泰国	7 711	4.5
美国	6 694	4.1
印度尼西亚	5 904	3.5
荷兰	5 169	3.1
韩国	3 802	2.3
新加坡	3 014	1.8
合计	127 337	76.0

表76　2003年云南省主要进口市场情况表

国别（地区）	进口金额（万美元）	占进口总额比重（%）
缅甸	13 596	13.7
香港地区	10 232	10.3
德国	10 182	10.3
美国	5 988	6.1
澳大利亚	5 683	5.7
智利	4 801	4.9
印度尼西亚	4 636	4.6
印度	4 069	4.1
秘鲁	3 561	3.6
巴西	3 507	3.5
合计	66 255	66.8

吸收外资　2003年云南省共签订外商直接投资项目167项，合同外商直接投资金额

54 351万美元，比上年增长63.2%；实际外商直接投资金额16 752万美元，比上年增长46.04%。外商直接投资来自香港、澳门、台湾省、泰国、马来西亚、新加坡、印度尼西亚、日本、缅甸、以色列、韩国、德国、法国、荷兰、英国、瑞士、英属维尔京群岛、开曼群岛、加拿大、美国、澳大利亚等21个国家和地区，合同外资额居前十位的国家及地区依次为：香港60项，18 089万美元；英属维尔京群岛12项，8 013万美元；印度尼西亚9项，7 814万美元；新加坡9项，5 106万美元；美国18项，4 574万美元；开曼群岛2项，2 112万美元；德国5项，1 878万美元；韩国6项，1 215万美元；泰国5项，1 068万美元；台湾省11项，1 052万美元。

对外经济合作　2003年云南省对外签订承包工程和劳务合作合同73项，总金额30 800万美元，比上年增长5.0%。营业额24 400万美元，比上年增长8.4%。当年派出劳务人员1 250人，年末在外人数2 735人。

西藏自治区

对外贸易　2003年西藏自治区进出口总额16 114万美元，比上年增长23.64%。其中出口总额12 166万美元，比上年增长49.99%；占全区GDP 183亿元人民币的5%；进口总额3 948万美元，比上年下降19.79%。

从出口商品结构来看，初级产品出口额1 071万美元，占出口总额的8.81%，其中自产产品出口1 317万美元，占出口总额的10.82%。工业制成品出口额11 095万美元，占出口总额的91.19%。其中，纺织品出口额6 110万美元，占出口总额的50.22%；机电产品1 780万美元，占14.63%；鞋类1 230万美元，占10.11%；动植物产品615万美元，占5.05%；木材及制品114万美元，占1.00%；其他2 317万美元，占18.99%。从进口商品结构来看，初级产品进口额228万美元，占进口总额的5.78%，其中植物产品进口额150万美元，占进口总额的3.79%。工业制成品进口额3 720万美元，占进口总额的94.22%。其中，机电产品3 232万美元，占81.86%；纺织品原料及制品149万美元，占3.77%；金属产品进口额为73万美元，占1.84%；矿产品，56万美元，占1.41%；其他产品288万美元，占7.33%。

2003年西藏自治区出口商品主要销往：尼泊尔，7 531万美元，占出口总额的61.90%；美国，514美元，占4.22%，香港地区，865万美元，占7.10%；印度，496万美元，占4.07%；阿联酋，404万美元，占3.32%。进口商品主要来自：日本，2 542万美元，占进口总额的64.38%；尼泊尔，537万美元，占13.60%；德国，507万美元，占12.84%；韩国，97万美元，占2.45%。

2003年全区边境贸易进出口额为7 755万美元，比上年的6 145万美元增长26.22%。主要的进口商品有农业产品、畜产品、纺织品、轻工业品、机电产品等。

吸收外资　2003年外商在西藏自治区的投资项目11个，协议利用外资868.4926万美元，同比增长89%；实际使用外资466.766万美元，同比增长59%。外商投资项目中生产型企业8个，非生产型企业3个。外商投资分别来自5个国家和地区：尼泊尔地区、香港、英属维尔京群岛、美国、缅甸。

对外经济合作 2003年西藏自治区新批国际援助项目3个，协议批准资金1 191.97万美元，同比增长73.95%。

陕西省

对外贸易 2003年陕西省进出口总额27.84亿美元，比上年增长25.2%。其中出口总额17.35亿美元，比上年增长26.1%，占全省GDP 2 398.6亿元（相当于290亿美元）的6.0%，占全国出口额的0.4%；进口总额10.49亿美元，比上年增长23.6%。

从出口商品结构来看，初级产品出口额2.53亿美元，占出口总额的14.58%；工业制成品出口额14.82亿美元，占出口总额的85.42%。从进口商品结构来看，初级产品进口额0.26亿美元，占进口总额的2.5%；工业制成品进口额10.22亿美元，占进口总额的97.5%。

2003年陕西省出口商品销往166个国家（地区），进口商品来自82个国家（地区）。

表77 2003年陕西省主要出口市场情况表

国别（地区）	出口金额（万美元）	占出口总额比重（%）
美国	27 168	15.65
日本	15 055	8.68
香港地区	12 707	7.32
荷兰	11 595	6.68
韩国	8 805	5.07
德国	7 844	4.52
英国	5 790	3.34
土耳其	5 393	3.11
意大利	4 850	2.80
新加坡	4 376	2.52

表78 2003年陕西省主要进口市场情况表

国别（地区）	进口金额（万美元）	占进口总额比重（%）
日本	21 555	20.55
德国	15 013	14.31
美国	14 859	14.16
比利时	9 315	8.88
瑞典	4 474	4.27
意大利	3 876	3.69
爱尔兰	3 598	3.43
法国	3 079	2.94
澳大利亚	3 027	2.89
韩国	2 631	2.51

吸收外资　2003年陕西省共批准229个外商直接投资项目，协议外商直接投资金额83 428万美元，比上年下降0.75%；实际外商直接投资金额46 602万美元，比上年增长13.48%。2003年陕西省外商直接投资主要来自中国香港、美国、加拿大、中国台湾省、英属维尔京群岛、新加坡等国家和地区。

2003年，陕西省已开业的外商直接投资企业实现销售收入179亿元，纳税总额15.13亿元，直接就业人员7万多人，完成进出口总额5.30亿美元，其中进口3.75亿美元，出口1.55亿美元。

表79　2003年陕西省吸收外资情况表

吸收外资方式	合同外资			实际使用外资	
	项目数（个）	外资金额（万美元）	金额比上年增长（%）	金额（万美元）	金额比上年增长（%）
外商直接投资	229	83 428	–0.75	46 602	13.48
合资企业	92	10 617	–67.38	22 681	28.93
合作企业	41	44 806	44.75	8 599	–30.91
外资企业	96	28 004	31.82	13 525	22.66
合计	229	83 428	–0.75	46 602	13.48

对外经济合作　2003年陕西省签订对外承包工程和劳务合作合同金额7 320万美元，比上年下降7.76%；完成营业额11 500万美元，比上年增长17.5%；年末在外人数3 029人。

2003年陕西省在海外举办企业及设立办事处（系指非贸易性企业）2个，投资国别（地区）分别为罗马尼亚、澳门，经济效益良好。

甘肃省

对外贸易　2003年甘肃省进出口总额13.28亿美元，比上年增长51%。其中出口总额8.78亿美元，比上年增长60%，占全省GDP 1 301亿元（相当于157亿美元）的5.6%，占全国出口额的0.2%；进口总额45 000万美元，比上年增长37%。

从出口商品结构来看，初级产品出口额9 557万美元，占出口总额的11%；工业制成品出口额78 201万美元，占出口总额的89%。从进口商品结构来看，初级产品进口额27 730万美元，占进口总额62%；工业制成品进口额17 270万美元，占进口总额的38%。

2003年甘肃省出口商品销往130个国家（地区），进口商品来自62个国家（地区）。

吸收外资　2003年甘肃省共批准外商直接投资项目59个，其中生产型企业37项，非生产型企业22项。外商直接投资来自18个国家（地区）。

对外经济合作　2003年甘肃省签订对外承包工程和劳务合作项目26项，金额3 963万美元，比上年增长43.6%；完成营业额4 226美元，与去年同期持平；当年派出劳务人员1 472人次，年末在外人数760人，派往的主要国家和地区有赞比亚、马拉维、津巴布韦、喀麦隆、南非、莫桑比克、博茨瓦纳、科特迪瓦、加纳、苏丹、吉尔吉斯斯坦、沙特阿拉伯、阿联酋、伊朗、新加坡、港澳地区等。

表80 2003年甘肃省主要出口市场情况表

国别（地区）	出口金额（万美元）	占出口总额比重（%）
韩国	23 975	27
日本	18 154	21
中国香港地区	8 916	10
美国	6 196	7
新加坡	4 118	5
台湾省	3 560	4
荷兰	2 805	3
德国	2 421	3
意大利	1 349	2
匈牙利	1 023	1
合计	72 517	83

表81 2003年甘肃省主要进口市场情况表

国别（地区）	进口金额（万美元）	占进口总额比重（%）
澳大利亚	10 740	23
秘鲁	4 367	10
智利	4 049	9
美国	2 608	6
哈萨克斯坦	2 443	5
德国	2 384	5
蒙古	2 302	5
日本	2 145	5
伊朗	1 460	3
法国	1 334	3
合计	33 832	74

表82 2003年甘肃省吸收外资情况表

吸收外资方式	合同外资			实际使用外资	
	项目数（个）	外资金额（万美元）	金额比上年增长（%）	金额（万美元）	金额比上年增长（%）
外商直接投资	59	24 464	122	3 887	–25
合资企业	28	6 837	61	1 056	–70
合作企业	5	3 042		516	10 220
外资企业	26	14 585	115	2 315	–37

2003年甘肃省在海外举办企业（系指非贸易性企业）的项目2家，投资总额110.2万美元，投资国别为澳大利亚、阿联酋。企业均在筹建中。

表83 2003年甘肃省吸收外资行业情况表

行业	项目数（个）	合同外资金额（万美元）	实际使用外资金额（万美元）
农、林、牧、渔业	2	2 505	9
采矿业	1	51	
制造业	35	10 115	1 445
电力、燃气及水的生产和供应业	1	2 980	853
建筑业	8	1 538	649
批发和零售业	4	137	
房地产业	2	5 653	631
居民服务和其他服务业	5	1 473	284
教育	1	12	
总计	59	24 464	3 887

表84 2003年甘肃省吸收外资来源情况表

国别（地区）	项目（企业）数（个）	合同外资金额（万美元）	实际使用外资金额（万美元）
中国香港地区	26	12 248	1 204
美国	7	981	106
韩国	6	3 221	1 238
中国台湾省	3	2 456	775
日本	2	25	15
英国	2	1 265	16
澳大利亚	2	89	101
澳门	1	181	
马来西亚	1	30	
菲律宾	1	50	
新加坡	1	85	137
德国	1	36	18
法国	1	51	118
俄罗斯	1	30	30
斯洛伐克	1	20	
加拿大	1	218	61
开曼群岛	1	400	250
北美洲其他国家	1	2 980	353
总计	59	24 464	3 887

青海省

对外贸易 2003年青海省进出口总额33 914万美元，比上年增长72.4%。其中出口总额27 388万美元，比上年增长81.3%，占全省GDP 390亿元（相当于47.22亿美元）的5.8%，占全国出口额的0.04%；进口总额6 526万美元，比上年增长43.05%。

从出口商品结构来看，初级产品出口额8 577万美元，占出口总额的31.32%；工业制成品出口额18 811万美元，占出口总额的68.68%。从进口商品结构来看，初级产品进口额为3 329万美元，占进口总额的51.01%；工业制成品进口额3 197万美元，占进口总额的48.99%。

2003年青海省出口商品销往132个国家和地区，进口商品来自28个国家和地区。

表85　2003年青海省主要出口市场情况表

国别（地区）	出口金额（万美元）	占出口总额比重（%）	国别（地区）	出口金额（万美元）	占出口总额比重（%）
韩国	6 176	22.55	德国	535	1.95
日本	5 016	18.31	泰国	477	1.74
香港	4 830	17.64	澳门	458	1.67
美国	2 708	9.89	荷兰	440	1.61
澳大利亚	2 316	8.46	意大利	369	1.35
台湾省	841	3.07	英国	219	0.80
合计				24 385	89.04

表86　2003年青海省主要进口市场情况表

国别（地区）	进口金额（万美元）	占进口总额比重（%）	国别（地区）	进口总额（万美元）	占进口总额比重（%）
澳大利亚	2 146	32.88	法国	164	2.51
印度	1 366	20.93	日本	148	2.27
美国	1 349	20.67	新加坡	140	2.15
伊朗	552	8.46	加拿大	51	0.78
德国	249	3.82			
合计				6 165	94.47

吸收外资　2003年青海省共批准44个外商直接投资项目，其中生产型项目25个，非生产型项目19个。合同外商直接投资金额28584.1万美元，比上年增长18.3%；实际外商直接投资金额16 942.6万美元，比上年增长14.7%。从行业来看，农业2个，制造业15个，水电7个，采掘业2个，勘察业1个，房地产业10个，餐饮业1个，卫生1个，服务性行业5个。2003年青海省外商直接投资来自11个国家和地区。

对外经济合作　2003年青海省实现了对外工程承包零的突破，签订对外承包工程合同项目1个，为省水电四局承担的埃塞俄比亚“瓦卡则”水电站项目，承包营业额880万美元；当年派出劳务人员140人，派往国别为蒙古、沙特阿拉伯。

2003年青海省在海外举办企业1个，投资总额500万美元，投资国别为蒙古。

表87　2003年青海省吸收外资情况表

吸收外资方式	合同外资			实际使用外资	
	项目数（个）	外资金额（万美元）	金额比上年增长（%）	金额（万美元）	金额比上年增长（%）
外商直接投资	44	28 584.1	18.3	16 942.6	14.7
合资企业	24	8 148.4	159	5 428.3	72.7
外资企业	16	16 510.4	–2.9	7 589	–0.4
合作企业	3	3 705.8	–7.4	3 705.8	–7.4
股份有限公司	1	219.5	100	219.5	100

表88　2003年青海省外商直接投资来源国别（地区）表

国别（地区）	项目数（个）	合同外资额（万美元）
亚洲	27	14 432.56
香港地区	22	14 243.49
韩国	2	128.69
中国台湾省	3	60.40
欧洲	5	3 497.47
意大利	1	3 199.00
英国	3	256.18
西班牙	1	42.29
美洲	11	8 886.83
美国	8	8 532.70
加拿大	2	234.39
英属维尔京群岛	1	119.74
大洋洲	1	1 767.23
澳大利亚	1	1 667.52
萨摩亚		99.71
总计	44	28 584.09

宁夏回族自治区

对外贸易　2003年宁夏回族自治区进出口总额65 323万美元，比上年增长47.49%。其中出口总额51 195万美元，比上年增长56%，占全省GDP 381亿元（相当于45.96亿美元）的11.14%，占全国出口额的0.12%；进口总额14 128万美元，比上年增长23.14%。

从出口商品结构来看，初级产品出口额4 753万美元，占出口总额的9.28%，工业制成品出口额46 442万美元，占出口总额的90.72%。从进口商品结构来看，初级产品进口额6 210万美元，占进口总额的43.96 %，工业制成品进口额7 918万美元，占进口总额的56.04%。

2003年宁夏回族自治区出口商品销往109个国家和地区，进口商品来自35个国家和地区。

表89　2003年宁夏回族自治区主要出口市场情况表

国别（地区）	出口金额（万美元）	占出口总额比重（%）
日本	9 804	19.15
韩国	7 576	14.80
美国	6 020	11.76
香港地区	4 885	9.54
荷兰	2 370	4.63
意大利	2 295	4.48
英国	1 958	3.82
德国	1 683	3.29
印度	1 412	2.76
中国台湾省	1 117	2.18
埃及	1 095	2.14
合计	40 215	78.55

表90　2003年宁夏回族自治区主要进口市场情况表

国别（地区）	进口金额（万美元）	占进口总额比重（%）
日本	3 369	23.85
澳大利亚	3 307	23.41
美国	1 187	8.40
德国	1 108	7.84
西班牙	895	6.33
马来西亚	847	6.00
合计	10 713	75.83

吸收外资　2003年宁夏回族自治区批准外商直接投资项目27个，其中生产型项目16个，非生产型项目11个。合同外商直接投资金额3 354万美元，比上年下降40.6%；实际外商直接投资金额1 563万美元，比上年下降28.9%。

表91　2003年宁夏回族自治区吸收外资情况表

吸收外资方式	合同外资			实际使用外资	
	项目数（个）	外资金额（万美元）	金额比上年增长（%）	金额（万美元）	金额比上年增长（%）
对外借款	4	29 270	350.9	4 008	319.6
外商直接投资	27	3 354	–40.6	1 563	–28.9
合资企业	15	2 187	–23.1	1 140	–27.6
合作企业	3	101	–97.3	120	–61.4
外资企业	8	971	–1	203	–35.6
股份有限公司	1	95		100	
外商其他投资	3	8	–27.2	8	–27.2

对外经济合作 2003年宁夏回族自治区签订对外承包工程和劳务合作合同项目7个，金额523万美元，比上年增长52%；完成营业额373万美元，比上年增长2.7%；当年派出劳务人员173人，年末在外人数168人，派往的国家有日本、蒙古和乌干达等10个国家。

新疆维吾尔自治区

对外贸易 2003年新疆维吾尔自治区进出口总额477 198万美元，比上年增长77.3%。其中出口总额254 221万美元，比上年增长94.3%，占全区GDP 1875亿元（相当于226.5亿美元）的11.22%，占全国出口额的0.58%；进口总额222 977万美元，比上年增长61.2%。从出口商品结构来看，初级产品出口额35 736万美元，占出口总额的14.1%；工业制成品出口额218 484万美元，占出口总额的85.9%。从进口商品结构来看，初级产品进口额41 728万美元，占进口总额的18.7%；工业制成品进口额181 247万美元，占进口总额的81.3%。

2003年新疆维吾尔自治区边境贸易进出口额303 915万美元，比上年增长96.87%，占全区进出口总额的63.69%。其中出口额160 411万美元，比上年增长239.72%；进口额143 504万美元，比上年增长33.93%。

2003年新疆维吾尔自治区出口商品销往135个国家和地区，进口商品来自60个国家和地区。

表92 2003年新疆维吾尔自治区主要出口市场情况表

国别(地区)	出口金额(万美元)	占出口总额比重(%)
哈萨克斯坦	127 293	50.07
巴基斯坦	25 067	9.86
吉尔吉斯斯坦	16 266	6.40
阿塞拜疆	15 222	5.99
美国	10 676	4.20
意大利	7 540	2.97
香港	7 194	2.83
俄罗斯	5 460	2.15
日本	4 144	1.63
韩国	3 029	1.19

表93 2003年新疆维吾尔自治区主要进口市场情况表

国别（地区）	进口金额（万美元）	占进口总额比重（%）
哈萨克斯坦	127 310	57.10
俄罗斯	21 993	9.86
日本	10 942	4.91
智利	9 120	4.09
美国	8 795	3.95
吉尔吉斯斯坦	6 828	3.06
意大利	6 783	3.04
德国	5 770	2.59
乌兹别克斯坦	2 974	1.33
菲律宾	2 204	0.99

吸收外资 2003年新疆维吾尔自治区批准外商直接投资项目59个，其中生产型项目30个，非生产型项目29个。合同外商直接投资金额14 576万美元，比上年增长16.30%；实际外商直接投资金额2 326万美元，比上年增长12.69%。外商直接投资来自16个国家和地区。

表94 2003年新疆维吾尔自治区吸收外资情况表

吸收外资方式	合同外资			实际使用外资	
	项目数（个）	外资金额（万美元）	金额比上年增长（%）	金额（万美元）	金额比上年增长（%）
外商直接投资	59	14 576	16.30	2 326	12.69
合资企业	28	6 476	48.91	1 466	79.44
合作企业	9	5 025	11.17	23	-47.73
外资企业	22	2 991	-18.37	753	-37.41
股份有限公司	增资	84		84	
合计	59	14 576	16.30	2 326	12.69

对外经济合作 2003年新疆维吾尔自治区签订对外承包工程和劳务合作合同金额15 376万美元，比上年增长732.49%；完成营业额6 140万美元，比上年增长55.05%。

2003年新疆批准在哈萨克斯坦、乌兹别克斯坦、俄罗斯、吉尔吉斯斯坦、阿富汗兴办项目11个，总投资额1 581.80万美元，其中中方协议投资额1 461万美元，比上年增长464.09%。

香港特别行政区

2003年，香港经济受伊拉克战争及SARS等因素影响，上半年一度陷入衰退。随着战争结束与疫情的消除，以及特区政府推出的“纾困措施”，特别是香港与内地签署了“更紧密经贸关系安排”，使香港经济发展环境趋于改善。2003年下半年香港经济出现明显回升，全年经济增长4%左右，实现了预期经济增长目标。

对外贸易 2003年在国际经济贸易发展态势向好，尤其是祖国内地经济贸易快速增长的带动下，香港对外贸易也出现了良好的发展势头。全年香港对外贸易总额为35 482.06亿港元，较上年增长11.6%，其中出口总额为17 424.36亿港元，比上年增长11.6%；进口贸易总额为18 057.70亿港元,较上年增长11.5%。在香港总体出口中，港产品出口总值为1 216.87亿港元，较上年下降7.0%；转口贸易总额为18 057.70亿港元，较上年增长11.5% 。

受主要贸易伙伴需求结构的影响，加上国际贸易市场竞争日趋激烈，以及港产品自身竞争力减弱等因素，致使港产品出口继续呈衰退态势。2003年全年港产品出口1 591.55亿港元，较上年下降7.0%。港产品出口的主要市场美国、祖国内地及台湾对港产品进口均呈下降态势，造成香港产品对上述国家和地区出口依次下降了6.6%、11.2%及16.7%。而港产品对英国及德国出口则止跌回升，分别上升了2.3%及13.6%。

2003年香港转口贸易呈现快速增长态势，全年转口额为16 207.49亿港元，较上年增长13.4%。祖国内地仍是香港转口货物的最大来源地，内地经济、贸易持续快速增长，对香港转口贸易发展起了重要的支持作用，全年内地货物经香港转口占其转口总值59.7%，较上年增长11.9%。其他主要转口市场为：日本（占9.9%）增长18.7%、中国台湾省（占6.6%）增长13.7%、韩国（占3.5%）增长20.7%，美国（占3.5%）增长0.4%。从转口货物的用途类别来看，香港转口总值中消费品所占比重最大达 38.1%，较上年增长6.4%。其次是原料及半产品（占32.9%）较上年增长19.0%。资本品（28.0%）同比增长18.4%。香港输往祖国内地及台湾的转口货物主要是机电产品，加工用原料及半成品，转往美国及其他市场主要为消费品。

2003年香港进口总值为18 057.70亿港元，较上年增长11.5%。祖国内地是香港最大的进口来源地，自内地进口额为7 856.25亿港元，较上年增长9.6%，占香港进口总值的43.5%。2003年尽管香港失业问题严重、通货紧缩加剧、财政赤字继续扩大，但是在特区政府实施一系列刺激经济增长措施的影响下，在“内地与香港更紧密经贸关系安排”的推动下，香港经济仍保持了一定幅度的增长。在对外贸易发展、旅游及航空运输等行业止跌回升的形势下，香港本地需求持续增加，因此，香港其他主要国家及地区的进口也呈现上升趋势。2003年香港进口留用的产品按用途划分，资本品进口较上年增长12.7%，消费品进口增加了6.0%。而原料及半成品，燃料等商品的进口值则较上年增长17.2%，及13.0%。

表95　2003年中国香港特别行政区对外贸易主要指标统计表

	2002年		2003年	
	金额（亿港元）	比上年增长（%）	金额（亿港元）	比上年增长（%）
贸易总额	31 799.36	4.3	35 482.06	11.6
总出口	15 605.17	5.4	17 424.36	11.6
港产品出口	1 309.26	–14.7	1 216.87	–7.0
转口	14 295.90	7.7	16 207.49	13.4
进口	16 194.19	3.3	18 057.70	11.5

资料来源：《香港统计月刊》，2004年3月。

表96　2003年中国香港特别行政区产品五大出口市场统计表

国家或地区	金额(亿港元)		比上年增长(%)		占港产品出口总值(%)	
	2002年	2003年	2002年	2003年	2002年	2003年
美国	419.08	36 130	–11.9	–6.6	32	32.2
中国内地	413.74	36 757	–16.5	–11.2	31.6	30.2
英国	75.88	7 762	–11.5	2.3	5.8	6.4
德国	42.73	4 853	–26.6	13.6	3.3	4.0
中国台湾省	43.88	3 653	–17.9	–16.7	3.4	3.0
总计	1 309.26	1 591.55	–14.7	–7.0	100.0	100.0

资料来源：《香港统计月刊》，2004年3月。

表97　2003年中国香港特别行政区主要转口来源地统计表

国家或地区	金额 (亿港元)	比上年增长 (%)	占转口总值(%)	
			2002年	2003年
中国内地	9 671.04	11.9	60.4	59.7
日本	1 612.31	18.7	9.5	9.9
中国台湾省	1 071.44	13.7	6.6	6.6
美国	631.58	0.4	4.4	3.9
韩国	570.00	20.7	3.3	3.5
总计	13 556.37	12.6	100.0	100.0

资料来源：《香港统计月刊》，2004年3月。

表98　2003年中国香港特别行政区五大进口来源地统计表

国家（地区）	金额 (亿港元)	比上年增长 (%)	占进口总值(%)	
			2002年	2003年
中国内地	785 625	9.6	44.3	43.5
日本	213 995	17.2	11.3	11.8
中国台湾省	125 203	8.0	7.2	6.9
美国	98 730	7.9	5.6	5.5
新加坡	90 570	19.6	4.7	5.0
其他	2 560.27	7.9	14.6	13.8
总计	18 057.70	11.5	100.0	100.0

资料来源：《香港统计月刊》，2004年3月。

旅游　2003年初，受美伊战争与SARS疫情的影响，香港旅游业发展受到较大的冲击。尤其是SARS期间（第二季度），赴港旅客大幅锐减50%以上。为刺激香港旅游业发展，特区政府采取了一些积极的旅游推广措施，同时，中国内地也积极配合，实行了内地居民港澳“自由行”活动，即从7月份起开放广东省中山、佛山、东莞与惠州等4个城市居民以个人身份赴港旅游，8月起又开放广州、深圳及珠海居民可以申请个人签证赴港；9月1日起，北京及上海居民也可通过这种途径赴港旅游。因此，推动了内地赴香港旅游人数的大幅上升，进而遏制了香港旅游业急剧下滑的局面，使全年下降幅度有所减缓。2003年访港旅客达1 553.68万人次，以旅游人次计，较上年下降了6.2%。2003年香港酒店及旅店入住率达70%，较上年下降了14个百分点。从访港旅客来源地来看，内地赴港旅游人数仍位居榜首，达846.72万人次，占赴港游客总数的54.4%，内地占访港人数比重较上年增加了13个百分点。2003年台湾、日本、东南亚、欧洲及美国访港人数均有不同程度的下降。

2003年香港居民出外旅游的人数较上年有一定减少，全年达6 093.61万人次，较上年降低了5.5%。其中赴内地旅游人数仍为最多，达5 255.56万人次，较上年下降5.6%，占香港居民外出旅游总人数的86.2%。赴台湾省及澳门地区的游客分别下降73.7%及5.5%。另外赴日本及美国的旅游人数也分别有所减少。

澳门特别行政区

2003年，由于受周边国家和地区SARS疫情的冲击，澳门的旅游、餐饮、运输及零售等行业发展曾一度陷入低谷。澳门特区政府大力促进经济恢复，2003年7月中央政府实施了内地居民港澳“自由行”的政策支持，内地赴澳门旅游者数目大幅增加，澳门的旅游博彩业迅速反弹，进而带动其就业增加，消费上升，加之大型旅游建设项目及公共设施的兴建，货物出口的增长，澳门经济重拾升轨，全年经济增快速长15.6%，成为回归以来第四个经济增长年。

对外贸易 2003年，受惠于中国内地访澳门游客的持续大幅增长，以博彩旅游业为主的服务贸易领域形势向好，加之欧美国家经济增长步伐加快，使澳门外部市场需求强劲。2003年澳门特区政府继续实施优化市场环境的政策和措施，增加政府支出，加大基础设施和公共工程的建设力度，使澳门投资及消费需求增速加快。在外部及内部需求同步增长的带动下，2003年澳门货物贸易进出口延续了2002年的良好增长势头，并成为近三年增速最快的年份。据澳门特区政府统计，2003年澳门对外贸易总值为427.97亿元（澳门元，下同），较上年增长9.0%，增加了近5个百分点。其中出口总值207.00亿元，较上年上升9.4%，进口总值为220.97亿元，较上年增长8.7%；在总出口中，澳门本地的产品出口有了大幅度增长，出口值达162.61亿元，同比增长10.1%，扭转了自2001年以来连续两年的负增长；转口货值44.39亿元，同比增长6.9%。全年贸易逆差为13.97亿元，较2002年增长0.1%。

2003年世界经济复苏的步伐加快，带动了国际市场需求的逐步回升。澳门主要贸易伙伴美国、欧盟及日本等国家及地区经济增速加快，对澳门产品进口需求持续增加，带动澳门货物出口进一步增长。从出口货物类别来看，占总出口货值比重83.1%的“纺织品及成衣”类别出口增幅为8.3%；非纺织品类别的出口较上年大幅增长20.3%。其中，成衣出口增长了11.3%、鞋类增长11.7%，而机器设备与零件增长了34.8%，而其他纺织品出口则有一定幅度下跌，跌幅为达5.9%。按出口目的地统计，美国与欧盟仍是澳门出口的主要市场，共占其总出口货值的73.6%。其中美国占澳门总出口额的49.8%，欧盟占24.1%，对这两个市场的出口的货值与2002年相比，分别上升12.8%及7.5%。祖国内地和香港分别为澳门的第三与第四大出口市场，其中祖国内地占澳门出口总额的12.7%，香港占6.1%。2003年澳门对香港出口升幅加快到23.8%，扭转了连续两年来的跌势。而对祖国内地出口则下降了3.5%。

2003年在澳门经济好转及旅客人数激增等利好因素带动下，内部消费需求强劲，加上各项与博彩业有关的大型工程相继落实，及政府多项大型基建工程的实施，私人与政府投资呈现高速增长。进而使其进口贸易发展态势良好。2003年进口货值较上年上升了

8.7%。在整体进口货物大类中，消费品和资本货物进口分别上升13.6%及12.1%。另一方面，燃料及润滑油、原料及半成品的进口货值则分别由上年的负增长，转变为增长8.2%及3.7%。澳门的进口市场主要集中在亚洲地区。祖国内地与香港一直是澳门最重要的进口来源地，共占澳门进口总值比重的55.6%。2003年澳门从内地进口较2002年大幅增长了11.9%，从香港进口则有所下降，降幅为5.5%。此外，在澳门的进口市场中，欧盟占澳门进口货值的11.96%，较2002年强劲增长10.4%；美国占3.9%，其货值较2002年增长3.5%，日本占澳门进口货值的9.0%，且高速增长45%，而澳门自台湾进口则下降了5.6%。

表99　2003年澳门对外贸易主要指标统计表

	2002年（亿澳门元）	2003年（亿澳门元）	2003年增长率(%)
总出口	189.25	207.00	9.4
本地产品出口	147.74	162.61	10.1
转口	41.52	44.39	6.9
进口	203.23	220.97	8.7
贸易差额	-13.98	-13.97	0.1

资料来源：澳门统计暨普查局《澳门经济季刊》2003年第四季。

表100　2003年澳门特别行政区主要出口商品统计表

	2002年出口额（亿澳门元）	比重(%)	2003年出口额（亿澳门元）	比重(%)	2003年增长率（%）
纺织品及成衣	158.84	83.9	172.06	83.1	8.3
成衣:	131.58	69.5	146.40	70.7	11.3
针织	79.66	42.1	84.42	40.9	6.0
梭织	51.92	27.4	61.98	30.0	19.4
其他纺织品	27.26	18.4	25.66	12.4	-5.9
非纺织品	11.85	6.2	34.94	7.0	20.3
机器设备及零件	5.08	2.7	6.85	16.8	34.8
鞋类	6.77	3.6	7.56	3.7	11.7
总计	189.25	100.0	20700	100	9.4

资料来源：澳门统计暨普查局《澳门经济季刊》2003年第四季。

表101　2003年澳门特别行政区主要出口市场统计表

	2002年出口额（亿澳门元）	比重(%)	2003年出口额（亿澳门元）	比重(%)	2003年增长率（%）
美国	91.52	48.4	103.20	49.8	12.8
欧盟	43.96	23.2	47.25	24.1	7.5
中国	29.48	15.6	28.44	12.7	-3.5
日本	1.16	-0.8	1.50	0.6	29.4
台湾省	1.30	-12,2	1.53	1.0	17.8
香港	11.00	-6.6	13.62	6.1	23.8
其他	10.65	5.6	11.46	5.7	7.6
总计	189.25	100.0	207.00	100.0	9.4

资料来源：澳门统计暨普查局《澳门经济季刊》2003年第四季。

表102　2003年澳门主要进口商品统计表

	2002年进口额（亿澳门元）	比重(%)	2003年进口额（亿澳门元）	比重(%)	2003年增长率（%）
消费品	72.68	35.8	82.56	37.4	13.6
原料及半成品	87.90	43.3	91.18	41.3	3.7
燃料及润滑油	14.64	7.2	15.84	7.2	8.2
资本货物	28.01	13.8	31.39	14.2	12.1
总计	203.23	100.0	220.97	100.0	8.7

资料来源：澳门统计暨普查局《澳门经济季刊》2003年第四季。

表103　2003年澳门主要进口市场统计表

	2002年进口额（亿澳门元）	比重(%)	2003年进口额（亿澳门元）	比重(%)	2003年增长率（%）
中国	84.77	41.7	94.90	42.9	11.9
香港	29.56	14.5	27.94	12.64	–5.5
欧盟	23.94	11.8	26.43	11.96	10.4
台湾省	13.58	6.7	12.82	5.80	–5.6
日本	13.71	6.7	19.87	9.0	45.0
美国	8.42	4.1	8.72	3.9	3.5
其他	29.27	14.4	30.29	13.7	3.5
总计	203.23	100.0	220.97	100.0	8.7

资料来源：澳门统计暨普查局《澳门经济季刊》2003年第四季。

旅游　由于SARS疫情肆虐，赴澳门旅客、酒店入住率及人均消费在2003年第二季度骤降，博彩业总收益也大幅放缓，然而，随着疫情被控制，周边国家及地区经济逐渐好转，加上中国内地推出的内地居民港澳“自由行”活动不断深化及扩大，2003年澳门旅游业总体表现理想。据澳门统计，2003年入境旅客总人数为1 188.79万人次，全年升幅达3.1%。2003年酒店平均入住率为64.3%，旅客总消费及人均消费因受SARS影响而微跌0.8%及3%。

2003年祖国内地赴澳门旅客人数再次创下历史新高，达574.2万人次，较上年增长35.4%，居澳门客源市场排名的第一位。 香港仍是澳门客源的第二大市场，赴澳门游客达462.3万人次，较上年略有减少，下降幅度为9.4%。受SARS及伊拉克战争等因素影响，欧洲、美国、日本及台湾省等国家及地区赴澳门旅客人数也有一定幅度减少。

台湾省

受美伊战争及SARS冲击，2003年上半年台湾经济持续低迷，下半年在全球经济景气逐渐好转的情况下，开始走出低谷，出现回升趋势。但是，由于岛内失业问题严重，通货紧缩持续，投资与消费需求不足等因素制约了台湾经济的进一步增长，全年经济增长率仅为3.24%。

对外贸易　在世界经济复苏加快，国际贸易发展形势良好，尤其是祖国大陆经济贸易快速增长等因素影响下，2003年台湾进出口贸易呈现快速增长态势。全年对外贸易总额为2 714.90亿美元，比上年增长11.6%，其中，出口1 442.4亿美元，较上年增长

10.4%；进口1 272.58亿美元，比上年增长13.1%。贸易顺差额为169.82亿美元，较上年减少10.68亿美元，降幅为5.9%。

2003年在全球贸易快速发展，外部需求扩张，尤其是祖国大陆经济高速增长、进口需求强劲的带动下，台湾出口贸易较上年增长了10.4%。台湾的重化工业品、非重化工业品、农产品及农产加工品出口均出现了良好的发展态势，分别较上年增长13.8%、1.0%、8.5%及4.1%。其中台湾出口的主导产品机械及电机设备增长了6.7%，而精密仪器，化学品、车辆及运输设备、基本金属及其制品、塑胶及其制品出口出现了两位数字的增长。仅纺织品出口下降了2.2%。

2003年，受两岸关系紧张，岛内通货紧缩，民间投资与消费需求不足等因素的影响，岛内资本设备进口仅增长0.4%。但由于亚洲地区主要国家经济活跃，主要发达经济体经济贸易均出现恢复性增长态势，台湾对其主要贸易伙伴尤其是对祖国大陆出口贸易形势良好，因此，带动了岛内对农工原料及消费品进口的增长，其增长率分别为18.3%及6.4%。其中，除电子产品、塑胶及其制品分别增长9.9%及9.1%之外，化学品、基本金属及其制品、精密仪器等主要产品进口均呈现两位数字的高速增长。

2003年台湾省的主要出口市场依次是祖国大陆、美国、东盟五国、日本及韩国。据台湾省统计，上述国家及地区分别占台湾省出口总额的24.5%、17.9%、10.0%、8.3%及3.1%。2003年在台湾省主要的出口市场中，对祖国大陆出口增长20.0%，对东盟出口增长8.9%。对韩国出口增长18.3%；对美国出口下降3.0%，对日本下降0.5%，对美国及日本出口的下降幅度较上年收窄。

据台湾省统计，2002年台湾前五大进口市场依次为日本、美国、东盟、祖国大陆及韩国。其中自日本和美国进口金额分别为326.36亿及168.20亿美元，分别占台进口总额的25.6%及13.2%。自祖国大陆进口额为109.62亿美元，比上年增长37.9%，祖国大陆为台湾省第四大进口地区。

2003年台湾省贸易顺差的主要来源地是祖国大陆、香港及美国。顺差额分别为243.96亿美元、266.39亿美元及91.27亿美元。前三大逆差来源地分别是日本、韩国和东盟五国。全年对日本逆差207.14亿美元，对韩国和东盟逆差值分别为41.14亿与38.63亿美元。对上述三地逆差值分别比上年增长35.3%、7.0%和37.2%（注：台湾对香港贸易顺差统计中含有部分对祖国大陆顺差）。

投资　2003年外商对台湾投资继续下降，但衰退幅度缩小。根据台湾有关统计，2003年1~10月，外商对台投资865件，投资金额24.6亿美元，分别较上年同期下降6.4%与8.5%，预计全年外商投资项目与金额仍维持负增长。对台投资居前五位的分别为加勒比海英国属地（占30%）、美国（占24.3%）、日本（占11.1%）、荷兰（占6.5%）与德国(占6.2%)，合计占了78%。外商对台投资仍以电子电器制造业为主，占28.9%；金融保险业占22.3%，居第二位，两者合计占了50%以上；其他依次为服务业13.8%、批发零售业占13.7%、化学品制造业占6%，前五项合计占84.7%。

台湾省对大陆以外地区投资继续衰退，2003年前10个月，投资项目587件，投资金额25.9亿美元（不含祖国大陆），分别较上年同期下降26%与0.3%。除大陆外，台湾对外投资大多集中在加勒比海地区。

表104 2003年台湾省出口总额及主要出口商品统计表

	2002年		2003年		2003年增减	
	出口额(亿美元)	占出口总额比重（%）	出口额(亿美元)	占出口总额比重（%）	出口额增加值(亿美元)	出口额增长率（%）
出口总额(含其他)	1 305.97	100	1 442.40	100	136.43	10.4
机械及电机设备	706.33	58.2	753.89	53.3	47.56	6.7
基本金属及其制品	125.43	9.6	143.35	9.9	17.92	12.5
车辆及运输设备	48.31	3.7	56.74	3.9	8.43	17.4
精密仪器	45.66	3.5	74.29	5.1	28.63	62.7
化学品	46.67	3.6	56.62	3.9	9.95	21.3
纺织品	121.50	9.3	118.79	8.2	–2.71	–2.2
塑胶橡胶及其制品	87.99	6.7	99.87	6.9	11.88	13.5

资料来源：台湾“行政院主计处”《统计月报》第457期。

表105 2003年台湾省进口总额及主要进口商品统计表

	2002年		2003年		2003年增减	
	进口额(亿美元)	占进口总额比重（%）	进口额(亿美元)	占进口总额比重（%）	进口额增加值(亿美元)	进口额增长率（%）
进口总额（含其他）	1 125.30	100	1 272.58	100	147.28	13.1
电子产品	231.05	20.5	253.99	20.0	22.94	9.9
机械	97.64	8.7	115.52	9.1	17.88	18.3
化学品	113.40	10.1	134.95	10.6	21.55	19.0
塑胶及其制品	31.14	2.8	33.97	2.7	2.83	9.1
基本金属及其制品	91.87	8.2	112.92	8.9	21.05	22.9
车辆及运输设备	34.70	3.1	38.90	2.1	4.20	12.1
精密仪器	66.14	5.9	86.27	6.8	20.13	30.4

资料来源：台湾“行政院主计处”《统计月报》第457期。

表106　2003年台湾省出口商品结构统计表

	2002年		2003年		2003年增减	
	出口额(亿美元)	占出口总额比重（%）	出口额(亿美元)	占出口总额比重（%）	出口额增加值(亿美元)	出口额增长率（%）
出口总额	1 305.97	100	1 442.40	100	136.43	10.4
农产品	3.52	0.2	3.82	0.3	0.30	8.5
农产加工品	16.96	1.4	17.66	1.2	0.70	4.1
重化工业品	954.38	71.1	1 086.41	75.3	132.03	13.8
非重化工业品	331.09	27.3	334.52	23.2	3.43	1.0

资料来源：台湾“行政院主计处”《统计月报》第457期。

表107　2003年台湾省进口商品结构统计表

	2002年		2003年		2003年增减	
	进口额(亿美元)	占进口总额比重（%）	进口额(亿美元)	占进口总额比重（%）	进口额增加值(亿美元)	进口额增长率（%）
进口总额	1 125.30	100	1 272.58	100	147.28	13.1
资本设备	259.22	23.02	260.35	20.5	1.13	0.4
农工原料	761.74	67.72	901.17	70.8	139.43	18.3
消费品	104.35	9.30	111.06	8.7	6.71	6.4

资料来源：台湾“行政院主计处”《统计月报》第457期。

2003年中国与主要国家（地区）的经济贸易关系

一、中国内地与港、澳、台地区的经济贸易关系

（一）香港特别行政区

随着国际经济形势好转及中央政府一系列支持香港经济发展措施的陆续实施，尤其是内地与香港《关于建立更紧密经贸关系的安排》的签署和实施，2003年祖国内地与香港特别行政区的经贸关系继续保持了较快发展的态势，内地与香港进出口贸易快速增长，香港与内地相互投资持续增长，工程承包与劳务合作顺利进行，内地与香港经贸交流进入了全面合作的新阶段。

进出口贸易 由于外围经济环境好转导致需求有所增加和内地出口商品结构进一步优化，以及香港对内地投资尤其是加工贸易的增长带动了内地对香港出口，2003年，内地与香港进出口贸易总额及内地对香港出口均呈现较快增长速度。据国家海关总署统计，2003年内地与香港进出口总额874.1亿美元，比上年增长26.3%；其中对港出口762.9亿美元，增长30.5%；自港进口111.2亿美元，增长3.7%。2003年，香港继续保持为内地第三大贸易伙伴（排在日本、美国之后）、第二大出口市场（仅次于美国）和最大顺差来源地（2003年对港贸易顺差为651.7亿美元）。

投资 2003年，内地吸收香港直接投资项目13 633个，合同港资金额407.1亿美元，分别比上年增长25.7%、61.5%；实际使用港资177亿美元，微降0.9%。截至2003年年底，内地共吸收港资项目224 335个，实际使用港资2 231亿美元，分别占吸收外资累计项目数和总额的48.2%和44.5%。目前香港仍为内地吸收外资的最大来源地。

表1 2003年内地对香港出口的前10种主要商品

序号	类别	金额（亿美元）	所占比例（%）
1	机电、音像设备及其零附件	364.56	47.8
2	纺织原料及纺织制品	148.44	19.5
3	光学、医疗等仪器及钟表、乐器	36.91	4.8
4	家具、灯具、玩具及游戏、运动用品及其零附件	34.76	4.6
5	钢、铁、铜等金属及其制品	30.19	4.0
6	塑料、橡胶及其制品	18.64	2.4
7	革、毛皮及其制品、箱包等	18.21	2.4
8	珠宝、贵金属及其制品	16.67	2.2
9	车辆、航空器、船舶及运输设备	15.81	2.1
10	化学及相关工业的产品	12.45	1.6

表2　2003年内地从香港特别行政区进口的前10种主要商品

序号	类别	金额（亿美元）	所占比例（%）
1	机电、音像设备及其零附件	54.01	48.6
2	纺织原料及纺织制品	19.95	17.9
3	钢、铁、铜等金属及其制品	8.18	7.4
4	塑料、橡胶及其制品塑料、橡胶及其制品	7.70	6.9
5	光学、医疗等仪器及钟表、乐器	6.97	6.3
6	化学工业及相关工业产品	4.63	4.2
7	纸及其制品	4.02	3.6
8	矿产品	1.73	1.6
9	革、毛皮及其制品、箱包等	0.91	0.8
10	家具、灯具、玩具及游戏、运动用品及其零附件	0.88	0.8

2003年内地吸收香港投资合同额呈现较大幅增长，吸收香港投资项目数也有相当增长，但与此同时，内地实际使用香港投资有所下降，并低于全国2.05%的平均增幅，原因在于2002年实际使用香港投资基数较大，以及2003年非典型肺炎影响了港资合同金额的落实。

承包工程和劳务合作　2003年内地在香港承包工程、劳务合作及设计咨询合同数共计932份，合同金额25.1亿美元，完成营业额28.4亿美元，年末在港26 082人，分别比上年增长5.2%、5.5%、22.9%和7.8%，分别占全国同期总数的2.2%、12%、16.5%和5%。

重要经贸往来及大事记　2003年，内地与香港澳经贸交流取得了显著成果。

1. 签署了《内地与香港关于建立更紧密经贸关系的安排》。自2002年1月25日《安排》磋商在北京启动以来，经过20个月的磋商，内地与香港《安排》磋商全面完成。2003年6月29日，商务部副部长安民与时任香港财政司司长梁锦松在香港共同签署了《安排》正文及其附件的《磋商纪要》。国务院总理温家宝出席了签署仪式。9月29日，商务部副部长安民又与现任香港财政司司长唐英年在香港共同签署《安排》的6个附件。《安排》于2004年1月1日起开始实施。《内地与香港关于建立更紧密经贸关系的安排》的主要内容包括货物贸易自由化、服务贸易自由化和贸易投资便利化。其中，货物贸易降税速度快，服务贸易领域广泛，贸易投资便利化内容全面。《安排》的签署既是内地与香港经贸合作的内在要求，也是应对区域经济合作挑战的必然选择，将有力地推动内地扩大开放以及香港经济健康发展。

2. 随着中山、佛山、东莞、江门，以及2003年9月1日之后北京、上海、广州、深圳、珠海个人赴香港旅游签证的放开，尤其是7月底“个人游”计划的实施，内地游客急增，从而带动了香港澳其他相关产业如酒店业、零售业、餐饮业等行业的兴旺，对香港经济及内地与香港经贸交流起到了直接的刺激效果。

（二）澳门特别行政区

进出口贸易　据国家海关总署统计，2003年内地与澳门进出口总额为14.67亿美元，其中内地对澳出口12.81亿美元，自澳进口1.86亿美元，分别比上年上升44.1%、46.3%和30.6%。

2003年内地对澳门出口超过1 000万美元的商品依次为：纺织原料及纺织制品；机电、音像设备及其零附件；鞋、帽、伞及羽毛、人发制品；矿产品；活动物及动物产品；钢、铁、铜等金属及其制品；食品、饮料、酒及醋、烟草及制品；纸及其制品；陶瓷、玻璃及矿物材料制品；植物产品；化学工业及相关工业产品；车辆、航空器、船舶及运输设备；塑料、橡胶及其制品。2003年从澳门进口金额超过1 000万美元的商品仅有纺织原料及纺织制品。

投资　2003年内地吸收澳门直接投资项目580个，比上年增加12.0%；合同澳资金额12.95亿美元，增加105.1%；实际使用澳资4.17亿美元，减少11.1%。截至2003年底，内地共吸收澳资项目8 407个，合同澳资金额122.21亿美元，实际使用澳资53.48亿美元。

承包工程和劳务合作　2003年内地在澳门承包工程、劳务合作及设计咨询合同数共计497份，合同金额3.04亿美元，完成营业额2.92亿美元，年末在澳人数24 617人。

重要经贸往来及大事记　2003年，内地与澳门经贸交流取得了显著成果。

第一，签署了《内地与澳门关于建立更紧密经贸关系的安排》。2003年6月20日，《内地与澳门关于建立更紧密经贸关系的安排》磋商在北京启动。商务部副部长安民与澳门经济财政司司长谭伯源作为双方磋商代表共同主持召开了第一次高层会议。在短短4个月的时间内，双方举行了五次高官会和两次高层会，就《安排》的全部内容达成了一致。10月17日双方磋商代表在澳门正式签署《安排》和6个附件。国家副主席曾庆红出席了签署仪式。《安排》于2004年1月1日开始实施。《内地与澳门关于建立更紧密经贸关系的安排》的主要内容包括货物贸易自由化、服务贸易自由化和贸易投资便利化。其中，货物贸易降税速度快，服务贸易领域广泛，贸易投资便利化内容全面。《安排》的签署既是内地与澳门经贸合作的内在要求，也是应对区域经济合作挑战的必然选择，将有力地推动内地扩大开放以及澳门经济健康发展。

第二，成功举办了“中国——葡语国家经贸合作论坛（澳门）”。为加强中国与葡语系国家和地区间的经贸交流与合作，充分发挥澳门特区作为内地与葡语系国家联系的桥梁和平台作用，商务部于2003年10月中旬在澳门特区成功举办了“中国——葡语国家经贸合作论坛（澳门）”。论坛举办了部长级会议，签署了《经贸合作行动纲领》，并就加强相互间贸易、投资、经济合作的议题进行了广泛探讨。来自内地、各葡语国家和澳门的企业代表进行了对口洽谈。此次论坛举办层次较高、形式多样、内容丰富，受到与会各国代表的高度评价。

第三，随着中山、佛山、东莞、江门，以及2003年9月1日之后北京、上海、广州、深圳、珠海个人赴澳门旅游签证的放开，尤其是7月底“个人游”计划的实施，内地游客急增，从而带动了澳门其他相关产业如酒店业、零售业、餐饮业等行业的兴旺，对澳门经济及内地与澳门经贸交流起到了直接的刺激效果。

（三）台湾省

2003年，祖国大陆与台省的贸易额首次突破500亿美元，但实际使用台资金额有所下降，合同台商投资金额仍继续增长，台商通过第三地转投资的特点明显。

进出口贸易 2003年两岸贸易快速增长，达583.6亿美元，比上年增长30.7%，其中大陆对台湾省出口90亿美元，增长36.7%，大陆自台湾省进口493.6亿美元，增长29.7%；大陆逆差403.6亿美元，突破了400亿美元。两岸贸易的大幅增长主要由台商投资特别是IT产业的投资所带动。

2003年，台湾省是大陆第五大贸易伙伴，第二大进口市场；大陆是台湾第一大出口市场和最大贸易顺差来源地，台湾对大陆出口已占台湾出口总额的24.5%。

第一，加工贸易是对台贸易的主要形式，台资企业是对台贸易的主体。2003年加工贸易项下对台进口、出口额分别为325.4和52.9亿美元，占同期我对台进口、出口额的比重分别为65.9%和58.7%；三资企业（主要是台资企业）对台进口、出口额分别为358和57亿美元，占同期我对台进口、出口额的比重分别为72.5%和63.3%，台资企业产品返销台湾的比重继续增加。

第二，机电产品仍是对台贸易的主要商品。2003年，对台出口前四类大宗商品依次为：机电、音像设备及其零件、附件（44亿美元）、贱金属及其制品（9.2亿美元）、化学工业及其相关工业的产品（6.8亿美元）、矿产品（5.8亿美元）；自台进口前四类大宗商品依次为：机电、音像设备及其零件、附件（238.7亿美元）、贱金属及其制品（57.8亿美元）、光学、医疗等仪器、钟表、乐器（52.8亿美元）、塑料及其制品、橡胶及其制品（49亿美元），其中机电、音像设备及其零件、附件占同期自台进口额的48.4%。

第三，民营企业对台贸易发展迅速。2003年，民营企业对台贸易额为26.35亿美元，同比增长182.4%。其中出口4.78亿美元，同比增长149%，进口21.57亿美元，同比增长191%。

第四，对台贸易仍集中在东部沿海省市。2003年，东部沿海省市对台贸易额合计567.3亿美元，占总额的比重为97.2%，其中排名前五的省市依次为：广东（255.6亿美元）、江苏（130.8亿美元）、上海（74.1亿美元）、福建（35.7亿美元）、浙江（25.7亿美元）；中西部省区对台贸易额合计16.5亿美元，占总额的比重仅为2.8%。

第五，两岸贸易逆差突破400亿美元。2003年，台湾省仍是我最大的贸易逆差来源地，逆差额不断扩大，首次突破了400亿美元，达403.6亿美元，同比增长28%。产生大额逆差的原因主要是台湾当局仍然限制我商品进口和台资企业加工贸易进口台湾料件增加。

投资 2003年台商协议投资额增加，实际投资额下降。2003年，台资被批准项目4 495个，比上年下降7.4%；合同台资金额85.6亿美元，比上年增长27.0%；实际使用台资金额33.8亿美元，比上年下降15.0%。按实际使用金额统计，台资在我吸收境外投资中排第六位。截至2003年底，我累计批准台资项目6.02万个，合同台资700.3亿美元，实际使用台资364.9亿美元（未含台商经第三地的转投资）。

台商投资仍集中在东部沿海省市，长江三角洲的发展势头超过珠三角，并出现逐渐北移的趋势。按实际使用台资统计，2003年东部沿海省市合计吸收台资29.3亿美元，占总额的比重为86.7%，主要分布在：江苏（9.97亿美元）、山东（4.79亿美元）、浙江（3.73亿美元）、福建（3.52亿美元）、广东（3.47亿美元）、上海（2.21亿美元）。中西部内陆省市合计吸收台资4.5亿美元，占总额的13.3%。2003年，台商在珠三角、长三角地区的实际投资有所下降，其中对珠三角的投资下降幅度较大，同比下降40.2%，长三角同比下降2.4%。台商实际投资的下降与上年台商投资合同金额下降和非典疫情影响合同的实施有关。

台商投资领域仍以制造业为主。按实际使用台资统计，2003年台商投资前五类行业依次为：制造业（27.6亿美元），房地产业（1.96亿美元），农、林、牧、渔业（1.36亿美元），社会服务业（0.99亿美元），电力、煤气、水的生产供应业（0.54亿美元）。其中制造业仍是台商投资的重点，占实际使用台资总额的81.6%，主要以加工贸易为主。

二、中国与日本、韩国、东盟的经济贸易关系

（一）日本

双边贸易 2003年中日双边贸易再创历史新高。据中国海关统计，双边贸易继2002年突破1 000亿美元大关后，达到1 335.76亿美元的历史最高水平，较上年增长31.1%。其中，我对日出口594.26亿美元，同比增长22.7%；自日进口741.51亿美元，同比增长38.7%。中方逆差147.25亿美元，逆差急剧扩大，为2002年的三倍。2003年中日贸易占中国对外贸易总额的15.69%，日本连续11年为我第一大贸易伙伴。如按日方统计，2003年日中双边贸易额达1 324.12亿美元，较上年增长30.45%。其中，日对华出口572.19亿美元，增长43.52%；自华进口751.93亿美元，增长21.92%；日方逆差179.74亿美元。中国是日本最大的进口来源地。

2003年中国对日主要出口商品为：1. 机电产品（250.73亿美元，增长35%），主要包括：自动数据处理设备及其部件、零附件67.36亿美元；家电产品30.25亿美元；电工器材23.56亿美元；消费类电子产品及零件19.01亿美元；通信设备及零件13.81亿美元；电子元器件12.89亿美元；电视、收音机及无线电讯设备的零附件11.08亿美元；机械基础件9.72亿美元；电动机、发电机及发电机组4.72亿美元。2. 轻纺类产品（182.58亿美元，增长12.59%），主要包括：服装及衣着附件124.08亿美元；纺织纱线、织物及制品22.71亿美元；鞋类10.96亿美元；塑料制品7.63亿美元；旅行用品及箱包6.61亿美元；家具及其零件6.21亿美元；玩具3.52亿美元。3. 农产品（60.44亿美元，增长5.71%），主要包括：肉、水产品的制品16.62亿美元；水海产品10.50亿美元；食用蔬菜8.31亿美元；

蔬菜、水果制品7.18亿美元。4.贱金属及其制品（27.81亿美元，增长45.6%），其中，钢铁及其制品15.04亿美元。5. 矿产品（27.53亿美元，增长26.79%），主要包括：原煤9.83亿美元；原油7.31亿美元；成品油3.55亿美元；焦炭3.51亿美元。6. 化工产品（19.96亿美元，增长25.85%）。7. 对日出口产品中，高新技术产品达118.35亿美元，增长22.68%，主要包括：计算机与通信技术99.48亿美元；电子技术10.67亿美元；生命科学技术2.78亿美元；光电技术2.55亿美元；航空航天技术1.10亿美元。从上述情况看，2003年我国对日机电产品及高科技产品继续保持旺盛的增长势头，传统轻纺类产品、农产品和矿产品的出口均恢复增长，贱金属出口增幅较大。此外，2003年日本政府继续对我国输日毛巾制品进行设限调查，时间已持续两年半之久（2004年4月停止），菠菜等农产品进口禁令尚未解除，鳗鱼进口实施命令检查，蔺草实行开箱检查等。

2003年我国从日本主要进口商品为：1. 机电产品（521.94亿美元，同比增长38.68%），主要包括：集成电路及微电子组件77.97亿美元，增长39.87%；汽车和汽车底盘20.72亿美元，增长20.88%；自动数据处理设备的零件19.14亿美元，增长39.36%；二极管及类似半导体器件18.88亿美元；汽车零件18.19亿美元；通断及保护电路装置及零件16.83亿美元；自动数据处理设备及其部件8.59亿美元；印刷电路6.25亿美元。2. 贱金属及其制品（72.54亿美元，增长22.34%），主要包括：钢材44.37亿美元，增长21.69%。3. 化工产品（54.4亿美元，增长37.33%）。4. 塑料及其制品（36.55亿美元，增长22.98%），其中，初级形状的塑料22.74%，增长12.62%。5. 纺织品原料及其制品（34.65亿美元，增长9.39%）。6. 我国从日本高新技术产品进口237.63亿美元，增长49.77%，其中包括：电子技术113.29亿美元；计算机与通信技术66.85亿美元；计算机集成制造技术40.17亿美元。2003年我国从日本进口除纺织品原料及其制品外，均呈双位数大幅度增长态势。特别是机电产品类别中的集成电路及微电子组件进口增幅最大，接近40%；其他机电产品进口也保持较高增长；钢材及化工产品进口快速增长等，均表明我国履行入世承诺大幅降低关税以及国内经济保持快速增长带动进口需求旺盛。

在中日技术贸易方面，据商务部业务统计，2003年中国与日本签订技术引进合同1 637项，合同总金额35.15亿美元，同比增长17.79%，跃居中国技术引进来源首位。其中，技术费28.80亿美元，占总金额的81.94%，同比增长0.14%。中国从日本签订的技术仍主要集中在电力、蒸气、热水的生产与供应和电子及通信设备制造业。2003年中国与日本签订的技术引进合同主要有：日本氯工程公司与上海天原（集团）有限公司签订的离子膜烧碱装置合同；松下电工株式会社与厦门松下电工控制装置有限公司签订的通用继电器技术协作合同；日本电产株式会社与日本电产（浙江）有限公司签订的精密马达等各种电机产品制造技术的许可合同；住友公司与中电技国际招标有限责任公司签订的外高桥电厂二期工程烟气脱硫系统合同； 住友商事株式会社与上海宝钢国际经济贸易有限公司签订的宝山钢铁（集团）公司1 550毫米冷轧带钢工程电工钢连续退火涂层机组设备合同等。

资金合作 在日本企业对华直接投资方面，同2002年的下降趋势相比，2003年日本企业对华直接投资协议金额和实际使用金额均呈现大幅上升态势。2003年全年日本对华投资项目数为3 254个，同比增长18.54%，占当年中国利用外资项目总数的7.92%；合同日资金额79.55亿美元，同比增长50.16%，占当年中国新签合同外资金额的6.91%；实际投入金额50.54亿美元，同比增长20.62%，占当年中国实际使用外资金额的9.45%。按照合同外资金额计，日本在本年度中居中国利用外资第六位；如按照实际使用外资金额计，日本则居第三位。截止到2003年底，日本对华直接投资项目累计达28 401个，合同金额574.87亿美元，实际投入金额413.94亿美元。按累计实际使用金额计算，日本是中国利用外资的第三大来源地，排在香港、美国之后。

在中日政府资金合作方面，2004年3月10日，日本政府非正式承诺2003年度对华日元贷款项目及金额。日本政府非正式承诺向中国提供966.92亿日元的政府贷款，较2002年度贷款金额减少20%，用于6个项目（按省划分后25个）的建设，其中包括：公共卫生基础设施建设项目（河南、河北、湖南、湖北、山西、安徽、江西、吉林、黑龙江、辽宁等十省）；长江上中游江西造林工程；长江上中游湖北造林工程；内蒙古呼和浩特市水环境治理工程；中西部人才培养项目（三期）（青海、宁夏、黑龙江、江西、湖北、山西等六省区）；广播电视系统扩改建工程（宁夏、青海、云南、济南、安徽、吉林等六省区）。贷款利息率为0.75%~1.5%，还款期（含宽限期）为30~40年。这样，截至2003年度，日本累计向中国承诺政府贷款30 471.81亿日元，项目数达205个，用于基础设施、能源、环保、教育等领域的建设。自2001年以来，日本政府将过去的一次承诺五年的贷款金额及项目的做法改为一次仅承诺一年的贷款金额及项目。2003年度，日本政府对华无偿援助金额为27.55亿日元（约合2 600万美元），项目为5个，包括："人材培养奖学计划、西安市废弃物管理改善计划、第三期贫困地区结核病防治计划、黄河中游防护林建设计划、第二期黄河中游防护林建设计划"等。此外，"非典"期间，日本还向中国提供了15亿日元的非典紧急援助（日本国际协力机构JICA还在中日技术合作框架下提供了2亿日元的紧急器材援助）。截至2003年底，中国共接收日本无偿援助累计达1 322.27亿日元（含15亿日元非典援助，不含JICA2亿器材援助），用于125个项目的建设，涉及环保、教育、扶贫、医疗等领域。

对日投资及中日研修生合作情况 2003年中国在日新设立公司企业14家，投资额750万美元。截至2003年底，中在日设立公司企业累计达250家，对日投资累计达8961.45亿美元。

2003年中国对日新签各类对外经济合作（对外承包、研修生、对外设计咨询）合同2 191份，金额8.22亿美元，完成营业额7.04亿美元，年末在日人数88 571人。自1976年到2003年，我国对日经济合作合同额累计50.49亿美元，完成营业额36.59亿美元。

重要经贸往来

1月21~23日,郭莉部长助理邀请日本驻华大使阿南惟茂考察山东省农产品生产和出口情况。

1月24日，安民副部长会见日本日新制钢公司社长小野俊彦一行。

4月21日~22日，商务部同日本经济产业省第九次定期磋商在日本东京举行，安民副部长率商务部代表团同以佐野忠克经济产业审议官为首的经济产业省代表团举行了为期一天半的会议。双方就中方关心的毛巾产品设限调查、农产品检验检疫、对日大米出口、中日技术贸易、在日研修生合作、中国商务人员赴日签证以及日方关心的知识产权保护、中国机电产品进口配额、化学品反倾销、国内零售业对外开放、胶卷进口关税等问题坦率、深入、细致地交换了意见，双方达成了一些共识，磋商取得了较大成果。

4月24日，吕福源部长应约会见日本驻华大使阿南惟茂，双方就如何进一步发展中日双边经贸关系问题坦率地交换了意见。阿南大使代表日本政府正式邀请吕部长在方便的时候访日，吕部长对此表示感谢。

5月15日，安民副部长紧急约见日本驻华大使阿南惟茂，就日本以从中国出口鸭肉中分离出禽流感病毒为由暂停进口我国家禽肉事进行了交涉。

5月16日,于广洲副部长同日本驻华大使阿南惟茂就日本政府对华提供15亿日元防治非典紧急援助进行了换文。

5月22日，郭莉部长助理会见日本住友商事株式会社驻华新旧总代表山根英机和田村玄一行。

5月28日，马秀红副部长会见松下电器（中国）有限公司杉浦敏男董事长一行。日方就该公司在华员工中出现非典病例情况做了简要说明，表示争取克服困难，尽早恢复生产。

6月6日，张志刚副部长会见日本朝阳贸易公司社长华井满。听取了该公司对华贸易投资的情况和日本阪神地区与长江中下游地区经济合作的进展情况介绍。

6月25日，安民副部长在商务部会见日本日中经济协会理事长绪方谦二郎一行。安副部长对绪方理事长在WHO解除对北京的旅游警告之后立即来访表示欢迎。安高度评价日中经济协会在促进和发展中日经贸关系中所起到的积极作用。双方还就中日长期贸易协议续签等问题交换了意见。

7月14日，安民副部长会见日本国际贸易促进协会理事长中田庆雄一行。

8月5日，马秀红副部长会见日本松下电器副社长少德敬雄一行。马副部长鼓励该公司继续扩大对华投资，为中日经贸合作关系的进一步发展多作贡献。

8月8日，魏建国副部长会见日中经贸中心会长谷井昭雄。魏副部长希望该协会继续发挥民间贸促团体的积极作用，推动日本关西地区中小企业的对华投资，使两国经贸合作再上新台阶。

8月9日，于广洲副部长出席在人民大会堂举行的《中日和平友好条约》签订25周年招待会。

8月20日，吕福源部长会见日本丰田汽车公司奥田硕会长（日本经团联会长），就两国经济和中日经贸合作等问题交换了意见。

8月27日，马秀红副部长会见日本本田技研公司会长宗国旨英一行。马副部长鼓励该公司继续扩大对华投资，并针对该公司今后的投资计划提出了建议。

9月1日，魏建国副部长会见日本东海日中贸易中心会长横井明率领的日本中部经济界访华团。双方就两国经济发展和中日经贸合作的情况交换了意见。

9月8日，陈健部长助理在第七届中国投资贸易洽谈会上，分别会见以大高浩副会长为团长的日中投资促进机构代表团和以中田庆雄理事长为团长的日本国际贸易促进协会代表团。

9月24日，魏建国副部长出席在山东省威海市举行的第三届中日韩泛黄海经济技术交流会议并发表讲话。魏副部长还会见了前来参加此次会议的日方代表团团长、日本九州经济产业局局长铃木正德和韩方代表团团长、韩国产业资源部国际协力投资局长林采民，就中日韩三国的经济合作和泛黄海经济技术交流会议交换了意见。

9月26日，安民副部长会见日本汽车工业协会会长宗国旨英率领的日本汽车工业协会访华团。安副部长向代表团介绍了今年中日双边贸易投资合作的情况及中国近年来汽车市场的发展状况，并希望日本汽车企业及其有关零部件企业积极开展对华投资。

10月9日上午，安民副部长会见来访的日本松下电工公司会长今井清辅一行。

10月10日下午，于广洲副部长会见来访的日本伊势丹公司社长武藤信一一行。

10月28日—11月2日，安民副部长率领由商务部、外交部、质检总局等单位组成的代表团访问日本，出席2003年度中日长期贸易协议定期协商和第二次中日经济伙伴关系磋商。

11月17日，安民副部长会见日本日中经济协会理事长绪方谦二郎一行。

11月18日，安民副部长出席在京召开的第二届“中日韩商务论坛”开幕式，代表商务部致辞并代读了吴仪副总理致论坛的贺信。

11月25日，魏建国副部长同以奥田硕为最高顾问、渡里杉一郎为团长的日中经济协会、日本经济团体联合会联合代表团举行座谈会，就中国的外经贸形势、中日经贸合作等问题同日方交换了意见。

12月1日，吴仪副总理会见日中投资促进机构会长、丰田汽车公司名誉会长丰田章一郎先生一行。马秀红副部长参加了会见。

12月19日，安民副部长会见来访的日中经济贸易中心名誉会长、日本国际石油株式会社社长木村一三。

（二）韩国

2003年，中韩两国在经济和贸易领域的合作全面、快速发展，双方互为重要经贸合作伙伴的关系得到进一步巩固和加强。

2003年7月，胡锦涛总书记与来访的韩国总统卢武铉会晤，两国领导人就今后5年内使双边贸易发展到1 000亿美元达成共识，并商定成立联合小组共同研究、制定5—10年中韩经贸合作中长期发展规划。目前，双边联合小组已成立，并着手进行有关规划工作。

双边贸易 据海关统计，2003年中韩大幅增长，贸易额达632.31亿美元，同比增长43.4%，创历史新高。其中中方出口200.96亿美元、进口431.34亿美元，同比分别增长29.4%和51.0%。中方逆差230.38亿美元，同比增长76.7%，韩是中国第二大贸易逆差来源（仅次于台湾省）。中国机电产品对韩出口72.01亿美元，自韩进口245.90亿美元，同比分别增长42.2%和74.2%；高新技术产品对韩出口30.66亿美元，自韩进口120.23亿美元，同比分别增长46.7%和65.4%。中国对韩出口商品主要包括服装及衣着附件，织纱线、织物及制品，钢铁及其制品，煤，玉米，水、海产品，铝及其制品，电视、收音机及无线电信设备的零附件，集成电路及微电子组件，录音机及收录（放）音组合机等；自韩进口商品主要包括集成电路及微电子组件，钢材，初级形状的塑料，手持（车载）式无线电话机，电视、收音机及无线电信设备的零附件，对苯二甲酸，化学纤维长丝，自动数据处理设备及其部件，自动数据处理设备的零件，汽车零部件等。2003年，如不包括欧盟和东盟，韩国是中国第四大贸易伙伴、第四大出口市场和第三大进口来源。另据韩方统计，中国是韩第二大贸易伙伴和第一大出口市场。

投资 韩对华直接投资增长显著，韩资在中国外资中的地位进一步上升。据商务部统计，2003年，中国共批准韩商对华直接投资4920项，合同韩资金额91.77亿美元，实际利用韩资44.89亿美元，同比分别增长22.75%、73.74%和64.98%。按照实际到位基准，韩在中国外商直接投资来源统计排序中由2002年的第六位跃至第四位，韩资在中国外资中的比重也由2002年的5.2%上升到8.4%。截至2003年年底，中国共批准韩商来华投资27 445项，协议韩资368.7亿美元，实际使用195.66亿美元。另据韩方统计，中国已连续两年成为韩第一大海外投资对象国，韩方调查还显示，在今后较长时期，中国将是韩企业海外投资的首选地，目前韩对华投资新一轮热潮正在兴起。

中国对韩投资逐步形成规模。据商务部统计，2003年，中国共批准对韩直接投资10项，中方投资金额1.95亿美元，同比分别增长42.9%和133.3%。截至2003年年底，中国共批准对韩直接投资72项，中方投资额3.02亿美元。

经济技术合作 据商务部统计，2003年，中韩新签劳务和工程承包合同284份，同比减少22.4%；合同金额3.82亿美元，完成营业额3.19亿美元，派出人数20 574人，同比分别增长70.4%、51.2%和29.8%，月末在外人数44 225人。

中日韩环黄海区域经济合作逐步发展。中日韩环黄海经济技术交流会议机制于2001年3月在日本福冈启动，在中方推动下，合作逐步进入务实阶段。2003年9月24日—25日，中方（商务部）在山东省威海市主持召开了第三届环黄海经济技术交流会议，三方就进一步促进该地区贸易投资、人才和技术交流达成了一系列共识，同期还举行了日本零部件采购展和韩国采购洽谈会。

（三）东盟

2003年中国成为第一个加入《东南亚友好合作条约》的非东南亚大国，表明了中国与东盟的政治关系大幅度提升，政治互信进一步增强，中国与东盟关系的发展上了一个新台阶。在中国—东盟政治关系顺利发展的基础上，双边经贸合作关系也取得了新的进展。东盟已成为中国重要的经贸合作伙伴，双方在进出口贸易、相互投资、承包劳务等领域的互利经贸合作卓有成效，为双边友好合作关系注入了实质性的内容。

双边贸易　2003年，中国—东盟贸易额达到了历史性的782.52亿美元，同比增长42.8%。其中中国出口309.25亿美元，进口473.27亿美元，同比分别增长31.1%和51.7%。东盟已连续11年成为中国第5大贸易伙伴，是中国在发展中国家中最大的贸易伙伴，东盟成为我第五大出口市场和第四大进口来源地。按单个国家和地区排列，马来西亚和新加坡位居我前10大贸易伙伴中的第7和第8位。但与此同时，我对东盟贸易逆差持续扩大，2003年已增至164亿美元，东盟已成为我第三大逆差来源地。

投资　2003东盟新增来华投资2 302项，合同外资金额为64.75亿美元，实际投入金额29.25亿美元。按实际投资金额计算，新加坡为我第七大外商直接投资来源地。截至2003年底，东盟国家对华投资项目21 859项，合同外资金额642.97亿美元，实际投入323.13亿美元。

在东盟对华投资不断增长的同时，中国政府也鼓励有实力、信誉好的中国企业“走出去”。由于地理位置相邻，文化背景相似，东盟国家成为中国企业对外投资的重要地区之一。2003年，中国企业在东盟国家投资项目65项，中方投资额2.24亿美元。截至2003年年底，中国公司在东盟国家设立企业857家，中方投资9.41亿美元。

经济技术合作　2003年中国公司在东盟国家的承包劳务合作进展顺利。2003年中国在东盟国家新签承包工程合同344个，合同金额25.99亿美元，完成营业额15.04亿美元。新签劳务合作合同1727个，合同金额4.36亿美元，完成营业额5.31亿美元。新签设计咨询合同41个，合同金额1625万美元，完成营业额969万美元。

重要经贸往来

2003年1月11—26日，时任副总理李岚清访问了马来西亚、缅甸和泰国。

2003年3月27日上午，安民副部长在上海展览中心出席了菲律宾国际贸易展览中心和上海市贸促会共同举办的“菲律宾贸易展览会”开幕式。展览会开幕前，上海市市长韩正和安副部长会见了出席此次展览会开幕式的菲众议长德贝尼西亚、贸工部副部长阿基诺等菲律宾客人。

4月7日越共中央总书记农德孟对中国进行工作访问。4月7日下午，胡锦涛总书记与农德孟举行了会谈。4月8日，吴邦国委员长、温家宝总理、江泽民军委主席分别会见了农德孟。吕福源部长作为中方主要陪同人员参加了上述活动。

6月12—16日，老挝人民革命党中央主席、国家主席坎代来华进行国事访问。6月12

日下午，胡锦涛总书记与坎代举行了会谈。6月13日，江泽民军委主席、吴邦国委员长、温家宝总理分别会见了坎代。吕福源部长作为中方主要陪同人员参加了以上活动。

6月18日，吕福源部长与泰国商业部长阿滴塞共同签署了《中华人民共和国政府与泰王国政府关于在〈中国—东盟全面经济合作框架协议〉"早期收获"方案下加速取消关税的协议》。吴仪副总理与泰国副总理颂奇出席了签字仪式。

7月22日，安民副部长在京与来访的印度尼西亚工贸部长丽妮·苏婉娣女士举行了会谈。

7月22日—23日，吕福源部长在大连分别会见了来华出席第五届亚欧经济部长会议的越南贸易部部长张庭选、新加坡贸工部部长杨荣文、马来西亚贸工部副部长郭洙镇、文莱工业及初级资源大臣佩欣·达图·阿卜杜勒·拉赫曼·达伊卜、泰国商业部部长阿滴塞·普塔拉米、菲律宾贸工部副部长阿基诺、印度尼西亚工贸部长丽妮·苏婉娣女士。

8月28—29日，安民副部长出席亚洲司与机电产品进出口商会联合举办的"开拓马来西亚市场研讨会"并致开幕辞。

9月3日，吕福源部长率中国政府经贸代表团出席在柬埔寨金边举行的第六次10+1、10+3经济贸易部长会议以及第二次中日韩经济贸易部长会议。

9月9日，陈健部长助理在厦门会见了来华参加第七届投洽会的东盟代表团。

9月15日，黄菊副总理与来访的马来西亚副总理举行了会谈，温家宝总理和胡锦涛主席于9月15日和9月16日分别会见了巴达维，魏建国副部长参加了上述活动。

9月17日，魏建国副部长出席了温家宝总理与东帝汶总理阿尔卡蒂里举行的会谈活动。魏副部长与东计划和财政部长博阿维达签署了两国政府贸易协定和经济技术合作协定等五个经贸合作文件。

9月18日，安民副部长会见了随东帝汶总理访华的东财政部长博阿维达和农业、林业和渔业部长席尔瓦。双方就如何落实目前已确定的援助、合作项目以及今后如何继续开展经贸合作交换了意见。

9月23日，中国和越南政府经济贸易合作委员会第四次会议在京召开，安民副部长和越南贸易部副部长梅文瑜共同主持会议并签署了会议纪要。

10月6日—8日，于广洲副部长陪同温家宝总理在印尼巴厘岛出席第七次10+3、10+1领导人会议和第五次中日韩领导人会议。

10月17日，廖晓淇副部长会见了陪同越南副总理阮晋勇访华的越南工业部部长黄中海，双方就中越经贸合作，特别是在电力、通信、能源开发等领域的合作交换了意见。

10月17—21日，于广洲副部长陪同胡锦涛主席对泰国进行国事访问并出席第十一次APEC领导人非正式会议。18日，于广洲副部长与泰国商业部长阿滴塞签署了《中泰两国政府关于促进贸易、投资和经济合作的谅解备忘录》。此外，两国政府还签署了《中泰两国政府关于成立贸易、投资和经济合作联合委员会的协定》。

11月18日，安民副部长参加了温家宝总理同来访的新加坡总理吴作栋举行的正式会谈。

11月19日，安民副部长会见了陪同新加坡总理吴作栋来访的新加坡国际企业发展局局长李弈贤、新加坡中国工商联主席黄思绵、新加坡工商联合会会长李庆言等新加坡政府官员及知名企业家。

三、中国与南亚、西亚、中亚国家的经济贸易关系

（一）南亚及部分西亚国家

双边贸易 2003年，中国与南亚七国（印度、巴基斯坦、孟加拉国、尼泊尔、斯里兰卡、马尔代夫和不丹）贸易总额为120.47亿美元，较上一年增长了50%，首次突破100亿美元大关。其中中国出口71.63亿美元，进口48.84亿美元，分别较上一年增长了32%和69.4%。中国同南亚国家的贸易发展呈现出强劲的增长势头。2003年中国同南亚国家贸易呈现如下几个特点：一是中印贸易潜力日益显现，2003年全年增长了53.6%，近年来印方首次处于贸易顺差地位，2003年顺差额达到9.07亿美元；二是中国同巴、孟、斯、尼等国贸易继续保持较快发展势头，取得了两位数的增长，但中国向南亚国家出口的增幅超过进口增幅，中国贸易顺差进一步扩大。

中国对南亚国家的出口商品主要是机电产品、纺织品、化工产品、医药原料、生丝、焦炭、煤、钢材、水泥等。中国从南亚进口的主要商品有铁矿砂、钢材、矿产、皮革、纺织原料等。

2003年中国同部分西亚国家（土耳其、塞浦路斯、伊朗和阿富汗）的贸易额为84.67亿美元，其中中国出口46.25亿美元，进口38.43亿美元，较上年分别增长了57.8%、69.5%和45.8%。其中，中国对伊朗贸易达到56亿美元，首次突破50亿美元，双边贸易互补性进一步体现。中土贸易也增长迅猛，较上年增长88.6%，我方贸易顺差达到15.32亿美元，贸易不平衡问题仍然突出。中国对上述四国主要的出口商品有机电产品、成套设备、纺织品、五矿化工、仪器仪表等；主要进口商品有原油、石化产品、铬矿砂等。

投资 2003年，中国在南亚和部分西亚国家新投资的项目共14个，其中中方投资额1714万美元；南亚和部分西亚国家在华投资项目126个，协议投资金额1.12亿美元，实际投资3762万美元。随着中国投资环境的不断改善和市场吸引力的扩大，上述国家在华投资呈现进一步扩大的趋势，投资领域扩大到医药、纺织、珠宝首饰、软件及软件培训等行业。

经济技术合作 2003年，中国同南亚和部分西亚国家的经济技术合作得到进一步的发展。中国同南亚国家新签承包劳务合同151项，合同额11.5亿美元，营业额11.9亿美元；中国同西亚四国新签承包劳务合同68项，合同额4.7亿美元，营业额3.9亿美元。该地区是中国对外经济合作尤其是承包工程的重要市场。

重要经贸往来 2003年3月，商务部吕福源部长会见了随巴基斯坦总理贾玛利访华

的巴总理经济顾问肖克特·阿齐兹和巴工业部长贾托伊。6月，商务部吕福源部长会见了随同印度总理瓦杰帕伊访华的印商工部长杰特雷。8月，商务部于广洲副部长会见了来华访问的斯里兰卡总理维克拉马辛哈。8月底，应土耳其国务部长图兹曼邀请，商务部吕福源部长访问土耳其，中方组织了大型采购团、投资团和工程团随访。同月，商务部安民副部长会见了访华的伊朗管理和计划组织副主席巴哈多拉尼，商务部傅自应部长助理会见了访华的伊朗总统顾问兼自由贸易区最高委员会主席侯赛因。8月，商务部魏建国副部长访问伊朗，拜会了伊朗副总统斯塔里法尔，并同伊工业部、商业部和外交部进行了会谈。9月，“中国投资政策及市场说明会”在厦门举行，商务部马秀红副部长会见了来华参会的土耳其代表团。10月中旬，吴仪副总理会见了来华参加“印度制造”博览会的印度商工部长杰特雷。10月底，中伊经贸洽谈会在京举行，商务部安民副部长会见了以伊朗贸工矿商会总会长赫穆希为团长的伊朗经贸代表团。11月，巴基斯坦总统穆沙拉夫访华期间，商务部于广洲副部长代表中方同巴方签署了《中华人民共和国政府与巴基斯坦伊斯兰共和国政府优惠贸易安排》。

（二）西亚

本节所指西亚地区包括约旦、叙利亚、黎巴嫩、巴勒斯坦、伊拉克、以色列、也门以及位于海湾地区的沙特阿拉伯、阿拉伯联合酋长国、科威特、巴林、卡塔尔、阿曼等13个国家。这一地区拥有丰富的石油资源，石油储量占世界总储量的一半以上，是中国在本世纪能源需求的主要供应地之一。西亚地区市场的显著特点是对外依赖性很大和支付能力较强，是中国出口商品的一个重要市场，是中国实施市场多元化战略的重点地区。同时，它也是中国开展对外劳务承包业务最早的地区之一，其中的海湾地区也是中国吸引外资需重点做工作的地区。

2003年，在政府和企业的共同努力下，中国与西亚地区国家的经贸合作关系保持了稳定的发展态势。西亚地区国家更加重视与中国经贸关系的发展，愿意加强与中国经贸合作的力度。双方往来的经贸团组较上年同期大幅增加，双方探讨的合作领域和合作渠道也在扩大。总的来说，2003年，中国与西亚地区的经贸合作取得了显著的成绩。

双边贸易　2003年，中国与西亚地区国家的贸易额达220.95亿美元，比2002年增长44.8%，其中中国出口109.54亿美元，增长34.8%；进口111.41亿美元，增长56.2%。其中，沙特是2003年我在该地区的最大贸易伙伴，双边贸易额达73.42亿美元。其次是阿联酋，2003年中国对阿联酋出口达50.37亿美元。阿是我在该地区最大的出口市场。2003年，中国对西亚地区出口的主要商品是机电产品、服装、纺织品、计算机与通信技术产品等。

2003年，中国继续从这一地区进口原油。沙特是该地区中国最大的原油供应国。中国还从阿曼、也门、科威特、阿联酋、卡塔尔等国进口原油。2003年，中国从西亚地区进口原油3 398万吨，金额达72.91亿美元，比2002年的2 376万吨增长了1 022万吨。原油仍然是中国从该地区进口额最大的商品，继续在中国与该地区国家的经贸合作中起一定程度的主导作用。中国从该地区进口的其他主要商品有成品油、液化气、塑料、乙二醇、化肥、铝等。

投资 中国与西亚地区开展双向投资合作起步较晚，规模也较小。近年来，中国公司和企业在西亚地区国家建立的独资、合资工厂逐渐增多，主要集中在阿联酋。2003年，经中国政府批准在西亚地区新投资的项目共有12个，中方投资额为1 011万美元。随着中国投资环境的不断改善，西亚地区国家企业界人士对中国投资环境和政策逐渐加深了了解，表现出了在华投资的兴趣，有越来越多的企业派团来华考察和投资。截至2003年年底，西亚13国在中国投资683个项目，外资协议金额8.43亿美元，实际投入金额6.53亿美元。

经济技术合作 2003年，中国“走出去”战略在西亚地区得到了很好的实施。工程项目和劳务领域的合作继续扩大。据统计，2003年，中国在该地区共签订承包劳务合同581份，合同金额8.38亿美元，其中工程承包项目合同161份，合同金额7.10亿美元。年末，中国在13个国家地区共派有各类人员4.02万，其中在以色列有12 300人，约旦9 324人，阿联酋8 800多人，科威特4 900多人。

2003年，中国企业在西亚地区国家开展的一些大的项目进展顺利，在石油领域的合作正逐步走向深层次。这一年，中国化工进出口总公司收购了挪威的阿特兰蒂斯公司，从而获得了在阿联酋、阿曼和突尼斯三国的十二个石油天然气勘探开发区块的权益，净权益内探明资源约1 000万吨油气当量，并有较好的资源潜力，这是该公司首次成功迈入西亚地区石油上游领域的重要项目，进一步扩大了中国与西亚产油国之间的油气合作规模。同时，华为、中兴两家通信技术公司也在西亚部分国家拿到了一些通信设备项目。

重要经贸往来 2003年，商务部魏建国副部长访问了西亚地区的也门、阿联酋；以色列总统、巴勒斯坦外长、伊拉克贸易部长和约旦信息大臣等先后率团访问了中国。中国与也门召开了第六届双边经贸混委会。双边的互访增进了相互了解，极大地促进了中国与该地区的多、双边经贸关系。

2003年，巴勒斯坦派团参加了在厦门举办的中国投资贸易洽谈会。同年12月，商务部在阿联酋沙迦举办的第二届“中国商品交易会”以及商务部与上海市在沙特联合举办的“中国商品展及投资合作洽谈会”，扩大了中国商品在中东地区的影响，取得了圆满成功。

中国与西亚国家经济互补性强，西亚国家有丰富的石油资源，而中国随着经济的发展对能源的需求将会越来越大，目前中国从西亚国家进口的石油数量已占中国石油进口量的三分之一，西亚国家将是中国能源主要供应地。同时，西亚国家又是中国商品出口的重要市场，西亚国家对进口商品依赖性很大，支付能力较强，中国商品档次适合当地消费水平；该地区国家实行市场开放政策，无地区性保护；中国对西亚国家出口商品在当地市场所占比例仍不高，仅3%左右，开拓余地很大。

近年西亚国家均加快了经济建设的步伐，建设项目增多，这为开展中国与西亚国家的承包工程和劳务合作提供了新的机遇。另外，西亚国家正积极实施经济多元化政策，鼓励投资建设工业项目。中国企业也已开始尝试以设备、技术到西亚国家投资，举办加工装配项目，中国与西亚国家的双向投资合作也将会有十分广阔的前景。总之，中国与西亚地区国家的经贸合作势头良好，但从总体来看，合作的水平和规模都还十分有限，双方的优势尚未发挥出来，发展潜力很大，前景十分广阔。

（三）中亚

中亚五国（哈萨克斯坦、吉尔吉斯斯坦、乌兹别克斯坦、塔吉克斯坦、土库曼斯坦）与中国西北地区毗邻，是中国开展与周边国家经贸合作的重点地区。2003年中国与五国贸易总额达40.70亿美元，比上年增长70.4%。其中，中国出口20.57亿美元，增长117.9%；进口20.05亿美元，增长38.9%。中方逆差5 200万美元。

哈萨克斯坦是我在独联体内第二大贸易伙伴，2003年中哈贸易额为32.86亿美元。乌兹别克斯坦、吉尔吉斯斯坦是中国在独联体内第四、第五大贸易伙伴，2003年中国与两国贸易额分别为3.47和3.14亿美元。

中国对中亚五国出口的主要商品包括机电产品、农产品、矿产品、纺织原料及制品等；自中亚五国进口的主要商品包括钢材、铜及铜材、铝及铝材、原油、矿产品、农产品等。

中国与中亚各国的双边经贸合作发展迅速。截至2003年年底，中国对该地区国家投资累计10 675万美元，主要涉及油气勘探开发和管线建设、化工、造纸、农产品加工、贸易等；中亚五国在华投资项目数114个，合同外资金额8 101万美元，实际使用1 080万元。2003年我同五国新签劳务和工程承包合同41份，合同额5.97亿美元，完成营业额4.56亿美元，在外劳务人数2 270人。截至年底，双方签订劳务及工程承包合同累计17.04亿美元，营业额13.38亿美元。

中国在五国投资和工程承包活动的逐步扩大进一步带动了双边贸易并在一定程度上改善了较为单一的中国出口商品结构。

四、中国与非洲国家的经济贸易关系

双边贸易 2003年中非进出口贸易持续快速增长，进出口总额达185亿美元，同比增长49.9%，占我国外贸总额的2.2%。其中我出口101.4亿美元，同比增长46.4%；进口83.6亿美元，同比增长54.1%。中国对非贸易已连续4年突破百亿美元大关。

2003年中国对非出口额为101.4亿美元，同比增长46.4%。其中，中国向北非出口31.2亿美元，增长35.2%；向东南非出口33.4亿美元，增长50.8%；向中西非出口36.8亿美元，增长53%。2003年，中国向非洲出口的十大商品是：机电产品、纺织品、服装、高新技术产品、鞋类、钢铁及其制品、谷物、茶叶、旅行用品及箱包和塑料制品，出口金额94.5亿美元，占整个对非出口额的93%。其中，机电和高科技产品几乎占整个对非出口的半壁江山，达47%。传统产品出口继续保持优势，增长迅速。

向非洲出口10大商品占对非出口总额比重如下图：

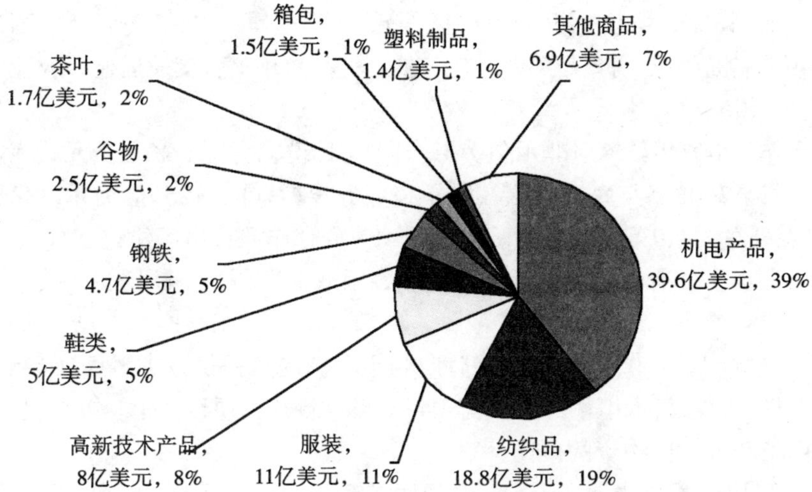

图1　2003年中国对非出口10大商品所占比例

2003年中国从非洲进口十大商品是：原油、原木、钢材、铁矿砂及其精矿、钻石、棉花、机电产品、高新技术产品、铜材和天然气。进口金额为70亿美元，占从非进口总额的84%。

从非洲进口10大商品占从非进口总额的比重如下图：

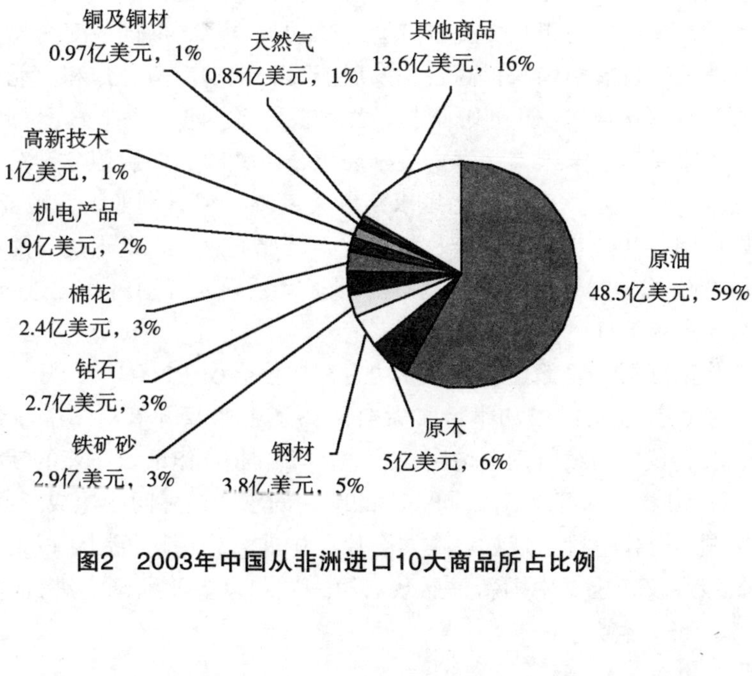

图2　2003年中国从非洲进口10大商品所占比例

投资　对非投资保持增长，投资领域不断扩大。2003年，中国在非洲新增企业53家，双方投资总额1.4亿美元，其中中方投资额约1.1亿美元。截至2003年年底，中国累计在非洲投资设立企业638家，协议总投资约13亿美元，中方投资9.26亿美元。中国对非投资项目分布在49个非洲国家，涉及贸易、生产加工、资源开发、交通运输、农业及农产品综合开发等多个领域。

经济技术合作　2003年新签对非承包劳务合同1 018份，合同额40亿美元，完成营业额28.2亿美元。截至2003年年底，中国在非承包劳务累计合同额259亿美元，完成营业额187亿美元，在外总人数7万人。对非承包工程和劳务合作涉及房屋建筑、石化、电力、交通运输、通信、水利、冶金、铁路等国民经济各领域，大项目不断增多，技术含量日益提高。

对非援助进展顺利。2003年，中国先后向44个非洲国家提供各类援助104笔。在援款项下，在17个非洲国家新承担了27个成套项目。当年新开工项目20个，竣工项目20个，向非洲国家提供了40批一般物资的援助。

2003年，中国加强了与非洲在人力资源开发方面的合作。专门为非洲国家举办了3期官员研修班，全年共有36个非洲国家的191名官员来华参加了培训。2003年举办了5期专门面向非洲学员的专业技术培训班，全年共有37个非洲国家的651名学员参加了培训，培训领域包括沼气技术、中医针灸技术、杂交水稻种植技术等方面。

重要经贸往来　2003年，中非高层往来密切，经贸合作不断加强。12月，温家宝总理对埃塞俄比亚进行了成功访问并出席了中非合作论坛第二届部长级会议，提出了新形势下发展中非关系的四点建议：1. 相互支持，推动传统友好关系继续发展，扩大高层交往，加深政治互信，巩固合作的基础；2. 加强磋商，促进国际关系民主化，倡导世界不同文明和不同发展模式的相互交流与借鉴；3. 协调立场，共同应对全球化挑战，呼吁国际社会帮助非洲等发展中国家提高自主发展能力，推动南南合作和南北对话，维护发展中国家权益；4. 深化合作，开创中非友好关系新局面。此外，时任全国政协主席李瑞环、国务院副总理李岚清、全国人大常委会副委员长李铁映、韩启德分别对纳米比亚、赞比亚、坦桑尼亚、塞舌尔、南非、毛里求斯、喀麦隆、尼日利亚、肯尼亚等9个非洲国家进行了友好访问。2003年，喀麦隆、科摩罗、赞比亚总统，乌干达、尼日尔总理，毛里求斯国民议会议长，安哥拉总统特使等非洲国家领导人分别对我国进行了友好访问。8月，中国与吉布提签订了《投资保护协定》。

中非合作论坛第二届部长级会议成功召开。该会议于2003年12月15日—16日在埃塞俄比亚首都亚的斯亚贝巴成功举行。大会回顾了中非双方落实“中非合作论坛—北京2000年部长级会议”后续行动的情况，发表了《中非合作论坛—亚的斯亚贝巴行动计划（2004至2006年）》，中非双方对共同关心的政治问题和国际问题达成了共识，对未来3年双方在各个领域合作进行了规划。本届会议是中非合作论坛机制化以来首次在非洲大陆举办的部长级会议，也是中国新一届政府第一次与众多非洲国家进行全方位、多层次、宽领域的集体交流与对话。会议的成功标志着论坛机制化建设得到进一步完善，是中非友好合作关系史上的又一件盛事，对全面发展中非友好合作关系具有重要的意义。中国政府将认真贯彻落实本届论坛部长级会议后续工作，为增进中非友谊，促进双方为构筑长期稳定、平等互利、全面合作的新型伙伴关系而努力。

五、中国与欧洲联盟、瑞士、挪威的经济贸易关系

（一）欧洲联盟

近年来，中欧高层往来频繁，经贸关系发展迅速。欧盟已成为中国最重要的经贸伙伴之一，同时也是中国经济建设所需资金和技术的主要提供方之一。

双边贸易　据中国海关统计，2003年中欧贸易额为1 252.2亿美元，比上年增长44.4%,其中中方出口721.5亿美元，增长49.7%；进口530.6亿美元，增长37.7%。目前，欧盟是继日、美之后中国第三大贸易伙伴。德国、英国、荷兰、意大利和法国是中国在欧盟内的主要贸易伙伴，中国与这5个国家的贸易额占中欧双边贸易总额的近80%。

投资　欧盟一直是中国重要的外资来源地（2003年实际投入列第6位）。2003年，欧盟对华投资项目2074项，比上年增长39.57%，合同金额58.54亿美元（列第7位），增加29.9%，实际投入39.3亿美元，增长5.94%。截至2003年年底，欧盟成员国来华投资项目数达16 158个，协议外资金额658.54亿美元，实际投入379亿美元，累计第四位。

技术引进　欧盟是中国第一大技术引进来源地。截至2003年12月，中国从欧盟共引进技术16 802项，合同金额753.8亿美元。其中2003年1—12月，中国从欧盟引进技术合同1 779个，合同金额33.8亿美元。

合作　中欧双方在培训、科技、发展援助等领域开展了广泛的合作，如欧盟为中方培养高级翻译人员，双方合资成立的中欧国际工商学院运转良好。目前，中欧经贸混委会在经贸、环保、能源、科技和信息领域都建立了定期工作磋商机制，分别为经贸、环保、能源3个工作组、科技指导委员会以及中欧信息社会对话。自1993年以来，中方共接受欧委会及其成员国对华无偿援助约4亿美元。

重要经贸往来　2003年6月，欧委会贸易委员拉米访华，拜会温家宝总理并与商务部吕福源部长举行工作会谈。2003年10月，中欧同步发表了对彼此的政策文件，经贸合作是其中的重要内容之一。10月30日，第六次中欧领导人会晤在京成功举行。同日，第19届中欧经贸混委会在北京举行，商务部副部长魏建国（受吕福源部长委托）与欧委会贸易委员拉米共同主持了会议。

对话机制　2003年10月，在第19届中欧经贸混委会上，双方商定建立副部级中欧贸易政策对话机制，并签署了建立中欧知识产权对话机制的文本。2003年11月，欧盟委员会竞争事务委员马里奥·蒙蒂访华期间同商务部于广洲副部长举行工作会谈，双方签署了关于建立中欧竞争政策对话机制的备忘录。上述对话机制都将在2004年相继启动。

（二）瑞士

2003年，中瑞两国经贸关系持续健康发展，瑞士三位联邦委员先后访华。其中瑞士联邦主席库什潘在11月携企业家访华期间,分别与胡锦涛主席、温家宝总理以及商务部于广州副部长进行了会见。双方领导人积极评价了两国在经贸合作领域取得的成就，并就进一步推动双边经贸关系向更广更深的层面发展充分交换了意见。

瑞士是我在西欧除欧盟外最大的贸易伙伴。在双边贸易中，转口贸易占有一定比重。2003年，瑞士经济受世界经济大环境影响出现微弱下滑（-0.5%），但两国经贸合作仍然取得了显著的成果。据中国海关统计，2003年中瑞双边贸易总额达35.2亿美元，其中我出口8.4亿美元，进口26.8亿美元，分别增长31.7%。中国主要出口商品包括机电产品、纺织品、化工原料、玩具、体育器材和皮革制品等，中国主要进口商品包括机电产品、化工医药产品、光学和医疗设备及钟表等。

在双边贸易持续发展的同时，两国在投资领域的合作也不断加强。特别是以雀巢、诺华、瑞士再保险集团等为代表的瑞跨国公司纷纷加大对华合作力度，有力地促进了中瑞经贸关系的深入发展。2003年，中国新批瑞在华投资项目82个，合同瑞资金额3.4亿美元，实际利用瑞资金额1.8亿美元。截至2003年年底，中国累计批准瑞士在华投资项目613个，协议瑞资金额27.75亿美元，实际利用瑞资18.96亿美元。瑞士在华投资项目主要集中在医药、化工、机械、电子、食品和服务业等领域。

为促进中瑞企业,尤其是中小企业之间建立合资企业及其他形式的合作，1997年12月，中瑞双方签署了成立中瑞合作基金（SSPF）的有关文件。基金的投资总额为9 375万瑞士法郎，其中首期规模3 125万瑞士法郎，中瑞双方分别持股20%和80%；第二期规模3 125万瑞士法郎，中瑞双方持资比例改为40%:60%。基金最初由中瑞双方专家组成的投资委员会委托国家开发银行国际基金管理部进行管理。2002年7月，中瑞双方筹划成立了首家中外合资风险基金管理公司－中瑞创业投资管理公司。基金至今已在华投资10个项目。

两国财政合作稳步发展。自1984年至2003年年底，瑞士政府已向中国提供的政府贷款协议金额共计2.5亿美元，生效项目64个，主要为纺织、通信、医疗、机械、电力、环保和市政等领域的项目。

瑞士还一直是中国技术引进的主要来源国之一。2003年，中国从瑞引进技术92项，合同总金额3.2亿美元。从1979年至2003年年底，中国累计从瑞引进技术1 042项，金额约24.4亿美元。

（三）挪威

近年来，中挪双边经贸关系发展顺利。挪威政府对全方位加强对华合作态度积极，曾于2001年出台了“对华关系新战略”。2002年1月，挪威首相邦德维克成功访华，有力地推动了中挪在各个经贸领域的合作。同年10月,中挪经济、工业和技术合作联委会第15次会议在京召开，双方就贸易、航运、造船、海员劳务、信息通信技术以及渔业等领域的合作进行了深入探讨。

据中国海关统计，2003年中挪贸易额为17.65亿美元，增长21.7%。其中，中国对挪出口8.99亿美元，增长70.6%；自挪威进口8.65亿美元，减少6.3%。中国连续第二年超过日本成为当年挪在亚洲最大的贸易伙伴。中国对挪出口主要商品有船舶、纺织服装、机电产品、鞋类、箱包、焦炭、蘑菇罐头；从挪进口主要商品有原油、机电产品、肥料、建筑及采矿用机械、装卸设备及零件、铁矿砂。

挪威企业对华投资也取得了长足的进展。截至2003年年底，挪威对华投资项目数172个，协议挪资金额3.21亿美元，挪方实际投资2.26亿美元。其中，2003年挪对华投资项目数33个，协议挪资金额1 732万美元，挪方实际投资1 861万美元。挪在华投资的主要领域有航运、电子、机械、通信及化工等。

1986年至2003年年底，中挪共签订技术设备引进合同166项，合同金额为4.24亿美元。其中，2003年中国与挪共签订技术设备引进合同21项，合同金额为1.57亿美元。引进的技术和设备主要用于邮电、电子、机械、交通、轻工、农业、环保等领域。

此外，中挪在信息通信、财政、造船、海员劳务等领域的合作不断扩大。

六、中国与独联体及波罗的海国家的经济贸易关系

1991年下半年至1992年上半年,中国分别与独联体和波罗的海国家建立了外交关系。截至目前，中国与这些国家都签订了政府间《经贸合作协定》，与大多数国家签订了《投资保护协定》和《避免双重征税协定》。这些协定的签订为双边经贸关系的健康发展奠定了良好的法律基础。

2003年，双方高层往来和外经贸主管部领导接触频繁。胡锦涛主席5月访俄并参加了在莫斯科举行的上海合作组织元首峰会；胡锦涛主席访问哈萨克斯坦；商务部吕福源部长对俄罗斯进行工作访问并陪同胡主席访问了俄罗斯和哈萨克斯坦；张志刚副部长赴吉尔吉斯斯坦参加上海合作组织经贸部长会晤并顺访吉尔吉斯斯坦；马秀红副部长访问俄罗斯；原外经贸部周可仁副部长访问乌兹别克斯坦、土库曼斯坦；俄罗斯总理卡西亚诺夫、副总理赫里斯坚科（中俄总理定期会晤委员会俄方主席）访问了中国，俄罗斯总统驻远东代表普利科夫斯基访华并与吴仪副总理举行了具有实质性内容的工作会晤。摩尔多瓦总统沃罗宁、乌克兰总统库奇马访华。俄罗斯、哈萨克斯坦、吉尔吉斯斯坦、塔吉克斯坦、乌兹别克斯坦总理来华与温家宝总理共同举行上海合作组织第二次总理会晤。中俄总理第八次会晤、会晤委员会第七次会议以及经贸分委会第六次会议成功举行，此外，中国还与乌克兰、立陶宛、爱沙尼亚、亚美尼亚、阿塞拜疆和格鲁吉亚分别召开了双边政府间经贸合作委员会例会和主管经济部门磋商。上述高层互访和会晤、会议、经贸合作委员会例会和磋商对加深相互了解，解决经贸合作中存在的问题，扩大中国与上

述国家间的经济贸易合作起到了积极作用。

据中国海关统计，2003年中国与独联体国家的贸易总额为224.22亿美元，比上年增长42.3%，其中，中国出口92.88亿美元，增长81.6%；进口131.34亿美元，增长23.4%。中方逆差38.46亿美元。

2003年中国与波海三国贸易总额4.88亿美元，比上年增长36.9%。其中，中国出口4.21亿美元，增长38.9%；进口0.67亿美元，增长25.7%。

2003年新批准独联体、波罗的海国家在华投资项目162个，合同外资金额19 016万美元，实际使用外资金额5 977万美元。中国在独联体及波罗的海地区投资企业数68家，中方投资金额36 743万美元。截至2003年年底，共批准其在华投资项目1 760个，合同外资金额101 557万美元，实际使用外资金额38 457万美元。中国在这一地区投资企业729家，中方投资金额累计70 311万美元。

2003年中国与独联体、波罗的海国家新签劳务、工程承包合同364项，合同金额94 659万美元，完成营业额70 256万美元。截至2003年年底，在外人数17 991人。中国与这一地区签订劳务及工程承包合同累计63.48亿美元，营业额33.93亿美元。

现将中国与独联体、波罗的海国家和地区的经贸关系分述如下：

俄罗斯是中国在独联体内第一大贸易伙伴。目前中俄经贸合作发展迅速，势头良好。2003年双边贸易额达157.6亿美元，比上年增长32.1%，其中中国出口60.3亿美元，增长71.4%；进口97.3亿美元，增长15.7%。双边贸易已连续第五年保持增长，连续第四年创历史新高。两国元首提出的双边贸易200亿美元目标有望在今明两年实现。目前俄罗斯为中国第八大贸易伙伴，中国为俄第四大贸易伙伴。

传统大宗商品仍在对俄出口中占主要地位，其中轻纺产品约占对俄出口的一半以上；机电和高科技产品出口增幅较大，其中机电产品增长94.9%，在出口中占20.9%，主要是家电及电子类消费产品，高新技术产品增长88.8%，占对俄出口的8%（跟2002年相比没有变化）。2003年在对俄出口贸易中国有企业所占比重为42%，非国有企业占58%，其中私营企业占30%，三资企业占15%，集体企业占13%。

中国从俄进口以能源、原材料和机电产品为主。2003年中国从俄进口产品结构变化的显著特点是钢材、有色金属进口大幅上升，增幅分别为111.2%和349.8，机电产品和高新技术产品均有所下降，降幅分别为26.1%和28.1%。

截至2003年年底，经中国商务部批准或备案，中国在俄罗斯设立的企业为523家，中方协议投资54 622.84万美元，其中，服务贸易类企业277家，生产加工类企业180家，资源开发类企业25家，农业类企业39家；俄罗斯在华投资项目1 542个，投资合同金额88 284万美元，实际使用金额33 266万美元。

2003年，双方新签工程承包合同金额8 466万美元，签订劳务合作合同金额19 352万美元。截至年底，双方签订劳务及工程承包合同累计43.97亿美元，营业额19.14亿美元。

中亚五国（哈萨克斯坦、吉尔吉斯斯坦、乌兹别克斯坦、塔吉克斯坦、土库曼斯

坦）：（见本文第三部分）。

乌克兰是中国在独联体国家中的第三大贸易伙伴。2003年中乌贸易额21.75亿美元，比2002年增长76.3%。其中中国出口9.29亿美元，增长76.1%；进口12.46亿美元，增长76.4%。中国向乌主要出口纺织品和服装、鞋、织袜、农产品、计算机、通信产品、电视、收音机、无线电设备及其他机电产品；自乌主要进口钢坯、钢材、己内酰胺、航空航天技术及产品、尿素、铜、核反应堆及零件等。

截至2003年年底，乌在华投资项目60个，合同外资金额1 886万美元，实际使用外资915万美元；经商务部批准或备案的在乌中国投资项目34个，中方投资额913万美元。2003年中乌新签劳务和工程承包合同6份，合同金额4 212万美元，完成营业额524万美元，年底在乌人数261人。截至2003年年底，双方签订劳务及工程承包合同累计13 384万美元，营业额4 494万美元。

白俄罗斯是中国在独联体国家中的第七大贸易伙伴。2003年，中白贸易额12 895万美元，同比增长61.2%，其中中国出口3 223万美元，增长98.6%，进口9 672万美元，增长51.7%。中国向白主要出口服装、计算机、通信产品、轴承、农产品、电子产品等；自白主要进口己内酰胺、钾肥、废钢、钢材及玻璃纤维等。截至2003年年底，白在华直接投资项目21个，合同外资金额1 393万美元，实际使用外资金额491万美元；经商务部批准或备案的在白中国投资项目7个，中方投资额348万美元。2003年中白新签劳务和工程承包合同4个，合同金额896万美元，完成营业额879万美元，年底在白劳务人数25人。截至年底，双方签订劳务及工程承包合同累计1 870万美元，营业额1 235万美元。

2003年中国与**外高加索三国（阿塞拜疆、格鲁吉亚、亚美尼亚）**贸易总额为2.73亿美元，比上年增长135.35%。其中，中国出口为2.28亿美元，增长119.55%；进口4 467万美元，增长284.12%。中国向外高加索三国主要出口服装、计算机与通信技术、农产品、出口计量检测分析自控仪器及器具、棉机织物等；自三国进口原油、聚乙烯、矿产品等。截至2003年底，中国在外高三国投资项目9个，中方投资额2 765万美元。2003年我与外高三国新签劳务和工程承包合同4个，合同金额1 755万美元，完成营业额2 597万美元，年底在白劳务人数280人。截至年底，双方签订劳务及工程承包合同累计7 833万美元，营业额7 360万美元。

我与外高地区经济技术合作规模不断扩大，中国企业正逐步进入该地区电力工程、石油资源开发、化工等市场领域。

2003年中国与**波罗的海三国（爱沙尼亚、拉脱维亚、立陶宛）**贸易总额4.88亿美元，同比增长36.9%。其中，中国出口4.21亿美元，增长38.9%；进口6 679万美元，增长25.7%。中国向波罗的海三国主要出口计算机与通信技术、无线电通信设备零附件、电子技术、电视机、农产品、服装等；自波罗的海三国进口计算机与通信技术、锯材、冻鱼等。

七、中国与中东欧国家的经济贸易关系

双边贸易　自20世纪90年代初以来，中国与中东欧国家双边贸易方式由记账贸易转为现汇贸易。由于双方经济体制的转轨，导致原有的贸易渠道和机制被打破，尤其是随着中东欧地区国有企业的私有化和经济的持续下滑，双边贸易在改变贸易方式初期曾一度大幅下降。在双方的不懈努力下，双边贸易在经历了大幅下降后快速回升，近几年呈高速增长态势，已连续6年保持两位数增长，平均增幅达30.4%。

据中国海关统计，2003年中国与中东欧12国（罗马尼亚、塞尔维亚和黑山、斯洛文尼亚、克罗地亚、波斯尼亚和黑塞哥维那、马其顿、匈牙利、保加利亚、波兰、捷克、斯洛伐克、阿尔巴尼亚）贸易额再创新高，达81.97亿美元，比上年增长53.9%。其中中国出口65.16亿美元，增长51.7%；进口16.81亿美元，增长62 .9%。2003年中国在该地区最大的贸易伙伴是匈牙利，两国贸易额达25.88亿美元，其次为波兰、捷克和罗马尼亚。上述四国与中国贸易额为71.22亿美元，占中国与该地区贸易额的87%。

在贸易增长的同时，进出口商品结构也在不断改善，高附加值的机电产品和高新技术产品占比增大。据统计，中国出口中45.4%为机电产品，37.7%为轻纺产品，进口中机电产品占比为53.7%。

中国与中东欧贸易迅猛发展得益于以下几方面因素：

1. 为平衡贸易，中国采取的扩大自该地区进口的措施取得成效；
2. 该地区经济逐步好转，市场需求增加；
3. 跨国集团内部采购对双边贸易增长产生重要影响；
4. 在“走出去”和“市场多元化”战略的推动下，中国企业开拓该地区市场的力度加大。

投资　1991年中国与中东欧国家贸易方式转变后，双方企业在相互投资、生产技术合作等方面进行了有益探讨，取得了一定成果。据统计，截至2003年年底，中东欧国家在华投资项目共1 288 个，合同投资额10.59 亿美元，实际投资额4.22亿美元，涉及机械、食品、医药、化工、电力等领域。其中，波兰、捷克和斯洛文尼亚在开展对华投资方面成效突出。

目前，波兰在张家口投资建成了锅炉厂，捷克在广州合资组建了小型汽轮机制造厂，斯洛文尼亚在安徽和苏州分别投资兴建了农用马达厂和汽车用电器元件厂。此外，波兰政府对中国8 500万美元环保设备贷款项下的吉林四平城市污水处理等项目已经启动，其他环保项目正在积极筹备中；捷克对中国2.68亿美元出口买方信贷项下的山西神头火电站项目已于2002年8月开工。

随着中国“走出去”战略的逐步实施，以及中东欧国家即将入盟和投资环境进一步改善，中国企业加大了对该地区投资设厂的兴趣和力度。据不完全统计，中国在该地区投资约3亿美元，中国已建成包括餐饮、商贸和机械、医药、木材加工、纺织、卷烟、农业等领域的生产性企业。目前中国在该地区投资取得较好成效的国家是罗马尼亚、匈

牙利和保加利亚。

2003年，中国在中东欧地区带资承建的最大工程—马其顿科佳水电站项目克服重重困难，取得重大进展，该项目将于2004年竣工投产。

存在的问题

1. 缺乏相互了解。近10年来，中国与中东欧国家产业结构、技术水平、生产能力、市场供求关系、进出口商品结构、贸易主体都发生了巨大变化，而双方企业对此知之不多，对对方的认识甚至还停留在10年前的水平上，不适应变化了的情况。

2. 贸易不平衡问题突出，中国顺差居高不下。2003年中国对该地区国家均有顺差，总额为48.35亿美元，比2002年增加15.7亿美元。

3. 大多数中东欧国家出于加入欧盟的考虑，效仿欧盟做法，对中国贸易保护主义措施明显增加，对双边经贸关系带来负面影响。波兰、捷克、斯洛文尼亚、斯洛伐克等首批入盟国家跟随欧盟对我实施贸易保护、设限势头增强。

4. 赴中东欧国家签证难。近年来，中东欧国家不仅对中国赴该地区经商的民营企业人员的签证进行刁难，而且对中国大型经贸和参展团组人员的签证卡得很严，影响了中国企业开展与该地区经贸活动的积极性。

八、中国与美国、加拿大的经济贸易关系

（一）美国

2003年是中美经贸关系取得重大发展的一年。中美高层领导人频繁互访，并在APEC会议等其他国际场合多次会晤。这些活动对推动中美建设性合作关系的发展，促进两国在政治、经济、外交、安全等各个领域的合作具有重要的意义。

2003年6月，在法国埃维昂南北领导人非正式对话会议期间，中国国家主席胡锦涛与美国总统乔治·布什举行了会晤；10月在泰国亚太经合组织领导人非正式会议期间，胡锦涛主席与布什总统再次会晤，就包括中美经贸问题在内的中美关系及其他国际问题交换了意见。2003年12月，温家宝总理应美国总统布什的邀请，对美国进行正式访问。访美期间，温总理与布什总统等美领导人就中美关系和重大的国家及地区问题广泛、深入地交换了意见，并重点就台湾、经贸等问题作了美方工作，访问取得了圆满成功，达到了“加强对话、扩大共识、排除干扰、促进合作”的预期目的。

温家宝总理访美期间，提出了处理中美经贸关系五项原则：

——加强合作，互利共赢。一切应从大处着眼，相互考虑和照顾彼此的关切；

——把发展放在首位。通过扩大经贸合作来化解分歧；

——发挥双边经贸协调机制作用。及时沟通和磋商，避免矛盾激化；

——平等互利、友好协商，不动辄设限和制裁；

——不把经贸问题政治化。

同时，为妥善解决中美经贸关系中存在的问题，积极推动中美经贸关系进一步发展，两国领导人还商定提升中美商贸联委会级别，中方由国务院副总理吴仪担任主席，美方则由商务部长埃文斯和贸易代表佐立克担任共同主席，决定于2004年春季在美国举行第十五届中美商贸联委会。

年内，中美双方政府高层经贸官员也充分利用互访、电话会议、通信等多种方式保持经常性的接触，就双方关注的重大经贸议题频繁交换看法。这些活动加强了双方的沟通与交流，增进了相互理解，对解决中美经贸关系中存在的问题发挥了积极作用，有助于促进中美经贸关系继续健康稳定地向前发展。

2003年中美双边经贸关系保持了迅速发展的势头，合作规模不断扩大，领域不断拓宽，深度也有了进一步增强。美国仍为中国第二大贸易伙伴，第一大出口市场，第六大进口来源地和重要的外资来源地。而中国跃升为美国第三大贸易伙伴，第二大进口来源地，第六大出口市场。根据中国海关统计，2003年中美贸易额1 263.3亿美元，同比增长30.0%。其中，中国对美出口924.7亿美元，同比增长32.2%；进口338.6亿美元，同比增长24.3%。中方顺差586.1亿美元，同比增长37.2%。据美国商务部统计，2003年中美贸易额为1 808.0亿美元，同比增长22.8%；美自华进口1 523.8亿美元，同比增长21.7%；美对华出口284.2亿美元，同比增长28.9%。美对华逆差为1 239.6亿美元，同比增长20.2%。

在双向投资方面。美仍是中国外资重要的来源地之一。2003年，美对华投资项目4 060个，同比增长20.7%；合同美资101.6亿美元，同比增长24.6%；实际投入42.0亿美元，同比下降22.6%。截至2003年，美对华投资项目累计达41 340个，合同美资金额864.4亿美元，美方实际投入440.9亿美元。美资企业特别是跨国公司对华直接投资有了更快的发展，规模逐渐增大，领域不断拓宽。从区域分布看，美资企业主要投资于中国沿海地区，有向中西部地区转移的趋势。中美经贸合作方式朝多样化发展，两国在经济合作领域的相互依赖进一步加强。

从中国对美投资看，中国在美国兴办的贸易型和非贸易型公司也呈增长趋势。2003年新批中国在美投资企业83家，协议投资总额1.25亿美元，中方投资1.13亿美元。截至2003年，经批准的中国在美投资企业共计786家，协议投资总额超过12.5亿美元，中方投资约9.5亿美元，涉及工业、科技、服装、农业、餐饮、食品加工、旅游、金融、保险、运输和承包等领域。目前中国万向、海尔、北方、中建等企业在美投资较为成功，它们采取参股、并购、互换股权、直接投资、承包工程等方式，在当地取得了一定的经济效益，扩大了自身在国际上的影响。

尽管2003年中美经贸往来取得了长足发展，但中美双边经贸关系中还存在着一些不确定因素和问题，有可能对双边经贸关系产生消极影响，并阻碍今后双边合作潜力的正常释放。年内，美一方面通过各种渠道向中国政府施压；一方面利用反倾销、特保措施等手段对中国实施限制性的贸易政策措施。美国内一些舆论将美经济复苏乏力，失业率居高不下等问题归咎于中国。美政府以美对华巨额贸易逆差等问题为由，指责中国政府操控人民币汇率，谋取不公平的竞争优势，要求中国建立更加灵活的汇率制度。

据中方统计，2003年中国输美产品共遭遇11起贸易救济立案调查（9起反倾销案件、2起特保案件），涉案总金额高达18.5亿美元，与去年同期相比立案数量持平，但涉案金额却增长969%；在涉及中国产品的贸易壁垒调查中，美对中国共发起7起指控中国企业侵犯知识产权的337调查案件，影响中国出口金额近1.8亿美元。另外，美国际贸易委员会应美一组织的反倾销立案申请对中国输美的木制卧室家具正式立案，该案取代彩电案成为美历史上对华发起反倾销立案涉案金额最高的案件（美方统计为9.6亿美元）。

与历史同期相比，2003年美对华实施贸易救济大案数量和涉案金额均创新高。其中，涉案金额上亿美元的案件有3起，分别是木制卧室家具反倾销案件（9.6亿美元）、彩电反倾销案（4.8亿美元）和刹车盘、刹车鼓特保案（1.8亿美元），涉案产品主要集中在中国对美出口量较大且增长较快的机电、轻工和化工产品。此外，美还对中国产针织布、胸衣、晨浴衣等3类纺织品发起设限调查，2002年中国上述产品对美出口金额为4.4亿美元（按照美海关统计）。2003年，美对中国产品的立案金额已占到世界各国对中国产品立案总金额的88%。

中国政府为保持中美经贸关系正常稳定的发展做出了艰苦而富于成效的努力。温家宝总理在访美期间指出，经贸关系是两国关系的经济基础。互利共赢的中美经贸关系，不仅给两国人民带来实实在在的经济利益，而且成为中美关系发展的重要基础和强大动力。中美经贸合作的迅速发展，对于周边地区经济繁荣乃至世界经济增长所起的促进作用，更是有目共睹。中美贸易之所以能迅速发展，根本原因在于两国经济具有极大的互补性。这种互补性，很大程度上来自两国经济资源条件、经济结构以及消费水平存在着很大的差异。这就是中美贸易能够持续快速发展的客观基础。对待中美贸易问题，要有高瞻远瞩的战略眼光。只要双方从中美经贸关系大局出发，排除非经济贸易因素的不利影响，平等务实地坦率交流，通过协商扩大合作与共识，努力化解矛盾，中美经贸关系中现存的问题完全可以得到妥善解决，中美经贸关系未来也必将取得更大发展。

（二）加拿大

2003年，中国和加拿大双边经贸合作发展顺利。中加双边贸易稳步增长，双向投资不断扩大，贷款合作和发展合作进展良好。2003年10月，加前总理克雷蒂安对中国进行正式访问；12月，温家宝总理对加拿大进行正式访问。频繁的高层互访进一步促进了双边经贸关系的发展。

双边贸易 据中国海关统计，2003年中加双边贸易总额为100.1亿美元，比2002年增长26.2%，创历史新高。其中，中国对加出口56.3亿美元，同比增长30.9%；中国从加进口43.7亿美元，同比增长20.6%。加拿大目前是中国第十大贸易伙伴。中国对加出口主要商品为机电产品（25.6亿美元，增长45.5%）、服装（8.9亿美元，增长21.8%）、高新技术产品（7.9亿美元，增长80.7%）、纺织品（2.9亿美元，增长25.5%）、钢铁及其制品（2.7亿美元，增长28.8%）、鞋类（2.1亿美元，增长7.6%）、家具及其零件（1.9亿美元，增长29.9%）等。中国从加进口主要商品仍为机电产品（13.7亿美元，增长1.3%）、纸浆（6.5亿美元，增长36.1%）、高新技术产品（5.8亿美元，下降18.9%）、汽车零件和零附件（5.5亿美元,增长138.9%）、肥料（2亿美元，增长1.4%）、塑料及其制品（1.5亿美元,增长43.6%）等。

投资　2003年，加对华投资新设立企业901个，同比增长27.26%；合同外资金额16.1亿美元，同比增长40.17%；加方实际投资5.64亿美元，同比下降4.16%。截止到2003年12月底，全国累计批准加拿大对华投资企业6 941个，合同外资金额119.87亿美元，加方实际投资39.22亿美元。加拿大在华投资的地区分布广泛，既有在沿海发达地区、中部地区的投资项目，也有在西部地区的投资项目，如内蒙、新疆、山西、青海等。投资的行业主要有：电信设备制造、轻工机械设备制造、工程设计、软件开发、种植业、服装制造、房地产、娱乐服务等。

2003年，商务部新批11家在加投资企业，中方投资额785.39万美元。截至2003年年底，经商务部批准或备案的中国在加拿大投资兴办的贸易和非贸易性企业共155家，中方投资总额为4.44亿美元，涉及的行业主要有资源开发、工业生产、建筑承包、农牧渔业、餐饮业、科技文化交流、交通运输、咨询服务等。

贷款合作与发展合作　2001年2月，中国财政部与加拿大出口发展公司签署了第六批贷款的协议，加方将向中方提供总金额为1.79亿加元的混合贷款。截至目前，加拿大共向中国承诺了六批贷款，承诺总金额达24.86亿加元（约合15.66亿美元）。其中，前五批贷款已基本执行完毕，实际使用贷款金额约8.22亿美元，共生效了185个项目。项目主要集中在邮电通信、水电、能源、石化、纸浆造纸、轻工建材、城市建设等领域。

中加发展合作始于1982年。20多年来，双方进行的合作涉及农业、林业、能源、交通、教育、通信、环保、人才开发、体制改革和扶贫等领域，项目总数达到101个，其中已完成的合作项目66个，正在执行的项目35个。据统计，加方对已签署备忘录的101个项目协议投入资金总额约为6.6亿加元(约合4.8亿美元)。在中加双方的共同努力下，贷款及发展合作项目进展顺利，取得了较好的经济和社会效益。

九、中国与拉丁美洲和加勒比地区的经济贸易关系

（一）拉丁美洲

双边贸易　中拉双边贸易额再创历史新高，并一举突破200亿美元大关，中方出现了近年来的首次贸易逆差。

2003年，受美国经济复苏加快以及本地区经济与金融政策调整等因素影响，拉美地区经济初步摆脱了历时数年的经济衰退的阴影，并呈现恢复性增长，预计全年地区经济可增长1.5%。2003年，中国与拉美双边贸易继续保持快速发展的良好势头，贸易额

在2000年突破百亿美元的基础上再创历史新高，并一举突破了200亿美元大关。根据中国海关统计，2003年中拉双边贸易总额为257.4亿美元（不含加勒比地区的非西班牙语国家和地区），比上年增长50%；其中中国对拉美出口110.27亿美元；从拉美进口147.13亿美元，（中方逆差36. 86亿美元），同比分别增长23.77%和78.36%。中国与拉美双边贸易以及中国从拉美进口的增长幅度均明显高于同期中国外贸进出口和进口的增长幅度。

2003年，中国与巴西、墨西哥、智利、阿根廷、巴拿马和秘鲁的双边贸易额均超过10亿美元，分别为79.91亿美元、49.44亿美元、35.29亿美元、31.77亿美元、15.09亿美元和11.14亿美元。与委内瑞拉、哥斯达黎加、哥伦比亚、古巴、危地马拉、厄瓜多尔、乌拉圭、萨尔瓦多、巴拉圭的双边贸易额也均超过1亿美元。在上述国家中，中国对墨西哥、巴西、巴拿马和智利的出口均超过10亿美元，分别达到32.68亿美元、21.46亿美元、14.80亿美元和12.84亿美元，对阿根廷、哥伦比亚、秘鲁、危地马拉、厄瓜多尔、古巴、委内瑞拉、萨尔瓦多、乌拉圭和巴拉圭的出口也均在1亿美元以上。由于阿根廷经济形势的好转，当年中国对南共市国家出口额明显上升，但对委内瑞拉等国出口出现较大下降。2003年中国对拉美国家出口的大宗商品有：服装及衣着附件、纺织品、鞋、自动数据处理设备及其部件和零件、电视机及其零件、录放相机、焦炭及半焦炭、塑料制品、收录机、旅行用品及箱包、船舶、成品油、医药品、玩具、灯具等照明设备、轮胎、摩托车及自行车的零件、煤、集装箱等。

2003年，中国从拉美国家进口有较大幅度的增长。中国从巴西、阿根廷、智利和墨西哥的进口均超过10亿美元，分别达到58.46亿美元、27.30亿美元、22.45亿美元和16.77亿美元，从秘鲁、哥斯达黎加、委内瑞拉和古巴的进口也均超过1亿美元。中国从哥斯达黎加和巴拿马等中美洲国家的进口有了较快增长。2003年中国从拉美国家进口的主要商品有大豆、铁矿砂及其精矿、未锻造的铜及铜材、食用植物油、钢材、集成电路及微电子组件、铜矿砂及其精矿、纸浆、自动数据处理设备的零件、饲料用鱼粉、钢坯、牛皮革及马皮革、汽车零件、成品油、氧化铝、锯材、初级形状的塑料、食糖、毛条、纸及纸板、活塞式内燃机零件、对苯二甲酸等。

投资 据商务部业务统计，截至2003年，经国家授权部门批准并在商务部备案的中国在拉美地区投资企业共有384家，中方投资总额7.62亿美元。其中2003年我在拉美共设立投资企业18家，中方投资1.64亿美元。投资对象包括巴西、墨西哥、委内瑞拉、秘鲁和古巴等国家，投资的行业涉及资源开发、加工装配和贸易等。其中值得一提的是，2003年上海宝钢集团公司与巴西淡水河谷公司签订了钢厂项目合资意向书。中国与巴西合资生产的支线飞机也实现了成功下线和首飞。同期，拉美国家在华投资继续保持稳定的发展势头。截至2003年年底，拉美国家在华投资项目共1 617个，合同外资金额47亿美元，实际投资金额10亿美元。其中2003年拉美在华投资项目达131个，合同外资金额3亿美元，实际投资金额1亿美元。

经济技术合作 中国在开拓拉美工程和劳务承包市场方面取得一定的进展，项目规模和业务范围都有较大的突破，技术水平也不断提高，合作领域日益拓展。截至2003年，中国企业共在拉美地区签订承包工程和劳务合作合同总金额29.6亿美元，完成营业额18.6亿美元。其中2003年新签承包工程合同金额 4.7亿美元，完成营业额6.1亿美元。

2003年，中国向古巴、秘鲁、厄瓜多尔、玻利维亚、委内瑞拉、哥伦比亚、乌拉圭等国家提供了各类经济技术援助。此外，还向古巴、智利、玻利维亚、墨西哥、厄瓜多尔、哥伦比亚、委内瑞拉等国家提供了多边技术援助，共有15名学员参加了在华举办的各类技术培训。

重要经贸往来 2003年1月，石广生部长率团访问了古巴和秘鲁；7月，政治局常委李长春同志访问了古巴和阿根廷；9月，吕福源部长出席了在墨西哥召开的WTO第五届部长级会议；12月，温家宝总理访问了墨西哥。同年，中国与古巴和玻利维亚召开了经贸混委会。在中国与南共市第四次磋商中，双方就经贸合作问题交换了意见。2003年，古巴国务委员会主席卡斯特罗、政府部长卡布里萨斯和外资部副部长里波伊、厄瓜多尔总统古铁雷斯、阿根廷外长别尔萨、玻利维亚副外长安纳亚、墨西哥经济部副部长加西亚、巴西工业、发展和外贸部长富兰等拉美国家领导人和重要经贸代表团相继访华，与中方就进一步发展双边经贸合作关系交换了意见。以上高层交往和经贸往来增进了中拉之间的了解，加深了双方的友谊，推动了双边经贸合作。

（二）加勒比地区

加勒比地区地处南北美洲之间，共包括16个独立国家和13个未独立地区。目前，中国与加勒比地区9个国家建立了正式外交关系。其中，古巴是加勒比地区第一个与中国建交的国家；圭亚那、牙买加、特立尼达和多巴哥、苏里南、巴巴多斯、安提瓜和巴布达6国在20世纪70年代初至80年代初相继与中国建交；1997年中国又先后与巴哈马和圣卢西亚建交。目前中国同加勒比地区的国家和地区都有经济贸易往来。在同中国建交的9个国家中，有5个国家（古巴、苏里南、牙买加、圭亚那、特立尼达和多巴哥）同中国签订了贸易协定。有5个国家（古巴、牙买加、巴巴多斯、特立尼达和多巴哥、圭亚那）同中国签订了相互鼓励和保护投资协定，有4个国家（古巴、牙买加、巴巴多斯、特立尼达和多巴哥）与中国签订了避免双重征税协定。此外，巴哈马与中国签订了海运协定。这些协定的签署，使双方的经贸交往得以在稳定的框架下进行，有力地促进了中国与相关国家的经贸关系。

2003年中国与加勒比地区贸易往来增多，经济合作活跃，中加经贸关系处于历史发展最好时期。

双边贸易 据中国海关统计，2003年中国与加勒比地区的贸易额达14.2亿美元，同比增长30.1%。其中中国出口10.8亿美元，同比增长21.8%；进口3.4亿美元，同比增长67.1%。2003年，中国在加勒比地区的贸易伙伴中，双边贸易额超过1亿美元的有5个，依次为古巴（3.6亿美元）、波多黎各（2.4亿美元）、牙买加（2.1亿美元）、多米尼加共和国（1.5亿美元）、巴哈马（1. 2亿美元）。

中国与加勒比地区的贸易中以中国出口为主，主要出口产品包括：机电产品（4.89亿美元，其中船舶出口1.54亿美元），轻纺类产品（4.26亿美元，其中纺织品1.82亿美元，服装1.4亿美元）、化工产品（8 687万美元）等。中国从加勒比地区进口的主要产品包括氧化铝、沥青、原木及海产品等。

投资 根据商务部业务统计，截至2003年，经国家授权部门批准并在商务部备案的中国在加勒比地区投资企业共有102家，中方投资总额为7 633万美元。其中，2003年新批境外企业8家，中方投资总额为434.5万美元。投资对象包括：苏里南、安巴、圭亚那、开曼群岛、英属维尔京群岛等，投资行业涉及资源开发、加工装配和贸易咨询等。2003年，以中国中信集团公司、中国水产（集团）总公司、清华同方威视技术股份有限公司等为代表的中国企业纷纷派出考察小组与加勒比地区企业界建立联系，洽谈合作项目。

与此同时，加勒比地区在华投资继续保持良好发展势头。截至2003年，加勒比地区在华投资项目共10 236个，合同外资金额752亿美元，实际投资金额357亿美元。其中，2003年，加勒比地区在华新设项目2 507个，合同外资金额146亿美元，实际投资金额68亿美元。其中，维尔京群岛、开曼群岛金融地位特殊，许多国际游资通过这里投向中国市场，2003年在外国（地区）对华投资排名中分列第2位和第9位。

经济技术合作 在开拓工程和劳务承包市场方面，中国企业在加勒比地区取得新的进展。2003年中国企业在加勒比地区新签承包劳务和技术咨询合同111份，新签合同额3.3亿美元，完成营业额1.9亿美元。截至2003年年底，中国企业共在加勒比地区签订承包劳务和技术咨询合同总金额11.9亿美元，完成营业额7.9亿美元。

2003年，中国向加勒比地区有关国家提供了各类经济技术援助，举办了“第一期中国－加勒比地区部级经济管理官员研讨班”、“第一期加勒比国家公务员研修班”等人力资源培训。

重要经贸往来 2003年1月，时任国务委员的吴仪副总理率中国政府代表团访问了与我建交的加勒比英语八国，极大地推动了中加关系、中加经贸关系的发展。3月，圭亚那总统贾格迪奥访华，圭对外贸易和国际合作部长罗西随访，中圭双方召开了第8届经贸和技术混委会，双方签署了《促进和保护投资协定》、《经济技术合作协定》和《混委会会议纪要》。9月，来华参加第一期中国－加勒比地区经济部级官员研讨班的部级官员参加了在“9.8投洽会”上举办的“加勒比地区投资研讨和项目洽谈会”，吴仪副总理为“加勒比日”活动剪彩并为“加勒比地区投资研讨会”致开幕词；同月，苏里南财长访华。10月，巴哈马贸工部长应邀访华。11月，商务部组织的商务考察团访问了多米尼加共和国和海地。高层交往和经贸互访增进了中国和加勒比地区的了解，推动了双边经贸合作。

十、中国与澳大利亚、新西兰的经济贸易关系

（一）澳大利亚

2003年，中澳双边经贸关系继续保持良好发展势头。两国间高层互访频繁。8月，澳总理霍华德访华；10月，胡锦涛主席访澳。频繁的高层互访进一步促进了双边经贸关系的发展。

双边贸易 据中国海关统计，2003年双边贸易总额再创历史新高，达到135.6亿美元，比2002年增长30%，是建交时的150多倍。其中中国对澳出口62.6亿美元，增长36.6%；从澳进口73亿美元，增长24.8%。澳大利亚为中国第九大贸易伙伴，中国为澳大利亚第三大贸易伙伴。

从进出口贸易的构成来看，机电产品为中国对澳出口的第一大类商品，其次为高新技术产品和纺织品服装。2003年中国对澳出口大项商品主要有：机电产品（26.9亿美元）、高新技术产品（11.1亿美元）、纺织品服装（15.5亿美元）、自动处理设备（6.3亿美元）和家具及其零件（1.8亿美元）等。其中与2002年相比出口增长较快的商品有: 自动处理设备（6.3亿美元，增长118.5%）、高新技术产品（11.1亿美元，增长77.94%）以及自动处理设备（6.3亿美元；增长118.5%）等；2003年中国从澳进口的主要商品有：铁矿砂（16.3亿美元，5813万吨）、氧化铝（9.98亿美元，410万吨）、羊毛（5.9亿美元，10万吨）、原油（4.5亿美元，178万吨）、机电产品（3.8亿美元）等。

投资 2003年，澳在华新设投资项目785个，协议金额19.15亿美元，实际投入5.93亿美元。截至2003年12月底，中国累计批准澳商在华直接投资项目6 073个，澳方协议投资额99.92亿美元，实际投入34.21亿美元。投资行业分布在农业、建材、纺织、电子、服务业等领域。澳大利亚是中国吸收外资的主要来源地之一。

与此同时，中国在澳的投资也有了新的发展。截至2003年12月底，中国在澳的投资项目已有220个，双方协议投资额16亿美元，中方协议投入金额4.5亿美元。中国在澳投资以资源开发为主，如铁矿砂、有色金属和稀有金属等。中澳两国已互为重要的投资伙伴。此外，中澳双方在技术援助、羊毛、有色金属、机电、冶金、能源等方面的合作也富有成效。

技术合作 自1981年10月中澳两国政府正式签署《中澳技术合作促进发展计划协定》以来，由于两国政府的重视及双方的共同努力，中澳技术合作进展顺利，成果显著。近20年来，合作领域不断扩大，已涉及农业、林业、牧业、能源、矿产、交通、纺织、建材、教育、卫生、审计、城市改造等方面。截至2003年12月底，中国利用澳援助完成合作项目98个，澳方投入2.2亿美元，正在执行项目35个。

（二）新西兰

2003年，中新两国经贸合作关系继续呈良好发展势头。两国在贸易、投资、经济技

术合作等领域的合作都取得了新的进展。10月胡锦涛主席访新，有力地促进了两国包括经贸关系在内的全面合作伙伴向前发展。

双边贸易　据中国海关统计，2003年两国贸易额为18.3亿美元，比上年增长30.7%。其中中国从新进口10.2亿美元，对新出口8.0亿美元，同比分别增长27和34.2%。

从商品结构看，2003年中国对新西兰的出口商品以机电轻纺产品为主，主要包括：机电产品（3.3亿美元）、服装及衣着附件（1.83亿美元）、高新技术产品（1.18亿美元）、纺织品（5 064万美元）等。2003年中国对新出口增长较快的大宗商品主要有：机电产品（增长49%）、高新技术产品（增长68.8%）、电视机（增长51.8%）等。近年来，机电产品、高新技术产品等对新出口增长迅速，对新出口商品结构得到进一步改善。

2003年中国从新西兰进口仍多为原料性产品，主要包括：原木（1.28亿美元，192万立方米）、羊毛（9 073万美元，3.06万吨）、纸浆（6 097万美元，16万吨）、机电产品（2 949万美元）等。中国从新进口增长较快的商品主要有：乳制品（增长53.9%）、农产品（46.1%）等。目前中国从新进口的商品中，虽然初级产品仍占较大比重，但高新技术产品等制成品也在不断扩大其市场份额。双边贸易的内容正在不断丰富。

投资　2003年，新西兰在华新设投资项目144个，协议金额2.37亿美元，实际投入6 577万美元。截至2003年12月底，中国共批准新西兰在华投资项目总数为819个，协议金额8.12亿美元，实际投入4.05亿美元。在华投资主要分布在农林、轻工、纺织、冶金、食品加工、医药、计算机等领域。

截至2003年12月底，经商务部批准，在新投资的中国企业共28家，中方协议投资4 937万美元。

技术合作　中新技术合作始于1989年，截至2003年12月底，新共向中国提供了约1 350万美元的援款，用于对中国经济不发达地区的扶贫，并将其先进的农牧业技术和设备介绍到中国，收到了很好的经济和社会效益。

2003年中国海关工作

2003年，是近年来中国海关任务完成最好的一年，是党中央、国务院和社会各界对海关队伍给予高度评价的一年。在党中央、国务院的正确领导下，全国海关坚持以邓小平理论和“三个代表”重要思想为指导，认真贯彻落实“依法行政，为国把关，服务经济，促进发展”海关工作方针，圆满完成了各项工作任务。特别是2003年9月12日，胡锦涛总书记等中央领导同志亲切接见了海关首批高级关衔人员和全国海关先进集体、先进工作者代表并作了重要讲话，国务院隆重举行授予海关关衔仪式，成为新中国海关发展史上的一座里程碑，标志着海关事业进入了新的历史发展阶段。

一、全面贯彻落实海关工作16字方针和海关队伍建设12字要求，是海关系统实践邓小平理论和“三个代表”重要思想的两个基本点

2003年9月12日胡锦涛总书记对海关的讲话指出：海关是守护国家经济大门、维护国家经济利益的钢铁长城。做好海关工作，对促进经济社会发展、维护国家经济安全和人民利益，具有十分重要的作用。面对新形势、新要求、新挑战，全国海关坚持以邓小平理论和“三个代表”重要思想统揽和指导海关工作，认真学习贯彻胡锦涛总书记在9月12日重要讲话精神，紧密联系海关实际，从党和人民对海关工作要求的政治高度，坚持把全面贯彻落实“依法行政，为国把关，服务经济，促进发展”海关工作16字方针和“政治坚强、业务过硬、值得信赖”海关队伍建设12字要求，作为海关系统实践邓小平理论和“三个代表”重要思想的两个基本点，努力推动我国先进生产力的健康发展，努力推动先进文化的不断进步，努力实现好、维护好、发展好广大人民群众的根本利益。确保了海关把关服务职能的切实履行，确保了党和人民交给的各项任务的圆满完成。

二、正确履行把关服务职能，圆满完成海关各项工作任务

认真贯彻全国打击走私工作会议精神，反走私斗争取得新成果。全国海关综合运用行政执法和刑事执法两种手段，大力推进反走私综合治理，保持打击走私高压态势，大规模走私继续得到有效遏制。2003年，全国海关共查获各类走私案件12 939起，案值99.3亿元，分别比去年同期增长23%和51%；对3 090名走私犯罪嫌疑人采取了强制措施，向检察机关移送审查起诉1 914人；同时查获反动、邪教、淫秽等非法印刷品、音像制品及有关物品523.6万件，查获各类毒品4 456.5千克，各种走私文物4 025件，有力地维护了国家经济安全和社会稳定。

海关税收超大幅度增长，为增强中央财力做出积极贡献。全国海关坚持以税收为“轴心”，努力降低各种减收因素的影响，科学征管，综合治税，规范减免，不断提高税收征管质量，提前104天完成年初2 590亿元的税收计划，又提前19天完成温家宝总理提出的3 500亿元税收新目标。2003年，全国海关征收关税和进出口环节税净入库3 711.57

亿元，比上年多收1 120.95亿元，增长43.27%。

提高监管水平和通关效率，促进对外经济贸易大发展。针对外贸进出口大幅度增长的新情况，全国海关大力推广快速通关、便捷通关、无纸通关等改革措施，积极推动“大通关”建设，监管水平和通关效率不断提高。2003年，全国海关监管进出口货物总值8 512.1亿美元，同比增长37.12%，其中，监管加工贸易进出口总值4 047.9亿美元，占全国外贸进出口总值的47.55%，比去年同期增长33.99%；监管进出境旅客2.3亿人次，各类邮包、快件1.5亿件。

海关统计工作成绩显著。2003年，统计基础工作继续得到强化，数据质量不断提高，统计职能作用充分发挥，统计数据和统计信息得到了党中央、国务院和地方党委政府的进一步重视，对国家经济建设的宏观调控和科学决策起到了重要作用。

此外，海关国际合作继续扩大，合作内容更加丰富。海关督察审计工作力度进一步加大，行政执法监督作用不断增强。海关财务装备工作成效明显，预算安排更趋科学合理，内部管理更规范，财务装备改革、后勤体制改革稳步推进，政府采购工作得到加强，海关财务装备和后勤工作为海关改革和建设提供了有力保障。海关政策研究、新闻宣传工作有声有色，海关政务信息在中办、国办信息系统名列前茅，连续5年被评为向国办报送信息先进单位。海关学会、口岸协会、报关协会等社会团体发挥了积极作用。

三、现代海关制度第二步发展战略开始启动，海关各项改革和建设进展顺利

现代海关制度第二步发展战略规划基本形成。2003年，海关总署党组启动现代海关制度第二步发展战略。经过全国海关上下近一年时间的共同努力，《2004—2010现代海关制度第二步发展战略规划》初步形成。总体目标是：在初步实现现代海关制度第一步发展战略目标的基础上，以建立风险管理机制为中心环节，全面、协调地推进海关各项业务改革和综合改革，到2010年，基本建立起与全面建设小康社会相适应，与完善的社会主义市场经济体制相配套，与国际通行规则相衔接，严密监管与高效运作相结合的现代海关制度，把我国海关建设成为科学、文明、高效、廉洁的中国特色社会主义现代化海关。

风险管理试点初见成效。建立涵盖海关工作各个领域的风险管理机制是现代海关制度第二步发展战略的中心环节。2003年，按照“分步实施、整体推进”的原则和“方法科学、手段先进、识别准确、反应敏捷、配合密切、管理有效”的要求，天津、大连、上海、杭州、青岛、广州、黄埔、南宁、拱北、江门10个海关的风险平台试运行和8个重点课题的攻关工作进展顺利，初见成效。

加工贸易和保税监管改革稳步推进。加工贸易进出口近年来一直占全国外贸进出口的半壁江山。深化加工贸易和保税监管改革，引导加工贸易转型升级是海关业务改单的主战场之一。2003年，海关积极主动地制定了加工贸易改革的指导方案，提出了相应的

改革思路，进行了一系列积极有效的实践探索。加工贸易联网监管取得突破性进展，保税区区港联动试点、出口加工区封关验收以及深加工结转等改革试点进展顺利。

大力推广H2000系统，海关信息化迈上新台阶。H2000系统扩大试点工作进展顺利，为全面实现海关信息化管理系统的升级换代奠定了良好基础。电子口岸跨部门、跨地区联网应用取得新的进展，各地电子口岸平台建设有了良好开端。海关作为国务院确定的6个电子政务试点单位之一，试点示范工程进展顺利，得到了有关部门的肯定和好评。海关信息系统基础建设不断完善，系统安全稳定运行机制不断加强。

2003年中国质检工作

2003年各级质检机构认真贯彻落实党中央、国务院的各项部署，忠诚实践“三个代表”重要思想，为促进经济发展和社会全面进步做出了积极贡献。

一、全力以赴抗击非典

在抗击非典的斗争中，重点抓了三个方面工作。一是严格把好出入境人员关。对所有出入境人员实行体温检测、填写健康申明卡等措施。共对1.1亿人次出入境人员进行了查验，发现可疑症状2.2万人，排查后送医院诊治1 000余人。二是抓紧抗击非典的技术研究。在短时间内研制了食品中SARS病毒的检测方法，SARS病毒全基因芯片技术，与有关科研单位进行了人用SARS疫苗的研究，并取得重要进展。三是狠抓了抗击非典的有关保障工作。研制了抗非典物质的标准，开展了抗非典物品和食品的专项打假。同时，还开展了有关国际合作与联系，承办召开了中日韩与东盟防治非典高官会议。加强了对其他疫病的检测，成功防止了内蒙古二连地区鼠疫和云南恶疟的扩散与传播。

二、努力推动外贸扩大出口

以建设检验检疫大通关作为推动外贸扩大出口的重要手段，初步建成了以电子报检、电子监管、电子放行为主要标志的检验检疫大通关体系。开发了电子监管海港版、公路版，并开始试行。扩大了大通关覆盖面，与较大口岸基本实现了全部联网。与大通关相适应，推广了绿色通道、内地与口岸直通等放行模式。同时，进一步加强对出口工业品的生产过程监管；改进了出口食品卫生注册，组织开展了对出口食品卫生注册企业“拉网检查”，完善了动植物和食品进口的网上审批。

三、进一步强化从源头抓质量

一是全面实施食品质量安全市场准入制度。米、面、油、酱油、醋等5类食品市场准入稳步推进，全国共有1.3万余家生产企业通过了必备条件审查，取得了许可证。肉、乳等10类食品市场准入已经启动。二是从提高产品质量、增强竞争力出发，强化了产品质量监督抽查、免检和评选名牌的工作。共抽查了约7 000家企业的近8 000种产品，平均合格率80.8%，与2002年相比提高了2.4个百分点，表明全国产品质量总体稳定，略有提高。2003年共评选了138家企业的153个产品为中国名牌。三是进一步开展了以质量振兴为主要内容的质量兴市、质量兴区、质量兴县、质量兴镇和质量兴业活动，目前全国共有275个市县开展了质量兴市活动。

四、深入开展打假治劣活动

紧紧围绕整顿和规范市场经济秩序，以扩大内需、保护人民群众生命健康安全为主题，从源头抓打假，重点组织防治“非典”产品和食品、农资、建材等专项打假活动，实施了“打假治劣12365工程”，落实地方政府打假和质检部门从源头打假“两项责任制”，努力为营造良好的消费、竞争、投资环境做出新贡献。“非典”期间共出动执法人员36万人次，检查企业20.6万家，查处违法案件1.5万起，严厉打击食品制假活动；组织了打假治劣下乡村、服务农民到田头等活动，农资专项整治取得明显成效。牵头组织建材市场专项整治，联合有关部门发布整治工作通知，公布了300家生产地条钢企业和窝点的“黑名单”，与建设部、工商总局联合开展建筑施工用钢管、扣件专项整治。

五、积极应对加入WTO的新形势

为了应对入世后我国与其他国家贸易摩擦加剧，国外技术贸易壁垒增加的新态势，重点抓了四项工作。一是牵头组织建立了技术性贸易措施部际协调会议制度，协调各部门研究、制定、实施和打破国外技术壁垒的措施，实现统一政策、统一口径、统一行动。二是积极做好TBT、SPS咨询、通报、评议工作，先后组织了对欧盟化学品政策白皮书、欧盟部分条例的研究、评议和跟踪。参与了世贸对中国第二次过渡性审议的有关准备工作。三是积极帮助企业打破国外技术壁垒，努力扩大出口。成功解决了中国山东梨输澳、龙眼输美、玉米出口巴西、荔枝出口澳大利亚等问题。有关质检机构还积极引导企业按进口国标准生产。

六、稳步实施强制性认证工作，继续整顿认证市场

从2003年8月1日起全面施行强制性产品认证制度，为了推动这项制度的实施，保证绝大多数国内相关企业的产品在执法检查日期前顺利获证，在国内外进行了广泛宣传和发动。在认证机构、检测机构和广大企业的共同努力下，2003年共颁发3C认证证书约11.2万张，其中国内产品10.3万张，国外产品0.84万张。目前，获证企业2.4万家，其中国内企业2.2万家，国外企业2 000家；国产品申请3C认证已接近100%，进口产品实现100%。同时，继续大力整顿认证市场，查处了11家有问题的国内认证机构。组织了首次ISO9000认证有效性专项抽查，有84.6%的获证企业质量管理体系运行正常，表明我国大多数企业开展认证提高了企业管理水平。

七、强化标准化工作对国民经济的基础性作用

一是推动农业标准化工作，部署了第四批全国农业标准化示范区507项，安排了39项出口农产品基地标准化项目，对山东、陕西进行了重点扶持。二是加快制定抗非典等关系人身健康安全方面的标准，共下达24项与抗非典相关的国家标准制修订项目计划，用了不到40天时间连续批准发布11项防非典国家标准。三是积极推进高新技术标准化的发展。配合有关部门在推进电子政务和信息安全标准化、制定自主知识产权高新技术标准和高新技术标准化机制创新研究方面开展了工作。四是加快标准清理工作，努力提高标准水平。组织了对农业国家标准、行业标准、地方标准的同步清理，理顺了食品卫生国家标准管理体制，会同有关部门和地方，对农用运输车、爆破安全规程、汽油清净剂、

石膏空心条板等标准进行规范。同时，积极开展国际标准化工作，在国际标准化组织上发挥了作用。

八、努力减少和防止特种设备安全事故

在锅炉压力容器特种设备普查的基础上，着手建立动态监督管理机制，建立了安全监察网络，实行信息化管理，对各种设备实现实时监控，2003年已有100个市（地）完成了工作目标。开展了汽瓶、工业压力管道、起重机械专项整治工作。2003全国发生严重事故、重大事故234起（其中重大事故11起），死亡193人，受伤339人，直接经济损失1 977.3万元，与2002年同期相比，事故总数下降26%，重大事故下降35%，死亡人数下降37%，直接经济损失下降7%，特种设备安全事故稳中有降。

附：

2003年世界贸易发展概况

一、总体情况

受全球经济增长加快的推动，2003年世界货物贸易量实际增长4.5%，略高于2002年，但仍低于1995年以来的平均增幅。如考虑汇率和价格变动情况，世界货物出口额名义增长16%，达到72 740亿美元；世界服务出口额名义增长12%，达到17 630亿美元。就世界货物出口和世界服务出口来说，2003年是1995年以来增长最强劲的一年。

2003年国际货物贸易的美元价格上涨了10.5%，是1995年以来增幅最大的一年。国际油价上涨16%，其他商品价格平均上涨了7%。自1995年以来农业和工业制成品价格第一次出现反弹，其中制成品价格平均上涨了10%。

2004年4月5日世界贸易组织发布的最新全球贸易初步统计报告认为，由于亚洲和美国经济增长超出预期，来自亚洲、北美和转轨国家的进口需求非常强劲，2003年世界贸易增速加快。该组织预计，2003年下半年出现的经济增长势头有望得以保持，因此2004年全球经济增长率将达到3.7%，世界货物贸易量将实际增长7.5%。

表1　世界出口统计（1990—2003年）

	金额（亿美元）	增长率（%）			
	2003年	1990-2000年	2001年	2002年	2003年
货物出口	72 740	6	–4	4	16
服务出口	17 630	7	0	6	12

资料来源：世界贸易组织新闻稿，2004年4月5日。

表2　世界货物贸易额及增长率（1997—2003年）

年份	贸易额（亿美元）			增减率（%）		
	出口	进口	总额	出口	进口	总额
1997	53 054.78	53 576.22	106 631.00	0.9	0.6	0.7
1998	52 136.57	52 860.84	104 997.41	–1.7	–1.3	–1.3
1999	54 123.95	55 051.09	109 175.04	3.8	4.1	4.0
2000	60 515.11	62 219.97	122 735.08	11.8	13.0	12.4
2001	58 165.24	59 905.39	118 070.63	–3.9	–3.7	–3.8
2002	60 781.35	61 975.85	122 757.20	4.5	3.5	4.0
2003	72 740.00	75 570.00	–	16	16	–

资料来源：联合国《统计月报》（1997~2002年数据），世界贸易组织新闻稿（2003年数据）。

表3 世界服务贸易额及增长率(1997—2003年)

年份	贸易额（亿美元）			增减率（%）		
	出口	进口	总额	出口	进口	总额
1997	13 267	13 026	26 293	4.1	3.2	3.7
1998	13 405	13 268	26 673	1.0	1.9	1.4
1999	13 911	13 768	27 679	3.8	3.8	3.8
2000	14 757	14 609	29 366	6.1	6.1	6.1
2001	14 781	14 696	29 477	0.2	0.6	0.4
2002	15 701	15 455	31 156	6.2	5.2	5.7
2003	17 630	17 430	–	12	12	–

资料来源：世界贸易组织年度报告及新闻稿。

从货物出口额来看，据世界贸易组织统计，俄罗斯、沙特等石油出口国和西欧等货币升值的国家出口增长均超过20%，其中德国货物出口额增长22%，达7 484亿美元，占世界货物出口额的10%，再度超过美国成为第一大出口国。美国则以7 240亿美元、占世界9.7%份额居第二。排第三的是日本，货物出口额4 719亿美元，占世界6.3%。中国跃升为世界第四大货物出口国，出口额4 384亿美元，占世界5.9%。排第五的是法国，货物出口额3 847亿美元，占世界5.1%。6~10位的排位是：英国、荷兰、意大利、加拿大、比利时。中国香港和台湾省分别排第11位和第15位，其中中国香港仅以300亿美元的差距而被比利时挤出前10名。

从货物进口额来看，美国仍然“一骑绝尘”，全年进口额达13 056亿美元，以占世界货物进口额16.8%份额的优势，继续遥遥领先于其他国家，雄踞第一。德国排名第二，货物进口额达6 017亿美元，占世界货物进口额的7.7%。中国跃升为世界第三大货物进口国，进口额达4 128亿美元，占世界货物进口额的5.3%。列4~10位的依次是：法国、英国、日本、意大利、荷兰、加拿大、比利时。中国香港和台湾省分别排第11位和第16位，其中中国香港仅以17亿美元的差距而被比利时挤出前10名。

世界服务贸易受汇率变动影响在地区分布上呈现较大差异。西欧和转轨国家服务贸易进出口增幅在16%~21%之间，而亚洲和拉美增幅在6%以下，北美的服务贸易顺差进一步下降。中国目前是服务贸易进出口额最大的发展中国家。

从服务出口额来看，美国继续以较大份额排名第一，出口额达2 825亿美元，占世界服务出口额的16%。据世界贸易组织统计，中国、中国香港、中国台湾省分别列第9、10、23位，其中中国从上年的第11位窜升两位，出口额为445亿美元，占世界服务出口额的2.5%；中国香港的排名与上年相同；中国台湾省则从上年的第20位下滑3位。

从服务进口额来看，美国仍然具有较大优势，2003年进口额达2 182亿美元，占世界服务进口额的12.5%，排名第一。据世界贸易组织统计，中国、中国台湾省、中国香港分别列第8、19、20位，其中中国从上年的第9位上升一位，进口额为538亿美元，占世界服务进口额的3.1%；中国台湾省则从上年的第16位下滑3位；中国香港的排名也从上年的第17位下滑3位。

表4　2003年世界主要国家（地区）货物贸易统计

出口					进口				
排名	出口者	出口额（10亿美元）	比重（%）	增长率（%）	排名	进口者	进口额（10亿美元）	比重（%）	增长率（%）
1	德国	748.4	10.0	22	1	美国	1 305.6	16.8	9
2	美国	724.0	9.7	4	2	德国	601.7	7.7	23
3	日本	471.9	6.3	13	3	中国	412.8	5.3	40
4	中国	438.4	5.9	35	4	法国	388.4	5.0	18
5	法国	384.7	5.1	16	5	英国	388.3	5.0	12
6	英国	303.9	4.1	8	6	日本	383.0	4.9	14
7	荷兰	293.4	3.9	20	7	意大利	289.0	3.7	17
8	意大利	290.2	3.9	14	8	荷兰	261.1	3.4	19
9	加拿大	272.1	3.6	8	9	加拿大	245.6	3.2	8
10	比利时	254.6	3.4	18	10	比利时	234.3	3.0	18
11	中国香港	224.0	3.0	11	11	中国香港	232.6	3.0	12
	本地出口	15.6	0.2	–15					
	转口	208.4	2.8	14					
12	韩国	194.3	2.6	20	12	西班牙	200.1	2.6	21
13	墨西哥	165.3	2.2	3	13	墨西哥	179.0	2.3	1
14	西班牙	151.9	2.0	21	14	韩国	178.8	2.3	18
15	中国台湾省	150.6	2.0	12	15	新加坡	127.9	1.6	10
16	新加坡	144.1	1.9	15	16	中国台湾省	127.3	1.6	13
	本地出口	79.7	1.1	19					
	转口	64.4	0.9	10					
17	俄罗斯	135.2	1.8	26	17	奥地利	97.7	1.3	25
18	瑞典	100.9	1.3	24	18	瑞士	96.3	1.2	15
19	马来西亚	100.7	1.3	8	19	澳大利亚	88.6	1.1	22
20	瑞士	100.6	1.3	14	20	瑞典	82.3	1.1	23
21	奥地利	96.2	1.3	22	21	马来西亚	81.1	1.0	1
22	爱尔兰	92.7	1.2	5	22	泰国	75.7	1.0	17
23	沙特阿拉伯	88.5	1.2	23	23	俄罗斯	74.5	1.0	24
24	泰国	80.3	1.1	17	24	印度	69.7	0.9	23
25	巴西	73.1	1.0	21	25	土耳其	67.7	0.9	31
26	澳大利亚	70.4	0.9	8	26	波兰	66.9	0.9	21
27	挪威	68.1	0.9	14	27	丹麦	58.7	0.8	17
28	丹麦	67.9	0.9	18	28	爱尔兰	52.8	0.7	1
29	印度尼西亚	60.7	0.8	6	29	捷克[a]	51.3	0.7	26
30	阿联酋	58.1	0.8	17	30	巴西	50.7	0.7	2
	以上合计[b]	6 405	85.6	–		以上合计[b]	6 570	84.6	–
	世界[b]	7 482	100.0	16		世界[b]	7 765	100.0	16

注：a. 进口额以F.O.B.计价。b. 包括转口贸易。

资料来源：世界贸易组织新闻稿，2004年4月5日。

表5　2003年世界主要国家（地区）货物贸易统计

（不含欧洲联盟内部贸易）

出口					进口				
排名	出口者	出口额（10亿美元）	比重（%）	增长率（%）	排名	进口者	进口额（10亿美元）	比重（%）	增长率（%）
1	欧洲联盟	1 099.2	19.3	17	1	美国	1 305.6	21.9	9
2	美国	724.0	12.7	4	2	欧洲联盟	1 113.8	18.7	19
3	日本	471.9	8.3	13	3	中国	412.8	6.9	40
4	中国	438.4	7.7	35	4	日本	383.0	6.4	14
5	加拿大	272.1	4.8	8	5	加拿大	245.6	4.1	8
6	中国香港	224.0	3.9	11	6	中国香港	232.6	3.9	12
	本地出口	15.6	0.3	–15					
	转口	208.4	3.7	14					
7	韩国	194.3	3.4	20	7	墨西哥	179.0	3.0	1
8	墨西哥	165.3	2.9	3	8	韩国	178.8	3.0	18
9	中国台湾省	150.6	2.6	12	9	新加坡	127.9	2.1	10
10	新加坡	144.1	2.5	15	10	中国台湾省	127.3	2.1	13
	本地出口	79.7	1.4	19					
	转口	64.4	1.1	10					
11	俄罗斯	135.2	2.4	26	11	瑞士	96.3	1.6	15
12	马来西亚	100.7	1.8	8	12	澳大利亚	88.6	1.5	22
13	瑞士	100.6	1.8	14	13	马来西亚	81.1	1.4	1
14	沙特阿拉伯	88.5	1.6	23	14	泰国	75.7	1.3	17
15	泰国	80.3	1.4	17	15	俄罗斯	74.5	1.2	24
16	巴西	73.1	1.3	21	16	印度	69.7	1.2	23
17	澳大利亚	70.4	1.2	8	17	土耳其	67.7	1.1	31
18	挪威	68.1	1.2	14	18	波兰	66.9	1.1	21
19	印度尼西亚	60.7	1.1	6	19	捷克[a]	51.3	0.9	26
20	阿联酋	58.1	1.0	17	20	巴西	50.7	0.8	2
21	印度	54.7	1.0	11	21	匈牙利	47.7	0.8	26
22	波兰	52.3	0.9	27	22	挪威	39.9	0.7	14
23	捷克	48.7	0.9	27	23	菲律宾	39.3	0.7	6
24	土耳其	46.6	0.8	29	24	南非	38.1	0.6	30
25	匈牙利	42.7	0.8	24	25	以色列	36.4	0.6	3
26	菲律宾	37.1	0.7	2	26	阿联酋	34.4	0.6	10
27	南非	36.5	0.6	23	27	沙特阿拉伯	34.1	0.6	5
28	伊朗	33.4	0.6	18	28	印度尼西亚	32.4	0.5	4
29	以色列	31.6	0.6	8	29	伊朗	27.6	0.5	24
30	阿根廷	29.3	0.5	14	30	越南	24.0	0.4	26
	以上合计[b]	5 132	90.2	–		以上合计[b]	5 383	90.2	–
	世界[bc]	5 687	100.0	15		世界[bc]	5 965	100.0	15

注：a.进口额以F.O.B.计价。b.包括转口贸易。c. 不含欧洲联盟内部贸易。

资料来源：世界贸易组织新闻稿，2004年4月5日。

表6　2003年世界主要国家（地区）服务贸易统计

出口					进口				
排名	出口者	出口额（10亿美元）	比重（%）	增长率（%）	排名	进口者	进口额（10亿美元）	比重（%）	增长率（%）
1	美国	282.5	16.0	4	1	美国	218.2	12.5	6
2	英国	129.5	7.3	5	2	德国	167.0	9.6	12
3	德国	111.7	6.3	12	3	英国	112.4	6.4	11
4	法国	98.0	5.6	14	4	日本	109.7	6.3	3
5	西班牙	76.4	4.3	23	5	法国	81.6	4.7	20
6	意大利	72.8	4.1	23	6	意大利	74.1	4.3	21
7	日本[a]	70.2	4.0	8	7	荷兰	66.2	3.8	17
8	荷兰	64.1	3.6	18	8	中国	53.8	3.1	…
9	中国	44.5	2.5	…	9	爱尔兰	48.5	2.8	20
10	中国香港	43.2	2.5	0	10	加拿大	47.8	2.7	14
11	比利时	41.7	2.4	17	11	西班牙	46.1	2.6	22
12	奥地利	41.4	2.3	19	12	比利时	41.4	2.4	17
13	加拿大	39.2	2.2	8	13	奥地利	40.6	2.3	18
14	爱尔兰	35.3	2.0	26	14	韩国	38.7	2.2	10
15	瑞士	32.7	1.9	17	15	瑞典	29.6	1.7	25
16	丹麦	32.6	1.9	20	16	丹麦	29.1	1.7	16
17	韩国	31.2	1.8	15	17	新加坡	27.2	1.6	0
18	瑞典	31.0	1.8	32	18	俄罗斯	26.7	1.5	13
19	新加坡	30.4	1.7	3	19	中国台湾省	25.5	1.5	7
20	印度	24.9	1.4	…	20	中国香港	23.5	1.3	–5
21	希腊	24.4	1.4	21	21	澳大利亚	21.1	1.2	19
22	卢森堡	23.8	1.4	18	22	瑞士	19.9	1.1	17
23	中国台湾省	23.0	1.3	7	23	印度	19.7	1.1	…
24	挪威	22.2	1.3	16	24	挪威	19.5	1.1	18
25	澳大利亚	20.6	1.2	18	25	泰国	18.1	1.0	9
26	土耳其	17.3	1.0	17	26	印度尼西亚	17.7	1.0	…
27	俄罗斯	15.9	0.9	18	27	墨西哥	17.4	1.0	2
28	泰国	15.5	0.9	2	28	马来西亚	16.4	0.9	1
29	马来西亚	12.8	0.7	–13	29	卢森堡	15.8	0.9	16
30	墨西哥	12.5	0.7	0	30	巴西	14.6	0.8	7
	以上合计	1 521	86.3	–		以上合计	1 488	85.4	–
	世界	1 763	100.0	12		世界	1 743	100.0	12

注：a. 根据日本银行提供的计算模型得出的估计数。

资料来源：世界贸易组织新闻稿，2004年4月5日。

二、国际商品市场

（一）国际商品市场价格续有大幅攀升

2003年，国际市场商品价格各有不同变化，但总的说来，价格一路走高，涨幅不断扩大，涨势日见凌厉。如以价格变动最为敏感的初级产品为例，据英国《经济学家》周刊编发的“世界商品价格指数”（不含石油），按美元计算（下同），2002年12月较上年同期上升15.4%后，截至2003年12月，较上年同期再升17.2%；其间上半年上升1.7%，下半年更升15.2%。

初级产品中原料和食品饮料类商品价格分别都有大幅上升，尤以前者升幅为大。以2003年12月与上年同期比较，原料类商品价格上升26.6%，食品饮料类商品价格上升10.9%。其中，原料类商品尤以有色金属价格升幅为大，达31.7%，天然橡胶、棉花等农产品原料类商品价格升20.7%，原油价格继上年上升52.1%后再升4.7%；食品饮料类商品以大豆、豆油等植物油籽和油品价格升幅为大，达28.4%，小麦、玉米等粮谷价格也升7.8%。如分别就各主要商品而言，则尤以镍、铅和锡等价格上涨为烈，同期分别升逾40%乃至90%；其次，为大豆、花生油、棉花、铜和天然橡胶等，价格各升逾30%；豆油、椰油、锌、仲钨酸铵和木材等价格各升逾20%；小麦、铝、棕榈油和蓖麻油等价格各升逾10%；此外，原油、花生、菜籽油、葵花籽油、茶叶、玉米和大米等价格也各有不同程度的上升。

2003年世界一些主要工业制成品的价格也多有上升。如同期，化工品价格上涨19.5%，其中通用塑料价涨17.6%，一些基本化工原料价更涨22.2%；钢材价涨12.9%；棉纱、布价格也分别上涨39.3%和40 %。

表7 2003年国际市场各类主要商品价格指数 （按美元计算，1995=100）

商品类别	2002年12月	2003年				2003年12月较2002年12月 ± %
		3月	6月	9月	12月	
初级产品①	75.7	77.1	77.0	80.8	88.7	17.2
食品、饮料	78.8	78.0	77.6	80.6	87.4	10.9
原料①	71.5	75.8	76.2	81.1	90.5	26.6
农产品	74.0	79.0	79.2	86.5	89.3	20.7
有色金属	69.4	73.0	73.7	76.5	91.4	31.7
石油	167.0	179.6	162.3	159.1	174.9	4.7
工业制成品②	80.9	82.7	84.5	84.5		
棉（坯）布	69.8	80.9	80.0	82.5	97.7	40.0
化工品	79.6	107.6	82.5	92.0	95.1	19.5
钢材	73.0	77.4	77.2	78.6	82.4	12.9

注：① 不含石油。

② 为各该月所在的季度指数及比较；该项指数还包括机电产品等其他工业制成品。

资料来源：据英国《经济学家》、《金属导报》等有关数字，并加以计算。

（二）价格续有大幅攀升的主要原因

2003年以来国际市场许多商品价格出现大幅攀升或转升，原因是多方面的。归结起来，主要是由以下一些因素相互交织发展造成的：

其一，一些产品的产量或供应趋减。如据报道，由于受气候条件不利影响，继2002~2003年度世界主要生产和出口国家美国大豆的产量较上年度减少4.7%后，2003~2004年度产量预计还将再减12.3%，巴西、阿根廷本年度大豆的产量据信也将较原预计分别减少210万吨和150万吨。2002~2003年度世界棉花的产量据预计将降至1 915.8万吨，即较上年度将剧减10.6%，年末库存更将剧减21.7%。由于受前两年低价的影响和一些国家禁止原料精矿出口，2003年马来西亚和泰国锡的生产较上年同期分别剧减63.1%和13.1%。

其二，市场需求增长。据报道，在世界经济、特别是美国经济复苏加快下，继2002年世界铜、镍等6种主要有色金属的消费和需求较上年增长4.9%后，2003年预计将再增5.3%；在住房抵押贷款利率处于历史新低下，美国个人住房市场活跃，2003年11月住宅动工数增幅更创达19年来新高。此等情况导致对有色金属、木材等需求激增，价格出现大幅上涨。此外，亚洲、特别是中国2003年对一些商品如天然橡胶、有色金属、钢材、棉花、木材和许多石化产品等需求也有较大增加，对这些商品价格的上涨也有一定支持。

其三，受罢工、生产事故以及政治局势等一些临时性突发因素的刺激和影响。如镍，由于受加拿大国际镍公司等罢工影响；一些石油化工品，由于受停产维修、酷热袭击、美加大停电等影响；原油，由于受美国对伊动武、伊拉克战后局势不稳、特别是严重恐怖袭击活动等影响。所有这些，无不引起市场对供应减少或中断的担心，价格因而屡呈激涨并不断保持在高位徘徊。

其四，原料或上游产品价格的上涨，在一定程度上带动和支持了半成品、成品或下游产品价格的提高。如原油价格上涨带动一些石化产品如乙烯、石脑油、汽油和聚氯乙烯等价格上涨；棉花价格上涨带动棉纱、布等价格上涨；天然橡胶价格上涨带动轮胎等价格上涨；废钢和铁砂，由于需求增长，特别是亚洲需求剧增，2003年以来价格分别涨逾40%和10%，对钢材价格的上涨，也有一定影响。

其五，美元汇价大幅走低。统计显示，截至2003年12月，按月平均计，美元对欧元汇价较上年同期下跌16.8%，对日元汇价下跌11.4%，对英镑汇价也跌9%。这种情况导致以美元计算的商品价格有所上浮，同时，也吸引了许多美国境外的买主纷纷进入市场（特别是有色金属等市场），在一定程度上激发和增强了对一些商品需求和价格的增长。

（三）一些商品特别是可可等价格仍有下跌

在许多商品价格出现大幅提高的同时，2003年有一些商品价格仍有下跌。如以2003年12月与上年同期比较，可可价下跌21.1%，羊毛、糖和锑价各跌逾10%，咖啡、椰干和亚麻油等价格分别都有程度不同的下跌。这些商品价格的下跌，主要是由于产量或出口（供应）有所增长。2002~2003年度世界可可产量将较上年度剧增8.4%，市场供应将转呈7.5万吨的过剩，而2003~2004年度产量预计还将增长。同期世界糖的产量将增5.1%，过剩量也将自上年度的250万吨猛增至560万吨。此外，一些商品如锑和羊毛等，则市场需求不振，也是价格出现下跌的一个重要原因。

表8 2003年国际市场主要商品价格动态

品名	单位	2002年12月	2003年				2003年12月较2002年12月涨（+）跌（-）幅度（%）
			3月	6月	9月	12月	
小麦	美元／公吨	127.71	110.20	115.85	129.37	141.87	11.1
大米	美元／公吨	178.91	184.00	185.19	180.32	184.65	3.2
玉米	美元／公吨	93.62	91.84	94.26	90.20	97.45	4.1
大豆	美元／公吨	208.21	210.16	229.77	230.68	282.81	35.8
豆油	美元／公吨	478.99	460.84	488.09	493.51	619.06	29.2
花生仁	美元／公吨	932.00	1 000.00	1 005.00	930.00	1 000.00	7.3
花生油	美元／公吨	861.07	1246.67	1 350.71	1 472.38	1 148.57	33.4
椰干	美元／公吨	297.86	269.30	284.48	264.95	270.00	-9.4
椰油	美元／公吨	479.75	430.24	457.50	426.36	580.93	21.1
棕榈油	美元／公吨	457.38	426.07	431.43	436.59	510.24	11.6
亚麻油	美元／公吨	680.75	685.00	685.00	681.36	650.00	-4.5
蓖麻油	美元／公吨	824.50	1 029.76	1 010.00	833.41	923.81	12.0
桐油	美元／公吨	1 017.00	1 750.00	1 850.00	1 650.00	1 540.00	51.4
糖	英镑／公吨	126.46	132.92	109.61	103.20	102.66	-18.8
咖啡	美元／公吨	768.65	734.62	667.24	730.55	716.90	-6.7
可可	英镑／公吨	1 290.65	1 292.00	966.05	1 018.64	926.43	-28.2
茶叶	美分／公斤	216.00	214.25	204.12	216.25	224.50	3.9
木材	美元／千板英尺	229.87	237.05	282.05	333.18	294.29	28.0
棉花	美分／磅	56.25	64.54	61.76	67.50	74.90	33.2
羊毛	澳分／公斤	1 266.00	1 172.25	1 036.88	997.11	856.75	-32.3
生丝	日元／公斤	2 015.68	1 971.57	1 813.00	2 500.91	2 929.35	45.3
铜	美元／公吨	1 595.68	1 658.98	1 686.50	1 789.53	2 201.29	38.0
铅	美元／公吨	443.61	456.67	468.02	521.27	692.07	56.0
锌	美元／公吨	797.74	790.95	790.69	818.18	977.76	22.6
锡	美元／公吨	4 236.84	4 604.52	4 694.76	4 911.59	6 057.62	43.0
铝	美元／公吨	1 375.42	1 389.60	1 410.21	1 415.89	1 555.29	13.1
镍	美元／公吨	7 196.58	8 382.38	8 877.86	9 968.64	14 169.52	96.9
黄金	美元／盎司	335.82	343.50	359.70	381.47	409.51	21.9
天然橡胶	新分／公斤	149.64	186.46	179.98	194.11	215.21	43.8
石油	美元／桶	28.46	30.61	27.65	27.11	29.81	4.7
汽油	美元／桶	30.30	37.86	31.45	33.01	39.31	29.7
柴油	美元／桶	32.09	38.05	30.22	32.84	36.35	13.3

续表

品名	单位	2002年12月	2003年				2003年12月较2002年12月涨（+）跌（–）幅度（%）
			3月	6月	9月	12月	
航空煤油	美元／桶	32.10	35.66	28.60	31.39	37.37	16.4
石脑油	美元／公吨	264.76	307.89	242.25	251.04	303.99	14.8
乙烯	美元／公吨	390.00	587.14	420.60	556.14	620.00	59.0
苯	美元／公吨	423.81	591.43	366.33	424.32	482.50	13.8
聚氯乙烯	美元／公吨	533.10	668.10	523.33	609.43	670.00	25.7
钢筋	美元／公吨	280.00	282.50	297.50	295.00	295.00	5.4
盘条	美元／公吨	225.00	312.50	330.00	330.00	330.00	46.7
厚钢板	美元／公吨	335.00	331.25	340.00	340.00	392.50	17.2
冷轧卷板	美元／公吨	380.00	410.00	376.88	389.64	400.63	5.4
棉布	美分／码	55.00	63.75	63.00	65.00	77.00	40.0

注：各商品的市场、规格及价格条件如下：

小麦、玉米、大豆、豆油　芝加哥商品交易所最近期货收盘价。

大米　含碎25%，曼谷离岸价。

花生仁　美国兰娜40／50，手拣货，鹿特丹到岸价。

花生油　欧洲市场，不分产地，鹿特丹到岸价。

椰干、椰油　欧洲市场，菲律宾／印尼产，鹿特丹到岸价。

棕榈油　马来西亚／苏门答腊粗制，英国／鹿特丹到岸价。

亚麻油　欧洲市场，不分产地，鹿特丹到岸价，油罐交货。

蓖麻油　欧洲市场，巴西一级，鹿特丹到岸价，油罐交货。

桐油　欧洲市场，不分产地，鹿特丹到岸价，油罐交货。

糖　原糖，伦敦市场每日糖价，4号合同，英国到岸价。

咖啡　伦敦商品交易所最近期货收盘价，中粒种。

可可　伦敦商品交易所最近期货收盘价。

茶叶　肯尼亚市场，内罗毕拍卖价，高/中级。

木材　芝加哥商业交易所最近期货收盘价。

棉花　美国孟菲斯$1\frac{3}{32}$英寸，英国利物浦市场到岸价。

羊毛　美利奴洗净毛，21微米，澳大利亚羊毛局报价。

生丝　26–28条分，横滨交易所最近期货收盘价。

铜、铅、锌、锡、铝、镍　现货（其中铜、铝为现货A级），伦敦金属交易所上午市结算价（卖价）。

黄金　伦敦市场现货，收盘价。

天然橡胶　2、3号烟胶片，新加坡商品交易所最近期货价。

石油　英国北海布伦特原油，伦敦市场离岸价。

汽油　新加坡市场离岸价，95号无铅。

柴油　东京市场成本加运费价，含硫0.2%。

航空煤油　新加坡市场离岸价。

石脑油　新加坡市场离岸价。

乙烯　国际市场现货价，西北欧到岸价。

苯　国际市场现货价，驳船装运，鹿特丹离岸价。

聚氯乙烯　国际市场现货价，悬浮级，西北欧离岸价。

钢筋、盘条、厚钢板、冷轧卷板　欧陆出口牌价，离岸价。

棉布　台湾粗疏布，欧洲成本加运费价。

资料来源：路透社每日商电；德国《油世界》；英国《金属导报》等。

（四）国际商品市场前景可望继续走坚

据国际货币基金组织等有关权威机构最近预计，继2003年增长3.9%后，2004年世界经济增速将提高到4.6%，其中美国经济将分别增长3.1%和4.6%。在此情况下，预计世界商品贸易的增速将从2003年的4.5%增至6%~8%。我国经济仍将保持较快增长，进口也仍将保持在较高水平。与此同时，一些大宗商品如玉米、铜、钢材等市场供应仍紧，国际商品市场价格总的说来，还会有所起伏，有些商品价格甚至还会出现转跌，但基本走势可望继续走坚。

（五）各类主要商品市场前景分析

粮谷　由于受不良气候条件影响，产量减少，供应不足，2003年以来世界小麦、玉米和大米等价格分别都有上升。如以各别有代表性的国际市场按美元计算的月平均价格为例（下同），截至2003年12月，小麦、玉米和大米价较上年同期分别上升11.1%、4.1%和3.2%。预计由于气候条件有所转好，世界小麦、玉米和大米等产量将分别有所回增或续增，但市场供应仍紧，价格似还将保持在较高水平，难有明显下降。

植物油籽及油品　2002~2003年度世界植物油籽的产量续有增长，市场供应仍呈过剩，但由于受气候变化影响，一些产品的产量减少、特别是美国大豆严重减产，预计2003~2004年度世界植物油籽的产量和供应将趋不足。因此，2003年9、10月份以来一些主要油籽和油品如大豆、豆油等价格已先后出现剧涨（如截至2003年12月，大豆和豆油价较8月分别上升35.8%和41.8%），棕榈油、椰油和蓖麻油等价格也分别有明显上涨。预计世界植物油籽的产量和供应今后将逐渐有所恢复和增长，价格或将有逐渐回软或转跌的可能。

饮料及糖　由于产量减少，2003年以来世界茶叶价格（以肯尼亚市场为例）续有上升；但2002~2003年度世界可可和糖的产量增长，市场分别有所过剩，咖啡可供出口的产量虽有减少，但市场供应也仍有过剩，价格分别出现转跌。如截至2003年12月，茶叶价格较2002年同期续升3.9%，可可、咖啡和糖价则分别下跌21.1%、6.7%和10.8%。预计世界饮料及糖的产量或供应将分别续趋增长，市场供应过剩，价格或还将续趋下跌或转跌。

纺织纤维及织品　2002~2003年度世界棉花产量减少，市场供应呈紧，价格续有明显上扬。如截至2003年12月，棉花价格较上年同期上涨33.2%。但羊毛市场需求不振，消费继上年度减少后，续有减少，引起价格有所回落。截至2003年12月，羊毛价较上年同期下跌12.6%。预计在高价刺激下，世界棉花的产量将逐渐有所恢复和回增，价格看来或将逐渐有所转软。羊毛市场需求仍将低迷，价格也将难有起色。

2003年世界纺织品市场依然不景气，市场需求疲淡，不少棉纺织厂商表现出生产难以为继，美国、欧盟、日本乃至印度等贸易保护主义日趋加剧。世界棉纱、布市场价格虽续趋上升，但其主要是受棉花价格的带动，市场竞争仍十分激烈。此等情况预计短期内似仍将难有改观。

天然橡胶　2003年以来世界天然橡胶的产量虽有增长，但由于受一些国家汽车产量增长影响，消费仍高，市场供应仍见不足，价格续有大幅攀升。如继上年剧涨76.8%后，截至2003年12月，天然橡胶价格较上年同期再涨45.2%。供不应求的情况难有逆转，预计2004年世界天然橡胶的产量将续有增长，价格看来还将续趋坚挺或上升。

石油　由于欧佩克国家实行减产，加之伊拉克战后原油生产恢复缓慢，同时又不断发生恐怖性爆炸袭击和输油管道遭破坏等事件，世界原油市场供应紧绌，库存剧降，价格劲升；而在此情况下大量投机性买盘的涌现，又进一步加剧了价格涨势。如继上年飙升52.1%后，截至2003年12月，油价较上年同期再升4.7%。预计随着世界经济复苏加快、市场对石油需求的增长和在欧佩克国家继续实施其对石油市场的重要作用和影响下，世界原油价格还将继续保持并徘徊在较高水平。

化工品　由石油和天然气等价格上升的带动，2003年世界化工品价格续有较大上升。特别是许多基本化工原料和通用塑料如乙烯、甲苯和聚氯乙烯等价格涨势尤烈。如截至2003年12月，较上年同期，乙烯价上涨59%，甲苯价涨28.5%，聚氯乙烯价涨25.7%等。预计随着世界原油价格的继续高企和市场需求的增长，世界石化产品价格总仍将在高位徘徊。

有色金属　由于消费增长或产量减少，引起市场供应过剩减缓，有些产品甚至供应渐呈不足或不足有所加深，2003年世界有色金属价格普见剧升。如截至2003年12月，镍价较上年同期涨96.9%，铅价涨56%，锡价涨43%，铜、锌、铝等价格也分别都有较大上涨。预计随着世界经济复苏的持续，市场需求续增，价格总的说来似仍将续趋坚挺或上升。

钢材　在世界经济、特别是美国经济复苏加快和亚洲经济相对较活跃下，市场需求增长，加之钢材的一些上游产品如废钢和铁矿砂等价格有所上升，2003年钢材价格总的说来，仍有上升，特别是下半年以来升势更猛。如截至2003年12月，冷轧卷板和钢筋价较2002年同期各升5.4%，厚钢板价升17.2%，盘条价更升46.7%。随着世界经济的继续有所好转，需求增长，钢材价格看来还将续好。

机电产品　由于经济复苏就全年总的说来仍较缓慢，2003年世界一些主要国家如美国、日本和德国等机械工业的生产和机电产品出口仍有下降，但降幅有所减缓。2003年美国机电产品的出口为3 056.8亿美元，较上年再减1%；但在亚洲一些国家（包括中国）需求持旺下，2003年日本机电产品的出口为3 390.6亿美元，较上年仍增13.2%。作为机电产品市场主要驱动力的IT业，2003年也仍在低谷徘徊。值得注意的是，2003年以来一些国家如美国、日本等机械工业部门的需求和所接获的新订单量已见增长。预计随着世界经济复苏的持续，需求续趋增长，机电产品市场或也可望逐渐有所恢复和好转。

三、主要国家和地区贸易情况

从各个地区来看，2003年世界贸易的发展仍然很不平衡，亚洲发展中经济体和转轨国家继续支撑世界贸易增长，美国进口增长连续第三年超过世界平均水平，西欧和拉丁美洲获得微弱增长。

2003年，亚洲发展中经济体和转轨国家的货物出口量和进口量的实际增长率高达10~12%，大大高于世界平均水平。其中中国货物贸易进口额的增长率高达40%(名义，未经价格变化调整)，出口额的增长率也高达35%，达到了一个国家贸易额增长的空前水平。中国再一次为世界贸易的发展做出了巨大的贡献，同时也让人想起世界贸易组织在其2003年的一份新闻稿中说过的一句话："中国不仅已经成为世界上商品的一个主要供应者，更是许多国家再也难以离开的一个重要市场。"

发展中国家2003年的货物出口额整体增长了17%(名义，未经价格变化调整)，货物进口额整体增长了15%，贸易顺差有所增加。虽然货物出口额的增长率超过了世界平均水平，但发展中国家2003年服务出口额和进口额的增长率仅为全球平均增长率的一半，显示出发展中国家在世界服务业发展和服务贸易中仍处于非常不利的局面。

2003年美国对外贸易增长较快，贸易逆差进一步扩大。据美国商务部统计，2003年美国出口总额达10 186亿美元，比2002年的9 741亿美元增长4.6%。其中货物出口7 138亿美元，增长4.7%；服务出口3 048亿美元, 增长4.3%。2003年美国进口总额达15 079亿美元，比2002年的13 921亿美元增长8.3%。其中货物进口12 632亿美元，增长8.5%；服务进口2 448亿美元，增长7.6%。2003年美国贸易逆差巨大，且呈上升趋势。据美国商务部统计，全年美国对外贸易逆差总额达4 894亿美元，比2002年增加713亿美元。其中货物贸易逆差5 494亿美元，相当于美国货物出口总额（7 138亿美元）的76.98%。服务贸易一直是美国获取巨额顺差并冲抵货物贸易逆差的优势所在，但近年来美国服务出口相对优势减弱，服务贸易顺差呈下降趋势，2003年美国服务贸易顺差只有600亿美元, 比2002年的648亿美元少48亿美元。

近几年一直表现不佳的西欧和拉丁美洲地区，2003年的对外贸易依然缺少活力。据世界贸易组织统计，从实际货物进口来看，这两个地区的增长率均低于2%，是全球最低的。这反映出它们的经济比较呆滞。不过从贸易额的名义增长来看，由于世界经济回暖，西欧地区2003年货物出口额、货物进口额、服务出口额、服务进口额的增长率分别达到了17%、18%、17%、16%，大大高于2002年，其中德国还夺回了货物出口额世界第一的位置；拉丁美洲地区则摆脱了上年的衰退局面，2003年对外贸易也获得了一定的增长。

表9 世界各地区货物贸易额增长率（1990~2003年） 单位：10亿美元，%

	出口				进口			
	金额	增长率			金额	增长率		
	2003	1990-2000	2002	2003	2003	1990-2000	2002	2003
世界	7 274	6	4	16	7 557	6	4	16
北美洲	996	7	–5	5	1 552	9	2	9
美国	724	7	–5	4	1 306	9	2	9
拉丁美洲	377	9	0	9	366	12	–7	3
墨西哥	165	15	1	3	179	15	0	1
南方共同市场	106	6	1	19	69	12	–26	10
其他拉丁美洲国家	106	6	–3	8	118	7	–4	3
西欧	3 141	4	6	17	3 173	4	5	18
欧洲联盟	2 894	4	6	17	2 914	4	4	18
欧洲联盟外部贸易	1 099	5	7	17	1 114	5	2	19
欧洲联盟内部贸易	1 795	4	6	18	1 800	4	6	18
转轨国家	400	10	10	28	378	8	11	27
中东欧	191	10	15	29	225	12	11	27
俄罗斯	135	–	4	26	74	–	12	24
非洲	173	3	2	22	165	3	4	17
南非	36	2	2	23	38	5	4	30
石油出口国[a]	80	4	–1	30	42	1	6	19
其他非洲国家	56	3	7	12	85	2	4	12
中东	290	7	1	16	188	5	3	9
亚洲	1 897	8	8	17	1 734	8	6	19
日本	472	5	3	13	383	5	–3	14
发展中经济体	1 338	11	10	19	1 244	9	9	20
中国	438	15	22	35	413	15	21	40
六个东亚贸易者[b]	686	9	6	14	615	8	3	12
印度	55	9	14	11	70	8	12	23
发展中国家和地区	2 178	9	6	17	1 963	8	4	15
最不发达国家	44	7	9	14	54	5	4	15

注：a. 阿尔及利亚、安哥拉、刚果（布）、赤道几内亚、加蓬、利比亚、尼日利亚、苏丹。

b. 中国台湾省、香港、韩国、马来西亚、新加坡、泰国。

资料来源：世界贸易组织新闻稿，2004年4月5日。

表10　世界各地区服务贸易额增长率（1990~2003年）　单位：10亿美元，%

	出口				进口			
	金额	增长率			金额	增长率		
	2003	1990~2000	2002	2003	2003	1990~2000	2002	2003
世界	1 763	7	6	12	1 743	6	5	12
北美洲	322	8	1	4	266	7	1	7
美国	282	8	1	4	218	8	2	6
拉丁美洲	60	7	–4	6	67	7	–9	3
墨西哥	12	7	–1	0	17	5	3	2
南方共同市场	15	8	–11	12	20	9	–24	8
其他拉丁美洲国家	33	7	–1	5	29	7	–2	0
西欧	895	5	10	17	839	5	8	16
欧洲联盟	802	5	10	16	782	5	8	16
转轨国家	72	9	11	19	82	8	15	21
中东欧	40	12	5	21	38	11	11	28
俄罗斯	16	4	20	18	27	3	15	13
非洲	36	5	3	…	46	4	2	…
中东	33	9	–4	…	49	4	–1	…
亚洲	345	9	8	6	394	8	4	5
日本[a]	70	5	2	8	110	3	0	3
发展中经济体	249	11	9	5	258	12	5	5
中国	45	18	20	…	54	24	18	…
中国香港	43	8	10	0	24	8	1	–5
韩国	31	13	–4	15	39	13	8	10
新加坡	30	9	3	3	27	12	2	0
印度	25	14	12	…	20	13	–1	…
发展中国家和地区	377	9	5	6	419	9	2	6
最不发达国家	7	7	6	9	17	4	2	12

注：a. 根据日本银行提供的计算模型得出的估计数。

资料来源：世界贸易组织新闻稿，2004年4月5日。

2003年中国经济发展概况

一、综合

2003年，全国各族人民在党中央、国务院的正确领导下，以邓小平理论和“三个代表”重要思想为指导，全面贯彻落实党的十六大和十六届三中全会精神，沉着应对突如其来的非典疫情、多种自然灾害和复杂多变的国际形势带来的严峻困难和挑战，万众一心，奋力拼搏，实现了经济和社会发展的主要预期目标。国民经济较快增长，运行质量明显提高，经济活力进一步增强；结构调整取得积极进展，改革开放稳步推进；科技、教育、文化、卫生、体育等社会事业取得新成绩；城乡居民生活继续改善。

国民经济较快增长。全年国内生产总值117 252亿元，按可比价格计算，比上年增长9.3%，加快1.3个百分点。其中，第一产业增加值17 092亿元，增长2.5%，减慢0.4个百分点；第二产业增加值61 274亿元，增长12.5%，加快2.8个百分点；第三产业增加值38 886亿元，增长6.7%，减慢0.8个百分点。在第三产业中，金融保险业增长6.9%，批发和零售贸易餐饮业增长6.6%，房地产业增长5.3%。

价格总水平有所上涨。全国居民消费价格总水平比上年上涨1.2%。其中，城市上涨0.9%，农村上涨1.6%（见表1）。居民消费价格中，食品价格上涨3.4%，服务价格上涨2.2%。商品零售价格下降0.1%。工业品出厂价格上涨2.3%。原材料、燃料、动力购进价格上涨4.8%。固定资产投资价格上涨2.2%。农产品生产价格上涨4.4%，其中，谷物上涨2.3%，棉花上涨35.3%，油料上涨19.4%，畜产品上涨1.8%。

表1　2003年全国居民消费价格比上年上涨情况

指标	全国（%）	城市	农村
全国居民消费价格总水平	1.2	0.9	1.6
食品	3.4	3.4	3.4
其中：粮食	2.3	2.3	2.2
烟酒及用品	-0.2	-0.2	-0.1
衣着	-2.2	-2.6	-1.4
家庭设备用品及服务	-2.6	-3.0	-1.7
医疗保健及个人用品	0.9	-0.2	2.5
交通和通信	-2.2	-2.6	-1.4
娱乐教育文化用品及服务	1.3	0.5	2.8
居住	2.1	2.8	1.0

就业人数增加。年末全国就业人员74 432万人，比2002年末增加692万人。其中城镇就业人员25 639万人，增加859万人。全年有440万下岗失业人员实现了再就业。年末城镇登记失业率为4.3%，比2002年末上升0.3个百分点。

国际收支状况良好。全年对外贸易顺差255亿美元，比2002年减少49亿美元。利用外资继续增加。外汇储备大幅度增长，年末国家外汇储备达到4 033亿美元，比2002年末增加1 168亿美元。人民币汇率保持基本稳定。

国民经济和社会发展中存在的主要问题是：农民收入增长缓慢；就业和社会保障任务较重；能源、交通供需关系紧张；固定资产投资规模偏大，部分行业盲目投资、低水平重复建设比较严重；部分社会成员收入差距过大，不少低收入居民生活还比较困难，资源环境压力增大等。

二、农业

农作物种植结构继续调整。全年粮食种植面积9 941万公顷，比2002年减少448万公顷；糖料种植面积165万公顷，减少17万公顷；棉花种植面积511万公顷，扩大92万公顷；油料种植面积1 497万公顷，扩大20万公顷；蔬菜种植面积1 791万公顷，扩大56万公顷。粮食、棉花、油料、糖料等大宗农产品减产；蔬菜、水果在调整品种、优化品质的基础上稳定增长。全年粮食产量43 067万吨，比上年减产2 639万吨，下降5.8%（见表2）。畜牧业、渔业生产稳步发展。全年肉类总产量达6 920万吨，比上年增长5.1%。其中，牛、羊肉产量分别增长12.9%和10.8%。牛奶产量增长迅速。全年水产品产量达4 690万吨，增长2.8%。

全年新增有效灌溉面积78万公顷，新增节水灌溉面积137万公顷。

表2　2003年主要农产品产量　单位：万吨

产品名称	绝对数	比2002年增长%
粮食	43 067	−5.8
夏粮	9 622	−2.4
早稻	2 944	−2.8
秋粮	30 501	−7.1
油料	2 805	−3.2
花生	1 337	−9.8
油菜籽	1 141	8.1
棉花	487	−0.9
糖料	9 670	−6.1
甘蔗	9 051	0.4
甜菜	619	−51.8
烤烟	201	−5.7
茶叶	78	4.5
水果	14 470	0.3
蔬菜	53 960	2.1

三、工业和建筑业

工业生产高速增长。全年全部工业增加值53 612亿元，比2002年增长12.6%，其中规模以上工业企业（国有工业企业及年产品销售收入500万元以上的非国有工业企业）增加值增长17.0%（见表3）。工业产品销售率98.1%，比2002年提高0.1个百分点。

表3 2003年规模以上工业增加值主要分类情况 单位：亿元

指标	绝对数	比上年增长%
工业增加值	41 045	17.0
其中：国有及国有控股企业	19 408	14.3
其中：集体企业	2 787	11.5
股份制企业	16 878	18.3
外商及港澳台投资企业	11 174	20.0
其中：轻工业	14 653	14.6
重工业	26 392	18.6

高技术产业增长较快。规模以上工业中，高技术产业增加值比2002年增长20.6%。光通信设备、程控交换机、移动电话机和微型电子计算机等信息通信产品产量分别增长25.9%至1.2倍（见表4）。

能源生产增长加快。全国一次能源生产总量16.03亿吨标准煤，比上年增长11.0%。全年发电量19 107.6亿千瓦小时，比2002年增长15.5%；原煤生产量16.67亿吨，增长15.0%；原油生产量1.70亿吨，增长1.8%。

主要原材料生产快速增长。全年黑色金属冶炼及压延加工业增加值比2002年增长22.6%，有色金属冶炼及压延加工业增长18.1%，化学原料及化学制品制造业增长14.1%，非金属矿物制品业增长16.6%。分产品看，钢产量2.22亿吨，增长21.9%；钢材产量2.41亿吨，增长25.3%；十种有色金属增长19.1%；氧化铝增长11.2%；烧碱增长7.7%；水泥增长18.9%。

汽车工业增势强劲。全年交通运输设备制造业增加值比上年增长22.0%。汽车产量444.4万辆，增长36.7%，其中轿车产量202.0万辆，增长85.0%。

工业经济效益大幅度提高。规模以上工业企业实现利润总额8 152亿元，比2002年增长42.7%，其中国有及国有控股企业实现利润3 784亿元，增长45.2%；集体企业实现利润480亿元，增长31.4%；股份制企业实现利润3 764.6亿元，增长46%；外商及港澳台投资企业实现利润2 680.5亿元，增长40.5%。亏损企业亏损额同比下降1.9%。行业盈利面明显扩大。39个工业大类行业中有38个行业利润保持增长。石油和天然气开采业、交通运输设备制造业、黑色金属冶炼及压延加工业、化学工业和电力工业新增利润占全部规模以上工业新增利润的48.7%。

建筑业保持较快发展。全年全社会建筑业实现增加值8 166亿元，比2002年增长11.9%。全国具有建筑业资质等级的总承包和专业承包建筑业企业实现利润459亿元，增长23.8%。

表4　2003年主要工业产品产量

产品名称	单位	绝对数	比2002年增长%
纱	万吨	983.58	15.72
布	亿米	374.64	16.21
化纤	万吨	1 181.14	19.16
糖	万吨	1 083.94	17.06
卷烟	万箱	3 583.25	3.35
彩色电视机	万部	6 541.40	26.89
家用电冰箱	万台	2 242.56	40.26
房间空调器	万台	4 993.40	59.27
一次能源生产总量	亿吨标准煤	16.03	11.00
原煤	亿吨	16.67	15.00
原油	亿吨	1.70	1.80
发电量	亿千瓦小时	19 107.62	15.52
钢	万吨	22 233.60	21.92
钢材	万吨	24 119.35	25.28
十种有色金属	万吨	1 205.00	19.07
其中：铜	万吨	184.00	12.71
氧化铝	万吨	609.39	11.24
水泥	亿吨	8.62	18.90
木材	万立方米	4 950.00	11.59
硫酸	万吨	3 371.22	10.52
纯碱	万吨	1 128.04	9.18
烧碱	万吨	945.27	7.67
乙烯	万吨	611.77	12.66
化肥（折100%）	万吨	4 200.85	10.81
发电设备	万千瓦	3 700.62	74.49
汽车	万辆	444.39	36.69
轿车	万辆	202.01	84.99
大中型拖拉机	万台	4.88	7.49
集成电路	亿块	148.31	53.99
程控交换机	万线	7 379.93	25.92
移动电话机	万部	18 231.37	50.10
传真机	万部	746.58	151.13
微型电子计算机	万部	3 216.70	119.79
光通信设备	万部	8.65	34.11

四、固定资产投资

固定资产投资大幅度增长。全年全社会固定资产投资55 118亿元，比2002年增长26.7%（见表5）。国有及其他经济类型投资中，东部地区投资24 666亿元，增长33.6%；中部地区投资10 092亿元，增长33.1%；西部地区投资7 171亿元，增长26.4%。

表5 2003年固定资产投资情况 单位：亿元

指标	绝对数	比2002年增长%
全社会固定资产投资	55 118	26.7
其中：国有及其他固定资产投资	39 748	28.2
集体经济投资	7 807	30.4
城乡居民个人投资	7 563	16.0
其中：基本建设投资	22 729	28.7
更新改造投资	8 444	25.1
房地产开发投资	10 106	29.7

工业投资增长明显快于其他产业。全年国有及其他经济类型投资中，第一产业投资1 156亿元，增长3.7%，增速比2002年回落19.8个百分点。第二产业投资15 007亿元，增长39.1%，加快16.2个百分点。其中工业投资14 460亿元，增长39.0%，加快16.8个百分点。部分工业行业投资高速增长。在500万元以上项目中，钢铁投资增长96.6%，电解铝增长92.9%，水泥增长121.9%，汽车增长87.2%，纺织增长80.4%，煤炭增长52.3%。第三产业投资继续保持较快增长，全年完成投资26 480亿元，增长24.2%，加快9.8个百分点。房地产开发投资10 106亿元，比2002年增长29.7%；全年商品房销售额7 671亿元，增长34.1%，其中销售给个人增长35.8%，所占比重为92.5%。

表6 2003年全国基本建设投资新增主要生产能力

指标	单位	绝对数
发电机组容量	万千瓦	3 000
11万千伏及以上变电设备	万千伏安	8 300
新建铁路投产里程	公里	1 164
增建铁路复线投产里程	公里	583
电气化铁路投产里程	公里	615
新建公路	公里	36 444
其中：高速公路	公里	4 639
港口万吨级码头泊位新增吞吐能力	万吨	8 220
新增局用交换机容量	万门	6 744
新增光缆线路长度	万公里	45
新增数字蜂窝移动电话交换机容量	万户	6 232

重点工程建设进展顺利。长江三峡工程实现了蓄水、通航、发电的目标；青藏铁路

建设累计完成新线铺轨317公里，占应铺轨里程的28.6%；西电东送工程向广东送电能力已突破500万千瓦；西气东输管道工程已完成总投资的48%，东段线路全面完工，实现向华东地区供气；南水北调工程东线和中线已开工4个单项工程；19项治淮骨干工程已完成总投资的49%。

五、国内贸易

消费品市场稳定增长。全年社会消费品零售总额达到45 842亿元，比2002年增长9.1%，扣除物价因素，实际增长9.2%。其中，城市消费品零售额29 777亿元，增长10.3%；县及县以下消费品零售额16 065亿元，增长6.8%。分行业看，批发零售贸易业零售额37 693亿元，增长9.2%；餐饮业零售额6 066亿元，增长11.6%；其他行业零售额2 083亿元，增长0.2%。

全年限额以上批发零售贸易业销售额中，汽车类零售额比上年增长68.5%，通信器材类增长70.9%，家用电器和音像器材类增长18.3%，家具类增长28.2%。

六、对外经济贸易

对外贸易快速增长。全年进出口总额达8 512亿美元，比2002年增长37.1%。其中出口额4 384亿美元，增长34.6%；进口额4 128亿美元，增长39.9%（见表7）。对主要贸易伙伴的进出口均增长较快（见表8）。能源和原材料进口大幅度增加。全年进口原油9 112万吨，比2002年增长31.3%；成品油2 824万吨，增长38.8%；钢材3 717万吨，增长51.8%；氧化铝561万吨，增长22.6%；铁矿砂及其精矿14 813万吨，增长32.9%。

外商直接投资保持较大规模。全年批准设立外商直接投资企业41 081个，比上年增长20.2%；合同金额1 151亿美元，增长39.0%；实际使用金额535亿美元，增长1.4%（见表9）。

对外经济技术合作保持良好发展势头。全年对外承包工程、对外劳务合作、对外设计咨询新签合同额209亿美元，比2002年增长17.0%；完成营业额172亿美元，增长20.1%。

表7　2003年进出口主要分类情况　单位：亿美元

指标	绝对数	比2002年增长%
进出口总额	8 512	37.1
出口额	4 384	34.6
其中：一般贸易	1 820	33.7
加工贸易	2 418	34.4
其中：机电产品	2 275	44.8
其中：高新技术产品	1 103	62.6
进口额	4 128	39.9
其中：一般贸易	1 877	45.4
加工贸易	1 629	33.3
其中：机电产品	2 250	44.6
其中：高新技术产品	1 193	44.0

表8　2003年对主要国家和地区进出口情况　单位：亿美元

国家（地区）	出口额	比2002年增长%	进口额	比2002年增长%
美国	925	32.2	339	24.3
香港地区	763	30.5	111	3.7
欧盟	722	49.7	531	37.7
日本	594	22.7	742	38.7
东盟	309	31.1	473	51.7
韩国	201	29.4	431	51.0
俄罗斯	60	71.4	97	15.7

表9　2003年外商直接投资分主要行业情况　单位：亿美元

行业名称	合同项目		合同金额		实际使用金额	
	个数	增长%	绝对数	增长%	绝对数	增长%
全国总计	41 081	20.2	1 150.7	39.0	535.1	1.4
其中：农、林、牧、渔业	1 116	14.5	22.8	34.8	10.0	−2.6
采掘业	211	28.7	6.6	72.1	3.4	−42.1
制造业	29 281	17.5	807.5	36.2	369.4	0.4
建筑业	396	20.4	16.8	58.6	6.1	−13.7
交通运输、仓储及邮电通信业	506	24.9	50.1	228.0	8.7	−5.1
批发和零售贸易餐饮业	2 207	28.6	23.8	43.3	11.2	19.7
金融、保险业	23	35.3	3.2	−30.7	2.3	117.5
房地产业	1 553	18.0	91.1	26.2	52.4	−7.5
社会服务业	4 242	24.1	70.4	41.2	31.6	7.4
卫生、体育和社会福利业	85	70.0	2.7	4.4	1.3	−0.6
教育、文化艺术及广播电影电视业	70	45.8	2.8	159.1	0.6	53.0
科学研究和综合技术服务业	558	145.8	7.5	41.1	2.6	31.0

七、交通、邮电和旅游

交通运输和邮电通信业全年实现增加值6 531亿元，比2002年增长7.0%。

全年完成货物周转量57 152亿吨公里，比2002年增长13.1%；港口完成货物吞吐量33亿吨，增长17.9%。受非典疫情的影响，旅客周转量13795亿人公里，下降2.3%（见表10）。

全年完成邮电业务总量7 282亿元，比2002年增长27.8%。其中，邮政业务总量543亿元，增长9.7%；电信业务总量6 739亿元，增长29.6%。全年新增局用交换机6 744万门，总容量达到3.5亿门。新增固定电话用户4908万户，年末达到26 330.5万户，其中城市电话用户17 129.2万户，乡村电话用户9 201.3万户。新增移动电话用户6 269万户，年末达到26 869万户。年末全国固定及移动电话用户总数达到53 200万户，比上年末增加11 177万户，电话普及率达到42部/百人。

表10　2003年各种运输方式完成运输量

指标	单位	绝对数	比2002年增长%
货物周转量	亿吨公里	57 152	13.1
其中：铁路	亿吨公里	17 092	10.2
公路	亿吨公里	7 010	3.4
水运	亿吨公里	32 275	17.3
民航	亿吨公里	58	12.3
旅客周转量	亿人公里	13 795	−2.3
其中：铁路	亿人公里	4 789	−3.6
公路	亿人公里	7 679	−1.6
水运	亿人公里	64	−21.1
民航	亿人公里	1 263	−0.4
港口完成货物吞吐量	亿吨	33	17.9
其中：外贸货物吞吐量	亿吨	9.4	19.8

旅游业受非典疫情影响较大。全年入境人数9 166万人次，比2002年下降6.4%。其中，外国人1 140万人次，下降15.2%；香港、澳门和台湾同胞8 026万人次，下降5.0%。在入境旅游者中，过夜人数3 297万人次，下降10.4%。国际旅游外汇收入174亿美元，下降14.6%。全年国内出境人数达2 022万人次，增长21.8%。其中因私出境1 481万人次，增长47.2%，占出境人数的73.2%。国内旅游人数达8.7亿人次，下降0.9%；旅游总收入3 442亿元，下降11.2%。

八、金融、证券和保险

货币供应量增长加快。年末广义货币供应量（M2）余额为221 223亿元，比2002年末增长19.6%，增速加快2.8个百分点；狭义货币供应量（M1）余额为84 119亿元，增长18.7%，加快1.9个百分点；流通中现金（M0）余额为19 746亿元，增长14.3%，加快4.2个百分点。

金融机构存贷款增加较多。年末全部金融机构本外币各项存款余额220 364亿元，比上年末增长20.2%；全部金融机构本外币各项贷款余额169 771亿元，增长21.4%（见表11）。贷款结构继续改善。全国农村信用社人民币贷款余额16 979亿元，比2002年末增加3 186亿元。人民币消费贷款余额15 736亿元，增加5 091亿元，其中个人住房贷款余额11 780亿元，增加3 528亿元。

金融机构不良贷款减少。按照五级分类统计，年末银行业主要金融机构不良贷款余额为2.44万亿元，比年初减少1 906亿元，不良贷款的比例为17.8%，比年初下降5.32个百分点。

表11 2003年全部金融机构本外币存贷款情况 单位：亿元

指标	年末数	比2002年增长%
各项存款余额	220 364	20.2
其中：企业存款	76 785	19.4
城乡居民储蓄存款	110 695	17.4
其中：人民币	103 618	19.2
各项贷款余额	169 771	21.4
其中：短期贷款	87 398	13.8
中长期贷款	67 252	30.0

证券市场稳定发展。全年证券市场通过发行、配售股票共筹集资金1 358亿元，比2002年增加396亿元。其中，发行A股（包括增发及可转债）97只，配股24只，筹集资金820亿元，增加40亿元；发行B股、H股共24只，筹集资金537亿元，增加355亿元。年末境内上市公司（A、B股）数量由上年末的1 224家增加到1 287家，市价总值42 578亿元，比2002年年末增长11%。

保险事业发展较快。全年内外资保险公司保费收入3 880亿元，比上年增长27.1%。其中，寿险保费收入2 669亿元；健康险和意外伤害险保费收入342亿元；财产险保费收入869亿元。支付各类赔款及给付841亿元。其中，寿险业务给付264亿元；健康险和意外伤害险赔款及给付101亿元；财产险赔款476亿元。

九、教育和科学技术

教育事业保持较快发展。全国研究生教育招生26.9万人，在学研究生65.1万人，毕业生11.1万人。全国普通高等教育招生382.2万人，在校生1 108.6万人，毕业生187.8万人。各类中等职业教育招生504.1万人，在校生1 240.2万人，毕业生343.8万人。全国普通高中招生752.1万人，在校生1 964.8万人，毕业生458.1万人（见表12）。全国初中招生2 220.1万人，在校生6 690.6万人，毕业生2 018.4万人。普通小学招生1 829.4万人，在校生11 689.7万人，毕业生2 267.9万人。特殊教育招生4.9万人，在校生36.5万人。在幼儿园幼儿2 004万人。

表12 2003年各类教育招生和毕业生情况 单位：万人

指标	招生数	毕业生数
研究生	26.9	11.1
普通高等教育本专科	382.2	187.8
各类中等职业教育	504.1	343.8
普通高中	752.1	458.1

科技事业取得新突破。全年全国科学研究与试验发展（R&D）经费支出1 520.1亿元，比2002年增长18.1%，占国内生产总值的1.3%，其中基础研究经费86亿元。年末国有企事业单位共有各类专业技术人员2 834.4万人。全年国家安排了1 573项科技攻关计划项目

和4 479项"863"计划项目，新安排高技术产业化示范工程项目274项，滚动安排重大技术装备研制项目15项，新建国家工程研究中心9家，安排国家重点实验室改造项目46项。认定国家级企业（集团）技术中心302家。全年共取得省部级以上科技成果29 870项。其中，基础理论成果2 029项，应用技术成果26 425项，软科学成果1 416项。全年受理国内外专利申请30.8万件，授权专利18.2万件，分别比2002年增长22.1%和37.6%。全年共签订技术合同26.8万项，技术合同成交金额1 082.7亿元，比2002年增长22.5%。首次载人航天飞行的圆满成功，使我国成为世界上第三个独立掌握载人航天技术的国家。

全国共有产品检测实验室15 676个，其中国家检测中心245个。全国现有产品质量、体系认证机构113个，已累计完成对4.6万个企业的产品认证。全国共有法定计量技术机构3 815个，全年强制检定计量器具2 691万台件。制定、修订国家标准1 653项，其中新制定734项。全国共有天气雷达观测站点250个，卫星云图接收站点386个。全国共有地震台站1 253个，地震遥测台网30个。全国共有1 737个海洋观测、监测站点。测绘部门公开出版地图1 572种，测绘图书454种。

十、文化、卫生和体育

文化事业稳步发展。年末全国共有艺术表演团体2 587个，文化馆2 892个，公共图书馆2 708个，博物馆1 519个。广播电台282座，中、短波广播发射台和转播台744座，电视台320座，教育台62个。全国有线电视用户10 508万户。生产故事影片140部，科教、纪录、美术片61部，特种影片1部。出版全国性和省级报纸243.6亿份，各类期刊29.9亿册，图书67.5亿册（张）（见表13）。年末全国共有档案馆3978个，已开放各类档案5 583万卷（件）。

表13　2003年广播电视及出版物情况

指标	单位	数值
广播综合人口覆盖率	%	93.6
电视综合人口覆盖率	%	94.8
期刊出版量	亿册	29.9
图书出版量	亿册(张)	67.5

卫生事业发展加快。2003年上半年，24个省、自治区、直辖市先后发生非典疫情，全年累计临床确诊病例5 327例，累计死亡349人。非典疫情发生后，中央和地方政府增加了卫生投入，应对突发公共卫生事件应急机制逐步建立，医疗救治和疾病预防控制机构得到较大加强。年末全国共有卫生机构30.5万个，其中医院、卫生院6.4万个，妇幼保健院（所、站）3 058个，专科疾病防治院（所、站）1 811个。医院和卫生院床位290万张。卫生技术人员424万人，其中执业医师和执业助理医师183万人，注册护士124万人。全国疾病预防控制中心（防疫站）3 600个，卫生技术人员15.9万人。卫生监督检验机构755个，卫生技术人员1.5万人。乡镇卫生院4.5万个，床位66.8万张，卫生技术人员90.7

万人。

体育事业取得新成绩。全年我国运动健儿共获得了87个世界冠军；9人1队19次创16项世界纪录。全民健身运动蓬勃发展。

十一、人口、人民生活和社会保障

人口自然增长率继续下降。年末全国总人口为129 227万人（见表14）。全年全国出生人口1 599万人，出生率为12.41‰；死亡人口825万人，死亡率为6.40‰；全年净增人口774万人，自然增长率为6.01‰。

表14 2003年人口主要构成情况 单位：万人

指标	年末数	比重（%）
全国总人口	129 227	100.0
其中：城镇	52 376	40.53
乡村	76 851	59.47
其中：男性	66 556	51.50
女性	62 671	48.50
其中：0-14岁	28 559	22.1
15-64岁	90 976	70.4
65岁及以上	9 692	7.5

居民生活继续改善。全年全国城镇居民人均可支配收入8 472元，扣除物价上涨因素，实际增长9.0%；农村居民人均纯收入2 622元，实际增长4.3%。居民家庭恩格尔系数（居民家庭食品消费支出占家庭消费总支出的比重），城市为37.1%，比上年降低0.6个百分点；农村为45.6%，降低0.6个百分点。年末全国私人轿车拥有量已达489万辆，比上年末增加146万辆。年末农村贫困人口为2 900万人。

社会保障进一步加强。年末全国参加基本养老保险人数为15 490万人，比上年增加753万人。其中参保职工11 638万人，参保的离退休人员3 852万人。全国参加失业保险的人数为10 373万人，增加191万人。全国参加医疗保险的人数为10 895万人，增加1 494万人。其中参保职工7 977万人，参保退休人员2 918万人。年末全国企业参加基本养老保险离退休人员3 551万人，绝大部分实现了养老金按时足额发放；年末全国有195万国有企业下岗职工进入再就业服务中心，进入再就业服务中心的人员全部按时足额领到了基本生活费和代缴了社会保险费；年末全国领取失业保险金人数为415万人，比上年减少25万人；全国共有2 235万城镇居民得到政府最低生活保障，增加170万人。

年末全国各类收养性社会福利单位床位122.2万张，收养各类人员92.4万人。城镇建立各种社区服务设施19.2万个，其中综合性社区服务中心9 251个。全年销售社会福利彩票200亿元，筹集社会福利资金近70亿元，直接接收社会捐赠款30.1亿元。

十二、资源与环境

耕地面积继续减少。全年建设占用耕地22.9万公顷，灾毁耕地5.0万公顷。生态退耕223.7万公顷，因农业结构调整减少耕地33.2万公顷。土地整理复垦开发补充耕地31.1万公顷。全年净减少耕地253.7万公顷。

能源和主要原材料消费明显上升。初步测算，全年能源消费总量16.78亿吨标准煤，比上年增长10.1%。其中，原油消费量2.52亿吨，增长12%；原煤15.79亿吨，增长13.6%。主要原材料消费中，钢材2.71亿吨，增长28.6%；氧化铝1 168万吨，增长15.7%；水泥8.36亿吨，增长15.3%。

水资源供求关系依然紧张。当年人均水资源2 076立方米，比2002年下降5.6%。全年平均年降水量640毫米，下降3.0%。年末全国454座大型水库蓄水总量1 864亿立方米，增加210亿立方米。全年总用水量5 410亿立方米，比上年下降1.5%。其中生活用水增长5.0%；工业用水增长1.1%；农业用水下降3.5%。全国人均用水量为420立方米，下降1.9%。

总体水质状况略有下降。七大水系干流地表水水质有52.5%的断面满足国家地表水三类水质标准要求，比上年下降0.4个百分点；38.1%的断面为四类、五类水质，比2002年上升11.3个百分点；超过五类水质标准断面的比例为9.3%，比上年下降11个百分点。237个近岸海域海水水质监测点中，达到国家一类海水水质标准的监测点占19.8%，比上年下降1.5个百分点。

矿产资源勘探取得新进展。全国已发现的矿种为171种。有查明资源储量的矿种共计158种，其中，能源矿产10种，金属矿产54种，非金属矿产91种，水气矿产3种。国土资源调查及地质勘查新发现大中型矿产地157处。有59种矿产新增查明资源储量，其中，石油7.99亿吨，天然气5 035.4亿立方米，原煤51.95亿吨。

城市环保工作有所加强。监测的340个城市中，有141个城市空气质量达到二级标准，占监测城市数的41.5%，比2002年提高7.7个百分点；有108个城市为三级，占31.8%，比2002年下降3.2个百分点；有91个城市为劣三级，占26.7%，比上年下降4.5个百分点。城市污水集中处理率、城市生活垃圾无害化处理率和工业固体废物综合利用率，分别达到42.1%、58.0%和53.5%，比2002年提高2.1、3.8和1.5个百分点。全国建成烟尘控制区3.3万平方公里，环境噪声达标区2.0万平方公里。

生态环境建设力度加大。全年完成造林面积930万公顷，比上年增长19.7%。其中，六大林业重点工程完成造林面积831万公顷。截至2003年，全国共批准国家级生态示范区82个，自然保护区达到1 999个，国家地质公园44个，地质遗迹保护区457个，三峡库区完成地质灾害治理项目158个。综合治理水土流失面积5.6万平方公里。

注：1. 本文部分数据为初步统计数。

2. 各项统计数据均未包括香港特别行政区、澳门特别行政区和台湾省。

3. 国内生产总值、各产业增加值绝对数按现价计算，增长速度按可比价计算。

4. 表2中的水果产量含果用瓜。
5. 基本建设新增生产能力中新增局用交换机容量、新增光缆线路长度及新增数字蜂窝移动电话交换机容量含更新改造增加的能力。
6. 邮电业务总量完成额按2000年不变价格计算。

法规篇

中华人民共和国对外贸易法

（1994年5月12日第八届全国人民代表大会常务委员会第七次会议通过，
2004年4月6日第十届全国人民代表大会常务委员会第八次会议修订）

中华人民共和国主席令
（第15号）

《中华人民共和国对外贸易法》已由中华人民共和国第十届全国人民代表大会常务委员会第八次会议于2004年4月6日修订通过，现将修订后的《中华人民共和国对外贸易法》公布，自2004年7月1日起施行。

中华人民共和国主席　胡锦涛
2004年4月6日

第一章　总则

第一条　为了扩大对外开放，发展对外贸易，维护对外贸易秩序，保护对外贸易经营者的合法权益，促进社会主义市场经济的健康发展，制定本法。

第二条　本法适用于对外贸易以及与对外贸易有关的知识产权保护。

本法所称对外贸易，是指货物进出口、技术进出口和国际服务贸易。

第三条　国务院对外贸易主管部门依照本法主管全国对外贸易工作。

第四条　国家实行统一的对外贸易制度，鼓励发展对外贸易，维护公平、自由的对外贸易秩序。

第五条　中华人民共和国根据平等互利的原则，促进和发展同其他国家和地区的贸易关系，缔结或者参加关税同盟协定、自由贸易区协定等区域经济贸易协定，参加区域经济组织。

第六条　中华人民共和国在对外贸易方面根据所缔结或者参加的国际条约、协定，给予其他缔约方、参加方最惠国待遇、国民待遇等待遇，或者根据互惠、对等原则给予对方最惠国待遇、国民待遇等待遇。

第七条　任何国家或者地区在贸易方面对中华人民共和国采取歧视性的禁止、限制或者其他类似措施的，中华人民共和国可以根据实际情况对该国家或者该地区采取相应的措施。

第二章　对外贸易经营者

第八条　本法所称对外贸易经营者，是指依法办理工商登记或者其他执业手续，依照本法和其他有关法律、行政法规的规定从事对外贸易经营活动的法人、其他组织或者个人。

第九条　从事货物进出口或者技术进出口的对外贸易经营者，应当向国务院对外贸易主管部门或者其委托的机构办理备案登记；但是，法律、行政法规和国务院对外贸易主管部门规定不需要备案登记的除外。备案登记的具体办法由国务院对外贸易主管部门规定。对外贸易经营者未按照规定办理备案登记的，海关不予办理进出口货物的报关验放手续。

第十条　从事国际服务贸易，应当遵守本法和其他有关法律、行政法规的规定。

从事对外工程承包或者对外劳务合作的单位，应当具备相应的资质或者资格。具体办法由国务院规定。

第十一条　国家可以对部分货物的进出口实行国营贸易管理。实行国营贸易管理货物的进出口业务只能由经授权的企业经营；但是，国家允许部分数量的国营贸易管理货物的进出口业务由非授权企业经营的除外。实行国营贸易管理的货物和经授权经营企业的目录，由国务院对外贸易主管部门会同国务院其他有关部门确定、调整并公布。

违反本条第一款规定，擅自进出口实行国营贸易管理的货物的，海关不予放行。

第十二条　对外贸易经营者可以接受他人的委托，在经营范围内代为办理对外贸易业务。

第十三条　对外贸易经营者应当按照国务院对外贸易主管部门或者国务院其他有关部门依法作出的规定，向有关部门提交与其对外贸易经营活动有关的文件及资料。有关部门应当为提供者保守商业秘密。

第三章　货物进出口与技术进出口

第十四条　国家准许货物与技术的自由进出口。但是，法律、行政法规另有规定的除外。

第十五条　国务院对外贸易主管部门基于监测进出口情况的需要，可以对部分自由进出口的货物实行进出口自动许可并公布其目录。

实行自动许可的进出口货物，收货人、发货人在办理海关报关手续前提出自动许可申请的，国务院对外贸易主管部门或者其委托的机构应当予以许可；未办理自动许可手续的，海关不予放行。

进出口属于自由进出口的技术，应当向国务院对外贸易主管部门或者其委托的机构办理合同备案登记。

第十六条　国家基于下列原因，可以限制或者禁止有关货物、技术的进口或者出口：

（一）为维护国家安全、社会公共利益或者公共道德，需要限制或者禁止进口或者出口的；

（二）为保护人的健康或者安全，保护动物、植物的生命或者健康，保护环境，需要限制或者禁止进口或者出口的；

（三）为实施与黄金或者白银进出口有关的措施，需要限制或者禁止进口或者出口的；

（四）国内供应短缺或者为有效保护可能用竭的自然资源，需要限制或者禁止出口的；

（五）输往国家或者地区的市场容量有限，需要限制出口的；

（六）出口经营秩序出现严重混乱，需要限制出口的；

（七）为建立或者加快建立国内特定产业，需要限制进口的；

（八）对任何形式的农业、牧业、渔业产品有必要限制进口的；

（九）为保障国家国际金融地位和国际收支平衡，需要限制进口的；

（十）依照法律、行政法规的规定，其他需要限制或者禁止进口或者出口的；

（十一）根据我国缔结或者参加的国际条约、协定的规定，其他需要限制或者禁止进口或者出口的。

第十七条　国家对与裂变、聚变物质或者衍生此类物质的物质有关的货物、技术进出口，以及与武器、弹药或者其他军用物资有关的进出口，可以采取任何必要的措施，维护国家安全。

在战时或者为维护国际和平与安全，国家在货物、技术进出口方面可以采取任何必要的措施。

第十八条　国务院对外贸易主管部门会同国务院其他有关部门，依照本法第十六条和第十七条的规定，制定、调整并公布限制或者禁止进出口的货物、技术目录。

国务院对外贸易主管部门或者由其会同国务院其他有关部门，经国务院批准，可以在本法第十六条和第十七条规定的范围内，临时决定限制或者禁止前款规定目录以外的特定货物、技术的进口或者出口。

第十九条　国家对限制进口或者出口的货物，实行配额、许可证等方式管理；对限制进口或者出口的技术，实行许可证管理。

实行配额、许可证管理的货物、技术，应当按照国务院规定经国务院对外贸易主管部门或者经其会同国务院其他有关部门许可，方可进口或者出口。

国家对部分进口货物可以实行关税配额管理。

第二十条　进出口货物配额、关税配额，由国务院对外贸易主管部门或者国务院其他有关部门在各自的职责范围内，按照公开、公平、公正和效益的原则进行分配。具体办法由国务院规定。

第二十一条　国家实行统一的商品合格评定制度，根据有关法律、行政法规的规定，对进出口商品进行认证、检验、检疫。

第二十二条　国家对进出口货物进行原产地管理。具体办法由国务院规定。

第二十三条　对文物和野生动物、植物及其产品等，其他法律、行政法规有禁止或者限制进出口规定的，依照有关法律、行政法规的规定执行。

第四章　国际服务贸易

第二十四条　中华人民共和国在国际服务贸易方面根据所缔结或者参加的国际条约、协定中所作的承诺，给予其他缔约方、参加方市场准入和国民待遇。

第二十五条　国务院对外贸易主管部门和国务院其他有关部门，依照本法和其他有关法律、行政法规的规定，对国际服务贸易进行管理。

第二十六条　国家基于下列原因，可以限制或者禁止有关的国际服务贸易：

（一）为维护国家安全、社会公共利益或者公共道德，需要限制或者禁止的；

（二）为保护人的健康或者安全，保护动物、植物的生命或者健康，保护环境，需要限制或者禁止的；

（三）为建立或者加快建立国内特定服务产业，需要限制的；

（四）为保障国家外汇收支平衡，需要限制的；

（五）依照法律、行政法规的规定，其他需要限制或者禁止的；

（六）根据我国缔结或者参加的国际条约、协定的规定，其他需要限制或者禁止的。

第二十七条　国家对与军事有关的国际服务贸易，以及与裂变、聚变物质或者衍生此类物质的物质有关的国际服务贸易，可以采取任何必要的措施，维护国家安全。

在战时或者为维护国际和平与安全，国家在国际服务贸易方面可以采取任何必要的措施。

第二十八条　国务院对外贸易主管部门会同国务院其他有关部门，依照本法第二十六条、第二十七条和其他有关法律、行政法规的规定，制定、调整并公布国际服务贸易市场准入目录。

第五章　与对外贸易有关的知识产权保护

第二十九条　国家依照有关知识产权的法律、行政法规，保护与对外贸易有关的知识产权。

进口货物侵犯知识产权，并危害对外贸易秩序的，国务院对外贸易主管部门可以采取在一定期限内禁止侵权人生产、销售的有关货物进口等措施。

第三十条　知识产权权利人有阻止被许可人对许可合同中的知识产权的有效性提出质疑、进行强制性一揽子许可、在许可合同中规定排他性返授条件等行为之一，并危害对外贸易公平竞争秩序的，国务院对外贸易主管部门可以采取必要的措施消除危害。

第三十一条　其他国家或者地区在知识产权保护方面未给予中华人民共和国的法人、其他组织或者个人国民待遇，或者不能对来源于中华人民共和国的货物、技术或者服务提供充分有效的知识产权保护的，国务院对外贸易主管部门可以依照本法和其他有关法律、行政法规的规定，并根据中华人民共和国缔结或者参加的国际条约、协定，对与该国家或者该地区的贸易采取必要的措施。

第六章　对外贸易秩序

第三十二条　在对外贸易经营活动中，不得违反有关反垄断的法律、行政法规的规定实施垄断行为。

在对外贸易经营活动中实施垄断行为，危害市场公平竞争的，依照有关反垄断的法律、行政法规的规定处理。有前款违法行为，并危害对外贸易秩序的，国务院对外贸易主管部门可以采取必要的措施消除危害。

第三十三条　在对外贸易经营活动中，不得实施以不正当的低价销售商品、串通投标、发布虚假广告、进行商业贿赂等不正当竞争行为。

在对外贸易经营活动中实施不正当竞争行为的，依照有关反不正当竞争的法律、行政法规的规定处理。

有前款违法行为，并危害对外贸易秩序的，国务院对外贸易主管部门可以采取禁止该经营者有关货物、技术进出口等措施消除危害。

第三十四条　在对外贸易活动中，不得有下列行为：

（一）伪造、变造进出口货物原产地标记，伪造、变造或者买卖进出口货物原产地证书、进出口许可证、进出口配额证明或者其他进出口证明文件；

（二）骗取出口退税；

（三）走私；

（四）逃避法律、行政法规规定的认证、检验、检疫；

（五）违反法律、行政法规规定的其他行为。

第三十五条　对外贸易经营者在对外贸易经营活动中，应当遵守国家有关外汇管理的规定。

第三十六条　违反本法规定，危害对外贸易秩序的，国务院对外贸易主管部门可以向社会公告。

第七章　对外贸易调查

第三十七条　为了维护对外贸易秩序，国务院对外贸易主管部门可以自行或者会同国务院其他有关部门，依照法律、行政法规的规定对下列事项进行调查：

（一）货物进出口、技术进出口、国际服务贸易对国内产业及其竞争力的影响；

（二）有关国家或者地区的贸易壁垒；

（三）为确定是否应当依法采取反倾销、反补贴或者保障措施等对外贸易救济措施，需要调查的事项；

（四）规避对外贸易救济措施的行为；

（五）对外贸易中有关国家安全利益的事项；

（六）为执行本法第七条、第二十九条第二款、第三十条、第三十一条、第三十二条第三款、第三十三条第三款的规定，需要调查的事项；

（七）其他影响对外贸易秩序，需要调查的事项。

第三十八条　启动对外贸易调查，由国务院对外贸易主管部门发布公告。

调查可以采取书面问卷、召开听证会、实地调查、委托调查等方式进行。

国务院对外贸易主管部门根据调查结果，提出调查报告或者作出处理裁定，并发布公告。

第三十九条　有关单位和个人应当对对外贸易调查给予配合、协助。

国务院对外贸易主管部门和国务院其他有关部门及其工作人员进行对外贸易调查，对知悉的国家秘密和商业秘密负有保密义务。

第八章　对外贸易救济

第四十条　国家根据对外贸易调查结果，可以采取适当的对外贸易救济措施。

第四十一条　其他国家或者地区的产品以低于正常价值的倾销方式进入我国市场，对已建立的国内产业造成实质损害或者产生实质损害威胁，或者对建立国内产业造成实质阻碍的，国家可以采取反倾销措施，消除或者减轻这种损害或者损害的威胁或者阻碍。

第四十二条　其他国家或者地区的产品以低于正常价值出口至第三国市场，对我国已建立的国内产业造成实质损害或者产生实质损害威胁，或者对我国建立国内产业造成实质阻碍的，应国内产业的申请，国务院对外贸易主管部门可以与该第三国政府进行磋商，要求其采取适当的措施。

第四十三条　进口的产品直接或者间接地接受出口国家或者地区给予的任何形式的专向性补贴，对已建立的国内产业造成实质损害或者产生实质损害威胁，或者对建立国内产业造成实质阻碍的，国家可以采取反补贴措施，消除或者减轻这种损害或者损害的威胁或者阻碍。

第四十四条　因进口产品数量大量增加，对生产同类产品或者与其直接竞争的产品的国内产业造成严重损害或者严重损害威胁的，国家可以采取必要的保障措施，消除或者减轻这种损害或者损害的威胁，并可以对该产业提供必要的支持。

第四十五条　因其他国家或者地区的服务提供者向我国提供的服务增加，对提供同类服务或者与其直接竞争的服务的国内产业造成损害或者产生损害威胁的，国家可以采取必要的救济措施，消除或者减轻这种损害或者损害的威胁。

第四十六条　因第三国限制进口而导致某种产品进入我国市场的数量大量增加，对已建立的国内产业造成损害或者产生损害威胁，或者对建立国内产业造成阻碍的，国家可以采取必要的救济措施，限制该产品进口。

第四十七条　与中华人民共和国缔结或者共同参加经济贸易条约、协定的国家或者地区，违反条约、协定的规定，使中华人民共和国根据该条约、协定享有的利益丧失或者受损，或者阻碍条约、协定目标实现的，中华人民共和国政府有权要求有关国家或者地区政府采取适当的补救措施，并可以根据有关条约、协定中止或者终止履行相关义务。

第四十八条　国务院对外贸易主管部门依照本法和其他有关法律的规定，进行对外贸易的双边或者多边磋商、谈判和争端的解决。

第四十九条　国务院对外贸易主管部门和国务院其他有关部门应当建立货物进出口、技术进出口和国际服务贸易的预警应急机制，应对对外贸易中的突发和异常情况，维护国家经济安全。

第五十条　国家对规避本法规定的对外贸易救济措施的行为，可以采取必要的反规避措施。

第九章　对外贸易促进

第五十一条　国家制定对外贸易发展战略，建立和完善对外贸易促进机制。

第五十二条　国家根据对外贸易发展的需要，建立和完善为对外贸易服务的金融机构，设立对外贸易发展基金、风险基金。

第五十三条　国家通过进出口信贷、出口信用保险、出口退税及其他促进对外贸易的方式，发展对外贸易。

第五十四条　国家建立对外贸易公共信息服务体系，向对外贸易经营者和其他社会公众提供信息服务。

第五十五条　国家采取措施鼓励对外贸易经营者开拓国际市场，采取对外投资、对外工程承包和对外劳务合作等多种形式，发展对外贸易。

第五十六条　对外贸易经营者可以依法成立和参加有关协会、商会。

有关协会、商会应当遵守法律、行政法规，按照章程对其成员提供与对外贸易有关的生产、营销、信息、培训等方面的服务，发挥协调和自律作用，依法提出有关对外贸易救济措施的申请，维护成员和行业的利益，向政府有关部门反映成员有关对外贸易的建议，开展对外贸易促进活动。

第五十七条　中国国际贸易促进组织按照章程开展对外联系，举办展览，提供信息、咨询服务和其他对外贸易促进活动。

第五十八条　国家扶持和促进中小企业开展对外贸易。

第五十九条　国家扶持和促进民族自治地方和经济不发达地区发展对外贸易。

第十章　法律责任

第六十条　违反本法第十一条规定，未经授权擅自进出口实行国营贸易管理的货物的，国务院对外贸易主管部门或者国务院其他有关部门可以处五万元以下罚款；情节严重的，可以自行政处罚决定生效之日起三年内，不受理违法行为人从事国营贸易管理货物进出口业务的申请，或者撤销已给予其从事其他国营贸易管理货物进出口的授权。

第六十一条　进出口属于禁止进出口的货物的，或者未经许可擅自进出口属于限制进出口的货物的，由海关依照有关法律、行政法规的规定处理、处罚；构成犯罪的，依法追究刑事责任。

进出口属于禁止进出口的技术的，或者未经许可擅自进出口属于限制进出口的技术的，依照有关法律、行政法规的规定处理、处罚；法律、行政法规没有规定的，由国务院对外贸易主管部门责令改正，没收违法所得，并处违法所得一倍以上五倍以下罚款，没有违法所得或者违法所得不足一万元的，处一万元以上五万元以下罚款；构成犯罪的，依法追究刑事责任。

自前两款规定的行政处罚决定生效之日或者刑事处罚判决生效之日起，国务院对外贸易主管部门或者国务院其他有关部门可以在三年内不受理违法行为人提出的进出口配额或者许可证的申请，或者禁止违法行为人在一年以上三年以下的期限内从事有关货物或者技术的进出口经营活动。

第六十二条　从事属于禁止的国际服务贸易的，或者未经许可擅自从事属于限制的国际服务贸易的，依照有关法律、行政法规的规定处罚；法律、行政法规没有规定的，由国务院对外贸易主管部门责令改正，没收违法所得，并处违法所得一倍以上五倍以下罚款，没有违法所得或者违法所得不足一万元的，处一万元以上五万元以下罚款；构成犯罪的，依法追究刑事责任。

国务院对外贸易主管部门可以禁止违法行为人自前款规定的行政处罚决定生效之日或者刑事处罚判决生效之日起一年以上三年以下的期限内从事有关的国际服务贸易经营活动。

第六十三条　违反本法第三十四条规定，依照有关法律、行政法规的规定处罚；构成犯罪的，依法追究刑事责任。

国务院对外贸易主管部门可以禁止违法行为人自前款规定的行政处罚决定生效之日或者刑事处罚判决生效之日起一年以上三年以下的期限内从事有关的对外贸易经营活动。

第六十四条　依照本法第六十一条至第六十三条规定被禁止从事有关对外贸易经营活动的，在禁止期限内，海关根据国务院对外贸易主管部门依法作出的禁止决定，对该对外贸易经营者的有关进出口货物不予办理报关验放手续，外汇管理部门或者外汇指定银行不予办理有关结汇、售汇手续。

第六十五条　依照本法负责对外贸易管理工作的部门的工作人员玩忽职守、徇私舞弊或者滥用职权，构成犯罪的，依法追究刑事责任；尚不构成犯罪的，依法给予行政处分。

依照本法负责对外贸易管理工作的部门的工作人员利用职务上的便利，索取他人财物，或者非法收受他人财物为他人谋取利益，构成犯罪的，依法追究刑事责任；尚不构成犯罪的，依法给予行政处分。

第六十六条　对外贸易经营活动当事人对依照本法负责对外贸易管理工作的部门作出的具体行政行为不服的，可以依法申请行政复议或者向人民法院提起行政诉讼。

第十一章　附则

第六十七条　与军品、裂变和聚变物质或者衍生此类物质的物质有关的对外贸易管理以及文化产品的进出口管理，法律、行政法规另有规定的，依照其规定。

第六十八条　国家对边境地区与接壤国家边境地区之间的贸易以及边民互市贸易，采取灵活措施，给予优惠和便利。具体办法由国务院规定。

第六十九条　中华人民共和国的单独关税区不适用本法。

第七十条　本法自2004年7月1日起施行。

中华人民共和国进出口关税条例

中华人民共和国国务院令

第392号

《中华人民共和国进出口关税条例》已经2003年10月29日国务院第26次常务会议通过，现予公布，自2004年1月1日起施行。

总理　温家宝

2003年11月23日

第一章　总则

第一条　为了贯彻对外开放政策，促进对外经济贸易和国民经济的发展，根据《中华人民共和国海关法》(以下简称《海关法》)的有关规定，制定本条例。

第二条　中华人民共和国准许进出口的货物、进境物品，除法律、行政法规另有规定外，海关依照本条例规定征收进出口关税。

第三条　国务院制定《中华人民共和国进出口税则》(以下简称《税则》)、《中华人民共和国进境物品进口税税率表》(以下简称《进境物品进口税税率表》)，规定关税的税目、税则号列和税率，作为本条例的组成部分。

第四条　国务院设立关税税则委员会，负责《税则》和《进境物品进口税税率表》的税目、税则号列和税率的调整和解释，报国务院批准后执行；决定实行暂定税率的货物、税率和期限；决定关税配额税率；决定征收反倾销税、反补贴税、保障措施关税、报复性关税以及决定实施其他关税措施；决定特殊情况下税率的适用，以及履行国务院规定的其他职责。

第五条　进口货物的收货人、出口货物的发货人、进境物品的所有人，是关税的纳税义务人。

第六条　海关及其工作人员应当依照法定职权和法定程序履行关税征管职责，维护国家利益，保护纳税人合法权益，依法接受监督。

第七条　纳税义务人有权要求海关对其商业秘密予以保密，海关应当依法为纳税义务人保密。

第八条　海关对检举或者协助查获违反本条例行为的单位和个人，应当按照规定给予奖励，并负责保密。

第二章　进出口货物关税税率的设置和适用

第九条　进口关税设置最惠国税率、协定税率、特惠税率、普通税率、关税配额税率等税率。对进口货物在一定期限内可以实行暂定税率。

出口关税设置出口税率。对出口货物在一定期限内可以实行暂定税率。

第十条　原产于共同适用最惠国待遇条款的世界贸易组织成员的进口货物，原产于与中华人民共和国签订含有相互给予最惠国待遇条款的双边贸易协定的国家或者地区的进口货物，以及原产于中华人民共和国境内的进口货物，适用最惠国税率。

原产于与中华人民共和国签订含有关税优惠条款的区域性贸易协定的国家或者地区的进口货物，适用协定税率。

原产于与中华人民共和国签订含有特殊关税优惠条款的贸易协定的国家或者地区的进口货物，适用特惠税率。

原产于本条第一款、第二款和第三款所列以外国家或者地区的进口货物，以及原产地不明的进口货物，适用普通税率。

第十一条　适用最惠国税率的进口货物有暂定税率的，应当适用暂定税率；适用协定税率、特惠税率的进口货物有暂定税率的，应当从低适用税率；适用普通税率的进口货物，不适用暂定税率。

适用出口税率的出口货物有暂定税率的，应当适用暂定税率。

第十二条　按照国家规定实行关税配额管理的进口货物，关税配额内的，适用关税配额税率；关税配额外的，其税率的适用按照本条例第十条、第十一条的规定执行。

第十三条　按照有关法律、行政法规的规定对进口货物采取反倾销、反补贴、保障措施的，其税率的适用按照《中华人民共和国反倾销条例》、《中华人民共和国反补贴条例》和《中华人民共和国保障措施条例》的有关规定执行。

第十四条　任何国家或者地区违反与中华人民共和国签订或者共同参加的贸易协定及相关协定，对中华人民共和国在贸易方面采取禁止、限制、加征关税或者其他影响正常贸易的措施的，对原产于该国家或者地区的进口货物可以征收报复性关税，适用报复性关税税率。

征收报复性关税的货物、适用国别、税率、期限和征收办法，由国务院关税税则委员会决定并公布。

第十五条　进出口货物，应当适用海关接受该货物申报进口或者出口之日实施的税率。

进口货物到达前，经海关核准先行申报的，应当适用装载该货物的运输工具申报进境之日实施的税率。

转关运输货物税率的适用日期，由海关总署另行规定。

第十六条　有下列情形之一，需缴纳税款的，应当适用海关接受申报办理纳税手续之日实施的税率：

（一）保税货物经批准不复运出境的；

（二）减免税货物经批准转让或者移作他用的；

（三）暂准进境货物经批准不复运出境，以及暂准出境货物经批准不复运进境的；

（四）租赁进口货物，分期缴纳税款的。

第十七条　补征和退还进出口货物关税，应当按照本条例第十五条或者第十六条的规定确定适用的税率。

因纳税义务人违反规定需要追征税款的，应当适用该行为发生之日实施的税率；行为发生之日不能确定的，适用海关发现该行为之日实施的税率。

第三章　进出口货物完税价格的确定

第十八条　进口货物的完税价格由海关以符合本条第三款所列条件的成交价格以及该货物运抵中华人民共和国境内输入地点起卸前的运输及其相关费用、保险费为基础审查确定。

进口货物的成交价格，是指卖方向中华人民共和国境内销售该货物时买方为进口该货物向卖方实付、应付的，并按照本条例第十九条、第二十条规定调整后的价款总额，包括直接支付的价款和间接支付的价款。

进口货物的成交价格应当符合下列条件：

（一）对买方处置或者使用该货物不予限制，但法律、行政法规规定实施的限制、对货物转售地域的限制和对货物价格无实质性影响的限制除外；

（二）该货物的成交价格没有因搭售或者其他因素的影响而无法确定；

（三）卖方不得从买方直接或者间接获得因该货物进口后转售、处置或者使用而产生的任何收益，或者虽有收益但能够按照本条例第十九条、第二十条的规定进行调整；

（四）买卖双方没有特殊关系，或者虽有特殊关系但未对成交价格产生影响。

第十九条　进口货物的下列费用应当计入完税价格：

（一）由买方负担的购货佣金以外的佣金和经纪费；

（二）由买方负担的在审查确定完税价格时与该货物视为一体的容器的费用；

（三）由买方负担的包装材料费用和包装劳务费用；

（四）与该货物的生产和向中华人民共和国境内销售有关的，由买方以免费或者以低于成本的方式提供并可以按适当比例分摊的料件、工具、模具、消耗材料及类似货物的价款，以及在境外开发、设计等相关服务的费用；

（五）作为该货物向中华人民共和国境内销售的条件，买方必须支付的、与该货物有关的特许权使用费；

（六）卖方直接或者间接从买方获得的该货物进口后转售、处置或者使用的收益。

第二十条　进口时在货物的价款中列明的下列税收、费用，不计入该货物的完税价格：

（一）厂房、机械、设备等货物进口后进行建设、安装、装配、维修和技术服务的费用；

（二）进口货物运抵境内输入地点起卸后的运输及其相关费用、保险费；

（三）进口关税及国内税收。

第二十一条　进口货物的成交价格不符合本条例第十八条第三款规定条件的，或者成交价格不能确定的，海关经了解有关情况，并与纳税义务人进行价格磋商后，依次以下列价格估定该货物的完税价格：

（一）与该货物同时或者大约同时向中华人民共和国境内销售的相同货物的成交价格；

（二）与该货物同时或者大约同时向中华人民共和国境内销售的类似货物的成交价格；

（三）与该货物进口的同时或者大约同时，将该进口货物、相同或者类似进口货物在第一级销售环节销售给无特殊关系买方最大销售总量的单位价格，但应当扣除本条例第二十二条规定的项目；

（四）按照下列各项总和计算的价格：生产该货物所使用的料件成本和加工费用，向中华人民共和国境内销售同等级或者同种类货物通常的利润和一般费用，该货物运抵境内输入地点起卸前的运输及其相关费用、保险费；

（五）以合理方法估定的价格。

纳税义务人向海关提供有关资料后，可以提出申请，颠倒前款第（三）项和第（四）项的适用次序。

第二十二条　按照本条例第二十一条第一款第（三）项规定估定完税价格，应当扣除的项目是指：

（一）同等级或者同种类货物在中华人民共和国境内第一级销售环节销售时通常的利润和一般费用以及通常支付的佣金；

（二）进口货物运抵境内输入地点起卸后的运输及其相关费用、保险费；

（三）进口关税及国内税收。

第二十三条　以租赁方式进口的货物，以海关审查确定的该货物的租金作为完税价格。

纳税义务人要求一次性缴纳税款的，纳税义务人可以选择按照本条例第二十一条的规定估定完税价格，或者按照海关审查确定的租金总额作为完税价格。

第二十四条　运往境外加工的货物，出境时已向海关报明并在海关规定的期限内复运进境的，应当以境外加工费和料件费以及复运进境的运输及其相关费用和保险费审查确定完税价格。

第二十五条　运往境外修理的机械器具、运输工具或者其他货物，出境时已向海关报明并在海关规定的期限内复运进境的，应当以境外修理费和料件费审查确定完税价格。

第二十六条　出口货物的完税价格由海关以该货物的成交价格以及该货物运至中华

人民共和国境内输出地点装载前的运输及其相关费用、保险费为基础审查确定。

出口货物的成交价格，是指该货物出口时卖方为出口该货物应当向买方直接收取和间接收取的价款总额。

出口关税不计入完税价格。

第二十七条　出口货物的成交价格不能确定的，海关经了解有关情况，并与纳税义务人进行价格磋商后，依次以下列价格估定该货物的完税价格：

（一）与该货物同时或者大约同时向同一国家或者地区出口的相同货物的成交价格；

（二）与该货物同时或者大约同时向同一国家或者地区出口的类似货物的成交价格；

（三）按照下列各项总和计算的价格：境内生产相同或者类似货物的料件成本、加工费用，通常的利润和一般费用，境内发生的运输及其相关费用、保险费；

（四）以合理方法估定的价格。

第二十八条　按照本条例规定计入或者不计入完税价格的成本、费用、税收，应当以客观、可量化的数据为依据。

第四章　进出口货物关税的征收

第二十九条　进口货物的纳税义务人应当自运输工具申报进境之日起14日内，出口货物的纳税义务人除海关特准的外，应当在货物运抵海关监管区后、装货的24小时以前，向货物的进出境地海关申报。进出口货物转关运输的，按照海关总署的规定执行。

进口货物到达前，纳税义务人经海关核准可以先行申报。具体办法由海关总署另行规定。

第三十条　纳税义务人应当依法如实向海关申报，并按照海关的规定提供有关确定完税价格、进行商品归类、确定原产地以及采取反倾销、反补贴或者保障措施等所需的资料；必要时，海关可以要求纳税义务人补充申报。

第三十一条　纳税义务人应当按照《税则》规定的目录条文和归类总规则、类注、章注、子目注释以及其他归类注释，对其申报的进出口货物进行商品归类，并归入相应的税则号列；海关应当依法审核确定该货物的商品归类。

第三十二条　海关可以要求纳税义务人提供确定商品归类所需的有关资料；必要时，海关可以组织化验、检验，并将海关认定的化验、检验结果作为商品归类的依据。

第三十三条　海关为审查申报价格的真实性和准确性，可以查阅、复制与进出口货物有关的合同、发票、账册、结付汇凭证、单据、业务函电、录音录像制品和其他反映买卖双方关系及交易活动的资料。

海关对纳税义务人申报的价格有怀疑并且所涉关税数额较大的，经直属海关关长或者其授权的隶属海关关长批准，凭海关总署统一格式的协助查询账户通知书及有关工作人员的工作证件，可以查询纳税义务人在银行或者其他金融机构开立的单位账户的资金往来情况，并向银行业监督管理机构通报有关情况。

第三十四条　海关对纳税义务人申报的价格有怀疑的，应当将怀疑的理由书面告知纳税义务人，要求其在规定的期限内书面作出说明、提供有关资料。

纳税义务人在规定的期限内未作说明、未提供有关资料的，或者海关仍有理由怀疑申报价格的真实性和准确性的，海关可以不接受纳税义务人申报的价格，并按照本条例第三章的规定估定完税价格。

第三十五条　海关审查确定进出口货物的完税价格后，纳税义务人可以以书面形式要求海关就如何确定其进出口货物的完税价格作出书面说明，海关应当向纳税义务人作出书面说明。

第三十六条　进出口货物关税，以从价计征、从量计征或者国家规定的其他方式征收。

从价计征的计算公式为：应纳税额 = 完税价格 × 关税税率

从量计征的计算公式为：应纳税额 = 货物数量 × 单位税额

第三十七条　纳税义务人应当自海关填发税款缴款书之日起15日内向指定银行缴纳税款。纳税义务人未按期缴纳税款的，从滞纳税款之日起，按日加收滞纳税款万分之五的滞纳金。

海关可以对纳税义务人欠缴税款的情况予以公告。

海关征收关税、滞纳金等，应当制发缴款凭证，缴款凭证格式由海关总署规定。

第三十八条　海关征收关税、滞纳金等，应当按人民币计征。

进出口货物的成交价格以及有关费用以外币计价的，以中国人民银行公布的基准汇率折合为人民币计算完税价格；以基准汇率币种以外的外币计价的，按照国家有关规定套算为人民币计算完税价格。适用汇率的日期由海关总署规定。

第三十九条　纳税义务人因不可抗力或者在国家税收政策调整的情形下，不能按期缴纳税款的，经海关总署批准，可以延期缴纳税款，但是最长不得超过6个月。

第四十条　进出口货物的纳税义务人在规定的纳税期限内有明显的转移、藏匿其应税货物以及其他财产迹象的，海关可以责令纳税义务人提供担保；纳税义务人不能提供担保的，海关可以按照《海关法》第六十一条的规定采取税收保全措施。

纳税义务人、担保人自缴纳税款期限届满之日起超过3个月仍未缴纳税款的，海关可以按照《海关法》第六十条的规定采取强制措施。

第四十一条　加工贸易的进口料件按照国家规定保税进口的，其制成品或者进口料件未在规定的期限内出口的，海关按照规定征收进口关税。

加工贸易的进口料件进境时按照国家规定征收进口关税的，其制成品或者进口料件在规定的期限内出口的，海关按照有关规定退还进境时已征收的关税税款。

第四十二条　经海关批准暂时进境或者暂时出境的下列货物，在进境或者出境时纳税义务人向海关缴纳相当于应纳税款的保证金或者提供其他担保的，可以暂不缴纳关税，并应当自进境或者出境之日起6个月内复运出境或者复运进境；经纳税义务人申请，海关可以根据海关总署的规定延长复运出境或者复运进境的期限：

（一）在展览会、交易会、会议及类似活动中展示或者使用的货物；

（二）文化、体育交流活动中使用的表演、比赛用品；

（三）进行新闻报道或者摄制电影、电视节目使用的仪器、设备及用品；

（四）开展科研、教学、医疗活动使用的仪器、设备及用品；

（五）在本款第（一）项至第（四）项所列活动中使用的交通工具及特种车辆；

（六）货样；

（七）供安装、调试、检测设备时使用的仪器、工具；

（八）盛装货物的容器；

（九）其他用于非商业目的的货物。

第一款所列暂准进境货物在规定的期限内未复运出境的，或者暂准出境货物在规定的期限内未复运进境的，海关应当依法征收关税。

第一款所列可以暂时免征关税范围以外的其他暂准进境货物，应当按照该货物的完税价格和其在境内滞留时间与折旧时间的比例计算征收进口关税。具体办法由海关总署规定。

第四十三条　因品质或者规格原因，出口货物自出口之日起1年内原状复运进境的，不征收进口关税。

因品质或者规格原因，进口货物自进口之日起1年内原状复运出境的，不征收出口关税。

第四十四条　因残损、短少、品质不良或者规格不符原因，由进出口货物的发货人、承运人或者保险公司免费补偿或者更换的相同货物，进出口时不征收关税。被免费更换的原进口货物不退运出境或者原出口货物不退运进境的，海关应当对原进出口货物重新按照规定征收关税。

第四十五条　下列进出口货物，免征关税：

（一）关税税额在人民币50元以下的一票货物；

（二）无商业价值的广告品和货样；

（三）外国政府、国际组织无偿赠送的物资；

（四）在海关放行前损失的货物；

（五）进出境运输工具装载的途中必需的燃料、物料和饮食用品。

在海关放行前遭受损坏的货物，可以根据海关认定的受损程度减征关税。

法律规定的其他免征或者减征关税的货物，海关根据规定予以免征或者减征。

第四十六条　特定地区、特定企业或者有特定用途的进出口货物减征或者免征关税，以及临时减征或者免征关税，按照国务院的有关规定执行。

第四十七条　进口货物减征或者免征进口环节海关代征税，按照有关法律、行政法规的规定执行。

第四十八条　纳税义务人进出口减免税货物的，除另有规定外，应当在进出口该货物之前，按照规定持有关文件向海关办理减免税审批手续。经海关审查符合规定的，予以减征或者免征关税。

第四十九条　需由海关监管使用的减免税进口货物，在监管年限内转让或者移作他用需要补税的，海关应当根据该货物进口时间折旧估价，补征进口关税。

特定减免税进口货物的监管年限由海关总署规定。

第五十条　有下列情形之一的，纳税义务人自缴纳税款之日起1年内，可以申请退还关税，并应当以书面形式向海关说明理由，提供原缴款凭证及相关资料：

（一）已征进口关税的货物，因品质或者规格原因，原状退货复运出境的；

（二）已征出口关税的货物，因品质或者规格原因，原状退货复运进境，并已重新缴纳因出口而退还的国内环节有关税收的；

（三）已征出口关税的货物，因故未装运出口，申报退关的。

海关应当自受理退税申请之日起30日内查实并通知纳税义务人办理退还手续。纳税义务人应当自收到通知之日起3个月内办理有关退税手续。

按照其他有关法律、行政法规规定应当退还关税的，海关应当按照有关法律、行政法规的规定退税。

第五十一条　进出口货物放行后，海关发现少征或者漏征税款的，应当自缴纳税款或者货物放行之日起1年内，向纳税义务人补征税款。但因纳税义务人违反规定造成少征或者漏征税款的，海关可以自缴纳税款或者货物放行之日起3年内追征税款，并从缴纳税款或者货物放行之日起按日加收少征或者漏征税款万分之五的滞纳金。

海关发现海关监管货物因纳税义务人违反规定造成少征或者漏征税款的，应当自纳税义务人应缴纳税款之日起3年内追征税款，并从应缴纳税款之日起按日加收少征或者漏征税款万分之五的滞纳金。

第五十二条　海关发现多征税款的，应当立即通知纳税义务人办理退还手续。

纳税义务人发现多缴税款的，自缴纳税款之日起1年内，可以以书面形式要求海关退还多缴的税款并加算银行同期活期存款利息；海关应当自受理退税申请之日起30日内查实并通知纳税义务人办理退还手续。

纳税义务人应当自收到通知之日起3个月内办理有关退税手续。

第五十三条　按照本条例第五十条、第五十二条的规定退还税款、利息涉及从国库中退库的，按照法律、行政法规有关国库管理的规定执行。

第五十四条　报关企业接受纳税义务人的委托，以纳税义务人的名义办理报关纳税手续，因报关企业违反规定而造成海关少征、漏征税款的，报关企业对少征或者漏征的税款、滞纳金与纳税义务人承担纳税的连带责任。

报关企业接受纳税义务人的委托，以报关企业的名义办理报关纳税手续的，报关企业与纳税义务人承担纳税的连带责任。

除不可抗力外，在保管海关监管货物期间，海关监管货物损毁或者灭失的，对海关监管货物负有保管义务的人应当承担相应的纳税责任。

第五十五条　欠税的纳税义务人，有合并、分立情形的，在合并、分立前，应当向海关报告，依法缴清税款。纳税义务人合并时未缴清税款的，由合并后的法人或者其他组织继续履行未履行的纳税义务；纳税义务人分立时未缴清税款的，分立后的法人或者其他组织对未履行的纳税义务承担连带责任。

纳税义务人在减免税货物、保税货物监管期间，有合并、分立或者其他资产重组情形的，应当向海关报告。按照规定需要缴税的，应当依法缴清税款；按照规定可以继续享受减免税、保税待遇的，应当到海关办理变更纳税义务人的手续。

纳税义务人欠税或者在减免税货物、保税货物监管期间，有撤销、解散、破产或者其他依法终止经营情形的，应当在清算前向海关报告。海关应当依法对纳税义务人的应缴税款予以清缴。

第五章　进境物品进口税的征收

第五十六条　进境物品的关税以及进口环节海关代征税合并为进口税，由海关依法征收。

第五十七条　海关总署规定数额以内的个人自用进境物品，免征进口税。

超过海关总署规定数额但仍在合理数量以内的个人自用进境物品，由进境物品的纳税义务人在进境物品放行前按照规定缴纳进口税。

超过合理、自用数量的进境物品应当按照进口货物依法办理相关手续。

国务院关税税则委员会规定按货物征税的进境物品，按照本条例第二章至第四章的规定征收关税。

第五十八条　进境物品的纳税义务人是指，携带物品进境的入境人员、进境邮递物品的收件人以及以其他方式进口物品的收件人。

第五十九条　进境物品的纳税义务人可以自行办理纳税手续，也可以委托他人办理纳税手续。接受委托的人应当遵守本章对纳税义务人的各项规定。

第六十条　进口税从价计征。

进口税的计算公式为：进口税税额 = 完税价格 × 进口税税率

第六十一条　海关应当按照《进境物品进口税税率表》及海关总署制定的《中华人民共和国进境物品归类表》、《中华人民共和国进境物品完税价格表》对进境物品进行归类、确定完税价格和确定适用税率。

第六十二条　进境物品，适用海关填发税款缴款书之日实施的税率和完税价格。

第六十三条　进口税的减征、免征、补征、追征、退还以及对暂准进境物品征收进口税参照本条例对货物征收进口关税的有关规定执行。

第六章　附则

第六十四条　纳税义务人、担保人对海关确定纳税义务人、确定完税价格、商品归类、确定原产地、适用税率或者汇率、减征或者免征税款、补税、退税、征收滞纳金、确定计征方式以及确定纳税地点有异议的，应当缴纳税款，并可以依法向上一级海关申请复议。对复议决定不服的，可以依法向人民法院提起诉讼。

第六十五条　进口环节海关代征税的征收管理，适用关税征收管理的规定。

第六十六条　有违反本条例规定行为的，按照《海关法》、《中华人民共和国海关法行政处罚实施细则》和其他有关法律、行政法规的规定处罚。

第六十七条　本条例自2004年1月1日起施行。1992年3月18日国务院修订发布的《中华人民共和国进出口关税条例》同时废止。

中华人民共和国反倾销条例

（2001年11月26日中华人民共和国国务院令第328号公布
根据2004年3月31日《国务院关于修改〈中华人民共和国反倾销条例〉的决定》修订）

中华人民共和国国务院令
第401号

现公布《国务院关于修改〈中华人民共和国反倾销条例〉的决定》，自2004年6月1日起施行。

国务院决定对《中华人民共和国反倾销条例》作如下修改：

一、将第三条、第五条、第十三条、第十六条、第十八条第一款、第十九条、第二十条第三款、第二十五条第二款、第二十七条、第二十九条、第三十一条第一款、第三十一条第二款、第三十三条第二款、第三十五条、第三十八条、第四十六条、第四十七条、第四十九条第二款、第五十条、第五十七条中的“对外贸易经济合作部（外经贸部）”修改为“商务部”；同时，将第二十七条第一款第（五）项中的“外经贸部和国家经贸委共同认为”修改为“商务部认为”，删去第十六条、第十八条中的“经商国家经贸委后”及第五十条中的“商国家经贸委后”。

二、将第七条中的“国家经济贸易委员会（国家经贸委）”修改为“商务部”。

三、删去第十八条第二款。相应地将第二十条第一款、第二十条第二款、第二十一条、第二十二条、第二十三条、第三十一条第三款、第三十二条、第三十三条第三款中的“调查机关”修改为“商务部”。

四、将第二十五条第一款、第五十五条、第五十八条中的“外经贸部、国家经贸委”修改为“商务部”；同时，将第二十五条第一款中的“由外经贸部予以公告”修改为“予以公告”。

五、将第三十六条中的“外经贸部经商国家经贸委后”、第四十九条第一款中的“外经贸部经商国家经贸委”修改为“商务部”。

六、将第二十四条修改为：“商务部根据调查结果，就倾销、损害和二者之间的因果关系是否成立作出初裁决定，并予以公告。”

七、将第二十八条、第二十九条、第四十五条中的“现金保证金”修改为“保证金”。

八、将第三十三条第一款修改为：“商务部认为出口经营者作出的价格承诺能够接受并符合公共利益的，可以决定中止或者终止反倾销调查，不采取临时反倾销措施或者征收反倾销税。中止或者终止反倾销调查的决定由商务部予以公告。”

九、将第三十四条第一款中的“应出口经营者请求或者调查机关认为有必要，调查机关可以对倾销和损害继续进行调查”修改为“应出口经营者请求，商务部应当对倾销和损害继续进行调查；或者商务部认为有必要的，可以对倾销和损害继续进行调查”。同时，将该条第二款中的“作出倾销或者损害的肯定裁定的，价格承诺继续有效”修改为“作出倾销和损害的肯定裁定的，价格承诺继续有效”。

十、在第三十七条中增加“征收反倾销税应当符合公共利益”的规定，将这一条修改为：“终裁决定确定倾销成立，并由此对国内产业造成损害的，可以征收反倾销税。征收反倾销税应当符合公共利益。”

十一、在第四十四条中增加一款作为第二款，规定：“商务部发起调查后，有充分证据证明前款所列两种情形并存的，可以对有关进口产品采取进口登记等必要措施，以便追溯征收反倾销税。”

十二、将第四十七条中的“在调查期间未向中华人民共和国出口该产品的新出口经营者”修改为“在调查期内未向中华人民共和国出口该产品的新出口经营者”。

此外，对个别文字作了修改。

本决定自2004年6月1日起施行。

《中华人民共和国反倾销条例》根据本决定作相应的修改，重新公布。

总理　温家宝

2004年3月31日

第一章　总则

第一条　为了维护对外贸易秩序和公平竞争，根据《中华人民共和国对外贸易法》的有关规定，制定本条例。

第二条　进口产品以倾销方式进入中华人民共和国市场，并对已经建立的国内产业造成实质损害或者产生实质损害威胁，或者对建立国内产业造成实质阻碍的，依照本条例的规定进行调查，采取反倾销措施。

第二章　倾销与损害

第三条　倾销，是指在正常贸易过程中进口产品以低于其正常价值的出口价格进入中华人民共和国市场。

对倾销的调查和确定，由商务部负责。

第四条　进口产品的正常价值，应当区别不同情况，按照下列方法确定：

（一）进口产品的同类产品，在出口国（地区）国内市场的正常贸易过程中有可比价格的，以该可比价格为正常价值；

（二）进口产品的同类产品，在出口国（地区）国内市场的正常贸易过程中没有销售的，或者该同类产品的价格、数量不能据以进行公平比较的，以该同类产品出口到一个适当第三国（地区）的可比价格或者以该同类产品在原产国（地区）的生产成本加合理费用、利润，为正常价值。

进口产品不直接来自原产国（地区）的，按照前款第（一）项规定确定正常价值；但是，在产品仅通过出口国（地区）转运、产品在出口国（地区）无生产或者在出口国（地区）中不存在可比价格等情形下，可以以该同类产品在原产国（地区）的价格为正常价值。

第五条　进口产品的出口价格，应当区别不同情况，按照下列方法确定：

（一）进口产品有实际支付或者应当支付的价格的，以该价格为出口价格；

（二）进口产品没有出口价格或者其价格不可靠的，以根据该进口产品首次转售给独立购买人的价格推定的价格为出口价格；但是，该进口产品未转售给独立购买人或者未按进口时的状态转售的，可以以商务部根据合理基础推定的价格为出口价格。

第六条　进口产品的出口价格低于其正常价值的幅度，为倾销幅度。

对进口产品的出口价格和正常价值，应当考虑影响价格的各种可比性因素，按照公平、合理的方式进行比较。

倾销幅度的确定，应当将加权平均正常价值与全部可比出口交易的加权平均价格进行比较，或者将正常价值与出口价格在逐笔交易的基础上进行比较。

出口价格在不同的购买人、地区、时期之间存在很大差异，按照前款规定的方法难以比较的，可以将加权平均正常价值与单一出口交易的价格进行比较。

第七条　损害，是指倾销对已经建立的国内产业造成实质损害或者产生实质损害威胁，或者对建立国内产业造成实质阻碍。

对损害的调查和确定，由商务部负责；其中，涉及农产品的反倾销国内产业损害调查，由商务部会同农业部进行。

第八条　在确定倾销对国内产业造成的损害时，应当审查下列事项：

（一）倾销进口产品的数量，包括倾销进口产品的绝对数量或者相对于国内同类产品生产或者消费的数量是否大量增加，或者倾销进口产品大量增加的可能性；

（二）倾销进口产品的价格，包括倾销进口产品的价格削减或者对国内同类产品的价格产生大幅度抑制、压低等影响；

（三）倾销进口产品对国内产业的相关经济因素和指标的影响；

（四）倾销进口产品的出口国（地区）、原产国（地区）的生产能力、出口能力，被调查产品的库存情况；

（五）造成国内产业损害的其他因素。

对实质损害威胁的确定，应当依据事实，不得仅依据指控、推测或者极小的可能性。

在确定倾销对国内产业造成的损害时，应当依据肯定性证据，不得将造成损害的非倾销因素归因于倾销。

第九条　倾销进口产品来自两个以上国家（地区），并且同时满足下列条件的，可以就倾销进口产品对国内产业造成的影响进行累积评估：

（一）来自每一国家（地区）的倾销进口产品的倾销幅度不小于2%，并且其进口量不属于可忽略不计的；

（二）根据倾销进口产品之间以及倾销进口产品与国内同类产品之间的竞争条件，进行累积评估是适当的。

可忽略不计，是指来自一个国家（地区）的倾销进口产品的数量占同类产品总进口量的比例低于3%；但是，低于3%的若干国家（地区）的总进口量超过同类产品总进口量7%的除外。

第十条　评估倾销进口产品的影响，应当针对国内同类产品的生产进行单独确定；不能针对国内同类产品的生产进行单独确定的，应当审查包括国内同类产品在内的最窄产品组或者范围的生产。

第十一条　国内产业，是指中华人民共和国国内同类产品的全部生产者，或者其总产量占国内同类产品全部总产量的主要部分的生产者；但是，国内生产者与出口经营者或者进口经营者有关联的，或者其本身为倾销进口产品的进口经营者的，可以排除在国内产业之外。

在特殊情形下，国内一个区域市场中的生产者，在该市场中销售其全部或者几乎全部的同类产品，并且该市场中同类产品的需求主要不是由国内其他地方的生产者供给的，可以视为一个单独产业。

第十二条　同类产品，是指与倾销进口产品相同的产品；没有相同产品的，以与倾销进口产品的特性最相似的产品为同类产品。

第三章　反倾销调查

第十三条　国内产业或者代表国内产业的自然人、法人或者有关组织（以下统称申请人），可以依照本条例的规定向商务部提出反倾销调查的书面申请。

第十四条　申请书应当包括下列内容：

（一）申请人的名称、地址及有关情况；

（二）对申请调查的进口产品的完整说明，包括产品名称、所涉及的出口国（地区）或者原产国（地区）、已知的出口经营者或者生产者、产品在出口国（地区）或者原产国（地区）国内市场消费时的价格信息、出口价格信息等；

（三）对国内同类产品生产的数量和价值的说明；

（四）申请调查进口产品的数量和价格对国内产业的影响；

（五）申请人认为需要说明的其他内容。

第十五条　申请书应当附具下列证据：

（一）申请调查的进口产品存在倾销；

（二）对国内产业的损害；

（三）倾销与损害之间存在因果关系。

第十六条　商务部应当自收到申请人提交的申请书及有关证据之日起60天内，对申请是否由国内产业或者代表国内产业提出、申请书内容及所附具的证据等进行审查，并决定立案调查或者不立案调查。

在决定立案调查前，应当通知有关出口国（地区）政府。

第十七条　在表示支持申请或者反对申请的国内产业中，支持者的产量占支持者和反对者的总产量的50%以上的，应当认定申请是由国内产业或者代表国内产业提出，可以启动反倾销调查；但是，表示支持申请的国内生产者的产量不足国内同类产品总产量的25%的，不得启动反倾销调查。

第十八条　在特殊情形下，商务部没有收到反倾销调查的书面申请，但有充分证据认为存在倾销和损害以及二者之间有因果关系的，可以决定立案调查。

第十九条　立案调查的决定，由商务部予以公告，并通知申请人、已知的出口经营者和进口经营者、出口国（地区）政府以及其他有利害关系的组织、个人（以下统称利害关系方）。

立案调查的决定一经公告，商务部应当将申请书文本提供给已知的出口经营者和出口国（地区）政府。

第二十条　商务部可以采用问卷、抽样、听证会、现场核查等方式向利害关系方了解情况，进行调查。

商务部应当为有关利害关系方提供陈述意见和论据的机会。

商务部认为必要时，可以派出工作人员赴有关国家（地区）进行调查；但是，有关国家（地区）提出异议的除外。

第二十一条　商务部进行调查时，利害关系方应当如实反映情况，提供有关资料。利害关系方不如实反映情况、提供有关资料的，或者没有在合理时间内提供必要信息的，或者以其他方式严重妨碍调查的，商务部可以根据已经获得的事实和可获得的最佳信息作出裁定。

第二十二条　利害关系方认为其提供的资料泄露后将产生严重不利影响的，可以向商务部申请对该资料按保密资料处理。

商务部认为保密申请有正当理由的，应当对利害关系方提供的资料按保密资料处理，同时要求利害关系方提供一份非保密的该资料概要。

按保密资料处理的资料，未经提供资料的利害关系方同意，不得泄露。

第二十三条　商务部应当允许申请人和利害关系方查阅本案有关资料；但是，属于按保密资料处理的除外。

第二十四条　商务部根据调查结果，就倾销、损害和二者之间的因果关系是否成立作出初裁决定，并予以公告。

第二十五条　初裁决定确定倾销、损害以及二者之间的因果关系成立的，商务部应当对倾销及倾销幅度、损害及损害程度继续进行调查，并根据调查结果作出终裁决定，予以公告。

在作出终裁决定前，应当由商务部将终裁决定所依据的基本事实通知所有已知的利害关系方。

第二十六条　反倾销调查，应当自立案调查决定公告之日起12个月内结束；特殊情况下可以延长，但延长期不得超过6个月。

第二十七条　有下列情形之一的，反倾销调查应当终止，并由商务部予以公告：

（一）申请人撤销申请的；

（二）没有足够证据证明存在倾销、损害或者二者之间有因果关系的；

（三）倾销幅度低于2%的；

（四）倾销进口产品实际或者潜在的进口量或者损害属于可忽略不计的；

（五）商务部认为不适宜继续进行反倾销调查的。

来自一个或者部分国家（地区）的被调查产品有前款第（二）、（三）、（四）项所列情形之一的，针对所涉产品的反倾销调查应当终止。

第四章　反倾销措施

第一节　临时反倾销措施

第二十八条　初裁决定确定倾销成立，并由此对国内产业造成损害的，可以采取下列临时反倾销措施：

（一）征收临时反倾销税；

（二）要求提供保证金、保函或者其他形式的担保。

临时反倾销税税额或者提供的保证金、保函或者其他形式担保的金额，应当不超过初裁决定确定的倾销幅度。

第二十九条　征收临时反倾销税，由商务部提出建议，国务院关税税则委员会根据商务部的建议作出决定，由商务部予以公告。要求提供保证金、保函或者其他形式的担保，由商务部作出决定并予以公告。海关自公告规定实施之日起执行。

第三十条　临时反倾销措施实施的期限，自临时反倾销措施决定公告规定实施之日起，不超过4个月；在特殊情形下，可以延长至9个月。

自反倾销立案调查决定公告之日起60天内，不得采取临时反倾销措施。

第二节　价格承诺

第三十一条　倾销进口产品的出口经营者在反倾销调查期间，可以向商务部作出改变价格或者停止以倾销价格出口的价格承诺。

商务部可以向出口经营者提出价格承诺的建议。

商务部不得强迫出口经营者作出价格承诺。

第三十二条　出口经营者不作出价格承诺或者不接受价格承诺的建议的，不妨碍对反倾销案件的调查和确定。出口经营者继续倾销进口产品的，商务部有权确定损害威胁更有可能出现。

第三十三条　商务部认为出口经营者作出的价格承诺能够接受并符合公共利益的，可以决定中止或者终止反倾销调查，不采取临时反倾销措施或者征收反倾销税。中止或者终止反倾销调查的决定由商务部予以公告。

商务部不接受价格承诺的，应当向有关出口经营者说明理由。

商务部对倾销以及由倾销造成的损害作出肯定的初裁决定前，不得寻求或者接受价格承诺。

第三十四条　依照本条例第三十三条第一款规定中止或者终止反倾销调查后，应出口经营者请求，商务部应当对倾销和损害继续进行调查；或者商务部认为有必要的，可以对倾销和损害继续进行调查。

根据前款调查结果，作出倾销或者损害的否定裁定的，价格承诺自动失效；作出倾销和损害的肯定裁定的，价格承诺继续有效。

第三十五条　商务部可以要求出口经营者定期提供履行其价格承诺的有关情况、资料，并予以核实。

第三十六条　出口经营者违反其价格承诺的，商务部依照本条例的规定，可以立即决定恢复反倾销调查；根据可获得的最佳信息，可以决定采取临时反倾销措施，并可以对实施临时反倾销措施前90天内进口的产品追溯征收反倾销税，但违反价格承诺前进口的产品除外。

第三节　反倾销税

第三十七条　终裁决定确定倾销成立，并由此对国内产业造成损害的，可以征收反倾销税。征收反倾销税应当符合公共利益。

第三十八条　征收反倾销税，由商务部提出建议，国务院关税税则委员会根据商务部的建议作出决定，由商务部予以公告。海关自公告规定实施之日起执行。

第三十九条　反倾销税适用于终裁决定公告之日后进口的产品，但属于本条例第三十六条、第四十三条、第四十四条规定的情形除外。

第四十条　反倾销税的纳税人为倾销进口产品的进口经营者。

第四十一条　反倾销税应当根据不同出口经营者的倾销幅度，分别确定。对未包括在审查范围内的出口经营者的倾销进口产品，需要征收反倾销税的，应当按照合理的方式确定对其适用的反倾销税。

第四十二条　反倾销税税额不超过终裁决定确定的倾销幅度。

第四十三条　终裁决定确定存在实质损害，并在此前已经采取临时反倾销措施的，反倾销税可以对已经实施临时反倾销措施的期间追溯征收。

终裁决定确定存在实质损害威胁，在先前不采取临时反倾销措施将会导致后来作出实质损害裁定的情况下已经采取临时反倾销措施的，反倾销税可以对已经实施临时反倾销措施的期间追溯征收。

终裁决定确定的反倾销税，高于已付或者应付的临时反倾销税或者为担保目的而估计的金额，差额部分不予收取；低于已付或者应付的临时反倾销税或者为担保目的而估计的金额，差额部分应当根据具体情况予以退还或者重新计算税额。

第四十四条　下列两种情形并存的，可以对实施临时反倾销措施之日前90天内进口的产品追溯征收反倾销税，但立案调查前进口的产品除外：

（一）倾销进口产品有对国内产业造成损害的倾销历史，或者该产品的进口经营者知道或者应当知道出口经营者实施倾销并且倾销对国内产业将造成损害的；

（二）倾销进口产品在短期内大量进口，并且可能会严重破坏即将实施的反倾销税的补救效果的。

商务部发起调查后，有充分证据证明前款所列两种情形并存的，可以对有关进口产品采取进口登记等必要措施，以便追溯征收反倾销税。

第四十五条　终裁决定确定不征收反倾销税的，或者终裁决定未确定追溯征收反倾销税的，已征收的临时反倾销税、已收取的保证金应当予以退还，保函或者其他形式的担保应当予以解除。

第四十六条　倾销进口产品的进口经营者有证据证明已经缴纳的反倾销税税额超过倾销幅度的，可以向商务部提出退税申请；商务部经审查、核实并提出建议，国务院关税税则委员会根据商务部的建议可以作出退税决定，由海关执行。

第四十七条　进口产品被征收反倾销税后，在调查期内未向中华人民共和国出口该产品的新出口经营者，能证明其与被征收反倾销税的出口经营者无关联的，可以向商务部申请单独确定其倾销幅度。商务部应当迅速进行审查并作出终裁决定。在审查期间，可以采取本条例第二十八条第一款第（二）项规定的措施，但不得对该产品征收反倾销税。

第五章　反倾销税和价格承诺的期限与复审

第四十八条　反倾销税的征收期限和价格承诺的履行期限不超过5年；但是，经复审确定终止征收反倾销税有可能导致倾销和损害的继续或者再度发生的，反倾销税的征收期限可以适当延长。

第四十九条　反倾销税生效后，商务部可以在有正当理由的情况下，决定对继续征收反倾销税的必要性进行复审；也可以在经过一段合理时间，应利害关系方的请求并对利害关系方提供的相应证据进行审查后，决定对继续征收反倾销税的必要性进行复审。

价格承诺生效后，商务部可以在有正当理由的情况下，决定对继续履行价格承诺的必要性进行复审；也可以在经过一段合理时间，应利害关系方的请求并对利害关系方提供的相应证据进行审查后，决定对继续履行价格承诺的必要性进行复审。

第五十条　根据复审结果，由商务部依照本条例的规定提出保留、修改或者取消反倾销税的建议，国务院关税税则委员会根据商务部的建议作出决定，由商务部予以公告；或者由商务部依照本条例的规定，作出保留、修改或者取消价格承诺的决定并予以公告。

第五十一条　复审程序参照本条例关于反倾销调查的有关规定执行。

复审期限自决定复审开始之日起，不超过12个月。

第五十二条　在复审期间，复审程序不妨碍反倾销措施的实施。

第六章　附则

第五十三条　对依照本条例第二十五条作出的终裁决定不服的，对依照本条例第四章作出的是否征收反倾销税的决定以及追溯征收、退税、对新出口经营者征税的决定不服的，或者对依照本条例第五章作出的复审决定不服的，可以依法申请行政复议，也可以依法向人民法院提起诉讼。

第五十四条　依照本条例作出的公告，应当载明重要的情况、事实、理由、依据、结果和结论等内容。

第五十五条　商务部可以采取适当措施，防止规避反倾销措施的行为。

第五十六条　任何国家（地区）对中华人民共和国的出口产品采取歧视性反倾销措施的，中华人民共和国可以根据实际情况对该国家（地区）采取相应的措施。

第五十七条　商务部负责与反倾销有关的对外磋商、通知和争端解决事宜。

第五十八条　商务部可以根据本条例制定有关具体实施办法。

第五十九条　本条例自2002年1月1日起施行。1997年3月25日国务院发布的《中华人民共和国反倾销和反补贴条例》中关于反倾销的规定同时废止。

中华人民共和国反补贴条例

（2001年11月26日中华人民共和国国务院令第329号公布
根据2004年3月31日《国务院关于修改〈中华人民共和国反补贴条例〉的决定》修订）

中华人民共和国国务院令

第402号

现公布《国务院关于修改〈中华人民共和国反补贴条例〉的决定》，自2004年6月1日起施行。

总理　温家宝

2004年3月31日

国务院关于修改《中华人民共和国反补贴条例》的决定

国务院决定对《中华人民共和国反补贴条例》作如下修改：

一、将第五条、第十三条、第十六条、第十八条第一款、第十九条、第二十条第三款、第二十六条第二款、第二十八条、第三十条、第三十二条第一款、第三十二条第二款、第三十四条第二款、第三十六条、第三十九条、第四十八条第二款、第四十九条、第五十六条中的“对外贸易经济合作部（外经贸部）”修改为“商务部”；同时，将第二十八条第一款第（六）项中的“外经贸部和国家经贸委共同认为”修改为“商务部认为”，删去第十六条、第十八条中的“经商国家经贸委后”及第四十九条中的“商国家经贸委后”。

二、将第七条中的“国家经济贸易委员会（国家经贸委）”修改为“商务部”。

三、删去第十八条第二款。相应地将第二十条第一款、第二十条第二款、第二十一条、第二十二条、第二十三条、第二十四条、第三十二条第三款、第三十三条、第三十四条第三款中的“调查机关”修改为“商务部”。

四、将第二十六条第一款、第五十四条、第五十七条中的“外经贸部、国家经贸委”修改为“商务部”；同时，将第二十六条第一款中的“由外经贸部予以公告”修改为“予以公告”。

五、将第三十七条中的“外经贸部经商国家经贸委后”、第四十八条第一款中的“外经贸部经商国家经贸委”修改为“商务部”。

六、将第二十五条修改为：“商务部根据调查结果，就补贴、损害和二者之间的因果关系是否成立作出初裁决定，并予以公告。”

七、将第二十九条、第四十四条和第四十六条中的“现金保证金”修改为“保证金”。

八、将第三十四条第一款修改为：“商务部认为承诺能够接受并符合公共利益的，可以决定中止或者终止反补贴调查，不采取临时反补贴措施或者征收反补贴税。中止或者终止反补贴调查的决定由商务部予以公告。”

九、将第三十五条第一款中的“应出口国（地区）政府请求或者调查机关认为有必要，调查机关可以对补贴和损害继续进行调查”修改为“应出口国（地区）政府请求，商务部应当对补贴和损害继续进行调查；或者商务部认为有必要的，可以对补贴和损害继续进行调查”。同时，将该条第二款中的“作出补贴或者损害的肯定裁定的，承诺继续有效”修改为“作出补贴和损害的肯定裁定的，承诺继续有效”。

十、在第三十八条中增加“征收反补贴税应当符合公共利益”的规定，将这一条修改为：“在为完成磋商的努力没有取得效果的情况下，终裁决定确定补贴成立，并由此对国内产业造成损害的，可以征收反补贴税。征收反补贴税应当符合公共利益。”

此外，对个别文字作了修改。

本决定自2004年6月1日起施行。

《中华人民共和国反补贴条例》根据本决定作相应的修改，重新公布。

第一章　总则

第一条　为了维护对外贸易秩序和公平竞争，根据《中华人民共和国对外贸易法》的有关规定，制定本条例。

第二条　进口产品存在补贴，并对已经建立的国内产业造成实质损害或者产生实质损害威胁，或者对建立国内产业造成实质阻碍的，依照本条例的规定进行调查，采取反补贴措施。

第二章　补贴与损害

第三条　补贴，是指出口国（地区）政府或者其任何公共机构提供的并为接受者带来利益的财政资助以及任何形式的收入或者价格支持。

出口国（地区）政府或者其任何公共机构，以下统称出口国（地区）政府。

本条第一款所称财政资助，包括：

（一）出口国（地区）政府以拨款、贷款、资本注入等形式直接提供资金，或者以贷款担保等形式潜在地直接转让资金或者债务；

（二）出口国（地区）政府放弃或者不收缴应收收入；

（三）出口国（地区）政府提供除一般基础设施以外的货物、服务，或者由出口国（地区）政府购买货物；

（四）出口国（地区）政府通过向筹资机构付款，或者委托、指令私营机构履行上述职能。

第四条　依照本条例进行调查、采取反补贴措施的补贴，必须具有专向性。

具有下列情形之一的补贴，具有专向性：

（一）由出口国（地区）政府明确确定的某些企业、产业获得的补贴；

（二）由出口国（地区）法律、法规明确规定的某些企业、产业获得的补贴；

（三）指定特定区域内的企业、产业获得的补贴；

（四）以出口实绩为条件获得的补贴，包括本条例所附出口补贴清单列举的各项补贴；

（五）以使用本国（地区）产品替代进口产品为条件获得的补贴。

在确定补贴专向性时，还应当考虑受补贴企业的数量和企业受补贴的数额、比例、时间以及给与补贴的方式等因素。

第五条　对补贴的调查和确定，由商务部 负责。

第六条　进口产品的补贴金额，应当区别不同情况，按照下列方式计算：

（一）以无偿拨款形式提供补贴的，补贴金额以企业实际接受的金额计算；

（二）以贷款形式提供补贴的，补贴金额以接受贷款的企业在正常商业贷款条件下应支付的利息与该项贷款的利息差额计算；

（三）以贷款担保形式提供补贴的，补贴金额以在没有担保情况下企业应支付的利息与有担保情况下企业实际支付的利息之差计算；

（四）以注入资本形式提供补贴的，补贴金额以企业实际接受的资本金额计算；

（五）以提供货物或者服务形式提供补贴的，补贴金额以该项货物或者服务的正常市场价格与企业实际支付的价格之差计算；

（六）以购买货物形式提供补贴的，补贴金额以政府实际支付价格与该项货物正常市场价格之差计算；

（七）以放弃或者不收缴应收收入形式提供补贴的，补贴金额以依法应缴金额与企业实际缴纳金额之差计算。

对前款所列形式以外的其他补贴，按照公平、合理的方式确定补贴金额。

第七条　损害，是指补贴对已经建立的国内产业造成实质损害或者产生实质损害威胁，或者对建立国内产业造成实质阻碍。

对损害的调查和确定，由商务部负责；其中，涉及农产品的反补贴国内产业损害调查，由商务部会同农业部进行。

第八条　在确定补贴对国内产业造成的损害时，应当审查下列事项：

（一）补贴可能对贸易造成的影响；

（二）补贴进口产品的数量，包括补贴进口产品的绝对数量或者相对于国内同类产品生产或者消费的数量是否大量增加，或者补贴进口产品大量增加的可能性；

（三）补贴进口产品的价格，包括补贴进口产品的价格削减或者对国内同类产品的价格产生大幅度抑制、压低等影响；

（四）补贴进口产品对国内产业的相关经济因素和指标的影响；

（五）补贴进口产品出口国（地区）、原产国（地区）的生产能力、出口能力，被调查产品的库存情况；

（六）造成国内产业损害的其他因素。

对实质损害威胁的确定，应当依据事实，不得仅依据指控、推测或者极小的可能性。

在确定补贴对国内产业造成的损害时，应当依据肯定性证据，不得将造成损害的非补贴因素归因于补贴。

第九条　补贴进口产品来自两个以上国家（地区），并且同时满足下列条件的，可以就补贴进口产品对国内产业造成的影响进行累积评估：

（一）来自每一国家（地区）的补贴进口产品的补贴金额不属于微量补贴，并且其进口量不属于可忽略不计的；

（二）根据补贴进口产品之间的竞争条件以及补贴进口产品与国内同类产品之间的竞争条件，进行累积评估是适当的。

微量补贴，是指补贴金额不足产品价值1%的补贴；但是，来自发展中国家（地区）的补贴进口产品的微量补贴，是指补贴金额不足产品价值2%的补贴。

第十条　评估补贴进口产品的影响，应当对国内同类产品的生产进行单独确定。不能对国内同类产品的生产进行单独确定的，应当审查包括国内同类产品在内的最窄产品组或者范围的生产。

第十一条　国内产业，是指中华人民共和国国内同类产品的全部生产者，或者其总产量占国内同类产品全部总产量的主要部分的生产者；但是，国内生产者与出口经营者或者进口经营者有关联的，或者其本身为补贴产品或者同类产品的进口经营者的，应当除外。

在特殊情形下，国内一个区域市场中的生产者，在该市场中销售其全部或者几乎全部的同类产品，并且该市场中同类产品的需求主要不是由国内其他地方的生产者供给的，可以视为一个单独产业。

第十二条　同类产品，是指与补贴进口产品相同的产品；没有相同产品的，以与补贴进口产品的特性最相似的产品为同类产品。

第三章　反补贴调查

第十三条　国内产业或者代表国内产业的自然人、法人或者有关组织（以下统称申请人），可以依照本条例的规定向商务部提出反补贴调查的书面申请。

第十四条　申请书应当包括下列内容：

（一）申请人的名称、地址及有关情况；

（二）对申请调查的进口产品的完整说明，包括产品名称、所涉及的出口国（地区）

或者原产国（地区）、已知的出口经营者或者生产者等；

（三）对国内同类产品生产的数量和价值的说明；

（四）申请调查进口产品的数量和价格对国内产业的影响；

（五）申请人认为需要说明的其他内容。

第十五条　申请书应当附具下列证据：

（一）申请调查的进口产品存在补贴；

（二）对国内产业的损害；

（三）补贴与损害之间存在因果关系。

第十六条　商务部应当自收到申请人提交的申请书及有关证据之日起60天内，对申请是否由国内产业或者代表国内产业提出、申请书内容及所附具的证据等进行审查，并决定立案调查或者不立案调查。在特殊情形下，可以适当延长审查期限。

在决定立案调查前，应当就有关补贴事项向产品可能被调查的国家（地区）政府发出进行磋商的邀请。

第十七条　在表示支持申请或者反对申请的国内产业中，支持者的产量占支持者和反对者的总产量的50%以上的，应当认定申请是由国内产业或者代表国内产业提出，可以启动反补贴调查；但是，表示支持申请的国内生产者的产量不足国内同类产品总产量的25%的，不得启动反补贴调查。

第十八条　在特殊情形下，商务部没有收到反补贴调查的书面申请，但有充分证据认为存在补贴和损害以及二者之间有因果关系的，可以决定立案调查。

第十九条　立案调查的决定，由商务部予以公告，并通知申请人、已知的出口经营者、进口经营者以及其他有利害关系的组织、个人（以下统称利害关系方）和出口国（地区）政府。

立案调查的决定一经公告，商务部应当将申请书文本提供给已知的出口经营者和出口国（地区）政府。

第二十条　商务部可以采用问卷、抽样、听证会、现场核查等方式向利害关系方了解情况，进行调查。

商务部应当为有关利害关系方、利害关系国（地区）政府提供陈述意见和论据的机会。

商务部认为必要时，可以派出工作人员赴有关国家（地区）进行调查；但是，有关国家（地区）提出异议的除外。

第二十一条　商务部进行调查时，利害关系方、利害关系国（地区）政府应当如实反映情况，提供有关资料。利害关系方、利害关系国（地区）政府不如实反映情况、提供有关资料的，或者没有在合理时间内提供必要信息的，或者以其他方式严重妨碍调查的，商务部可以根据可获得的事实作出裁定。

第二十二条　利害关系方、利害关系国（地区）政府认为其提供的资料泄露后将产生严重不利影响的，可以向商务部申请对该资料按保密资料处理。

商务部认为保密申请有正当理由的，应当对利害关系方、利害关系国（地区）政府提供的资料按保密资料处理，同时要求利害关系方、利害关系国（地区）政府提供一份非保密的该资料概要。

按保密资料处理的资料，未经提供资料的利害关系方、利害关系国（地区）政府同意，不得泄露。

第二十三条　商务部应当允许申请人、利害关系方和利害关系国（地区）政府查阅本案有关资料；但是，属于按保密资料处理的除外。

第二十四条　在反补贴调查期间，应当给予产品被调查的国家（地区）政府继续进行磋商的合理机会。磋商不妨碍商务部根据本条例的规定进行调查，并采取反补贴措施。

第二十五条　商务部根据调查结果，就补贴、损害和二者之间的因果关系是否成立作出初裁决定，并予以公告。

第二十六条　初裁决定确定补贴、损害以及二者之间的因果关系成立的，商务部应当对补贴及补贴金额、损害及损害程度继续进行调查，并根据调查结果作出终裁决定，予以公告。

在作出终裁决定前，应当由商务部将终裁决定所依据的基本事实通知所有已知的利害关系方、利害关系国（地区）政府。

第二十七条　反补贴调查，应当自立案调查决定公告之日起12个月内结束；特殊情况下可以延长，但延长期不得超过6个月。

第二十八条　有下列情形之一的，反补贴调查应当终止，并由商务部予以公告：

（一）申请人撤销申请的；

（二）没有足够证据证明存在补贴、损害或者二者之间有因果关系的；

（三）补贴金额为微量补贴的；

（四）补贴进口产品实际或者潜在的进口量或者损害属于可忽略不计的；

（五）通过与有关国家（地区）政府磋商达成协议，不需要继续进行反补贴调查的；

（六）商务部认为不适宜继续进行反补贴调查的。

来自一个或者部分国家（地区）的被调查产品有前款第（二）、（三）、（四）、（五）项所列情形之一的，针对所涉产品的反补贴调查应当终止。

第四章　反补贴措施

第一节　临时措施

第二十九条　初裁决定确定补贴成立，并由此对国内产业造成损害的，可以采取临时反补贴措施。

临时反补贴措施采取以保证金或者保函作为担保的征收临时反补贴税的形式。

第三十条　采取临时反补贴措施，由商务部提出建议，国务院关税税则委员会根据商务部的建议作出决定，由商务部予以公告。海关自公告规定实施之日起执行。

第三十一条　临时反补贴措施实施的期限，自临时反补贴措施决定公告规定实施之日起，不超过4个月。

自反补贴立案调查决定公告之日起60天内，不得采取临时反补贴措施。

第二节　承诺

第三十二条　在反补贴调查期间，出口国（地区）政府提出取消、限制补贴或者其他有关措施的承诺，或者出口经营者提出修改价格的承诺的，商务部应当予以充分考虑。

商务部可以向出口经营者或者出口国（地区）政府提出有关价格承诺的建议。

商务部不得强迫出口经营者作出承诺。

第三十三条　出口经营者、出口国（地区）政府不作出承诺或者不接受有关价格承诺的建议的，不妨碍对反补贴案件的调查和确定。出口经营者继续补贴进口产品的，商务部有权确定损害威胁更有可能出现。

第三十四条　商务部认为承诺能够接受并符合公共利益的，可以决定中止或者终止反补贴调查，不采取临时反补贴措施或者征收反补贴税。中止或者终止反补贴调查的决定由商务部予以公告。

商务部不接受承诺的，应当向有关出口经营者说明理由。

商务部对补贴以及由补贴造成的损害作出肯定的初裁决定前，不得寻求或者接受承诺。在出口经营者作出承诺的情况下，未经其本国（地区）政府同意的，商务部不得寻求或者接受承诺。

第三十五条　依照本条例第三十四条第一款规定中止或者终止调查后，应出口国（地区）政府请求，商务部应当对补贴和损害继续进行调查；或者商务部认为有必要的，可以对补贴和损害继续进行调查。

根据调查结果，作出补贴或者损害的否定裁定的，承诺自动失效；作出补贴和损害的肯定裁定的，承诺继续有效。

第三十六条　商务部可以要求承诺已被接受的出口经营者或者出口国（地区）政府定期提供履行其承诺的有关情况、资料，并予以核实。

第三十七条　对违反承诺的，商务部依照本条例的规定，可以立即决定恢复反补贴调查；根据可获得的最佳信息，可以决定采取临时反补贴措施，并可以对实施临时反补贴措施前90天内进口的产品追溯征收反补贴税，但违反承诺前进口的产品除外。

第三节　反补贴税

第三十八条　在为完成磋商的努力没有取得效果的情况下，终裁决定确定补贴成立，并由此对国内产业造成损害的，可以征收反补贴税。征收反补贴税应当符合公共利益。

第三十九条　征收反补贴税，由商务部提出建议，国务院关税税则委员会根据商务部的建议作出决定，由商务部予以公告。海关自公告规定实施之日起执行。

第四十条　反补贴税适用于终裁决定公告之日后进口的产品，但属于本条例第三十七条、第四十四条、第四十五条规定的情形除外。

第四十一条　反补贴税的纳税人为补贴进口产品的进口经营者。

第四十二条　反补贴税应当根据不同出口经营者的补贴金额，分别确定。对实际上未被调查的出口经营者的补贴进口产品，需要征收反补贴税的，应当迅速审查，按照合理的方式确定对其适用的反补贴税。

第四十三条　反补贴税税额不得超过终裁决定确定的补贴金额。

第四十四条　终裁决定确定存在实质损害，并在此前已经采取临时反补贴措施的，反补贴税可以对已经实施临时反补贴措施的期间追溯征收。

终裁决定确定存在实质损害威胁，在先前不采取临时反补贴措施将会导致后来作出实质损害裁定的情况下已经采取临时反补贴措施的，反补贴税可以对已经实施临时反补贴措施的期间追溯征收。

终裁决定确定的反补贴税，高于保证金或者保函所担保的金额的，差额部分不予收取；低于保证金或者保函所担保的金额的，差额部分应当予以退还。

第四十五条　下列三种情形并存的，必要时可以对实施临时反补贴措施之日前90天内进口的产品追溯征收反补贴税：

（一）补贴进口产品在较短的时间内大量增加；

（二）此种增加对国内产业造成难以补救的损害；

（三）此种产品得益于补贴。

第四十六条　终裁决定确定不征收反补贴税的，或者终裁决定未确定追溯征收反补贴税的，对实施临时反补贴措施期间已收取的保证金应当予以退还，保函应当予以解除。

第五章　反补贴税和承诺的期限与复审

第四十七条　反补贴税的征收期限和承诺的履行期限不超过5年；但是，经复审确定终止征收反补贴税有可能导致补贴和损害的继续或者再度发生的，反补贴税的征收期限可以适当延长。

第四十八条　反补贴税生效后，商务部可以在有正当理由的情况下，决定对继续征收反补贴税的必要性进行复审；也可以在经过一段合理时间，应利害关系方的请求并对利害关系方提供的相应证据进行审查后，决定对继续征收反补贴税的必要性进行复审。

承诺生效后，商务部可以在有正当理由的情况下，决定对继续履行承诺的必要性进行复审；也可以在经过一段合理时间，应利害关系方的请求并对利害关系方提供的相应证据进行审查后，决定对继续履行承诺的必要性进行复审。

第四十九条　根据复审结果，由商务部依照本条例的规定提出保留、修改或者取消反补贴税的建议，国务院关税税则委员会根据商务部的建议作出决定，由商务部予以公告；或者由商务部依照本条例的规定，作出保留、修改或者取消承诺的决定并予以公告。

第五十条　复审程序参照本条例关于反补贴调查的有关规定执行。

复审期限自决定复审开始之日起，不超过12个月。

第五十一条　在复审期间，复审程序不妨碍反补贴措施的实施。

第六章　附则

第五十二条　对依照本条例第二十六条作出的终裁决定不服的，对依照本条例第四章作出的是否征收反补贴税的决定以及追溯征收的决定不服的，或者对依照本条例第五章作出的复审决定不服的，可以依法申请行政复议，也可以依法向人民法院提起诉讼。

第五十三条　依照本条例作出的公告，应当载明重要的情况、事实、理由、依据、结果和结论等内容。

第五十四条　商务部可以采取适当措施，防止规避反补贴措施的行为。

第五十五条　任何国家（地区）对中华人民共和国的出口产品采取歧视性反补贴措施的，中华人民共和国可以根据实际情况对该国家（地区）采取相应的措施。

第五十六条　商务部负责与反补贴有关的对外磋商、通知和争端解决事宜。

第五十七条　商务部可以根据本条例制定有关具体实施办法。

第五十八条　本条例自2002年1月1日起施行。1997年3月25日国务院发布的《中华人民共和国反倾销和反补贴条例》中关于反补贴的规定同时废止。

中华人民共和国保障措施条例

（2001年11月26日中华人民共和国国务院令第330号公布
根据2004年3月31日《国务院关于修改〈中华人民共和国保障措施条例〉的决定》修订）

中华人民共和国国务院令

第403号

现公布《国务院关于修改〈中华人民共和国保障措施条例〉的决定》，自2004年6月1日起施行。

总理　温家宝

2004年3月31日

国务院关于修改《中华人民共和国保障措施条例》的决定

国务院决定对《中华人民共和国保障措施条例》作如下修改：

一、将第三条、第四条、第五条、第九条、第十四条、第十八条、第二十一条、第二十二条、第二十五条、第三十条、第三十三条中的“对外贸易经济合作部（外经贸部）”修改为“商务部”。

二、将第六条修改为：“对进口产品数量增加及损害的调查和确定，由商务部负责；其中，涉及农产品的保障措施国内产业损害调查，由商务部会同农业部进行。”

三、将第十一条、第十二条、第十三条、第二十九条、第三十四条中的“外经贸部、国家经贸委”修改为“商务部”。

四、将第七条“进口产品数量增加，是指进口产品数量与国内生产相比绝对增加或者相对增加。”修改为“进口产品数量增加，是指进口产品数量的绝对增加或者与国内生产相比的相对增加”。

五、将第十五条、第十六条合并为一条，作为第十五条，规定：“商务部根据调查结果，可以作出初裁决定，也可以直接和出终裁决定，并予以公告。”

六、将第二十条修改为第十九条，在该条第一款中增加“实施保障措施应当符合公共利益”的规定，将这一款修改为：“终裁决定确定进口产品数量增加，并由此对国内产业造成损害的，可以采取保障措施。实施保障措施应当符合公共利益。”

七、将第二十七条修改为第二十六条，并将该条第三款“一项保障措施的实施期限及其延长期限，最长不超过8年。”修改为“一项保障措施的实施期限及其延长期限，最长不超过10年。”

此外，对条文的顺序作了相应调整。

本决定自2004年6月1日起施行。

《中华人民共和国保障措施条例》根据本决定作相应的修改，重新公布。

第一章　总则

第一条　为了促进对贸易健康发展，根据《中华人民共和国对外贸易法》的有关规定，制定本条例。

第二条　进口产品数量增加，并对生产同类产品或者直接竞争产品的国内产业造成严重损害或者严重损害威胁（以下除特别指明外，统称损害）的，依照本条例的规定进行调查，采取保障措施。

第二章　调查

第三条　与国内产业有关的自然人、法人或者其他组织（以下统称申请人），可以依照本条例的规定，向商务部提出采取保障措施的书面申请。

商务部应当及时对申请人的申请进行审查，决定立案调查或者不立案调查。

第四条　商务部没有收到采取保障措施的书面申请，但有充分证据认为国内产业因进口产品数量增加而受到损害的，可以决定立案调查。

第五条　立案调查的决定，由商务部予以公告。

商务部应当将立案调查的决定及时通知世界贸易组织保障措施委员会（以下简称保障措施委员会）。

第六条　对进口产品数量增加及损害的调查和确定，由商务部负责；其中，涉及农产品的保障措施国内产业损害调查，由商务部会同农业部进行。

第七条　进口产品数量增加，是指进口产品数量的绝对增加或者与国内生产相比的相对增加。

第八条　在确定进口产品数量增加对国内产业造成的损害时，应当审查下列相关因素：

（一）进口产品的绝对和相对增长率与增长量；

（二）增加的进口产品在国内市场中所占的份额；

（三）进口产品对国内产业的影响，包括对国内产业在产量、销售水平、市场份额、生产率、设备利用率、利润与亏损、就业等方面的影响；

（四）造成国内产业损害的其他因素。

对严重损害威胁的确定，应当依据事实，不能仅依据指控、推测或者极小的可能性。

在确定进口产品数量增加对国内产业造成的损害时，不得将进口增加以外的因素对国内产业造成的损害归因于进口增加。

第九条　在调查期间，商务部应当及时公布对案情的详细分析和审查的相关因素等。

第十条　国内产业，是指中华人民共和国国内同类产品或者直接竞争产品的全部生产者，或者其总产量占国内同类产品或者直接竞争产品全部总产量的主要部分的生产者。

第十一条　商务部应当根据客观的事实和证据，确定进口产品数量增加与国内产业的损害之间是否存在因果关系。

第十二条　商务部应当为进口经营者、出口经营者和其他利害关系方提供陈述意见和论据的机会。

调查可以采用调查问卷的方式，也可以采用听证会或者其他方式。

第十三条　调查中获得的有关资料，资料提供方认为需要保密的，商务部可以按保密资料处理。

保密申请有理由的，应当对资料提供方提供的资料按保密资料处理，同时要求资料提供方提供一份非保密的该资料概要。

按保密资料处理的资料，未经资料提供方同意，不得泄露。

第十四条　进口产品数量增加、损害的调查结果及其理由的说明，由商务部予以公布。

商务部应当将调查结果及有关情况及时通知保障措施委员会。

第十五条　商务部根据调查结果，可以作出初裁决定，也可以直接作出终裁决定，并予以公告。

第三章　保障措施

第十六条　有明确证据表明进口产品数量增加，在不采取临时保障措施将对国内产业造成难以补救的损害的紧急情况下，可以作出初裁决定，并采取临时保障措施。

临时保障措施采取提高关税的形式。

第十七条　采取临时保障措施，由商务部提出建议，国务院关税税则委员会根据商务部的建议作出决定，由商务部予以公告。海关自公告规定实施之日起执行。

在采取临时保障措施前，商务部应当将有关情况通知保障措施委员会。

第十八条　临时保障措施的实施期限，自临时保障措施决定公告规定实施之日起，不超过200天。

第十九条　终裁决定确定进口产品数量增加，并由此对国内产业造成损害的，可以采取保障措施。实施保障措施应当符合公共利益。

保障措施可以采取提高关税、数量限制等形式。

第二十条　保障措施采取提高关税形式的，由商务部提出建议，国务院关税税则委员会根据商务部的建议作出决定，由商务部予以公告；采取数量限制形式的，由商务部作出决定并予以公告。海关自公告规定实施之日起执行。

商务部应当将采取保障措施的决定及有关情况及时通知保障措施委员会。

第二十一条　采取数量限制措施的，限制后的进口量不得低于最近3个有代表性年度的平均进口量；但是，有正当理由表明为防止或者补救严重损害而有必要采取不同水平的数量限制措施的除外。

采取数量限制措施，需要在有关出口国（地区）或者原产国（地区）之间进行数量分配的，商务部可以与有关出口国（地区）或者原产国（地区）就数量的分配进行磋商。

第二十二条　保障措施应当针对正在进口的产品实施，不区分产品来源国（地区）。

第二十三条　采取保障措施应当限于防止、补救严重损害并便利调整国内产业所必须的范围内。

第二十四条　在采取保障措施前，商务部应当为与有关产品的出口经营者有实质利益的国家（地区）政府提供磋商的充分机会。

第二十五条　终裁决定确定不采取保障措施的，已征收的临时关税应当予以退还。

第四章　保障措施的期限与复审

第二十六条　保障措施的实施期限不超过4年。

符合下列条件的，保障措施的实施期限可以适当延长：

（一）按照本条例规定的程序确定保障措施对于防止或者补救严重损害仍然有必要；

（二）有证据表明相关国内产业正在进行调整；

（三）已经履行有关对外通知、磋商的义务；

（四）延长后的措施不严于延长前的措施。

一项保障措施的实施期限及其延长期限，最长不超过10年。

第二十七条　保障措施实施期限超过1年的，应当在实施期间内按固定时间间隔逐步放宽。

第二十八条　保障措施实施期限超过3年的，商务部应当在实施期间内对该项措施进行中期复审。

复审的内容包括保障措施对国内产业的影响、国内产业的调整情况等。

第二十九条　保障措施属于提高关税的，商务部应当根据复审结果，依照本条例的规定，提出保留、取消或者加快放宽提高关税措施的建议，国务院关税税则委员会根据商务部的建议作出决定，由商务部予以公告；保障措施属于数量限制或者其他形式的，商务部应当根据复审结果，依照本条例的规定，作出保留、取消或者加快放宽数量限制措施的决定并予以公告。

第三十条　对同一进口产品再次采取保障措施的，与前次采取保障措施的时间间隔应当不短于前次采取保障措施的实施期限，并且至少为2年。

符合下列条件的，对一产品实施的期限为180天或者少于180天的保障措施，不受前款限制：

（一）自对该进口产品实施保障措施之日起，已经超过1年；

（二）自实施该保障措施之日起5年内，未对同一产品实施2次以上保障措施。

第五章　附则

第三十一条　任何国家（地区）对中华人民共和国的出口产品采取歧视性保障措施的，中华人民共和国可以根据实际情况对该国家（地区）采取相应的措施。

第三十二条　商务部负责与保障措施有关的对外磋商、通知和争端解决事宜。

第三十三条　商务部可以根据本条例制定具体实施办法。

第三十四条　本条例自2002年1月1日起施行。

反倾销产业损害调查规定

中华人民共和国商务部令

2003年第5号

《反倾销产业损害调查规定》、《反补贴产业损害调查规定》和《保障措施产业损害调查规定》已于2003年9月29日第5次部务会议审议通过，现予公布，自公布之日起30日后施行。

附件1《反倾销产业损害调查规定》

附件2《反补贴产业损害调查规定》

附件3《保障措施产业损害调查规定》

部长　吕福源

2003年10月17日

第一章　总则

第一条　为规范反倾销产业损害调查，根据《中华人民共和国反倾销条例》（以下简称反倾销条例），制定本规定。

第二条　依据反倾销条例进行的反倾销产业损害调查相关活动，适用本规定。

第三条　中华人民共和国商务部（以下简称商务部）负责反倾销产业损害的调查。涉及农产品的反倾销产业损害调查，由商务部会同农业部进行。

第二章　损害的认定

第四条　损害，是指倾销对已经建立的国内产业造成实质损害或者产生实质损害威胁，或者对建立国内产业造成实质阻碍。

实质损害是指对国内产业已经造成的、不可忽略的损害。

实质损害威胁是指对国内产业尚未造成实质损害，但有证据表明如果不采取措施将导致国内产业实质损害发生的明显可预见和迫近的情形。

实质阻碍是对国内产业未造成实质损害或者实质损害威胁，但严重阻碍了国内产业的建立。

第五条　在确定倾销对国内产业造成的损害时，应当审查以下事项：

（一）倾销进口产品的数量和倾销进口产品对国内同类产品价格的影响；

（二）倾销进口产品对国内产业的影响。

第六条　对倾销进口产品数量的审查，应包括倾销进口产品的绝对数量是否大量增加，或相对于国内同类产品生产或消费数量是否大量增加；

审查倾销进口产品对国内同类产品价格的影响，应考察与国内同类产品价格相比，倾销进口产品是否大幅削价销售，或者倾销进口产品是否大幅压低国内同类产品价格，或在很大程度上抑制国内同类产品本应发生的价格增长。

第七条　审查倾销进口产品对国内产业的影响，应包括对影响国内产业状况的所有有关经济因素和指标的评估，包括销售、利润、产量、市场份额、生产率、投资收益状况或设备利用率存在的实际或潜在的下降；影响国内价格的因素；倾销幅度的大小；现金流、库存、就业、工资、产业增长、筹资或投资能力受到的实际或潜在的负面影响。

第八条　实质损害威胁应当根据明显可预见和迫近的情形来判断，并且如果不采取措施，实质损害将会发生。对实质损害威胁的确定，应当依据事实，不得仅依据指控、推测或者极小的可能性。

确定实质损害威胁，还应审查但不限于以下因素：

（一）表明进口很可能发生实质增长的倾销产品进口的大幅增长率；

（二）出口商可充分自由使用的、或即将实质增加的能力，表明进入进口成员市场的倾销出口可能发生实质增长。在采用这一指标时应考虑是否存在其它出口市场吸收任何额外的出口；

（三）进口产品是否正以将大幅压低或抑制国内同类产品价格的价格进口，并且将很可能导致对进口产品需求的增加；

（四）被调查产品的库存情况。

第九条　确定对建立国内产业的实质阻碍，除了第八条的因素外，还应审查但不限于以下因素：

（一）国内产业的建立或筹建情况；

（二）国内需求的增长情况及其影响；

（三）倾销进口产品对国内市场状况的影响；

（四）倾销进口产品的后续生产能力和在国内市场的发展趋势。

第十条　同类产品，是指与倾销进口产品相同的产品；没有相同产品的，以与倾销进口产品的特性最相似的产品为同类产品。

第十一条　在确定同类产品时，可以考虑以下因素：产品的物理特征、化学性能、生产设备和工艺、产品用途、产品的可替代性、消费者和生产者的评价、销售渠道、价格等。

第十二条　倾销进口产品对国内产业的影响，应当根据对国内同类产品生产的单独界定进行评估。如果根据生产工艺、生产者的销售和利润等标准不能对国内同类产品的生产与其他产品的生产分别界定，则可以根据包括国内同类产品在内的最窄产品组或产品范围的产品生产来确定进口倾销产品的影响，只要这种产品组或产品范围能够提供足够的信息。

第十三条　在确定国内产业时，应当考虑中国国内同类产品的全部生产者，或者其总产量占国内同类产品全部总产量的主要部分的生产者；但是，国内生产者与出口经营者或者进口经营者有关联，或者其本身就是倾销产品的进口经营者的，可以排除在国内产业之外。

前款所称有关联，是指其中的一方直接或者间接地控制或影响另一方，或者双方直接或者间接地受第三方的控制或影响，或者双方共同直接地或者间接地影响第三方等情形。

第十四条　在确定区域产业时，应当考虑以下因素：

（一）生产者在该区域市场出售全部或者几乎全部其所生产的同类产品；

（二）该区域市场的需求不是由或者大部分不是由国内其他区域范围的同类产品的生产者提供；

（三）其他因素。

第十五条　倾销进口产品来自两个以上国家（地区），并且同时满足下列条件的，可以就倾销进口产品对国内产业造成的影响进行累积评估：

（一）来自每一国家（地区）的倾销进口产品的倾销幅度不小于2%，并且其进口量不属于可忽略不计的；

（二）根据倾销进口产品之间以及倾销进口产品与国内同类产品之间的竞争条件，进行累积评估是适当的。

前款所称可忽略不计，是指来自一个国家（地区）的倾销进口产品的数量占同类产品总进口量的比例低于3%；但是，低于3%的若干国家（地区）的总进口量超过同类产品总进口量7%的除外。

第十六条　在进行累积评估时，可以考虑以下因素：

（一）来自不同国家（地区）的倾销进口产品对国内产业损害的持续性和可能性等情况；

（二）来自不同国家（地区）的倾销进口产品与国内同类产品之间的可替代程度，包括特定客户的要求及产品质量等相关因素；

（三）来自不同国家（地区）的倾销进口产品和国内同类产品在同一地区的市场上的销售价格、卖方报价和实际成交价格；

（四）来自不同国家（地区）的倾销进口产品和国内同类产品是否存在相同或者相似的销售渠道，是否在市场上同时出现；

（五）倾销进口产品之间以及倾销进口产品与国内同类产品之间的其他竞争条件；

（六）其他因素。

第十七条　商务部在进行产业损害调查时，应当为倾销进口产品的使用者、消费者等提供陈述意见、提交证据的机会。

第十八条　反倾销案件的产业损害调查期通常为立案调查开始前的三至五年。

第三章　产业损害调查

第十九条　利害关系方申请应诉产业损害调查的，应当自反倾销调查立案公告发布之日起20日内向商务部提出应诉申请，办理应诉登记；同时应提供产业损害调查期内应诉申请人的生产能力、产量、库存以及在建和扩建的计划；向中国出口该产品的数量及金额；进口经营者进口的数量及金额等情况。

第二十条　利害关系方包括以下范围：

（一）被调查产品的外国（地区）生产者、出口经营者、国内进口经营者，或者该产品生产者、出口经营者、进口经营者的行业组织或者其他组织；

（二）被调查产品的原产国（地区）、出口国（地区）的政府及其代表；

（三）国内同类产品的生产者、经营者，或者该产品生产者、经营者的行业组织或者其他组织；

（四）其他。

第二十一条　利害关系方参加调查活动，应当出具相关身份证明。利害关系方为企业或者其他组织的，应当出具营业执照等登记证明、法定代表人身份证明。

委托代理人参加调查活动的，应当出具代理人身份证明及授权委托书；委托律师作代理人的，应当委托中国律师事务所及中国执业律师，并应当出具授权委托书、律师事务所营业执照、律师执业证明。

第二十二条　商务部反倾销产业损害调查的对象包括国内生产者、国内进口经营者、国内购买者、国内最终消费者、国外出口经营者、国外生产者等。

第二十三条　商务部认为有必要的，可以聘请有关产业、财会、经贸、法律等方面的专家提供咨询意见。有关专家应当承担相应的保密责任。

第二十四条　商务部采取问卷、抽样、听证、技术鉴定、实地核查等调查方式进行产业损害调查。

第二十五条　商务部向利害关系方发放的调查问卷包括国内生产者调查问卷，国内进口商调查问卷，国外生产者、国外出口商调查问卷或者其他类型的调查问卷。

第二十六条　利害关系方应按问卷规定的方式和时间返回答卷。如需延期，应当在答卷截止日期的7日前向商务部提出书面申请并说明理由。是否同意延期，由商务部决定。

第二十七条　商务部可以对利害关系方进行实地核查。实地核查前，应当将核查的主要目的和内容提前通知有关利害关系方。

第二十八条　应利害关系方请求或者根据调查需要，经有关国家（地区）同意，商务部可以派出人员赴该国家（地区）对有关产品的生产能力、投资扩产、库存、原产或转口及企业间的关联关系等情况进行调查。

第二十九条　商务部可以要求利害关系方按照规定提交或者补充书面材料，利害关系方也可以主动向商务部提交书面材料。

第三十条　应利害关系方的请求，或者商务部认为有必要的，可以举行产业损害听证。

第三十一条　应诉产业损害调查的利害关系方认为其所提供的资料及相关证据有必要保密的，应当在提交资料的同时向商务部提交该资料的非保密概要，或者分别提交该资料的保密文本和公开文本。

非保密概要和公开文本应当合理表达保密信息的实质内容。未表达实质内容的，商务部可以要求其补充相关内容和证据资料。

第三十二条　应诉产业损害调查的利害关系方不提供资料及相关证据的非保密概要或公开文本的，或者不提交非保密概要或公开文本理由不充分的，商务部可以对该资料不予考虑。商务部如果认为提供的资料不需要保密时，可以要求利害关系方撤销保密申请。

第三十三条　在产业损害调查过程中，应诉产业损害调查的利害关系方应当如实反映情况，提供有关资料。利害关系方不如实反映情况、提供有关资料的，或者没有在合理时间内提供必要信息的，或者以其他方式严重妨碍调查的，商务部可以根据已经获得的事实和可获得的最佳信息作出裁定。

第四章　附则

第三十四条　应诉产业损害调查的利害关系方在向商务部提交任何文件及证据材料时，均应提交中文正本一式5份，并同时提交相应的电子文本（计算机软盘或光盘）一式3份。

第三十五条　商务部产业损害调查，依据国家语言文字主管部门规定的通用语言文字为正式语言和文字。利害关系方所提供的任何文件、资料、信息应当为通用语言文字。非通用语言文字资料应提交规范汉字译文及原文，并以译文为准。非通用语言文字资料如未附有译文将不被视为有效的和合法的证据材料。

第三十六条　本规定由商务部负责解释。

第三十七条　本规定自公布之日起30日后施行。本规定施行之日，原国家经贸委颁布的《反倾销产业损害调查与裁决规定》（国家经贸委令【2002】第45号）同时废止。

反补贴产业损害调查规定

中华人民共和国商务部令

2003年第5号

《反倾销产业损害调查规定》、《反补贴产业损害调查规定》和《保障措施产业损害调查规定》已于2003年9月29日第5次部务会议审议通过，现予公布，自公布之日起30日后施行。

附件1《反倾销产业损害调查规定》

附件2《反补贴产业损害调查规定》

附件3《保障措施产业损害调查规定》

部长　吕福源

2003年10月17日

第一章　总则

第一条　为规范反补贴产业损害调查，根据《中华人民共和国反补贴条例》（以下简称反补贴条例），制定本规定。

第二条　依据反补贴条例进行的反补贴产业损害调查相关活动，适用本规定。

第三条　中华人民共和国商务部（以下简称商务部）负责反补贴产业损害的调查。涉及农产品的反补贴产业损害调查，由商务部会同农业部进行。

第二章　损害的认定

第四条　损害，是指补贴对已经建立的国内产业造成实质损害或者产生实质损害威胁，或者对建立国内产业造成实质阻碍。

实质损害是指对国内产业已经造成的、不可忽略的损害。

实质损害威胁是指对国内产业尚未造成实质损害，但有证据表明如果不采取措施将导致国内产业实质损害发生的明显可预见和迫近的情形。

对建立国内产业的实质阻碍是指阻碍尚未建立的国内产业的形成和发展，致使该产业无法建立。

第五条　在确定补贴对国内产业造成的损害时，应当审查以下事项：

（一）补贴进口产品的数量和补贴进口产品对国内同类产品价格的影响；

（二）补贴进口产品对国内产业的影响。

对补贴进口产品数量的审查，应包括补贴进口产品的绝对数量是否大量增加，或相对于国内同类产品生产或消费数量是否大量增加；

审查补贴进口产品对国内同类产品价格的影响，应考察与国内同类产品价格相比，补贴进口产品是否大幅削价销售，或者补贴进口产品是否大幅压低国内同类产品价格，或在很大程度上抑制国内同类产品本应发生的价格增长。

第六条　审查补贴进口产品对国内产业的影响，应包括对影响国内产业状况的所有有关经济因素和指标的评估，包括销售、利润、产量、市场份额、生产率、投资收益状况或设备利用率存在的实际或潜在的下降；影响国内价格的因素；补贴幅度的大小；现金流、库存、就业、工资、产业增长、筹资或投资能力受到的实际或潜在的负面影响。对于农产品案件，还应当考虑是否给政府支持计划增加了负担。

第七条　在确定补贴对国内产业造成的实质损害时，还应当审查补贴的性质及对贸易造成的影响。

第八条　实质损害威胁应当根据明显可预见和迫近的情形来判断，并且如果不采取措施，实质损害将会发生。对实质损害威胁的确定，应当依据事实，不得仅依据指控、推测或者极小的可能性。

确定实质损害威胁，还应审查但不限于以下因素：

（一）补贴的性质及可能对贸易造成的影响；

（二）表明进口很可能发生实质增长的补贴产品进口的大幅增长率；

（三）表明进口很可能发生实质增长的补贴进口产品生产者生产能力的增长。在采用这一指标时应考虑其他国家（地区）市场可能吸收的增加的出口量；

（四）进口产品是否正以将大幅压低或抑制国内同类产品价格的价格进口，并且将很可能导致对进口产品需求的增加；

（五）被调查产品的库存情况。

第九条　确定对建立国内产业的实质阻碍，还应审查但不限于以下因素：

（一）国内产业的建立或筹建情况；

（二）国内需求的增长情况及其影响；

（三）补贴进口产品对国内市场状况的影响；

（四）补贴进口产品的后续生产能力和在国内市场的发展趋势。

第十条　同类产品，是指与补贴进口产品相同的产品；没有相同产品的，以与补贴进口产品的特性最相似的产品为同类产品。

第十一条　在确定同类产品时，可以考虑以下因素：产品的物理特征、化学性能、用途、生产设备和制造工艺、消费者和生产者的评价、产品的可替代性、销售渠道、价格等。

第十二条　补贴进口产品对国内产业的影响，应当根据对国内同类产品生产的单独界定进行评估。如果根据生产工艺、生产者的销售和利润等标准不能对国内同类产品的生产与其他产品的生产分别界定，则可以根据包括国内同类产品在内的最窄产品组或产品范围的产品生产来确定进口补贴产品的影响，只要这种产品组或产品范围能够提供足够的信息。

第十三条　在确定国内产业时，应当考虑中国国内同类产品的全部生产者，或者其总产量占国内同类产品全部总产量的主要部分的生产者；但是，国内生产者与出口经营者或者进口经营者有关联，或者其本身就是补贴产品的进口经营者的，可以排除在国内产业之外。

前款所称有关联，是指其中的一方直接或者间接地控制或影响另一方，或者双方直接或者间接地受第三方的控制或影响，或者双方共同直接地或者间接地影响第三方等情形。

第十四条　在确定区域产业时，应当考虑以下因素：

（一）生产者在该区域市场出售全部或者几乎全部其所生产的同类产品；

（二）该区域市场的需求不是由或者大部分不是由国内其他区域范围的同类产品的生产者提供；

（三）其他因素。

第十五条　补贴进口产品来自两个以上国家（地区），并且同时满足下列条件的，可以就补贴进口产品对国内产业造成的影响进行累积评估：

（一）来自每一国家（地区）的补贴进口产品的补贴金额不属于微量补贴，并且其进口量不属于可忽略不计的；

（二）根据补贴进口产品之间的竞争条件以及补贴进口产品与国内同类产品之间的竞争条件，进行累积评估是适当的。

前款所称微量补贴，是指补贴金额不足产品价值1%的补贴；但是，来自发展中国家（地区）的补贴进口产品的微量补贴，是指补贴金额不足产品价值2%的补贴。

第十六条　在进行累积评估时，可以考虑以下因素：

（一）来自不同国家（地区）的补贴进口产品对国内产业损害的持续性和可能性等情况；

（二）来自不同国家（地区）的补贴进口产品与国内同类产品之间的可替代程度，包括特定客户的要求及产品质量等相关因素；

（三）来自不同国家（地区）的补贴进口产品和国内同类产品在同一地区的市场上的销售价格、卖方报价和实际成交价格；

（四）来自不同国家（地区）的补贴进口产品和国内同类产品是否存在相同或者相似的销售渠道，是否在市场上同时出现；

（五）补贴进口产品之间以及补贴进口产品与国内同类产品之间的其他竞争条件；

（六）其他因素。

第十七条　商务部在进行产业损害调查时，应当为补贴进口产品的使用者、消费者等提供陈述意见、提交证据的机会。

第十八条　反补贴案件的产业损害调查期通常为立案调查开始前的三至五年。

第三章 产业损害调查

第十九条 利害关系方申请应诉产业损害调查的，应当自反补贴调查立案公告发布之日起20日内向商务部提出应诉申请，办理应诉登记；同时应提供产业损害调查期内应诉申请人的生产能力、产量、库存以及在建和扩建的计划；向中国出口该产品的数量及金额；进口经营者进口的数量及金额等情况。

第二十条 利害关系方包括以下范围：

（一）被调查产品的外国（地区）生产者、出口经营者、国内进口经营者，或者该产品生产者、出口经营者、进口经营者的行业组织或者其他组织；

（二）被调查产品的原产国（地区）、出口国（地区）的政府及其代表；

（三）国内同类产品的生产者、经营者，或者该产品生产者、经营者的行业组织或者其他组织；

（四）其他。

第二十一条 利害关系方参加调查活动，应当出具相关身份证明。利害关系方为企业或者其他组织的，应当出具营业执照等登记证明、法定代表人身份证明。

委托代理人参加调查活动的，应当出具代理人身份证明及授权委托书；委托律师作代理人的，应当委托中国律师事务所及中国执业律师，并应当出具授权委托书、律师事务所营业执照、律师执业证明。

第二十二条 商务部反补贴产业损害调查的对象包括国内生产者、国内进口经营者、国内购买者、国内最终消费者、国外出口经营者、国外生产者等。

第二十三条 商务部认为有必要的，可以聘请有关产业、财会、经贸、法律等方面的专家提供咨询意见。有关专家应当承担相应的保密责任。

第二十四条 商务部采取问卷、抽样、听证、技术鉴定、实地核查等调查方式进行产业损害调查。

第二十五条 商务部向利害关系方发放的调查问卷包括国内生产者调查问卷，国内进口商调查问卷，国外生产者、国外出口商调查问卷或者其他类型的调查问卷。

第二十六条 利害关系方应按问卷规定的方式和时间返回答卷。如需延期，应当在答卷截止日期的7日前向商务部提出书面申请并说明理由。是否同意延期，由商务部决定。

第二十七条 商务部可以对利害关系方进行实地核查。实地核查前，应将核查的主要目的和内容提前通知有关利害关系方。

第二十八条 应利害关系方请求或者根据调查需要，经有关国家（地区）同意，商务部可以派出人员赴该国家（地区）对有关产品的生产能力、投资扩产、库存、原产或转口及企业间的关联关系等情况进行调查。

第二十九条 商务部可以要求利害关系方按照规定提交或者补充书面材料，利害关系方也可以主动向商务部提交书面材料。

第三十条 应利害关系方的请求，或者商务部认为有必要的，可以举行产业损害听证。

第三十一条　应诉产业损害调查的利害关系方认为其所提供的资料及相关证据有必要保密的，应当在提交资料的同时向商务部提交该资料的非保密概要，或者分别提交该资料的保密文本和公开文本。

非保密概要和公开文本应当合理表达保密信息的实质内容。未表达实质内容的，商务部可以要求其补充相关内容和证据资料。

第三十二条　应诉产业损害调查的利害关系方不提供资料及相关证据的非保密概要或公开文本的，或者不提交非保密概要或公开文本理由不充分的，商务部可以对该资料不予考虑。商务部如果认为提供的资料不需要保密时，可以要求利害关系方撤销保密申请。

第三十三条　在产业损害调查过程中，应诉产业损害调查的利害关系方应当如实反映情况，提供有关资料。利害关系方不如实反映情况、提供有关资料的，或者没有在合理时间内提供必要信息的，或者以其他方式严重妨碍调查的，商务部可以根据已经获得的事实和可获得的最佳信息作出裁定。

第四章　附则

第三十四条　应诉产业损害调查利害关系方在向商务部提交任何文件及证据材料时，均应提交中文正本一式5份，并同时提交相应的电子文本（计算机软盘或光盘）一式3份。

第三十五条　商务部产业损害调查，依据国家语言文字主管部门规定的规范中文为正式语言和文字。利害关系方所提供的任何文件、资料、信息应当为规范中文。非中文资料应提交中文译文及原文，并以中文译文为准。非中文资料如未附有中文译文将不被视为有效的和合法的证据材料。

第三十六条　本规定由商务部负责解释。

第三十七条　本规定自公布之日起30日后施行。本规定施行之日，原国家经贸委颁布的《反补贴产业损害调查与裁决规定》（国家经贸委令【2002】第46号）同时废止。

保障措施产业损害调查规定

中华人民共和国商务部令

2003年第5号

《反倾销产业损害调查规定》、《反补贴产业损害调查规定》和《保障措施产业损害调查规定》已于2003年9月29日第5次部务会议审议通过，现予公布，自公布之日起30日后施行。

附件1《反倾销产业损害调查规定》

附件2《反补贴产业损害调查规定》

附件3《保障措施产业损害调查规定》

部长　吕福源

2003年10月17日

第一章　总则

第一条　为规范保障措施产业损害调查，根据《中华人民共和国保障措施条例》（以下简称保障措施条例），制定本规定。

第二条　依据保障措施条例进行的保障措施产业损害调查相关活动，适用本规定。

第三条　中华人民共和国商务部（以下简称商务部）负责保障措施产业损害的调查。涉及农产品的保障措施产业损害调查，由商务部会同农业部进行。

第二章　损害的认定

第四条　损害，是指由于进口产品数量增加，对生产同类产品或者直接竞争产品的国内产业造成严重损害或者严重损害威胁。

严重损害是国内产业受到的全面的和重大的减损。

严重损害威胁是明显迫近的严重损害，如果不采取措施将导致严重损害的发生。

第五条　在确定进口产品数量增加对国内产业造成的严重损害或严重损害威胁时，应当考虑以下因素：

（一）进口产品增长情况，包括进口产品的绝对和相对增长率和增长量；

（二）增加的进口产品在国内市场中所占的份额；

（三）进口产品对国内产业的影响，包括对国内产业在产量、销售水平、市场份额、生产率、设备利用率、利润与亏损、就业等方面的影响；

（四）造成国内产业损害的其他因素。

对严重损害威胁的确定，应当依据事实，审查被调查产品出口国的生产能力、库存情况、出口能力和对中国出口继续增加的可能性等因素，而不得仅依据指控、推测或者极小的可能性。

第六条 商务部在确定进口增长对国内产业的影响时，应当依据确实的证据，客观、综合地评估影响国内产业状况的各种可量化的指标，而不得仅根据个别指标作出裁决。

第七条 同类产品，是指与被调查进口产品相同的产品；没有相同产品的，以与被调查进口产品的特性最相似的产品为同类产品。

直接竞争产品，是指与被调查进口产品虽然不是同类产品，但是与被调查进口产品具有相近的用途和较强的可替代性，且具有直接竞争关系的产品。

第八条 在确定同类产品和直接竞争产品时，可以考虑以下因素：产品的物理特征、化学性能、生产设备和工艺、产品用途、产品的可替代性、消费者和生产者的评价、销售渠道、价格等。

第九条 商务部在进行产业损害调查时，应当为进口产品的使用者、消费者等提供陈述意见、提交证据的机会。

第十条 保障措施案件的产业损害调查期通常为立案调查开始前的三至五年。

第三章 产业损害调查

第十一条 利害关系方申请参加保障措施产业损害调查活动的，应当自保障措施调查立案公告发布之日起20日内向商务部提出参加调查活动的申请，办理有关登记。同时，可以对保障措施产业损害调查中的产业损害发表意见，提供相应证据。

第十二条 利害关系方包括以下范围：

（一）被调查产品的外国（地区）生产者、出口经营者、国内进口经营者，或者该产品生产者、出口经营者、进口经营者的行业组织或者其他组织；

（二）被调查产品的原产国（地区）、出口国（地区）的政府及其代表；

（三）国内同类产品的生产者、经营者，或者该产品生产者、经营者的行业组织或者其他组织；

（四）其他。

第十三条 利害关系方参加调查活动，应当出具相关身份证明。利害关系方为企业或者其他组织的，应当出具营业执照等登记证明、法定代表人身份证明。

委托代理人参加调查活动的，应当出具代理人身份证明及授权委托书；委托律师作代理人的，应当委托中国律师事务所及中国执业律师，并应当出具授权委托书、律师事务所营业执照、律师执业证明。

第十四条 商务部保障措施产业损害调查的对象包括国内生产者、国内进口经营者、国内购买者、国内最终消费者、国外出口经营者、国外生产者等。

第十五条 商务部认为有必要的，可以聘请有关产业、财会、经贸、法律等方面的专家提供咨询意见。有关专家应当承担相应的保密责任。

第十六条 商务部采取问卷、抽样、听证、技术鉴定、实地核查等调查方式进行产业损害调查。

第十七条　商务部向利害关系方发放的调查问卷包括国内生产者调查问卷，国内进口商调查问卷，国内用户调查问卷，国外生产者、国外出口商调查问卷或者其他类型的调查问卷。

第十八条　利害关系方应当按问卷规定的方式和时间返回答卷。如需延期，应当在答卷截止日期的7日前向商务部提出书面申请并说明理由。是否同意延期，由商务部决定。

第十九条　商务部可以对利害关系方进行实地核查。实地核查前，应当将核查的主要目的和内容提前通知有关利害关系方。

第二十条　应利害关系方请求或者根据调查需要，经有关国家（地区）同意，商务部可以派出人员赴该国家（地区）对有关产品的生产能力、投资扩产、库存、原产或转口及企业间的关联关系等情况进行调查。

第二十一条　商务部可以要求利害关系方按照规定提交或者补充书面材料，利害关系方也可以主动向商务部提交书面材料。

第二十二条　应利害关系方的请求，或者商务部认为有必要的，可以举行产业损害听证。

第二十三条　参加产业损害调查的利害关系方认为其所提供的资料及相关证据有必要保密的，应当在提交资料的同时向商务部提交该资料的非保密概要，或者分别提交该资料的保密文本和公开文本。

第二十四条　参加产业损害调查的利害关系方不提供资料及相关证据的非保密概要或公开文本的，或者不提交非保密概要或公开文本理由不充分的，商务部可以对该资料不予考虑。商务部如果认为提供的资料不需要保密时，可以要求利害关系方撤销保密申请。

第二十五条　在产业损害调查过程中，应诉产业损害调查的利害关系方应当如实反映情况，提供有关资料。利害关系方不如实反映情况、提供有关资料的，或者没有在合理时间内提供必要信息的，或者以其他方式严重妨碍调查的，商务部可以根据已经获得的事实和可获得的最佳信息作出裁定。

第四章　附则

第二十六条　参加产业损害调查的利害关系方在向商务部提交任何文件及证据材料时，均应提交中文正本一式5份，并同时提交相应的电子文本（计算机软盘或光盘）一式3份。

第二十七条　商务部产业损害调查，依据国家语言文字主管部门规定的规范中文为正式语言和文字。利害关系方所提供的任何文件、资料、信息应当为规范中文。非中文资料应提交中文译文及原文，并以中文译文为准。非中文资料如未附有中文译文将不被视为有效的和合法的证据材料。

第二十八条　本规定由商务部负责解释。

第二十九条　本规定自公布之日起30日后施行。本规定施行之日，原国家经贸委颁布的《保障措施产业损害调查与裁决规定》（国家经贸委令【2002】第47号）同时废止。

关于外商投资举办投资性公司的规定

中华人民共和国商务部令

2004年第2号

《关于外商投资举办投资性公司的规定》已于2004年2月12日经由中华人民共和国商务部第二次部务会议修订通过，现将修改后的《关于外商投资举办投资性公司的规定》公布，自公布之日起30日后施行。

部长　吕福源

2004年2月13日

第一条　为了促进外国投资者来华投资，引进国外先进技术和管理经验，允许外国投资者根据中国有关外国投资的法律、法规及本规定，在中国设立投资性公司。

第二条　本规定中投资性公司是指外国投资者在中国以独资或与中国投资者合资的形式设立的从事直接投资的公司。公司形式为有限责任公司。

第三条　申请设立投资性公司应符合下列条件：

（一）1. 外国投资者资信良好，拥有举办投资性公司所必需的经济实力，申请前一年该投资者的资产总额不低于四亿美元，且该投资者在中国境内已设立了外商投资企业，其实际缴付的注册资本的出资额超过一千万美元，并有三个以上拟投资项目，或者；2. 外国投资者资信良好，拥有举办投资性公司所必需的经济实力，该投资者在中国境内已设立了十个以上外商投资企业，其实际缴付的注册资本的出资额超过三千万美元；

（二）以合资方式设立投资性公司的，中国投资者应为资信良好，拥有举办投资性公司所必需的经济实力，申请前一年该投资者的资产总额不低于一亿元人民币；

（三）投资性公司的注册资本不低于三千万美元。

申请设立投资性公司的外国投资者应为一家外国的公司、企业或经济组织，若外国投资者为两个以上的，其中应至少有一名占大股权的外国投资者符合本条第一款第（一）项的规定。

第四条　符合本规定第三条第一款第（一）项规定的条件的外国投资者可以其全资拥有的子公司的名义投资设立投资性公司。

第五条　申请设立投资性公司的外国投资者符合本规定第三条第一款第（一）项规定的条件的，该外国投资者须向审批机关出具保证函，保证其所设立的投资性公司在中国境内投资时注册资本的缴付和属于该外国投资者或关联公司的技术转让。

以全资拥有的子公司的名义投资设立投资性公司的，其母公司须向审批机关出具保证函，保证其子公司按照审批机关批准的条件完成对所设立的投资性公司的注册资本的缴付，并保证该投资性公司在中国境内投资时的注册资本的缴付和属于该母公司及其所属公司的技术转让。

第六条　申请设立投资性公司，投资者应将下列文件经拟设立投资性公司所在地的省、自治区、直辖市、计划单列市商务主管部门审核同意后，报商务部审查批准。

（一）设立合资的投资性公司的项目建议书、投资各方签署的可行性研究报告、合同、章程；

设立独资的投资性公司外国投资者签署的项目建议书、外资企业申请表、可行性研究报告、章程；

（二）投资各方的资信证明文件、注册登记证明文件（复印件）和法定代表人证明文件（复印件）；

（三）外国投资者已投资企业的批准证书（复印件）、营业执照（复印件）和中国注册会计师出具的验资报告（复印件）；

（四）依法审计的投资各方近三年的资产负债表；

（五）依据本规定第五条应提交的保证函；

（六）商务部要求的其他文件。

上述文件除已注明为复印件的，一律应为正式文件。

非法定代表人签署文件的，应出具法定代表人的委托授权书。

委托依法设立的中介机构代为办理申请手续的，应出具由投资者法定代表人签署的委托授权书。

第七条　外国投资者须以可自由兑换的货币或其在中国境内获得的人民币利润或因转股、清算等活动获得的人民币合法收益作为其向投资性公司注册资本的出资。中国投资者可以人民币出资。外国投资者以其人民币合法收益作为其向投资性公司注册资本出资的，应当提交相关证明文件及税务凭证。出资应在营业执照签发之日起两年内全部缴清。

第八条　投资性公司的注册资本中至少应有三千万美元作为向其投资新设立的外商投资企业的出资，或作为向其母公司或关联公司已投资设立外商投资企业（已依法办理完毕股权转让手续）未缴付完毕的出资额的出资，或增资部分的出资，或用于设立研发中心等机构的投资，或用于购买中国境内公司股东的股权（不包括投资性公司母公司或其关联公司已缴付完毕的出资额形成的股权）。

第九条　投资性公司的注册资本不低于三千万美元，其贷款额不得超过已缴付注册资本额的四倍。投资性公司的注册资本不低于一亿美元，其贷款额不得超过已缴付注册资本额的六倍。投资性公司因经营需要，贷款额拟超过上述规定，应当报商务部批准。

第十条　投资性公司经商务部批准设立后，可以依其在中国从事经营活动的实际需要，经营下列业务：

（一）在国家允许外商投资的领域依法进行投资；

（二）受其所投资企业的书面委托（经董事会一致通过），向其所投资企业提供下列服务：

1. 协助或代理其所投资的企业从国内外采购该企业自用的机器设备、办公设备和生产所需的原材料、元器件、零部件和在国内外销售其所投资企业生产的产品，并提供售后服务；

2. 在外汇管理部门的同意和监督下，在其所投资企业之间平衡外汇；

3. 为其所投资企业提供产品生产、销售和市场开发过程中的技术支持、员工培训、企业内部人事管理等服务；

4. 协助其所投资企业寻求贷款及提供担保。

（三）在中国境内设立科研开发中心或部门，从事新产品及高新技术的研究开发，转让其研究开发成果，并提供相应的技术服务；

（四）为其投资者提供咨询服务，为其关联公司提供与其投资有关的市场信息、投资政策等咨询服务；

（五）承接其母公司和关联公司的服务外包业务。

第十一条　本规定所称投资性公司所投资企业是指符合下列条件的企业：

（一）投资性公司直接投资或与其他外国投资者和/或中国投资者共同投资，投资性公司中折算出的外国投资者的投资单独或与其他外国投资者一起投资的比例占其所投资设立企业注册资本的25%以上的企业；

（二）投资性公司将其投资者或其关联公司、其他外国投资者以及中国境内投资者在中国境内已投资设立的企业的股权部分或全部收购，投资性公司中折算出的外国投资者的投资单独或与其他外国投资者的投资额共同占该已设立企业的注册资本25%以上的企业；

（三）投资性公司的投资额不低于其所投资设立企业的注册资本的10%。

第十二条　经中国银行业监督管理委员会批准，投资性公司可向其所投资设立的企业提供财务支持。

第十三条　投资性公司可以作为发起人发起设立外商投资股份有限公司或持有外商投资股份有限公司未上市流通的法人股。投资性公司也可以根据国家有关规定持有境内其他股份有限公司未上市流通的法人股。投资性公司应视为股份有限公司境外发起人或股东。

第十四条　投资性公司设立后，依法经营，无违法记录，注册资本按照章程的规定按期缴付，投资者实际缴付的注册资本额不低于三千万美元且已用于本规定第八条所规定的用途，投资性公司经所在地的省、自治区、直辖市或计划单列市商务主管部门审核同意，向商务部提出申请，并获批准的，还可依其在中国从事经营活动的实际需要，经营下列业务：

（一）受所投资企业的书面委托（经董事会一致通过），开展下列业务：

1. 在国内外市场以经销的方式销售其所投资企业生产的产品；

2. 为其所投资企业提供运输、仓储等综合服务。

（二）依照国家有关规定，以代理、经销或设立出口采购机构（包括内部机构）的方式出口境内商品，并可按有关规定办理出口退税；

（三）购买所投资企业生产的产品进行系统集成后在国内外销售，如所投资企业生产的产品不能完全满足系统集成需要，允许其在国内外采购系统集成配套产品，但所购买的系统集成配套产品的价值不应超过系统集成所需全部产品价值的百分之五十；

（四）为其所投资企业的产品的国内经销商、代理商以及与投资性公司、其母公司或其关联公司签有技术转让协议的国内公司、企业提供相关的技术培训；

（五）在其所投资企业投产前或其所投资企业新产品投产前，为进行产品市场开发，允许投资性公司从其母公司进口与其所投资企业生产产品相关的母公司产品在国内试销；

（六）为其所投资企业提供机器和办公设备的经营性租赁服务，或依法设立经营性租赁公司；

（七）为其母公司生产的产品提供售后服务；

（八）依照国家有关规定，参与有对外承包工程经营权的中国企业的境外工程承包。

第十五条　投资性公司根据第十四条第三款和第五款规定进口产品应依照国家有关规定办理手续。上述进口金额每年累计不超过公司已缴付的注册资本额。

第十六条　投资性公司申请经营本规定第十四条规定业务的，应当向商务部报送下列文件：

（一）投资性公司法定代表人签署的申请书；

（二）投资性公司董事会决议；

（三）修改后的投资性公司章程；

（四）投资性公司的批准证书（复印件）、营业执照（复印件）和中国注册会计师出具的验资报告；

（五）中国注册会计师出具的所投资企业的验资报告；

（六）商务部要求的其他文件。

第十七条　根据投资性公司拟设立的项目性质，按照国家有关外商投资企业经营期限的规定核定投资性公司的期限。

第十八条　投资性公司投资设立企业，按外商投资企业的审批权限及审批程序另行报批。

第十九条　投资性公司投资设立企业，投资性公司中折算出的外国投资者的投资单独或与其他外国投资者一起投资的比例不低于其所投资设立企业的注册资本的25%，其投资设立的企业享受外商投资企业待遇，发给外商投资企业批准证书和外商投资企业营业执照。

第二十条　投资性公司设立分支机构应报商务部审批。投资性公司申请设立分公司，必须符合以下条件：

（一）投资性公司的注册资本已按照合同、章程的规定按期缴付并且已缴付的出资额不低于三千万美元；或投资性公司已投资设立或拥有十个以上外商投资企业；

（二）拟设立分公司的地区应为投资性公司投资集中地区或产品销售集中的地区。

第二十一条　符合条件的投资性公司可申请被认定为跨国公司地区总部（以下简称地区总部），并依法办理变更手续。

（一）投资性公司申请被认定为地区总部应符合下列条件：

1. 已缴付注册资本不低于一亿美元，或者；已缴付注册资本不低于五千万美元，申请前一年其所投资企业资产总额不低于三十亿元人民币，且利润总额不低于一亿元人民币（按合并报表相关规定计）；

2. 符合本规定第八条的规定；

3. 根据有关规定，已设立两家以上研发机构（其中至少一家为法人实体）。

（二）被认定为地区总部的投资性公司，可依其在中国从事经营活动的实际需要，经营下列业务：

1. 本规定第十条、第十四条所规定的业务；

2. 进口并在国内销售跨国公司的产品；

3. 进口为所投资企业、跨国公司的产品提供维修服务所需的原辅材料及零、配件；

4. 承接境内外企业的服务外包业务；

5. 根据有关规定，从事物流配送服务；

6. 经中国银行业监督管理委员会批准，设立财务公司，向投资性公司及其所投资企业提供相关财务服务；

7. 经商务部批准，从事境外工程承包业务和境外投资，设立融资租赁公司并提供相关服务；

8. 经批准的其他业务。

（三）申请程序：

1. 投资性公司向所在地的省、自治区、直辖市和计划单列市商务主管部门提出申请，经初核后报商务部；

2. 商务部自收到全部申请文件之日起三十日内批复，对被认定为地区总部的，换发外商投资企业批准证书（加注“地区总部”）；

3. 投资性公司凭批准证书在三十日内，向工商行政管理部门申请办理变更登记手续。

（四）申请文件：

1. 投资性公司法定代表人签署的申请书；

2. 投资性公司及其跨国公司董事会决议；

3. 修改后的投资性公司章程/合同；

4. 投资性公司的批准证书（复印件）、营业执照（复印件）和中国注册会计师出具的验资报告；

5. 所投资企业的批准证书（复印件）和营业执照（复印件）；

6. 中国注册会计师出具的所投资企业的验资报告；

7. 经中国注册会计师审计的投资性公司的主要财务报表；

8. 商务部要求的其他文件。

上述文件除已注明为复印件的，一律应为正式文件。

本条中跨国公司系指设立投资性公司的外国投资者所属公司集团的母公司。

第二十二条　投资性公司在中国境内的投资活动不受公司注册地点的限制。

第二十三条　投资性公司的税收按中国有关法律、法规办理。

第二十四条　投资性公司应切实履行项目投资计划，并将第一年度的投资、经营情况于下一年度的前三个月内，按照规定的内容和格式报商务部备案。上述材料将作为投资性公司参加联合年检申报的必备材料之一。

第二十五条　投资性公司与其所投资设立的企业是彼此独立的法人或实体，其业务往来应按独立企业之间业务往来关系处理。

第二十六条　投资性公司与其投资设立的企业应遵守中国的法律、法规和规章，不得采用任何手段逃避管理和纳税。

第二十七条　投资性公司不得直接从事生产活动。

第二十八条　台湾、香港和澳门地区的投资者在大陆投资举办投资性公司的，准用本规定。

第二十九条　本规定由商务部负责解释。

第三十条　本规定自公布之日起三十日后施行。

外商投资商业领域管理办法

中华人民共和国商务部令

[2004]第8号

《外商投资商业领域管理办法》已于中华人民共和国商务部第六次部务会议审议通过，现予以公布，自2004年6月1日起施行。

部长　薄熙来

2004年4月16日

第一条　为进一步扩大对外开放，完善市场流通体系的建设，根据《中华人民共和国中外合资经营企业法》、《中华人民共和国中外合作经营企业法》、《中华人民共和国外资企业法》及《公司法》等法律、行政法规，制定本办法。

第二条　外国公司、企业和其他经济组织或者个人（以下简称“外国投资者”）在中国境内设立外商投资商业企业，从事经营活动，遵守本办法。

第三条　外商投资商业企业是指从事以下经营活动的外商投资企业：

（一）佣金代理：货物的销售代理商、经纪人或拍卖人或其他批发商通过收取费用在合同基础上对他人货物进行的销售及相关附属服务；

（二）批发：对零售商和工业、商业、机构等用户或其他批发商的货物销售及相关附属服务；

（三）零售：在固定地点或通过电视、电话、邮购、互联网络、自动售货机，对于供个人或团体消费使用的货物的销售及相关附属服务；

（四）特许经营：为获取报酬或特许经营费通过签订合同授予他人使用其商标、商号、经营模式等。

外国公司、企业和其他经济组织或者个人必须通过在中国境内设立的外商投资企业从事前款第（一）、（二）、（三）、（四）项所规定的经营活动。

第四条　外商投资商业企业应遵守中华人民共和国法律、行政法规及相关规章，其正当经营活动及合法权益受中国法律的保护。

第五条　国家商务主管部门依法对外商投资商业领域及外商投资商业企业的经营活动进行监督和管理。

第六条　外商投资商业企业的外国投资者应有良好的信誉，无违反中国法律、行政法规及相关规章的行为。鼓励具有较强的经济实力、先进的商业经营管理经验和营销技术、广泛的国际销售网络的外国投资者举办外商投资商业企业。

第七条　外商投资商业企业应当符合下列条件：

（一）最低注册资本符合《公司法》的有关规定。

（二）符合外商投资企业注册资本和投资总额的有关规定。

（三）外商投资商业企业的经营期限一般不超过30年，在中西部地区设立外商投资商业企业经营期限一般不超过40年。

第八条　外商投资商业企业开设店铺应当符合以下条件：

（一）在申请设立商业企业的同时申请开设店铺的，应符合城市发展及城市商业发展的有关规定。

（二）已批准设立的外商投资商业企业申请增设店铺的，除符合第（一）项要求外，还应符合以下条件：

1. 按时参加外商投资企业联合年检并年检合格；

2. 企业的注册资本全部缴清。

第九条　经批准，外商投资商业企业可以经营下列业务：

（一）从事零售业务的外商投资商业企业：

1. 商品零售；

2. 自营商品进口；

3. 采购国内产品出口；

4. 其他相关配套业务。

（二）从事批发业务的外商投资商业企业：

1. 商品批发；

2. 佣金代理（拍卖除外）；

3. 商品进出口；

4. 其他相关配套业务。

外商投资商业企业可以授予他人以特许经营方式开设店铺。

外商投资商业企业经批准可以从事以上一种或几种销售业务，其经营的商品种类应在合同、章程有关经营范围的内容中注明。

第十条　外商投资商业企业的设立与开设店铺，按照下列程序办理：

（一）外商投资商业企业的立项、可行性研究报告和企业设立一次性申报和核准。

（二）除本条第一款第（三）、（四）项另有规定外，拟设立外商投资商业企业的投资者、申请开设店铺的已设立的外商投资商业企业需向外商投资商业企业注册地的省级商务主管部门分别报送第十二条和第十三条所规定的申请文件。省级商务主管部门对报送文件进行初审后，自收到全部申请文件之日起一个月内上报商务部。

商务部应自收到全部申请文件之日起三个月内作出是否批准的决定，对于批准设立的，颁发《外商投资企业批准证书》，对于不批准的，应说明原因。

商务部可以依照本办法授权省级商务主管部门审批上述申请。

（三）从事零售业务的外商投资商业企业在其所在地省级行政区域内开设店铺，如符合以下条件且经营范围不涉及电视、电话、邮购、互联网络、自动售货机销售及本办法第十七条、第十八条所列商品的，由该省级商务主管部门在其审批权限内审批并报商务部备案。

1. 单一店铺营业面积不超过3000平方米，且店铺数量不超过3家，其外国投资者通过设立的外商投资商业企业在中国开设同类店铺总数不超过30家；

2. 单一店铺营业面积不超过300平方米，店铺数量不超过30家，其外国投资者通过设立的外商投资商业企业在中国开设同类店铺总数不超过300家。

（四）中外合资、合作商业企业的商标、商号所有者为内资企业、中国自然人，且中国投资者在外商投资商业企业中控股、该外商投资商业企业的经营范围不涉及本办法第十七、第十八条所列商品的，其设立及开店申请由企业所在地省级商务主管部门在其审批权限内审批。如跨省开设店铺，还应征求拟开设店铺所在地省级商务主管部门的意见。

未经商务部授权，省级商务主管部门不得自行下放本条第一款第（三）、（四）项所规定的审批权。

第十一条　投资者应当自收到批准证书之日起一个月内，凭《外商投资企业批准证书》，向工商行政管理机关办理登记手续。

第十二条　申请设立外商投资商业企业，应当报送下列文件：

（一）申请书；

（二）投资各方共同签署的可行性研究报告；

（三）合同、章程（外资商业企业只报送章程）及其附件；

（四）投资各方的银行资信证明、登记注册证明（复印件）、法定代表人证明（复印件），外国投资者为个人的，应提供身份证明；

（五）投资各方经会计师事务所审计的最近一年的审计报告；

（六）对中国投资者拟投入到中外合资、合作商业企业的国有资产的评估报告；

（七）拟设立外商投资商业企业的进出口商品目录；

（八）拟设立外商投资商业企业董事会成员名单及投资各方董事委派书；

（九）工商行政管理部门出具的企业名称预先核准通知书；

（十）拟开设店铺所用土地的使用权证明文件（复印件）及（或）房屋租赁协议（复印件），但开设营业面积在3000平方米以下店铺的除外；

（十一）拟开设店铺所在地政府商务主管部门出具的符合城市发展及城市商业发展要求的说明文件。

非法定代表人签署文件的，应当出具法定代表人委托授权书。

第十三条　已设立的外商投资商业企业申请开设店铺，应当报送下列文件：

（一）申请书；

（二）涉及合同、章程修改的，应报送修改后的合同、章程；

（三）有关开设店铺的可行性研究报告；

（四）有关开设店铺的董事会决议；

（五）企业最近一年的审计报告；

（六）企业验资报告（复印件）；

（七）投资各方的登记注册证明（复印件）、法定代表人证明（复印件）；

（八）拟开设店铺所用土地的使用权证明文件（复印件）及（或）房屋租赁协议（复印件），但开设营业面积在3000平方米以下的店铺除外；

（九）拟开设店铺所在地政府出具的符合城市发展及城市商业发展要求的说明文件。

非法定代表人签署文件的，应当出具法定代表人委托授权书。

第十四条　外商投资商业企业签订的商标、商号使用许可合同、技术转让合同、管理合同、服务合同等法律文件，应作为合同附件（外资商业企业应作为章程附件）一并报送。

第十五条　外商投资商业企业开设店铺所用土地，应当按照国家有关土地管理的法律、行政法规的规定，以公开招标、拍卖、挂牌等方式取得商业用地。

第十六条　外商投资商业企业经营国家有特殊规定的商品以及涉及配额、许可证管理的进出口商品，应当按照国家有关规定办理手续。

第十七条　外商投资商业企业经营下列商品，除必须符合本办法规定外，还应符合下列规定：

外商投资商业企业经营图书、报纸、期刊的，应符合《外商投资图书、报纸、期刊分销企业管理办法》。

外商投资商业企业经营加油站从事成品油零售的，应具有稳定的成品油供应渠道，符合当地加油站建设规划，经营设施符合现有国家标准和计量检定规程的规定，符合消防、环保等要求，具体实施办法由商务部另行制定。

外商投资商业企业经营药品的，应符合国家有关药品销售的管理规范。具体实施办法由商务部另行制定。

外商投资商业企业经营汽车的，应在批准的经营范围内经营。具体实施办法由商务部另行制定。

除本办法第十八条和本条另有规定外，外商投资设立农副产品、农业生产资料商业企业不受地域、股比和投资金额的限制。

从事批发的外商投资商业企业，2004年12月11日前不得经营药品、农药和农膜。2006年2月11日前不得经营化肥、成品油和原油。

从事零售的外商投资商业企业，2004年12月11日前不得经营药品、农药、农膜和成品油。2006年12月11日前不得经营化肥。

从事批发的外商投资商业企业不得经营盐、烟草，从事零售的外商投资商业企业不得经营烟草。

第十八条　同一外国投资者在境内累计开设店铺超过30家以上的，如经营商品包括图书、报纸、杂志、汽车（2006年12月11日起取消本限制）、药品、农药、农膜、化肥、成品油、粮食、植物油、食糖、棉花等商品，且上述商品属于不同品牌，来自不同供应商的，外国投资者的出资比例不得超过49%。

第十九条　外商投资商业企业授予他人以特许经营方式开设店铺的，除应遵守本办法规定外，国家对特许经营活动另有规定的，还应遵守其规定。

第二十条　外商投资商业企业经营拍卖业务，应符合《拍卖法》、《文物法》等有关法律，由商务部予以审批，具体实施办法另行制定。

第二十一条　2004年12月11日起，允许设立外资商业企业。

第二十二条　从事零售的外商投资商业企业及其店铺的设立地域在2004年12月11日前限于省会城市、自治区首府、直辖市、计划单列市和经济特区。自2004年12月11日以后，取消地域限制。

从事批发的外商投资商业企业自本办法实施之日起取消地域限制。

第二十三条　外商投资企业在境内投资商业领域的，应符合《关于外商投资企业境内投资的暂行规定》，并参照本办法办理。

第二十四条　外商投资商业企业以外的其他外商投资企业，从事本办法第三条所列经营活动的，应符合本办法的规定，并依法变更相应的经营范围。

第二十五条　香港特别行政区、澳门特别行政区的投资者、台湾地区的投资者在中国其他省、自治区、直辖市投资设立商业企业，除下述规定外，参照本办法执行：

（一）自2004年1月1日起，香港、澳门商业服务提供者可以在内地设立外资商业企业。

（二）香港、澳门商业服务提供者在内地设立零售企业的地域范围扩大到地级市，在广东省扩大到县级市。

（三）自2004年1月1日起，香港、澳门商业服务提供者可依据本办法的相关条款申请在内地设立从事汽车零售业务的商业企业，但其申请前三年的年均销售额不得低于1亿美元；申请前一年的资产额不得低于1 000万美元；在内地设立的汽车零售企业的注册资本最低限额为1 000万元人民币，在中西部地区设立的汽车零售企业注册资本最低限额为600万元人民币。

（四）允许香港、澳门永久性居民中的中国公民依照内地有关法律、法规和规章设立个体工商户从事商业零售活动（除特许经营外），其营业面积不超过300平方米。

（五）本条所规定的香港、澳门商业服务提供者应分别符合《内地与香港关于建立更紧密经贸关系的安排》和《内地与澳门关于建立更紧密经贸关系的安排》中关于“服务提供者”的定义及相关规定的要求。

第二十六条　鼓励外商投资商业企业加入有关行业协会，加强企业自律。

第二十七条　本办法由商务部负责解释。

第二十八条　本办法自2004年6月1日起施行。

第二十九条　原国家经济贸易委员会、对外贸易经济合作部联合发布的《外商投资商业企业试点办法》自本办法施行之日起废止。

外商投资广告企业管理规定

中华人民共和国国家工商行政管理总局、中华人民共和国商务部令

第8号

《外商投资广告企业管理规定》已经中华人民共和国国家工商行政管理总局和中华人民共和国商务部审议通过，现予公布。

局长　王众孚

部长　薄熙来

2004年3月2日

第一条　为了加强外商投资广告企业的管理，促进广告业健康发展，根据有关外商投资管理和广告管理的法律、行政法规，制定本规定。

第二条　本规定所称外商投资广告企业，是指依法经营广告业务的中外合资经营企业、中外合作经营企业（中外合资经营企业、中外合作经营企业本规定合称为中外合营广告企业，以下同）,以及外资广告企业。

第三条　设立外商投资广告企业，除必须遵守本规定外，还应当遵守《中华人民共和国中外合资经营企业法》、《中华人民共和国中外合作经营企业法》、《中华人民共和国外资企业法》、《中华人民共和国广告法》、《广告管理条例》、《广告经营者、广告发布者资质标准及广告经营范围核定用语规范》等有关法律、法规、规章。

第四条　外商投资广告企业的项目建议书及可行性研究报告，由国家工商行政管理总局及其授权的省级工商行政管理局审定。外商投资广告企业的合同和章程，由商务部及其授权的省级商务主管部门审查批准。

第五条　外商投资广告企业符合规定条件，经批准可以经营设计、制作、发布、代理国内外各类广告业务，其具体经营范围，由国家工商行政管理总局及其授权的省级工商行政管理局依据《广告经营者、广告发布者资质标准及广告经营范围核定用语规范》予以核定。

第六条　设立中外合营广告企业,按下列程序办理:

（一）由中方主要合营者，向其所在地有外商投资企业核准登记权的工商行政管理局呈报第十二条规定的文件，由其提出初审意见，报国家工商行政管理总局授权的省级工商行政管理局审定，或经省、自治区、直辖市及计划单列市工商行政管理局核转，报国家工商行政管理总局审定。

国家工商行政管理总局及其授权的省级工商行政管理局自收到全部呈报文件二十日内，作出同意或不同意的决定。

（二）国家工商行政管理总局或其授权的省级工商行政管理局颁发《外商投资广告企业项目审定意见书》后，由中方主要合营者向拟设立企业所在地省级商务主管部门呈报第十三条规定的文件，经省级商务主管部门审查批准的，颁发《外商投资企业批准证书》；不予批准的，书面说明理由。

（三）中方主要合营者持国家工商行政管理总局或其授权的省级工商行政管理局颁发的《外商投资广告企业项目审定意见书》、省级商务主管部门颁发的《外商投资企业批准证书》及法律、法规规定的其他文件，按企业登记注册的有关规定，向国家工商行政管理总局或有外商投资企业核准登记权的地方工商行政管理局办理企业登记注册手续。

第七条　设立外资广告企业，按下列程序办理：

（一）由外国投资者，向国家工商行政管理总局呈报第十四条规定的文件。

国家工商行政管理总局自收到全部呈报文件二十日内，作出同意或不同意的决定。

（二）国家工商行政管理总局颁发《外商投资广告企业项目审定意见书》后，由外国投资者向拟设立企业所在地省级商务主管部门呈报第十五条规定的文件，由省级商务主管部门在二十日内提出初审意见报商务部审批。

商务部自收到全部呈报文件二十日内，作出同意或不同意的决定；经审查批准的，颁发《外商投资企业批准证书》。

（三）外国投资者持国家工商行政管理总局颁发的《外商投资广告企业项目审定意见书》和商务部颁发的《外商投资企业批准证书》及法律、法规规定的其他文件，按企业登记注册的有关规定，向国家工商行政管理总局申请办理企业登记注册手续。

第八条　外商投资广告企业申请设立分支机构，按下列程序办理：

（一）由外商投资广告企业分别向其所在地省级商务主管部门、省级工商行政管理局呈报第十六条规定的文件；

（二）所在地省级商务主管部门在征求同级工商行政管理局意见后，决定批准或不批准。决定批准的，同时将批准文件抄送设立地省级商务主管部门及省级工商行政管理局；不予批准的，书面说明理由；

（三）外商投资广告企业持设立分支机构的批准文件及法律、法规规定的其他文件到其分支机构设立地有外商投资企业核准登记权的工商行政管理局办理分支机构登记注册手续。

第九条　设立中外合营广告企业，除符合有关法律、法规规定的条件外，还应具备以下条件：

（一）合营各方应是经营广告业务的企业；

（二）合营各方须成立并运营二年以上；

（三）有广告经营业绩。

第十条　设立外资广告企业，除符合有关法律、法规规定的条件外，还应具备以下条件：

（一）投资方应是经营广告业务为主的企业；

（二）投资方应成立并运营三年以上。

第十一条　申请设立分支机构的外商投资广告企业,应具备以下基本条件：

（一）注册资本全部缴清;

（二）年广告营业额不低于2 000万元人民币。

第十二条　申请设立中外合营广告企业,由中方主要合营者按第六条规定的程序,向国家工商行政管理总局或其授权的省级工商行政管理局报送下列文件:

（一）设立中外合营广告企业的申请书；

（二）企业名称预先核准通知书；

（三）合营者股东会（董事会）决议；

（四）设立中外合营广告企业的项目建议书及合营各方共同编制的可行性研究报告;

（五）合营各方的登记注册证明；

（六）合营各方的资信证明;

（七）广告管理制度;

（八）地方工商行政管理局的初审意见。

第十三条　申请设立中外合营广告企业,应按第六条规定的程序,向省级商务主管部门报送下列文件:

（一）国家工商行政管理总局或其授权的省级工商行政管理局颁发的《外商投资广告企业项目审定意见书》；

（二）设立外商投资广告企业的合同、章程；

（三）项目可行性研究报告;

（四）合营各方的登记注册证明；

（五）合营各方的资信证明;

（六）企业名称预先核准通知书；

（七）合营企业的董事会名单及各方董事委派书；

（八）地方商务主管部门的初审意见。

第十四条　申请设立外资广告企业,由投资者按第七条规定的程序, 向国家工商行政管理总局报送下列文件:

（一）设立外商投资广告企业的申请书；

（二）投资者股东会（董事会）决议；

（三）投资者编制的项目建议书及可行性研究报告;

（四）投资者的登记注册证明；

（五）投资者的资信证明；

（六）企业名称预先核准通知书。

第十五条　申请设立外资广告企业，由外国投资者按第七条规定的程序，向商务部报送下列文件:

（一）设立外商投资广告企业的申请书；

（二）国家工商行政管理总局颁发的《外商投资广告企业项目审定意见书》；

（三）投资者编制的项目建议书及可行性研究报告;

（四）投资者的登记注册证明；

（五）投资者的资信证明；

（六）设立外资广告企业的章程。

第十六条　申请设立分支机构的外商投资广告企业，按第八条规定的程序，向省级商务主管部门及同级工商行政管理局提交以下文件：

（一）设立外商投资广告企业分支机构的申请书；

（二）董事会决议；

（三）广告经营年度审计报告;

（四）企业营业执照；

（五）经营场所证明；

（六）企业验资报告。

第十七条　外商投资广告企业设立后,如出现下列情况之一的,应按本规定第六条、第七条规定的程序另行报批，并办理企业变更登记:

（一）更换合营方或转让股权;

（二）变更广告经营范围；

（三）变更注册资本。

第十八条　外商投资设立广告企业，可以委托具有相应资格的中介服务代理机构代为办理申报手续。

第十九条　按本规定报送的全部文件应使用中文表述。

第二十条　通过并购境内广告企业投资广告业的，按照外国投资者并购国内企业有关规定和本规定办理。

第二十一条　香港、澳门、台湾地区投资者在内地投资设立广告企业，参照本规定办理。

第二十二条　外商投资企业申请增加广告经营业务的,参照本规定办理。

第二十三条　自本规定施行之日起允许外资拥有中外合营广告企业多数股权，但股权比例最高不超过70%；2005年12月10日起，允许设立外资广告企业。

第二十四条　本规定由国家工商行政管理总局和商务部负责解释。

第二十五条　本规定自公布之日起施行。国家工商行政管理局、对外贸易经济合作部印发的《关于设立外商投资广告企业的若干规定》（工商广字［1994］第304号）同时废止，其他与本规定相抵触的文件，同时失效。

附件：

为了促进香港、澳门与内地建立更紧密的经贸关系，鼓励香港服务提供者和澳门服务提供者在内地投资设立广告企业，根据国务院批准的《内地与香港关于建立更紧密经贸关系的安排》、《内地与澳门关于建立更紧密经贸关系的安排》，现就香港和澳门投资者投资广告业作出补充规定如下：

一、自2004年1月1日起，允许香港服务提供者和澳门服务提供者在内地设立独资广告公司。

二、香港服务提供者和澳门服务提供者应分别符合《内地与香港关于建立更紧密经贸关系的安排》和《内地与澳门关于建立更紧密经贸关系的安排》中关于“服务提供者”定义及其相关规定的要求。

三、香港服务提供者和澳门服务提供者应是经营（含非主营）广告业务的企业法人。

四、香港服务提供者和澳门服务提供者在内地投资广告业的其他规定，仍按照本规定执行。

关于设立外商投资出口采购中心管理办法

中华人民共和国商务部、中华人民共和国海关总署、
中华人民共和国国家税务总局、中华人民共和国国家外汇管理局令
2003年第3号

《关于设立外商投资出口采购中心管理办法》已经于2003年9月29日中华人民共和国商务部第5次部务会议审议通过，现予以发布，自发布之日起30日后施行。

部长　吕福源
署长　牟新生
局长　谢旭人
局长　郭树清
2003年11月17日

第一条　为进一步促进对外贸易发展，扩大对外开放和吸引外商投资，根据中华人民共和国有关外国投资及对外贸易管理的法律、法规制定本办法。外国投资者在中国投资设立外商投资出口采购中心，应遵照本办法执行。

第二条　本办法中所称外商投资出口采购中心系指外国投资者在中国以独资或与中国投资者合资的形式设立的从事出口采购业务的外商投资企业。出口采购中心应为有限责任公司。

第三条　申请设立外商投资出口采购中心的外国投资者，应拥有跨国营销网络，具备出口采购能力。

以合资形式设立外商投资出口采购中心的，中国投资者应为资信良好，拥有举办采购中心所必需的经济实力。

第四条　外商投资出口采购中心的注册资本不低于3000万元人民币。中外投资者出资按现行有关规定办理。

第五条　外国投资者可以其在中国设立的投资性公司投资设立出口采购中心。

第六条　设立外商投资出口采购中心，应将下列文件经拟设立外商投资出口采购中心所在地省、自治区、直辖市和计划单列市商务主管部门初审同意后，报商务部批准：

（一）申请书；

（二）投资者各方的注册登记文件（复印件）、法定代表人证明文件（复印件）和资信证明文件；

（三）可行性研究报告、章程（合资出口采购中心还需提供企业合资合同）；

（四）董事会成员名单及简历；

（五）工商行政管理部门出具的企业名称预核准通知书。

商务部收到全部申请文件后，应在30个工作日内做出是否批准的书面批复。

第七条　外商投资出口采购中心可以经营下列业务：

（一）采购国内货物出口业务、与出口有关的仓储、信息咨询和技术服务。

（二）进口原辅材料，委托其他企业加工并复出口。

（三）进口采购出口所需的样品。样品进口的数量和价值应符合海关关于进口样品的有关规定。

第八条　国家实行配额、许可证管理的出口商品，采购出口时，须按照国家有关规定申请并获得配额、许可证；国家实行配额招标管理的商品，采购出口前须按照有关出口商品招标的规定参加出口商品的招标。

第九条　外商投资出口采购中心开设外汇账户，进行外汇收支，应当按照现行外汇管理规定办理。

第十条　设在保税区外的外商投资出口采购中心比照外商投资性公司出口国内产品的有关规定办理退税。设在保税区内的外商投资出口采购中心，按现行有关保税区内企业出口产品退税的规定办理退税。

第十一条　外商投资出口采购中心从事进口委托加工复出口业务，应比照合资外贸公司从事同类业务的有关规定办理，产品须全部出口，一般不得内销。如有特殊情况不能出口需要内销的，应按加工贸易有关规定办理转内销手续，报所在地省级商务部门批准，并签发内销批件；同时，报商务部备案。涉及进口许可证件的，应按规定申领进口许可证件，需报商务部审核批准的，按现行规定执行。

海关对上述内销产品凭相应的内销批件和有效进口许可证件办理内销补税和验放手续。

第十二条　除另有规定外，香港特别行政区、澳门特别行政区、台湾地区的投资者在中国其他地区投资设立出口采购中心的，参照本办法执行。

第十三条　本办法由商务部、海关总署、国家税务总局、国家外汇管理局负责解释。

第十四条　本办法自发布之日起30日后施行。

外国保险机构驻华代表机构管理办法

第一章 总则

第一条 为了加强对外国保险机构驻华代表机构（以下简称“代表机构”）的管理，适应中国保险市场对外开放的需要，根据《中华人民共和国保险法》，制定本办法。

第二条 本办法所称外国保险机构，是指在中国境外注册的保险公司、再保险公司、保险中介机构、保险协会及其他保险组织。

本办法所称代表机构，是指外国保险机构在中国境内获准设立并从事联络、市场调查等非经营性活动的代表处、总代表处。

本办法所称首席代表，是指代表处的主要负责人；本办法所称总代表，是指总代表处的主要负责人。

第三条 代表机构必须遵守中国法律、法规和中国保险监督管理委员会（以下简称”中国保监会”）的有关规定。

代表机构的合法权益受中国法律保护。

第四条 中国保监会根据法律和国务院授权，对代表机构履行监管职责。

中国保监会派出机构，在中国保监会授权范围内，代表中国保监会对本辖区的代表机构实施日常监管。

第二章 申请与设立

第五条 申请设立代表处的外国保险机构（以下简称”申请者”）应当具备下列条件：

（一）经营状况良好；

（二）申请之日前3年内无重大违法违规记录；

（三）中国保监会规定的其他审慎性条件。

第六条 拟设代表处的正式申请表由中国保监会提供。

第七条 申请者应当提交下列材料：

（一）正式申请表；

（二）由董事长或者总经理签署的致中国保监会主席的申请书；

（三）所在国家或者地区有关主管当局核发的营业执照或者合法开业证明或者注册登记证明的复印件；

（四）机构章程，董事会成员名单、管理层人员名单或者主要合伙人名单；

（五）申请之日前3年的年报；

（六）所在国家或者地区有关主管当局出具的对申请者在中国境内设立代表处的意见书，或者由所在行业协会出具的推荐信，意见书或者推荐信应当陈述申请者在出具意见书或者推荐信之日前3年受处罚的记录；

（七）由董事长或者总经理签署的首席代表授权书；

（八）拟任首席代表的简历以及相关证明材料；

（九）中国保监会规定提交的其他资料。

“营业执照”、“合法开业证明”和“注册登记证明”的复印件必须经其所在国家或者地区依法设立的公证机构公证或者经中国驻该国使、领馆认证。

第八条　申请者应当向中国保监会提交申请材料。对拟设代表处的申请，中国保监会应当根据下列情况分别处理：

（一）申请材料存在可以当场更正的错误的，应当允许申请人当场更正；

（二）申请材料不齐全或者不符合法定形式的，应当当场或者在5日内一次告知申请人需要补正的全部内容，逾期不告知的，自收到申请材料之日起即为受理；

（三）申请材料齐全、符合法定形式，或者申请人按照要求提交全部补正申请材料的，应当受理申请。

中国保监会受理或者不予受理申请，应当出具加盖专用印章和注明日期的书面凭证。

第九条　中国保监会应当自受理申请之日起20日内，作出批准或者不予批准的决定。20日内不能作出决定的，经中国保监会主席批准，可以延长10日，并应当将延长期限的理由告知申请人。

决定批准的，颁发批准书；决定不予批准的，应当书面说明理由。

第十条　代表处领取批准书后，应当按有关规定办理工商登记。

代表处应当自领取批准书之日起3个月内迁入固定的办公场所；超过3个月仍未迁入固定办公场所的，原批准书自动失效。

第十一条　在中国境内已设立2个以上代表处的外国保险机构，可以向中国保监会提出申请，指定其中一个代表处为总代表处。

第十二条　外国保险机构申请指定总代表处，应当提交由董事长或者总经理签署的致中国保监会主席的申请书。

总代表处的设立程序与代表处的设立程序相同。

第三章　监督管理

第十三条　代表处的名称应当依次由下列内容组成：“外国保险机构名称”、“所在城市名称”和“代表处”；总代表处的名称应当依次由下列内容组成：“外国保险机构名称”和“驻中国总代表处”。

第十四条　代表机构除主要负责人外，其他主要工作人员应当称“代表”、“副代表”。

第十五条　代表机构工作人员应当遵守中国的法律法规，品行良好，无不良记录。

第十六条　总代表应当具备8年以上工作经历、大学专科以上学历；首席代表应当具备5年以上工作经历、大学专科以上学历。

总代表和首席代表不具备大学专科以上学历的，应当具备10年以上保险从业经历。

第十七条　每个代表机构的外籍工作人员最多不得超过3人。

第十八条　代表机构及其工作人员，不得与任何法人或者自然人签订可能给代表机构或者所代表的外国保险机构带来收入的协议或者契约，也不得参与任何经营性活动。

第十九条　代表机构应当有独立、固定的办公场所和专职的工作人员。

第二十条　总代表或首席代表不得在2个以上代表机构中任职；也不得在中国境内任何经营性机构中任职。

第二十一条　总代表或者首席代表应当常驻代表机构主持日常工作，离开代表机构连续1个月以上的，应当指定专人代行其职，并书面报告当地中国保监会派出机构。

第二十二条　代表机构应当在每年2月底前向当地中国保监会派出机构报送上一年度的工作报告一式两份，由中国保监会派出机构转报中国保监会。

工作报告应当按中国保监会规定的格式填写。

第二十三条　代表机构每年在其代表的外国保险机构会计年度结束后的6个月内，应当分别向中国保监会和当地中国保监会派出机构报送其所代表的外国保险机构上一年度的年报。

第二十四条　代表机构代表的外国保险机构有下列情形之一的，代表机构应当自事件发生之日起10日内，向中国保监会提交书面报告，同时抄报当地中国保监会派出机构：

（一）公司章程、注册资本或者注册地址变更；

（二）分立、合并或者主要负责人变动；

（三）经营严重亏损；

（四）因违法、违规行为受到处罚；

（五）外国保险机构所在国家或者地区的有关主管当局对其实施重大监管措施；

（六）对经营有重大影响的其他事项。

第二十五条　代表机构更换总代表或者首席代表的，应当向中国保监会申请，并提交下列材料：

（一）由其代表的外国保险机构董事长或者总经理签署的致中国保监会主席的申请书；

（二）由其代表的外国保险机构董事长或者总经理签署的拟任总代表或者首席代表的授权书；

（三）拟任总代表或者首席代表的身份证明、学历证明和简历。

第二十六条　代表机构撤销的，应当由代表机构向中国保监会申请，并提交由其所代表的外国保险机构董事长或者总经理签署的致中国保监会主席的申请书。

第二十七条　代表机构变更名称，应当向中国保监会申请，并提交由其所代表的外国保险机构董事长或者总经理签署的致中国保监会主席的申请书以及相关更名证明。

第二十八条　代表机构出现本办法第二十五条、第二十六条、第二十七条规定情形向中国保监会提出申请的，中国保监会应当自收到完整申请材料之日起20日内，作出批准或者不予批准的决定。

决定批准的，颁发批准书；决定不予批准的，应当书面说明理由。

第二十九条　代表机构只能在所在城市的行政辖区内变更办公地址。

代表机构应当自变更办公地址之日起5日内向当地中国保监会派出机构报告，并提交新办公地址的电话和传真号码。

第三十条　代表机构更换或者增减代表、副代表、外籍工作人员，应当自更换或者增减人员之日起5日内向当地中国保监会派出机构报告，并提交被任命人员的身份证明、学历证明和简历。

第三十一条　代表处经批准变更为总代表处的，原代表处自动撤销，总代表处应当自中国保监会批准变更之日起1个月内办理代表处的工商注销手续。

第三十二条　外国保险机构的代表处撤销后，总代表处是其惟一驻华代表机构的，总代表处应当将总代表处变更为代表处。

总代表处应当向中国保监会提出变更申请，并提交由其所代表的外国保险机构董事长或者总经理签署的申请书。中国保监会应当自收到申请书之日起20日内，作出批准或者不予批准的决定。决定批准的，颁发批准书；决定不予批准的，应当书面说明理由。

总代表处经批准变更为代表处的，总代表处自动撤销，代表处应当自中国保监会批准变更之日起1个月内办理总代表处的工商注销手续。

第三十三条　代表处撤销后，其代表的外国保险机构设有总代表处的，由总代表处负责未了事宜；没有设立总代表处的，由其代表的外国保险机构的其他代表处负责未了事宜；其代表的外国保险机构的所有代表机构均已撤销的，由其代表的外国保险机构负责未了事宜。

第三十四条　中国保监会及其派出机构依法对代表机构进行日常和年度检查。

日常和年度检查的内容包括：

（一）代表机构变更事项的手续是否完备；

（二）各项申报材料的内容与实际情况是否相符；

（三）代表机构工作人员的任用或者变更手续是否完备；

（四）代表机构是否从事经营性活动；

（五）中国保监会及其派出机构认为需要检查的其他事项。

第四章　法律责任

第三十五条　违反本办法，未经批准擅自设立代表机构的，中国保监会依法予以取缔。

第三十六条　违反本办法规定从事保险经营活动的，由中国保监会按照有关法律、法规的规定予以处罚；从事保险业以外经营性活动的，由中国保监会给予警告，情节严重的，处以3万元以下的罚款。

第三十七条　未按规定提交本办法第二十二条、第二十三条、第二十四条要求的报告或者材料的，由当地中国保监会派出机构给予警告，责令改正。

第三十八条　对违反本办法的行为负有直接责任的代表机构工作人员，由中国保监会根据情节轻重，处以警告，单处或者并处5 000元以下的罚款。

第三十九条　代表机构提供虚假信息或者隐瞒重要事实的，给予警告。

第四十条　违反本办法其他规定的，责令改正；逾期未改正的，给予警告。

第五章　附则

第四十一条　香港、澳门和台湾地区的保险机构在内地设立的代表机构，比照适用本办法。

第四十二条　经中国保监会批准设立的外国保险机构驻华办事处，比照适用本办法。

第四十三条　本办法所称“以上”、“以下”、“以内”，包括本数。

第四十四条　本办法有关批准、报告期间的规定是指工作日，不含节假日。

第四十五条　本办法由中国保监会负责解释。

第四十六条　本办法自2004年3月1日起施行。中国保监会1999年11月26日发布的《外资保险机构驻华代表机构管理办法》同时废止。

2004年1月15日　中国保险监督管理委员会令[2004]1号　颁布

中国银行业监督管理委员会关于向外资金融机构进一步开放人民币业务的公告

中国银行业监督管理委员会公告
2003年第2号

根据我国加入世界贸易组织承诺，我国将在加入后2年内，将外资金融机构经营人民币业务的地域扩大到济南、福州、成都、重庆，并在已开放人民币业务的地域，允许外资金融机构向中国企业提供人民币服务。现就有关事项公告如下：

自2003年12月1日起，在济南、福州、成都、重庆设立的外资金融机构可根据《中华人民共和国外资金融机构管理条例》（下称《条例》）和《中华人民共和国外资金融机构管理条例实施细则》（下称《细则》）的有关规定，向所在地中国银监会派出机构提交经营人民币业务申请，由其逐级转报中国银监会审批。已获准经营人民币业务的外资金融机构，可将经营人民币业务的地域扩大到上述四城市。

自2003年12月1日起，经中国银监会批准，外资金融机构可在已开放人民币业务的地域向中国企业提供人民币服务。现已获准经营人民币业务的外资金融机构申请经营中国企业人民币业务应符合下列条件：第一，提出申请前2年连续盈利；第二，中国银监会规定的其他审慎性条件，包括具有合理的法人治理结构，稳健的风险管理体系，健全的内部控制制度，有效的管理信息系统，经营状况良好、无重大违法违规记录，具有有效的反洗钱措施。符合上述条件的外资金融机构可按法规规定向所在地中国银监会派出机构提交申请，由其逐级转报中国银监会审批。

尚未获准经营人民币业务的外资金融机构，在申请经营人民币业务时，可一并申请向中国企业提供人民币服务。

中国银行业监督管理委员会
2003年10月24日

境外金融机构投资入股中资金融机构管理办法

中国银行业监督管理委员会令

2003年第6号

《境外金融机构投资入股中资金融机构管理办法》已经国务院批准，现予以发布。

主席　刘明康

2003年12月8日

第一条　为规范境外金融机构投资入股中资金融机构的行为，优化中资金融机构资本结构，制定本办法。

第二条　境外金融机构向已依法设立的中资金融机构投资入股，适用本办法。

本办法所称的境外金融机构包括国际金融机构和外国金融机构，国际金融机构是指世界银行及其附属机构、其他政府间开发性金融机构及中国银行业监督管理委员会认可的其他国际金融机构；外国金融机构是指在外国注册成立的金融控股公司、商业银行、证券公司、保险公司、基金及中国银行业监督管理委员会认可的其他外国金融机构。

本办法所称的中资金融机构是指依法在中国境内设立的中资商业银行、城市信用社、农村信用社、信托投资公司、企业集团财务公司、金融租赁公司，以及中国银行业监督管理委员会批准设立的其他中资金融机构。

本办法所称的投资入股比例是指出资额或者所持股份占中资金融机构的实收资本总额或者股份总额的比例。

第三条　中国银行业监督管理委员会依法对境外金融机构投资入股中资金融机构的行为进行监督管理。

第四条　境外金融机构投资入股中资金融机构，应当经中国银行业监督管理委员会批准。

第五条　境外金融机构向中资金融机构投资入股，应当基于诚实信用并以中长期投资为目标。

第六条　境外金融机构投资入股中资金融机构应当用货币出资。

第七条　境外金融机构投资入股中资金融机构，应当具备下列条件：

（一）投资入股中资商业银行的，最近一年年末总资产原则上不少于100亿美元；投资入股中资城市信用社或农村信用社的，最近一年年末总资产原则上不少于10亿美元；投资入股中资非银行金融机构的，最近一年年末总资产原则上不少于10亿美元；

（二）中国银行业监督管理委员会认可的国际评级机构最近二年对其给出的长期信

用评级为良好；

（三）最近两个会计年度连续盈利；

（四）商业银行资本充足率不低于8%；非银行金融机构资本总额不低于加权风险资产总额的10%；

（五）内部控制制度健全；

（六）注册地金融机构监督管理制度完善；

（七）所在国（地区）经济状况良好；

（八）中国银行业监督管理委员会规定的其他审慎性条件。

中国银行业监督管理委员会根据金融业风险状况和监管需要，可以调整境外金融机构投资入股中资金融机构的资格条件。

第八条　单个境外金融机构向中资金融机构投资入股比例不得超过20%。

第九条　多个境外金融机构对非上市中资金融机构投资入股比例合计达到或超过25%的，对该非上市金融机构按照外资金融机构实施监督管理。

多个境外金融机构对上市中资金融机构投资入股比例合计达到或超过25%的，对该上市金融机构仍按照中资金融机构实施监督管理。

第十条　境外金融机构投资入股中资金融机构，由吸收投资的中资金融机构作为申请人，向中国银行业监督管理委员会提出申请：

（一）国有独资商业银行、股份制商业银行及中国银行业监督管理委员会直接监管的非银行金融机构吸收境外金融机构投资入股的，直接向中国银行业监督管理委员会申请批准；

（二）本条第一项规定以外的中资金融机构吸收境外金融机构投资入股的，向所在地中国银行业监督管理委员会省级派出机构提出申请，经审核后报中国银行业监督管理委员会批准。

第十一条　中资金融机构向中国银行业监督管理委员会提出吸收投资入股申请时，应提交下列文件：

（一）中资金融机构吸收投资入股的申请书；

（二）中资金融机构股东大会或董事会同意吸收投资的决议或上级主管部门的批准文件；

（三）境外金融机构股东大会或董事会同意向中资金融机构投资入股的决议；

（四）双方签定的意向性协议；

（五）境外金融机构最近三年的年报或经审计的资产负债表、利润表等财务报表；

（六）境外金融机构的资金来源、经营情况等资料；

（七）中国银行业监督管理委员会要求的其他相关资料。

投资人为外国金融机构的，中资金融机构还应当提交经中国银行业监督管理委员会认可的国际评级机构对该外国金融机构最近二年的评级报告和注册地金融监管当局的批准文件。

第十二条　中国银行业监督管理委员会自接到完整的申请文件之日起3个月内作出批准或不批准的决定；决定不批准的，应当书面通知申请人并说明理由。

第十三条　境外金融机构应当在收到中国银行业监督管理委员会的批准决定后60个工作日内将资金足额划入中资金融机构账户，并经中国银行业监督管理委员会认可的会计师事务所验证。

第十四条　中资金融机构因境外金融机构投资入股而变更注册资本或股权结构的，应当依照有关规定办理变更手续。

第十五条　中资金融机构违反本办法，擅自变更股东、调整股权结构的，由中国银行业监督管理委员会根据有关规定予以处罚。

第十六条　已向中资金融机构投资入股的境外金融机构增加持股比例的，适用本办法有关规定。

第十七条　香港、澳门和台湾地区的金融机构投资入股中资金融机构，适用本办法；国务院另有规定的，适用其规定。

第十八条　合格境外机构投资者购买上市中资金融机构流通股不适用本办法。

第十九条　投资入股汽车金融公司，依照《汽车金融公司管理办法》的相关规定执行。

第二十条　本办法由中国银行业监督管理委员会负责解释。

第二十一条　本办法自2003年12月31日起施行。本办法施行前颁布的有关文件与本办法规定不一致的，按照本办法执行。

汽车金融公司管理办法

中国银行业监督管理委员会令

2003年第4号

《汽车金融公司管理办法》已经国务院批准，现予以印发施行。

主席　刘明康

2003年10月3日

第一章　总则

第一条　为适应汽车金融服务业发展的需要，规范经营汽车金融业务的非银行金融机构的行为，依据有关法律、行政法规，制定本办法。

第二条　本办法所称汽车金融公司，是指经中国银行业监督管理委员会依据有关法律、行政法规和本办法规定批准设立的，为中国境内的汽车购买者及销售者提供贷款的非银行金融企业法人。

第三条　中国银行业监督管理委员会负责对汽车金融公司的监督管理。

第二章　机构的设立、变更与终止

第四条　设立汽车金融公司应当经中国银行业监督管理委员会批准。

未经中国银行业监督管理委员会批准，任何单位和个人不得擅自设立汽车金融公司或者变相从事汽车金融业务,不得在机构名称中擅自使用“汽车金融”、“汽车信贷”等表明从事汽车金融业务的字样。

第五条　出资设立汽车金融公司，出资人应具备下列条件：

（一）中国境内外依法设立的企业法人。

非金融机构，其最近一年的总资产不低于40亿元人民币或等值的自由兑换货币，年营业收入不低于20亿元人民币或等值的自由兑换货币；

非银行金融机构，其注册资本不低于3亿元人民币或等值的自由兑换货币。

（二）经营业绩良好，最近3年连续盈利。

（三）遵守注册所在地法律，无违法、犯罪行为。

（四）主要出资人须为汽车企业、非银行金融机构。

汽车企业是指生产或销售汽车整车的企业。

主要出资人是指出资数额最多且出资额不得低于拟设汽车金融公司全部股本30%的出资人。

（五）同一企业法人不得投资一个以上的汽车金融公司。

（六）中国银行业监督管理委员会规定的其他审慎性条件。

第六条 设立的汽车金融公司，应当具备下列条件:

（一）具有符合本办法要求的最低注册资本。

（二）具有符合《中华人民共和国公司法》等相关法律和本办法要求的章程。

（三）具有熟悉汽车融资及相关业务的高级管理人员。

（四）具有健全的组织机构、管理制度和风险控制制度。

（五）具有与业务经营相适应的营业场所、安全防范措施和其他设施。

（六）中国银行业监督管理委员会规定的其他条件。

第七条 汽车金融公司注册资本的最低限额为5亿元人民币或等值的自由兑换货币。注册资本为实缴货币资本。

中国银行业监督管理委员会根据汽车金融业务发展情况及审慎监管的需要，可以调整注册资本的最低限额，但不得少于前款规定的限额。

第八条 汽车金融公司的设立须经过筹建和开业两个阶段。申请人提交的申请筹建、申请开业的资料，应以中文书写为准。

第九条 申请筹建汽车金融公司，应由主要出资人作为申请人向中国银行业监督管理委员会提交下列资料:

（一）筹建申请书。其内容应包括拟设汽车金融公司名称、公司注册所在地、注册资本金，出资人及各自的出资额、业务范围等。

（二）设立汽车金融公司的可行性研究报告。其内容包括对拟设公司的市场前景分析、未来业务发展规划、组织管理架构和风险控制能力分析、公司开业后3年的资产负债规模和盈利预测等内容。

（三）拟设立汽车金融公司的章程（草案）。

（四）出资人基本情况，包括出资人名称、法定代表人、注册地址、营业执照复印件、经营情况等。

（五）出资人最近3年经法定机构审计的资产负债表、损益表和现金流量表。

（六）筹建负责人名单及简历。

（七）中国银行业监督管理委员会要求提交的其他文件。

申请人为外国非银行金融机构的，申请筹建时应提供其注册地金融监管当局出具的书面意见。申请人为非金融机构的，申请筹建时应提供评级机构对申请人最近1年的信用评级报告。

第十条 中国银行业监督管理委员会自收到完整的筹建申请资料之日起6个月内作出是否批准筹建的书面答复。

第十一条 申请人应当自接到中国银行业监督管理委员会批准筹建文件之日起6个月内完成筹建工作。有正当理由需要延长筹建期限的，应当在筹建期限届满前书面向中国银行业监督管理委员会提出申请，经批准可以延长3个月。

筹建期限届满或延长期限届满，申请人未提出开业申请的，原筹建批准决定自动失效。

筹建期内不得以汽车金融公司名义从事经营活动。

第十二条 申请人应当在筹建期限届满前或延长期限届满前，向中国银行业监督管理委员会提出开业申请，并提交下列文件、资料:

（一）筹建工作完成情况报告和申请开业报告。

（二）中国法定验资机构出具的验资证明、工商行政管理机关出具的对拟设机构名称的预核准登记书。

（三）汽车金融公司章程。

（四）拟任高级管理人员的名单、详细履历。

（五）股东名称及其出资额。

（六）拟办业务的规章制度及内部风险控制制度。

（七）有权部门出具的营业场所及其他与业务有关设施安全验收合格文件。

（八）中国银行业监督管理委员会要求的其他文件。

第十三条 中国银行业监督管理委员会自收到完整的开业申请文件、资料之日起3个月内作出核准开业或不核准开业的决定。决定核准开业的，书面通知申请人，颁发经营金融业务许可证，核准其业务范围。不予核准开业的，应书面通知申请人并说明理由。

申请人凭该许可证到工商行政管理部门办理注册登记，领取《企业法人营业执照》后方可营业。

汽车金融公司自领取营业执照之日起，无正当理由3个月不开业或开业后自行停业连续6个月的，由中国银行业监督管理委员会收回其许可证，并予以公告。

第十四条 汽车金融公司不得设立分支机构。

第十五条 中国银行业监督管理委员会对汽车金融公司高级管理人员实行任职资格核准或备案制度。

汽车金融公司董事长、总经理及副总经理、董事和财务总监等的任职资格应当报经中国银行业监督管理委员会审查核准。有关高级管理人员的任职资格及其核准或备案程序另行规定。

第十六条 汽车金融公司有下列变更事项之一的，应报经中国银行业监督管理委员会批准:

（一）变更公司名称。

（二）变更注册资本。

（三）变更营业场所。

（四）调整业务范围。

（五）改变组织形式。

（六）调整股权结构。

（七）修改章程。

（八）更换高级管理人员。

（九）合并或分立。

（十）中国银行业监督管理委员会规定的其他变更事项。

第十七条　汽车金融公司因解散、依法被撤销或被宣告破产而终止的，其清算事宜，按照有关法律法规的规定办理。

第三章　业务范围和监督管理

第十八条　经批准，汽车金融公司可从事下列部分或全部人民币业务：

（一）接受境内股东单位3个月以上期限的存款。

（二）提供购车贷款业务。

（三）办理汽车经销商采购车辆贷款和营运设备贷款（包括展示厅建设贷款和零配件贷款以及维修设备贷款等）。

（四）转让和出售汽车贷款应收款业务。

（五）向金融机构借款。

（六）为贷款购车提供担保。

（七）与购车融资活动相关的代理业务。

（八）经中国银行业监督管理委员会批准的其他信贷业务。

第十九条　汽车金融公司向自然人发放购车贷款应符合有关监管部门关于个人汽车贷款管理的规定；向法人或其他组织发放汽车贷款应遵守《贷款通则》等有关规定的要求。

第二十条　未经有关监管部门批准，汽车金融公司不得擅自发行债券、向境外借款。汽车金融公司设立和开展业务中涉及汇兑管理、利润汇出、向非居民发放汽车消费贷款、资本金管理等外汇管理事项的，由有关监管部门会同国家外汇管理部门作出相关规定。

第二十一条　汽车金融公司应实行资本总额与风险资产比例控制管理。汽车金融公司资本充足率不得低于10%，中国银行业监督管理委员会视汽车金融公司风险状况和风险管理能力，可提高单个公司资本充足率的最低标准。有关其他各类资产风险控制与管理的具体要求，由中国银行业监督管理委员会另行规定。

第二十二条　汽车金融公司应当执行相关的金融企业财务会计制度。

第二十三条　汽车金融公司应按规定编制并向中国银行业监督管理委员会报送资产负债表、损益表、现金流量表及中国银行业监督管理委员会要求的其他报表，并于每年会计年度终了后的3个月内报送上一年度的财务会计报告。

汽车金融公司不得提供虚假或隐瞒重要事实的财务会计报告。

第二十四条　汽车金融公司应参照中国人民银行制定的《商业银行内部控制指引》的要求，建立、健全各项业务管理制度与内部控制制度，并在该制度施行前报告中国银行业监督管理委员会。

第二十五条　汽车金融公司应自觉接受中国银行业监督管理委员会对其实施的现场检查及非现场检查。

第二十六条　中国银行业监督管理委员会根据日常监管中发现的问题，可以向汽车金融公司的法定代表人和其他高级管理人员提出质询，并责令该公司限期改正。

第二十七条　汽车金融公司应建立定期外部审计制度。应在每个会计年度结束后的6个月内，将经法定代表人签名确认的年度审计报告报送中国银行业监督管理委员会。

第二十八条　汽车金融公司出现支付困难等紧急情况时，应采取紧急自救措施，并立即向中国银行业监督管理委员会报告。

第二十九条　汽车金融公司出现下列情况之一的，中国银行业监督管理委员会可视情况责令其进行整顿：

（一）当年亏损超过注册资本的50%或连续3年累计亏损超过注册资本的30%。

（二）出现支付困难。

（三）有其他重大经营风险，中国银行业监督管理委员会认为应当整顿的情况。

第三十条　中国银行业监督管理委员会责令汽车金融公司整顿后，可对汽车金融公司采取下列措施：

（一）要求更换或禁止更换汽车金融公司高级管理人员。

（二）暂停其部分业务或禁止其开办新业务。

（三）要求在规定期限内增加资本金。

（四）责令汽车金融公司进行改变股权结构等形式的重组。

（五）禁止分红。

（六）中国银行业监督管理委员会认为必要的其他措施。

第三十一条　汽车金融公司经过整顿，符合下列条件的，报经中国银行业监督管理委员会批准后方可结束整顿：

（一）支付能力得到恢复。

（二）亏损得到弥补。

（三）重大经营风险得到化解。

第三十二条　汽车金融公司整顿时间最长不超过1年，逾期未实现整顿目标的，依法予以市场退出。

第三十三条　汽车金融公司可成立行业性自律组织，实行自律管理。自律组织开展活动，应当接受中国银行业监督管理委员会的指导和监督。

第四章　法律责任

第三十四条　未经中国银行业监督管理委员会批准，擅自设立汽车金融公司或者非法从事汽车金融业务的，由中国银行业监督管理委员会依法予以取缔；构成犯罪的，依法追究刑事责任；尚不构成犯罪的，由中国银行业监督管理委员会没收非法所得，并处非法所得1倍以上5倍以下的罚款；没有非法所得的，由中国银行业监督管理委员会责令改正，并处10万元以上50万元以下的罚款。

第三十五条　未经中国银行业监督管理委员会批准，擅自在机构名称中使用“汽车金融”、“汽车信贷”等表明从事汽车金融业务字样的，由中国银行业监督管理委员会责令其改正，并处1 000元罚款。

第三十六条　汽车金融公司超出中国银行业监督管理委员会批准的业务范围从事金融业务活动的，给予警告，没收违法所得，并处违法所得1倍以上5倍以下的罚款；没有违法所得的，处10万元以上50万元以下的罚款；构成非法经营罪或者其他罪的，依法追究刑事责任。

第三十七条　汽车金融公司违反本办法有关规定，提供虚假或者隐瞒重要事实的财务会计报告的，由中国银行业监督管理委员会予以警告，并处10万元以上50万元以下的罚款；构成提供虚假财会报告罪或者其他罪的，依法追究刑事责任。

第三十八条　汽车金融公司违反本办法有关规定，拒绝、阻碍依法监督检查的，由中国银行业监督管理委员会给予警告，并处1万元以上3万元以下的罚款。

第三十九条　汽车金融公司违反本办法规定，除依据本章第三十四条至第三十八条的有关规定给予处罚外，情节严重的，中国银行业监督管理委员会可以取消该公司高级管理人员1至10年直至终身的金融机构高级管理人员任职资格。

第四十条　汽车金融公司违反我国其他法律、法规的，由有关主管机关依法处理。

第五章　附则

第四十一条　香港特别行政区、澳门特别行政区和台湾地区投资者在内地设立汽车金融公司，适用本办法。

第四十二条　本办法自2003年10月3日起施行，并由中国银行业监督管理委员会负责解释。

电影制片、发行、放映经营资格准入暂行规定

国家广播电影电视总局令

第20号

《电影制片、发行、放映经营资格准入暂行规定》经2003年9月28日局务会议通过，现予发布，自2003年12月1日起施行。

局长　徐光春

2003年10月29日

第一条　为了充分调动社会力量加快发展电影产业，培育市场主体，规范市场准入，增强电影业的整体实力和竞争力，促进社会主义电影业繁荣，满足广大人民群众的精神文化生活需求，制定本规定。

第二条　本规定适用于境内国有、非国有企业经营电影制作、发行、放映业务及外资公司参与经营电影制作、放映业务的资格准入管理。

第三条　鼓励境内国有、非国有单位（不含外资）与现有国有电影制片单位合资、合作成立电影制片公司或单独成立制片公司；允许外资参股与境内现有国有电影制片单位合资、合作成立电影制片公司。

（一）成立合资、合作（不含外资）电影制片公司的申报条件：

1. 注册资本不少于100万元人民币；

2. 须提交申请书、合同、章程、工商行政管理部门颁发的合作各方营业执照复印件。

（二）成立中外合资、合作电影制片公司的申报条件：

1. 注册资本不少于500万元人民币；

2. 外资在注册资本中的比例不超过49%；

3. 须提交申请书、合同、章程、工商行政管理部门颁发的合作各方营业执照复印件（外方可提供会计师事务所出具的财务状况证明材料）。

（三）未取得《摄制电影许可证》的境内国有、非国有影视文化单位（不含外资）单独成立电影制片公司的申报条件：

1. 首次拍摄影片时须申请领取《摄制电影许可证（单片）》；申请时须向广电总局提交工商行政部门颁发的营业执照复印件、本单位的资金证明、拟摄制电影的剧情梗概等材料；领取《摄制电影许可证（单片）》后，到所在地工商行政管理部门办理相关手续；

2. 以《摄制电影许可证（单片）》的形式投资拍摄了两部（含两部）以上电影片；

3. 注册资本不少于100万元人民币；

4. 须提交申请书、工商行政管理部门颁发的营业执照复印件、投资摄制的两部《摄

制电影许可证（单片）》、《电影片公映许可证》等相关材料。

（四）符合上述（一）、（二）、（三）项条件的，由广电总局颁发《摄制电影许可证》。

申请人持广电总局的批准文件和《摄制电影许可证》到所在地工商行政管理部门办理相关手续。

第四条　按照本办法第三条规定取得《摄制电影许可证》的电影制片公司，依《电影管理条例》享有与现有国有电影制片单位同等的权利和义务。

第五条　鼓励国有、非国有单位（不含外资）控股或单独成立电影技术公司，改造电影制片、放映基础设施和技术设备；允许外资公司参股经营此项业务，外资公司在经批准的省市可以控股经营此项业务。申报条件：

（一）注册资本不少于500万元人民币；

（二）须提交申请书、合同、章程、工商行政管理部门颁发的合作各方营业执照复印件。

（三）符合上述条件的，由广电总局核准后，申请人持广电总局的核准文件到国家有关部门办理相关审批手续。

第六条　从事第三条、第五条规定的涉外业务的，还应按照国家有关法律、法规办理相关手续。

第七条　鼓励国有、非国有影视文化单位成立专营国产影片发行公司。申报条件及程序如下：

（一）注册资本不少于50万元人民币；

（二）受电影出品单位委托代理发行过两部电影片或受电视剧出品单位委托发行过两部电视剧；

（三）须提交申请书、工商行政管理部门颁发的营业执照复印件、已代理发行影视片的委托证明等材料。

（四）符合上述条件，向广电总局申请成立专营国产影片发行公司的，由广电总局颁发向全国发行国产影片的《电影发行经营许可证》；向当地省级电影行政部门申请成立专营国产影片发行公司的，由当地省级电影行政部门颁发本省的专营国产影片《电影发行经营许可证》。申请人持国产影片《电影发行经营许可证》到所在地工商行政管理部门办理相关手续。

第八条　依照本办法第七条规定取得专营国产影片《电影发行经营许可证》的公司，依《电影管理条例》享有与现有省级电影发行公司同等的权利和义务。

第九条　广电总局按照《关于发行放映国产影片的年度考核办法》，对取得《电影发行经营许可证》的公司进行年度考核。

第十条　允许电影院线公司以紧密型或松散型进行整合。鼓励以跨省院线为基础，按条条管理的原则重新整合。不允许按行政区域整体兼并院线。院线整合应当报广电总局审批。

（一）鼓励境内国有、非国有影视文化单位（外资除外）以参股、控股形式投资现有院线公司或单独组建院线公司。

1. 以参股（股份在49%以下）形式投资现有院线公司的，参股单位必须在三年内投资不少于3 000万元人民币，用于本院线中电影院的新建、改造；以控股形式投资现有院线公司的，控股单位必须在三年内投资不少于4 000万元人民币，用于本院线中电影院的新建、改造。

2. 单独组建省内或全国电影院线公司的，组建单位必须在三年内投资不少于5 000万元人民币用于本院线中电影院的新建、改造。

3. 组建院线公司应当按照广电总局关于成立电影院线的规定办理相关手续。组建省内院线公司的，由所在地省、自治区、直辖市人民政府电影行政部门审批，报广电总局备案；组建跨省院线公司的，由广电总局审批。

（二）鼓励国有、非国有单位及个人按照《电影管理条例》的规定在全国农村以多种方式经营电影发行、放映业务，在城市中的学校、社区以多种方式经营电影放映业务。

（三）鼓励国有、非国有单位及个人投资建设、改造电影院。经营电影放映业务，需报县级以上地方电影行政部门批准，到所在地工商行政管理部门办理相关手续。

第十一条　电影进口经营业务由广电总局批准的电影进口经营企业专营。进口影片全国发行业务由广电总局批准的具有进口影片全国发行权的发行公司发行。

第十二条　鼓励影片摄制单位多渠道出口取得《电影片公映许可证》的国产影片。鼓励电影制片单位参加国外电影节（展），参展影片应当取得《电影片公映许可证》，并应事先报广电总局备案。

在境内举办中外电影展、国际电影节（展），应当报广电总局批准。

第十三条　广电总局颁发的《摄制电影许可证》、《电影发行经营许可证》实行隔年检验制度。地方电影行政管理部门按照其管理权限，对其颁发的《电影发行经营许可证》、《电影放映经营许可证》实行年检制度。

第十四条　本办法未作规定的，按照《电影管理条例》及有关规定执行。

第十五条　本规定自2003年12月1日起施行。

中外合作摄制电影片管理规定

国家广播电影电视总局令

第19号

《中外合作摄制电影片管理规定》经2003年9月28日局务会议通过，现予发布，自2003年12月1日起施行。

局长　徐光春

2003年10月8日

第一条　为繁荣电影创作生产，维护中外合作摄制电影片的制片者及相关人员的合法权益，促进国际文化交流，根据《电影管理条例》，制定本规定。

第二条　本规定所称中外合作摄制电影，是指依法取得《摄制电影许可证》的境内电影制片者(以下简称中方)与境外电影制片者(以下简称外方)在中国境内外联合摄制、协作摄制、委托摄制电影片。

第三条　本规定适用于中外电影制片者在中国境内外合作摄制的故事、美术、科教、纪录、专题等电影片（含电视电影、数字电影）。

第四条　国家广播电影电视总局（以下简称广电总局）是管理中外合作摄制电影的行政主管部门。

第五条　中外合作摄制电影包括下列形式：

（一）联合摄制，即由中外双方共同投资(含资金、劳务或实物)、共同摄制、共同分享利益及共同承担风险的摄制形式。

（二）协作摄制，即外方出资，在中国境内拍摄，中方有偿提供设备、器材、场地、劳务等予以协助的摄制形式。

（三）委托摄制，即外方委托中方在中国境内代为摄制的摄制形式。

第六条　中外合作摄制电影应当遵循以下原则：

（一）符合中国宪法、法律、法规及有关规定；

（二）尊重中国各民族的风俗、宗教、信仰和生活习惯；

（三）有利于弘扬中华民族的优秀传统文化；

（四）有利于中国的经济建设、文化建设和社会安定；

（五）有利于中外文化交流；

（六）不得损害第三国的利益。

第七条　国家对中外合作摄制电影实行许可制度。

未取得《中外合作摄制电影片许可证》或批准文件的境内外组织或个人不得在中国境内合作或独立摄制电影片。

第八条 广电总局指定中国电影合作制片公司为从事中外合作摄制电影管理、协调、服务的专门机构。承办中外合作摄制电影的立项申请、提出影片初审意见等有关事项。

第九条 中外合作摄制电影的立项申请程序：

（一）中外双方将拟合作摄制电影的中文(规范汉字)剧本及相关文件提交中国电影合作制片公司；

（二）中国电影合作制片公司自收到该电影剧本和相关材料之日起10日内，提出初审意见，并将初审意见、中外制片者的立项申请、合作意向书及外方资信、主创人员情况等相关材料报送广电总局；

（三）广电总局自收到初审意见、立项申请及相关材料之日起10日内作出立项决定；

（四）符合联合摄制条件的，由广电总局颁发一次性的《中外合作摄制电影片许可证》；符合协作摄制或委托摄制条件的，由广电总局签发批准文件；

（五）取得许可证或批准文件后，中外双方应根据批准立项的内容签订合作合同。

第十条 《中外合作摄制电影片许可证》有效期为两年。

第十一条 联合摄制中需聘用境外主创人员的，应当报广电总局批准。

第十二条 联合摄制的电影片，应当制作普通话语言版本，其字幕须使用规范汉字。根据影片发行的需要，允许以普通话版本为标准，制作相应国家、地区、少数民族的语言文字版本。

第十三条 中外合作摄制完成的电影片，经省级广播影视行政部门及中国电影合作制片公司提出初审意见后，报广电总局电影审查机构审查。

第十四条 联合摄制的电影片，经审查合格，取得广电总局颁发的《电影片公映许可证》后，方可在中国境内或境外发行公映。

协作摄制、委托摄制的电影片，经审查合格的，可持广电总局的批准文件办理出境手续。

第十五条 中外双方对已经取得《电影片公映许可证》的电影片，如需更改，应当报广电总局审批。

第十六条 中外合作摄制的电影底片、样片的冲印及后期制作，应在中国境内完成。因特殊需要在境外完成的，应报广电总局批准。

剪余的底样片素材暂由中方保存，影片在境外公映半年之后方可出境。

第十七条 外方应通过中方合作者或中国电影合作制片公司在中国内地聘用电影创作及劳务人员，并依据中国法律、法规与应聘者签订合同。

第十八条 对违反本规定的行为，依据《电影管理条例》的有关规定处罚。

第十九条 本规定适用于香港、澳门特别行政区及台湾地区的电影制片者在境内合作摄制电影。

第二十条 本规定自2003年12月1日起施行。1994年7月5日原广播电影电视部公布的《关于中外合作摄制电影的管理规定》同时废止。

外商投资电影院暂行规定

国家广播电影电视总局令

第21号

《外商投资电影院暂行规定》经2003年9月28日国家广播电影电视总局局务会议通过，并经中华人民共和国商务部、文化部同意，现予发布，自2004年1月1日起施行。

国家广播电影电视总局局长　徐光春

中华人民共和国商务部部长　吕福源

中华人民共和国文化部部长　孙家正

2003年11月25日

第一条　为适应改革开放的需要，吸收境外资金、引进先进技术和设备，促进我国电影业的繁荣发展，根据《中华人民共和国中外合资经营企业法》、《中华人民共和国中外合作经营企业法》、《电影管理条例》等有关法律、法规，制定本规定。

第二条　本规定适用于外国的公司、企业和其他经济组织或个人（以下简称合营外方）按照平等互利的原则，经中国政府批准，同中国境内的公司、企业（以下简称合营中方）设立中外合资、合作企业，新建、改造电影院，从事电影放映业务。

第三条　外商不得设立独资电影院，不得组建电影院线公司。

第四条　外商投资电影院应当符合以下条件：

（一）符合当地文化设施的布局与规划；

（二）注册资本不少于600万元人民币；

（三）有固定的营业（放映）场所；

（四）中外合资电影院，合营中方在注册资本中的投资比例不得低于51%；对全国试点城市：北京、上海、广州、成都、西安、武汉、南京市中外合资电影院，合营外方在注册资本中的投资比例最高不得超过75%；

（五）合资、合作期限不超过30年；

（六）符合中国有关法律、法规及有关规定。

第五条　合营中方若以国有资产（现金投资除外）参与投资，应按国有资产管理的有关规定履行相关手续。

第六条　设立外商投资电影院依下列程序报批：

（一）合营中方须向所在地省级商务行政部门提出申请，提交以下材料：

1. 设立外商投资电影院项目申请书；

2. 合营中方的法人资格证明材料、影院土地使用权的有关材料、银行资信证明；

3. 合营外方的资格证明材料、银行资信证明、会计师事务所出具的财务状况证明材料；

4. 工商行政部门出具的外商投资电影院名称预核准通知书；

5. 可行性研究报告、合同、章程；

6. 法律、法规和审批机构要求提供的其他材料。

（二）所在地省级商务行政部门在征得省级电影行政部门同意后，依照国家有关外商投资的法律、法规进行审批，报商务部、国家广播电影电视总局、文化部备案。对批准设立的外商投资企业颁发《外商投资企业批准证书》。

（三）获批准设立的外商投资电影院，应自收到《外商投资企业批准证书》之日起一个月内，持《外商投资企业批准证书》到省级工商行政部门办理注册登记手续。

（四）外商投资电影院完成建设、改造任务后，经有关部门验收合格，持《外商投资企业批准证书》、《营业执照》向省级电影行政部门申领《电影放映经营许可证》，方可从事电影放映业务。

第七条　已设立的外商投资电影院变更股权及投资额时，应按本规定第六条的程序办理。

第八条　外商投资电影院必须遵守国家有关法律、法规，依照《电影管理条例》从事经营活动，接受中国政府有关部门的监督和管理，放映的影片必须持有国家广播电影电视总局颁发的《电影片公映许可证》，不准放映走私、盗版电影，不得从事营业性的录像、VCD、DVD的放映。

第九条　外商投资电影院附属从事其他娱乐服务业务要符合国家有关规定。

第十条　香港特别行政区、澳门特别行政区和台湾地区的投资者在内地设立从事电影放映业务的企业参照本规定办理。

第十一条　本规定及其附件自2004年1月1日起施行。本规定及附件施行之日，2000年10月25日国家广播电影电视总局、对外贸易经济合作部和文化部发布的《外商投资电影院暂行规定》同时废止。

附件：

为了促进香港、澳门与内地建立更紧密经贸关系，鼓励香港、澳门服务提供者在内地设立从事电影放映业务的企业，根据国务院批准的《内地与香港关于建立更紧密经贸关系的安排》和《内地与澳门关于建立更紧密经贸关系的安排》，现对《外商投资电影院暂行规定》中有关香港和澳门服务提供者投资电影院问题作出如下特别规定：

一、自2004年1月1日起，允许香港、澳门服务提供者在内地以合资、合作的形式建设、改造及经营电影院。允许香港、澳门服务提供者拥有多数股权，但不得超过75%。

二、香港、澳门服务提供者在内地投资电影院的其他规定，仍按《外商投资电影院暂行规定》执行。

中外合资人才中介机构管理暂行规定

中华人民共和国人事部、中华人民共和国商务部、中华人民共和国
国家工商行政管理总局 令
第2号

《中外合资人才中介机构管理暂行规定》已经人事部部务会议、商务部部务会议、国家工商行政管理总局局务会议审议通过，现予公布，自2003年11月1日起施行。

人事部部长 张柏林
商务部部长 吕福源
国家工商行政管理总局局长 王众孚
2003年9月4日

第一章 总则

第一条 为了加强对中外合资人才中介机构的管理，维护人才市场秩序，促进人才市场发展，根据《中华人民共和国中外合资经营企业法》及其他有关法律、法规，制定本规定。

第二条 本规定所称中外合资人才中介机构，是指外国开展人才中介服务的公司、企业和其他经济组织与中国开展人才中介服务的公司、企业和其他经济组织，在中国境内依法合资成立的人才中介机构。

第三条 开展人才中介服务的外国公司、企业和其他经济组织在中国境内从事人才中介服务活动，必须与中国开展人才中介服务的公司、企业和其他经济组织合资经营，设立专门的人才中介机构。

不得设立外商独资人才中介机构。

外国企业常驻中国代表机构和在中国成立的商会等组织不得在中国境内从事人才中介服务。

第四条 中外合资人才中介机构必须遵守中华人民共和国法律、法规，不得损害中华人民共和国的社会公共利益和国家安全。

中外合资人才中介机构的正当经营活动和合法权益，受中华人民共和国法律保护。

第五条 省、自治区、直辖市人民政府人事行政部门、商务部门和工商行政管理部门依法按照职责分工负责本行政区域内中外合资人才中介机构的审批、登记、管理和监督工作。

第二章　设立与登记

第六条　申请设立中外合资人才中介机构，必须符合下列条件：

（一）申请设立中外合资人才中介机构的中方投资者应当是成立3年以上的人才中介机构，外方出资者也应当是从事3年以上人才中介服务的外国公司、企业和其他经济组织，合资各方具有良好的信誉；

（二）有健全的组织机构；有熟悉人力资源管理业务的人员，其中必须有5名以上具有大专以上学历并取得人才中介服务资格证书的专职人员；

（三）有与其申请的业务相适应的固定场所、资金和办公设施，注册资本金不少于30万美元，其中外方合资者的出资比例不得低于25%，中方合资者的出资比例不得低于51%；

（四）有健全可行的机构章程、管理制度、工作规则，有明确的业务范围；

（五）能够独立享有民事权利，承担民事责任；

（六）法律、法规规定的其他条件。

第七条　申请设立中外合资人才中介机构，应当由拟设立机构所在地的省、自治区、直辖市人民政府人事行政部门审批，并报国务院人事行政部门备案。

第八条　申请设立中外合资人才中介机构，应向省、自治区、直辖市人民政府人事行政部门提供下列材料：

（一）书面申请及可行性报告；

（二）合资各方签订的协议与章程；

（三）合资各方开展人才中介服务3年以上的资质证明；

（四）工商行政管理部门核发的《企业名称预先核准通知书》；

（五）法律、法规和省、自治区、直辖市人民政府人事行政部门要求提供的其他材料。

上述所列的申请材料凡是用外文书写的，应当附有中文译本。

第九条　省、自治区、直辖市人民政府人事行政部门在接到设立中外合资人才中介机构的申请后，应当在30个工作日内审核完毕。审批同意的，颁发《人才中介服务许可证》（以下简称许可证），并向国务院人事行政部门备案；不同意的，应该书面通知申请人并说明理由。

第十条　申请者自获得许可证之日起30日内，依法向商务部门办理批准手续。自批准证书签发之日起30日内，依法向工商行政管理部门申请办理登记手续。

第三章　经营范围与管理

第十一条　省、自治区、直辖市人民政府人事行政部门根据中外合资人才中介机构的资金、人员和管理水平情况，在下列业务范围内，核准其开展一项或多项业务：

（一）人才供求信息的收集、整理、储存、发布和咨询服务；

（二）人才推荐；

（三）人才招聘；

（四）人才测评；

（五）中国境内的人才培训；

（六）法规、规章规定的其他有关业务。

第十二条　中外合资人才中介机构必须遵循自愿、公平、诚信的原则，遵守行业道德，在核准的业务范围内开展活动，不得采用不正当竞争手段。

第十三条　中外合资人才中介机构招聘人才出境，应当按照中国政府有关规定办理手续。其中，不得招聘下列人才出境：

（一）正在承担国家、省级重点工程、科研项目的技术和管理人员，未经单位或主管部门同意的；

（二）在职国家公务员；

（三）由国家统一派出而又未满轮换年限的支援西部开发的人员；

（四）在岗的涉密人员和离岗脱密期未满的涉密人员；

（五）有违法嫌疑正在依法接受审查尚未结案的人员；

（六）法律、法规规定暂时不能流动的其他特殊岗位的人员或者需经批准方可出境的人员。

第十四条　中外合资人才中介机构设立分支机构，增加或者减少注册资本、股份转让、股东变更，必须经原审批机关批准，并依法到工商行政管理部门办理变更登记。

中外合资人才中介机构变更机构名称、法定代表人和经营场所，经工商登记机关变更登记后，应在30日内，向原审批机关办理相关事项变更备案，换领有关批准文件。

第十五条　国务院人事行政部门和省、自治区、直辖市人民政府人事行政部门依法指导、检查和监督中外合资人才中介机构的日常管理和业务开展情况。

省、自治区、直辖市人民政府人事行政部门对中外合资人才中介机构实行许可证年检制度。年检办法由省、自治区、直辖市人民政府人事行政部门制定。省、自治区、直辖市人民政府人事行政部门应当将中外合资人才中介机构年检结果报国务院人事行政部门。

第四章　罚则

第十六条　中外合资人才中介机构不按照规定接受许可证年检的，提供虚假信息或者采取其他手段欺骗用人单位和应聘人员的，省、自治区、直辖市人民政府人事行政部门会同工商行政管理部门，视其情节轻重，给予警告，并可处以10 000元人民币以下罚款；情节严重，有违法所得的，处以不超过违法所得3倍的罚款，但最高不得超过30 000元人民币。

第十七条　违反本规定，未经批准擅自设立中外合资人才中介机构的，超出核准登记的经营范围从事经营活动的，按照《公司登记管理条例》、《无照经营查处取缔办法》和有关规定进行处罚。采用不正当竞争行为的，按照《反不正当竞争法》有关规定进行处罚。

第十八条　政府部门工作人员在审批和管理中外合资人才中介机构工作中，玩忽职守、徇私舞弊，侵犯单位、个人和合资各方合法权益的，按照管理权限，由有关部门给予行政处分；构成犯罪的，依法追究刑事责任。

第五章　附则

第十九条　香港特别行政区、澳门特别行政区的公司、企业和其他经济组织在内地设立合资人才中介机构以及台湾地区的公司、企业和其他经济组织在大陆设立合资人才中介机构的，参照本规定执行。

第二十条　中外合资人才中介机构在中国境内从事涉及外籍人员业务活动的，按照有关规定执行。

第二十一条　本规定由人事部、商务部、国家工商行政管理总局负责解释。

第二十二条　本规定自2003年11月1日起施行。

卫生部关于修改《外国医师来华短期行医暂行管理办法》第十八条的通知

卫医发[2003]331号

各省、自治区、直辖市卫生厅局，新疆生产建设兵团卫生局：

为落实《内地与香港关于建立更紧密经贸关系的安排》和《内地与澳门关于建立更紧密经贸关系的安排》，经研究，决定对《外国医师来华短期行医暂行管理办法》（1992年卫生部令第24号）第十八条进行修改。

第十八条修改为："香港、澳门、台湾的医师或医疗团体参照本办法执行"。

具有香港或澳门合法行医权的香港或澳门永久性居民在内地短期行医注册的有效期不超过3年。注册期满需要延期的，可以重新办理短期行医注册手续。

卫生部

2003年11月28日

民政部关于对中外合作办学机构登记有关问题的通知

各省、自治区、直辖市民政厅（局），计划单列市民政局，新疆生产建设兵团民政局：

国务院颁布的《中华人民共和国中外合作办学条例》（以下简称《条例》）已于今年9月1日起实施。为了规范中外合作办学机构的登记管理，现将有关事项通知如下：

一、中外合作办学机构取得中外合作办学许可证后申请民办非企业单位登记的，根据《条例》第二十条规定，依照《民办非企业单位登记管理暂行条例》第十二条规定，办理民办非企业单位登记。

二、中外合作办学机构申请民办非企业单位登记，由颁发中外合作办学许可证的政府教育行政部门、劳动行政部门的同级政府民政部门办理。省、自治区、直辖市人民政府审批、颁发中外合作办学许可证的，由省、自治区、直辖市人民政府民政部门办理。

三、中外合作办学机构申请民办非企业单位登记，对外方投入的资金、实物、知识产权及其他财产均可界定为非国有资产。开办资金中的非国有资产份额不得低于总资产的三分之二。

四、中外合作办学机构申请民办非企业单位登记，使用《民办非企业单位（法人）登记证书》；根据《条例》规定，成立不具备法人资格的中外合作办学机构，使用《民办非企业单位（合伙）登记证书》。

五、香港特别行政区、澳门特别行政区和台湾地区的教育机构与内地教育机构合作办学的，参照上述规定执行。

中外合作办学机构申请民办非企业单位登记，政策性强，难度较大，必须切实加强领导。在工作中，遇到新的情况和问题，要及时报部民间组织管理局，以便研究解决。

民政部

2003年12月12日

财政部、商务部关于印发《对外承包工程保函风险专项资金管理暂行办法》补充规定的通知

财企[2003]137号

各省、自治区、直辖市、计划单列市财政厅（局）、外经贸委（厅、局），新疆生产建设兵团财务局，各中央直管企业：

财政部、原外经贸部联合制定的《对外承包工程保函风险专项资金管理暂行办法》（财企[2001]625号，以下简称办法）颁发以来，对实施“走出去”发展战略，促进我国对外承包工程发展，提高企业的国际竞争力起到了积极的作用。根据业务发展需要，现做如下补充规定：

一、扩大保函风险资金的支出范围

办法第三条第（一）款调整为：为符合条件的项目开具的投标保函、履约保函和预付款保函提供担保。

二、放宽申请使用保函风险资金的企业条件

办法第六条第（二）款调整为：资产总额在8 000万元人民币以上（含8 000万元人民币），所有者权益在1 500万元人民币以上（含1 500万人民币），连续两年赢利。

三、增加企业使用保函风险资金开立保函的额度

办法第十二条调整为：同一企业累计开立保函余额为3 000万美元。对承接发展前景良好，确有经济效益的特大型对外工程项目的企业不得超过4 000万美元。

特此通知。

中华人民共和国财政部

中华人民共和国商务部

2003年3月31日

关于做好在中国境内承包工程的外国企业资质管理有关工作的通知

建市[2003]193号

各省、自治区建设厅，直辖市建委，山东、江苏省建管局，国务院有关部门建设司，总后营房部工程局：

《外商投资建筑业企业管理规定》（建设部、对外贸易经济合作部令第113号）第26条规定："自2003年10月1日起，1994年建设部颁发的《在中国境内承包工程的外国企业资质管理暂行办法》（建设部令第32号）废止"。同时根据《外商投资建筑业企业管理规定》，自2003年10月1日以后，外国企业必须在取得建筑业企业资质证书后方可在中国境内承包工程。由于今年上半年突发"非典"疫情，使外商投资建筑业企业的设立和资质申报工作受到影响，为使在中国境内开展工程承包活动的外国企业顺利完成企业设立及建筑业企业资质的申报工作，现将有关工作通知如下：

一、2003年10月1日前，根据建设部令第32号已经取得《外国企业承包工程资质证》，且未取得《外商投资建筑业企业资质证书》的外国企业，在2004年4月1日之前可依据其签定的工程承包合同申请资质延期或扩大工程承包地域。

符合上款规定条件的外国企业，在2004年4月1日之前申请资质延期或扩大工程承包地域，经各省、自治区、直辖市建设行政主管部门初审同意后，由建设部统一办理。

二、根据建设部、对外贸易经济合作部令第113号以及建筑业企业资质管理的有关规定，已经取得《外商投资建筑业企业资质证书》的企业中的外国投资者，不得继续以外国企业身份持《外国企业承包工程资质证书》在中国境内承包工程。各省、自治区、直辖市建设行政主管部门在颁发《外商投资建筑业企业资质证书》时，应同时收回《外国企业承包工程资质证》。

三、请各省、自治区、直辖市建设行政主管部门按照上述规定，切实加强对外国企业资质申报的管理工作，同时做好《在中国境内承包工程的外国企业资质管理暂行办法》（建设部令第32号）执行情况的汇总工作（具体要求见附件），并于2004年4月1日以前，将《在中国境内承包工程的外国企业情况汇总表》报送我部建筑市场管理司。

四、香港特别行政区、澳门特别行政区和台湾地区企业参照本通知执行。

附：《在中国境内承包工程的外国企业情况汇总表》（略）

中华人民共和国建设部

2003年9月28日

国家外汇管理局关于进一步深化境外投资外汇管理改革有关问题的通知

汇发[2003]120号

国家外汇管理局各省、自治区、直辖市分局、外汇管理部，深圳、大连、青岛、厦门、宁波市分局：

为推动“走出去”发展战略的深入贯彻实施，深化境外投资外汇管理改革试点工作，进一步完善境外投资外汇管理，现就有关问题通知如下：

一、经国家外汇管理局批准进行境外投资外汇管理改革试点地区的分局、外汇管理部（以下简称“试点分局”），可以直接出具中方外汇投资额不超过300万美元的境外投资项目外汇资金来源审查意见。报经国家外汇管理局批准，试点分局可授权辖内境外投资业务量较大的支局直接出具中方外汇投资额不超过100万美元的境外投资项目外汇资金来源审查意见。

非试点地区境外投资外汇资金来源审查权维持现状不变。

二、经试点分局核准，投资主体可以在所投资境外企业注册成立之前，按照实需原则向境外汇出项目前期资金。试点分局应当按照有关业务操作规程（见附件1），审核投资主体汇出项目前期资金的申请。

（一）项目前期资金包括筹建境外企业所需的开办费、为收购境外企业资产或股权所支付的履约保证金等。前期资金应当被纳入中方外汇投资总额之内进行管理，由投资主体依照项目实际情况使用。

（二）对于开办费项下的前期资金，投资主体应当直接支付给境外机构或个人，无须开立境外专用账户存放。投资主体应当持下列材料向所在地试点分局申请办理开办费项下的资金汇出手续：

1. 书面申请（包括支付事由、收款人名称、开户银行、账号、币别、支付金额、开办费使用清单等内容）；

2. 外汇局出具的境外投资外汇资金来源审查意见；

3. 项目审批部门关于该境外投资项目的批复和批准证书；

4. 境外有关机构出具的对确需支付开办费的证明材料；

5. 试点分局视情况要求的其他材料。

（三）对于履约保证金项下的前期资金，投资主体应当在境外开立专用账户存放，不得直接支付给境外的机构或个人。投资主体应当持下列材料向所在地试点分局申请开立境外专用账户和资金购付汇：

1. 书面申请（包括开户事由、拟开户银行、币别、金额、使用期限、用途说明等内容）；

2. 投资主体经工商管理部门年审合格的营业执照；

3. 境外专用账户开户地的账户管理有关规定；

4. 对拟收购资产或股权的情况说明、专业中介机构对拟收购资产或股权的评估报告、境外有关机构出具的确需缴纳履约保证金的证明等材料；

5. 试点分局视情况要求的其他材料。

境外专用账户应当以投资主体名义开立，并首选在境外中资银行开户，如有变更事项应当事先经试点分局核准。投资主体凭试点分局出具的境外开户核准件、境外开户证明材料及资金购付汇核准件办理履约保证金项下前期资金的购付汇手续。

（四）所投资境外企业成立后，剩余前期资金可直接划入该境外企业账户。需要划转的，投资主体应当在境外企业成立后7日内将剩余资金划入该境外企业账户（开立有境外专用账户的，应当同时关闭该境外专用账户），并在境外企业成立后20日内，将该笔前期资金的已使用情况、剩余资金划转情况及有关境外专用账户开立、关闭情况一并报原核准汇出资金的试点分局备案。

由于筹建失败、股权收购失败等原因使所投资境外企业未能成立的，投资主体应当在作出终止该项投资的决议后7日内将剩余前期资金全额调回境内（开立有境外专用账户的，应当同时关闭该境外专用账户），并在作出终止该项投资的决议后20日内，将该笔前期资金的已使用情况、剩余资金调回情况及有关境外专用账户关立、关闭情况一并报原核准汇出资金的试点分局备案。

三、投资主体从事境外投资，除按照《国家外汇管理局关于简化境外投资外汇资金来源审查有关问题的通知》（汇发[2003]43号）的规定提交相关材料以外，对于收购境外资产或股权的项目，另须向所在地外汇局提交拟收购资产或股权的说明文件、收购协议、中介机构对拟收购标的的评估报告等证明材料。对已设立境外企业增资的，另须向所在地外汇局提交项目主管部门关于设立境外企业的批复以及该境外企业设立时外汇局出具的资金来源审查意见、外汇资金汇出核准件、境外投资外汇登记证、境外企业注册登记证书和营业执照等合规性材料。

四、已在境外成立、但未按规定办理外汇登记手续的境外投资项目，投资主体应当在2004年5月31日之前，持以下材料向所在地外汇局申请补办境外投资外汇登记：

1. 书面申请（包括对项目历史概况和资金来源等的说明）；

2. 境外投资主管部门对项目的批复、批准证书或确认函；

3. 境外企业的注册登记证书、营业执照；

4. 境外企业的章程、合同；

5. 境外企业的董事会构成及人员名单；

6. 境外企业账户开立情况（包括开户银行及账号等内容）；

7. 境外企业上一年度的资产负债表；

8. 外汇局视情况要求的其他材料。

外汇局收到完整的上述材料并审核无误后，应当15个工作日内为投资主体办理境外投资外汇补登记，并颁发《境外投资外汇登记证》。对于提出了补登记申请、但不能提供前款所列第2项材料的境外投资项目，外汇局应当先将该境外投资项目的有关情况备案，待境外投资主管部门出具确认函后，再颁发《境外投资外汇登记证》。

五、各分局应当在每月的前10个工作日内，向国家外汇管理局资本项目管理司上报新的《境外投资外汇业务统计表》（见附件2），试点分局原报送的《境外投资试点统计汇总表》不再报送。

本通知自2003年11月1日起执行。执行中如有问题，请及时向总局资本项目管理司反映。

附件：

1. 境外投资前期资金汇出的操作规程（略）。

2. 境外投资外汇业务统计表（略）。

国家外汇管理局

2003年10月15日

财政部、商务部关于取消对外经济合作企业向外派劳务人员收取履约保证金的通知

财企[2003]278号

各省、自治区、直辖市、计划单列市财政厅(局)、外经贸委(厅、局)，各中央管理企业：

1997年，财政部、原外经贸部《关于印发〈对外经济合作企业外派人员工资管理办法的补充规定〉的通知》(财外字[1997]8号)中规定：”为保证外派劳务人员履行劳务合同，企业可以向外派劳务人员收取不超过劳务合同工资总额的20%的履约保证金。”该规定实施以来，对规范外派劳务人员的履约行为，加强对外劳务合作业务管理起到了较好的作用。

为适应业务发展需要，进一步规范对外劳务合作业务的经营秩序，切实减轻外派劳务人员的经济负担，经研究，财政部、商务部决定取消企业向外派劳务人员收取履约保证金的规定，改为由外派劳务人员投保“履约保证保险”。现将有关事项通知如下：

一、本通知所称对外经济合作企业（以下简称企业）是指经商务部核准取得对外经济合作经营资格的企业。

二、自本通知生效之日起，企业不得再向外派劳务人员收取履约保证金，也不得由此向外派劳务人员加收管理费及其他费用或要求外派劳务人员提供其他任何形式的担保、抵押。

三、为了化解经营风险，规范外派劳务人员履行双方之间签订的外派劳务合同或协议（以下简称合同或协议）约定的义务，企业可要求外派劳务人员投保“履约保证保险”。

四、对于在本通知生效之日前已经交纳了履约保证金的外派劳务人员，仍执行财外字[1997]8号文件的规定。企业应在合同或协议期满后，及时向外派劳务人员退还履约保证金本息；双方如就履约保证金的归属发生争议，首先应协商解决，协商未果的，应通过司法或仲裁手段解决。

五、财政部、商务部负责对企业执行本通知的情况进行监督检查，并根据有关规定，视其违规情节轻重给予相应处罚。

六、本通知自2004年1月1日起生效，财政部，原外经贸部《关于印发〈对外经济合作企业外派人员工资管理办法的补充规定〉的通知》（财外字[1997]8号）第十条同时废止。

特此通知。

中华人民共和国财政部
中华人民共和国商务部
2003年10月29日

商务部办公厅关于贯彻落实《财政部、商务部关于取消对外经济合作企业向外派劳务人员收取履约保证金的通知》的通知

商合字[2003]37号

各省、自治区、直辖市及计划单列市外经贸委（厅、局），商务厅（局），各有关中央管理的企业：

为进一步规范对外劳务合作经营秩序，切实减轻外派劳务人员的经济负担，本着“以管理促发展”的原则，财政部和商务部于近日联合发布了《财政部、商务部关于取消对外经济合作企业向外派劳务人员收取履约证金的通知》（财企[2003]278号，以下简称278号文），现就取消收取履约保证金后的有关工作通知如下：

一、对外经济合作企业（以下简称经营公司）应严格执行278号文的规定，进一步加强对外派劳务人员的管理，保护外派劳务人员的合法权益。

二、为了维护经营公司的正当权益，帮助经营公司化解经营风险，我部委托中国平安财产保险股份有限公司开发了“外派劳务人员履约保证保险”（以下简称“履约保证保险”），经营公司可以要求外派劳务人员购买履约保证保险，并向外派劳务人员进行说明。

三、经营公司在与外派劳务人员签订外派劳务合同（或协议）时，可以将要求外派劳务人员购买履约保证保险列为外派劳务合同（或协议）的必要条款。

四、我部将于近期召开各省级商务主管部门有关负责同志和部分经营公司参加的政策说明会（会议通知另发），对新政策进行专题说明，邀请保险公司详细介绍履约保证保险，同时，择机在报刊杂志及政府网站（www.mofcom.gov.cn）上对新政策及履约保证保险进行介绍和答疑。

五、政策执行过程中如有疑问，请及时与我部（合作司）联系。

特此通知。

商务部办公厅
2003年11月12日

在东南非洲地区开展纺织服装加工贸易类投资国别指导目录

商务部关于印发《在东南非洲地区开展纺织服装加工贸易类投资国别指导目录》的通知

商合函〔2003〕154号

各省、自治区、直辖市及计划单列市外经贸委（厅、局、商务厅），新疆建设兵团外经贸局，各中央管理的企业:

为贯彻落实《国务院办公厅转发外经贸部、国家经贸委、财政部关于鼓励企业开展境外带料加工装配业务意见的通知》（国办发[1999]17号）精神，引导企业在投资前期进行科学合理的国别地区选择和行业选择，促进我国境外加工贸易的发展，我部在征求我驻外经商机构及企业意见的基础上，制定了《在东南非洲地区开展纺织服装加工贸易类投资国别指导目录》（以下简称《目录》，见附件）。

东南非洲共有25个国家和地区，总人口2.8亿，年外贸总额超过1 000亿美元。由于大规模的私有化进程和经济结构调整，国际社会普遍认为该地区进入了一个相对稳定的发展时期。各国政府在降低关税、减免税收、放松外汇管制等方面采取了一系列有力措施，特别是对工业制成品进口征税较高，对散件进口征税较低的关税政策促进了加工贸易的发展。东南非洲国家与美国、欧盟签署了一系列优惠贸易安排，各国之间也签署了各种区域性贸易自由化协议，促进了经济的发展。2002年，我国同东南非洲地区之间的外贸总额为48亿美元，比2001年增长了24%，但只占该地区贸易总额的5%。截止到2002年年底，经批准我在该地区直接投资项目450个，中方投资额4.5亿美元。其中，纺织服装类加工贸易项目16个，中方投资额3 699万美元。

经过综合评估，《目录》推荐了在东南非洲地区开展纺织服装加工贸易的重点国别名单：肯尼亚、埃塞俄比亚、马达加斯加、莱索托、纳米比亚和博茨瓦纳。这6个国家基本具备政局稳定、文化包容、对华友好、市场比较规范的投资环境，都制定有吸引外资的政策法规。《目录》列举了这些政策的主要内容，并提供了查询详细内容的网址索引。现将《目录》印发给你们，供各地方及企业参考。《目录》是指导性的，企业在做出投资决策前还须根据项目具体情况进行更有针对性的可行性研究。

附件：在东南非洲地区开展纺织服装加工贸易类投资国别指导目录。

中华人民共和国商务部

2003年10月23日

一、肯尼亚

（一）投资环境简况

1. 外资政策：投资法规基本完善，有30多个法律法规保护外国投资者利益；《出口加工区法案》在减免企业所得税、利润汇回、免征进口关税、外汇管制、基础设施建设、办理手续等方面给予外资企业优惠待遇[(1)]。

2. 纺织业基础和劳动力市场：现有纺织服装厂100多家，大部分来自国外投资。劳动力资源丰富，素质较高，工人平均工资每小时0.65美元，有完善的劳动法规及规范的雇佣制度。

3. 双边合作[(2)]：两国已签投资保护协定，已建立双边经贸混委会机制。我在肯设有"中国投资开发贸易促进中心"。2002年，我对肯纺织服装出口6 566万美元，已批准设立一家中资纺织服装企业。

4. 加入区域组织和优惠贸易安排情况：世界贸易组织、美国《非洲增长与机遇法案》[(3)]、欧盟《科托努协定》[(4)]、东南非洲共同市场[(5)]、东部非洲共同体[(6)]。

（二）推荐投资行业

1. 纺织业：利用当地棉花、羊毛、西沙尔麻等原材料生产加工。

2. 服装制造业：羊毛衫、牛仔装、夹克、衬衣、手套、运动服、休闲服、钓鱼服。

3. 关联行业：绣花、水洗、包装等。

二、埃塞俄比亚

（一）投资环境简况

1. 外资政策：《投资法》规定对用于投资项目的资本货物免除进口关税，对产品和服务的出口免征出口关税和其他税收。对合资企业参股比例、所得税减免和利润汇出也有优惠措施。

2. 纺织业基础和劳动力市场：纺织业原有基础较好，有一定的发展优势，现有一定规模的纺织厂9家，服装厂5家，主要供应国内市场，少量出口欧美。劳动力资源丰富，价格低廉，1998年统计平均为0.32美元/小时。

3. 加入区域组织和优惠贸易安排情况

世界贸易组织、美国《非洲增长与机遇法案》、欧盟《科托努协定》、东南非洲共同市场、东部非洲共同体。

4. 双边合作：两国已签订投资保护协定，建立双边经贸混委会机制。2002年，我对埃纺织服装出口2 682万美元。截至2003年6月，尚未批准设立中资纺织服装企业。

（二）推荐投资产业

1. 棉纺织业：印染、梭织。
2. 服装制造业：衬衫、休闲服等成衣加工。
3. 关联产业：投资辅料厂、生产钮扣、拉链、线、橡皮筋等。

三、马达加斯加

（一）投资环境简况

1. 外资政策：免税区出口企业可在规定期限内享受利润税减免；项目设备材料进口税、关税、消费税减免；出口产品免交出口税。

2. 纺织业基础和劳动力市场：纺织业技术较先进，基础设施较完善，有较多外资企业投资服装加工业。劳动力资源丰富、廉价，最低工资为每月32美元。

3. 加入区域组织和优惠贸易安排情况：世界贸易组织、美国《非洲增长与机遇法案》、欧盟《科托努协定》、东南非洲共同市场、东部非洲共同体、印度洋委员会、印度洋地区合作协会。

4. 双边合作：2002年，我对马纺织服装出口2 041万美元。已批准设有2家中资服装企业。

（二）推荐投资行业

1. 纺织业：棉纺厂。
2. 服装制造业：服装成衣加工，如羊毛衫、羊绒衫、牛仔服、运动衣、内衣、衬衣、T恤等。

四、莱索托

（一）投资环境简况

1. 外资政策：工业园区投资服务完善、简便；进口设备免税，用于出口产品的原材料免进口税(7)。

2. 纺织业基础和劳动力市场：纺织业基础较好，技术先进，设施配套，有外资纺织企业70多家，主要生产牛仔服装和针织服装，产品全部销往美国。劳动力资源充足，平均月工资100美元。

3. 加入区域组织和优惠贸易安排情况：世界贸易组织、美国《非洲增长与机遇法案》、欧盟《科托努协定》、南部非洲关税同盟(8)、南部非洲发展共同体(9)。

4. 双边合作：2002年，我对莱纺织服装出口1 134万美元。已有华人华侨开设的4家服装加工厂。

（二）推荐投资行业

1. 纺织业：棉纺织，牛仔布斜纹布纺纱、织布及印染；针织业，针织布纺纱、织布及印染。

2. 服装及其他纤维品制造业：服装制造、制鞋。

3. 关联产业：服装辅料、纸箱、塑料袋、绣花。

五、纳米比亚

（一）投资环境简况

1. 外资政策：《外国投资法》保护外资企业合法权益。出口加工区企业可免交企业所得税、增值税、生产资料和中间产品进口关税，可设立外汇账户，将利润自由汇出(10)。

2. 纺织业基础和劳动力市场：纺织业基础薄弱。外资纺织服装企业不多，主要生产针织面料服装，出口美国。劳动力资源丰富，失业率为35%，工人工资低于中国。

3. 加入区域组织和优惠贸易安排情况：世界贸易组织、美国《非洲增长与机遇法案》、欧盟《科托努协定》、南部非洲关税同盟、南部非洲发展共同体、东南非洲共同市场。

4. 双边合作：2002年，我对纳纺织服装出口910万美元。已设立一家小型中资服装企业，生产牛仔服和背包。

（二）推荐投资行业

1. 纺织业：利用当地棉花，设立轧棉厂。

2. 服装制造业：羊毛衫、衬衫、裤子、运动衫。

3. 关联产业：纸箱厂、电脑绣花厂、服装附料厂。

六、博茨瓦纳

（一）投资环境简况

1. 外资政策：制定了一整套鼓励投资的优惠政策和措施，鼓励发展制造业，多数行业对外开放，在所得税、关税、外汇管制等方面给予外资企业优惠待遇(11)。

2. 纺织业基础和劳动力市场：博纺织服装业起步较晚，但发展较快。现有纺织服装企业1280家，其中外资企业30多家，规模较小，没有纺纱、织布和印染企业，主要是牛仔服和针织毛衣出口欧美。劳动力平均月工资110美元。

3. 双边合作：两国已签投资保护协定，已建立双边经贸混委会机制。2002年，我对博纺织服装出口879万美元，现有3家中国大陆纺织服装企业。

4. 加入区域组织和优惠贸易安排情况：世界贸易组织、美国《非洲增长与机遇法案》、欧盟《科托努协定》、南部非洲发展共同体、南部非洲关税同盟。

（二）推荐投资行业

1. 纺织业：针织恤衫。
2. 服装制造业：羊毛衫、牛仔装、夹克、衬衣、手套、运动服、休闲服、钓鱼服。

注释：

（1）详见肯尼亚网站: http://kenyaweb.com/economy/ipc

（2）详见商务部网站国别地区库: http://www.mofcom.gov.cn/gbdqk.shtml

（3）包括纺织服装产品在内的4600多种产品可免关税免配额出口美国，详见美国The Office of Textile and Apparel: http://otexa.ita.doc.gov 美国贸易代表办公室:http://www.ustr.gov/regions/africa/agoaguides

（4）原《洛美协定》的继续和发展，对非洲40多个国家制成品进入欧盟市场提供优惠待遇，详见欧盟在线: http://europa.eu.int/comm/development/body/cotonou

（5）由东南非洲20个成员国组成，成员间免除关税。详见中非经贸网: http://www.chinae-africa.com/fzgk/gjzz

（6）由肯尼亚、乌干达和坦桑尼亚组成，成员国间零关税，对外统一关税，详见中非经贸网: http://www.chinae-africa.com/fzgk/gjzz

（7）详见莱索托网站：http://www.lesotho.gov.ls/lseconomy

（8）由莱索托等5国组成的自由贸易区，详见中非经贸网：http://www.chinae-africa.com/fzgk/gjzz

（9）详见中非经贸网：http://www.chinae-africa.com/fzgk/gjzz

（10）详见纳米比亚贸易和工业部网站：http://www.mti.gov.na

（11）详见博茨瓦纳网站：http://www.gov.bw/business

商务部关于调整进出口经营资格标准和核准程序的通知

商贸发[2003]254号

各省、自治区、直辖市及计划单列市外经贸委（厅、局），新疆生产建设兵团外经贸局：

为履行我国加入世贸组织承诺，加快建立社会主义市场经济体制，规范内资企业从事进出口业务，促进对外贸易发展，商务部决定调整进出口经营资格标准和核准程序。现就有关问题通知如下：

一、除对注册在中西部地区（本规定所指的中西部地区包括河北、山西、内蒙古、吉林<含长春>、黑龙江<含哈尔滨>、安徽、江西、河南、湖北<含武汉>、湖南、广西、海南、重庆、四川<包括成都>、贵州、云南、西藏、陕西<含西安>、甘肃、青海、宁夏、新疆、新疆生产建设兵团）的内资企业申请进出口经营资格实行优惠条件外，对在中华人民共和国关境内注册的所有内资企业在进出口经营资格管理方面实行统一的政策。

二、内资企业的进出口经营资格分为外贸流通经营资格和生产企业自营进出口资格两种（边贸企业的现行政策不变）。其经营范围分别为：

（一）外贸流通经营资格。经营各类商品和技术的进出口（不另附进出口商品目录），但国家限定公司经营或禁止进出口的商品及技术除外。

（二）生产企业自营进出口资格。经营本企业自产产品的出口业务和本企业所需的机械设备、零配件、原辅材料的进口业务（不另附进出口商品目录），但国家限定公司经营或禁止进出口的商品及技术除外。

获权企业可以按照经营范围在中国全部关境内以国家规定的各种贸易方式自由从事进出口业务。

三、外贸流通经营资格实行核准制，生产企业自营进出口资格实行登记制。

商务部授权各省、自治区、直辖市、计划单列市及哈尔滨、长春、沈阳、西安、成都、南京、武汉、广州、珠海、汕头市，新疆生产建设兵团，苏州工业园区管委会商务主管部门（以下统称受权管理机关）进行进出口经营资格的核准登记并核发《中华人民共和国进出口企业资格证书》。

《中华人民共和国进出口企业资格证书》（以下简称《资格证书》）是内资企业进出口经营资格的惟一有效凭证。任何企业、其他组织和个人不得伪造、涂改、出租、出借、转让、出卖《资格证书》。

四、内资企业申请进出口经营资格的条件和需要提交的材料

（一）申请外贸流通经营资格的条件和需要提交的材料

1. 条件

（1）经工商行政管理部门登记注册并领取《企业法人营业执照》；

（2）注册资本（金）不低于100万元人民币（注册在中西部地区的内资企业不低于50万元人民币）；

（3）已办理税务登记，依法纳税；

（4）法定代表人在3年内未曾担任过被撤销进出口经营资格的企业的法定代表人或负责人。

2. 要求提交的材料

（1）书面申请；

（2）《企业法人营业执照》副本复印件；

（3）《税务登记证》复印件；

（4）《组织机构代码证书》复印件；

（5）法定代表人的身份证复印件；

（6）证明其符合申请外贸流通经营资格条件的其他材料。

（二）生产企业申请自营进出口资格的条件和需要提交的材料

1. 条件

（1）经工商行政管理部门登记注册并领取《企业法人营业执照》或《营业执照》；

（2）注册资本（金）不低于50万元人民币；

（3）已办理税务登记，依法纳税；

（4）法定代表人或负责人在3年内未曾担任过被撤销进出口经营资格的企业的法定代表人或负责人。

2. 需要提交的材料

（1）书面申请；

（2）《企业法人营业执照》或《营业执照》副本复印件；

（3）《税务登记证》复印件；

（4）《组织机构代码证书》复印件；

（5）法定代表人或负责人的身份证复印件；

（6）非法人企业需提供会计事务所出具的验资报告复印件；

（7）证明其符合申请自营进出口资格条件的其他材料。

五、办理内资企业进出口经营资格的核准和登记，应按照下列程序和要求进行。

（一）企业申请进出口经营资格，到注册地所在地区的受权管理机关办理。

企业应通过商务部政府网站（www.mofcom.gov.cn）或中国国际电子商务网（www.ec.com.cn）提交电子申请并向受权管理机关提交书面申请材料。企业提交的电子申请和书面申报材料齐备无误后，受权管理机关予以受理，并在10个工作日内作出核准、登记与否的决定。对准予核准、登记的，授权管理机关应在此期间内通过商务部的“进出口经营资格管理系统”向企业颁发《资格证书》；不准予核准、登记的，应在此期间内书面向企业告知理由。

（二）办理进出口经营资格核准登记后，受权管理机关应将企业提交的书面申请材料连同《资格证书》复印件存档。

（三）企业凭《资格证书》到工商、海关、质检、外汇、税务等部门办理开展进出口业务所需的有关手续。

六、本通知自2003年9月1日起实施。凡与本通知不符的规定，自本通知实施之日起废止。各经济特区、上海浦东新区、西藏自治区、苏州工业园区、江苏省私营外贸企业创业园区原由当地自行审核或登记内资进出口企业的经营地域限制自本通知实施之日起取消。

特此通知。

商务部

2003年7月30日

财政部、国家税务总局关于调整出口货物退税率的通知

财税[2003]222号

各省、自治区、直辖市和计划单列市财政厅（局）、国家税务局、新疆生产建设兵团财务局：

经国务院批准，对现行出口货物增值税退税率进行结构性调整，现将有关事宜通知如下：

一、下列货物维持现行出口退税率不变

（一）现行出口退税率为5%和13%的农产品；

（二）现行出口退税率为13%的以农产品为原料加工生产的工业品（本通知第三条和第四条的规定除外）；

（三）现行税收政策规定增值税征税税率为17%、退税税率为13%的货物（本通知第三条和第四条的规定除外）；

（四）船舶、汽车及其关键件零部件、航空航天器、数控机床、加工中心、印刷电路、铁道机车等现行出口退税率为17%的货物（商品代码及名称见附件一）；

二、小麦粉、玉米粉、分割鸭、分割兔等附件二所列明的货物的出口退税率，由5%调高到13%。

三、取消原油、木材、纸浆、山羊绒、鳗鱼苗、稀土金属矿、磷矿石、天然石墨等附件三所列明货物的出口退税政策。对其中属于应征消费税的货物，也相应取消出口退（免）消费税政策。

四、调低下列货物的出口退税率

（一）汽油（商品代码27101110）、未锻轧锌（商品代码7901）的出口退税率调低到11%；

（二）未锻轧铝、黄磷及其他磷、未锻轧镍、铁合金、钼矿砂及其精矿等附件四所列明的货物的出口退税率调低到8%；

（三）焦炭半焦炭、炼焦煤、轻重烧镁、萤石、滑石、冻石等附件五所列明的货物的出口退税率调低到5%；

（四）除第一条、第二条、第三条及本条第（一）款、第（二）款、第（三）款规定的货物外，凡现行出口退税率为17%和15%的货物，其出口退税率一律调低到13%；凡现行征税率和退税率均为13%的货物，其出口退税率一律调低到11%。

五、出口企业在2003年10月15日前已对外签订的、价格不可更改的属于本通知第四

条第（四）款范围的成套设备（指出口价值在200万美元以上的成套设备）及大型机电产品（指单台、件价值在100万美元以上的机电产品）的出口合同，按合同规定的出口日期在2004年1月1日以后出口的，必须在2003年11月15日前执出口合同正本和副本到主管退税机关登记备案，省国家税务局审核后，在2003年11月30日前将符合条件的出口合同及有关资料报国家税务总局（上报格式见附件六），国家税务总局会同财政部审核批准后，由当地国家税务局按调整前的退税率办理退税。对未能在2003年11月15日前登记备案的成套设备和大型机电产品，一律按调整后的退税率办理出口退税。

六、各地财政、税务部门，要认真学习领会本通知规定，采取有效措施严格贯彻本通知有关政策，依法办理退税，切实维护国家和企业的利益，同时要密切配合商务、海关、外汇及企业主管部门进一步做好出口工作。

七、自2004年1月1日起，无论任何企业以何种贸易方式出口货物均按本通知规定的出口退税率执行。具体执行日期以出口货物报关单上海关注明的离境日期为准。

财政部

国家税务总局

2003年10月13日

财政部、国家税务总局关于调整出口货物退税率的补充通知

财税[2003]238号

各省、自治区、直辖市、计划单列市财政厅（局）、国家税务局，新疆生产建设兵团财务局：

《财政部、国家税务总局关于调整出口货物退税率的通知》（财税[2003]222号）规定了从2004年1月1日起出口货物适用的退税率。现将其他相关出口退税政策补充通知如下：

一、小规模纳税人自营和委托出口的货物，继续执行免税政策，其进项税额不予抵扣或退税。出口企业从小规模纳税人购进货物出口准予退税的，凡财税[2003]222号文件规定出口退税率为5%的货物，按5%的退税率执行；凡财税[2003]222号文件规定出口退税率高于5%的货物一律按6%的退税率执行。

二、出口《高新技术产品出口目录》（2003年版）内的产品统一按财税[2003]222号文件规定的退税率执行。

三、计算机软件出口（海关出口商品码9803）实行免税，其进项税额不予抵扣或退税。

四、外国驻华使（领）馆及其外交代表购买中国产物品和劳务、外商投资企业采购符合退税条件的国产设备以及《国家税务总局关于出口退税若干问题的通知》（国税发[2000]165号）文件第九条规定的利用外国政府和国际金融组织贷款采用国际招标方式国内企业中标的机电产品、《财政部、国家税务总局关于海洋工程结构物增值税实行退税的通知》（财税[2003]46号）规定的生产企业向国内海上石油天然气开采企业销售的海洋工程结构物，继续按原政策规定办理退税或“免抵退”税。

外商投资企业采购准予退税的国产设备范围，是指符合原国家计委、原国家经贸委和原外经贸部联合发布的第21号令《外商投资产业指导目录》中鼓励外商投资产业目录的投资项目，在国内采购的国产设备。

《国家税务总局、国家经贸委、财政部、海关总署、国家外汇管理局关于印发〈钢材“以产项进”改进办法实施细则〉的通知》（国税发[1999]68号）文件规定的列名钢铁企业销售给加工贸易企业“加工出口专用”钢材“免抵退”政策应适用的退税率另行通知。

五、除本通知第四条规定以外的其他国内销售、采购，视同出口准予退（免）税的货物，统一按财税[2003]222号文件规定的退税率计算并办理“免抵退”税或“免抵”税款。应计算“不予免抵税额”，并转入成本。

不予免抵税额=普通发票列名的销售额x（销售货物的征税率-销售货物的退税率）

六、本通知从2004年1月1日起执行。本通知第一条至第三条以“出口货物报关单（出口退税联）”上海关注明的出口日期为准；第四条、第五条以销货方普通发票开具的时间为准。

财政部
国家税务总局
2003年12月2日

附件1：保留17%退税率的产品目录

海关税号	商品名称	备注
8901—8902、8904 8905—8906、8907	船舶	所列税号中现行退税率为17%的保留，退税率为13%的以本通知规定的调整为准
84073410、84073420 84082010-84089010 84089092-84089093 87012000-87079090 87161000-87169000 84099191-94099199 84099991-84099999 8708	汽车及其关键件零部件	同上
8456-8460、8462	数控机床、加工中心、组合机床	
8425-8430 84671100-84678900 84743100-84748090 84791021-84791090	起重及工程用机械、机械提升用装备、建筑、采矿用机械	同上
851730-85175029	程控电话、电报交换机、光通讯设备	
9018-9020、90221200—90221400 90222100	医疗仪器及器械	

8601-8606	铁道机车
84713000	重量≤10公斤的便携数字式自动数据处理机
88	航空航天器
8454-8455	金属冶炼设备
8534	印刷电路

附件2：出口退税率调整为13%的产品目录

海关商品码	商品名称	调整后退税率	备注
一、食用粉类			
1101	小麦或混合麦的细粉	13%	
11022000	玉米细粉	13%	
11023010	籼米大米细粉	13%	
11023090	其他大米细粉	13%	
11031100	小麦粗粒、粗粉	13%	
11031300	玉米粗粒、粗粉	13%	
11031921	籼米大米粗粒及粗粉	13%	
11031929	其他大米粗粒及粗粉	13%	
11032010	小麦团粒	13%	
11081100	小麦淀粉	13%	
11081200	玉米淀粉	13%	
二、分割肉类			
02073510	鲜或冷的鸭块	13%	需加扩展码
02073520	鲜或冷的鹅块	13%	需加扩展码
02081010	鲜、冷兔肉，不包括兔头	13%	需加扩展码
02081020	冻兔肉，不包括兔头	13%	需加扩展码
02081090	鲜、冷野兔肉	13%	需加扩展码

附件3：取消出口退税的产品目录

海关税号	现行退税率（%）	商品名称
27090000	13	石油原油及从沥青矿物提取的原油
27101911	13	航空煤油
27101912	13	灯用煤油
27101921	13	轻柴油
27101922	13	5-7号燃料油
27101929	13	其他柴油及其他燃料油
27101991	13	润滑油
27101992	13	润滑脂
27101993	13	润滑油基础油
27101999	13	其他重油；以上述油为基础成分的未列名制品
27109100	13	废油
4403	5	原木
4404	13	箍木、木劈条、木片及粗修整的木棒等
4407	13	经纵锯、纵切、刨切或旋切的木材，厚度超过6毫米
4408	13	饰面用薄板等，经纵锯、纵切、刨切或旋切的木材，厚度不超过6毫米
4409	13	任何一边、端或面制成连续形状的木材
30049090.2	17	紫杉醇制品
44190010	13	木制一次性筷子
4501、4502、4503	5、13	软木及软木制品
第47章	13	木浆、纸板
4801-4816	13	纸、纸浆、纸板
2601-2612 2644-2622	13	矿砂、矿渣及矿灰，包括铁锰铜镍钴铝锌锡铬钨铀钛铌钽钒矿砂及精矿，贵金属和其他矿砂及精矿，溶渣矿、矿灰和残渣等。
7401	13	沉淀铜
7402	17	未精炼铜；电解精炼用的铜阳极
7404	13	铜废碎料
7110	13	铂粉、铂板、片、钯等
51021920	5	未梳其他山羊绒

51053921	13	已梳无毛山羊绒
51053929	13	已梳其他山羊绒
41031010	13	山羊板皮
25309020	13	稀土金属矿
03019210	5	鳗鱼苗
0506	5	骨及角柱，未经加工或经脱脂、简单整理（未切割成形）、酸处理或脱胶；上述产品的粉末
2826900010	15	氟钽酸钾
29022000	15	苯
7201	13	非合金生铁、合金生铁
7204	13	钢铁废碎料
75089010	13	电镀用镍阳极
76020000	15	铝废碎料
81019700	13	钨废碎料
81102000	13	锑废废碎料
2510	13	天然磷酸钙、天然磷酸铝钙及磷酸盐白垩
2504	13	天然石墨
2508	13	其他粘土等
28181000	15	人造刚玉
28182000 28183000	15	氧化铝

附件4：退税率调整为8%的产品目录

海关商品码	商品名称	调整后退税率	备注
2613	钼矿砂及其精矿	8%	
28047010、28047090	黄磷、其他磷	8%	
7502	未锻轧镍	8%	
72021100、72021900	锰铁	8%	
72022100、72022900	硅铁	8%	
72023000	硅锰铁	8%	
72024100、72024900	铬铁	8%	
7601	未锻轧铝	8%	

附件5：退锐率调整为5%的产品目录

海关商品码	商品名称	调整后退税率	备注
27040010	焦炭或半焦炭	5%	
27011210	炼焦烟煤	5%	
7403	末锻轧的精炼铜及铜合金	5%	
2519	轻重烧镁	5%	
25309090	其他矿产品	5%	
2526	天然冻石、滑石	5%	
2529	萤石、长石、白流石等	5%	
2511	天然硫酸钡、天然碳酸钡	5%	
2825	肼、胲及其无机盐，其他金属氧化物等	5%	
2841	金属酸盐及过金属酸盐	5%	
2849	碳化物	5%	
2846	稀土金属、钇、钪及其混合物的无机或有机化合物	5%	
4410	木制碎料板及其他类似木制材料板等	5%	

附件6：成套设备及大型机电产品退税备案表

地区（公章）：

年　月　日

序号	企业名称	设备名称	商品代码	设备金额	合同签约时间	2003年底可完成合同金额	预计执行合同期限	备注
1								
2								
3								
4								
5								
6								
7								
8								
9								
10								
合计								

统 计 篇

贸易

1. 2003年世界主要国家（地区）货物贸易额及中国的排名表

出口					进口				
排名	出口者	出口额（10亿美元）	比重（%）	增长率（%）	排名	进口者	进口额（10亿美元）	比重（%）	增长率（%）
1	德国	748.4	10.0	22	1	美国	1 305.6	16.8	9
2	美国	724.0	9.7	4	2	德国	601.7	7.7	23
3	日本	471.9	6.3	13	3	中国	412.8	5.3	40
4	中国	438.4	5.9	35	4	法国	388.4	5.0	18
5	法国	384.7	5.1	16	5	英国	388.3	5.0	12
6	英国	303.9	4.1	8	6	日本	383.0	4.9	14
7	荷兰	293.4	3.9	20	7	意大利	289.0	3.7	17
8	意大利	290.2	3.9	14	8	荷兰	261.1	3.4	19
9	加拿大	272.1	3.6	8	9	加拿大	245.6	3.2	8
10	比利时	254.6	3.4	18	10	比利时	234.3	3.0	18
11	中国香港	224.0	3.0	11	11	中国香港	232.6	3.0	12
	本地出口	15.6	0.2	−15					
	转口	208.4	2.8	14					
12	韩国	194.3	2.6	20	12	西班牙	200.1	2.6	21
13	墨西哥	165.3	2.2	3	13	墨西哥	179.0	2.3	1
14	西班牙	151.9	2.0	21	14	韩国	178.8	2.3	18
15	中国台湾省	150.6	2.0	12	15	新加坡	127.9	1.6	10
16	新加坡	144.1	1.9	15	16	中国台湾省	127.3	1.6	13
	本地出口	79.7	1.1	19					
	转口	64.4	0.9	10					
17	俄罗斯	135.2	1.8	26	17	奥地利	97.7	1.3	25
18	瑞典	100.9	1.3	24	18	瑞士	96.3	1.2	15
19	马来西亚	100.7	1.3	8	19	澳大利亚	88.6	1.1	22
20	瑞士	100.6	1.3	14	20	瑞典	82.3	1.1	23
21	奥地利	96.2	1.3	22	21	马来西亚	81.1	1.0	1
22	爱尔兰	92.7	1.2	5	22	泰国	75.7	1.0	17
23	沙特阿拉伯	88.5	1.2	23	23	俄罗斯	74.5	1.0	24
24	泰国	80.3	1.1	17	24	印度	69.7	0.9	23
25	巴西	73.1	1.0	21	25	土耳其	67.7	0.9	31
26	澳大利亚	70.4	0.9	8	26	波兰	66.9	0.9	21
27	挪威	68.1	0.9	14	27	丹麦	58.7	0.8	17
28	丹麦	67.9	0.9	18	28	爱尔兰	52.8	0.7	1
29	印度尼西亚	60.7	0.8	6	29	捷克[a]	51.3	0.7	26
30	阿联酋	58.1	0.8	17	30	巴西	50.7	0.7	2
	以上合计[b]	6 405	85.6	–		以上合计[b]	6 570	84.6	–
	世界[b]	7 482	100.0	16		世界[b]	7 765	100.0	16

注：a. 进口额以F.O.B.计价。b. 包括转口贸易。

资料来源：世界贸易组织新闻稿，2004年4月5日。

2. 2003年世界主要国家（地区）服务贸易额及中国的排名表

出口					进口				
排名	出口者	出口额（10亿美元）	比重（%）	增长率（%）	排名	进口者	进口额（10亿美元）	比重（%）	增长率（%）
1	美国	282.5	16.0	4	1	美国	218.2	12.5	6
2	英国	129.5	7.3	5	2	德国	167.0	9.6	12
3	德国	111.7	6.3	12	3	英国	112.4	6.4	11
4	法国	98.0	5.6	14	4	日本	109.7	6.3	3
5	西班牙	76.4	4.3	23	5	法国	81.6	4.7	20
6	意大利	72.8	4.1	23	6	意大利	74.1	4.3	21
7	日本[a]	70.2	4.0	8	7	荷兰	66.2	3.8	17
8	荷兰	64.1	3.6	18	8	中国	53.8	3.1	…
9	中国	44.5	2.5	…	9	爱尔兰	48.5	2.8	20
10	中国香港	43.2	2.5	0	10	加拿大	47.8	2.7	14
11	比利时	41.7	2.4	17	11	西班牙	46.1	2.6	22
12	奥地利	41.4	2.3	19	12	比利时	41.4	2.4	17
13	加拿大	39.2	2.2	8	13	奥地利	40.6	2.3	18
14	爱尔兰	35.3	2.0	26	14	韩国	38.7	2.2	10
15	瑞士	32.7	1.9	17	15	瑞典	29.6	1.7	25
16	丹麦	32.6	1.9	20	16	丹麦	29.1	1.7	16
17	韩国	31.2	1.8	15	17	新加坡	27.2	1.6	0
18	瑞典	31.0	1.8	32	18	俄罗斯	26.7	1.5	13
19	新加坡	30.4	1.7	3	19	中国台湾省	25.5	1.5	7
20	印度	24.9	1.4	…	20	中国香港	23.5	1.3	–5
21	希腊	24.4	1.4	21	21	澳大利亚	21.1	1.2	19
22	卢森堡	23.8	1.4	18	22	瑞士	19.9	1.1	17
23	中国台湾省	23.0	1.3	7	23	印度	19.7	1.1	…
24	挪威	22.2	1.3	16	24	挪威	19.5	1.1	18
25	澳大利亚	20.6	1.2	18	25	泰国	18.1	1.0	9
26	土耳其	17.3	1.0	17	26	印度尼西亚	17.7	1.0	…
27	俄罗斯	15.9	0.9	18	27	墨西哥	17.4	1.0	2
28	泰国	15.5	0.9	2	28	马来西亚	16.4	0.9	1
29	马来西亚	12.8	0.7	–13	29	卢森堡	15.8	0.9	16
30	墨西哥	12.5	0.7	0	30	巴西	14.6	0.8	7
	以上合计	1 521	86.3	–		以上合计	1 488	85.4	–
	世界	1 763	100.0	12		世界	1 743	100.0	12

注：a. 根据日本银行提供的计算模型得出的估计数。

资料来源：世界贸易组织新闻稿，2004年4月5日。

3. 中国历年货物进出口总额表

金额单位：亿美元

年份	进出口	出口	进口
1980	381.4	181.2	200.2
1981	440.2	220.1	220.2
1982	416.1	223.2	192.9
1983	436.2	222.3	213.9
1984	535.5	261.4	274.1
1985	696.0	273.5	422.5
1986	738.5	309.4	429.0
1987	826.5	394.4	432.2
1988	1 027.8	475.2	552.7
1989	1 116.8	525.4	591.4
1990	1 154.4	620.9	533.5
1991	1 357.0	719.1	637.9
1992	1 655.3	849.4	805.9
1993	1 957.0	917.4	1 039.6
1994	2 366.2	1 210.1	1 156.2
1995	2 808.6	1 487.8	1 320.8
1996	2 898.8	1 510.5	1 388.3
1997	3 251.6	1 827.9	1 423.7
1998	3 239.5	1 837.1	1 402.4
1999	3 606.3	1 949.3	1 657.0
2000	4 743.0	2 492.0	2 250.9
2001	5 096.5	2 661.0	2 435.5
2002	6 207.7	3 255.7	2 952.0
2003	8 512.1	4 383.7	4 128.4

4. 中国历年货物进出口总额增长速度表

（比上年增长%）

年份	进出口	出口	进口
1980	—	—	—
1981	15.4	21.5	9.9
1982	-5.5	1.4	-12.4
1983	4.8	-0.4	10.9
1984	22.8	17.6	28.1
1985	30.0	4.6	54.1
1986	6.1	13.1	1.5
1987	11.9	27.5	0.7
1988	24.4	20.5	27.9
1989	8.7	10.6	7.0
1990	3.4	18.2	-9.8
1991	17.6	15.8	19.6
1992	22.0	18.1	26.3
1993	18.2	8.0	29.0
1994	20.9	31.9	11.2
1995	18.7	23.0	14.2
1996	3.2	1.5	5.1
1997	12.2	21.0	2.5
1998	-0.4	0.5	-1.5
1999	11.3	6.1	18.2
2000	31.5	27.8	35.8
2001	7.5	6.8	8.2
2002	21.8	22.3	21.2
2003	37.1	34.6	39.9

5. 中国历年货物出口额占世界货物出口总额的比重和位次表

金额单位：亿美元

年份	世界货物出口总额	中国货物出口总额	中国所占比重%	位次
1980	19 906	181.2	0.9	26
1981	19 724	220.1	1.1	19
1982	18 308	223.2	1.2	17
1983	18 078	222.2	1.2	17
1984	19 019	261.4	1.4	18
1985	19 277	273.5	1.4	17
1986	21 157	309.4	1.5	16
1987	24 969	394.4	1.6	16
1988	28 382	475.2	1.7	16
1989	30 361	525.4	1.7	14
1990	34 700	620.9	1.8	15
1991	35 300	718.4	2.0	13
1992	37 000	849.4	2.3	11
1993	36 870	917.6	2.5	11
1994	41 683	1 210.4	2.9	11
1995	50 200	1 487.7	3.0	11
1996	52 540	1 510.7	2.9	11
1997	54 550	1 827.9	3.3	10
1998	54 050	1 837.6	3.4	9
1999	54 600	1 949.3	3.6	9
2000	63 580	2 492.0	3.9	7
2001	61 624	2 661.0	4.3	6
2002	64 329	3 255.7	5.1	5
2003	74 820	4 383.7	5.9	4

注：2003年为WTO初步统计数据。

6.中国历年出口商品构成表（按国际贸易标准分类）

金额单位：亿美元

年份	出口总额	初级产品		0.食品及活动物		1.饮料及烟草		2.非食用原料		3.矿物燃料、润滑油及有关原料		4.动植物油、脂及蜡	
		金额	比重%	金额	比重%	金额	比重%	金额	比重%	金额	比重%	金额	比重%
1990	620.9	158.9	25.6	66.1	10.6	3.4	0.5	35.4	5.7	52.4	8.4	1.6	0.4
1991	719.1	161.5	22.5	72.3	10.1	5.3	0.7	34.9	4.9	47.5	6.6	1.5	0.2
1992	849.4	170.0	20.0	83.1	9.8	7.2	0.8	31.4	3.7	46.9	5.5	1.4	0.2
1993	917.4	166.7	18.2	84.1	9.2	9.0	1.0	30.5	3.3	41.1	4.5	2.0	0.2
1994	1 210.1	197.1	16.3	100.2	8.3	10.0	0.8	41.3	3.4	40.6	3.4	5.0	0.4
1995	1 487.8	214.9	14.4	99.5	6.7	13.7	0.9	43.8	2.9	53.4	3.6	4.5	0.3
1996	1 510.5	219.3	14.5	102.3	6.8	13.4	0.9	40.5	2.7	59.3	3.9	3.8	0.3
1997	1 827.9	239.3	13.1	110.5	6.0	10.5	0.6	41.9	2.3	69.9	3.8	6.5	0.4
1998	1 837.1	206.0	11.2	106.2	5.8	9.8	0.5	35.2	1.9	51.8	2.8	3.1	0.2
1999	1 949.3	199.3	10.2	104.6	5.4	7.7	0.4	39.2	2.0	46.5	2.4	1.3	0.1
2000	2 492.0	254.6	10.2	122.8	4.9	7.4	0.3	44.6	1.8	78.5	3.2	1.2	0.0
2001	2 661.0	263.5	9.9	127.8	4.8	8.7	0.3	41.7	1.6	84.2	3.2	1.1	0.0
2002	3 255.7	284.8	8.7	146.2	4.5	9.8	0.3	44.0	1.4	83.7	2.6	1.0	0.0
2003	4 383.7	348.1	7.9	175.3	4.0	10.2	0.2	50.3	1.1	111.1	2.5	1.2	0.0

年份	工业制成品		5.化学成品及有关产品		6.按原料分类的制成品		7.机械及运输设备		8.杂项制品		9.未分类商品	
	金额	比重%	金额	比重%	金额	比重%	金额	比重%	金额	比重%	金额	比重%
1990	461.8	74.4	37.3	6.0	125.8	20.3	55.9	9.0	126.9	20.4	116.3	18.7
1991	556.9	77.5	38.2	5.3	144.6	20.1	71.5	10.0	166.2	23.1	136.5	19.0
1992	679.4	80.0	43.5	5.1	161.4	19.0	132.2	15.6	342.3	40.3	—	—
1993	750.9	81.8	46.2	5.0	164.0	17.8	152.9	16.7	387.8	42.3	—	—
1994	1 013.3	83.7	62.3	5.1	232.2	19.2	219.3	18.1	499.4	41.3	0.1	0.0
1995	1 272.8	85.6	90.9	6.1	322.4	21.7	313.9	21.1	545.5	36.7	0.1	0.0
1996	1 291.4	85.5	88.8	5.9	285.1	18.9	353.1	23.4	564.3	37.3	0.1	0.0
1997	1 587.7	86.9	102.3	5.6	344.1	18.9	437.0	23.9	704.3	38.5	0.1	0.0
1998	1 631.6	88.8	103.2	5.6	323.8	17.6	502.3	27.3	702.2	38.2	0.1	0.0
1999	1 750.0	89.8	103.7	5.3	332.6	17.1	588.3	30.2	725.3	37.2	0.1	0.0
2000	2 237.5	89.8	121.0	4.9	425.5	17.1	826.0	33.1	862.8	34.6	2.2	0.1
2001	2 398.0	90.1	133.5	5.0	438.2	16.5	949.2	35.7	871.2	32.7	5.8	0.2
2002	2 970.8	91.3	153.3	4.7	529.6	16.3	1 269.8	39.0	1 011.7	31.1	6.5	0.2
2003	4 035.6	91.2	195.9	4.5	690.3	15.7	1 878.9	42.9	1 261.0	28.8	9.6	0.2

7. 中国历年进口商品构成表（按国际贸易标准分类）

金额单位：亿美元

年份	进口总额	初级产品		0.食品及活动物		1.饮料及烟草		2.非食用原料		3.矿物燃料、润滑油及有关原料		4.动植物油、脂及蜡	
		金额	比重%	金额	比重%	金额	比重%	金额	比重%	金额	比重%	金额	比重%
1990	533.5	98.6	18.3	33.4	6.2	1.6	0.3	41.1	7.7	12.7	2.3	9.8	1.8
1991	637.9	108.3	17.0	28.0	4.4	2.0	0.3	50.0	7.8	21.1	3.3	7.2	1.1
1992	805.9	132.6	16.4	31.5	3.9	2.4	0.3	57.7	7.2	35.7	4.4	5.3	0.6
1993	1 039.6	142.2	13.7	22.1	2.1	2.5	0.3	54.4	5.2	58.2	5.6	5.0	0.5
1994	1 156.2	164.7	14.2	31.2	2.7	0.7	0.1	74.4	6.4	40.3	3.5	18.1	1.6
1995	1 320.8	244.1	18.5	61.3	4.6	3.9	0.3	101.6	7.7	51.3	3.9	26.0	2.0
1996	1 388.4	254.4	18.3	56.7	4.1	5.0	0.4	107.0	7.7	68.8	4.9	17.0	1.2
1997	1 423.7	286.2	20.1	43.0	3.0	3.2	0.2	120.1	8.4	103.1	7.2	16.8	1.2
1998	1 402.4	229.5	16.4	37.9	2.7	1.8	0.1	107.2	7.6	67.7	4.8	14.9	1.1
1999	1 657.0	268.4	16.2	36.2	2.2	2.1	0.1	127.4	7.7	89.1	5.4	13.7	0.8
2000	2 250.9	467.4	20.8	47.6	2.1	3.6	0.2	200.0	8.9	206.4	9.2	9.8	0.4
2001	2 435.5	457.7	18.8	49.8	2.0	4.1	0.2	221.3	9.1	174.9	7.2	7.6	0.3
2002	2 952.0	492.7	16.7	52.4	1.8	3.9	0.1	227.4	7.7	192.9	6.5	16.2	0.6
2003	4 128.4	727.8	17.6	59.6	1.4	4.9	0.1	341.2	8.3	292.1	7.1	30.0	0.7

年份	工业制成品		5.化学成品及有关产品		6.按原料分类的制成品		7.机械及运输设备		8.杂项制品		9.未分类商品	
	金额	比重%	金额	比重%	金额	比重%	金额	比重%	金额	比重%	金额	比重%
1990	434.9	81.6	66.5	12.5	89.1	16.7	168.4	31.6	21.0	3.9	89.9	6.9
1991	529.6	83.0	92.8	14.5	104.9	16.4	196.0	30.7	24.4	3.8	111.5	21.1
1992	673.3	83.6	111.6	13.8	192.7	23.9	313.1	38.8	55.9	6.9	—	—
1993	897.3	86.3	97.1	9.3	285.4	27.5	449.9	43.3	64.9	6.2	—	—
1994	992.2	85.8	121.3	10.5	280.8	24.3	515.6	44.6	67.7	5.9	6.8	0.6
1995	1 076.7	81.5	173.0	13.1	287.7	21.8	526.4	39.8	82.7	6.3	6.9	0.5
1996	1 134.0	81.7	181.1	13.0	313.9	22.6	547.7	39.5	84.8	6.1	6.5	0.5
1997	1 137.4	79.9	193.0	13.6	322.2	22.6	527.6	37.1	85.5	6.0	9.1	0.6
1998	1 172.1	83.6	201.7	14.4	310.7	22.2	567.7	40.5	84.6	6.0	7.5	0.5
1999	1 388.7	83.8	240.3	14.5	343.2	20.7	694.7	41.9	97.0	5.9	13.5	0.8
2000	1 783.6	79.2	302.1	13.4	418.1	18.6	919.3	40.8	127.5	5.7	16.5	0.7
2001	1 978.4	81.2	321.1	13.2	419.4	17.2	1 070.4	43.9	150.8	6.2	16.8	0.7
2002	2 459.3	83.3	390.4	13.2	484.9	16.4	1 370.3	46.4	198.0	6.7	15.6	0.5
2003	3 400.5	82.4	489.8	11.9	639.1	15.5	1 928.7	46.7	330.2	8.0	12.8	0.3

8. 2003年中国进出口商品国家(地区)总值表

金额单位：万美元

国家（地区）	2003年			2002年		
	进出口	出口	进口	进出口	出口	进口
总值	85 120 729	43 837 082	41 283 647	62 076 808	32 556 501	29 520 307
亚洲	49 553 960	22 260 582	27 293 377	36 062 463	17 031 527	19 030 936
阿富汗	2 706	2 645	61	1 999	1 991	8
巴林	13 527	8 314	5 213	10 996	5 792	5 204
孟加拉国	136 801	133 463	3 339	109 873	106 637	3 236
不丹	198	197	1	64	62	2
文莱	34 617	3 389	31 228	26 287	2 106	24 181
缅甸	107 725	90 771	16 953	86 171	72 482	13 689
柬埔寨	32 065	29 465	2 600	27 611	25 156	2 455
塞浦路斯	21 948	21 837	112	22 594	22 518	76
朝鲜	102 293	62 758	39 535	73 851	46 771	27 080
香港地区	8 740 768	7 628 861	1 111 907	6 920 669	5 846 541	1 074 128
印度	759 508	334 359	425 150	494 591	267 173	227 418
印度尼西亚	1 022 905	448 075	574 830	792 832	342 691	450 141
伊朗	562 331	231 554	330 778	374 205	139 563	234 642
伊拉克	5 638	5 606	33	51 706	42 082	9 624
以色列	183 145	114 105	69 040	141 784	90 019	51 765
日本	13 357 340	5 942 257	7 415 083	10 190 539	4 843 746	5 346 793
约旦	52 484	46 431	6 054	35 803	30 476	5 327
科威特	118 828	67 503	51 325	72 741	26 306	46 435
老挝	10 944	9 824	1 120	6 395	5 431	965
黎巴嫩	37 012	36 544	468	28 023	27 603	420
中国澳门	146 724	128 148	18 576	101 837	87 610	14 227
马来西亚	2 012 782	614 115	1 398 667	1 427 053	497 454	929 599

续表

国家（地区）	2003年			2002年		
	进出口	出口	进口	进出口	出口	进口
马尔代夫	335	334	1	298	298	--
蒙古	43 987	15 593	28 394	36 344	14 003	22 342
尼泊尔	12 735	12 200	535	11 035	10 507	528
阿曼	206 772	8 196	198 575	150 665	6 018	144 647
巴基斯坦	242 994	185 498	57 496	179 983	124 233	55 750
巴勒斯坦	691	670	22	449	440	9
菲律宾	940 010	309 381	630 630	525 952	204 232	321 719
卡塔尔	35 488	6 180	29 308	22 355	4 954	17 401
沙特阿拉伯	734 183	214 716	519 468	510 679	167 173	343 507
新加坡	1 935 228	886 853	1 048 376	1 401 809	696 567	705 242
韩国	6 323 106	2 009 640	4 313 466	4 407 117	1 549 700	2 857 417
斯里兰卡	52 425	50 444	1 981	35 146	33 712	1 434
叙利亚	50 694	48 058	2 636	37 107	35 693	1 414
泰国	1 265 529	382 823	882 706	856 067	295 841	560 226
土耳其	259 773	206 502	53 271	137 774	108 895	28 879
阿拉伯联合酋长国	581 077	503 728	77 349	389 535	344 998	44 537
也门共和国	189 963	35 378	154 585	73 111	30 524	42 587
越南	463 431	317 852	145 580	326 415	214 886	111 528
中华人民共和国	2 509 434	--	2 509 434	1 498 033	--	1 498 033
台湾省	5 836 697	900 468	4 936 229	4 464 902	658 589	3 806 313
东帝汶	107	107	--	--	--	--
哈萨克斯坦	328 643	156 550	172 093	195 474	60 010	135 465
吉尔吉斯斯坦	31 430	24 516	6 914	20 187	14 616	5 572
塔吉克斯坦	3 882	2 081	1 801	1 239	650	589
土库曼斯坦	8 292	7 883	410	8 752	8 678	74

续表

国家（地区）	2003年			2002年		
	进出口	出口	进口	进出口	出口	进口
乌兹别克斯坦	34 706	14 678	20 028	13 178	10 437	2 740
亚洲其他国家（地区）	60	38	22	64	54	10
非洲	1 854 543	1 018 412	836 131	1 238 909	696 167	542 743
阿尔及利亚	74 515	64 594	9 922	43 380	35 190	8 190
安哥拉	235 173	14 579	220 594	114 835	6 130	108 705
贝宁	53 947	47 107	6 840	43 786	42 085	1 701
博茨瓦纳	2 501	2 283	218	1 898	1 898	1
布隆迪	518	345	174	272	223	49
喀麦隆	18 029	6 494	11 535	15 863	4 397	11 466
加那利群岛	3 753	3 753	--	3 024	3 024	--
佛得角	260	260	--	184	184	--
中非	444	213	231	194	69	126
塞卜泰(休达)	91	91	--	169	169	--
乍得	452	168	284	325	171	153
科摩罗	70	69	--	76	76	--
刚果（布）	87 461	5 989	81 472	29 092	3 961	25 131
吉布提	6 601	6 586	15	4 983	4 981	2
埃及	109 011	93 729	15 282	94 476	85 290	9 185
赤道几内亚	41 694	505	41 189	38 601	329	38 273
埃塞俄比亚	15 749	15 275	474	10 011	9 643	369
加蓬	30 951	889	30 062	23 665	470	23 194
冈比亚	11 752	11 597	155	8 190	8 190	--
加纳	35 603	32 179	3 424	21 243	18 228	3 015
几内亚	8 374	7 329	1 045	5 491	4 338	1 154
几内亚（比绍）	1 235	1 235	--	450	450	--

续表

国家（地区）	2003年			2002年		
	进出口	出口	进口	进出口	出口	进口
科特迪瓦共和国	26 498	22 822	3 676	23 387	21 974	1 413
肯尼亚	25 045	24 171	874	18 637	18 058	580
利比里亚	6 814	2 619	4 196	8 569	3 011	5 559
利比亚	21 568	17 474	4 095	11 275	11 153	122
马达加斯加	11 865	11 170	696	5 152	4 020	1 132
马拉维	1 079	1 078	1	712	652	61
马里	6 359	3 520	2 839	2 335	2 162	173
毛里塔尼亚	6 419	5 649	771	6 176	5 199	977
毛里求斯	11 055	10 742	313	9 467	9 000	467
摩洛哥	85 664	69 567	16 097	57 353	45 138	12 215
莫桑比克	7 171	4 503	2 668	4 849	2 593	2 256
纳米比亚	7 458	3 762	3 695	4 911	2 018	2 893
尼日尔	1 934	1 934	--	1 474	1 474	--
尼日利亚	185 852	178 683	7 168	116 839	104 708	12 131
留尼汪	1 387	1 387	--	870	870	--
卢旺达	1 065	353	712	905	386	519
圣多美和普林西比	23	20	3	16	16	--
塞内加尔	7 913	7 285	628	5 875	5 768	107
塞舌尔	182	179	3	148	146	1
塞拉利昂	1 661	1 661	--	1 457	1 441	16
索马里	1 053	390	662	339	183	156
南非	387 053	202 976	184 078	258 009	131 103	126 906
西撒哈拉	56	56	--	37	37	--
苏丹	192 037	47 831	144 206	155 000	39 241	115 759
坦桑尼亚	21 902	19 145	2 757	12 804	12 142	662

续表

国家（地区）	2003年			2002年		
	进出口	出口	进口	进出口	出口	进口
多哥	28 481	26 270	2 211	14 383	13 848	535
突尼斯	20 097	18 392	1 705	18 241	14 411	3 830
乌干达	5 490	5 140	350	3 366	2 806	560
布基纳法索	4 405	1 171	3 234	652	582	70
刚果（金）	5 171	2 542	2 630	3 146	1 899	1 247
赞比亚	8 310	3 522	4 788	8 325	3 719	4 606
津巴布韦	19 735	3 027	16 708	19 175	3 216	15 959
莱索托	2 488	2 488	--	2 451	2 451	--
梅利利亚	215	215	--	84	84	--
斯威士兰	2 122	668	1 453	1 582	473	1 109
厄立特里亚	547	547	--	603	603	1
马约特岛	35	35	--	--	--	--
非洲其他国家（地区）	156	154	2	100	88	11
欧洲	15 801 718	8 827 339	6 974 380	11 265 224	5 922 583	5 342 641
比利时	670 257	393 438	276 819	489 832	287 630	202 202
丹麦	245 851	149 434	96 418	155 412	91 703	63 709
英国	1 439 437	1 082 389	357 048	1 139 666	806 030	333 636
德国	4 187 626	1 753 575	2 434 052	2 780 047	1 137 217	1 642 830
法国	1 339 138	729 371	609 768	832 593	407 218	425 374
爱尔兰	234 320	139 172	95 148	145 974	77 028	68 946
意大利	1 173 338	665 316	508 021	914 741	482 761	431 980
卢森堡	42 700	31 141	11 558	10 128	5 130	4 998
荷兰	1 543 873	1 350 489	193 384	1 068 009	910 811	157 198
希腊	118 830	111 364	7 467	78 700	73 195	5 506
葡萄牙	60 098	40 637	19 461	38 363	30 093	8 271

续表

国家（地区）	2003年			2002年		
	进出口	出口	进口	进出口	出口	进口
西班牙	525 235	389 099	136 136	347 877	257 861	90 015
奥地利	177 866	67 384	110 482	137 433	48 142	89 291
芬兰	346 201	167 385	178 817	266 643	115 363	151 280
瑞典	416 903	145 293	271 610	270 103	91 000	179 102
阿尔巴尼亚	3 223	3 217	6	1 877	1 869	9
安道尔	89	89	--	29	28	1
保加利亚	22 521	16 648	5 873	11 911	9 763	2 148
直布罗陀	2 116	2 116	--	79	79	--
匈牙利	258 781	228 644	30 136	161 733	144 850	16 883
冰岛	6 830	4 553	2 278	3 292	1 850	1 443
列支敦士登	1 174	217	957	493	33	460
马耳他	35 199	12 444	22 756	29 524	11 564	17 961
摩纳哥	2 173	1 783	391	576	314	262
挪威	176 477	89 930	86 548	145 040	52 718	92 322
波兰	197 964	162 049	35 916	138 335	116 471	21 865
罗马尼亚	97 565	50 555	47 010	75 306	36 200	39 106
圣马力诺	46	43	3	35	35	--
瑞士	352 303	83 969	268 334	267 481	63 810	203 671
爱沙尼亚	17 000	13 968	3 032	17 320	13 716	3 605
拉脱维亚	12 983	11 062	1 921	7 275	6 752	524
立陶宛	18 772	17 046	1 726	11 004	9 823	1 181
格鲁吉亚	2 812	1 990	822	1 151	800	351
亚美尼亚	649	471	178	860	194	666
阿塞拜疆	23 839	20 372	3 467	9 548	9 403	146
白俄罗斯	12 895	3 223	9 672	8 009	1 622	6 386

续表

国家（地区）	2003年			2002年		
	进出口	出口	进口	进出口	出口	进口
摩尔多瓦	1 474	672	802	590	169	421
俄罗斯联邦	1 576 062	603 455	972 607	1 192 746	352 063	840 683
乌克兰	217 499	92 890	124 610	123 398	52 766	70 632
塞尔维亚和黑山	14 947	13 553	1 393	--	--	--
斯洛文尼亚	18 731	15 128	3 603	12 499	9 544	2 955
克罗地亚	17 596	16 915	681	11 841	11 266	575
捷克	157 883	128 160	29 722	96 215	80 755	15 460
斯洛伐克	25 919	13 707	12 212	12 960	9 173	3 787
前南斯拉夫马其顿	3 886	2 413	1 473	1 792	1 728	64
波斯尼亚—黑塞哥维那	635	571	64	347	309	38
梵蒂冈城国	--	--	--	--	--	--
欧洲其他国家（地区）	1	1	--	--	--	--
拉丁美洲	2 680 644	1 187 913	1 492 730	1 782 604	948 959	833 645
安提瓜和巴布达	312	312	--	295	295	--
阿根廷	317 642	44 726	272 916	142 496	18 538	123 957
阿鲁巴岛	224	222	3	281	276	4
巴哈马	12 251	12 172	78	6 293	6 287	6
巴巴多斯	922	917	5	1 035	1 023	13
伯利兹	1 116	1 017	99	920	904	16
玻利维亚	1 872	1 184	688	2 176	955	1 221
博内尔	--	--	--	1	1	--
巴西	798 856	214 476	584 380	446 944	146 638	300 305
开曼群岛	388	388	--	210	210	--
智利	352 805	128 347	224 458	256 530	99 829	156 701
哥伦比亚	45 867	39 821	6 046	31 638	28 726	2 912

续表

国家（地区）	2003年			2002年		
	进出口	出口	进口	进出口	出口	进口
多米尼克	3 434	3 358	76	4 620	4 546	74
哥斯达黎加	65 940	9 850	56 090	26 615	8 165	18 449
古巴	35 681	23 630	12 051	42 633	31 066	11 567
库腊索岛	3 904	3 883	21	4 129	4 129	--
多米尼加共和国	15 166	14 815	351	10 738	10 556	181
厄瓜多尔	27 900	23 928	3 973	20 808	19 451	1 357
法属圭亚那	86	85	1	67	67	--
格林纳达	74	43	31	29	29	--
瓜德罗普	246	246	--	159	159	--
危地马拉	30 744	30 562	182	24 524	24 467	58
圭亚那	1 842	1 812	30	1 772	1 372	400
海地	2 640	2 638	2	2 348	2 348	--
洪都拉斯	8 125	7 787	338	5 953	5 877	77
牙买加	20 750	10 204	10 546	11 478	6 597	4 880
马提尼克岛	114	114	--	79	79	--
墨西哥	494 381	326 709	167 671	397 938	286 443	111 496
蒙特塞拉特	57	3	54	1	1	--
尼加拉瓜	6 968	6 932	37	4 920	4 917	3
巴拿马	150 875	148 013	2 862	127 648	127 276	372
巴拉圭	13 893	12 619	1 274	8 691	7 903	787
秘鲁	111 364	35 374	75 990	97 833	24 663	73 170
波多黎各	23 764	15 955	7 810	12 776	10 430	2 346
萨巴	5	5	--	1	1	--
圣卢西亚	154	154	1	269	269	--
圣马丁岛	140	140	--	98	98	--

续表

国家（地区）	2003年			2002年		
	进出口	出口	进口	进出口	出口	进口
圣文森特和格林纳丁斯	765	765	--	823	821	2
萨尔瓦多	15 959	15 753	206	13 447	13 257	190
苏里南	3 587	1 978	1 609	1 772	1 515	257
特立尼达和多巴哥	6 878	5 853	1 024	4 716	4 234	481
特克斯和凯科斯群岛	4	2	2	--	--	--
乌拉圭	20 336	12 761	7 575	17 305	9 495	7 810
委内瑞拉	74 142	19 924	54 218	47 791	33 296	14 496
英属维尔京群岛	7 632	7 632	--	1 657	1 601	56
圣基茨—尼维斯	15	15	--	27	27	--
圣皮埃尔和密克隆	--	--	--	--	--	--
荷属安地列斯群岛	751	714	36	8	8	--
拉丁美洲其他国家（地区）	76	76	--	114	114	1
北美洲	13 639 678	9 813 911	3 825 767	10 514 468	7 427 536	3 086 932
加拿大	1 000 794	563 322	437 472	793 167	430 482	362 685
美国	12 633 441	9 247 363	3 386 078	9 718 059	6 995 053	2 723 006
格陵兰	2 274	57	2 217	1 254	14	1 239
百慕大群岛	3 163	3 163	--	1 959	1 959	--
北美洲其他国家（地区）	5	5	--	29	27	2
大洋洲	1 588 975	728 925	860 050	1 212 319	528 997	683 322
澳大利亚	1 356 332	626 277	730 055	1 043 584	458 559	585 024
库克群岛	58	50	8	19	7	13
斐济	3 132	2 597	536	3 197	3 057	140
盖比群岛	34	33	1	15	15	--
马克萨斯群岛	10	10	--	--	--	--
瑙鲁	5	5	--	42	42	--

续表

国家（地区）	2003年			2002年		
	进出口	出口	进口	进出口	出口	进口
新喀里多尼亚	1 380	763	617	368	367	1
瓦努阿图	308	289	20	167	141	26
新西兰	182 619	80 256	102 364	139 941	59 620	80 321
诺福克岛	39	38	1	12	12	--
巴布亚新几内亚	29 203	6 093	23 111	18 692	2 725	15 967
社会群岛	323	323	1	274	274	--
所罗门群岛	3 475	212	3 264	1 929	107	1 822
汤加	210	204	5	484	483	1
土阿莫土群岛	--	--	--	--	--	--
土布艾群岛	--	--	--	--	--	--
萨摩亚	319	283	36	279	279	--
基里巴斯	89	89	--	49	49	--
图瓦卢	7	7	--			--
密克罗尼西亚联邦	274	274	--	130	130	--
马绍尔群岛共和国	10 026	10 021	6	2 371	2 369	1
帕劳共和国	19	19	--	29	29	--
法属波利尼西亚	344	329	15	7	1	5
瓦利斯和浮图纳	--	--	--	--	--	--
大洋洲其他国家(地区)	769	756	13	732	732	--
其他	1 212	--	1 212	822	734	88

9. 2003年中国出口主要商品量值表

金额单位：万美元

商品名称	数量单位	2003年		2002年	
		数量	金额	数量	金额
粮谷	公吨	21 936 569	265 708	14 822 386	171 745
大米	公吨	2 588 880	48 303	1 965 375	36 584
小麦	公吨	2 237 481	26 501	687 618	7 006
玉米	公吨	16 389 024	176 646	11 673 251	116 643
高粱	公吨	109 536	1 339	23 930	309
荞麦	公吨	184 227	2 612	95 688	1 788
谷子	公吨	42 036	753	27 911	497
面粉	公吨	277 163	6 003	289 063	6 180
豆类	公吨	1 306 765	44 568	1 136 254	39 563
大豆	公吨	267 468	8 700	275 863	7 668
蚕豆	公吨	29 417	817	22 955	743
绿豆	公吨	214 278	8 301	220 633	8 529
红小豆	公吨	65 703	3 012	77 599	2 907
芸豆	公吨	633 064	21 061	471 289	17 760
扁豆	公吨	32 867	827	21 386	546
食用植物油	公吨	59 705	5 967	97 443	5 821
花生油	公吨	25 303	2 887	11 039	1 031
豆油	公吨	10 650	648	47 298	2 163
芝麻油	公吨	4 390	837	4 263	757
玉米油	公吨	13 097	1 078	4 451	363
食用植物油籽	公吨	843 379	44 917	844 279	36 044
花生仁	公吨	399 986	26 867	429 024	22 250
花生果	公吨	90 183	4 921	91 597	4 122
芝麻	公吨	104 403	8 475	98 433	6 707
葵花籽	公吨	70 284	3 953	28 653	1 550
其他植物油	公吨	21 499	2 814	26 135	2 228
桐油	公吨	19 511	2 341	23 337	1 318
其他植物油籽	公吨	56 621	2 760	42 945	1 825
亚麻籽	公吨	12 583	778	3 264	175
活畜禽	金额	0	32 657	0	34 388
活大猪	头	1 709 110	20 470	1 645 288	19 899
活中猪	头	169 338	1 006	234 726	1 438
活牛	头	50 635	3 067	58 146	3 307
活鸡	万只	3 856	6 567	4 213	7 988
肉食	金额	0	139 860	0	136 009

续表

商品名称	数量单位	2003年		2002年	
		数量	金额	数量	金额
猪肉	公吨	213 492	26 918	161 947	20 946
牛肉	公吨	8 870	1 488	11 672	1 902
绵羊肉	公吨	8 515	1 427	1 936	314
山羊肉	公吨	3 963	635	3 060	463
兔肉	公吨	4 426	599	9 081	1 135
鸡肉	公吨	226 985	27 897	282 423	36 015
鸭肉	公吨	6 665	685	8 419	852
灌腊肠	公吨	16 986	4 060	12 909	2 938
鲜蛋	万个	129 171	3 102	100 067	2 224
鸡蛋	万个	127 767	3 066	98 793	2 190
皮蛋	万个	6 869	543	8 178	592
咸蛋	万个	14 330	655	12 784	668
苹果	公吨	609 045	20 978	438 738	14 942
橘柑橙	公吨	265 434	6 933	196 635	5 116
梨	公吨	296 962	7 997	243 398	5 941
香蕉	公吨	19 861	681	14 911	552
荸荠	公吨	14 462	626	15 029	715
葡萄	公吨	13 433	583	5 863	229
栗子	公吨	34 499	5 297	33 412	5 166
葡萄干	公吨	7 778	1 083	4 542	542
柿饼	公吨	11 535	1 291	8 809	1 084
蜜饯	公吨	75 801	8 706	66 923	7 708
核桃仁	公吨	8 518	2 584	6 721	1 987
苦杏仁	公吨	6 586	1 099	4 174	724
黑瓜子	公吨	7 361	689	9 223	730
白瓜子	公吨	36 379	4 947	36 485	4 561
莲子	公吨	3 465	516	4 866	526
松子仁	公吨	6 080	5 133	7 015	4 642
白果	公吨	3 848	902	3 977	1 098
红枣	公吨	17 483	984	12 277	794
蔬菜	公吨	4 321 487	219 559	3 595 873	188 771
土豆	公吨	156 354	2 143	123 635	1 366
洋葱	公吨	453 793	8 506	258 851	4 506
萝卜	公吨	203 362	4 472	138 096	2 450
鲜姜	公吨	223 898	8 127	197 526	7 217
蕃茄	公吨	58 791	1 176	33 736	715

续表

商品名称	数量单位	2003年		2002年	
		数量	金额	数量	金额
大蒜	公吨	1 142 167	35 493	1 049 392	34 468
咸蕨菜	公吨	4 311	540	3 720	414
咸水蘑菇	公吨	51 683	5 635	41 117	4 926
榨菜	公吨	21 942	1 277	21 460	1 281
速冻蔬菜	公吨	359 500	29 903	341 462	29 913
黑木耳	公吨	7 483	2 621	6 307	2 194
蘑菇干片	公吨	19 844	8 957	5 146	3 090
笋干丝	公吨	3 150	1 013	3 149	1 132
水产品	金额	0	333 548	0	287 418
活鳗鱼	公吨	9 734	5 850	5 337	2 834
冰鲜鱼	公吨	78 009	18 512	74 938	15 524
冻鱼	公吨	411 663	45 382	542 733	48 473
冻鱼片	公吨	467 177	110 801	380 656	86 757
冻对虾	公吨	42 017	22 707	22 732	14 308
冰鲜虾	公吨	26 010	2 911	24 216	2 976
冻小虾	公吨	50 718	17 824	39 026	12 963
冻虾仁球	公吨	16 435	9 751	8 870	6 476
冻小虾仁	公吨	33 875	13 692	24 449	9 052
鱼翅	公吨	2 197	3 809	1 814	3 443
猪肉罐头	公吨	52 161	7 506	49 060	7 059
牛肉罐头	公吨	5 159	732	5 899	797
菠萝罐头	公吨	55 290	2 587	40 013	1 852
橘子罐头	公吨	251 085	15 927	218 648	12 768
桃子罐头	公吨	79 420	5 902	44 665	3 677
荔枝罐头	公吨	18 544	1 313	16 385	1 055
梨罐头	公吨	22 613	1 135	14 910	780
蘑菇罐头	公吨	257 955	27 829	208 104	21 981
蕃茄酱罐头	公吨	403 748	20 617	373 424	18 862
芦笋罐头	公吨	103 778	9 968	106 665	10 773
糖	金额	0	2 956	0	7 971
砂糖	公吨	68 651	1 668	294 169	6 795
啤酒	公吨	153 645	7 618	132 048	6 813
米酒及黄酒	公吨	29 001	2 720	27 392	2 719
果汁	公吨	453 475	28 542	325 115	20 044
味素	公吨	6 567	635	6 380	649
酱油	公吨	63 564	3 505	60 225	3 285

续表

商品名称	数量单位	2003年		2002年	
		数量	金额	数量	金额
醋	公吨	12 719	1 046	11 442	1 006
鲜奶	公吨	27 205	1 835	27 786	2 076
奶粉	公吨	7 678	1 707	10 299	2 373
炼乳	公吨	7 556	623	6 482	583
米粉干	公吨	62 854	3 330	61 665	3 224
粉丝	公吨	76 553	6 567	69 153	5 581
花生制品	公吨	271 469	22 658	249 417	18 501
蜂蜜	公吨	84 088	10 314	76 450	7 794
淀粉	公吨	168 098	4 498	147 354	3 936
豆粕	公吨	770 616	17 155	1 013 161	19 336
甜菜粕	公吨	300 474	3 155	327 945	3 401
棉子仁饼粕	公吨	95 176	1 209	151 067	1 652
混合饲料	金额	0	8 395	0	8 238
茶叶	公吨	259 917	36 734	252 272	33 189
红茶	公吨	37 772	3 631	40 828	3 881
绿茶	公吨	181 729	24 112	170 356	20 293
花茶	公吨	16 279	3 550	14 697	3 182
乌龙茶	公吨	18 972	4 338	21 200	4 843
咖啡	公吨	15 386	1 530	12 104	1 060
可可	公吨	25 419	5 464	18 429	3 599
八角	公吨	4 232	606	3 339	709
胡椒	公吨	3 104	509	3 937	747
薄荷脑	公吨	3 576	3 339	3 953	3 889
桉叶油	公吨	3 225	1 832	3 508	2 018
松油	公吨	16 348	820	17 815	1 014
香叶油	公吨	91	552	65	403
天然樟脑(粉、块)	公吨	9 186	1 235	8 047	1 214
柠檬酸	公吨	323 790	21 053	260 264	17 696
松香	公吨	301 173	13 980	356 334	15 953
明胶	公吨	7 354	1 300	4 485	640
蜂蜡	公吨	4 721	977	3 344	696
鞭炮烟花	公吨	258 679	31 595	223 475	27 647
蚊香	公吨	7 813	824	5 850	673
神纸(土纸)	公吨	108 758	6 326	100 929	6 167
猪鬃	公吨	10 926	6 306	11 313	6 387
马鬃尾	公吨	1 113	637	1 109	667

续表

商品名称	数量单位	2003年		2002年	
		数量	金额	数量	金额
鬃刷	万把	53 865	7 838	45 983	6 666
肠衣	公吨	65 328	39 871	55 620	29 119
猪肠衣	公吨	49 204	19 293	41 948	15 115
绵羊肠衣	公吨	10 116	16 584	8 667	11 170
山羊肠衣	公吨	1 765	2 625	1 422	1 692
鹅鸭绒毛	公吨	36 675	23 504	41 792	25 684
羽绒睡袋	个	450 966	935	329 027	672
羊革皮	公吨	3 395	3 996	3 985	6 814
牛革皮	公吨	137 136	24 093	100 223	23 418
锯材	立方米	523 083	23 385	430 756	19 009
胶合板	立方米	2 040 537	49 553	1 792 681	42 698
拼花地板	公吨	170 853	24 729	96 850	15 292
箱板	金额	0	4 222	0	3 567
木板门	公吨	124 301	16 756	93 073	11 635
烟类	金额	0	49 293	0	43 295
烟草	公吨	183 375	22 954	169 200	20 577
烤烟	公吨	134 545	18 385	135 138	18 185
烟草制品	金额	0	23 730	0	20 708
卷烟	万支	1 849 526	23 729	1 621 820	20 708
烟草辅料	金额	0	2 609	0	2 011
棉花	公吨	112 448	13 337	149 897	17 019
苎麻	公吨	1 480	530	1 848	633
丝类	金额	0	38 342	0	39 641
桑蚕丝	公吨	9 822	14 806	11 573	19 256
柞蚕丝	公吨	1 234	1 912	958	1 588
羊毛	公吨	30 053	8 862	11 927	3 781
羊绒	公吨	4 638	25 187	4 196	23 248
兔毛	公吨	2 815	2 868	4 722	4 672
纺织品	金额	0	2 692 824	0	2 058 330
棉纱线	件	2 778 705	137 823	2 140 703	100 676
麻纱线	件	190 957	11 943	223 109	12 566
亚麻纱线	件	36 758	3 842	32 549	3 408
苎麻纱线	件	145 316	7 537	184 360	8 827
毛纱线	件	304 742	58 986	326 444	49 704
棉布	万米	443 610	419 789	373 644	337 740
坯布	万米	119 000	73 068	107 083	57 535

续表

商品名称	数量单位	2003年		2002年	
		数量	金额	数量	金额
漂布	万米	33 581	25 801	28 525	19 928
色布	万米	129 474	142 441	104 554	106 981
花布	万米	68 834	54 375	45 004	33 067
色织布	万米	83 184	117 606	82 765	116 627
其他棉布	万米	9 536	6 499	5 713	3 602
麻布	万米	24890	39 396	22 939	36 295
浴巾	打	25 557 949	35 955	22 287 617	29 282
毛巾被	条	12 873 651	5 470	9 757 120	3 381
床单	条	57 389 758	18 753	44 793 884	12 948
床罩	条	44 280 853	17 023	36 490 517	10 924
棉毯	条	34 866 949	11 032	24 486 758	8 534
毛毯	条	1 599 795	2 329	530 312	762
毛毯	条	1 599 795	2 329	61 941 292	30 629
纤维毯	条	134 378 189	55 332	61 941 292	30 629
绸缎	万米	19 514	41 159	15 281	34 746
服装	金额	0	5 191 638	0	4 119 008
日用瓷	金额	0	97 898	0	80 185
日用陶	金额	0	10 166	0	8 326
美术陶瓷	金额	0	62 370	0	59 190
建筑陶瓷	金额	0	76 856	0	49 557
陶瓷砖	金额	0	54 728	0	35 092
卫生洁具	金额	0	21 840	0	14 210
地毯及装饰毯	金额	0	63 761	0	55 744
宝石	金额	0	97 779	0	79 686
钻石	金额	0	91 252	0	73 630
养殖珍珠	公斤	231 837	6 643	166 581	3 116
天然植物编织品	金额	0	88 193	0	72 729
苇帘及芦苇制品	金额	0	2 580	0	3 074
稻草制品	金额	0	8 920	0	7 124
藤制品	金额	0	9 788	0	7 355
柳制品	金额	0	19 983	0	15 624
竹编制品	金额	0	15 370	0	13 812
鞋类	金额	0	1 295 501	0	1 109 053
帽类	金额	0	91 133	0	72 115
圆珠笔	打	460 572 256	25 418	345 908 605	18 570
铅笔	公斤	40 431 274	9 840	35 961 449	8 612

续表

商品名称	数量单位	2003年		2002年	
		数量	金额	数量	金额
电子计算器	台	438 434 324	94 140	476 644 546	77 710
乒乓球	万个	15 794	650	14 838	592
玩具	金额	0	597 930	0	557 463
电动玩具	金额	0	3 676	0	3 683
机械玩具	金额	0	58 008	0	51 140
智力玩具	金额	0	20 890	0	20 311
布绒玩具	金额	0	151 470	0	147 059
童车	金额	0	10 735	0	7 704
乐器	金额	0	62 546	0	49 887
钢琴	台	50 325	6 310	55 447	6 667
口琴	打	766 903	752	736 596	624
手风琴	架	175 178	559	281 790	637
提琴	套	942 077	2 760	933 968	2 596
管乐器	个	506 443	2 390	228 165	1 264
打击乐器	金额	0	3 980	0	3 158
电子乐器	金额	0	24 005	0	17 947
帐篷	顶	30 243 465	41 947	22 526 924	30 671
太阳伞	个	30 905 877	16 628	31 267 880	12 852
纸张	公吨	1 116 093	80 851	719 412	53 378
纸制品	公吨	1 413 996	169 934	1 123 908	131 768
玻璃器皿	金额	0	31 039	0	24 646
保温瓶类	金额	0	17 128	0	16 698
钟类	金额	0	51 854	0	47 872
闹钟	个	205 775 229	16 789	233 119 830	16 077
表类	金额	0	95 300	0	77 762
机械手表	个	8 574 495	1 897	11 701 788	1 981
电子手表	个	899 232 860	93 403	812 430 917	75 781
家具类	金额	0	732 421	0	537 681
清洁用品	金额	0	16 347	0	12 649
香皂	公吨	20 830	2 514	14 078	1 714
牙膏	公吨	29 274	4 012	27 181	3 817
去污粉	公斤	7 807 653	538	4 698 413	316
化妆品	金额	0	44 571	0	27 579
美容用品	金额	0	32 716	0	20 917
护发美发用品	金额	0	6 497	0	3 723
香水	金额	0	841	0	521

续表

商品名称	数量单位	2003年		2002年	
		数量	金额	数量	金额
锁类	公吨	266 302	68 035	236 889	57 647
灯具	金额	0	377 886	0	313 215
衡器类	金额	0	28 811	0	21 600
皮手套	打付	78 771 947	141 975	66 204 759	94 402
钢材	公吨	6 955 657	310 496	5 454 951	218 321
钢锭	公吨	20 648	711	18 101	481
钼矿砂	公吨	35 303	21 479	34 405	15 167
生铁	公吨	817 531	18 860	421 648	8 864
铁合金	公吨	1 818 440	113 409	1 329 977	74 831
钨铁	公吨	6 434	2 925	5 133	2 150
钼铁	公吨	32 960	23 534	29 609	15 912
锰铁	公吨	227 707	10 244	173 750	7 088
铬铁	公吨	95 452	4 894	51 951	2 739
硅铁	公吨	842 761	43 361	538 669	24 074
钒铁	公吨	1 745	1 335	1 679	903
锡	公吨	41 220	18 041	42 578	15 553
锑	公吨	25 284	5 601	20 276	2 872
硫化锑	公吨	3 454	504	2 447	232
氧化锑	公吨	46 543	10 303	49 539	7 290
铜	公吨	76 203	13 213	90 060	14 048
铝	公吨	1 037 733	148 051	620 998	86 835
铅	公吨	453 314	23 488	418 281	23 203
锌	公吨	451 028	36 586	472 769	37 233
镍	公吨	10 572	9 098	4 468	2 761
镁	公吨	233 270	36 958	158 160	21 723
钼	公吨	1 730	2 563	1 682	2 055
铋	公吨	5 050	2 830	2 621	1 611
铬	公吨	4 611	1 625	4 119	1 552
锰	公吨	174 399	17 039	136 762	10 702
铝合金	公吨	211 515	31 206	166 847	22 997
锌合金	公吨	33 203	3 072	23 218	2 107
氧化铝	公吨	63 118	2 133	23 710	782
氧化钼	公吨	2 143	1 452	2 675	1 115
三氧化钨	公吨	3 691	2 072	3 890	2 242
仲钨酸铵	公吨	8 548	4 173	6 078	3 049
铜材	公吨	232 880	69 022	171 710	49 554

续表

商品名称	数量单位	2003年		2002年	
		数量	金额	数量	金额
铜管	公吨	53 218	13 926	26 102	6 521
铜棒	公吨	7 442	1 540	6 970	1 444
铜丝	公吨	15 335	3 699	11 465	2 643
铝材	公吨	273 293	66 774	188 744	45 406
铝板	公吨	52 069	12 259	37 502	8 897
铝管	公吨	12 096	3 805	7 733	2 538
铝丝	公吨	5 203	1 169	3 308	789
铝箔	公吨	45 951	15 059	34 891	11 450
锌材	公吨	3 791	704	3 613	621
镍材	公吨	773	668	889	577
镁材	公吨	3 257	586	4 749	766
银	公斤	2 965 435	44 818	2 214 415	30 722
钯	公斤	28 614	1 987	3 886	3 192
铑	公斤	135	538	10	27
水泥	公吨	5 332 085	17 158	5 176 748	16 482
平板玻璃	平方米	124 268 570	28 242	113 589 662	24 990
重烧镁	公吨	859 802	11 200	905 551	10 203
白云石	公吨	1 149 825	1 289	914 018	1 245
鳞片石墨	公吨	155 004	3 426	122 255	2 763
无定形石墨	公吨	184 605	1 925	199 540	1 852
滑石块	公吨	444 660	3 173	431 534	3 083
滑石粉	公吨	285 296	3 817	301 232	3 672
长石块	公吨	598 889	906	637 664	821
轻烧镁	公吨	213 008	2 236	217 873	2 397
硼石块	公吨	952 135	11 126	1 006 550	10 547
重晶石	公吨	2 168 638	6 744	1 705 030	5 593
煤	公吨	93 884 625	275 032	83 837 113	253 201
焦炭	公吨	14 721 140	167 236	13 570 810	95 750
电力	万度	1 033 946	68 343	970 408	61 838
石油及制品	金额	0	555 171	0	388 379
原油	公吨	8 133 323	166 122	7 208 063	123 249
成品油	公吨	13 823 850	372 066	10 684 125	238 460
汽油	公吨	7 542 420	204 501	6 121 973	135 175
煤油	公吨	2 016 830	60 447	1 694 961	39 925
轻柴油	公吨	2 239 982	53 377	1 236 958	26 715
石脑油	公吨	1 108 271	30 542	911 088	21 089

续表

商品名称	数量单位	2003年		2002年	
		数量	金额	数量	金额
液化石油气	公吨	24 250	764	56 455	1 312
磷酸	公吨	223 543	6 931	195 564	5 758
氢氟酸	公吨	45 512	2 300	28 053	1 142
烧碱	公吨	371 903	6 350	378 510	6 204
纯碱	公吨	1 255 446	13 997	1 147 071	13 271
硫化碱	公吨	96 814	1 818	87 302	1 591
硅酸钠	公吨	58 901	799	63 630	885
次亚磷酸钠	公吨	15 807	2 137	12 133	1 542
氯化钠	公吨	1 144 459	3 557	968 703	2 882
氰化钠	公吨	6 187	707	3 792	462
氯化钾	公吨	298 851	3 481	371 267	4 321
氯酸钾	公吨	17 369	804	18 272	914
硝酸钾	公吨	37 373	1 191	25 242	810
硫酸钾	公吨	30 659	625	32 281	668
高锰酸钾	公吨	14 017	1 176	13 079	1 111
碳酸钙	公吨	60 552	539	44 136	366
电石（碳化钙）	公吨	83 088	2 265	83 019	2 232
氯化钙	公吨	260 459	2 774	213 522	2 216
碳酸钡	公吨	255 303	4 620	233 693	4 495
电解二氧化锰	公吨	37 304	2 610	31 433	2 549
氧化镍	公吨	807	593	281	170
硫酸镁	公吨	136 155	818	140 916	940
氯化镁	公吨	88 503	861	126 086	1 222
工业氢氧化铝	公吨	55 198	1 628	56 629	1 560
氟化铝	公吨	17 575	1 115	10 201	665
钼酸铵	公吨	3 067	2 007	1 758	914
硝酸钴	公吨	58 266	1 637	50 250	1 382
氧化钴	公吨	557	757	70	121
钨酸	公吨	953	503	1 066	536
氢氧化锂	公吨	2 116	751	1 725	591
五氧化二钒	公吨	6 948	2 995	5 881	1 536
碳酸锶	公吨	78 652	3 135	97 360	4 073
工业硫酸铵	公吨	109 127	768	55 426	398
工业硝酸铵	公吨	119 884	1 940	81 635	1 292
氯化铵	公吨	183 183	1 633	184 422	1 500
磷酸二氢铵	公吨	126 051	3 186	126 206	2 697

续表

商品名称	数量单位	2003年		2002年	
		数量	金额	数量	金额
磷酸氢二铵	公吨	800 398	15 035	478 446	8 076
活性碳	公吨	181 110	9 647	150 760	8 324
石蜡	公吨	695 631	30 967	661 056	26 432
石油焦	公吨	501 091	3 797	474 456	3 495
锻烧焦	公吨	340 340	4 996	304 633	4 307
石油沥青	公吨	101 854	738	102 727	660
煤焦沥青	公吨	82 733	1 294	51 795	840
甲醇（木精）	公吨	50 785	1 217	885	40
乙醇（酒精）	升	284 094 868	8 876	115 248 278	3 623
乙二醇	公吨	23 374	1 017	31 897	1 061
季戊四醇	公吨	7 847	792	132	26
糠醇	公吨	44 095	3 197	41 574	2 758
糠醛	公吨	22 433	1 174	27 002	1 321
甲酸（蚁酸）	公吨	11 928	574	8 765	371
苯甲酸	公吨	27 100	2 885	23 033	2 394
水杨酸	公吨	4 370	924	3 640	536
草酸（乙二酸）	公吨	38 078	1 404	30 595	1 102
酒石酸	公吨	6 567	1 125	4 022	632
癸二酸	公吨	21 964	4 565	20 571	3 264
丙烯酸酯	公吨	18 179	2 032	11 494	970
乙烯	公吨	32 065	1 279	26 106	1 016
丁二烯	公吨	11 761	946	12 229	872
双氰胺	公吨	30 590	3 548	18 016	1 820
三聚氰胺	公吨	73 046	7 117	38 241	3 053
纯苯	公吨	109 273	4 577	90 056	3 126
二甲苯（含邻间对）	公吨	97 967	6 233	43 923	1 771
羧甲基纤维素	公吨	7 762	790	6 012	577
防老剂	公吨	7 509	1 094	8 527	1 413
催化剂	公吨	11 295	3 221	7 556	2 561
塑料	金额	0	1 006 621	0	810 085
低压聚乙烯	公吨	7 269	624	7 017	626
聚丙烯	公吨	11 886	1 208	12 520	1 262
ABS树脂	公吨	21 417	2 470	19 647	2 430
电木粉（酚醛树脂）	公吨	32 218	2 989	27 872	2 297
电玉粉	公吨	9 858	595	10 519	629
聚氯乙烯（树脂）	公吨	53 905	6 660	44 844	5 354

续表

商品名称	数量单位	2003年		2002年	
		数量	金额	数量	金额
聚苯乙烯	公吨	78 152	7 650	64 582	6 177
聚四氟乙烯	公吨	5 265	2 633	3 919	2 110
环氧树脂	公吨	35 580	5 941	19 624	3 481
聚碳酸脂	公吨	89 352	15 348	72 587	12 423
塑料雨衣	公吨	311 803	56 070	267 250	48 477
塑料雨帽	打	14 651 349	1 165	17 666 644	1 151
尼龙牙刷	罗	10 239 858	7 187	8 460 447	5 145
各种染料	公吨	198 669	54 488	203 054	57 368
硫化染料	公吨	26 974	2 637	27 872	2 616
还原染料	公吨	22 585	9 176	23 244	11 282
直接染料	公吨	7 513	2 167	7 757	2 198
酸性染料	公吨	17 823	6 364	18 649	6 434
盐基染料	公吨	13 531	4 876	13 610	5 045
活性染料	公吨	12 560	4 237	11 500	4 667
分散染料	公吨	92 015	22 931	93 754	22 807
增白粉	公吨	6 092	2 522	3 858	1 885
二萘酚（B 萘酚）	公吨	9 753	1 597	13 645	1 857
二甲基苯胺	公吨	1 815	518	1 344	420
二苯胺	公吨	5 058	1 029	3 131	766
甲萘胺（1－萘胺）	公吨	14 693	3 256	14 189	2 838
三聚氯氰	公吨	95 738	10 549	56 328	6 449
立德粉	公吨	86 849	2 657	82 093	2 552
钛白粉	公吨	79 775	8 007	68 705	6 890
氧化锌	公吨	96 959	6 560	87 028	5 692
油漆	公吨	122 657	19 427	115 796	18 100
油墨	公吨	10 812	4 479	9 534	4 665
化肥	公吨	5 547 900	80 762	2652 195	35 715
尿素	公吨	2 721 142	39 540	412 959	5 425
氯化钾	公吨	298 851	3 481	371 267	4 321
硫铵（硫酸铵）	公吨	109 127	768	55 426	398
硝铵（硝酸铵）	公吨	119 884	1 940	81 635	1 292
过磷酸钙	公吨	513 198	6 755	483 688	5 531
硫酸钾	公吨	30 659	625	32 281	668
农药	公吨	273 570	72 962	222 137	59 218
除草剂	公吨	124 880	30 275	89 380	21 235
杀虫剂	公吨	96 096	26 035	89 102	23 377

续表

商品名称	数量单位	2003年		2002年	
		数量	金额	数量	金额
合成橡胶	公吨	75 742	8 658	83 131	7 568
轮胎	金额	0	172 919	0	132 212
整套轮胎	万套	15 779	160 782	13 391	121 835
轮胎内胎	万条	16 429	10 049	14 610	8 838
胶管	公吨	19 790	4 524	14 772	3 153
运输带	公吨	17 792	4 053	15 299	3 427
乳胶手套	万付	201 723	13 087	138 430	8 792
甘草	公吨	3 178	565	4 248	755
菊花	公吨	4 553	658	2 668	460
枸杞	公吨	5 653	698	5 589	559
茯苓	公吨	4 561	511	4 798	472
动物药材	金额	0	2 201	0	2 112
鹿茸	公斤	65 810	549		
鲜王浆	公斤	3 299 310	2 126	3 459 113	2 060
槟榔	公吨	11 680	6 308	12 950	5 911
片仔癀	公斤	2 328	952	3 112	1 259
清凉油	公斤	2 267 312	793	2 898 495	966
抗菌素药	公吨	59 707	89 547	54 309	77 039
磺胺药	公吨	23 444	13 239	20 771	11 578
磺胺嘧啶	公斤	1 495 785	965	1 450 286	972
磺胺二甲基嘧啶	公斤	1 474 300	786	1 704 158	847
维生素	金额	0	69 737	0	45 677
医疗器械	金额	0	98 350	0	74 965
体温表	万支	3 636	1 802	3 804	1 678
血压表	万支	2 529	17 559	1 815	11 936
注射器	万支	93 269	2 948	116 943	2 256
注射针头	金额	0	2 061	0	1 181
畜牧专用器械	金额	0	1 897	0	1 410
医用敷料	金额	0	35 285	0	29 661
各类船	艘	70 674	298 752	63 223	189 405
客船	艘	134	2 530	129	4 350
客货船	艘	498	159 185	527	117 490
拖轮	艘	68	10 231	102	12 186
渔船	艘	90	3 331	68	1 916
海洋平台	金额	0	2 735	0	1 607
集装箱	只	1 773 053	385 412	1 077 949	221 161

续表

商品名称	数量单位	2003年		2002年	
		数量	金额	数量	金额
飞机	架	27	4 262	12	948
汽车	辆	125 026	39 585	37 631	24 371
载重汽车	辆	26 142	15 918	10 902	8 861
小轿车	辆	95 493	11 423	23 460	4 788
客车	辆	2 550	4 304	2 076	4 846
汽车底盘	金额	0	2 179	0	1 744
摩托车	辆	8 963 350	144 826	3 437 836	65 007
摩托车零件	金额	0	47 779	0	35 544
汽车零件	金额	0	241 568	0	184 087
显像管	万只	2 122	77 550	1 549	64 289
集成电路	金额	0	658 949	0	431 602
电线电缆	公吨	848 326	266 396	690 111	208 625
蓄电池	金额	0	215 740	0	142 593
铅酸蓄电池	万个	10 274	41 352	7 269	28 519
起重机械	台	24 756 779	97 942	20 809 270	81 775
金属切削机床	台	6 232 788	37 910	5 561 915	31 355
车床	台	59 041	7 049	49 221	5 964
钻床	台	1 866 218	8 490	1 765 664	7 518
磨床	台	3 727 057	6 505	3 393 860	5 669
铣床	台	14 480	1 520	11 510	1 191
铸造机械	台	19 577 415	5 214	9 608 149	3 006
木工机械	台	4 907 888	22 980	2 912 280	15 710
各种泵	金额	0	267 917	0	191 268
滚动轴承	亿套	18.76	80 422	17.66	71 373
纺织机械	台	2 498	2 403	1 871	694
印刷机械	金额	0	15 098	0	9 623
制革制鞋机械	金额	0	795	0	751
金属轧机	金额	0	4 042	0	3 405
玻璃加工机械	金额	0	2 425	0	1 995
橡胶或塑料加工机械	金额	0	32 578	0	23 549
电动机及发电机	万台	326 211	243 867	302 837	218 427
发电机组	台	3 110 606	28 173	768 642	10 406
电动机和发电机零件	金额	0	41 426	0	30 101
有线电话电报交换机	台	260 892 819	377 942	218 827 477	307 630
有线电话电报交换机零件	金额	0	139 469	0	87 630
计算机	金额	0	4 111 195	0	2 013 483

续表

商品名称	数量单位	2003年		2002年	
		数量	金额	数量	金额
微型电子计算机	台	1 184 918	117 937	892 415	96 499
显示器	台	63 287 087	967 142	42 679 711	572 666
打印机	台	39 504 081	431 556	28 800 307	260 701
键盘	个	380 740 958	97 049	321 174 259	77 788
磁盘	万片	65 970	11 279	62 916	7 725
文字处理机	金额	0	1 809	0	1 252
有线通讯设备	金额	0	517 411	0	395 260
电话机	台	193 266 901	166 613	168 806 977	140 457
各种电子交换机	金额	0	46 894	0	29 646
载波机	台	61 958 646	112 157	44 678 065	86 402
传真机	台	4 137 384	50 972	4 215 969	50 610
复印机	台	987 392	58 815	1 336 941	85 974
雷达	金额	0	3 103	0	2 334
导航设备	金额	0	2 008	0	1 869
电台对讲机	金额	0	26 348	0	18 684
电池	金额	0	87 678	0	69 808
测绘仪器	金额	0	34 718	0	28 142
望远镜	金额	0	19 778	0	16 940
放大镜	只	39 898 030	1 467	35 947 901	1 276
照相机	架	61 209 619	56 445	91 557 928	77 728
照相机零件	金额	0	26 412	0	13 241
彩色冲洗扩印系统	金额	0	644	0	803
自行车类	金额	0	222 719	0	191 866
自行车	辆	50 836 652	144 153	46 086 250	128 639
自行车外胎	条	69 462 942	6 987	60 621 713	6 142
自行车内胎	条	116 037 753	4 798	105 651 418	4 228
自行车零配件	金额	0	69 553	0	55 450
缝纫机类	金额	0	63 526	0	46 876
缝纫机	金额	0	53 187	0	39 058
家用缝纫机	台	10 721 984	21 784	8 985 252	17 402
工业缝纫机	台	2 265 213	31 402	2 208 111	21 657
缝纫机零件	金额	0	10 339	0	7 818
缝纫机针	金额	0	1 114	0	869
电风扇	台	358 467 622	134633	212 850 403	102 070
吊扇	台	34 120 033	38 071	33 378 185	35 611
台扇	台	24 621 045	13 899	20 547 341	11 605

续表

商品名称	数量单位	2003年		2002年	
		数量	金额	数量	金额
落地电扇	台	38 787 183	30 516	31 598 343	25 512
排风扇	台	10 227 604	5 432	2 372 671	2 411
电冰箱	台	4 365 777	31 349	3 577 107	27 154
洗衣机	台	3 641 700	26 981	2 244 016	16 560
空调器	台	13 283 969	178 454	6 116 282	88 239
吸尘器	台	68 559 777	89 322	55 342 334	68 257
空气加湿器	台	5 231 027	13 402	3 839 595	7 996
空气干燥器	台	303 623	1 721	147 086	1 406
电水壶	个	91 343 274	54 588	71 869 612	43 398
电炉	个	61 929 947	52 653	41 720 183	37 392
电热水器	个	8 288 109	16 631	4 532 866	9 054
煤气热水器	台	871 431	3 567	390 256	2 405
电面包烤炉	台	75 937 232	51 669	70 643 134	50 147
洗碗机	台	195 288	2 459	153 366	1 614
消毒柜	台	518 795	990	243 135	510
电吹风	个	75 796 006	18 251	63 343 794	14 628
电动剃须刀	个	24 451 585	13 077	19 985 326	10 343
电熨斗	个	74 992 994	35 026	60 865 916	28 168
电筒	个	687 642 130	28 655	566 094 337	21 804
台灯	金额	0	55 642	0	51 767
吊灯	金额	0	78 863	0	58 465
节日灯	金额	0	64 354	0	60 938
卤钨灯	万只	114 713	21 738	85 912	17 561
收音机	台	260 517 151	32 309	217 044 760	27 204
录音机	金额	0	282 162	0	267 058
收录两用机	台	9 698 681	2 450	13 277 720	3 677
电视机及散件	金额	0	347 159	0	239 642
彩色电视机	台	32 677 262	325 507	19 179 372	220 608
黑白电视机	台	14 940 238	21 652	12 466 011	19 033
投影电视机	台	359 146	22 556	113 996	5 656
录像机	台	8 855 116	33 599	11 215 645	42 506
摄像机	台	62 529 842	320 806	22 042 856	98 552
音箱	万台	167 197	140 755	140 843	115 312
组合音响	万套	165	6 385	135	4 317
录像带	万盒	39 539	15 395	44 068	16 706
耳塞机	万个	82 861	42 158	72 693	28 900

续表

商品名称	数量单位	2003年		2002年	
		数量	金额	数量	金额
麦克风	个	490 779 621	15 409	328 665 327	10 407
量具	金额	0	22 187	0	17 730
刃具	金额	0	8 150	0	6 131
磨具	金额	0	8 687	0	6 370
砂布	公吨	5 866	1 096	5 003	866
各种锤	金额	0	8 621	0	7 374
各种钳	金额	0	16 045	0	14 140
各种扳手	金额	0	10 393	0	8 554
各种螺丝批	金额	0	9 578	0	7 643
各种钻	金额	0	1 053	0	742
各种锉和刀	金额	0	33 224	0	27 068
各种锯和锯条	金额	0	19 494	0	14 225
农具	金额	0	16 522	0	13 581
出版物	金额	0	47 797	0	41 378

10.2003年中国进口主要商品量值表

金额单位：万美元

商品名称	数量单位	2003年		2002年	
		数量	金额	数量	金额
粮谷	公吨	2 079 403	45 487	2 848 844	49 350
大米	公吨	256 839	9 647	236 016	7 958
小麦	公吨	424 177	7 657	604 572	10 267
大麦	公吨	1 362 716	26 831	1 907 144	29 100
面粉	公吨	23 120	896	27 063	1 004
豆类	公吨	20 810 297	543 835	11 442 499	251 211
大豆	公吨	20 741 107	541 687	11 315 218	248 298
豌豆	公吨	56 196	1 255	110 857	2 233
食用植物油	公吨	5 409 086	257 903	3 188 772	130 965
花生油	公吨	6 633	653	3 992	273
豆油	公吨	1 884 356	101 506	870 275	40 810
菜油	公吨	151 578	8 526	77 830	3 934
葵花籽油	公吨	35 954	2 177	395	49
食用植物油籽	公吨	20 911 091	546 737	11 938 528	263 478
芝麻	公吨	65 574	4 680	4 005	188
油菜籽	公吨	166 714	4 669	618 170	14 657
其他植物油	公吨	335 236	15 749	251 724	10 153
蓖麻油	公吨	11 978	1 100	6 247	394
亚麻油	公吨	7 157	507	21 719	987
椰子油	公吨	123 430	5 522	107 152	4 062
其他植物油籽	公吨	18 635	609	11 762	442
活畜禽	金额	0	11 725	0	5 341
活羊	头	11 279	1 200	4 173	406
肉食	金额	0	76 499	0	63 610
猪肉	公吨	149 122	9 089	144 905	8 168
牛肉	公吨	8 135	1 193	11 017	1 268
绵羊肉	公吨	34 052	3 860	34 872	2 700
鸡肉	公吨	635 074	45 377	559 255	41 317
苹果	公吨	41 636	2 376	56 014	2 243
橘柑橙	公吨	68 951	4 277	50 303	2 471
香蕉	公吨	421 246	9 342	347 807	7 536
葡萄	公吨	53 412	4 161	54 877	3 223
李子	公吨	12 584	967	6 982	496
栗子	公吨	10 117	2 311	5 787	916
葡萄干	公吨	7 969	958	5 182	517

续表

商品名称	数量单位	2003年		2002年	
		数量	金额	数量	金额
腰果仁	公吨	4 158	683	7 288	1 301
蔬菜	公吨	136 352	8 828	127 328	8 025
速冻蔬菜	公吨	18 925	1 662	16 094	1 104
水产品	金额	0	186 518	0	156 469
活鳗鱼苗、种	公斤	28 922	533	59 046	1 040
冰鲜鱼	公吨	15 377	4 371	8 322	2 089
冻鱼	公吨	1 076 609	119 463	990 032	100 477
冻鱼片	公吨	5 502	892	5 515	1 069
冻对虾	公吨	3 096	923	2 665	946
冰鲜虾	公吨	2 815	975	2980	902
冻小虾	公吨	62 390	11 277	61 952	8 569
冻小虾仁	公吨	8 248	2421	5 337	1 425
鱼翅	公吨	3 818	2 231	3 555	2 195
糖	金额	0	17 411	0	23 845
砂糖	公吨	128 647	3 448	115 913	3 263
原糖	公吨	634 254	13 560	1 061 873	20 343
啤酒	公吨	43 908	5015	44 115	5 246
葡萄酒	公吨	43 079	3 352	31 781	2 341
果汁	公吨	62 956	7 542	47 300	5 544
酱油	公吨	14 203	1 988	16 835	2 573
奶粉	公吨	133 689	21 587	110 799	16 066
淀粉	公吨	574 564	11 262	358 583	7 646
木薯干片	公吨	2 368 260	19 467	1 760 271	14 295
混合饲料	金额	0	10 329	0	8 867
鱼粉	公吨	800 250	51 704	958 151	63 350
骨粉	公吨	98 774	2 666	158 887	4 116
咖啡	公吨	13 995	1 476	11 627	846
可可	公吨	79 398	11 621	51 927	7 991
薄荷脑	公吨	3 982	3 164	3666	3 048
柠檬油	公吨	969	620	1 217	588
明胶	公吨	3 446	2 010	2 438	1 459
肠衣	公吨	140 136	13 364	133 102	11 979
猪肠衣	公吨	26 783	2 498	25 010	2 131
绵羊肠衣	公吨	18 801	2 042	17 539	1 812
鹅鸭绒毛	公吨	13 841	3 818	9 378	3 187
羊革皮	公吨	22 922	12 959	19 853	18 020

续表

商品名称	数量单位	2003年		2002年	
		数量	金额	数量	金额
牛革皮	公吨	678 850	77 941	611 210	96 890
生猪皮	公吨	44 876	4 056	40 001	3 243
生牛皮	公吨	528 292	70 851	431 257	56 021
绵羊皮	公吨	107 302	14 721	99 608	11 008
水貂皮	公吨	2 382	6 558	1 911	4 605
原木	立方米	25 455 467	244 731	24 333 043	213 841
锯材	立方米	5 511 711	119 045	5 395 957	115 907
胶合板	立方米	797 848	35 512	636 264	25 898
烟类	金额	0	30 862	0	24 304
烟草	公吨	54 868	26 282	46 805	21 559
烤烟	公吨	54 051	25 803	44 615	20 660
烟草制品	金额	0	3 846	0	2 587
卷烟	万支	187 832	3 809	137 018	2 562
烟草辅料	金额	0	735	0	158
棉花	公吨	873 598	116 885	176 650	18 644
丝类	金额	0	867	0	696
羊毛	公吨	192 757	91 133	237 226	103 772
羊绒	公吨	1 652	2 228	627	1 224
纺织品	金额	0	1 422 341	0	1 306 573
棉纱线	件	3 921 707	150 351	3 383 001	132 231
麻纱线	件	155 261	5 793	196 824	7 302
亚麻纱线	件	24 841	879	28 132	1 052
苎麻纱线	件	120 090	4 689	161 331	6 047
毛纱线	件	206 166	20 756	238 259	23 277
棉布	万米	133 595	160 640	133 339	151 742
坯布	万米	36 702	26 267	34 031	22 164
漂布	万米	1 669	1 993	1 295	1 751
色布	万米	55 281	78 406	54 314	71 399
花布	万米	5 950	11 855	5 322	10 091
色织布	万米	32 680	39 604	36 875	44 048
其他棉布	万米	1 313	2 515	1 503	2 289
麻布	万米	12 715	16 440	9 613	12 976
绸缎	万米	3 522	9 440	3 179	8 453
服装	金额	0	140 377	0	133 660
建筑陶瓷	金额	0	3 574	0	2 437
陶瓷砖	金额	0	1 326	0	1 277

续表

商品名称	数量单位	2003年		2002年	
		数量	金额	数量	金额
陶瓷管	金额	0	558	0	470
卫生洁具	金额	0	1 686	0	684
地毯及装饰毯	金额	0	4 676	0	3 521
宝石	金额	0	135 420	0	108 366
钻石	金额	0	124 202	0	99 713
养殖珍珠	公斤	217 127	1 372	147 877	902
天然植物编织品	金额	0	568	0	863
鞋类	金额	0	37 362	0	30 370
圆珠笔	打	3 974 284	559	4 229 575	431
电子计算器	台	18 279 849	3 731	11 786 896	2 906
玩具	金额	0	7 735	0	6 819
乐器	金额	0	10 021	0	10 464
钢琴	台	11 629	1181	9 894	1 075
电子乐器	金额	0	854	0	1 153
纸浆类	公吨	5 988 649	264 352	5 232 655	215 448
纸张	公吨	6 348 308	370 599	6 322 977	352 366
纸制品	公吨	322 347	80 225	337 321	71 757
玻璃器皿	金额	0	26 618	0	20 672
钟类	金额	0	14 803	0	13 721
表类	金额	0	29 067	0	18 763
机械手表	个	311 397	11 403	218 486	7 793
电子手表	个	15 229 632	17 664	5 577 395	10 970
家具类	金额	0	55 042	0	30 931
清洁用品	金额	0	7 310	0	4 393
香皂	公吨	5 461	1 399	4 880	993
牙膏	公吨	3 140	1 259	1 117	346
化妆品	金额	0	10 072	0	6 095
美容用品	金额	0	7 875	0	4 392
护发美发用品	金额	0	1 139	0	968
香水	金额	0	620	0	336
锁类	公吨	13 848	14 915	9 591	9 327
灯具	金额	0	8 764	0	7 612
衡器类	金额	0	6 457	0	4 257
钢材	公吨	37 168 510	1 991 581	24 488 126	1 236 585
钢锭	公吨	54 976	6 593	82 014	3 649
废钢	公吨	9 292 359	140 529	7 853 153	89 564

续表

商品名称	数量单位	2003年		2002年	
		数量	金额	数量	金额
铁矿砂	公吨	148 128 360	485 650	111 495 915	276 910
锰矿砂	公吨	2 863 079	20 498	2 079 578	15 144
铜矿砂	公吨	2 669 872	128 819	2 065 395	80 945
镍矿砂	公吨	9 297	510	7 074	340
钴矿砂	公吨	83 468	6 816	41 123	3 379
铝矿砂	公吨	617 528	1 539	402 825	1 042
铅矿砂	公吨	678 996	20 397	389 021	8 509
锌矿砂	公吨	745 580	15 377	784 673	14 974
铬矿砂	公吨	1 779 082	15 083	1 142 735	7 891
钼矿砂	公吨	20 275	4 622	17 240	4 480
生铁	公吨	576 028	15 520	695 681	14 012
铁合金	公吨	167 564	15 255	93 042	6 247
锰铁	公吨	25 985	1 149	9 607	379
铬铁	公吨	115 744	6 220	71 642	2 895
镍铁	公吨	13 608	3 846	1 256	434
锡	公吨	10 124	4 209	8 006	3 212
铜	公吨	4 737 116	417 264	4 416 713	324 141
铜合金	公吨	81 500	11 917	43 693	6 277
铝	公吨	545 087	76 516	270 563	36 979
铅	公吨	58 177	2 817	57 886	2 405
锌	公吨	136 025	10 998	68 443	5 473
镍	公吨	80 779	63 863	38 421	24 045
钼	公吨	182	802	147	655
铝合金	公吨	335 649	46 194	311 193	41 286
锌合金	公吨	174 500	18 899	143 275	15 876
氧化铝	公吨	5 605 165	137 576	4 571 090	75 295
铜材	公吨	1 055 765	278 339	917 727	228 270
铜管	公吨	31 898	12 527	34 737	11 430
铜棒	公吨	105 168	19 966	105 713	19 380
铜丝	公吨	429 809	84 056	385 929	74 543
铝材	公吨	531 477	149 089	475 663	127 214
铝板	公吨	379760	89 427	324 828	75 269
铝管	公吨	13 544	5 593	11 328	4 922
铝丝	公吨	7 084	2 481	6 155	2 146
铝箔	公吨	59 440	34 358	51 634	27 987
铅材	公吨	8 609	1 224	6 623	830

续表

商品名称	数量单位	2003年		2002年	
		数量	金额	数量	金额
锌材	公吨	50 018	5 575	45 275	5 318
镍材	公吨	10 683	11 825	9 355	9 036
锡材	公吨	14 851	8 008	14 284	6 454
银	公斤	538 198	8 144	404 596	6 301
钯	公斤	5 406	1 883	12 968	1 674
水泥	公吨	2 537 691	6 438	2 372 379	5 549
平板玻璃	平方米	31 526 991	14 269	28 843 164	13 010
鳞片石墨	公吨	1 526	524	622	354
滑石粉	公吨	14 997	693	11 898	552
煤	公吨	10 761 361	36 430	10 810 867	32 846
电力	万度	298 099	15 265	230 049	12 401
石油及制品	金额	0	2 765 794	0	1 815 336
原油	公吨	91 123 950	1 980 873	69 406 464	1 275 734
成品油	公吨	28 235 858	586 118	20 337 076	379 899
煤油	公吨	2 102 675	62 113	2 147 419	55 286
轻柴油	公吨	848 477	22 255	477 236	10 900
润滑油脂	公吨	10 739	2 911	9 647	2 608
石脑油	公吨	238 089	6 241	242 591	5 730
液化石油气	公吨	6 382 422	198 799	6 259 321	159 671
硫酸	公吨	1 938 511	4 344	1 823 039	3 515
硼酸	公吨	62 238	2 625	44 758	1 990
烧碱	公吨	104688	1 474	114 834	1 451
纯碱	公吨	301 277	3 141	293 685	3 029
次亚磷酸钠	公吨	6 249	1 246	3 517	745
氯化钠	公吨	375 639	1 006	170 919	453
氰化钠	公吨	28 776	2 892	27 292	2 786
氯化钾	公吨	6 233 181	73 942	6 648 138	76 833
硝酸钾	公吨	63 158	1 606	58 839	1 516
硫酸钾	公吨	332 763	5 656	302 415	5 061
氢氧化钾	公吨	15 269	1 068	18 881	1 203
碳酸钙	公吨	37 186	1 547	38 558	1 488
电解二氧化锰	公吨	6 057	657	7 954	872
氧化镍	公吨	7 725	4 633	4 743	3 198
工业氢氧化铝	公吨	9 417	718	13 068	567
氧化钴	公吨	1 479	2 658	882	1 479
五氧化二钒	公吨	2 110	1 011	1 983	297

续表

商品名称	数量单位	2003年		2002年	
		数量	金额	数量	金额
工业硝酸铵	公吨	113 989	979	1 095 977	9 803
磷酸二氢铵	公吨	61 421	854	58 019	779
磷酸氢二铵	公吨	2 608 842	50 390	4 925 038	85 946
活性碳	公吨	4 332	1 316	9 272	1 310
溴素	公吨	23 075	1 370	9 554	619
重水	公斤	147 707	2 889	329 608	6 634
石蜡	公吨	32 400	2 753	28 346	2 507
石油焦	公吨	1 237 259	7 135	1 229 872	4 662
锻烧焦	公吨	21 116	949	47 220	702
沥青焦	公吨	39 959	1 472	22 500	957
石油沥青	公吨	2 610 983	51 141	2 277 219	40 606
甲醇（木精）	公吨	1 398 741	32 621	1 799 551	27 873
乙二醇	公吨	2 518 956	158 603	2 145 723	88 620
甘油（丙三醇）	公吨	45 551	4 163	34 233	2 973
丁醇（正丁醇）	公吨	295 798	17 651	242 993	12 131
甲酸（蚁酸）	公吨	15 274	656	14 841	578
冰醋酸（乙酸）	公吨	504 629	19 775	348 614	12 493
己二酸	公吨	133 389	12 809	94 585	8 314
对苯二甲酸	公吨	4 543 048	256 667	4 296 942	209 951
丙烯酸酯	公吨	211 057	23 142	189 014	15 788
丙酮	公吨	208 930	12 069	169 136	7 217
环已酮	公吨	60 828	4 617	45 825	2 836
苯酚（石碳酸）	公吨	322 677	22 391	217 523	11 015
间苯二酚（雷锁辛）	公吨	6 871	2 690	5 052	2 017
二氯甲烷	公吨	65 369	3 555	38 169	1 707
二氯乙烷	公吨	360 344	10 731	250 442	7 113
三氯甲烷（氯仿）	公吨	212 607	9 641	141 788	5 124
环乙烷	公吨	12 285	684	16 297	710
乙烯	公吨	46 623	2 236	85 218	3 388
丙烯	公吨	226 402	12 667	296 897	12 794
丁二烯	公吨	135 915	9 835	103 610	4 944
苯乙烯	公吨	2 660 615	184 302	1 798 515	105 729
三氯乙烯	公吨	41 601	2 294	32 351	1 637
丙烯腈	公吨	381 541	31 294	309 992	21 720
乙二胺	公吨	24 035	3 678	20 902	2 925
三聚氰胺	公吨	10 710	1 054	8 920	815

续表

商品名称	数量单位	2003年		2002年	
		数量	金额	数量	金额
己内酰胺	公吨	376 986	43 060	320 551	31 285
甲苯	公吨	980 469	43 493	863 409	26 682
二甲苯（含邻间对）	公吨	1 305 542	71 863	542 629	22 629
粗萘（工业萘）	公吨	89 372	5 722	70 816	3 652
四氢呋喃	公吨	9 930	1 361	9 921	1 349
羧甲基纤维素	公吨	3 712	1 063	2 717	781
防老剂	公吨	120 053	23 839	118 067	22 343
催化剂	公吨	33 705	24 114	31 057	20 680
塑料	金额	0	2103 740	0	1 738 423
高压聚乙烯	公吨	2 196 846	141 186	2 133 733	124 016
低压聚乙烯	公吨	1 394 893	98 703	2 425 072	145 751
聚丙烯	公吨	2 734 202	202 353	2 441 937	163 528
ABS树脂	公吨	1 789 595	188 192	1 637 479	167 674
电木粉（酚醛树脂）	公吨	103 929	12 394	94 467	11 065
电玉粉	公吨	22 334	2 096	24 101	2 279
聚氯乙烯（树脂）	公吨	2 342 020	166 939	2 290 034	145 613
聚苯乙烯	公吨	3 587 714	343 274	3 483 080	320 814
聚四氟乙烯	公吨	10 291	8 294	7 545	5 601
环氧树脂	公吨	198 757	43 349	161 891	33 796
聚碳酸脂	公吨	534 622	102 858	415 388	78 473
醇酸树脂	公吨	49 922	6 589	45 620	5 517
塑料雨衣	公吨	3 936	2 346	3 974	1 891
各种染料	公吨	64 438	28 975	60 095	25 718
还原染料	公吨	911	583	916	472
直接染料	公吨	7 410	3 635	10 296	4 042
酸性染料	公吨	10 323	6 149	7 700	4 589
盐基染料	公吨	2 641	698	2 157	427
活性染料	公吨	28 859	11 420	25 610	10 993
分散染料	公吨	5 292	2 721	4 884	2 227
增白粉	公吨	6 105	2 006	5 668	1 975
苯胺	公吨	23 752	1 795	45 241	2 685
三聚氯氰	公吨	30 425	2 406	29 732	1 931
钛白粉	公吨	230 901	39 857	190 325	31 651
氧化锌	公吨	17 566	2 099	15 577	1 788
油漆	公吨	253 399	68 745	231 628	56 875
油墨	公吨	39 442	29 055	31 596	20 090

续表

商品名称	数量单位	2003年		2002年	
		数量	金额	数量	金额
化肥	公吨	12 131 803	176 267	16 819 151	235 365
尿素	公吨	134 922	1 542	790 715	9 182
氯化钾	公吨	6 233 181	73 942	6 648 138	76 833
硝铵（硝酸铵）	公吨	113 989	979	1 095 977	9 803
硫酸钾	公吨	332 763	5 656	302 415	5 061
农药	公吨	28 408	13 398	27 432	13 609
除草剂	公吨	11 504	4 918	14 270	6 038
杀虫剂	公吨	5 528	2 885	5 474	3 164
天然橡胶	公吨	1 202 897	115 474	955 940	69 375
合成橡胶	公吨	1 005 725	115 191	915 157	93 944
轮胎	金额	0	10 981	0	6 318
整套轮胎	万套	309	9 944	311	5 661
胶管	公吨	20 971	21 484	12 951	11 597
运输带	公吨	11 253	4 231	7 010	2 977
乳胶手套	万副	16 271	1 033	25 467	759
槟榔	公吨	31 338	2 829	25 705	1 941
抗菌素药	公吨	5 434	46 121	5 194	43 058
磺胺药	公吨	1 288	3 207	1 211	2 962
维生素	金额	0	4 788	0	4 225
医疗器械	金额	0	161 975	0	118 951
血压表	万支	24	875	23	612
心电瞬时记录仪	台	6 344	628	1 319	497
体外反搏装置	万个	2	2 087	2	1 812
注射器	万支	26 127	2 863	11 292	1 658
注射针头	金额	0	1 844	0	1 772
畜牧专用器械	金额	0	1 017	0	1 347
医用敷料	金额	0	1 023	0	819
各类船	艘	1 248	28 572	1 136	36 364
客货船	艘	334	14 246	344	16 669
挖泥船	艘	30	6 809	4	7 822
拖轮	艘	46	1 345	56	876
海洋平台	金额	0	3 948		
集装箱	只	1 978	814	2 004	635
飞机	架	167	350 064	170	284 230
汽车	辆	171 325	517 886	127 184	316 534
载重汽车	辆	9 862	42 621	6 833	28 412

续表

商品名称	数量单位	2003年		2002年	
		数量	金额	数量	金额
小轿车	辆	155 578	444 449	115 883	260 887
客车	辆	4 600	7 554	3 356	8 606
汽车底盘	金额	0	3 104	0	931
摩托车零件	金额	0	1 107	0	834
汽车零件	金额	0	626 382	0	300 119
显像管	万只	2 415	108 725	1 349	77 138
集成电路	金额	0	4 183 115	0	2 637 832
电线电缆	公吨	312 539	182 863	316 515	161 286
蓄电池	金额	0	192 886	0	112 267
铅酸蓄电池	万个	1 575	7 732	1 054	5 053
起重机械	台	312 271	87 480	147 009	57 618
金属切削机床	台	125 702	413 088	124 132	315 050
车床	台	14 978	37 450	13 970	28 223
钻床	台	6 934	17 017	7 162	12 846
镗床	台	972	11 405	728	6 069
磨床	台	17 884	47 592	21 005	35 345
齿轮加工机床	台	800	8 574	573	4 228
螺纹加工机床	台	3 611	2 839	4 184	2 702
铣床	台	8 486	29 066	8 024	19 508
拉床	台	104	750	109	718
铸造机械	台	22 983 351	31 441	4 549 589	28 563
木工机械	台	41 684	41 570	35 361	32 949
各种泵	金额	0	345 762	0	250 213
滚动轴承	套	1 357 437 299	86 432	932 534 968	63 845
纺织机械	台	6 894	63 572	3 694	40 564
印刷机械	金额	0	149 179	0	114 745
制革制鞋机械	金额	0	8 620	0	9 839
金属轧机	金额	0	80 268	0	58 601
玻璃加工机械	金额	0	32 899	0	22 037
橡胶或塑料加工机械	金额	0	255 207	0	204 660
烟草加工机械	金额	0	12 107	0	1 993
电动机及发电机	万台	166 811	171 999	159 005	148 245
发电机组	台	25 745	49 459	21 377	38 437
电动机和发电机零件	金额	0	73 661	0	67 527
有线电话电报交换机	台	24 349 772	162 440	12 162 599	166 136
有线电话电报交换机零件	金额	0	146 353	0	145 573

续表

商品名称	数量单位	2003年		2002年	
		数量	金额	数量	金额
计算机	金额	0	1 141 457	0	673 328
大、中型电子计算机	台	43	2 702	31	1 564
小型电子计算机	台	5 579	27 521	8 212	23 747
微型电子计算机	台	8 495	1 514	21 468	2 913
打印机	台	6 476 714	84 206	5 400 308	74 627
键盘	个	22 835 987	13 627	13 587 212	6 824
磁盘	万片	39 061	33 706	37 257	22 638
有线通讯设备	金额	0	308 793	0	311 709
电话机	台	1 110 286	2 648	1 198 745	1 964
各种电子交换机	金额	0	7 454	0	4 357
载波机	台	21 809 572	133 533	10 113 943	148 659
传真机	台	1 389 867	17 453	766 737	9 748
复印机	台	94 192	4 895	112 871	6 250
雷达	金额	0	3 777	0	7 351
导航设备	金额	0	4 807	0	3 211
电台对讲机	金额	0	1 496	0	546
电池	金额	0	42 828	0	31 806
测绘仪器	金额	0	33 271	0	23 793
望远镜	金额	0	1 108	0	1 143
放大镜	只	347 749	815	659 932	164
照相机	架	13 957 900	5 328	13 074 919	4 500
照相机零件	金额	0	46 358	0	45 807
彩色冲洗扩印系统	金额	0	834	0	1 917
自行车类	金额	0	16 056	0	18 363
自行车零配件	金额	0	15 771	0	17 979
缝纫机类	金额	0	33 808	0	35 920
缝纫机	金额	0	20 446	0	24 755
家用缝纫机	台	856 710	1 268	493 137	1 425
工业缝纫机	台	255 480	19 178	278 867	23 330
缝纫机零件	金额	0	13 363	0	11 165
电风扇	台	148 584 555	49 258	91 671 593	29 434
排风扇	台	1 549 392	4 973	1 600 595	3 286
洗衣机	台	66 681	1 151	30 134	587
空调器	台	5 216	1 310	9 227	1 224
空气加湿器	台	39 981	1 334	35 880	978
空气干燥器	台	56 841	16 529	18 973	12 683

续表

商品名称	数量单位	2003年		2002年	
		数量	金额	数量	金额
电炉	个	98 931	545	112 335	595
洗碗机	台	10 889	808	7 374	494
消毒柜	台	8 464	2 477	3 929	1 935
电动剃须刀	个	561 428	1 161	320 137	632
吊灯	金额	0	519	0	377
卤钨灯	万只	4 670	2 998	4 295	2 101
收音机	台	678 867	608	483 476	223
录音机	金额	0	7 601	0	3 374
电视机及散件	金额	0	8 553	0	3 699
彩色电视机	台	965 145	8 339	147 821	3 515
投影电视机	台	14 360	2 098	3 045	724
录像机	台	83 501	3 005	18 172	3 639
摄像机	台	16 872 062	73 035	809 008	11 363
音箱	万台	84 793	26 029	64 264	17 987
录像带	万盒	25 121	8 444	29 199	8 710
耳塞机	万个	16 214	10 395	12 034	5 735
麦克风	个	473 781 448	13 059	397 533 151	10 129
量具	金额	0	5 057	0	4 273
刃具	金额	0	17 932	0	12 979
磨具	金额	0	16 440	0	12 173
砂布	公吨	8 408	3 648	7 188	2 754
各种钳	金额	0	1 068	0	823
各种扳手	金额	0	4 731	0	3 876
各种螺丝批	金额	0	714	0	584
各种锉和刀	金额	0	2 446	0	1 706
各种锯和锯条	金额	0	4 015	0	3 501
出版物	金额	0	15 105	0	14 993

11. 2003年中国对外服务贸易统计表

单位：百万美元

部门	出口	进口	差额
运输	7 906	18 233	−10 326
旅游	17 406	15 187	2 219
通讯服务	638	427	211
建筑服务	1 290	1 183	106
保险服务	313	4 564	−4 251
金融服务	152	233	−81
计算机和信息服务	1 102	1 036	66
专有权利使用费和特许费	107	3 548	−3 441
咨询	1 885	3 450	−1 565
广告、宣传	486	458	28
电影、音像	33	70	−36
其他商业服务	15 056	6 464	8 592
合计	46 734	55 306	−8 572

12. 2003年中国国内贸易基本情况统计表

指标	单位	1998年	1999年	2000年	2001年	2002年	2003年
一、批发零售贸易业商品购销存总额							
商品购进总额	亿元	24 297	24 581	29 784	32 489	36 886	
商品销售总额	亿元	56 438	58 780	66 360	72 415	81 266	95 507
限额以上	亿元	27 147	27 448	32 266	35 153	40 090	45 323
限额以下	亿元	29 291	31 332	34 094	37 262	41 176	50 184
商品库存总额	亿元	3 790	3 630	3 570	3 618	3 578	3 148
二、社会消费品零售总额	亿元	29 153	31 135	34 153	37 595	42 027	45 842
按销售单位所在地分							
市	亿元	17 825	19 092	21 110	23 543	26 986	29 777
县	亿元	3 682	3 893	4 217	4 583	4 860	5 248
县以下	亿元	7 645	8 151	8 825	9 469	10 181	10 817
按行业分							
批发零售贸易业	亿元	19 186	20 552	23 042	25 511	34 514	37 693
餐饮业	亿元	2 816	3 200	3 753	4 369	5 433	6 066
其他	亿元	7 150	7 383	7 358	7 716	2 080	2 084
三、城乡消费品市场情况							
市场数	个	89 177	88 576	88 811	86 454	82 498	81 017
城市	个	24 127	24 983	26 395	26 699	26 529	27 006
乡村	个	65 050	63 593	62 416	59 755	55 969	54 011
成交额	亿元	19 836	21 708	24 280	24 949	25 976	26 498
城市	亿元	11 043	12 326	13 800	14 320	15 140	15 448
乡村	亿元	8 793	9 382	10 479	10 630	10 836	11 050
在成交额中							
#粮油类	亿元	1 465	1 591	1 960	1 869	2 096	2 325
肉禽蛋类	亿元	3 557	3 802	4 202	4 185	4 468	4 802
水产品类	亿元	1 659	1 801	2 073	2 077	2 205	2 246
蔬菜类	亿元	2 207	2 426	2 662	2 695	2 888	2 938
干鲜果类	亿元	1 235	1 398	1 546	1 584	1 692	1 709
工业品	亿元	7 793	8 767	9 559	10 001	9 987	9 927

注：1.批发零售贸易业商品购进总额和商品库存总额为限额以上批发零售贸易业数据。

2.2003年社会消费品零售总额的口径进行了调整，2002年数据作了相应调整。

13. 2003年中国进出口额最大的500家企业名录表

金额单位：万美元

排名	企业名称	进出口额	出口额	进口额
1	中国石化国际事业有限公司	1 588 686	207 255	1 381 432
	中国国际石油化工联合有限责任公司	1 130 706	127 345	1 003 361
	湛江东兴石油企业有限公司	55 151	0	55 151
	中国石化仪征化纤股份有限公司	52 626	3 188	49 438
	中国石化镇海炼油化工股份有限公司	38 311	14 490	23 821
	中国石化国际事业广州公司	28 678	12 076	16 601
	中国金山联合贸易有限责任公司	25 867	3 735	22 132
2	鸿富锦精密工业（深圳）有限公司	1 213 803	642 304	571 499
3	达丰（上海）电脑有限公司	880 713	529 116	351 597
4	中国中化集团公司	809 249	215 247	594 002
	中化国际石油公司	332 031	33 804	298 227
	中化国际化肥贸易公司	75 428	2 411	73 017
	中化国际贸易股份有限公司	72 705	19 188	53 517
	中化广东进出口公司	60 377	3 006	57 371
	中化上海进出口公司	36 851	17 534	19 317
	中化辽宁进出口公司	33 164	28 128	5 036
	中化国际招标有限责任公司	31 029	688	30 342
	中化江苏进出口公司	29 148	21 862	7 286
	中化宁波进出口公司	26 681	20 435	6 245
	中化河北进出口公司	24 164	18 165	5 999
	中化天津进出口公司	19 537	16 355	3 182
5	名硕电脑（苏州）有限公司	611 601	316 536	295 065
6	中国五矿集团公司	604 263	72 094	532 169
	五矿发展股份有限公司	458 963	40 263	418 700
	五矿有色金属股份有限公司	83 101	22 244	60 857
	中国五金矿产进出口上海浦东公司	23 387	603	22 785
7	摩托罗拉（中国）电子有限公司	532 922	303 087	229 835
8	中国石油天然气集团公司	531 405	206 585	324 820
	中国联合石油有限责任公司	373 760	128 009	245 751
	大连中联油国际贸易有限公司	42 238	41 130	1 108
	中国石油物资装备（集团）总公司	51 000	395	50 606
	中国石油技术开发公司	37 987	34 488	3 499
	中国石油国际事业有限公司	26 061	15 278	10 783
9	东方国际（集团）有限公司	428 580	238 759	189 821
	东方国际集团上海市对外贸易有限公司	155 923	33 056	122 866
	上海久茂对外贸易公司	31 283	5 892	25 391

续表

排名	企业名称	进出口额	出口额	进口额
	上海东松国际贸易有限公司	26 770	6 516	20 254
	上海丝绸（集团）有限公司	80 440	66 765	13 675
	上海丝绸集团股份有限公司	51 691	41 953	9 737
	东方国际创业股份有限公司	54 485	35 424	19 061
	东方国际集团上海荣恒国际贸易有限公司	19 298	7 322	11 975
	东方国际集团上海市针织品进出口有限公司	32 735	31 392	1 343
	东方国际集团上海市家用纺织品进出口有限公司	27 935	26 097	1 838
	东方国际集团上海市纺织品进出口有限公司	26 445	25 106	1 339
	东菱贸易有限公司	23 064	865	22 199
	东方国际商业（集团）有限公司	20 087	14 826	5 261
10	诺基亚（中国）投资有限公司	341 595	206 005	135 590
	东莞诺基亚移动电话有限公司	131 723	87 672	44 051
	北京诺基亚移动通信有限公司	131 374	82 492	48 882
	诺基亚（苏州）电信有限公司	42 414	21 177	21 236
	北京诺基亚航星通讯系统有限公司	29 424	11 319	18 105
11	中国第一汽车集团	334 294	6 456	327 839
	一汽-大众汽车有限公司	190 281	893	189 388
	中国第一汽车集团进出口公司	132 243	5 016	127 227
12	中国普天信息产业集团公司	331 646	136 835	194 811
	北京爱立信移动通信有限公司	93 295	68 896	24 399
	宁波电子信息集团有限公司	86 778	4 431	82 346
	宁波波导股份有限公司	85 693	3 672	82 021
	普天东方通信集团	76 529	32 681	43 849
	杭州摩托罗拉移动通信设备有限公司	56 766	32 627	24 139
	北京松下通信设备有限公司	56 530	20 027	36 502
13	中国粮油食品进出口（集团）有限公司	325 687	196 929	128 758
	东海粮油工业（张家港）有限公司	59 880	4 679	55 201
	中粮粮油进出口公司	35 348	26 549	8 799
	中粮国际（北京）有限公司	23 265	18 529	4 737
14	英特尔产品（上海）有限公司	315 740	156 262	159 479
15	伟创力实业（珠海）有限公司	315 688	142 144	173 545
16	中国航空技术进出口总公司	305 871	82 118	223 754
	中航技国际工贸公司	29 749	6 887	22 862
	中国航空技术进出口深圳公司	23 235	12 799	10 437
17	希捷国际科技（无锡）有限公司	290 132	146 738	143 394
18	中国国际海运集装箱（集团）股份有限公司	284 296	199 185	85 110
	上海中集冷藏箱有限公司	57 157	36 228	20 929

续表

排名	企业名称	进出口额	出口额	进口额
	深圳南方中集集装箱制造有限公司	50 908	37 344	13 564
	青岛中集冷藏箱制造有限公司	37 885	22 395	15 490
	新会中集集装箱有限公司	22 859	17 426	5 432
	上海中集远东集装箱有限公司	22 168	18 119	4 049
	南通中集顺达集装箱有限公司	22 077	15 257	6 820
19	友达光电（苏州）有限公司	266 464	92 614	173 850
20	长城国际信息产品（深圳）有限公司	266 078	265 641	437
21	顺德市顺达电脑厂有限公司	258 771	133 676	125 096
22	珠海振戎公司	255 218	0	255 218
23	广东省广新外贸集团有限公司	252 168	160 394	91 773
	广东省广新外贸轻纺（控股）公司	84 568	74 156	10 412
	广东省机械进出口集团公司	39 437	19 586	19 851
	广东省五金矿产进出口集团公司	38 154	6 002	32 152
	广东省外贸开发公司	23 992	6 781	17 211
24	中国通用技术（集团）控股有限责任公司	250 006	73 779	176 227
	中国机械进出口（集团）有限公司	91 297	34 023	57 274
	中机海川国际船舶公司	20 426	17 807	2 619
	中国技术进出口总公司	43 555	2 565	40 989
	中国仪器进出口总公司	37 844	1 879	35 965
	通用国际贸易公司	31 583	21 257	10 326
	中技贸易股份有限公司	25 820	6 323	19 497
	中国医药保健品进出口总公司	19 276	7 360	11 916
25	明基电通信息技术有限公司	241 578	172 523	69 055
26	冠捷电子（福建）有限公司	234 141	156 706	77 435
	福建捷联电子有限公司	160 609	103 648	56 961
27	中国电子进出口总公司	233 013	114 014	118 999
	深圳中电投资股份有限公司	37 991	32 332	5 658
28	英业达（上海）有限公司	230 429	126 761	103 669
29	鑫茂科技（深圳）有限公司	226 184	121 602	104 582
30	戴尔（中国）有限公司	223 005	174 649	48 356
31	中国机械装备（集团）公司	209 218	135 262	73 957
	中国机械设备进出口总公司	150 366	98 195	52 172
	中设江苏机械设备进出口集团公司	71 519	39 494	32 026
	中国机械对外经济技术合作总公司	22 291	14 697	7 594
32	广东省东莞机械进出口有限公司	208 680	118 287	90 393
33	大连西太平洋石油化工有限公司	199 995	72 105	127 890
34	宝钢集团国际经济贸易总公司	196 572	24 776	171 796

续表

排名	企业名称	进出口额	出口额	进口额
35	乐金电子（惠州）有限公司	185 339	105 233	80 106
36	仁宝电子科技（昆山）有限公司	179 276	104 353	74 923
37	中国海洋石油总公司	178 027	109 126	68 901
	中海石油（中国）有限公司	104 320	91 520	12 800
38	中国华源集团有限公司	173 891	115 210	58 681
	上海华源家纺（集团）股份有限公司	20 695	17 523	3 172
39	中国中煤能源集团公司	163 395	148 445	14 951
	中国中煤能源集团公司秦皇岛分公司	60 429	60 408	21
	中国中煤能源集团公司日照分公司	36 202	35 983	218
40	联想控股有限公司	162 672	21 341	141 332
	联想进出口有限公司	80 470	4 852	75 618
	联想（北京）有限公司	40 345	318	40 027
	惠阳联想电脑有限公司	23 707	13 081	10 626
41	恩斯迈电子（深圳）有限公司	162 651	85 978	76 674
42	苏州爱普生有限公司	157 143	91 830	65 312
43	中国船舶工业贸易公司	148 051	91 204	56 848
	沪东中华造船（集团）有限公司	48 041	30 717	17 324
	广州广船国际股份有限公司	26 695	21 736	4 960
	江南造船（集团）有限责任公司	23 017	14 603	8 414
44	上海大众汽车有限公司	147 384	193	147 191
45	中国东风汽车工业进出口有限公司	147 105	4 077	143 028
	深圳市东风置业有限公司	44 129	176	43 953
	神龙汽车有限公司	40 116	548	39 568
	东风本田发动机有限公司	33 716	4	33 711
46	广东省丝绸集团公司	142 459	117 113	25 346
	广东省东莞丝绸进出口公司	48 023	30 554	17 469
	广东省丝绸进出口（集团）公司	47 718	45 734	1 984
47	华映视讯（吴江）有限公司	138 409	37 676	100 733
48	深圳开发科技股份有限公司	137 595	68 800	68 795
49	上海兰生（集团）有限公司	137 127	84 811	52 316
	上海市五金矿产进出口公司	61 216	17 990	43 226
	上海兰生股份有限公司	22 861	21 319	1 542
50	旭电（苏州）科技有限公司	134 935	45 256	89 680
51	中国北方工业公司	129 727	97 351	32 375
52	中国烟草进出口（集团）公司	128 195	49 961	78 235
53	上海西门子移动通信有限公司	127 533	71 149	56 384
54	神华集团有限责任公司	126 930	93 451	33 479

续表

排名	企业名称	进出口额	出口额	进口额
	神华煤炭运销公司	76 204	75 995	208
	中国出口商品基地建设总公司	27 193	15 907	11 287
	神华国际贸易有限责任公司	23 322	1 341	21 981
55	爱普生技术（深圳）有限公司	123 677	80 789	42 888
56	长虹电子集团公司	121 277	67 671	53 606
	四川长虹电器股份有限公司	121 007	67 470	53 537
57	飞利浦电子元件（上海）有限公司	120 923	49 707	71 216
58	日立显示器件（苏州）有限公司	119 885	49 117	70 769
59	建兴光电科技（广州）有限公司	119 569	67 571	51 997
60	浙江东方集团控股有限公司	119 569	105 323	14 246
	浙江东方集团股份有限公司	61 728	52 111	9 617
	浙江省纺织品进出口有限公司	37 029	35 001	2 028
61	中国工艺品进出口总公司	119 390	74 972	44 418
	中国抽纱上海进出口公司	33 732	20 053	13 679
	中艺华海进出口有限公司	22 131	0	22 131
62	浙江荣大集团控股有限公司	118 589	102 473	16 116
	浙江省土产畜产进出口集团公司	43 720	39 623	4 096
	浙江粮油食品进出口股份有限公司	25 598	22 793	2 806
	浙江省粮油食品进出口公司温州公司	20 205	19 607	598
63	上海工业投资（集团）有限公司	116 393	41 116	75 276
	上海埃力生（集团）有限公司	46 553	12 537	34 016
64	伟创力科技（珠海）有限公司	115 715	61 977	53 738
65	天津三星通信技术有限公司	114 812	35 881	78 931
66	三星电子（苏州）半导体有限公司	114 676	55 467	59 209
67	国家电网公司	113 704	8 528	105 176
	中国电力技术进出口公司	26 531	523	26 008
68	江苏省海外企业集团有限公司	113 703	36 760	76 944
	江苏省对外经贸股份有限公司	32 725	4 413	28 312
	江苏海外集团物资技术有限公司	22 904	5 846	17 058
69	三宝电脑（沈阳）有限公司	108 834	59 404	49 430
70	纬创资通（中山）有限公司	107 376	55 264	52 111
71	新华锦集团	107 290	74 486	32 804
72	华宇电脑（江苏）有限公司	106 189	62 471	43 718
73	中国钢铁工贸集团公司	105 041	37 787	67 253
	江苏省冶金进出口公司	19 205	551	18 653
74	仁宝资讯工业（昆山）有限公司	104 885	69 168	35 717
75	华为技术有限公司	103 160	38 612	64 548

续表

排名	企业名称	进出口额	出口额	进口额
76	江苏国泰国际集团有限公司	102 645	90 720	11 924
	江苏国泰国际集团国贸股份有限公司	29 290	25 025	4 265
77	金士顿科技电子（上海）有限公司	102 289	41 679	60 610
78	东方航空进出口公司	101 774	3 323	98 451
79	江苏舜天国际集团有限公司	101 388	77 537	23 851
	江苏舜天股份有限公司	55 843	50 045	5 798
	江苏舜天国际集团机械进出口股份有限公司	38 456	24 278	14 178
80	苏州飞利浦消费电子有限公司	100 028	59 150	40 878
81	浙江中大集团控股有限公司	100 021	66 943	33 078
	浙江中大技术进出口集团有限公司	41 504	18 372	23 132
	浙江中大技术进出口有限公司	22 716	164	22 553
	浙江中大集团股份有限公司	31 364	30 489	875
82	天津三星电子显示器有限公司	98 240	51 798	46 443
83	仁宝电脑工业（中国）有限公司	97 707	59 811	37 897
84	深圳三洋华强激光电子有限公司	97 431	52 740	44 691
85	中芯国际集成电路制造（上海）有限公司	96 284	38 874	57 410
86	才众电脑（深圳）有限公司	96 132	49 497	46 634
87	江苏开元国际集团有限公司	93 808	73 964	19 844
	江苏开元国际集团轻工业品进出口股份有限公司	41 650	28 954	12 696
	江苏省纺织品进出口集团股份有限公司	30 071	25 907	4 163
88	UT斯达康通讯有限公司	93 260	10 206	83 054
89	雅戈尔集团股份有限公司	92 780	48 341	44 439
	中基宁波对外贸易股份有限公司	72 953	38 567	34 386
90	中国原子能工业公司	90 582	8 271	82 312
91	中国船舶重工集团公司	89 057	60 751	28 306
	大连新船重工有限责任公司	42 039	28 231	13 809
	大连造船重工有限责任公司	31 717	24 169	7 548
92	山东魏桥创业集团有限公司	87 672	43 174	44 498
	邹平县位桥棉纺织厂	73 046	38 646	34 401
93	环旭电子（深圳）有限公司	86 752	44 533	42 219
94	佛山普立华科技有限公司	86 509	54 386	32 123
95	海尔集团公司	84 796	44 958	39 838
	海尔集团电器产业有限公司	37 553	32 410	5 144
	飞马通讯（青岛）有限公司	19 607	4 314	15 293
96	中谷粮油集团公司	84 329	1 346	82 983
	中国植物油公司	36 275	16	36 259
97	佳能珠海有限公司	83 743	60 759	22 984

续表

排名	企业名称	进出口额	出口额	进口额
98	南京LG同创彩色显示系统有限责任公司	83 609	50 351	33 258
99	上海通用汽车有限公司	83 121	1 450	81 671
100	理光（深圳）工业发展有限公司	83 029	61 010	22 018
101	厦门建发股份有限公司	83 005	32 088	50 918
102	志合电脑（苏州工业园区）有限公司	82 762	38 495	44 267
103	英业达集团（上海）电子技术有限公司	82 600	39 883	42 717
104	中国纺织品进出口总公司	81 701	22 621	59 081
	中纺粮油进出口有限责任公司	32 440	70	32 370
105	明德信息媒体（深圳）有限公司	81 550	40 357	41 193
106	南京纺织品进出口股份有限公司	79 863	62 098	17 765
107	东莞三星视界有限公司	79 643	37 851	41 791
108	东莞福安纺织印染有限公司	78 797	40 941	37 856
109	中国港湾建设（集团）总公司	78 223	44 519	33 703
	上海振华港机（集团）股份有限公司	70 912	43 353	27 559
110	深圳富泰宏精密工业有限公司	77 953	37 048	40 905
111	中国广东核电集团有限公司	76 471	66 600	9 871
	广东核电合营有限公司	69 924	66 458	3 466
112	友利电电子（深圳）有限公司	76 195	44 388	31 808
113	乐金电子（天津）电器有限公司	75 707	46 694	29 013
114	纬创资通（昆山）有限公司	75 079	35 620	39 459
115	青岛朗讯科技通讯设备有限公司	74 925	26 120	48 806
116	江苏新科电子集团有限公司	74 599	42 164	32 435
	常州市新科数字技术有限公司	72 383	41 420	30 963
117	东芝信息机器（杭州）有限公司	72 000	36 649	35 351
118	深圳市中电信国际商贸有限公司	71 359	33 721	37 638
119	吉林粮食集团进出口有限公司	70 847	69 172	1 675
120	东莞市旗峰对外贸易有限公司	69 642	33 612	36 030
	广东省东莞市对外贸易发展集团公司	33 084	16 361	16 723
121	金朋（上海）有限公司	68 974	36 829	32 145
122	深圳市怡亚通商贸有限公司	68 940	15	68 925
123	协冠科技（深圳）有限公司	68 766	34 962	33 804
124	无锡夏普电子元器件有限公司	67 585	36 695	30 890
125	中国远大集团有限责任公司	66 944	23 142	43 803
	浙江远大进出口有限公司	62 611	22 615	39 996
126	佳能（中山）办公设备有限公司	65 261	45 224	20 037
127	东莞三星电机有限公司	64 142	38 978	25 164
128	深圳海量存储设备有限公司	64 112	31 687	32 425

续表

排名	企业名称	进出口额	出口额	进口额
129	深圳市中兴通讯股份有限公司	63 769	22 808	40 962
130	中国南方航空进出口贸易公司	63 635	307	63 328
131	马钢国际经济贸易总公司	63 377	8 287	55 090
132	浙江物产国际贸易有限公司	62 763	5 109	57 653
133	中国农业生产资料集团公司	62 239	3 571	58 668
134	惠州三星电子有限公司	61 703	45 822	15 881
135	广东格兰仕集团公司	61 671	45 685	15 986
	佛山市顺德区格兰仕微波炉电器有限公司	46 889	32 694	14 195
136	苏州进出口（集团）有限公司	61 622	56 444	5 178
	苏州恒润进出口有限公司	20 298	18 410	1 889
137	中国航空器材进出口总公司	61 459	4 890	56 569
138	深圳赛意法微电子有限公司	61 073	31 965	29 108
139	国航集团进出口贸易公司	60 689	404	60 285
140	广东美的集团股份有限公司	60 347	47 893	12 454
	佛山市顺德美的家用电器有限公司	52 347	43 298	9 049
141	先锋高科技（东莞）有限公司	60 336	32 683	27 654
142	安徽安天国际集团有限公司	60 100	36 139	23 961
	安徽省技术进出口股份有限公司	47 868	29 534	18 334
143	TCL集团股份有限公司	59 526	2	59 524
144	东莞华强三洋马达有限公司	59 398	32 624	26 774
145	上海上实国际贸易（集团）有限公司	59 000	27 029	31 970
146	厦门太古飞机工程有限公司	58 748	19 489	39 260
147	中国长城工业总公司	58 683	29 064	29 619
148	天津三星电子有限公司	58 592	42 569	16 023
149	唯冠科技（深圳）有限公司	58 554	30 259	28 295
150	中国中信集团公司	58 471	21 436	37 035
	中信国际商贸有限公司	20 650	10 349	10 301
151	中国华录松下电子信息有限公司	57 826	32 365	25 461
152	东莞德永佳纺织制衣有限公司	57 608	32 719	24 889
153	捷普电子（广州）有限公司	56 947	28 748	28 199
154	奥林巴斯（深圳）工业有限公司	56 747	26 540	30 207
155	中国南方工业集团公司	56 700	19 291	37 409
	长安汽车有限责任公司	26 676	811	25 865
156	先锋高科技（上海）有限公司	56 588	39 741	16 847
157	上海新发展进出口贸易实业有限公司	56 004	1 802	54 202
158	青岛益佳国际贸易集团有限公司	55 554	27 478	28 076
	青岛益佳经贸实业进出口有限公司	23 080	3 909	19 170

续表

排名	企业名称	进出口额	出口额	进口额
159	恩倍福显示器（东莞）有限公司	55 065	31 432	23 634
160	宁波市慈溪进出口股份有限公司	54 903	49 672	5 232
161	山东省机械进出口集团公司	54 708	43 538	11 170
	山东省机械进出口公司	47 968	36 917	11 052
162	无锡阿尔卑斯电子有限公司	54 383	24 110	30 273
163	深圳三星科健移动通信技术有限公司	54 142	12 359	41 783
164	深圳易拓科技有限公司	53 774	33 189	20 585
165	中国轻工业品进出口总公司	53 708	27 616	26 092
166	金东纸业（江苏）有限公司	53 506	20 578	32 929
167	广东省中山食品水产进出口集团有限公司	53 363	49 885	3 478
168	青岛马士基集装箱工业有限公司	53 144	29 292	23 852
169	上海贝尔有限公司	52 708	17 592	35 116
170	中国恒天集团公司	52 484	22 502	29 982
	中国纺织机械和技术进出口公司	19 586	5 199	14 387
171	中国工艺美术（集团）公司	52 277	19 923	32 354
172	上海浦东国际机场进出口有限公司	52 236	11 225	41 011
173	日立环球存储科技（深圳）有限公司	51 860	24 891	26 968
174	苏州罗技电子有限公司	51 645	31 364	20 282
175	珠海三美电机有限公司	51 499	27 703	23 797
176	柯达电子（上海）有限公司	50 440	32 896	17 544
177	上海乐金广电电子有限公司	49 627	29 654	19 973
178	旭丽电子（广州）有限公司	49 318	38 382	10 936
179	国碁电子（中山）有限公司	49 124	24 283	24 841
180	TCL王牌电器（惠州）有限公司	48 714	32 161	16 553
181	北方国际集团有限公司	48 695	43 240	5 454
182	广州东宝（番澳）首饰有限公司	48 648	24 573	24 075
183	扬子石化-巴斯夫有限责任公司	48 512	0	48 512
184	中山东茗影音电子有限公司	48 397	23 115	25 282
185	中国土产畜产进出口总公司	48 286	32 442	15 843
186	山西煤炭进出口集团公司	47 436	47 296	139
187	塔城市国际边贸商城实业有限公司	47 365	411	46 954
188	厦门厦新电子股份有限公司	47 282	3 436	43 846
189	新天国际经济技术合作（集团）有限公司	46 952	28 949	18 003
	新疆奇台西旅有限责任公司	28 161	28 161	0
190	深圳市中兴康讯电子有限公司	46 912	0	46 912
191	常熟对外贸易集团公司	46 489	41 374	5 115
192	铜陵有色金属（集团）公司	46 019	5 953	40 066

续表

排名	企业名称	进出口额	出口额	进口额
	金隆铜业有限公司	22 396	5 162	17 234
193	浙江凯喜雅国际股份有限公司	45 937	44 465	1 472
194	信华精机有限公司	45 647	23 297	22 350
195	鞍钢集团国际经济贸易公司	45 576	15 215	30 361
196	中国三九进出口公司	45 571	647	44 924
197	江苏苏豪国际集团股份有限公司	45 555	36 212	9 342
198	中国化工建设总公司	45 416	22 858	22 558
199	南京爱立信熊猫通信有限公司	45 273	10 012	35 261
200	中国航空工业第一集团公司	45 121	29 393	15 729
201	中国北方工业集团公司	45 079	9 379	35 700
202	夏普办公设备（常熟）有限公司	45 036	29 592	15 444
203	广川科技（广州）有限公司	44 987	22 974	22 013
204	中国医药集团总公司	44 797	3 974	40 823
	中国医药对外贸易公司	21 713	3 239	18 474
205	苏州三星电子有限公司	44 622	28 088	16 533
206	深圳三星视界有限公司	44 204	23 528	20 676
207	威讯联合半导体（北京）有限公司	44 159	19 692	24 467
208	中国深圳对外贸易（集团）公司	43 978	32 273	11 705
209	美资旭电（深圳）科技有限公司	43 509	25 929	17 580
210	华闽（集团）有限公司	43 438	41 073	2 365
	福建省华闽进出口公司	28 751	27 080	1 670
211	上海大霸实业有限公司	43 121	3 379	39 742
212	微盟电子（昆山）有限公司	43 086	20 974	22 112
213	厦门国贸集团股份有限公司	43 002	23 517	19 485
214	宁波宝新不锈钢有限公司	42 346	1 147	41 199
215	深圳创维-RGB电子有限公司	42 295	20 542	21 753
216	厦门TDK有限公司	42 033	18 833	23 200
217	世成五金塑胶制品（深圳）有限公司	41 866	22 089	19 777
218	张家港浦项不锈钢有限公司	41 822	278	41 543
219	保利科技有限公司	41 651	12 385	29 266
220	高创（苏州）电子有限公司	41 385	34 320	7 065
221	广州市番禺对外贸易（集团）公司	41 317	23 240	18 077
222	富士施乐高科技（深圳）有限公司	41 246	31 355	9 892
223	中国包装进出口总公司	40 824	25 466	15 358
224	深圳桑菲消费通信有限公司	40 728	21 640	19 088
225	嘉兴市进出口公司	40 710	37 394	3 316
226	山东绮丽集团	40 679	33 107	7 572

续表

排名	企业名称	进出口额	出口额	进口额
227	吉林省粮油食品进出口（集团）有限公司	40 506	40 499	8
228	中山嘉华电子（集团）有限公司	40 352	23 153	17 199
229	广州本田汽车有限公司	40 212	48	40 164
230	北京现代汽车有限公司	40 211	0	40 211
231	天津三星电机有限公司	40 138	22 849	17 289
232	日本电产（大连）有限公司	40 005	26 675	13 330
233	海澜集团公司	39 734	29 960	9 775
	海澜国际贸易有限公司	37 414	29 154	8 260
234	惠普贸易（上海）有限公司	39 728	3 964	35 764
235	泽康科技（吴江）有限公司	39 711	16 697	23 014
236	飞索半导体（苏州）有限公司	39 569	23 112	16 457
237	广州轻出集团有限公司	39 443	28 957	10 486
238	京瓷美达办公设备（东莞）有限公司	39 411	19 948	19 463
239	上海汽车进出口公司	39 408	9 591	29 817
240	罗姆电子大连有限公司	39 334	20 620	18 715
241	广东省东莞粮油进出口公司	39 282	28 830	10 452
242	宁波海田国际贸易有限公司	39 101	30 651	8 450
243	乐金飞利浦液晶显示（南京）有限公司	38 337	3 305	35 032
244	上海索广电子有限公司	38 274	13 963	24 310
245	天弘（苏州）科技有限公司	38 234	14 228	24 005
246	佳能（苏州）有限公司	38 146	22 200	15 946
247	上海三凯进出口有限公司	38 133	2 549	35 584
248	联建（苏州）科技有限公司	38 030	15 683	22 348
249	宁波维科集团股份有限公司	37 903	35 181	2 723
	宁波维科联合进出口有限公司	20 318	19 355	963
250	南京瀚宇彩欣科技有限责任公司	37 754	12 079	25 675
251	中国远洋运输（集团）总公司	37 600	11 119	26 481
	中远国际贸易公司	28 862	5 509	23 353
252	浙江物产金属集团有限公司	37 487	7 820	29 667
253	柯达（中国）股份有限公司厦门公司	37 394	20 378	17 016
254	正运达电子（上海）有限公司	37 289	11 675	25 614
255	山东三星通信设备有限公司	37 062	20 353	16 709
256	宝山钢铁股份有限公司	36 506	34 929	1 578
257	天津通广三星电子有限公司	36 505	20 456	16 050
258	上海对外贸易实业有限公司	36 481	28 546	7 935
259	江苏爱派克斯数码有限公司	36 287	20 718	15 569
260	广东省东莞轻工业品进出口有限公司	36 210	22 418	13 792

续表

排名	企业名称	进出口额	出口额	进口额
261	福建大丰投资集团有限公司	35 946	21 525	14 421
262	上海宏力半导体制造有限公司	35 898	32	35 866
263	三洋电机（蛇口）有限公司	35 599	22 040	13 559
264	宁波市工艺品进出口公司	35 528	25 047	10 481
265	昆山翊腾平面显像有限公司	35 505	20 401	15 104
266	深圳华安液化石油气有限公司	35 290	289	35 001
267	中国首钢国际贸易工程公司	35 276	7 424	27 852
268	中国化工供销（集团）总公司	35 121	1 659	33 463
	中化物产股份有限公司	29 353	360	28 993
269	和舰科技（苏州）有限公司	34 953	1 886	33 067
270	山东省对外贸易集团有限公司	34 896	17 624	17 272
271	武钢集团国际经济贸易总公司	34 736	9 983	24 753
272	济钢集团国际贸易有限责任公司	34 723	16 158	18 565
	济南钢铁股份有限公司	29 868	12 692	17 176
273	东营科英激光电子有限公司	34 639	18 704	15 935
274	东莞市环球工艺进出口贸易有限公司	34 612	20 595	14 016
275	山东省国际贸易集团中心	34 457	25 905	8 552
276	瑞萨四通集成电路（北京）有限公司	34 388	17 372	17 016
277	江苏汇鸿国际集团有限公司	34 361	32 324	2 037
278	上海新康电子有限公司	34 114	18 968	15 146
279	亚旭电子科技（江苏）有限公司	33 973	14 437	19 537
280	苏州明基电子技术有限公司	33 852	18 755	15 096
281	佳能精技工业发展（深圳）有限公司	33 760	17 275	16 485
282	江西铜业公司	33 329	6 406	26 923
283	台达电子电源（东莞）有限公司	33 321	15 131	18 190
284	苏州国信集团有限公司	33 289	22 536	10 753
285	广州市番禺对外经济贸易公司	33 202	19 487	13 715
286	深圳康佳通信科技有限公司	33 157	28	33 128
287	新疆阿勒泰野马实业有限公司	33 097	31 681	1 416
288	海南汽车制造有限公司	32 596	0	32 596
289	乐金电子（沈阳）有限公司	32 568	21 873	10 695
290	汤姆盛光学主件（深圳）有限公司	32 388	13 940	18 447
291	中华映管（福州）有限公司	32 377	7 007	25 370
292	佳能大连办公设备有限公司	32 308	9 085	23 223
293	广州市番禺番华金银珠宝工艺厂	32 269	15 416	16 853
294	上海市工艺品进出口有限公司	32 227	25 831	6 395
295	富士通将军（上海）有限公司	32 079	22 976	9 103

续表

排名	企业名称	进出口额	出口额	进口额
296	索尼电子（无锡）有限公司	31 685	6 266	25 419
297	新美亚电子（深圳）有限公司	31 544	17 902	13 642
298	从化东麟钻石有限公司	31 278	14 758	16 520
299	河南省粮油食品进出口集团有限责任公司	31 112	13 515	17 597
300	格力集团公司	31 107	24 203	6 904
	珠海格力电器股份有限公司	24 189	19 498	4 692
301	广东顺安达太平货柜有限公司	30 800	22 508	8 292
302	惠州市德赛集团有限公司	30 612	16 621	13 991
303	从化市利福钻石有限公司	30 220	15 005	15 215
304	大连东芝电视有限公司	30 102	8 653	21 449
305	上海新格有色金属有限公司	30 001	12 566	17 435
306	惠州市华阳多媒体电子有限公司	29 883	16 794	13 089
307	大同电子科技（江苏）有限公司	29 870	18 268	11 603
308	富士康（昆山）电脑接插件有限公司	29 709	18 887	10 822
309	东南（福建）汽车工业有限公司	29 706	3	29 702
310	南通新福达电子有限公司	29 551	14 731	14 820
311	宁波联合集团进出口股份有限公司	29 546	26 447	3 099
312	上海物资（集团）总公司	29 415	6 842	22 573
	上海物资集团进出口有限公司	20 999	691	20 308
313	杭州斯达康通讯有限公司	29 401	0	29 401
314	云南铜业（集团）有限公司	29 348	7 178	22 169
315	宁波市鄞州对外贸易股份有限公司	29 321	27 272	2 049
316	东方科学仪器进出口集团有限公司	29 238	3 664	25 574
317	漳州灿坤实业有限公司	29 236	19 143	10 093
318	苏州三星电子电脑有限公司	29 097	12 004	17 093
319	比亚迪股份有限公司	28 864	17 444	11 420
320	NEC东金电子（厦门）有限公司	28 807	15 558	13 249
321	浙江卡森实业股份有限公司	28 715	18 260	10 456
322	上海华虹NEC电子有限公司	28 700	15 180	13 520
323	秦皇岛金海粮油工业有限公司	28 681	3 962	24 719
324	伟创力科技（深圳）有限公司	28 636	14 717	13 919
325	彩晶光电科技（昆山）有限公司	28 589	18 118	10 471
326	三美电机有限公司	28 557	13 294	15 263
327	伟创力实业（深圳）有限公司	28 473	13 076	15 397
328	上海天宏进出口有限公司	28 464	256	28 208
329	安徽省粮油食品进出口（集团）公司	28 384	19 931	8 454
	安徽安粮国际发展股份有限公司	25 503	17 305	8 198

续表

排名	企业名称	进出口额	出口额	进口额
330	金川有色金属进出口公司	28 225	6 990	21 236
331	翔鹭石化企业（厦门）有限公司	28 142	255	27 887
332	福建厦门经贸集团有限公司	28 088	26 614	1 473
333	广州纺织品进出口集团有限公司	27 878	26 998	880
334	绥芬河市龙江商联进出口有限责任公司	27 856	23 285	4 572
335	南京熊猫电子进出口有限公司	27 694	9 870	17 823
336	上海久信进出口有限公司	27 664	4 264	23 401
337	南通化工轻工股份有限公司	27 463	0	27 463
338	广东省东莞化工进出口有限公司	27 382	11 472	15 910
339	上海申达进出口有限公司	27 295	23 938	3 357
340	互太（番禺）纺织印染有限公司	27 215	13 450	13 765
341	广东科龙（容声）集团有限公司	27 062	21 134	5 928
342	乐金飞利浦曙光电子有限公司	27 010	5 092	21 918
343	惠阳东威电子制品有限公司	26 933	17 370	9 563
344	厦门灿坤实业股份有限公司	26 899	18 051	8 848
345	宁波宁兴股份有限公司	26 859	15 753	11 106
346	浙江省茶叶进出口有限公司	26 823	26 466	357
347	海信集团有限公司	26 822	9 692	17 130
	青岛海信进出口有限公司	26 444	9 314	17 129
348	北京国际贸易公司	26 757	2 512	24 245
349	江苏三房巷集团有限公司	26 735	7 481	19 253
350	中山市中经进出口有限公司	26 701	15 304	11 397
351	上海宏盛科技发展股份有限公司	26 660	13 819	12 841
352	四海电子（昆山）有限公司	26 589	12 026	14 563
353	攀枝花钢铁（集团）公司	26 571	13 839	12 732
	攀钢集团国际经济贸易总公司	23 260	11 310	11 950
354	远纺工业（上海）有限公司	26 521	6 910	19 612
355	广东溢达纺织有限公司	26 467	17 681	8 787
356	中山市广勤贸易有限公司	26 384	25 194	1 190
357	深圳托普国威电子有限公司	26 325	13 713	12 612
358	上海宝德汽车有限公司	26 212	15	26 197
359	上海夏普电器有限公司	26 202	18 143	8 058
360	百得（苏州）电动工具有限公司	26 121	23 232	2 889
361	中国纺织物资（集团）总公司	26 059	1 920	24 140
362	上海美蓓亚精密机电有限公司	25 995	20 551	5 444
363	辽宁成大股份有限公司	25 987	19 961	6 025
364	辽宁时代服装进出口股份有限公司	25 924	19 438	6 486

续表

排名	企业名称	进出口额	出口额	进口额
365	伦飞电脑（昆山）有限公司	25 873	10 838	15 034
366	东芝复印机（深圳）有限公司	25 851	15 479	10 373
367	江苏弘业国际集团有限公司	25 645	22 438	3 207
	江苏弘业股份有限公司	22 186	21 602	584
368	三河汇福粮油食品制作有限公司	25 590	0	25 590
369	河南安彩集团有限责任公司	25 582	13 932	11 650
370	普丽科技（佛山）有限公司	25 538	117	25 420
371	昆山沪铼光电科技有限公司	25 492	13 248	12 244
372	吴江市外贸集团公司	25 359	14 751	10 608
373	卡特彼勒（徐州）有限公司	25 301	1	25 300
374	索尼精密部件（惠州）有限公司	25 284	16 012	9 272
375	深圳奥康德石油贸易集团公司	25 231	19 774	5 457
376	东莞科泰电子有限公司	25 109	2 192	22 916
377	惠普科技（上海）有限公司	25 086	11 360	13 727
378	上海轻工国际（集团）有限公司	25 025	22 652	2 373
379	天津机电国际贸易集团有限公司	24 955	18 085	6 870
380	天津富士光机有限公司	24 879	12 508	12 371
381	中国成套设备进出口（集团）总公司	24 826	17 534	7 292
382	太阳诱电（广东）有限公司	24 823	12 578	12 245
383	宁波申洲针织有限公司	24 822	21 962	2 860
384	中铝国际贸易有限公司	24 739	1 630	23 110
385	海南金海浆纸业有限公司	24 713	0	24 713
386	大连华农豆业集团股份有限公司	24 686	0	24 686
387	上海松下等离子显示器有限公司	24 598	5 481	19 116
388	中商企业集团公司	24 399	2 318	22 081
	中国商业对外贸易总公司	20 786	1 434	19 352
389	广东粤港供水有限公司	24 288	24 288	0
390	加德士海洋燃气能源有限公司	24 287	0	24 287
391	新疆亚鑫国际贸易股份有限公司	24 279	15 887	8 393
	阿拉山口亚鑫商贸有限责任公司	19 444	15 489	3 954
392	东莞汉华光电有限公司	24 243	11 925	12 318
393	佛山市顺德区新宝电器有限公司	24 048	18 736	5 312
394	北京JVC电子产业有限公司	23 993	14 482	9 511
395	昆达电脑科技（昆山）有限公司	23 944	11 346	12 598
396	青岛泰光制鞋有限公司	23 943	14 164	9 779
397	天津富士通天电子有限公司	23 936	13 022	10 914
398	先进电脑模块（上海）有限公司	23 859	18 430	5 429

续表

排名	企业名称	进出口额	出口额	进口额
399	南通中远川崎船舶工程有限公司	23 854	17 507	6 347
400	珠海九丰阿科能源有限公司	23 775	0	23 775
401	厦门华侨电子企业有限公司	23 708	11 244	12 463
402	上海延锋江森座椅有限公司	23 626	9 795	13 831
403	上海龙头企业有限公司	23 616	22 438	1 179
404	美国通用电器塑料中国有限公司	23 585	12 351	11 234
405	上海宝矿进出口有限公司	23 514	0	23 514
406	广东省东莞纺织品进出口公司	23 414	13 146	10 268
407	深圳市粮食集团有限公司	23 400	3 215	20 185
408	天津钢管进出口有限公司	23 377	10 095	13 283
409	新疆对外经济贸易（集团）有限责任公司	23 332	19 492	3 840
410	北京东方冠捷电子股份有限公司	23 313	15 279	8 034
411	中国江苏国际经济技术合作公司	23 287	22 628	659
412	雅邦电子（东莞）有限公司	23 249	12 804	10 444
413	沈阳华晨宝马有限公司	23 217	0	23 217
414	茉织华实业（集团）有限公司	23 211	14 350	8 862
415	中盛粮油工业（天津）有限公司	23 170	173	22 996
416	青岛即发集团股份有限公司	23 082	18 824	4 258
417	黑龙江华宇工贸（集团）有限责任公司	23 071	18 402	4 668
418	天津外总集团有限公司	23 025	5 414	17 611
419	上海中实进出口贸易有限公司	22 999	127	22 872
420	舒适刀片（广州）有限公司	22 997	13 697	9 300
421	建基科技（中山）有限公司	22 838	17 148	5 690
422	南太电子（深圳）有限公司	22 773	12 034	10 739
423	大将科技（苏州）有限公司	22 713	8 636	14 077
424	大连阿尔派电子有限公司	22 703	12 155	10 548
425	华冠通讯（江苏）有限公司	22 680	7 236	15 444
426	东莞沙田丽海纺织印染有限公司	22 530	13 207	9 322
427	浙江新大集团有限公司	22 407	21 558	849
428	太阳电器（苏州）有限公司	22 385	11 725	10 659
429	常州大华进出口（集团）有限公司	22 325	19 561	2 764
430	中国（福建）对外贸易中心集团	22 291	19 736	2 555
431	上海市机械设备进出口有限公司	22 246	6 118	16 128
432	深圳市凯欣达电子有限公司	22 246	14 535	7 710
433	伟创力电脑（珠海）有限公司	22 176	18 181	3 995
434	南京夏普电子有限公司	22 112	12 999	9 113
435	宁波乐金甬兴化工有限公司	22 038	585	21 453

续表

排名	企业名称	进出口额	出口额	进口额
436	天津三星视界有限公司	22 014	2 213	19 801
437	华芳集团有限公司	21 946	16 438	5 507
438	河南华兴国际集团有限公司	21 931	18 010	3 921
439	兰州连城铝业有限责任公司	21 881	18 923	2 958
440	南通市经济技术开发区总公司	21 877	18 784	3 092
441	苏州三星电子液晶显示器有限公司	21 869	2 936	18 933
442	上海JVC电器有限公司	21 787	13 814	7 973
443	新利实业（深圳）有限公司	21 691	12 242	9 449
444	丹东天达外贸有限责任公司	21 601	11 242	10 359
445	厦门建松电器有限公司	21 537	12 228	9 309
446	上海汉森进出口有限公司	21 509	19 512	1 997
447	台达电子（东莞）有限公司	21 413	12 212	9 200
448	惠州东聚电子科技有限公司	21 360	12 054	9 306
449	雅达电子有限公司	21 359	11 848	9 511
450	深圳三洋华强能源有限公司	21 256	11 559	9 698
451	常州现代工程机械有限公司	21 222	1	21 221
452	厦门进雄企业有限公司	21 210	15 681	5 529
453	金宝电子（中国）有限公司	21 176	10 304	10 872
454	太原钢铁（集团）国际经济贸易有限公司	21 114	4 955	16 158
455	广州市华泰兴石油化工有限公司	21 033	0	21 033
456	长营电器（深圳）有限公司	20 909	15 001	5 908
457	汕头经济特区矢崎汽车部件有限公司	20 874	10 862	10 012
458	现代电子（天津）多媒体有限公司	20 865	11 552	9 313
459	唐山钢铁集团有限责任公司	20 791	302	20 489
460	上海市申信进出口公司	20 789	1 274	19 515
461	上海申航进出口有限公司	20 767	8 850	11 917
462	中国水产（集团）总公司	20 705	10 370	10 335
463	深圳赛格日立彩色显示器件有限公司	20 669	12 316	8 352
464	浙江远东新聚酯有限公司	20 657	192	20 466
465	安利（中国）日用品有限公司	20 648	37	20 610
466	合肥日立挖掘机有限公司	20 613	672	19 941
467	厦门象屿集团有限公司	20 567	1 187	19 380
468	东莞玖龙纸业有限公司	20 562	14	20 548
469	丹东饭山显示器有限公司	20 537	10 862	9 674
470	厦门松下电子信息有限公司	20 505	14 152	6 353
471	广东宏远集团公司	20 464	12 851	7 613
472	大宇重工业烟台有限公司	20 445	1 179	19 266

续表

排名	企业名称	进出口额	出口额	进口额
473	上海服装（集团）有限公司	20 440	17 383	3 057
474	航卫通用电器医疗系统有限公司	20 352	10 724	9 629
475	康佳集团股份有限公司	20 335	7 230	13 105
476	中国汽车工业进出口总公司	20 324	9 555	10 768
477	北京中环绿舟科贸发展有限责任公司	20 159	0	20 159
478	上海先进半导体制造有限公司	20 156	8 894	11 263
479	芬欧汇川（常熟）纸业有限公司	20 047	8 937	11 110
480	北京艾科泰电子有限公司	19 987	7 570	12 417
481	德棉集团	19 916	16 447	3 469
482	非得世空调（上海）有限公司	19 900	16 727	3 173
483	浙江恒逸聚合物有限公司	19 843	0	19 843
484	乐山-菲尼克斯半导体有限公司	19 812	13 249	6 563
485	罗礼科技（苏州）有限公司	19 726	9 686	10 040
486	四川省丝绸进出口公司	19 725	19 687	38
487	上海市外经贸投资开发公司	19 637	9 392	10 245
488	上海三钢有限责任公司	19 621	562	19 059
489	上海八达纺织印染服装有限公司	19 614	17 600	2 013
490	青岛三美电机有限公司	19 572	11 643	7 929
491	天瀚科技（吴江）有限公司	19 500	13 569	5 931
492	至卓飞高线路板（深圳）有限公司	19 452	11 848	7 604
493	富士康精密组件（北京）有限公司	19 432	1 194	18 237
494	中国上海外经（集团）有限公司	19 398	2 651	16 747
495	福建清禄鞋业有限公司	19 376	12 256	7 120
496	柯达（厦门）有限公司	19 342	16 857	2 485
497	肇庆市万亚电子实业有限公司	19 247	10 237	9 011
498	天津纺织集团进出口股份有限公司	19 231	14 222	5 009
499	深圳市物资集团公司	19 204	7 941	11 263
500	珠海松下马达有限公司	19 137	9 744	9 393

14. 2003年中国出口额最大的200家企业名录表

金额单位：万美元

排名	企业名称	出口额
1	鸿富锦精密工业（深圳）有限公司	642 304
2	达丰（上海）电脑有限公司	529 116
3	名硕电脑（苏州）有限公司	316 536
4	摩托罗拉（中国）电子有限公司	303 087
5	长城国际信息产品（深圳）有限公司	265 641
6	东方国际（集团）有限公司	238 759
7	中国中化集团公司	215 247
8	中国石化国际事业有限公司	207 255
9	中国石油天然气集团公司	206 585
10	诺基亚（中国）投资有限公司	206 005
11	中国国际海运集装箱（集团）股份有限公司	199 185
12	中国粮油食品进出口（集团）有限公司	196 929
13	戴尔（中国）有限公司	174 649
14	明基电通信息技术有限公司	172 523
15	广东省广新外贸集团有限公司	160 394
16	冠捷电子（福建）有限公司	156 706
17	英特尔产品（上海）有限公司	156 262
18	中国中煤能源集团公司	148 445
19	希捷国际科技（无锡）有限公司	146 738
20	伟创力实业（珠海）有限公司	142 144
21	中国普天信息产业集团公司	136 835
22	中国机械装备（集团）公司	135 262
23	顺德市顺达电脑厂有限公司	133 676
24	英业达（上海）有限公司	126 761
25	鑫茂科技（深圳）有限公司	121 602
26	广东省东莞机械进出口有限公司	118 287
27	广东省丝绸集团公司	117 113
28	中国华源集团有限公司	115 210
29	中国电子进出口总公司	114 014
30	中国海洋石油总公司	109 126
31	浙江东方集团控股有限公司	105 323
32	乐金电子（惠州）有限公司	105 233
33	仁宝电子科技（昆山）有限公司	104 353
34	浙江荣大集团控股有限公司	102 473
35	中国北方工业公司	97 351
36	神华集团有限责任公司	93 451

续表

排名	企业名称	出口额
37	友达光电（苏州）有限公司	92 614
38	苏州爱普生有限公司	91 830
39	中国船舶工业贸易公司	91 204
40	江苏国泰国际集团有限公司	90 720
41	恩斯迈电子（深圳）有限公司	85 978
42	上海兰生（集团）有限公司	84 811
43	中国航空技术进出口总公司	82 118
44	爱普生技术（深圳）有限公司	80 789
45	江苏舜天国际集团有限公司	77 537
46	中国工艺品进出口总公司	74 972
47	新华锦集团	74 486
48	江苏开元国际集团有限公司	73 964
49	中国通用技术（集团）控股有限责任公司	73 779
50	大连西太平洋石油化工有限公司	72 105
51	中国五矿集团公司	72 094
52	上海西门子移动通信有限公司	71 149
53	吉林粮食集团进出口有限公司	69 172
54	仁宝资讯工业（昆山）有限公司	69 168
55	深圳开发科技股份有限公司	68 800
56	长虹电子集团公司	67 671
57	建兴光电科技（广州）有限公司	67 571
58	浙江中大集团控股有限公司	66 943
59	中国广东核电集团有限公司	66 600
60	华宇电脑（江苏）有限公司	62 471
61	南京纺织品进出口股份有限公司	62 098
62	伟创力科技（珠海）有限公司	61 977
63	理光（深圳）工业发展有限公司	61 010
64	佳能珠海有限公司	60 759
65	中国船舶重工集团公司	60 751
66	仁宝电脑工业（中国）有限公司	59 811
67	三宝电脑（沈阳）有限公司	59 404
68	苏州飞利浦消费电子有限公司	59 150
69	苏州进出口（集团）有限公司	56 444
70	三星电子（苏州）半导体有限公司	55 467
71	纬创资通（中山）有限公司	55 264
72	佛山普立华科技有限公司	54 386
73	深圳三洋华强激光电子有限公司	52 740

续表

排名	企业名称	出口额
74	天津三星电子显示器有限公司	51 798
75	南京LG同创彩色显示系统有限责任公司	50 351
76	中国烟草进出口（集团）公司	49 961
77	广东省中山食品水产进出口集团有限公司	49 885
78	飞利浦电子元件（上海）有限公司	49 707
79	宁波市慈溪进出口股份有限公司	49 672
80	才众电脑（深圳）有限公司	49 497
81	日立显示器件（苏州）有限公司	49 117
82	雅戈尔集团股份有限公司	48 341
83	广东美的集团股份有限公司	47 893
84	山西煤炭进出口集团公司	47 296
85	乐金电子（天津）电器有限公司	46 694
86	惠州三星电子有限公司	45 822
87	广东格兰仕集团公司	45 685
88	旭电（苏州）科技有限公司	45 256
89	佳能（中山）办公设备有限公司	45 224
90	海尔集团公司	44 958
91	环旭电子（深圳）有限公司	44 533
92	中国港湾建设（集团）总公司	44 519
93	浙江凯喜雅国际股份有限公司	44 465
94	友利电电子（深圳）有限公司	44 388
95	山东省机械进出口集团公司	43 538
96	北方国际集团有限公司	43 240
97	山东魏桥创业集团有限公司	43 174
98	天津三星电子有限公司	42 569
99	江苏新科电子集团有限公司	42 164
100	金士顿科技电子（上海）有限公司	41 679
101	常熟对外贸易集团公司	41 374
102	上海工业投资（集团）有限公司	41 116
103	华闽（集团）有限公司	41 073
104	东莞福安纺织印染有限公司	40 941
105	吉林省粮油食品进出口（集团）有限公司	40 499
106	明德信息媒体（深圳）有限公司	40 357
107	英业达集团（上海）电子技术有限公司	39 883
108	先锋高科技（上海）有限公司	39 741
109	东莞三星电机有限公司	38 978
110	中芯国际集成电路制造（上海）有限公司	38 874

续表

排名	企业名称	出口额
111	华为技术有限公司	38 612
112	志合电脑（苏州工业园区）有限公司	38 495
113	旭丽电子（广州）有限公司	38 382
114	东莞三星视界有限公司	37 851
115	中国钢铁工贸集团公司	37 787
116	华映视讯（吴江）有限公司	37 676
117	嘉兴市进出口公司	37 394
118	深圳富泰宏精密工业有限公司	37 048
119	金朋（上海）有限公司	36 829
120	江苏省海外企业集团有限公司	36 760
121	无锡夏普电子元器件有限公司	36 695
122	东芝信息机器（杭州）有限公司	36 649
123	江苏苏豪国际集团股份有限公司	36 212
124	安徽安天国际集团有限公司	36 139
125	天津三星通信技术有限公司	35 881
126	纬创资通（昆山）有限公司	35 620
127	宁波维科集团股份有限公司	35 181
128	协冠科技（深圳）有限公司	34 962
129	宝山钢铁股份有限公司	34 929
130	高创（苏州）电子有限公司	34 320
131	深圳市中电信国际商贸有限公司	33 721
132	东莞市旗峰对外贸易有限公司	33 612
133	深圳易拓科技有限公司	33 189
134	山东绮丽集团	33 107
135	柯达电子（上海）有限公司	32 896
136	东莞德永佳纺织制衣有限公司	32 719
137	先锋高科技（东莞）有限公司	32 683
138	东莞华强三洋马达有限公司	32 624
139	中国土产畜产进出口总公司	32 442
140	中国华录松下电子信息有限公司	32 365
141	江苏汇鸿国际集团有限公司	32 324
142	中国深圳对外贸易（集团）公司	32 273
143	TCL王牌电器（惠州）有限公司	32 161
144	厦门建发股份有限公司	32 088
145	深圳赛意法微电子有限公司	31 965
146	深圳海量存储设备有限公司	31 687
147	新疆阿勒泰野马实业有限公司	31 681

续表

排名	企业名称	出口额
148	恩倍福显示器（东莞）有限公司	31 432
149	苏州罗技电子有限公司	31 364
150	富士施乐高科技（深圳）有限公司	31 355
151	宁波海田国际贸易有限公司	30 651
152	唯冠科技（深圳）有限公司	30 259
153	海澜集团公司	29 960
154	上海乐金广电电子有限公司	29 654
155	夏普办公设备（常熟）有限公司	29 592
156	中国航空工业第一集团公司	29 393
157	青岛马士基集装箱工业有限公司	29 292
158	中国长城工业总公司	29 064
159	广州轻出集团有限公司	28 957
160	新天国际经济技术合作（集团）有限公司	28 949
161	广东省东莞粮油进出口公司	28 830
162	捷普电子（广州）有限公司	28 748
163	上海对外贸易实业有限公司	28 546
164	苏州三星电子有限公司	28 088
165	珠海三美电机有限公司	27 703
166	中国轻工业品进出口总公司	27 616
167	青岛益佳国际贸易集团有限公司	27 478
168	宁波市鄞州对外贸易股份有限公司	27 272
169	上海上实国际贸易（集团）有限公司	27 029
170	广州纺织品进出口集团有限公司	26 998
171	日本电产（大连）有限公司	26 675
172	福建厦门经贸集团有限公司	26 614
173	奥林巴斯（深圳）工业有限公司	26 540
174	浙江省茶叶进出口有限公司	26 466
175	宁波联合集团进出口股份有限公司	26 447
176	青岛朗讯科技通讯设备有限公司	26 120
177	美资旭电（深圳）科技有限公司	25 929
178	山东省国际贸易集团中心	25 905
179	上海市工艺品进出口有限公司	25 831
180	中国包装进出口总公司	25 466
181	中山市广勤贸易有限公司	25 194
182	宁波市工艺品进出口公司	25 047
183	日立环球存储科技（深圳）有限公司	24 891
184	宝钢集团国际经济贸易总公司	24 776

续表

排名	企业名称	出口额
185	广州东宝（番澳）首饰有限公司	24 573
186	广东粤港供水有限公司	24 288
187	国碁电子（中山）有限公司	24 283
188	格力集团公司	24 203
189	无锡阿尔卑斯电子有限公司	24 110
190	上海申达进出口有限公司	23 938
191	深圳三星视界有限公司	23 528
192	厦门国贸集团股份有限公司	23 517
193	信华精机有限公司	23 297
194	绥芬河市龙江商联进出口有限责任公司	23 285
195	广州市番禺对外贸易（集团）公司	23 240
196	百得（苏州）电动工具有限公司	23 232
197	中山嘉华电子（集团）有限公司	23 153
198	中国远大集团有限责任公司	23 142
199	中山东茗影音电子有限公司	23 115
200	飞索半导体（苏州）有限公司	23 112

投资

1. 2003年中国固定资产投资统计表

指标	单位	1990年	1995年	2000年	2002年	2003年
一、全社会固定资产						
投资额	亿元	4 517.0	20 019.3	32 917.7	43 499.9	55 117.9
按经济类型分						
国有及其他经济	亿元	2 986.3	14 169.7	23 406.9	30 993.3	39 748.0
集体经济	亿元	529.5	3 289.4	4 801.5	5 987.4	7 806.9
个体经济	亿元	1 001.2	2 560.2	4 709.4	6 519.2	7 563.0
按管理渠道分						
基本建设	亿元	1 703.8	7 403.6	13 427.3	17 666.6	22 729.0
更新改造	亿元	830.2	3 299.4	5 107.6	6 750.6	8 443.9
房地产开发	亿元	253.3	3 149.0	4 984.1	7 790.9	10 106.1
其他投资	亿元	1 729.7	6 167.1	9 398.8	11 291.8	13 838.9
二、基本建设						
投资完成额	亿元	1 703.8	7 403.6	13 427.3	17 666.6	22 729.0
中央项目	亿元	919.2	2 970.7	4 290.9	4 528.5	4 320.1
地方项目	亿元	784.7	4 432.9	9 136.4	13 138.1	18 408.9
新增固定资产	亿元	1 362.6	4 712.7	10 431.7	11 989.7	11 777.0
房屋面积						
施工面积	万平方米	23 236.5	41 948.3	50 968.3	58 145.0	69 751.4
竣工面积	万平方米	11 245.9	19 929.3	26 292.9	27 395.3	26 705.0
三、更新改造						
投资完成额	亿元	830.2	3 299.4	5 107.6	6 750.6	8 443.9
中央项目	亿元	228.5	1 081.5	1 861.9	1 953.5	1 909.7
地方项目	亿元	601.7	2 217.9	3 245.7	4 797.1	6 534.2
新增固定资产	亿元	722.9	2 524.9	4 111.5	4 693.2	5 022.1
房屋建筑面积						
施工面积	万平方米	9 179.2	10 691.4	5 595.9	6 711.5	8 302.0
竣工面积	万平方米	4 738.7	5361.0	2 914.0	3 371.1	3 805.2
四、房地产开发						
房地产开发投资额	亿元	253.3	3 149.0	4 984.1	7 790.9	10 106.1
商品房销售面积	万平方米	2 865.5	7 904.3	18 637.1	26 808.3	32 247.2
#住宅	万平方米	2 544.6	6 820.9	16 570.3	23 702.3	28 502.5
五、固定资产投资						
效果系数	元/百元	36.3	58.5	22.3	17.2	21.6

2. 2003年中国批准海外投资企业统计表

金额单位：万美元

国别（地区）	2003年批准		截至2003年批准	
	企业数量	中方投资	企业数量	中方投资
合计	510	208 688.9558	7 470	1 142 718.213
香港地区	73	26 637	2 098	434 068.03
澳门	9	3 059.85	238	21 424.75
朝鲜	5	352.6	24	1 035.2
韩国	10	19 465.6	72	30 248.67
日本	14	750.78	250	8 961.45
蒙古	9	1 729.139	78	7 389.999
越南	17	816.6	90	9 314.07
老挝	2	123.32	20	3 786.22
柬埔寨	4	3 337.5	65	15 840.7
缅甸	0	0	38	6 614.42
泰国	11	4 913.18	245	26 384.412
马来西亚	8	318.9501	105	3 887.9101
新加坡	16	2 622.13	188	9 787.49
印度尼西亚	6	10 311.55	65	16 806.95
文莱	0	0	1	45.08
菲律宾	1	50	40	1 641.042904
尼泊尔	0	0	8	3 171
巴基斯坦	4	930	31	3 066.65
印度	0	0	15	2 062.91
孟加拉国	5	699	43	2 415.35
斯里兰卡	1	20	19	1 616.56
伊朗	1	10	8	2 066.6
阿富汗	2	45	2	45
土耳其	1	10	14	1 118.2
塞浦路斯	0	0	3	32
也门	0	0	10	3 591.2
沙特阿拉伯	1	98	5	541.125
卡塔尔	1	30	5	1 235.65
阿联酋	8	293.19	78	5 010.698
叙利亚	0	0	3	93.5
黎巴嫩	1	525	1	525
约旦	1	65	13	1 386.59
科威特	0	0	4	91.1
以色列	0	0	4	136

续表

国别（地区）	2003年批准		截至2003年批准	
	企业数量	中方投资	企业数量	中方投资
俄罗斯	41	33 929.4158	523	54 622.8358
白俄罗斯	0	0	7	348
乌克兰	2	27	34	912.58
拉脱维亚	0	0	8	765
爱沙尼亚	0	0	3	52
立陶宛	1	5	5	171
阿塞拜疆	3	153	3	153
亚美尼亚	0	0	1	25
格鲁吉亚	0	0	5	2 587.2
乌兹别克	6	891.51	35	2 183.81
哈萨克	8	349.25	59	4 309.38
吉尔吉斯	5	1 203.7988	34	3 629.0788
塔吉克	2	184.11	10	523.11
土库曼	0	0	2	30
阿尔巴尼亚	0	0	3	305
英国	7	1 009.4	58	2 975.35
爱尔兰	1	40	1	40
法国	3	563.56	55	3 579.059
德国	17	2 403.395	167	7 556.995
瑞士	0	0	10	522.42
荷兰	2	213.9258	37	1 284.7658
比利时	4	679	28	1 346.34
卢森堡	0	0	3	140
奥地利	1	40	11	373.5
葡萄牙	0	0	5	316
西班牙	0	0	17	716.9
意大利	3	509	33	2 871.98
马耳他	0	0	6	181
希腊	0	0	1	25
丹麦	1	45 930	3	45 965
瑞典	2	109.6071	10	441.6071
芬兰	0	0	3	446
挪威	0	0	2	65
波兰	2	21	20	278.3
捷克	0	0	14	569
斯洛伐克	0	0	2	40

续表

国别（地区）	2003年批准		截至2003年批准	
	企业数量	中方投资	企业数量	中方投资
保加利亚	2	232	5	432
匈牙利	0	0	40	1 300.0188
罗马尼亚	2	324.56	31	2 257.39
塞黑山	0	0	10	235
克罗地亚	0	0	2	50
斯洛文尼亚	0	0	1	25
波黑	0	0	2	305
埃及	5	783.1	32	5 634.09
利比亚	1	10	5	95
阿尔及利亚	2	234.75	11	496.15
突尼斯	0	0	6	302.5
摩洛哥	0	0	24	752.8
毛里塔尼亚	0	0	4	373.81
马里	0	0	5	5 812.16
苏丹	1	1 020.26	14	2 548.26
埃塞俄比亚	1	183.52	7	582.3
肯尼亚	2	85.0127	29	2 352.4027
吉布提	0	0	1	78
厄立特里亚	0	0	2	97.3
坦桑尼亚	2	34.5	21	4161
乌干达	1	100	13	767.9
赞比亚	0	0	18	13 441.62
莫桑比克	0	0	6	1 463.81
马拉维	0	0	0	0
布隆迪	0	0	2	71.8
卢旺达	0	0	4	285.1
马达加斯加	0	0	18	2 000.84
科摩罗	0	0	1	10
毛里求斯	1	2 067.5	26	4 189.8
刚果（金）	2	1 096.98	11	3 646.18
刚果（布）	0	0	4	594.1115
中非	0	0	6	428.6
乍得	0	0	1	17
塞内加尔	0	0	3	24.3
冈比亚	1	99.31	9	349.31
几内亚比绍	0	0	2	426.7

续表

国别（地区）	2003年批准		截至2003年批准	
	企业数量	中方投资	企业数量	中方投资
几内亚	0	0	6	1 192.71
塞拉利昂	1	562.67	4	677.47
利比里亚	1	545	13	1 476.8
科特迪瓦	0	0	22	1 893.3
布基纳法索	0	0	1	3
加纳	2	145	22	2 154.2
多哥	0	0	12	778.12
贝宁	2	1 422.38	9	3 169.68
尼日尔	0	0	4	1 521.4
尼日利亚	13	1 174.73	62	5 602.48
喀麦隆	0	0	18	1 633.08
赤道几内亚	1	60.53	4	1 192.04
加蓬	1	96	16	1 998.5
佛得角	0	0	3	60
南非	10	725.1	108	12 654.773
纳米比亚	0	0	11	973.5
津巴布韦	0	200	15	3 654.29
安哥拉	1	8.5	4	281
博茨瓦纳	1	59	8	472.5
莱索托	1	24.1	10	144.5
塞舌尔	0	0	1	15
美国	83	11 305.93	786	94 758.092
加拿大	11	785.39	155	44 380.51
巴西	6	931.33	73	12 899.57
阿根廷	0	0	28	1 124.39
乌拉圭	0	0	3	81.338
智利	0	0	19	2 462
秘鲁	3	91	23	20 213.05
哥伦比亚	0	0	7	956.5
委内瑞拉	2	1 341.97	12	1 703.97
厄瓜多尔	1	0.2	17	440.2
圭亚那	0	0	6	1 745.65
法属圭亚那	0	0	1	388
玻利维亚	1	40	18	1 079.6
苏里南	1	64.99	3	1 535.73
墨西哥	2	3.3115	47	16 740.9115

续表

国别（地区）	2003年批准		截至2003年批准	
	企业数量	中方投资	企业数量	中方投资
古巴	0	0	9	1 656.56
牙买加	0	0	2	130
安提瓜和巴布达	0	0	5	223.85
巴巴多斯	0	0	1	20
特立尼达和多巴哥	0	0	1	90
百慕大	1	13 500	11	14 837
开曼群岛	3	272	16	513.28
洪都拉斯	0	0	5	1 618.15
巴拿马	1	76	18	374.6
伯利兹	0	0	2	142
哥斯达黎加	0	0	1	30
英属维尔京群岛	4	97.46	47	973.41
多米尼加	0	0	3	91
巴哈马	0	0	5	114
多米尼克	0	0	1	10
澳大利亚	10	3 345.51	225	46 441.0422
新西兰	2	64	28	4 936.98
巴布亚新几内亚	0	0	20	4 474.1
斐济	0	0	16	1 015.5
瓦努阿图	0	0	10	499.5
萨摩亚	0	0	5	422
所罗门群岛	0	0	3	53
帕劳	0	0	4	106
汤加	0	0	1	440.395
密克罗尼西	0	0	1	10
法属波利尼西亚	0	0	2	38

3. 中国历年吸收外商直接投资统计表

金额单位：亿美元

年度	项目数（个）	合同外资金额	实际使用外资金额
总计	465 277	9 431.31	5 014.71
1979-1982	920	49.58	17.69
1983	638	19.17	9.16
1984	2 166	28.75	14.19
1985	3 073	63.33	19.56
1986	1 498	33.30	22.44
1987	2 233	37.09	23.14
1988	5 945	52.97	31.94
1989	5 779	56.00	33.93
1990	7 273	65.96	34.87
1991	12 978	119.77	43.66
1992	48 764	581.24	110.08
1993	83 437	1114.36	275.15
1994	47 549	826.80	337.67
1995	37 011	912.82	375.21
1996	24 556	732.76	417.26
1997	21 001	510.03	452.57
1998	19 799	521.02	454.63
1999	16 918	412.23	403.19
2000	22 347	623.80	407.15
2001	26 140	691.95	468.78
2002	34 171	827.68	527.43
2003	41 081	1 150.70	535.05

4. 2003年中国吸收外商直接投资分方式统计表

金额单位：亿美元

方　式	项目数（个）	合同外资金额	实际使用外资金额
总计	41081	1150.70	535.05
中外合资企业	12521	255.06	153.92
中外合作企业	1547	74.79	38.36
外资企业	26943	816.09	333.84
外商投资股份有限公司	37	3.89	3.28
合作开发	8	0.86	0.33
其他	25	0	5.31

5. 2003年中国吸收外商直接投资分产业统计表

金额单位：亿美元

产业名称	项目数（个）	比重（%）	合同外资	比重（%）	实际使用	比重（%）
总计	41 081	100	1 150.70	100	535.05	100
第一产业	1 116	2.72	22.76	1.98	10.01	1.87
第二产业	30 247	73.63	851.53	74	397.10	74.22
第三产业	9 718	23.66	276.40	24.02	127.94	23.91

6. 2003年中国吸收外商直接投资分行业统计表

金额单位：亿美元

行业名称	项目数（个）	比重（%）	合同外资	比重（%）	实际使用	比重（%）
总计	41 081	100	1 150.70	100	535.05	100
农、林、牧、渔业	1 116	2.72	22.76	1.98	10.01	1.87
采矿业	211	0.51	6.56	0.57	3.36	0.63
制造业	29 307	71.34	807.47	70.17	374.67	70.02
电力、燃气及水的生产和供应业	333	0.81	20.73	1.80	12.95	2.42
建筑业	396	0.96	16.77	1.46	6.12	1.14
交通运输、仓储和邮政业	506	1.23	50.15	4.36	8.67	1.62
批发和零售业	2 207	5.37	23.84	2.07	11.16	2.09
金融业	23	0.06	3.19	0.28	2.32	0.43
房地产业	1 553	3.78	91.06	7.91	52.36	9.79
租赁和商务服务业	458	1.11	24.20	2.10	17.20	3.21
科学研究、技术服务和地质勘查业	574	1.40	8.04	0.70	2.76	0.52
居民服务和其他服务业	4 242	10.33	70.42	6.12	31.61	5.91
教育	70	0.17	2.82	0.25	0.58	0.11
卫生、社会保障和社会福利业	85	0.21	2.69	0.23	1.27	0.24

7. 2003年中国吸收外商直接投资分省市统计表

金额单位：万美元

地方名称	项目数（个）	比重（%）	合同外资	比重（%）	实际使用	比重（%）
总计	41 081	100	11 506 969	100	5 350 467	100
北京市	1 539	3.75	319 959	2.78	219 126	4.10
天津市	957	2.33	305 338	2.65	153 473	2.87
河北省	610	1.48	167 253	1.45	96 405	1.80
山西省	89	0.22	39 596	0.34	21 361	0.40
内蒙古自治区	138	0.34	39 074	0.34	8 854	0.17
辽宁省	2 231	5.43	647 232	5.62	282 410	5.28
其中:大连市	871	2.12	227 753	1.98	81 571	1.52
吉林省	340	0.83	65 840	0.57	19 059	0.36
黑龙江省	239	0.58	48 785	0.42	32 180	0.60
上海市	4 462	10.86	1 075 115	9.34	546 849	10.22
江苏省	7 182	17.48	2 978 130	25.88	1 056 365	19.74
浙江省	4 460	10.86	1 228 386	10.68	498 055	9.31
其中:宁波市	1 180	2.87	360 629	3.13	136 423	2.55
安徽省	425	1.03	96 762	0.84	36 720	0.69
福建省	2 272	5.53	428 105	3.72	259 903	4.86
其中:厦门市	368	0.90	63 871	0.56	42 187	0.79
江西省	761	1.85	231 825	2.01	161 202	3.01
山东省	5 208	12.68	1 243 013	10.80	601 617	11.24
其中:青岛市	2 179	5.30	443 982	3.86	262 641	4.91
河南省	304	0.74	105 550	0.92	53 903	1.01
湖北省	510	1.24	232 966	2.02	156 886	2.93
湖南省	509	1.24	133 884	1.16	101 835	1.90
广东省	7 039	17.13	1 348 518	11.72	782 294	14.62
其中:深圳市	2 267	5.52	320 540	2.79	212 951	3.98
广西壮族自治区	334	0.81	64 313	0.56	41 856	0.78
海南省	166	0.40	23 267	0.20	42 125	0.79
重庆市	205	0.50	42 357	0.37	26 083	0.49
四川省	326	0.79	89 380	0.78	41 231	0.77
贵州省	66	0.16	19 916	0.17	4 521	0.08
云南省	165	0.40	44 583	0.39	8 384	0.16
西藏自治区	49	0.12	4 776	0.04		0.00
陕西省	242	0.59	76 002	0.66	33 190	0.62
甘肃省	59	0.14	25 221	0.22	2 342	0.04
青海省	47	0.11	19 142	0.17	2 522	0.05
宁夏回族自治区	28	0.07	53 759	0.47	1 743	0.03
新疆维吾尔自治区	86	0.21	20 282	0.18	1 534	0.03
中央各部委	33	0.08	288 640	2.51	56 439	1.05

8. 2003年中国吸收外商直接投资分国家（地区）统计表

金额单位：万美元

国别/地区	项目数（个）	增幅（%）	比重（%）	合同外资	增幅（%）	比重（%）	实际使用	增幅（%）	比重（%）
总计	41 081	20.22		11 506 969	39.03		5 350 467	1.44	
亚洲十国/地区	29 010	17.8	70.62	7 387 075	55.14	64.2	3 388 976	4.56	63.34
香港地区	13 633	25.71	33.19	4 070 803	61.53	35.38	1 770 010	−0.9	33.08
印度尼西亚	143	52.13	0.35	63 118	220.27	0.55	15 013	23.42	0.28
日本	3 254	18.54	7.92	795 535	50.16	6.91	505 419	20.62	9.45
澳门	580	11.97	1.41	129 517	105.08	1.13	41 660	−11.06	0.78
马来西亚	350	9.72	0.85	95 808	20.84	0.83	25 103	−31.76	0.47
菲律宾	297	94.12	0.72	55 673	71.05	0.48	22 001	18.28	0.41
新加坡	1 144	23.01	2.78	341 873	22.73	2.97	205 840	−11.93	3.85
韩国	4 920	22.75	11.98	917 716	73.74	7.98	448 854	64.98	8.39
泰国	194	20.5	0.47	61 245	70.3	0.53	17 352	−7.56	0.32
台湾省	4 495	−7.38	10.94	855 787	26.96	7.44	337 724	−14.94	6.31
欧盟	2 074	39.57	5.05	585 432	29.9	5.09	393 031	5.94	7.35
比利时	67	109.38	0.16	16 809	76.12	0.15	11 059	−11.02	0.21
丹麦	42	50	0.1	8 106	117.32	0.07	4 282	−39.77	0.08
英国	438	31.14	1.07	120 949	5.91	1.05	74 247	−17.11	1.39
德国	451	28.13	1.1	139 092	51.96	1.21	85 697	−7.65	1.6
法国	269	66.05	0.65	72 268	−17.77	0.63	60 431	4.99	1.13
爱尔兰	9	−18.18	0.02	1 912	37.65	0.02	1 061	−19.74	0.02
意大利	297	40.76	0.72	62 090	151.64	0.54	31 670	79.19	0.59
卢森堡	16	60	0.04	4 750	−75.82	0.04	17 543	1196.6	0.33
荷兰	189	48.82	0.46	95 142	84.28	0.83	72 549	26.89	1.36
希腊	6	50	0.01	253	−69.95		177	−71.31	
葡萄牙	13	44.44	0.03	1 629	225.15	0.01	415	−57.48	0.01
西班牙	129	32.99	0.31	31 675	62.25	0.28	9 181	−0.47	0.17
奥地利	64	64.1	0.16	12 811	106.73	0.11	9 450	40.48	0.18
芬兰	26	36.84	0.06	6 818	0.93	0.06	3 239	−49.9	0.06
瑞典	58	13.73	0.14	11 128	−12.04	0.1	12 030	20.54	0.22
北美	4 961	21.86	12.08	1 177 119	26.51	10.23	476 202	−20.79	8.9
加拿大	901	27.26	2.19	160 972	40.17	1.4	56 351	−4.16	1.05
美国	4 060	20.73	9.88	1 016 147	24.58	8.83	419 851	−22.59	7.85
部分自由港	3 113	15.68	7.58	1 694 307	0.94	14.72	762 872	−6.7	14.26
开曼群岛	217	9.05	0.53	169 453	−24.95	1.47	86 604	−26.58	1.62
英属维尔京群岛	2 218	13.22	5.4	1 266 416	0.11	11.01	577 696	−5.56	10.8
萨摩亚	678	27.2	1.65	258 438	37.63	2.25	98 572	12.08	1.84

9. 截至2003年中国吸收外商直接投资分方式统计表

金额单位：亿美元

方式	项目数（个）	比重%	合同外资	比重%	实际使用	比重%
总计	465 277	100	9 431.3	100	5 014.71	100
中外合资企业	238 367	51.23	3 518.37	37.31	2 060.27	41.08
中外合作企业	54 512	11.72	1 707.99	18.11	866.19	17.27
外资企业	172 108	36.99	4 141.47	43.91	1 990	39.68
外商投资股份有限公司	67	0.01	14.55	0.15	15.53	0.31
合作开发	191	0.04	47.4	0.5	73.98	1.48
其他	26	0.01	0.13		5.46	0.11

10. 截至2003年中国吸收外商直接投资分产业统计表

金额单位：亿美元

产业名称	项目数（个）	比重%	合同外资	比重%
总计	465 277	100	9 431.31	100
第一产业	13 333	2.87	180.36	1.91
第二产业	350 170	75.26	6 320.1	67.01
第三产业	101 774	21.87	2 930.84	31.08

11. 截至2003年中国吸收外商直接投资分行业统计表

金额单位：亿美元

行业名称	项目数（个）	比重%	合同外资	比重%
总计	465 277	100	9 431.31	100
农、林、牧、渔业	13 333	2.87	180.36	1.91
采矿业	524	0.11	16.81	0.18
制造业	338 952	72.85	6 003.98	63.66
电力、燃气及水的生产和供应业	654	0.14	56.82	0.6
建筑业	10 040	2.16	242.49	2.57
交通运输、仓储和邮政业	5 235	1.13	238.13	2.52
批发和零售业	23 565	5.06	288.42	3.06
金融业	48	0.01	8.65	0.09
房地产业	40 941	8.8	1 808.96	19.18
租赁和商务服务业	15 438	3.32	301.7	3.2
科学研究、技术服务和地质勘查业	3 528	0.76	41.59	0.44
居民服务和其他服务业	10 333	2.22	163.19	1.73
教育	1 482	0.32	25.86	0.27
卫生、社会保障和社会福利业	1 204	0.26	54.33	0.58

12. 截至2003年中国吸收外商直接投资分省市统计表

金额单位：亿美元

地方名称	项目数（个）	比重(%)	合同外资	比重(%)	实际使用	比重(%)
总计	465 277	100	94 312 950	100	50 147 064	100
北京市	7 286	1.57	1 978 878	2.10	1 310 387	2.61
天津市	5 537	1.19	1 929 544	2.05	1 280 512	2.55
河北省	3 925	0.84	807 339	0.86	666 722	1.33
山西省	631	0.14	214 657	0.23	178 562	0.36
内蒙古自治区	657	0.14	154 933	0.16	70 689	0.14
辽宁省	12 437	2.67	3 292 798	3.49	1 625 324	3.24
其中:大连市	5 323	1.14	1 635 356	1.73	827 288	1.65
吉林省	2 502	0.54	375 966	0.40	222 258	0.44
黑龙江省	1 881	0.40	301 239	0.32	289 843	0.58
上海市	16 510	3.55	4 871 791	5.17	2 785 602	5.55
江苏省	25 061	5.39	9 901 477	10.50	5 223 803	10.42
浙江省	14 722	3.16	3 152 259	3.34	1 593 502	3.18
其中:宁波市	4 454	0.96	1 011 343	1.07	546 057	1.09
安徽省	1 954	0.42	424 631	0.45	237 861	0.47
福建省	12 974	2.79	3 205 902	3.40	2 622 015	5.23
其中:厦门市	2 264	0.49	831 298	0.88	662 926	1.32
江西省	2 907	0.62	600 238	0.64	458 042	0.91
山东省	19 737	4.24	3 996 668	4.24	2 419 679	4.83
其中:青岛市	8 284	1.78	1 741 973	1.85	1 027 644	2.05
河南省	2 055	0.44	491 842	0.52	379 491	0.76
湖北省	2 654	0.57	723 661	0.77	780 580	1.56
湖南省	2 723	0.59	628 919	0.67	579 593	1.16
广东省	34 507	7.42	7 377 693	7.82	7 775 815	15.51
其中:深圳市	9 960	2.14	1 537 243	1.63	1 447 105	2.89
广西壮族自治区	1 922	0.41	521 888	0.55	414 575	0.83
海南省	1 318	0.28	197 765	0.21	373 810	0.75
重庆市	1 335	0.29	313 808	0.33	201 419	0.40
四川省	1 997	0.43	482 328	0.51	294 891	0.59
贵州省	428	0.09	81 234	0.09	27 274	0.05
云南省	945	0.20	222 156	0.24	85 341	0.17
西藏自治区	54	0.01	4 978	0.01		
陕西省	1 417	0.30	418 824	0.44	250 234	0.50
甘肃省	453	0.10	91 760	0.10	34 249	0.07
青海省	229	0.05	76 991	0.08	11 603	0.02
宁夏回族自治区	209	0.04	89 645	0.10	15 025	0.03
新疆维吾尔自治区	411	0.09	81 199	0.09	14 422	0.03
中央各部委	79	0.02	361 058	0.38	264 720	0.53

13. 截至2003年中国吸收外商直接投资分国家（地区）统计表

金额单位：亿美元

国别（地区）	项目数（个）	比重（%）	合同外资	比重（%）	实际使用	比重（%）
总计	465 277	100	9 431.31	100	5 014.71	100
亚洲十国/地区	369 789	79.48	6 541.41	69.36	3 574.14	71.27
香港	224 509	48.25	4 145.14	43.95	2 225.75	44.38
印尼	1 079	0.23	25.77	0.27	12.69	0.25
日本	28 401	6.10	574.87	6.10	413.94	8.25
澳门	8 407	1.81	120.87	1.28	51.90	1.03
马来西亚	2 888	0.62	71.59	0.76	30.86	0.62
菲律宾	1 945	0.42	37.43	0.40	16.45	0.33
新加坡	11 871	2.55	435.69	4.62	235.31	4.69
韩国	27 128	5.83	366.53	3.89	196.88	3.93
泰国	3 375	0.73	63.22	0.67	25.49	0.51
台湾省	60 186	12.94	700.29	7.43	364.87	7.28
欧盟	16 158	3.47	659.42	6.99	378.73	7.55
比利时	470	0.10	10.75	0.11	6.72	0.13
丹麦	267	0.06	14.12	0.15	5.20	0.10
英国	3 856	0.83	208.42	2.21	114.38	2.28
德国	3 504	0.75	157.13	1.67	88.51	1.76
法国	2 302	0.49	79.15	0.84	61.47	1.23
爱尔兰	61	0.01	1.29	0.01	0.46	0.01
意大利	2 137	0.46	38.14	0.40	25.46	0.51
卢森堡	96	0.02	6.05	0.06	2.82	0.06
荷兰	1 254	0.27	99.25	1.05	50.63	1.01
希腊	47	0.01	1.10	0.01	0.31	0.01
葡萄牙	80	0.02	1.29	0.01	0.73	0.01
西班牙	755	0.16	13.58	0.14	4.46	0.09
奥地利	573	0.12	10.36	0.11	4.43	0.09
芬兰	181	0.04	6.12	0.06	3.85	0.08
瑞典	575	0.12	12.67	0.13	9.30	0.19
北美	48 281	10.38	984.30	10.44	480.09	9.57
加拿大	6 941	1.49	119.87	1.27	39.22	0.78
美国	41 340	8.89	864.43	9.17	440.88	8.79
部分自由港	11 665	2.51	810.52	8.59	381.38	7.61
开曼群岛	923	0.20	111.76	1.18	46.69	0.93
英属维尔京群岛	8 877	1.91	620.12	6.58	301.65	6.02
萨摩亚	1 865	0.40	78.64	0.83	33.04	0.66

14. 2002–2003年度中国最大500家外商投资企业名录表

单位：万元人民币

排名	企业名称	销售收入
1	摩托罗拉（中国）电子有限公司	4 533 264
2	上海上汽大众汽车销售有限公司	4 464 018
3	鸿富锦精密工业（深圳）有限公司	3 861 017
4	上海大众汽车有限公司	3 626 528
5	一汽—大众销售有限责任公司	3 334 297
6	一汽—大众汽车有限公司	3 028 096
7	华能国际电力股份有限公司	1 872 534
8	上海通用汽车有限公司	1 856 297
9	北京首信诺基亚移动通信有限公司	1 772 014
10	戴尔计算机（中国）有限公司	1 757 187
11	广州本田汽车有限公司	1 363 173
12	诺基亚（中国）投资有限公司	1 355 033
13	中国东方航空股份有限公司	1 339 065
14	大连西太平洋石油化工有限公司	1 244 722
15	马鞍山钢铁股份有限公司	1 097 392
16	希捷国际科技（无锡）有限公司	1 085 016
17	上海西门子移动通信有限公司	1 071 893
18	东莞诺基亚移动电话有限公司	1 029 514
19	冠捷电子（福建）有限公司	1 025 057
20	神州数码（中国）有限公司	1 007 506
21	顺德市顺达电脑厂有限公司	922 902
22	神龙汽车有限公司	907 255
23	伟创力实业（珠海）有限公司	896 149
24	明基电通信息技术有限公司	876 828
25	惠州TCL移动通信有限公司	832 750
26	TCL王牌电器（惠州）有限公司	820 575
27	兖州煤业股份有限公司	805 526
28	达丰（上海）电脑有限公司	805 049
29	乐金电子（惠州）有限公司	781 998
30	上海友谊集团股份有限公司	758 464
31	广东核电合营有限公司	758 407
32	上海贝尔阿尔卡特股份有限公司	736 348
33	广州宝洁有限公司	729 749
34	UT斯达康通讯有限公司	712 580
35	北京大唐发电股份有限分司	708 977

续表

排名	企业名称	销售收入
36	上海蜂星国际贸易有限公司	704 319
37	山东国际电源开发股份有限公司	629 686
38	仁宝电脑工业（中国）有限公司	627 167
39	康佳集团股份有限公司	620 131
40	杭州娃哈哈保健食品有限公司	604 590
41	安利（中国）日用品有限公司	603 457
42	苏州爱普生有限公司	580 059
43	飞利浦电子元件（上海）有限公司	575 900
44	旭电（苏州）科技有限公司	564 783
45	沈阳兴远东汽车零部件有限公司	558 347
46	青岛朗讯科技通讯设备有限公司	552 223
47	北电网络（中国）有限公司	545 714
48	南京爱立信通信有限公司	534 993
49	东海粮油工业（张家港）有限公司	528 461
50	苏州飞利浦消费电子有限公司	527 006
51	哈飞汽车股份有限公司	514 350
52	仁宝电子科技（昆山）有限公司	514 168
53	乐金电子（天津）电器有限公司	511 152
54	广州风神汽车有限公司	509 694
55	上海光明乳业股份有限公司	502 150
56	北京爱立信普天移动通信有限公司	497 279
57	东莞三星电机有限公司	480 904
58	东南（福建）汽车工业有限公司	476 909
59	大连春山食品有限公司	469 145
60	广东广合电力有限公司	467 340
61	伟创力科技（珠海）有限公司	466 524
62	上海广电电子股份有限公司	465 630
63	上海锦江麦德龙购物中心有限公司	456 193
64	山东晨鸣纸业集团股份有限公司	454 645
65	天津三星电子显示器有限公司	453 213
66	厦新电子有限公司	448 781
67	上海物资贸易中心股份有限公司	447 705
68	上海上菱电器股份有限公司	446 833
69	湛江东兴石油企业有限公司	445 295
70	杭州摩托罗拉移动通信设备有限公司	442 781
71	惠普计算机产品（上海）有限公司	434 747
72	UT斯达康（中国）有限公司	429 774

续表

排名	企业名称	销售收入
73	佳能珠海有限公司	428 397
74	上海永新彩色显像管股份有限公司	428 384
75	江铃汽车股份有限公司	427 087
76	飞利浦电子（上海）有限公司	423 792
77	大连东芝电视有限公司	420 370
78	中海发展股份有限公司	420 049
79	重庆钢铁股份有限公司	418 243
80	东风本田发动机有限公司	414 801
81	广东科龙电器股份有限公司	406 939
82	上海惠普有限公司	406 068
83	联想（上海）有限公司	399 179
84	松下电器（中国）有限公司	397 794
85	上海大众汽车制造有限公司	389 642
86	信华精机有限公司	387 371
87	恩斯迈电子（深圳）有限公司	382 895
88	乐金飞利浦曙光电子有限公司	382 342
89	柯达（中国）股份有限公司	380 748
90	东莞福安纺织印染有限公司	379 000
91	上海通用五菱汽车股份有限公司	377 529
92	中国华录·松下电子信息有限公司	374 696
93	北京松下彩色显像管有限公司	371 971
94	惠普科技（上海）有限公司	368 158
95	国际商业机器中国有限公司	364 069
96	上海三菱电梯有限公司	357 714
97	上海健伍电子有限公司	356 187
98	天津三星视界有限公司	355 241
99	上海大润发有限公司	354 487
100	广东省珠海发电厂有限公司	352 949
101	上海雀巢产品服务有限公司	347 604
102	广西玉柴机器股份有限公司	344 847
103	联想（深圳）电子有限公司	337 600
104	风神汽车有限公司	335 784
105	庆铃汽车股份有限公司	335 597
106	华飞彩色显示系统有限公司	334 226
107	张家港浦项不锈钢有限公司	334 125
108	惠州三星电子有限公司	333 703
109	江西铜业股份有限公司	332 707

续表

排名	企业名称	销售收入
110	汤姆盛光学主件（深圳）有限公司	322 900
111	上海振华港口机械（集团）股份有限公司	319 432
112	海南航空股份有限公司	318 532
113	北京诺基亚航星通讯系统有限公司	313 157
114	安徽佳通轮胎有限公司	310 533
115	伟创力电子制造（上海）有限公司	308 077
116	旭丽电子（广州）有限公司	307 427
117	佛山普立华科技有限公司	302 944
118	重庆长安铃木汽车有限公司	301 340
119	广东粤港供水有限公司	300 530
120	吉林德大有限公司	299 388
121	英业达（上海）有限公司	297 123
122	高创电子（苏州）有限公司	295 993
123	广东北电通信设备有限公司	290 530
124	东莞科泰电子有限公司	289 249
125	厦门华侨电子股份有限公司	289 225
126	河南安阳彩色显像管玻壳有限公司	289 205
127	安太堡露天煤矿	287 897
128	厦门灿坤实业股份有限公司	287 866
129	施耐德电气（中国）投资有限公司	279 173
130	盐田国际集装箱码头有限公司	279 081
131	张家港沙太钢铁有限公司	277 691
132	天津三星电子有限公司	272 534
133	天津三星电机有限公司	269 343
134	苏州三星电子有限公司	269 146
135	江铃五十铃汽车有限公司	267 587
136	北京东方冠捷电子股份有限公司	266 466
137	上海贝尔阿尔卡特移动通信系统有限公司	263 898
138	夏普办公设备（常熟）有限公司	262 852
139	上海联家超市有限公司	262 448
140	新大洲本田摩托有限公司	258 171
141	张家港沙景钢铁有限公司	257 448
142	联合利华服务（上海）有限公司	256 740
143	青岛海尔空调电子有限公司	256 004
144	中油BP江门石油有限公司	255 756
145	佳能大连办公设备有限公司	255 216
146	广州松下空调器有限公司	254 207

续表

排名	企业名称	销售收入
147	杭州中策橡胶有限公司	253 727
148	深圳三九药业有限公司	252 299
149	惠普贸易（上海）有限公司	252 254
150	四海电子（昆山）有限公司	251 128
151	华宇电脑（江苏）有限公司	250 944
152	广州钢铁股份有限公司	250 703
153	江西昌河铃木汽车有限公司	249 263
154	华阳电业有限公司	247 435
155	友利电子（深圳）有限公司	247 107
156	翔鹭涤纶纺纤（厦门）有限公司	245 227
157	天津三星通信技术有限公司	244 670
158	中泰凯马股份有限公司	244 293
159	上海易初莲花连锁超市有限公司	244 269
160	上海索广映像有限公司	243 599
161	江门联和发动机有限公司	243 308
162	广州广船国际股份有限公司	242 223
163	南京LG同创彩色显示系统有限公司	237 762
164	深圳英飞力特技术产品有限公司	237 699
165	摩托罗拉（中国）投资有限公司	236 812
166	苏州罗技电子有限公司	236 209
167	阳城国际发电有限责任公司	234 123
168	北京首都国际机场股份有限公司	233 742
169	化南蓝天航空油料有限公司	233 654
170	宁波中华纸业有限公司	233 397
171	上海华源股份有限公司	230 450
172	唐山国丰钢铁有限公司	229 331
173	番禺三角洲石油化工有限公司	228 940
174	广东电力发展股份有限公司	228 919
175	日立建机（上海）有限公司	228 751
176	东莞德永佳纺织制衣有限公司	227 640
177	上海轮胎橡胶（集团）股份有限公司	226 997
178	北京松下普天通信设备有限公司	225 775
179	金隆铜业有限公司	225 695
180	上海氯碱化工股份有限公司	224 772
181	青岛啤酒股份有限公司	223 956
182	山东中华发电有限公司	222 374
183	上海浦东国际机场航空油料有限责任公司	221 898

续表

排名	企业名称	销售收入
184	杭州东信移动电话有限公司	221 697
185	内蒙古鄂尔多斯羊绒制品股份有限公司	221 502
186	三洋电机（蛇口）有限公司	220 340
187	上海延锋江森座椅有限公司	219 645
188	合肥日立挖掘机有限公司	218 823
189	南京依维柯汽车有限公司	217 649
190	广州珠江钢铁有限责任公司	217 495
191	江阴兴澄特种钢铁有限公司	216 123
192	秦皇岛金海粮油工业有限公司	215 356
193	深圳三星科健移动通信技术有限公司	215 111
194	江苏利港电力有限公司	215 092
195	河北邯峰发电有限责任公司	213 319
196	上海海立（集团）股份有限公司	213 276
197	西门子国际贸易（上海）有限公司	211 317
198	顺德市格兰仕微波炉电器有限公司	210 478
199	北京康捷空货运代理有限公司	210 085
200	广州佳杰科技有限公司	208 409
201	小松山推工程机械有限公司	208 375
202	上海索广电子有限公司	208 181
203	新疆广汇房地产开发有限公司	207 292
204	金纸源贸易（上海）有限公司	206 992
205	天津移动通信有限责任公司	206 627
206	广东福地科技股份有限公司	206 176
207	上海柴油机股份有限公司	206 103
208	上海陆家嘴金融贸易区开发股份有限公司	204 869
209	伊莱克斯电器（杭州）有限公司	201 330
210	张家港润忠钢铁有限公司	201 124
211	常州现代工程机械有限公司	201 055
212	江苏南亚自动车有限公司	201 038
213	远纺工业（上海）有限公司	201 036
214	厦门金龙联合汽车工业有限公司	200 895
215	珠海九丰阿科能源有限公司	200 778
216	诺基亚（苏州）电信有限公司	200 313
217	华懋双汇实业（集团）有限公司	199 699
218	广深珠高速公路有限公司	197 382
219	富士康（昆山）电脑接插件有限公司	197 342
220	顺德市格兰仕电器实业有限公司	196 344

续表

排名	企业名称	销售收入
221	临沂新程金锣肉制品有限公司	194 668
222	国碁电子（中山）有限公司	194 751
223	联合汽车电子有限公司	193 828
224	大宇重工业烟台有限公司	193 299
225	厦门金龙旅行车有限公司	192 850
226	上海联想电子有限公司	192 821
227	日本电产（大连）有限公司	192 743
228	福建捷联电子有限公司	191 491
229	东莞玖龙纸业有限公司	191 369
230	爱普生（上海）信息产品有限公司	191 245
231	加德士海洋燃气能源有限公司	191 199
232	台达电子电源（东莞）有限公司	190 781
233	西门子（中国）有限公司	190 183
234	天津通广三星电子有限公司	189 227
235	上海美蓓亚精密机电有限公司	188 711
236	艾默生网络能源有限公司	187 969
237	华润置地（北京）股份有限公司	187 503
238	上海日立电器有限公司	185 902
239	上海夏普电器有限公司	185 713
240	上海联想神州数码有限公司	184 832
241	环旭电子（深圳）有限公司	184 634
242	广州高露洁棕榄有限公司	182 804
243	开平中晖复合纤维母粒有限公司	182 594
244	飞利浦电子贸易服务（上海）有限公司	182 459
245	五羊一本田摩托（广州）有限公司	182 075
246	双城雀巢有限公司	181 964
247	临沂盛泉肉制品有限公司	181 841
248	上海李奥贝纳广告有限公司	179 853
249	江苏常熟发电有限公司	179 627
250	上海嘉里粮油工业有限公司	178 770
251	纬创资通（中山）有限公司	178 502
252	上海乐金广电电子有限公司	177 560
253	合肥江淮汽车有限公司	177 310
254	微软（中国）有限公司	176 636
255	大海粮油工业（防城港）有限公司	174 762
256	无锡阿尔卑斯电子有限公司	173 860
257	台达电子（东莞）有限公司	172 574

续表

排名	企业名称	销售收入
258	厦门正新橡胶工业有限公司	171 750
259	杜邦贸易（上海）有限公司	171 697
260	苏州明基电子技术有限公司	171 133
261	箭牌口香糖有限公司	170 134
262	联想（成都）有限公司	169 947
263	航卫通用电气医疗系统有限公司	169 886
264	深圳康佳通信科技有限公司	169 595
265	秦皇岛华洲玻璃有限公司	169 251
266	广东科龙空调器有限公司	169 214
267	卡特彼勒（徐州）有限公司	169 200
268	可口可乐（中国）饮料有限公司	168 939
269	上海开开实业股份有限公司	168 876
270	上海茉织华股份有限公司	168 834
271	阿尔卡特苏州通讯有限公司	168 199
272	佳能（中山）办公设备有限公司	167 893
273	顺德顺安达太平货柜有限公司	167 690
274	陕西渭河发电有限公司	167 521
275	天津太平（集团）有限公司	167 293
276	内蒙古蒙牛乳业股份有限公司	166 874
277	延锋伟世通汽车饰件系统有限公司	166 756
278	一汽－凯尔海斯汽车底盘有限公司	166 751
279	华润万佳有限公司	166 492
280	河南新飞电器有限公司	166 368
281	东莞华强三洋马达有限公司	164 810
282	青岛海尔电冰箱有限公司	163 796
283	先锋高科技（东莞）有限公司	163 110
284	上海实业联合集团股份有限公司	161 334
285	无锡夏普电子元器件有限公司	160 287
286	松下·万宝（广州）压缩机有限公司	160 201
287	丽珠医药集团股份有限公司	160 121
288	厦门TDK有限公司	160 108
289	张家港保税区吉尔瑞国际贸易有限公司	159 926
290	山东航空股份有限公司	159 659
291	浙江美可达摩托车有限公司	159 184
292	上海锦海捷亚国际华运有限公司	159 145
293	宁波宝新不锈钢有限公司	158 627
294	北京国际交换系统有限公司	158 429

续表

排名	企业名称	销售收入
295	金华盛纸业（苏州工业园区）有限公司	157 967
296	上海双鹿中野冷机有限公司	157 490
297	百威（武汉）国际啤酒有限公司	157 203
298	上海仁恒房地产有限公司	156 631
299	英特尔贸易（上海）有限公司	156 589
300	记忆科技（深圳）有限公司	155 250
301	富士康精密组件（北京）有限公司	154 422
302	青岛海信空调有限公司	154 045
303	上海邮电通信设备股份有限公司	153 582
304	上海迪比特实业有限公司	152 625
305	上海太平洋百华有限公司	152 299
306	青岛高丽钢线有限公司	152 024
307	广州日立冷机有限公司	151 718
308	广州神州数码有限公司	151 649
309	广东健力宝集团有限公司	151 641
310	友达光电（苏州）有限公司	151 640
311	青岛银钢炼铁有限公司	151 247
312	广东美的集团芜湖制冷设备有限公司	150 781
313	联合利华股份有限公司	150 687
314	康柏电脑（上海）有限公司	150 407
315	百得（苏州）电动工具有限公司	149 272
316	富士通将军（上海）有限公司	149 136
317	南京夏普电子有限公司	148 844
318	南京华新光电股份有限公司	148 799
319	河南TCL-美乐电子有限公司	148 782
320	江苏利淮钢铁有限公司	148 440
321	华映视讯（吴江有限公司）	148 032
322	内蒙古伊泰煤炭股份有限公司	147 709
323	珠海经济特区红塔仁恒纸业有限公司	147 657
324	金士顿科技电子（上海）有限公司	146 862
325	索尼精密部件（惠州）有限公司	146 297
326	上海世茂房地产有限公司	146 111
327	上海华虹NEC电子有限公司	145 904
328	捷普电子（番禺）有限公司	145 600
329	汤姆逊多媒体（东莞）有限公司	144 272
330	英华达（上海）电子有限公司	144 195
331	山东三星通信设备有限公司	142 779

续表

排名	企业名称	销售收入
332	爱立信（中国）有限公司	142 774
333	南京金腾钢铁有限公司	142 648
334	唐山银丰钢铁有限公司	142 623
335	宏普国际发展（上海）有限公司	142 370
336	肇庆市万亚电子实业有限公司	142 096
337	广州东方电力有限公司	142 088
338	朗讯科技（中国）有限公司	141 163
339	联想（沈阳）有限公司	141 101
340	德尔福派克电气系统有限公司	141 077
341	烟台东方不锈钢型材制品有限公司	140 695
342	惠州市TCL电脑科技有限责任公司	140 256
343	山东松下映像产业有限公司	140 227
344	广西来宾法资发电有限公司	140 150
345	昆山统一企业食品有限公司	139 822
346	番禺祈福新邨房地产有限公司	139 263
347	山西海鑫国际钢铁有限公司	138 721
348	TCL移动通信（呼和浩特）有限公司	138 684
349	深圳易拓科技有限公司	137 476
350	捷安特（中国）有限公司	136 788
351	南京麦克赛尔熊猫移动终端有限公司	136 604
352	杭州顶益食品有限公司	136 351
353	上海国际商业机器工程技术有限公司	135 897
354	强生（中国）有限公司	135 695
355	常州金源铜业有限公司	134 827
356	先锋高科技（上海）有限公司	134 112
357	广东溢达纺织有限公司	133 858
358	安徽淮南平圩发电有限公司	133 683
359	中国天津奥的斯电梯有限公司	132 917
360	厦门进雄企业有限公司	131 903
361	中山市中发电力有限公司	131 874
362	太平船务（中国）有限公司	131 776
363	TCL王牌电器（呼和浩特）有限公司	130 954
364	中粮国际（北京）有限公司	130 899
365	宁波雅戈尔服饰有限公司	130 841
366	三星高新电机（天津）有限公司	130 751
367	上海白猫有限公司	130 249
368	广州珠江电力有限公司	130 118

续表

排名	企业名称	销售收入
369	福州超大现代农业发展有限公司	129 896
370	阿西亚·布朗·勃法瑞（中国）投资有限公司	129 666
371	上海大江（集团）股份有限公司	129 650
372	南京熊猫电子股份有限公司	129 369
373	浙江温州特鲁莱发电有限责任公司	129 201
374	广东美芝制冷设备有限公司	128 258
375	青岛海尔特种电冰箱有限公司	127 680
376	湖南省湘钢华光线材有限公司	127 610
377	北京吉普汽车有限公司	127 176
378	包头天诚线材有限公司	127 049
379	上海申美饮料食品有限公司	126 487
380	福建太平洋电力有限公司	126 373
381	金光食品（宁波）有限公司	126 314
382	合肥美菱股份有限公司	126 188
383	广州造纸有限公司	126 102
384	第一拖拉机股份有限公司	125 859
385	东芝电脑有限公司	125 506
386	大连阿尔派电子有限公司	124 732
387	扬子巴斯夫苯乙烯系列有限公司	124 667
388	恩倍福显示器（东莞）有限公司	124 210
389	广州市佳杰旭电科技有限公司	123 563
390	三星电子（苏州）半导体有限公司	123 176
391	牧田（中国）有限公司	123 104
392	黄海粮油工业（山东）有限公司	122 974
393	天津三美电机有限公司	122 662
394	平顶山姚孟发电有限责任公司	122 530
395	南通醋酸纤维有限公司	122 291
396	耐克（苏州）体育用品有限公司	122 186
397	山东凤祥——爱迪西有限公司	122 084
398	湖北丝宝股份有限公司	121 861
399	珠海联邦制药股份有限公司	121 431
400	智威汤逊－中乔广告有限公司	121 298
401	东莞广通事务机有限公司	121 160
402	天津顶益国际食品有限公司	120 593
403	柯达电子（上海）有限公司	120 548
404	上海易初通用机器有限公司	120 523
405	郑州日产汽车有限公司	120 286

续表

排名	企业名称	销售收入
406	石家庄宝石电气硝子玻璃有限公司	120 156
407	绍兴纵横高仿真化纤有限公司	119 894
408	青岛郎讯科技通讯企业有限公司	119 631
409	山东日照发电有限公司	119 606
410	青岛正大有限公司	118 966
411	美国通用电器塑料中国有限公司	118 903
412	大连实德塑胶工业有限公司	118 839
413	上海集装箱码头有限公司	118 719
414	南京金城机械有限公司	118 621
415	佛山市海天调味食品有限公司	118 615
416	南通宝钢新日制钢有限公司	118 551
417	淄博欧格登博汇热电有限公司	118 068
418	山东口福粮油有限公司	117 890
419	飞马通讯（青岛）有限公司	117 430
420	山东新华制药股份有限公司	117 355
421	天弘（苏州）科技有限公司	117 316
422	上海中集冷藏箱有限公司	116 379
423	乐百氏（广东）食品饮料有限公司	116 000
424	杭州大厦有限公司	115 735
425	雅芳（中国）有限公司	113 734
426	深圳长科国际电子有限公司	112 521
427	马士基物流（中国）有限公司	112 494
428	黑龙江电力股份有限公司	112 466
429	广州友谊班尼路服饰有限公司	112 157
430	上海先锋电声器材有限公司	111 954
431	张家港永新钢铁有限公司	111 669
432	张家港联合铜业有限公司	111 620
433	常州依维柯客车有限公司	111 565
434	北海粮油工业（天津）有限公司	111 493
435	北京大发正大有限公司	111 179
436	经纬纺织机械股份有限公司	111 049
437	江苏南钢宝兴钢铁有限公司	110 764
438	北京飞机维修工程有限公司	110 590
439	秦皇岛首钢板材有限公司	109 932
440	大同电子科技（江苏）有限公司	109 703
441	中外运－敦豪国际航空快件有限公司	109 305
442	华通电脑（惠州）有限公司	109 002

续表

排名	企业名称	销售收入
443	正新橡胶（中国）有限公司	109 001
444	北京JVC电子产业有限公司	108 881
445	北京红石建外房地产开发有限公司	108 851
446	东芝大连有限公司	108 749
447	烟台东方不锈钢工业有限公司	108 681
448	惠阳东威电子制品有限公司	108 680
449	安讯（北京）金融设备系统有限公司	108 608
450	广东天贸（集团）股份有限公司	108 411
451	东莞华强三洋电子有限公司	108 032
452	厦门ABB开关有限公司	108 017
453	青岛泰光制鞋有限公司	107 910
454	上海新锐实业有限公司	107 773
455	天津乐金大沽化学有限公司	107 350
456	利星行机械（上海）有限公司	107 008
457	广州顶津食品有限公司	106 956
458	上海大金空调有限公司	106 894
459	联想（西安）有限公司	106 836
460	上海松下微波炉有限公司	106 490
461	新会中集集装箱有限公司	106 423
462	上海三菱上菱空调机电器有限公司	106 338
463	爱立信科技服务（中国）有限公司	106 054
464	上海巴斯夫染料化工有限公司	105 717
465	徐州维维食品饮料股份有限公司	105 626
466	大田－联邦快递有限公司	105 612
467	美孚（太仓）石油有限公司	105 591
468	安徽省合肥联合发电有限公司	104 908
469	秦皇岛正大有限公司	104 875
470	宁波申洲针织品有限公司	104 497
471	汤姆逊佛山彩色显像管有限公司	104 248
472	珠海松下马达有限公司	104 106
473	广州市好又多百货商业广场有限公司	103 825
474	明达塑胶（厦门）有限公司	103 810
475	承德燕山带钢有限公司	103 493
476	罗姆电子大连有限公司	103 447
477	中国第一铅笔股份有限公司	102 613
478	韩泰轮胎有限公司	102 597
479	广东太古可口可乐有限公司	102 394

续表

排名	企业名称	销售收入
480	东莞雀巢有限公司	102 320
481	丹沙中福货运代理有限公司	101 856
482	上海浦东新翔房地产开发有限公司	101 778
483	海宁卡森皮革有限公司	101 668
484	东莞华新电线电缆有限公司	101 345
485	上海第一八佰伴有限公司	101 237
486	中信国安有限公司	101 217
487	顺德市新宝电器有限公司	100 866
488	赛特集团有限公司	100 719
489	南海发电一厂有限公司	100 690
490	莱阳鲁花浓香花生油有限公司	100 676
491	河北衡丰发电有限公司	100 671
492	上海伊藤忠商事有限公司	100 254
493	济南人民大润发商业有限公司	100 228
494	北星（天津）汽车有限公司	99 539
495	上海京瓷电子有限公司	99 015
496	大连保锐区丰田汽车销售有限公司	98 736
497	上海百事可乐饮料有限公司	98 255
498	河北中润制药有限公司	98 175
499	江门市大长江摩托车有限公司	98 038
500	北京德尔福万源发动机管理系统有限公司	98 006

15. 国际直接投资流量统计表

年份	发达国家		发展中国家		中东欧		所有国家	
	流进	流出	流进	流出	流进	流出	流进	流出
金额（单位：亿美元）								
1991－1996（年均）	1 546.41	2 406.39	915.02	394.39	81.83	4.72	2 543.26	2 805.50
1997	2 696.54	3 960.57	1 932.24	766.62	190.33	42.15	4 819.11	4 769.34
1998	4 722.65	6 308.91	1 912.84	498.37	224.79	24.84	6 860.28	6 832.11
1999	8 246.42	10 213.07	2 292.95	727.86	251.45	24.62	10 790.83	10 965.54
2000	11 205.28	10 977.96	2 460.57	990.52	263.73	39.36	13 929.57	12 007.83
2001	5 893.79	6 605.58	2 094.31	473.82	250.15	35.05	8 238.25	7 114.45
2002	4 603.34	6 000.63	1 621.45	430.95	287.09	42.05	6 511.88	6 473.63
占世界比重（%）								
1991－1996（年均）	60.80	85.77	35.98	14.06	3.22	0.17	100	100
1997	55.96	83.04	40.10	16.07	3.95	0.88	100	100
1998	68.84	92.34	27.88	7.29	3.28	0.36	100	100
1999	76.42	93.14	21.25	6.64	2.33	0.22	100	100
2000	80.44	91.42	17.66	8.25	1.89	0.33	100	100
2001	71.54	92.85	25.42	6.66	3.04	0.49	100	100
2002	70.69	92.69	24.90	6.66	4.41	0.65	100	100
增长率（%）								
1997	22.62	19.15	26.55	25.04	40.50	226.24	24.80	20.74
1998	75.14	59.29	−1.00	−34.99	18.11	−41.07	42.36	43.25
1999	74.61	61.88	19.87	46.05	11.86	−0.89	57.29	60.50
2000	35.88	7.49	7.31	36.09	4.88	59.87	29.09	9.51
2001	−47.40	−39.83	−14.89	−52.16	−5.15	−10.95	−40.86	−40.75
2002	−21.90	−9.16	−22.58	−9.05	14.77	19.97	−20.96	−9.01

资料来源：联合国贸发会议《2003年世界投资报告》。

对外经济合作

1.2003年中国对外经济合作分国别（地区）统计表（承包工程和劳务合作）

单位：份、万美元

国家（地区）	新签合同份数	新签合同额	完成营业额
合计	42 059	2 093 031	1 723 393
亚洲	7 053	1 014 231	903 868
香港	932	250 645	283 751
澳门	497	30 393	29 223
台湾省	169	19 189	13 437
朝鲜	18	1 004	902
越南	489	36 779	19 492
老挝	19	9 673	10 331
柬埔寨	99	3 922	5 266
蒙古	52	12 052	17 964
日本	2 191	82 290	70 461
菲律宾	28	59 875	10 254
缅甸	70	46 331	37 878
泰国	72	16 243	12 423
马来西亚	60	28 662	24 918
新加坡	1 173	102 181	92 796
文莱	7	519	87
印度尼西亚	93	31 020	16 361
巴基斯坦	62	40 812	61 758
孟加拉国	47	36 368	35 349
印度	24	31 547	8 954
尼泊尔	12	734	2 433
斯里兰卡	6	5 198	10 684
马尔代夫	0	0	35
阿富汗	5	5 192	524
伊朗	53	32 613	33 717
土耳其	8	8 206	2 109
塞浦路斯	2	822	2 896
叙利亚	9	8 251	689
黎巴嫩	15	2 271	2 274
约旦	242	4 457	7 679
巴勒斯坦	0	0	0
也门	32	7 661	5 839
伊拉克	5	2 005	12 995
沙特阿拉伯	81	19 070	4 745

续表

国家（地区）	新签合同份数	新签合同额	完成营业额
科威特	35	13 276	2 717
巴林	2	37	11
卡塔尔	7	900	1 599
阿拉伯联合酋长国	101	15 060	16 289
阿曼	42	8 183	1 453
韩国	284	38 179	31 879
以色列	10	2 611	11 696
非洲	1 057	400 461	283 269
埃及	8	1 401	2 431
苏丹	100	115 418	48 854
利比亚	12	5 933	16 150
突尼斯	7	2 475	2 434
阿尔及利亚	54	69 474	50 026
摩洛哥	22	4 478	3 743
毛里塔尼亚	7	5 117	4 797
塞内加尔	3	2 434	2 860
冈比亚	4	1 351	1 326
几内亚(比绍)	5	2 789	2 767
马里	48	7 367	8 516
几内亚	22	8 919	7 162
加纳	22	5 625	4 164
科特迪瓦	12	2 295	744
布基纳法索	1	9	19
贝宁	7	412	1 260
尼日尔	2	898	230
利比里亚	5	445	447
塞拉利昂	10	1 721	2 422
多哥	9	1 181	500
尼日利亚	136	53 338	27 536
喀麦隆	12	851	1 369
赤道几内亚	18	7 298	1 117
中非	0	1 664	1 535
加蓬	13	427	743
刚果(布)	18	5 029	1 247
刚果(金)	14	2 802	2 313
佛得角	1	185	51
圣多美和普林西比	0	43	24

续表

国家（地区）	新签合同份数	新签合同额	完成营业额
布隆迪	1	42	199
卢旺达	8	602	747
埃塞俄比亚	15	5 441	19 650
索马里	1	12	12
吉布提	17	1 025	898
肯尼亚	13	1 830	3136
乌干达	20	1 805	2 208
坦桑尼亚	15	9 087	6 052
塞舌尔	13	834	944
毛里求斯	113	3 441	10 548
科摩罗	4	257	105
马达加斯加	54	8 422	4 328
安哥拉	13	16 783	3 537
莫桑比克	11	3 087	2 657
赞比亚	19	3 505	2 451
马拉维	6	592	1 472
津巴布韦	11	4 280	4 710
斯威士兰	4	47	84
博茨瓦纳	38	16 339	13 547
莱索托	50	965	3 760
南非	21	5 187	1 924
纳米比亚	24	3 663	2 359
厄立特里亚	14	1 836	1 154
川斯凯	0	0	0
欧洲	1 275	182 210	141 526
波兰	1	0	132
匈牙利	16	2 618	1 579
捷克共和国	3	1 840	157
保加利亚	3	59	72
阿尔巴尼亚	3	467	200
罗马尼亚	2	10 024	10 077
德国	662	36 380	24 579
塞尔维亚和黑山	0	0	65
法国	10	3 265	4 409
意大利	25	5 779	5 051
荷兰	4	51	51
比利时	2	652	51

续表

国家（地区）	新签合同份数	新签合同额	完成营业额
卢森堡	0	0	0
英国	77	5 850	4 675
爱尔兰	8	327	564
丹麦	7	193	931
芬兰	2	6 800	2 999
瑞典	1	65	33
挪威	25	4 783	3 506
冰岛	1	84	84
瑞士	3	40	1 452
奥地利	0	0	20
希腊	41	6 494	7 376
马耳他	1	33	41
西班牙	9	1 616	1 833
葡萄牙	0	0	0
摩纳哥	0	0	0
斯洛伐克共和国	0	0	2
俄罗斯联邦	307	27 931	20 532
乌克兰	6	4 212	524
白俄罗斯	4	896	879
乌兹别克斯坦	5	4 997	6 079
哈萨克斯坦	21	38 462	21 269
摩尔多瓦	0	0	2
吉尔吉斯斯坦	8	13 610	10 376
塔吉克斯坦	6	646	646
亚美尼亚	0	56	246
土库曼斯坦	1	2 000	7 297
立陶宛	0	0	0
爱沙尼亚	2	150	31
拉脱维亚	0	0	24
阿塞拜疆	1	300	678
格鲁吉亚	3	1 399	1 673
斯洛文尼亚	5	131	71
克罗地亚	0	0	0
马其顿	0	0	1 260
波斯尼亚-黑塞哥维那	0	0	0
拉丁美洲	278	74 035	70 917
墨西哥	27	16 498	25 813

续表

国家（地区）	新签合同份数	新签合同额	完成营业额
危地马拉	0	0	0
洪都拉斯	0	0	135
萨尔瓦多	0	0	46
尼加拉瓜	28	210	428
哥斯达黎加	0	0	0
巴拿马	24	656	4 105
古巴	3	5 955	8 941
海地	0	0	0
多米尼加共和国	4	10 554	3 367
牙买加	1	768	259
特立尼达和多巴哥	3	606	580
巴巴多斯	4	1 467	757
委内瑞拉	12	17 904	8 657
哥伦比亚	5	223	253
圭亚那	1	20	46
巴西	8	1 572	1 340
厄瓜多尔	4	117	4 946
秘鲁	6	2 395	3 034
玻利维亚	15	119	33
智利	1	19	437
巴拉圭	0	0	0
阿根廷	37	1 014	3 014
乌拉圭	0	2	66
巴哈马	2	2 000	1 273
英属维尔京群岛	0	0	0
安提瓜和巴布达	9	3 346	957
多米尼克	0	0	0
圣卢西亚	2	295	177
圣文森特和格林纳丁斯	10	237	33
格林纳达	0	0	0
伯利兹	4	2 293	690
苏里南	68	5 765	1 530
北美洲	434	28 255	30 912
加拿大	9	158	817
美国	425	28 097	30 095
大洋洲及太平洋岛屿	63	4 871	8 620
澳大利亚	8	346	1 779

续表

国家（地区）	新签合同份数	新签合同额	完成营业额
新西兰	6	228	338
萨摩亚	3	80	588
汤加	1	372	258
斐济	9	678	2 258
库克群岛	2	313	124
巴布亚新几内亚	17	1 356	1 239
基里巴斯	4	850	135
瓦努阿图	0	0	37
法属波利尼西亚	0	0	0
社会群岛	0	0	90
马绍尔群岛共和国	4	24	12
密克罗尼西亚联邦	5	412	1 206
瓦利斯群岛	4	12	2
东萨摩亚	0	0	48
马克萨斯群岛	0	200	180
帕劳共和国	0	0	326
其他	31 899	388 968	284 281

2. 2003年中国对外经济合作分省市统计表

金额单位：万美元

企业名称	新签合同额				完成营业额			
	合计	承包工程	劳务合作	设计咨询	合计	承包工程	劳务合作	设计咨询
合计	2 093 031	1 766 749	308 721	17 561	1 723 393	1 383 736	330 881	8 776
中央企业合计	735 352	683 408	48 982	2 962	626 795	577 025	47 999	1 771
中京邮电通信设计院	1		1		1		1	
中远对外劳务合作公司	9 419		9 419		7 172		7 172	
中国电子国际经济合作公司	227	158	69		685	455	230	
中纺人力资源开发有限公司	115		115		89		89	
中地石油工程有限公司	450	450			30	30		
中国交远国际经济技术合作公司	162		162		638	40	598	
中国成套设备进出口（集团）总公司	8 705	8 000	705		3 306	2 335	971	
中国重型机械总公司					6 760	6 760		
中国石油工程建设(集团)公司	19 939	19 899	40		50 270	50 218	52	
中国煤炭海外开发公司					161	161		
中国路桥（集团）总公司	37 483	37 318		165	28 242	28 242		
中国北方工业公司	302	302						
中国机械对外经济技术合作总公司	15 285	15 104	181		6 961	6 836	125	
中国港湾建设(集团)总公司	30 736	30 724	12		34 447	34 005	442	
中工国际工程股份有限公司	17 218	17 218			2 726	2 726		
中国机械设备进出口总公司	45 515	45 515			18 307	18 307		
中国化工建设总公司	6 559	6 559			842	842		
中国土木工程集团公司	25 961	24 533	1 428		36 298	35 592	706	
中国国际工程咨询公司	51			51	17			17
中国机械进出口（集团）有限公司					6 926	6 926		
中国冶金建设集团公司	8 923	8 923			9 958	9 958		

续表

企业名称	新签合同额				完成营业额			
	合计	承包工程	劳务合作	设计咨询	合计	承包工程	劳务合作	设计咨询
中国建筑工程总公司	200 113	199 649	333	131	181 793	180 162	1 361	270
中国轻工业对外经济技术合作公司	1 601	507	1 094		1 990	457	1 533	
中国中原对外工程公司	717	717			2 180	2 180		
中国有色金属建设股份有限公司	16 363	16 266	97		1 825	1 746	79	
中国航空技术国际工程公司	1 492	1 492			972	926	46	
中国机械工业建设总公司	2 493	2 493			2 031	2 031		
中国机床总公司	995	995			545	545		
中国海洋航空集团公司	28		28		1 092		1 092	
中国万宝工程公司	4 425	4 425			5 726	5 726		
中国石油技术开发公司	3 044	3 044			3 044	3 044		
中国海外工程总公司	5 934	5 584	350		8 317	8 106	211	
中国水利水电工程总公司	69 200	69 200			24 769	24 769		
中国国际计算机软件工程公司	42		42		42		42	
中国电力建设工程咨询公司	2 220		980	1 240	220		100	120
中国水产(集团)总公司					2 298	2 265	33	
中国化学工程总公司	11 000	11 000			4 322	4 322		
中国通信建设总公司					240	200	40	
中信国际合作公司					3 249	3 249		
中国国际人才开发中心	383		383		560		560	
中国轻工国际工程设计院	66			66	132	30		102
五洲工程设计研究院(兵器五院)	107	104		3	172	107		65
中国航空工业规划设计研究院					36	36		
中国医疗卫生对外技术合作公司	69		69		15		15	
中水远洋渔业有限责任公司	17 960	17 440	520		16 334	15 833	501	
中外园林建设总公司	316	24	292		575	24	551	

续表

企业名称	新签合同额				完成营业额			
	合计	承包工程	劳务合作	设计咨询	合计	承包工程	劳务合作	设计咨询
中海国际石油工程有限责任公司	3 095	3 095			2 916	2 916		
中国电力技术进出口公司	732	732			329	329		
中汽对外经济技术合作公司					28	28		
中国海外经济合作总公司	3 638		3 638		35		35	
中国国际企业合作公司	269		269		692		692	
中国冶金设备总公司	1 670	1 670						
中国建材工业对外经济技术合作公司	892	826	66		686	467	73	146
北京有色冶金设计研究总院	90			90	10			10
中国铁路工程总公司	2 801	2 801			17 089	17 089		
中国石化工程建设公司					7 000	7 000		
中国国际技术智力合作公司	27 672		27 672		25 904		25 904	
中国电工设备总公司	3 846	3 846			1 203	1 203		
中国体育国际经济技术合作	85	23	62		781	471	310	
建设部综合勘察研究设计院	495	495			772	586		186
北京国电华北电力工程有限公司					890	890		
中油国际工程有限责任公司					30 954	30 954		
中设国际工程有限责任公司	419	419			9 992	9 992		
中土蓄劳务合作有限公司	175		175		12		12	
中国出国人员服务总公司	780		780		1 191		1 191	
中国水利电力对外公司	44 939	44 939			14 823	14 823		
中国地质工程集团公司	21 780	21 780			14 807	14 807		
中国电线电缆进出口联营公司	2 500	2 500			3 640	3 640		
中海海员对外技术服务有限公司					2 780		2 780	
中国寰球工程公司	5 464	4 248		1 216	5 171	4 279	37	855
中国机械设备成套工程公司	28	28			28	28		

续表

企业名称	新签合同额				完成营业额			
	合计	承包工程	劳务合作	设计咨询	合计	承包工程	劳务合作	设计咨询
中国机械装备（集团）公司	42 105	42 105						
中国铁道建筑总公司	6 258	6 258			8 747	8 332	415	
地方企业小计	1 357 679	1 083 341	259 739	14 599	1 096 598	806 711	282 882	7 005
北京市	48 271	30 642	17 510	119	34 926	17 171	17 592	163
北京市市政工程总公司					1 649	1 636	13	
北京市地质矿产勘察开发总公司	208	208			176	176		
中国首钢国际贸易工程公司	366	133	233		183		183	
巨龙东方国际信息技术有限责任公司					1 925	1 925		
中地海外建设有限责任公司	10 579	10 579			4 206	4 206		
北京中关村开发建设股份有限公司	360	360			241	241		
清华同方威视技术股份有限公司	7 317	7 317			2 173	2 173		
天地科技股份有限公司					75	75		
北京市市政工程设计研究总院	13			13	53			53
北京城建国际工程有限责任公司	371	354	17		678	674	4	
北京振冲工程股份有限公司	60	60			36	36		
北京建工集团有限责任公司	2 105	2 070	35		1 497	1 400	97	
北京市第二房屋修建工程公司	22	22			15	15		
北京市建筑设计研究院	4			4	8			8
北京市外国企业服务总公司	17 095		17 095		17 093		17 093	
中国友发国际工程设计咨询公司	319	217		102	319	217		102
中国电气进出口联营公司	405	405			21	21		
中国北京国际经济合作公司	444	314	130		1 086	884	202	
北京住总集团有限责任公司	8 603	8 603			3 492	3 492		
天津市	40 419	31 227	8 746	446	40 515	28 863	11 161	491
天津海河国际劳务工程公司	994		994		727		727	

续表

企业名称	新签合同额				完成营业额			
	合计	承包工程	劳务合作	设计咨询	合计	承包工程	劳务合作	设计咨询
天津五市政公路工程有限公司	2 782	2 782			2 516	2 516		
天津和平建工集团有限公司					140	140		
机械工业第五设计研究院	211	211			148	148		
中铁第十八工程局	11 145	11 145			3 077	3 077		
大港油田集团有限责任公司					1 252	1 252		
天津港海员对外技术服务公司					57		57	
天津机械进出口有限公司					2 465	2 465		
天津市天海集团有限公司	43		43		50		50	
天津建工集团总公司	27	27			165	165		
天津远洋运输公司	2 039		2 039		1 140		1 140	
天津机械设备进出口公司	2 989	2 989			200	200		
中国天辰化学工程公司	1 464	1 460		4	1 220	1 214	2	4
铁道部第三勘测设计院	412			412	437			437
北方国际集团天津亿利达集团有限公司	46		46		147		147	
天津市市政工程设计研究院	150	150			170	170		
海洋石油工程股份有限公司					5 733	5 733		
天津城建集团有限公司	2 313	2 313			1 885	1 885		
中海油田服务股份有限公司	8 994	8 994			8 506	8 506		
天津市海岸带公司					20			20
天津华北有色建设工程公司	140	140			131	131		
中国天津国际经济技术合作公司	6 670	1 016	5 624	30	10 329	1 261	9 038	30
河北省	37 097	31 669	2 258	3 170	20 732	17 940	2 144	648
河北省水利工程局					128	128		
中国地质科学院地球物理地球化学勘察研究所	200	200			9	9		
河北太行水泥股份有限公司					10		10	

续表

企业名称	新签合同额				完成营业额			
	合计	承包工程	劳务合作	设计咨询	合计	承包工程	劳务合作	设计咨询
河北中煤第一建设公司					170	170		
中国华北冶金建设公司（河北）					600	600		
衡水国际经济合作有限责任公司	11		11		9		9	
河北省水利水电勘测设计研究院	70	70			61	61		
沧州市对外经济技术合作有限公司	202		202		20		20	
中国石油集团地球物理勘探局	12 667	12 667			11 137	11 137		
开滦（集团）有限责任公司	21	14		7	7	5		2
河北海外工程总公司（河北省）	57		57		106		106	
中国石家庄国际经济技术合作公司					71		71	
河北建工集团有限责任公司	105		105		433		433	
中国石油天然气管道工程有限公司	3 721	558		3 163	1 143	499		644
北方设计研究院（河北）					16	14		2
河北省纺织品进出口（集团）公司	499	343	156		271	177	94	
中国化学工程总公司第十三建设公司					20	20		
河北公路工程建设集团有限公司					144	144		
秦皇岛国际经济技术合作公司	1 910	1 906	4		142	100	42	
廊坊市元弘建筑安装工程有限公司					200		200	
承德对外经济合作公司（河北省）	309		309		149		149	
邢台对外经济技术合作公司					11		11	
保定国际经济技术合作公司					48		48	
邢台路桥建设总公司（河北省）					1 170	1 140	30	
河北秦皇岛渤海铝幕墙装饰工程有限公司					36	36		
秦皇岛海港第一建筑工程公司					100	100		
河北省秦皇岛市第三建筑公司					10	10		
中国唐山国际经济合作有限公司	688		688		449		449	

续表

企业名称	新签合同额				完成营业额			
	合计	承包工程	劳务合作	设计咨询	合计	承包工程	劳务合作	设计咨询
中国第二十二冶建设公司	7 200	7 200			1 787	1 782	5	
中国建筑材料工业建设唐山安装工程公司	5 557	5 557			671	671		
河北远洋运输股份有限公司	587		587		424		424	
河北省机械进出口公司	7		7		1		1	
河北省进出口贸易公司					5		5	
地质矿产部河北工程勘察总公司	68	63	5		37	35	2	
河北省国际经济技术合作公司					10	10		
华北石油管理局(河北)	3 091	3 091			927	927		
华北有色工程勘察院（河北）					160	160		
中国耀华玻璃集团公司（河北）					10	5	5	
河北圣仑进出口集团公司	127		127		30		30	
山西省	1 823	1 361	433	29	4 125	3 439	649	37
中铁三局集团有限公司					789	789		
山西晋能国际经贸有限公司	1 115	1 115			270	270		
山西建筑工程(集团)总公司					732	305	427	
化学工业第二设计院					10			10
山西省天利实业有限公司	316		316		98		98	
中铁十二局集团有限公司					320	320		
太原铁路工程公司					812	812		
中铁十七局集团有限公司	24			24	43	40		3
中国山西国际经济技术合作公司	143	26	117		138	22	116	
太原重型机器进出口公司	200	200			180	180		
中国第十三冶金建设公司	20	20			709	701	8	
煤炭工业部太原设计研究院	5			5	4			4
山西省电力勘测设计院					20			20

续表

企业名称	新签合同额				完成营业额			
	合计	承包工程	劳务合作	设计咨询	合计	承包工程	劳务合作	设计咨询
内蒙古自治区	6 494	910	4 842	742	2 665	1 437	1 228	
满洲里国际经济技术合作有限公司	835		835		317		317	
满洲里市第一建筑安装工程有限责任公司	110		110					
呼和浩特铁路建设（集团）有限责任公司	93	93			60	60		
内蒙古包头兴业集团股份有限公司					52	52		
内蒙古高等院校科技开发集团	13		13		8		8	
中国第二冶金建设公司	242	242			338	338		
满洲里东展贸易有限公司					68		68	
内蒙古新三维国际经济技术合作股份有限公司					43		43	
满洲里银泉经贸有限公司	90		90		131	83	48	
赤峰国际经济技术合作有限公司	1 247		1 247		129		129	
内蒙古满洲里东方国际贸易股份有限公司	221		221		164		164	
呼伦贝尔国际经济技术合作公司	223		223		266		266	
中国冶金建设集团包头钢铁设计研究总院	742			742	139	139		
呼铁对外经济技术合作公司	96		96		70		70	
满洲里晨峰经贸有限责任公司	52		52		56		56	
额尔古纳恒丰经贸公司	130		130		40		40	
满洲里市宝丽贸易有限公司	24		24					
内蒙古二连浩特国际经济技术合作公司	337	295	42		171	152	19	
满洲里国运经贸有限公司					50	50		
满洲里贝加尔公司	33		33					
中国内蒙古森林工业集团有限责任公司	1 880	280	1 600		563	563		
额盛达经贸有限公司	126		126					
辽宁省	15 254	7 727	7 423	104	18 589	11 124	7 253	212
锦州华锦国际经贸（集团）公司					22	22		

续表

企业名称	新签合同额				完成营业额			
	合计	承包工程	劳务合作	设计咨询	合计	承包工程	劳务合作	设计咨询
沈阳铁路局锦州工程集团有限责任公司	70		70		73		73	
抚顺对外建设经济合作（集团）股份有限公司	1 471	608	863		1 204	276	928	
本溪对外经济技术合作总公司	112		112		84		84	
北方国际电力工业有限公司					600	600		
沈阳远大铝业集团有限公司	618	618			345	345		
辽宁国际劳务交流有限公司	113		113		77		77	
中冶建设集团鞍山冶金设计研究总院	4			4	11			11
中国建筑东北设计研究院	14			14	14			14
中煤工程设计咨询集团沈阳设计研究院	66			66	40			40
沈阳飞机工业（集团）有限公司	20		20		3		3	
沈阳海外建设集团有限公司	200		200		165		165	
沈阳对外经济建设总公司					259		259	
中国沈阳国际经济技术合作公司	236		236		766	378	388	
沈阳铝镁设计研究院	20			20	142			142
东北今城建设股份有限公司	160	160			60	60		
中国冶金建设集团沈阳勘察总院	455	455			231	231		
鞍山市环宇建设工程有限公司					1		1	
抚顺石化中油检修维护有限责任公司	30	30						
辽宁省国际经济技术合作集团有限责任公司	4 334	750	3 584		2 774	1 642	1 132	
中国鞍山国际经济技术合作公司					88	7	81	
鞍山焦化耐火材料设计研究总院					5			5
中国第三冶金建设公司	1 000	1 000			1 736	10	1 726	
朝阳建设集团有限公司	55	55			473	473		
铁岭国际经济技术合作公司	122		122		28		28	
辽河石油勘探局	588	588			4 232	4 232		

续表

企业名称	新签合同额				完成营业额			
	合计	承包工程	劳务合作	设计咨询	合计	承包工程	劳务合作	设计咨询
中国铁路第十九工程局（辽宁）					320	320		
辽阳国际经济技术合作公司	1 365		1 365		1 256		1 256	
辽宁日林建设集团有限公司	2 000	2 000			1 418	1 418		
辽宁华曦集团公司					96		96	
辽宁成大股份有限公司	215		215		108		108	
辽宁省食品进出口公司	54		54		54		54	
辽宁国际贸易公司	91		91		321		321	
营口国际经济技术合作公司					47		47	
辽宁金帝建设集团股份有限公司	900	900			805	804	1	
辽宁国际建设工程集团公司	879	563	316		482	107	375	
辽宁省建设集团公司					199	199		
丹东国际经济技术合作公司	62		62		50		50	
大连市	28 182	12 917	15 265		18 262	6 027	12 235	
大连水产集团远洋渔业公司	848		848		715		715	
大连海达劳务技术合作公司	12		12		2		2	
大连航运集团有限公司	332		332		74		74	
大连渤海建筑集团有限公司	395		395		425		425	
大连长海远洋渔业有限公司	800		800		720		720	
中国出国人员服务总公司大连分公司	514		514		461		461	
大杨集团有限责任公司	23		23		9		9	
大连三星国际建筑安装工程公司	167		167		219		219	
大连市建设工程集团有限公司	749	299	450		259	116	143	
大化国际经济贸易公司	34		34		5		5	
大连港国际经济技术合作公司	198		198		246		246	
中国大连国际合作（集团）股份有限公司	19 703	12 458	7 245		11 912	5 851	6 061	

续表

企业名称	新签合同额				完成营业额			
	合计	承包工程	劳务合作	设计咨询	合计	承包工程	劳务合作	设计咨询
大连亿达集团有限公司	110		110		9		9	
大连筑成建设有限公司	9		9					
大连对外服务贸易集团有限公司	227		227		225		225	
大连华南国际经济技术合作公司	703	160	543		723	60	663	
大连华孚进出口集团有限公司	56		56		58		58	
中国成套设备进出口大连公司	33		33		152		152	
大连纺织品进出口有限公司	137		137		34		34	
大连经济技术开发区劳务公司	160		160		63		63	
大连船舶工业公司（集团）					66		66	
辽宁省大连海洋渔业集团公司	1 330		1 330		1 168		1 168	
大连华龙国际劳务合作有限公司	256		256		19		19	
大连远洋对外劳务合作有限公司	1 309		1 309		674		674	
大连中海劳务合作有限公司	77		77		24		24	
吉林省	23 787	7 945	15 842		23 356	10 113	13 243	
吉林省海外建筑工程有限公司	130		130		75		75	
吉林石油集团有限责任公司					779	779		
吉林省新创国际工程有限公司					192		192	
中铁十三局集团有限公司	3 255	3 255			3 611	3 611		
吉林省对外经济贸易集团有限公司	854		854		1 184	4	1 180	
吉林省对外经济合作有限公司	74		74		60		60	
中国吉林国际经济技术合作公司	1 389	310	1 079		4 783	1 640	3 143	
吉林省农业对外经济技术合作公司	1 580		1 580		505		505	
吉林化学工业进出口公司	86		86		85		85	
长春对外经济技术合作公司	2 077		2 077		791		791	
中国长春国际经济技术合作公司	2 588	5	2 583		2 039	11	2 028	

续表

企业名称	新签合同额				完成营业额			
	合计	承包工程	劳务合作	设计咨询	合计	承包工程	劳务合作	设计咨询
吉林省海外经济技术合作有限公司	618		618		365		365	
长春建设股份有限公司	500		500		200		200	
长春星宇集团股份有限公司	73	73			40	40		
长春对外劳务合作公司	700		700		500		500	
长春客车厂	500		500		110		110	
吉林省创业经济合作有限公司	2 723		2 723		85		85	
松原国际经济技术合作有限公司	14		14					
珲春创业经贸有限公司	90		90		131		131	
吉林省交通建设集团有限公司	300	300			1 265	1 265		
吉林建设开发集团公司	30	30			24	24		
吉林冶金建设公司	150		150		162		162	
中油吉林化建工程股份有限公司	972	972			556	556		
吉林国际人才技术交流公司	502		502		575		575	
吉林轻工股份有限公司	150		150		100		100	
吉林高速公路发展股份有限公司	3 000	3 000			2 000	2 000		
延边国际经济技术合作公司					785		785	
延边海外经济技术合作公司	912		912		1 263		1 263	
延边对外经济技术合作公司					696	159	537	
吉林对外经济技术合作公司	485		485		107		107	
吉林省工程建设有限公司	35		35		288	24	264	
黑龙江省	21 088	11 893	9 195		20 057	12 591	7 466	
哈尔滨电站工程有限责任公司	8 552	8 552			8 860	8 860		
牡丹江国际经济技术合作公司绥芬河公司	140		140		62		62	
绥芬河市兴建经济贸易公司	117		117		47		47	
东宁国际经济技术合作公司	60		60		26		26	

续表

企业名称	新签合同额				完成营业额			
	合计	承包工程	劳务合作	设计咨询	合计	承包工程	劳务合作	设计咨询
黑龙江省绥阳林区经济贸易总公司	563		563		310		310	
东宁县宏达经济贸易公司	599		599		307		307	
黑河蓝天经济技术开发公司					150		150	
龙建路桥股份有限公司					242	242		
黑龙江电信国脉工程股份有限公司					40	40		
漠河县经济技术合作有限责任公司					300		300	
绥芬河市富都经贸有限责任公司	576	476	100		360	300	60	
绥芬河龙江商联进出口有限公司	2 000		2 000		350		350	
东宁县通达贸易有限责任公司	1 694		1 694					
东宁兴贸有限责任公司	144		144		72		72	
黑龙江省华诚国际经济技术合作有限公司	8		8		1 678		1 678	
黑龙江省瑞驰建设公司					2		2	
黑龙江海外建设工程发展有限公司	13	13			5	5		
黑龙江省粮油食品进出口（集团）公司	122		122		115		115	
中国黑龙江国际经济技术合作公司	928	304	624		57		57	
同江国际经济技术合作公司	93	60	33		33	8	25	
哈尔滨铁路局对外经济技术合作公司	5		5		1		1	
黑龙江国际工程技术合作集团股份公司					454	1	453	
中国哈尔滨国际经济技术合作公司	194		194		47		47	
哈尔滨市第二建筑工程公司					1 473	1 473		
绥滨县云峰经贸有限公司	20		20					
同江市龙健经济贸易有限责任公司	31		31		30		30	
东宁中财经贸有限责任公司	400		400		120		120	
嘉荫县新春工贸有限责任公司	100		100		30		30	
虎林市绿东经贸有限责任公司	118		118		20		20	

续表

企业名称	新签合同额				完成营业额			
	合计	承包工程	劳务合作	设计咨询	合计	承包工程	劳务合作	设计咨询
萝北县腾鹤经贸有限公司					60		60	
黑河市东海经贸有限责任公司					2 430		2 430	
黑龙江金山峰经济技术合作有限公司	35		35		26		26	
黑龙江省火电第三工程公司					400	400		
黑河市海神经济贸易公司	2 000		2 000		640		640	
黑河榕富经济贸易公司	25	25			20	20		
黑龙江三丰进出口公司	88		88		48		48	
哈尔滨市电信工程局	391	391			267	267		
大庆石油国际工程公司	2 072	2 072			975	975		
上海市	192 589	173 529	16 997	2 063	132 584	109 133	22 628	823
上海隧道工程股份有限公司	3 284	3 284			3 580	3 580		
上海服装（集团）有限公司					1		1	
东方集团对外经济技术合作有限公司（上海）	1 039		1 039		2 087		2 087	
中远集装箱运输有限公司（上海）	753		753		1 661		1 661	
上海黄浦对外经济技术合作公司	13		13		194		194	
上海中海劳务合作有限公司	1 076		1 076		1 092		1 092	
上海宝钢国际经济贸易有限公司	211			211	4			4
上海电气(集团)总公司	1 839	1 839			715	715		
上海对外劳务经贸合作有限公司	1 972		1 972		2 567		2 567	
上海市对外服务有限公司	907		907		914		914	
上海汉森进出口有限公司	333		333		38		38	
上海冶金设计研究院	1 124			1 124	124			124
上海核工程研究设计院					81			81
上海电信工程公司					36	36		
华东电力设计院	335			335	387			387

续表

企业名称	新签合同额				完成营业额			
	合计	承包工程	劳务合作	设计咨询	合计	承包工程	劳务合作	设计咨询
华东建筑设计研究院有限公司（上海）	1			1				
上海建工（集团）总公司	69 268	69 268			42 483	42 483		
长江经济发展外经公司	49		49		13		13	
上海轻纺工业对外经济技术合作公司	1 405		1 405		1 572		1 572	
上海航空工业集团有限公司					3		3	
中国华源集团有限公司（上海）	2 792	2 760	32		3 105	2 773	332	
中国上海外经（集团）有限公司	25 565	16 848	8 711	6	15 564	4 949	10 615	
上海园林（集团）公司	37	37			26	26		
上海海程经贸发展公司					154		154	
上海水产(集团)总公司	12		12		417		417	
上海电力建设有限责任公司	128	128			98	98		
中国凯盛国际工程公司	5	5			578	578		
中国成套设备进出口上海公司	207		207		658		658	
上海扬子江建筑安装工程有限公司	2 726	2 726			1 198	1 198		
上海对外建设有限公司	17	17			26	26		
上海市东湖集团公司	238		238		43		43	
上海石化安装检修工程公司	836	836			376	376		
上海中企建筑装饰工程有限公司					30	30		
上海建筑装饰（集团）有限公司	144	144			249	249		
中国海底电缆建设公司（上海）	10	10			10	10		
上海市政工程设计研究院	20			20	23			23
上海市建设工程管理有限公司	353	353			353	353		
上海美达建筑工程有限公司	815	815			192	192		
上海金源国际经贸发展有限公司	420	420			123	123		
上海纺织建筑设计研究院	90			90	42			42

续表

企业名称	新签合同额				完成营业额			
	合计	承包工程	劳务合作	设计咨询	合计	承包工程	劳务合作	设计咨询
中国轻工业上海设计院	62			62	42			42
中国二十冶外经贸公司(上海)	260	143	117		143	50	93	
上海现代建筑设计（集团）有限公司	97			97	53			53
上海建筑设计研究院有限公司	117			117	67			67
上海外经贸投资集团	360	266	94		14	10	4	
上海浦东国际经济技术合作有限公司	1 496	1 496			1 660	1 496	164	
上海城建（集团）公司					370	370		
上海贝尔有限公司	14 376	14 376			6 369	6 369		
上海振华港口机械股份有限公司	57 758	57 758			43 043	43 043		
上海育海航运公司	39		39		6		6	
江苏省	208 649	174 201	33 444	1 004	197 512	142 671	53 984	857
盐城市水利建筑工程处	3		3		103		103	
江苏国泰国际集团国贸股份有限公司	1 227		1 227		212		212	
江苏盐城二建集团有限公司	1 683	1 133	550		1 173	843	330	
江苏建业建筑安装工程集团有限公司	4 606	2 676	1 930		3 496	2 825	671	
江苏广宇建设有限公司	178	178			35	35		
徐州飞虹网架（集团）有限公司	614	614			232	232		
江苏省大丰市建筑安装工程总公司	423		423		193		193	
盐城市天虹建筑工程总公司	2 173		2 173		1 731	12	1 719	
江苏中厦集团公司	177		177		1 099		1 099	
盐城国际经济技术合作公司	872		872		2 017		2 017	
苏州中材建设有限公司	3 696	3 696			1 846	1 846		
中远船务工程集团有限公司	13 573	13 573			7 972	7 972		
南京对外经济合作公司	606		606		638		638	
南京市测绘勘察研究院	76			76	26			26

续表

企业名称	新签合同额				完成营业额			
	合计	承包工程	劳务合作	设计咨询	合计	承包工程	劳务合作	设计咨询
南京三建（集团）有限公司	1 415	1 375	40		1 740	1 651	89	
春兰（集团）公司	350	350			350	350		
镇江国际经济技术合作公司	691	380	311		2 777	2 123	654	
江苏华扬石油钻井工程公司	200	200			200	200		
镇江市对外贸易集团公司	414		414		119		119	
江苏省电力建设第三工程公司	1 400	1 400			1 505	1 505		
江苏邗建集团有限公司					60		60	
泰兴市第一安装工程有限公司					21	21		
扬州市富扬对外经济贸易有限公司	55		55		754	60	694	
扬州国际经济技术合作公司	202		202		591		591	
江苏恒基路桥总公司	183	183			50	50		
江苏武进建筑安装工程总公司	1 634	1 634			1 320	1 320		
宜兴市工业设备安装有限公司	1 076	1 076			703	703		
红豆集团公司	73		73		9		9	
中煤国际工程集团南京设计研究院	83	83			41	41		
江苏新世纪造船股份有限公司	3 480	3 480			2 550	2 550		
江阴市对外贸易公司	26		26		16		16	
仪征化纤安装检修工程公司	100		100		64	28	36	
江苏省江建集团有限公司					330	250	80	
苏州国际经济技术合作公司	310		310		604		604	
江苏苏州第二建筑工程集团公司	2 399	2 399			2 243	2 243		
苏州园林发展股份有限公司	29	29			30	30		
常柴集团进出口有限公司	78	78			78	78		
江苏华能建设工程集团有限公司	953	953			534	534		
江苏天目建设集团有限公司	1 657	1 657			1 673	1 665	8	

续表

企业名称	新签合同额				完成营业额			
	合计	承包工程	劳务合作	设计咨询	合计	承包工程	劳务合作	设计咨询
金坛国际经济技术合作公司	3 432	3 035	397		2 331	431	1 900	
金坛市建筑安装工程公司	3 560	3 220	340		2 465	2 140	325	
常州国际经济技术合作集团有限公司	1 198		1 198		1 122		1 122	
启东市建筑安装工程公司	835	793	42		605	489	116	
海门市建筑安装工程公司	3 102	3 102			1 654	1 654		
江苏南通三建集团公司	4 520	4 520			7 075	4 331	2 744	
南通神勇建设工程总承包有限公司(原通州市建筑安装工程总公司)	966	747	219		1 239	965	274	
南通市第四建筑安装工程有限公司	3 453	3 453			2 761	1 839	922	
南通五建集团有限公司	1 553	927	626		3 152	1 070	2 082	
江苏省苏中建设集团股份有限公司	3 405	2 702	703		6 701	2 764	3 937	
南通市经济技术开发区总公司	1 465	779	686		2 173	47	2 126	
南通国际经济技术合作公司	1 588		1 588		2 429	88	2 341	
江苏长江机械化基础工程公司	27	27						
江苏建达建设股份有限公司	216	216			84	84		
江苏交通建设集团有限公司	1 905	1 905			959	959		
江苏省建筑工程总公司	3 336	2 152	1 184		3 276	2 269	1 007	
中石化集团南京设计院	740		10	730	740		10	730
淮安际经济技术合作公司	118		118		624		624	
南化集团建设公司	452	452			420	420		
中国核工业华兴建设公司	730	730			1 110	1 110		
江苏省电力建设第一工程公司	2	2			2	2		
中材国际工程股份有限公司	80	80			134	134		
江苏省邮电规划设计院有限责任公司	20	20			168	168		
江苏省纺织工业设计研究院	71			71	26			26

续表

企业名称	新签合同额				完成营业额			
	合计	承包工程	劳务合作	设计咨询	合计	承包工程	劳务合作	设计咨询
江苏省水利建设工程总公司	150	150			161	161		
中国石化集团江苏石油勘探局	600	600			1 090	1 090		
江苏省工业设备安装公司	285	285			166	166		
江苏省建筑工程公司	818	818			143	143		
徐州矿务集团有限公司	900	840	60		180	150	30	
中煤第五建设公司	500	500			2 271	2 271		
常林股份有限公司	8	8			8	8		
镇江市建筑工程公司	6 863	6 863			4 571	4 480	91	
江苏苏州第一建筑工程集团公司	3 212	3 212			3 023	3 023		
常州建筑构件总厂	240	240			230	230		
江苏省交通工程总公司	1 210	1 210			662	662		
常州市对外经济技术贸易集团公司	848		848		1 108		1 108	
常州市建筑设计研究院	132	132			1	1		
常州第一建筑工程公司	15	15			211	211		
常州第二建筑工程公司	1 003	1 003			598	598		
新沂市建筑安装工程总公司	580		580		304		304	
徐州市第一建筑工程公司	455	455			148	148		
中国石油天然气管道第二工程公司	4 200	4 200			4 200	4 200		
徐州市水利工程建设局	720	720			300	300		
徐州市建筑安装工程公司					10		10	
江苏永业集团公司	960	600	360		127		127	
徐州工程机械集团进出口公司	1 150	1 150			821	821		
徐州国际经济技术合作公司	152	25	127		297	205	92	
无锡中瑞集团有限公司					33		33	
无锡国际经济技术合作公司					89		89	

续表

企业名称	新签合同额				完成营业额			
	合计	承包工程	劳务合作	设计咨询	合计	承包工程	劳务合作	设计咨询
江苏无锡二建建设集团公司	542	542			550	550		
无锡市工业设备安装总公司	722	722			582	582		
南京扬子石油化工工程有限责任公司	2 600	2 600			5 530	5 530		
中国化学工程南京岩土工程公司	10	10			10	10		
中国石化金陵石油化工公司建筑安装工程公司	196		196		196		196	
江苏省对外交流公司	572		572		464		464	
中国江苏国际经济技术合作公司	15 050	12 064	2 986		13 488	9 053	4 435	
江苏省华建建设股份有限公司	1 912	1 912			1 803	1 803		
江苏省第一建筑安装有限公司	4 392	4 308	84		1 875	1 659	216	
江苏淮阴建设工程集团有限公司					511	58	453	
江苏中淮建设工程有限公司	916	916			759	759		
淮阴水利建设集团有限公司	2 291	2 176	115		1 727	1 720	7	
江苏三兴建工集团有限公司	355	155	200		194	106	88	
连云港市建筑工程公司	896		896		538		538	
连云港国际经济技术合作公司					3 277		3 277	
化学工业部连云港设计研究院	60		60		20			20
启东市对外经济技术合作公司	964		964		1 747		1 747	
南通远洋渔业公司	3 066	3 066			3 066	3 066		
南通建筑工程总承包有限公司	1 489	850	639		1 053	268	785	
南通市建筑安装工程总公司	2 266	2 266			791	791		
吴江市外贸集团公司	486		486		332		332	
苏州香山古建集团公司	553	553			534	534		
苏州国信集团有限公司	603		603		573		573	
苏州进出口(集团)有限公司	2 055		2 055		142		142	
南通市路桥工程总公司	451	451			24	24		

续表

企业名称	新签合同额				完成营业额			
	合计	承包工程	劳务合作	设计咨询	合计	承包工程	劳务合作	设计咨询
苏州园林设计院	80			80	12			12
无锡市园林古典建筑公司	148	25	123		255	18	237	
常熟国际经济技术合作有限公司	548		548		498		498	
江苏金土木建设集团有限公司	3 161	2 851	310		3 365	2 831	534	
苏州东吴国际经济技术合作公司	197		197		548		548	
武进市建设工程总公司	1 113	1 113			613	613		
江苏华泰道路桥梁工程有限公司					36		36	
江苏省地质工程有限公司	861	861			500	500		
江苏鹏鹞环境工程设计院	41	41			41	41		
宜兴市建工建筑安装有限公司	415	415			419	415	4	
澄西船舶修造厂	4 649	4 649			5 849	5 849		
法尔胜集团公司					6		6	
张家港国际经济技术合作公司					1 440		1 440	
江苏金厦建设集团有限公司	1 882	1 882			1 992	1 992		
南京市住宅建设总公司	2 384	2 337		47	1 428	1 234	151	43
南京熊猫电子进出口有限公司	5 507	5 507			6 457	6 457		
南京海外建筑工程总公司	500	500			500	500		
江苏中兴建设有限公司	1 056	1 056			1 407	1 401	6	
江苏远东海运有限公司	266		266		31		31	
江苏正太建设集团股份有限公司	2 210	2 210			2 187	2 187		
中国南京国际经济技术合作(集团)	4 065	3 550	515		3 884	3 000	884	
长江南京航道工程局	1 140	1 140			800	800		
金城集团进出口有限公司	300		300		211		211	
南京市第六建筑安装工程公司	300	300			430	380	50	
南京纺织品进出口股份有限公司	1 457	1 271	186		2 622	2 616	6	

续表

企业名称	新签合同额				完成营业额			
	合计	承包工程	劳务合作	设计咨询	合计	承包工程	劳务合作	设计咨询
南京大地建设（集团）股份有限公司	2 650	2 380	270		2 500	1 860	640	
中国石化集团第二建设公司	2 146	2 146			1 577	1 577		
中长航集团南京金陵船厂	13 145	13 145			9 345	9 345		
中港第三航务工程局南京分公司	3 593	2 765	828		1 941	1 113	828	
南通市六建建设集团有限公司	3 146	2 431	715		5 081	2 430	2 651	
江都市建设工程总公司(集团)	752		752		614		614	
浙江省	51 937	46 032	4 648	1 257	65 196	54 370	10 074	752
绍兴国际经济技术合作公司	638		638		1 149		1 149	
杭州国际经济合作有限公司	1		1		308		308	
嘉兴市对外经济技术合作有限公司					257		257	
浙江精工钢结构有限公司	336	336			318	318		
舟山海洋渔业公司	1	1			1 555	1 554	1	
绍兴市第三建筑安装工程有限公司	1 599	1 599			918	918		
温州国际经济技术合作公司	62		62		136		136	
温州建设集团公司	722	722			570	570		
杭州园林工程有限公司	31	31						
国家电力公司华东勘测设计研究院	403			403	91			91
万向集团	11 000	11 000			20 077	20 077		
中国空分设备公司	215	215			12	12		
浙江华升建筑集团有限公司	88	88			311	46	265	
浙江中富建筑集团股份有限公司	1 005	1 005			258	244	14	
五洋建设集团股份有限公司	1 012	1 012			826	676	150	
浙江舜杰建筑集团股份有限公司	385	385			386	252	134	
浙江飞跃集团进出口公司	1 457	1 457			1 457	1 457		
浙江省正邦水电建设有限公司	2 466	2 466			953	953		

续表

企业名称	新签合同额				完成营业额			
	合计	承包工程	劳务合作	设计咨询	合计	承包工程	劳务合作	设计咨询
浙江省水电建筑安装有限公司	511	511			23	23		
浙江钱江摩托车有限公司	880	880			880	880		
浙江省耀江建设集团股份有限公司	1 235	1 235			435	386	49	
东方建设集团有限公司	1 073	1 073			73	73		
杭州汽轮动力集团有限公司	19	19			251	251		
杭州市对外经济贸易服务有限公司	182		182		1 097		1 097	
浙江东方集团股份有限公司	243		243		324		324	
浙江省粮油食品进出口股份有限公司	181		181		181		181	
浙江四方集团公司					375	375		
浙江省建设投资集团有限公司	11 150	10 703	408	39	11 547	10 909	613	25
浙江省机械设备进出口有限责任公司	61	61			61	61		
中国浙江国际经济技术合作公司	1 004	80	924		2 723	11	2 712	
浙江省送变电工程公司					860	860		
浙江环宇建设集团有限公司	750	750			957	957		
浙江中大对外经济技术合作有限公司	1 335		1 335		381		381	
杭州市勘测设计院	5	5			5	5		
机械工业部第二设计研究院	257	79		178	216	94		122
浙江省交通规划设计研究院	637			637	514			514
浙江省金华市对外经济技术合作有限公司	9		9		152		152	
浙江东方集团控股有限公司	1 000	1 000			1 774	1 774		
丽水国际经济技术合作有限公司	108		108		574		574	
舟山国际经济技术合作有限公司	212		212		709		709	
浙江省东阳市第三建筑工程公司					1 050	1 050		
浙江中天建设工程集团有限公司					50	50		
湖州市对外经济技术合作有限公司					260		260	

续表

企业名称	新签合同额				完成营业额			
	合计	承包工程	劳务合作	设计咨询	合计	承包工程	劳务合作	设计咨询
绍兴市第一建筑安装工程公司	677	677			576	576		
浙江诸暨暨阳工业设备安装公司	214	214			214	214		
浙江八达建设集团有限公司	2 476	2 476			373	373		
浙江暨阳建设集团有限公司	482	482			406	406		
浙江樟塘建筑集团有限公司	135	135			318	316	2	
浙江亚厦装饰集团有限公司					188	156	32	
浙江阳光集团股份有限公司	150		150		280		280	
上虞市海滨建设集团有限公司	484	484			272	188	84	
舟山东方国际经贸有限公司	195		195		202		202	
浙江中成建工集团有限公司	1 076	1 076			1 027	1 027		
浙江省交通工程建设集团有限公司	1 000	1 000			3 216	3 216		
萧山国际经济技术合作有限公司					8		8	
浙江中设建工集团有限公司	2 540	2 540			2 652	2 652		
浙江中厦建设集团有限公司	235	235			410	410		
宁波市	70 313	69 776	537		59 860	48 534	11 326	
宁波华丰建设集团股份有限公司	1 147	1 147			1 250	1 250		
中国石化集团第三建设公司	2 778	2 778			1 438	1 438		
宁波华能国际经济贸易有限公司	14 508	14 508			6 566	6 566		
中国宁波国际合作（集团）有限公司	125		125		4 073		4 073	
宁波宁兴集团公司					1 538		1 538	
宁波建工集团股份有限公司					505	370	135	
宁波市工艺品进出口公司					616		616	
宁波天地（集团）股份有限公司	52		52		1 089		1 089	
浙江建安实业集团股份有限公司	5 561	5 561			2 065	2 065		
宁波交通工程（集团）有限公司	595	595			153	153		

续表

企业名称	新签合同额				完成营业额			
	合计	承包工程	劳务合作	设计咨询	合计	承包工程	劳务合作	设计咨询
宏润建设集团股份有限公司	866	866			2 216	2 216		
中基宁波对外贸易股份有限公司	4 540	4 500	40		4 058	4 000	58	
浙江中达建设集团股份有限公司	4 101	4 101			2 740	2 740		
宁波市慈溪进出口股份有限公司	320	300	20		808	600	208	
余姚市对外贸易有限公司	1 140	1 140			5 176	1 983	3 193	
浙江省电力建设总公司	19 749	19 749			4 152	4 152		
龙元建设集团股份有限公司	5 944	5 944			5 169	5 169		
浙江船厂	1 865	1 865			11 815	11 815		
宁波市鄞县对外贸易有限责任公司	5 550	5 250	300		3 146	2 730	416	
宁波中策动力机电集团有限公司	1 472	1 472			1 287	1 287		
安徽省	20 779	14 799	4 832	1 148	16 208	12 081	3 624	503
安徽省建工集团有限公司	3 358	2 651	707		4 234	3 849	380	5
中铁四局集团有限公司	1 077	1 077			758	758		
东华工程科技股份有限公司	718	450		268	640	377		263
安徽省外经建设（集团）有限公司	5 232	2 498	2 734		4 167	3 681	486	
中国安徽国际经济技术合作公司	188		188		892	263	629	
安徽省电力设计院	751			751	129			129
安徽省技术进出口股份有限公司	5 640	5 640			1 554	1 460	94	
安徽三建集团公司	119		119		62		62	
安徽省第一建筑工程公司					79		79	
安徽中天国际经济合作有限责任公司					14		14	
安徽电信工程有限责任公司	18	18			5	5		
安徽省宿州国际经济技术合作公司					174		174	
机械工业第一设计研究院	129			129	106			106
安徽省建筑设计研究院					571		571	

续表

企业名称	新签合同额				完成营业额			
	合计	承包工程	劳务合作	设计咨询	合计	承包工程	劳务合作	设计咨询
中国冶金建设集团马鞍山钢铁设计研究总院	963	963			441	441		
安徽阜阳建工（集团）有限责任公司	265	265			30	30		
安庆东浩对外经济合作公司	219		219		108		108	
马钢国际经济贸易总公司	1		1		11		11	
安徽电力建设第二工程公司	339	176	163		62	21	41	
淮南国际经济技术合作公司					5		5	
芜湖市外经服务有限公司	387		387		535		535	
安徽送变电工程公司	310	310			310	310		
合肥对外经济技术合作公司	314		314		397		397	
蚌埠市国际经济技术合作公司	715	715			303	289	14	
安徽省对外劳务开发中心					21		21	
中国化学工程第三建设公司					588	588		
安徽省古建园林市政建设有限公司	36	36			9	9		
安徽轻工进出口股份有限公司					3		3	
福建省	54 039	27 047	26 992		42 993	19 561	23 432	
福建省人才开发中心	30		30		28		28	
福建省对外劳务合作公司	495		495		1 127		1 127	
福建省邮电规划设计院	3 647	3 647			127	127		
福建省华洋水产集团公司	6 592		6 592		23		23	
福建省第一公路工程公司	317	317			256	256		
泉州市对外经济技术服务公司	72		72		417		417	
福建省第五建筑工程公司	422	422			1 647	1 647		
福建三明国际经济技术合作公司	7 334		7 334		4 313		4 313	
莆田国际经济技术合作公司	584		584		828		828	
福州市劳务技术合作公司	127		127		156		156	

续表

企业名称	新签合同额				完成营业额			
	合计	承包工程	劳务合作	设计咨询	合计	承包工程	劳务合作	设计咨询
福建海外工程有限公司					299		299	
福建省工业设备安装有限公司	409	409			96	96		
福建地矿建设集团公司	432	432			88	88		
福建轻纺工业经济技术公司					91		91	
福建铁路建设（集团）有限公司	7 400	7 400			3 449	3 449		
福建省对外经济服务贸易公司	1		1		47		47	
漳浦国际经济技术合作公司	90		90		177		177	
漳州国际经济技术合作公司					1 293		1 293	
中国泉州国际经济技术合作公司	4 076	238	3 838		1 495	31	1 464	
中国福州国际经济技术合作公司	1 365		1 365		3 693		3 693	
福建二建建设集团公司	723	723			642	642		
福建三木国际经济技术合作有限公司	64		64		288		288	
福建中福对外劳务合作有限公司	1 424		1 424		3 097		3 097	
莆田对外经济技术合作公司	279		279		733		733	
福建省华闽进出口公司	464	3	461		399	3	396	
福建省五金矿产进出口公司					2		2	
福建省第一电力建设公司					735	735		
福建远洋渔业集团公司	90		90		243		243	
福建建工集团总公司	141	141			141	141		
福建省建筑设计研究院	5	5			7	7		
福建华源国际贸易经济合作公司	260		260		2 030		2 030	
福建福通对外经济合作公司	810		810		1 554		1 554	
福建华旅对外劳务合作公司					95		95	
福建省火电工程承包公司	1 102	1 102			713	713		
福建省轮船总公司	78		78		167		167	

续表

企业名称	新签合同额				完成营业额			
	合计	承包工程	劳务合作	设计咨询	合计	承包工程	劳务合作	设计咨询
福建省龙岩国际经济技术合作公司	669		669		570		570	
福建宁德国际经济技术合作公司								
中国武夷实业股份有限公司	8 615	8 615			7 913	7 903	10	
福建省金福对外劳务合作有限公司	1 839		1 839		58		58	
福州建工（集团）总公司	3 500	3 500			3 630	3 630		
福州壮安经济技术开发有限公司	200		200		154		154	
福建六建建工集团公司	93	93			93	93		
福建省华福国际经济技术合作有限公司					15		15	
福建省外国机构服务中心	290		290		64		64	
厦门市	12 032		12 032		7 161		7 161	
厦门经济特区船务有限公司					47		47	
厦门海隆对外劳务合作有限公司	1 331		1 331		1 198		1 198	
厦门建隆经济技术合作有限公司	37		37		753		753	
中国厦门国际经济技术合作公司	1 039		1 039		4 899		4 899	
中国外运集团厦门经贸船务公司					10		10	
厦门诚毅船务公司	9 625		9 625		254		254	
江西省	11 582	8 303	3 224	55	13 792	9 035	4 743	14
南昌国际经济技术合作公司	100	100			1 890	1 303	587	
萍乡矿务局建筑安装总公司	3 370	3 370			1 647	1 586	61	
江西省农业联合开发总公司					322		322	
江西省轻工业对外经济技术合作公司	594		594		712		712	
江西洪都航空工业集团有限责任公司					144		144	
江西省建工集团总公司	73	73			580	88	492	
江西省电力设计院	1 709	1 709			1 500	1 500		
景德镇市国际经济技术合作公司					53		53	

续表

企业名称	新签合同额				完成营业额			
	合计	承包工程	劳务合作	设计咨询	合计	承包工程	劳务合作	设计咨询
江西对外劳务经济合作有限公司	53		53		26		26	
江西省地质工程（集团）公司	15		15		215	210	5	
赣州国际经济技术合作公司	108		108		101		101	
九江市对外经济合作公司	21		21		81		81	
南昌对外工程总公司	1 015	320	695		1 752	1 131	621	
宜春海程经贸发展有限公司					1 409	1 409		
中国江西国际经济技术合作公司	4 347	2 731	1 616		3 272	1 808	1 464	
南昌有色冶金设计研究院	55			55	14			14
江西铜业公司	122		122		74		74	
山东省	109 867	71 895	37 972		85 056	51 382	33 668	6
威海方正国际人才技术合作有限公司	952		952		535		535	
荣成汇成国际经济技术合作有限公司	1 325		1 325		1 112		1 112	
临沂国际经济技术合作公司	493		493		2 619		2 619	
胜利油田管理局	7 460	7 460			22 562	22 562		
中国石化集团第十建设公司					86	86		
烟台二建实业股份有限公司	40		40		102		102	
东营国际经济技术合作公司	317		317		216		216	
泰安国际经济技术合作有限公司	219	87	132		1 290	193	1 097	
泰安市第二建筑安装工程公司					40		40	
山东泰安建筑工程公司	196	90	106		. 890	458	432	
兖矿集团有限公司	361	361			280	280		
济宁惠友进出口公司					38		38	
山东省寿光市建筑公司	870	870			46	46		
山东潍柴进出口有限公司	1 770	1 770			1 048	1 041	7	
山东海化进出口有限公司	1 380	1 380						

续表

企业名称	新签合同额				完成营业额			
	合计	承包工程	劳务合作	设计咨询	合计	承包工程	劳务合作	设计咨询
潍坊国际经济技术合作集团公司	3 084		3 084		762		762	
潍坊昌大建设（集团）总公司	3 130	1 770	1 360		968	292	676	
烟台国际经济技术合作公司	5 573		5 573		4 614		4 614	
中国水产烟台海洋渔业公司	2 620		2 620		1 244		1 244	
烟台港务局					131		131	
山东省劳务合作公司	316		316		1 967		1 967	
中铁第十四工程局	4 617	4 617						
山东电力基本建设总公司	8 000	8 000			5 080	5 080		
山东省水产企业集团总公司					772	649	123	
中国山东国际经济技术合作公司	5 894	1 239	4 655		5 338	742	4 596	
山东省瀚森国际经贸合作有限公司	461		461		1 069		1 069	
煤炭工业部济南设计研究院					6			6
山东省诸城市建筑工程公司	980	700	280		265	125	140	
莱芜市国际经济技术合作公司	56		56		358		358	
青州市水利建筑总公司	1 767	880	887		570		570	
日照国际经济技术合作公司	643		643		304		304	
日照市水产集团总公司	67		67		14		14	
山东东方路桥建设总公司	1 861	1 861			220	220		
山东华鲁集团有限公司	79		79		2 168		2 168	
威海联桥国际经济技术合作有限公司	1 104		1 104		771		771	
齐鲁建设集团公司	186	186			1 679	1 679		
烟台长城国际经贸有限责任公司	41		41		34		34	
菏泽市对外经济技术合作公司	4 405		4 405		1 166		1 166	
德州市国际经济技术合作公司	296		296		173		173	
山东林海对外经济贸易集团总公司					6		6	

续表

企业名称	新签合同额				完成营业额			
	合计	承包工程	劳务合作	设计咨询	合计	承包工程	劳务合作	设计咨询
济宁市建筑工程公司（集团）	45	45			62	62		
胜利油日东胜精攻石油开发集团有限公司	1 600	1 600						
工益集团公司	10 000	10 000			10 000	10 000		
山东天幕集团总公司					6		6	
山东景芝建工集团公司	577	577			187	186	1	
山东宏昌路桥工程有限公司	3 083	3 083			732	732		
山东国际合作联合有限公司	2 526		2 526		717		717	
烟台市土畜产对外贸易有限公司	9		9		1		1	
烟台建设集团有限公司					4 195	4 085	110	
山东电力核电建设集团公司	23 216	23 216			2 350	2 350		
山东天元建设集团总公司					110	110		
威海纺织集团进出口有限责任公司	288		288		90		90	
威海市纺织服装进出口公司	280		280		94		94	
威海市国际交流服务中心	711		711		505		505	
威海国际经济技术合作股份有限公司	6 969	2 103	4 866		5 464	404	5 060	
青岛市	14 376	10 126	4 230	20	14 157	10 370	3 781	6
青岛海洋渔业公司	413		413		524		524	
青岛第三建筑工程公司					200	200		
青岛市安装工程公司	144	144			232	232		
中国青岛国际经济技术合作公司	960		960		641		641	
海信集团公司	60		60		70		70	
山东省对外贸易集团有限公司	4		4		236		236	
山东工艺品进出口（集团）股份有限公司	121		121		10		10	
山东省食品进出口公司	105		105		11		11	
山东省五金矿产进出口公司					54		54	

续表

企业名称	新签合同额				完成营业额			
	合计	承包工程	劳务合作	设计咨询	合计	承包工程	劳务合作	设计咨询
青岛环太经济技术合作公司	1 072		1 072		762		762	
青岛远达对外经济合作有限公司	141		141		424		424	
中国石油天然气第七建设公司					812	812		
青岛海尔国际贸易有限公司	107		107		84		84	
青岛益佳集团有限公司	4		4		22		22	
青岛开源国际经济技术合作公司	93		93		57		57	
青岛远洋对外劳务合作有限公司	998		998		709		709	
青岛建设集团	9 927	9 927			8 275	8 235	40	
青岛市胶州建设集团有限公司	55	55			37	37		
青岛市第一建筑工程公司					500	500		
青岛市第二建筑工程公司					352	352		
青岛国际交流中心	152		152		139	2	137	
青岛市建筑设计研究院	20			20	6			6
河南省	38 967	36 050	2 564	353	21 106	17 554	3 242	310
洛阳有色金属加工设计研究院	56			56	55			55
河南金城国际经济技术合作有限公司					251		251	
河南省地矿建设工程（集团）有限公司	81	81			115	115		
河南省建筑工程总公司	1 657	1 657			1 097	1 097		
河南省水利第一工程局					90	90		
中铁第十五工程局					300	300		
河南省对外劳务合作公司	866		866		693		693	
河南黄河工程局					39		39	
河南省交通规划勘察设计院	4			4				
中国河南国际合作集团有限公司	5 175	4 049	1 126		4 615	3 373	1 242	
机械工业部第十设计研究院	93			93	85			85

续表

企业名称	新签合同额				完成营业额			
	合计	承包工程	劳务合作	设计咨询	合计	承包工程	劳务合作	设计咨询
河南省第二建筑工程有限责任公司	741	741			43	43		
洛阳国际经济合作公司					16		16	
铁道部隧道工程局					20	20		
中国一拖集团有限公司	17		17		38		38	
中原石油勘探局	12 580	12 580			8 193	8 193		
河南省水利电力对外公司	2 089	2 089			758	758		
中国石化集团河南石油勘探局					57	57		
河南第一火电建设公司					185	185		
河南送变电建设公司	41	41			117	117		
许继集团有限公司	11 200	11 200						
濮阳国际经济技术合作公司	555		555		463		463	
安阳化学工业集团有限责任公司					384	384		
中国石油天然气第一建设公司	1 037	1 037			1 130	630	500	
中国石化集团洛阳石油化工工程公司	1 500	1 300		200	1 108	958		150
机械工业部第四设计研究院	53	53			237	217		20
中信重型机械公司					87	87		
郑州铁路工程总公司					3	3		
中国化学工程第十一建设公司	1 222	1 222			927	927		
湖北省	29 882	28 552	823	507	20 329	17 900	1 779	650
凌云科技集团有限责任公司	190	190			134	131	3	
中国武汉国际经济技术合作公司	23	23			439	51	388	
中国化学工程第六建设公司					471	471		
中南建筑设计院	41			41	6			6
中国石化集团江汉石油管理局	1 542	1 542						
国家电力公司中南电力设计院					44			44

续表

企业名称	新签合同额				完成营业额			
	合计	承包工程	劳务合作	设计咨询	合计	承包工程	劳务合作	设计咨询
武汉市建筑设计院	66			66	43			43
铁道部第四勘测设计院	50			50	5			5
华中电力国际经贸有限责任公司					546	546		
武钢集团国际经济贸易总公司	3 240	3 240			2 522	2 522		
湖北省电力建设第一工程公司					654	654		
湖北省建筑工程集团有限公司	563	563			422	422		
湖北省国际劳务合作有限公司					127		127	
江汉石油管理局勘察设计研究院	118			118	71			71
武汉铁路建设集团有限公司	500	500			11	11		
宜昌国际经济技术合作公司	135	31	104		10	6	4	
黄冈国际经济技术合作公司					20		20	
中铁十一局集团有限公司					523	523		
黄石国际经济技术合作公司					21		21	
湖北美尔雅纺织服装实业（集团）公司	6		6		28		28	
中铁大桥局集团有限公司	4 196	4 196			5 589	5 589		
中铁大桥勘测设计院					335			335
中交第二公路勘察设计研究院	22			22	22			22
长江水利委员会长江勘测规划设计研究院	123			123	27			27
中国葛洲坝水利水电工程集团公司	11 183	11 183			2 320	2 320		
湖北晴川国际海员劳务开发公司					155		155	
中国十五冶金建设有限公司					1 568	1 555	13	
中国五环化学工程公司	3 834	3 747		87	645	548		97
武汉天地国际劳务合作有限公司	293		293		544		544	
中国长江航运集团对外经济技术合作总公司	406		406		466		466	
长江武汉航道工程局	169	169			93	93		

续表

企业名称	新签合同额				完成营业额			
	合计	承包工程	劳务合作	设计咨询	合计	承包工程	劳务合作	设计咨询
武汉市市政工程总公司	1 108	1 108			385	385		
中国第一冶金建设公司	1 935	1 935			1 890	1 883	7	
武汉建工（集团）有限公司	139	125	14		193	190	3	
湖南省	27 360	24 441	2 043	876	26 275	23 168	2 689	418
中冶集团长沙冶金设计研究总院	216			216	53			53
中国轻工业长沙设计院	432	250		182	195	70		125
湖南交通国际经济工程合作公司					1 652	1 652		
湖南电力建设开发总公司	3 639	3 639			2 278	2 278		
长沙有色冶金设计研究院	1			1	62			62
湖南国际经济技术合作公司	271	18	253		1 098	99	999	
中国有色金属工业第二十三冶金建设公司	1 752	1 752			29	29		
湖南省公路桥梁建设总公司					1 253	1 253		
湖南省郴州建设工程集团有限公司	3 941	3 941			620	620		
岳阳市公路桥梁基建总公司	10 020	10 020			8 625	8 625		
湖南省电力勘测设计院					25			25
长沙市对外经济贸易公司	330		330		207		207	
湖南省机械进出口有限公司	276		276		300		300	
湖南环达公路桥梁建设总公司					3 976	3 976		
湖南环球（集团）公司	1 132		1 132		1 092		1 092	
中国水利水电第八工程局	1 916	1 916			3 933	3 933		
湖南省建筑工程集团总公司	2 905	2 905						
湖南省送变电建设公司					542	542		
国家电力公司中南勘测设计研究院					11	11		
中机国际工程设计研究院	143			143	97			97
湖南省建筑设计院	130			130	31			31

续表

企业名称	新签合同额				完成营业额			
	合计	承包工程	劳务合作	设计咨询	合计	承包工程	劳务合作	设计咨询
湖南省机械设备进出口公司					80	80		
南方航空动力机械进出口公司	52		52		91		91	
湖南第一工业设计研究院	204			204	25			25
广东省	47 003	23 774	23 132	97	44 273	22 061	21 793	419
广州远洋运输公司	1 604		1 604		1 441		1 441	
广州市建筑集团有限公司	273	273			135	135		
广州市设计院	13			13	56			56
广州珠江实业集团有限公司	17			17	17			17
广东国际技术合作实业集团有限公司	22 189	10 766	11 423		18 148	6 110	12 038	
广东省长大公路工程有限公司	78	78			54	54		
广东省水利水电勘测设计院					323	39		284
广东省电力设计研究院	103	36		67	138	76		62
中山国际经济技术合作公司					26	10	16	
广东省机械进出口股份有限公司	7 440	7 440			5 146	5 146		
广东省第七建筑集团有限公司	2 570	2 570			1 749	1 749		
珠海对外劳务合作有限公司	430		430		652		652	
江门市对外劳动服务公司	327		327		829		829	
珠海国际经济技术合作公司	740		740		2 252	1 976	276	
中国成套设备进出口广州股份有限公司					145		145	
汕头国际经济技术合作公司	30		30		69		69	
广东海外建设总公司	2 359	2 359			3 236	3 236		
广东省源大水利水电集团有限公司					587	587		
广州对外经济发展总公司	1 205	252	953		750	252	498	
广州中海劳务合作有限公司	433		433		408		408	
中国广州国际经济技术合作公司	7 192		7 192		8 112	2 691	5 421	

续表

企业名称	新签合同额				完成营业额			
	合计	承包工程	劳务合作	设计咨询	合计	承包工程	劳务合作	设计咨询
深圳市	73 281	73 281			64 970	64 837	133	
深圳市建设投资控股公司					181	181		
华为技术有限公司	45 654	45 654			32 953	32 953		
深圳市中兴通讯股份有限公司	23 111	23 111			23 111	23 111		
北方国际合作股份有限公司	4 168	4 168			7 234	7 234		
中国南海工程有限公司	348	348			37	37		
深圳市对外劳动服务公司					133		133	
深圳山东核电工程公司					1 321	1 321		
广西壮族自治区	3 390	3 332	58		1 868	1 856	12	
广西公路桥梁工程总公司	2 251	2 251			271	271		
广西建工集团第一建筑工程有限责任公司	28	28			617	617		
广西建工集团第五建筑工程有限责任公司	100	100			200	200		
广西凭祥对外经济技术合作公司	190	190			218	218		
广西建工集团海外工程有限责任公司	497	497			422	422		
防城港国际经济技术合作有限责任公司	266	266			128	128		
广西国际经济技术合作公司	58		58		12		12	
海南省	125		125		1 149	1 147	2	
海南省建筑工程总公司					459	459		
中国海南国际经济技术合作公司	125		125		690	688	2	
重庆市	11 234	11 144	90		1 414	1 334	80	
重庆钢铁集团有限公司					1		1	
重庆对外建设总公司	10 110	10 108	2		361	357	4	
重庆国际经济技术合作公司					388	323	65	
重庆对外贸易进出口公司	88		88		10		10	
重庆建工集团有限责任公司	1 036	1 036			654	654		

续表

企业名称	新签合同额				完成营业额			
	合计	承包工程	劳务合作	设计咨询	合计	承包工程	劳务合作	设计咨询
四川省	94 231	91 152	2 819	260	43 187	38 806	4 227	154
中国四川国际合作股份有限公司	4 807	4 544	263		2 810	2 115	695	
四川省外国企业服务有限责任公司	4		4		2		2	
中国成都国际合作股份有限公司	1 062		1 062		1 008		1 008	
四川省遂宁市寰宇对外劳务合作有限公司					134		134	
川铁国际经济技术合作有限公司	6 001	5 798	203		2 712	2 577	135	
中国化学工程第七建设公司					326	326		
绵阳国际经济技术合作公司	110		110					
四川省德阳市国际经济技术合作有限公司	1 151	1 151			648	648		
中国第十九冶金建设公司					132	132		
中国成达化学工程公司	6 264	6 004		260	649	508		141
四川禾嘉实业(集团)有限公司	2 500	2 500			375	375		
四川非亚实业有限公司	142		142		567		567	
中国华西企业公司	666	666			255	255		
中国华西工程设计建设总公司(集团)					13			13
四川省机械设备进出口公司	4 622	4 622			660	660		
四川省攀枝花建设总公司					64		64	
四川东方电力设备联合公司	64 337	64 337			28 260	28 260		
四川省对外劳务经济合作有限公司	76		76		618		618	
四川省外经实业股份有限公司	959		959		1 004		1 004	
四川省电力进出口公司					2 570	2 570		
四川公路桥梁建设集团有限公司	1 530	1 530			380	380		
贵州省	5 006	3 000		2 006	6 435	5 975	180	280
贵阳铝镁设计研究院	2 006			2 006	280			280
中国汽车工业进出口贵州公司					69	69		

续表

企业名称	新签合同额				完成营业额			
	合计	承包工程	劳务合作	设计咨询	合计	承包工程	劳务合作	设计咨询
贵州省桥梁工程总公司	3 000	3 000			4 300	4 300		
贵州省公路工程总公司					463	463		
中国贵航集团西秀进出口公司					180		180	
中铁五局集团有限公司					1 143	1 143		
云南省	31 384	30 885	163	336	25 041	24 700	118	223
小额边境企业汇总	8 639	8 639			8 094	8 094		
云南冶金集团总公司	361	308		53	61	8		53
中国云南省国际经济技术合作公司	483	320	163		983	881	102	
云南建工集团总公司	1 544	1 527		17	229	215		14
云南省机械设备进出口公司	15 200	15 200			6 022	6 022		
云南省机械进出口公司	1 528	1 528			2 207	2 207		
中国成套设备进出口云南股份有限公司	1 165	1 165			1 515	1 515		
中国云南公路桥梁工程总公司					1 616	1 616		
中国水利水电昆明国际公司					1 300	1 300		
国家电力公司昆明勘测设计研究院	251			251	172		16	156
云南省机械设备成套局					15	15		
云南省公路规划勘察设计院	15			15				
昆明市第二建筑工程公司					50	50		
云南公路桥梁工程有限公司					487	487		
玉溪市进出口公司					191	191		
云南德宏国际经济技术合作有限责任公司	975	975			242	242		
云南省电力集团有限公司	1 167	1 167			13	13		
云南第五公路桥梁工程有限责任公司					1 820	1 820		
西双版纳国际经济技术合作有限公司	56	56			24	24		
陕西省	7 376	6 049	1 327		12 138	11 264	864	10

续表

企业名称	新签合同额				完成营业额			
	合计	承包工程	劳务合作	设计咨询	合计	承包工程	劳务合作	设计咨询
煤航(集团)实业发展有限公司	132	132			132	132		
中国第十冶金建设公司					12	12		
西安天宝国际公司	40	40			55	55		
陕西省机械设备进出口公司	15		15		4		4	
中机国际工程咨询设计总院	180	180			26	26		
国家电力公司西北电力设计院					89	89		
西飞集团进出口公司	21		21		9		9	
西安铁路工程（集团）有限责任公司	157	157						
中国华陆工程公司	30		30					
中铁一局集团有限公司					373	373		
陕西泽信对外经济技术有限公司	171		171		33		33	
长庆石油勘探局					2 995	2 995		
秦海国际工程总公司[陕西水电工程局(集团)有限责任公司]					1 451	1 440	11	
西安西电进出口有限责任公司	2 730	2 730			3 454	3 454		
西安国际经济技术贸易公司	889		889		699	23	676	
华山国际工程公司	1 784	1 784			2 154	2 146	8	
中国机械工业第三安装工程公司	841	841			474	474		
中国陕西国际经济技术合作公司	386	185	201		178	45	123	10
甘肃省	3 963	3 890	66	7	4 221	3 960	232	29
甘肃地质工程总公司	201	201			618	618		
甘肃海外工程总公司	980	980			1 473	1 473		
中国甘肃国际经济技术合作公司	1 259	1 200	59		1 130	1 089	41	
铁道第一勘察设计院	139	139			162	140		22
中国石油兰州炼油化工总厂					150		150	

续表

企业名称	新签合同额				完成营业额			
	合计	承包工程	劳务合作	设计咨询	合计	承包工程	劳务合作	设计咨询
兰州有色冶金设计研究院	7			7	7			7
中国石化集团第五建设公司	1 370	1 370			648	640	8	
甘肃对外经济发展公司	7		7		33		33	
宁夏回族自治区	523	416	107		373	234	139	
宁夏二建集团有限责任公司	290	290			191	164	27	
宁夏中建工程公司	107		107		107		107	
银川国际经济技术合作有限公司	126	126			75	70	5	
新疆维吾尔自治区	15 376	15 376			6 073	6 073		
新疆国际经济合作公司	39	39			218	218		
吐哈石油勘探开发指挥部	849	849			1 229	1 229		
新疆炼化建设集团有限公司	410	410			410	410		
新疆昌吉建设（集团）有限责任公司	78	78			91	91		
新疆石油管理局	14 000	14 000			4 125	4 125		

3. 2003年中国对外承包工程完成营业额前30名企业名录表

序号	企业名称	完成营业额（万美元）
1	中国建筑工程总公司	180 162
2	中国石油工程建设（集团）公司	50 218
3	上海振华港口机械股份有限公司	43 043
4	上海建工（集团）总公司	42 483
5	中国土木工程集团公司	35 592
6	中国港湾建设（集团）公司	34 005
7	华为技术有限公司	32 953
8	中油国际工程有限责任公司	30 593
9	四川东方电力设备联合公司	28 260
10	中国路桥（集团）总公司	28 242
11	中国水利水电建设集团公司	24 769
12	深圳市中兴通讯股份有限公司	23 111
13	胜利油田管理局（山东）	22 562
14	中国机械设备进出口总公司	18 307
15	中国铁路工程总公司	17 089
16	中水远洋渔业有限责任公司	15 833
17	中国水利电力对外公司	14 823
18	中国地质工程集团公司	14 807
19	中石油集团物理勘探局	11 137
20	浙江省建工集团有限责任公司	10 909
21	中设国际工程有限责任公司	9 992
22	中国冶金建设集团公司	9 958
23	中国江苏国际经济技术合作公司	9 053
24	哈尔滨电站工程有限责任公司	8 860
25	中海油田服务股份有限公司	8 506
26	中国铁道建筑总公司	8 332
27	青岛建设集团	8 235
28	中原石油勘探局	8 193
29	中国海外工程总公司	8 106
30	中国武夷实业股份有限公司	7 903

4.2002年世界最大100家国际工程承包公司名录表

金额单位：100万美元

排名	公司名称	国别（地区）	国外营业额	总营业额	新签合同额
1	斯堪斯卡公司（Skanska AB）	瑞典	11 520.0	13 951.0	14 141.0
2	霍克蒂夫公司（Hochtief）	德国	10 010.0	11 959.0	13 665.0
3	维西公司（VINCI）	法国	6 841.0	16 595.0	15 291.0
4	布依格公司（Bouygues）	法国	6 449.0	15 169.0	16 040.0
5	泰克尼普集团（TECHNIP-COFLEXIP）	法国	4 618.7	4 653.7	5 919.4
6	Kellogg Brown & Root (KBR)	美国	3 888.4	5 143.6	4 796.6
7	鲍维斯林德（Bovis Lend Lease）	英国	3 625.0	4 658.0	5 271.0
8	斯特拉巴格公司（Bau Holding Strabag AG）	奥地利	3 544.1	5 031.9	NA
9	阿莫克公司（AMEC plc）	英国	3 017.0	5 184.0	1 976.0
10	比尔芬格柏格建筑公司（Bilfinger Berger AG）	德国	2 990.9	4 293.4	4 448.6
11	柏克德集团公司（Bechtel）	美国	2 920.0	9 688.0	9 730.0
12	福陆公司（Fluor Corp.）	美国	2 696.6	7 796.3	8 597.0
13	JGC公司（JGC Corp.）	日本	1 866.0	2 769.0	3 266.0
14	现代工程建筑公司（Hyundai eng'g & constr. Co. Ltd.）	韩国	1 665.0	4 203.0	6 117.0
15	鲍佛贝蒂公司（Balfour Beatty plc）	英国	1 610.0	5 540.0	5 449.0
16	中国建筑工程总公司	中国	1 480.3	6 398.3	8 540.8
17	联合承包商国际公司（Consolidated Contractors Int'l Co.）	希腊	1 460.1	1 460.1	1 809.2
18	法罗里奥集团（Grupo Ferrovial）	西班牙	1 438.2	5 040.2	NA
19	泰琴特建筑公司（Techint Compagnia Teenica Internazionale）	意大利	1 367.0	1 488.0	1 600.0
20	Aker Kvaerner ASA	挪威	1 356.0	2 615.0	1 577.0
21	ABB鲁玛斯全球公司（ABB Lummus Global）	美国	1 320.8	1 486.0	1 990.0
22	福斯特惠勒公司（Foster Wheeler Ltd.）	美国	1 293.0	1 980.0	2 550.0
23	德拉格多斯集团（Grupo Dragados）	西班牙	1 230.0	6 176.9	5 183.7
24	斯南普罗格蒂公司（Snamprogetti）	意大利	1 172.0	1 655.0	2 515.0
25	雅可伯工程集团公司（Jacobs）	美国	1 134.8	2 469.6	5 742.6
26	鹿岛建设株式会社（Kajima Corp.）	日本	1 126.8	12 333.3	9 571.3
27	东洋工程公司（Toyo Engineering Corp.）	日本	1 103.0	1 210.0	1 392.0
28	大林组株式会社（Obayashi Corp.）	日本	1 057.0	9 767.0	8 835.0
29	IMPREGILO公司（IMPREGILO SpA）	意大利	1 050.0	2 718.0	3 932.0
30	PCL建筑商公司（PCL Construction Enterprises Inc.）	美国	973.0	1 914.0	2 237.0
31	欧德布莱克特公司（Construtora Odebrecht）	巴西	887.0	1 224.0	1 271.0

续表

排名	公司名称	国别（地区）	国外营业额	总营业额	新签合同额
32	乔安诺帕拉斯特维德姆海外公司（Joannou & Paraskevaides (Overseas) Ltd.）	英国	863.2	863.2	913.2
33	竹中工务店（Takenaka Corp.）	日本	757.0	8 284.0	8 161.0
34	莱顿控股有限公司（Leighton Holdings Ltd.）	澳大利亚	731.0	2 923.0	2 205.0
35	Fomento de constr. y Contratas (FCC)	西班牙	709.7	5 222.3	8 138.9
36	BAM Groep	荷兰	698.0	3 383.0	NA
37	熊谷组株式会社（Kumagai Gumi Co. Ltd.）	日本	689.0	4 697.0	3 061.0
38	清水建设株式会社（Shimizu Corp.）	日本	667.6	10 812.7	9 970.8
39	中国港湾建设（集团）总公司	中国	657.7	2 557.3	2 982.4
40	大成建设株式会社（Taisei Corp.）	日本	646.0	12 057.0	11 822.0
41	千代田株式会社（Chiyoda Corp.）	日本	631.0	1 085.0	1 766.0
42	中国机械装备（集团）公司	中国	622.4	878.4	1 500.0
43	Grinaker-LTD公司（Grinaker-LTA Ltd.）	南非	587.0	1 089.0	932.0
44	大气社公司（Taikisha Ltd.）	日本	568.0	1 594.7	1 594.7
45	荷利马装配集团公司（Heerema Fabrication Grp.）	荷兰	533.0	570.0	425.0
46	NECSO公司（NECSO）	西班牙	511.0	2 807.0	2 661.0
47	五洋建设株式会社（Penta-Ocean Construction Co. Ltd.）	日本	510.0	2 891.0	2 661.0
48	Enelpower	意大利	506.4	1 694.1	1 773.3
49	西松建设株式会社（Nishimatsu Construction Co. Ltd.）	日本	505.0	4 065.4	3 534.4
50	地球科技公司（Earth Tech	美国	497.0	1 114.0	1 589.0
51	上海建工（集团）总公司	中国	479.8	2 929.4	2 467.8
52	彼特凯维特父子公司（Peter Kiewit Sons' Inc.）	美国	473.8	3 745.0	4 355.0
53	BESIX公司（BESIX）	比利时	456.1	755.1	899.0
54	三星公司（Samsung Corp.）	韩国	451.0	3 653.0	976.0
55	威德克公司（Veidekke ASA）	挪威	441.0	1 220.8	653.4
56	阿斯塔尔蒂公司（Astaldi SpA）	意大利	438.9	794.3	1 604.5
57	Grupo SACYR公司（Grupo SACYR）	西班牙	396.9	1 280.2	NA
58	芝加哥桥梁钢铁公司（Chicago Bridge & Iron Co.）	美国	396.0	1 148.0	1 641.0
59	大宇E&C 公司（Daewoo E&C Co. Ltd.）	韩国	390.9	2 699.9	2 650.1
60	中国成套设备进出口（集团）总公司	中国	386.0	386.0	15.7
61	Washington Group International Inc.）	美国	384.4	3 054.9	1 988.9
62	泰克尼蒙特公司（Tecnimont SpA）	意大利	339.0	361.0	760.0
63	中国土木工程集团公司	中国	338.7	357.4	333.4
64	中国机械设备进出口总公司	中国	336.5	399.5	NA
65	Willbros Group Inc.	美国	335.3	506.5	392.0
66	Centex	美国	330.1	7 111.7	7 328.4

续表

排名	公司名称	国别（地区）	国外营业额	总营业额	新签合同额
67	特克尼塔斯雷乌尼达斯集团（Tecnicas Reunidas）	西班牙	319.0	499.0	605.0
68	恩卡建筑产业公司（Enka Constr. & Ind. Co. Inc.）	土耳其	314.1	574.1	340.9
69	中国路桥（集团）总公司	中国	312.3	1 783.5	2 432.0
70	中国铁路工程总公司	中国	306.7	5 670.2	6 999.2
71	The Shaw Group Inc.	美国	273.6	3 017.5	2 583.1
72	中国石油工程建设（集团）公司	中国	256.9	256.9	340.8
73	旭普林（Zublin）	德国	250.0	1 600.0	1 440.0
74	索莱尔玻恩国际公司（Solel Boneh International Ltd.）	以色列	247.9	247.9	331.6
75	Obrascon Huarte Lain SA	西班牙	246.7	1 930.6	1 929.3
76	中国东方电气集团公司	中国	244.8	517.5	1 167.5
77	麦克唐奈尔多韦尔公司（McConnell Dowell Corp.）	澳大利亚	244.6	320.5	414.5
78	阿拉伯阿斯曼承包商（The Arab Contractors O.A.O. & Co.）	埃及	210.8	1 344.0	1 649.5
79	阿拉伯建筑公司（Arabian Construction Co.）	黎巴嫩	208.4	213.1	594.7
80	Tractebel Engineering	比利时	207.4	229.9	NA
81	Hazama Corp.	日本	204.0	2 659.0	1 950.0
82	SKE集团（SKE Group）	德国	194.0	245.0	262.0
83	布莱克韦奇公司（Black & Veatch）	美国	191.7	1 231.0	1 419.0
84	GAMA公司（GAMA Endustri AS）	土耳其	179.8	299.9	355.8
85	E.皮尔父子公司（E. Pihl & Son AS）	丹麦	178.8	423.9	453.6
86	Aecon集团公司（Aecon Group Inc.）	加拿大	175.0	680.0	540.0
87	国家石油建筑公司（National Petroleum Constr. Co. (NPCC)）	阿联酋	174.2	347.1	458.0
88	近敦株式会社（Kinden Corp.）	日本	174.0	3 442.0	3 193.0
89	中国水利水电建设集团公司	中国	171.7	1 920.5	2 655.9
90	鲍尔公司（Bauer Spezialtiefbau GmbH）	德国	163.9	344.4	193.0
91	Ghella SpA	意大利	154.2	168.0	96.3
92	J.A.琼斯公司（J.A. Jones Inc.）	美国	149.6	2 224.3	1 520.6
93	中国冶金建设集团公司	中国	143.7	2 245.5	3 829.4
94	泰克芬建筑安装公司（Tekfen constr. & Installation Co. Inc.）	土耳其	141.8	294.5	258.0
95	中国水利电力对外公司	中国	139.6	212.9	307.0
96	合同贸易C.A.T.集团（Contracting And Trading “C.A.T.” Grp.）	黎巴嫩	138.1	162.3	260.0
97	双龙工程建设公司（Ssangyong eng’g & Constr. Co. Ltd.）	韩国	135.0	1 083.0	1 187.0
98	ACS Actividades de Constr. Y Servicios SA	西班牙	134.4	2 308.3	NA
99	中国江苏国际经济技术合作公司	中国	134.3	184.1	253.6
100	B.L.哈伯特国际公司（B.L. Harbert International LLC）	美国	132.1	264.1	394.0

资料来源：美国《工程新闻记录》，2003年8月25日。

5. 2002年世界最大100家国际工程设计咨询公司名录表

金额单位：100万美元

排名	公司名称	国别（地区）	国际市场营业额	占总营业额（%）
1	SNC拉瓦林国际公司（SNC-Lavalin Int'l Inc.）	加拿大	1 193.2	53
2	ABB鲁玛斯全球公司（ABB Lummus Global）	美国	868.2	97
3	福格勒公司（Fugro NV）	荷兰	788.0	88
4	柏克德集团公司（Bechtel）	美国	735.0	36
5	福陆公司（Fluor Corp.）	美国	730.8	37
6	泰克尼普集团（TECHNIP-COFLEXIP）	法国	714.0	97
7	阿莫克公司（AMEC plc）	英国	689.0	78
8	福斯特惠勒公司（Foster Wheeler Ltd.）	美国	598.0	73
9	全球过程工程技术服务商（Aker Kvaerner ASA）	挪威	593.0	55
10	雅可伯公司（Jacobs）	美国	543.8	29
11	地球科技公司（Earth Tech）	美国	527.0	36
12	ARCADIS NV	荷兰	494.0	70
13	Kellogg Brown & Root (KBR)	美国	459.7	77
14	AECOM技术公司（AECOM Technology Corp.）	美国	407.0	24
15	Atkins	英国	368.7	26
16	路易斯伯杰集团公司（The Louis Berger Group Inc.）	美国	352.1	80
17	MWH	美国	335.2	42
18	达艾尔汉德莎咨询公司（Dar Al-Handasah Consultants (Shair & Partners)）	埃及	330.6	99
19	URS	美国	325.1	11
20	阿路普公司（ARUP）	英国	314.9	52
21	雅可保利集团（Jaakko Poyry Group）	芬兰	296.0	77
22	莫特麦克唐纳公司（Mott MacDonald）	英国	287.4	46
23	WSP集团公司（WSP Group plc）	英国	264.6	61
24	帕森斯普林克赫夫公司（Parsons Brinckerhoff Inc.）	美国	260.4	32
25	帕森斯公司（Parsons）	美国	241.5	19
26	EGIS	法国	240.0	47
27	COWI工程规划咨询公司（COWI A/S）	丹麦	182.0	58
28	SYSTRA	法国	180.0	87
29	哥德联合公司（Golder Associates Corp.）	加拿大	178.0	69
30	CH2M希尔公司（CH2M HILL Cos. Ltd.）	美国	177.5	13
31	东洋工程公司（Toyo Engineering Corp.）	日本	165.0	91
32	布莱克韦奇公司（Black & Veatch）	美国	159.2	23
33	霍克蒂夫公司（Hochtief AG）	德国	145.0	100
34	太平洋咨询国际集团（Pacific Consultants Int'l Group）	日本	144.3	31
35	Shaw集团公司（The Shaw Group Inc.）	美国	144.0	24
36	Hatch集团（Hatch Group）	加拿大	141.5	72

续表

排名	公司名称	国别（地区）	国际市场营业额	占总营业额（%）
37	ERM集团（The ERM Group）	美国	140.4	44
38	DHV集团（DHV Group）	荷兰	138.3	39
39	鲍尔夫比特公司（Balfour Beatty plc）	英国	137.0	78
40	卡尔博集团（Carl Bro A/S）	丹麦	124.0	40
41	斯坦泰克公司（Stantec Inc.）	加拿大	119.3	45
42	日本科恩有限公司（Nippon Koei Co. Ltd.）	日本	117.9	42
43	特拉克特贝尔工程公司（Tractebel Engineering）	比利时	113.7	33
44	司南普吉提公司（Snamprogetti）	意大利	112.0	39
45	CDI工程集团（CDI Engineering Group）	美国	106.3	32
46	斯科特威尔森公司（Scott Wilson）	英国	105.9	49
47	海科路集团有限公司（Halcrow Group Ltd.）	英国	100.7	35
48	霍克公司（Hellmuth, Obata + Kassabaum）	美国	96.5	32
49	Paragon工程服务公司（Paragon Engineering Cos.）	美国	92.6	68
50	鲍维斯林德（Bovis Lend Lease）	英国	91.0	77
51	Mustang工程公司（Mustang Engineering LP）	美国	88.0	26
52	VECO公司（VECO Corp.）	美国	85.6	35
53	斯哥德默尔公司（Skidmore Owings & Merrill LLP）	美国	78.1	39
54	拉米耶国际公司（Lahmeyer International）	德国	75.9	71
55	CDM	美国	65.5	13
56	Fichtner GmbH & Co. KG	德国	63.0	61
57	BCEOM联合公司（BCEOM SociÈtÈ Française d'IngÈnierie）	法国	62.4	80
58	中国石化工程建设公司	中国	61.8	26
59	博恩斯罗集团公司（Burns and Roe Group Inc.）	美国	60.6	33
60	Sinclair Knight Merz公司（Sinclair Knight Merz）	澳大利亚	59.0	28
61	Tebodin 咨询工程（Tebodin Consultants & Engineers）	荷兰	57.0	37
62	萨根特朗迪LLC（Sargent & Lundy LLC）	美国	52.0	16
63	联合咨询工程公司（Associated Consulting Engineers）	希腊	47.0	98
64	KA联合工程公司（Khatib & Alami）	黎巴嫩	45.3	88
65	泰克尼卡公司（Tecnicas Reunidas）	西班牙	42.0	38
66	TAHAL咨询工程公司（TAHAL Consulting Engineers Ltd.）	以色列	41.0	77
67	SMEC公司（SMEC (Snowy Mountains Eng'g Corp.)）	澳大利亚	40.6	71
68	Lockwood Greene	美国	39.7	16
69	联合承包商国际公司（Consolidated Contractors Int'l Co. SAL）	希腊	35.0	100
70	RAMBOLL	丹麦	35.0	18
71	科坡罗公司（Corrpro Cos. Inc.）	美国	34.5	32
72	Enprima Eng'g (former Fortum Engineering)	芬兰	34.1	79
73	ILF工程咨询公司（ILF Consulting Engineers）	奥地利	31.3	54
74	KPF事务所（Kohn Pedersen Fox Associates PC）	美国	31.0	44

续表

排名	公司名称	国别（地区）	国际市场营业额	占总营业额（%）
75	华盛顿集团国际公司（Washington Group International Inc.）	美国	29.1	6
76	根斯勒公司（Gensler）	美国	28.7	11
77	NBBJ	美国	27.9	20
78	千代田株式会社（Chiyoda Corp.）	日本	27.0	54
79	管道工程公司（Pipeline Engineering GmbH）	德国	26.9	40
80	RTKL联合公司（RTKL Associates Inc.）	美国	26.0	21
81	SOGREAH	法国	25.7	39
82	高夫恩泽公司（Gauff Ingenieure）	德国	25.5	48
83	中国水利电力对外公司	中国	25.5	77
84	Babtie集团有限公司（Babtie Group Ltd.）	英国	25.5	10
85	Thales工程咨询公司（Thales Engineering & Consulting）	法国	24.0	29
86	Tecsult	加拿大	23.8	32
87	T.Y. Lin 国际（T.Y. Lin International）	美国	23.2	29
88	Colenco电力工程公司（Colenco Power Engineering Ltd.）	瑞士	23.0	64
89	EDAW	美国	22.4	24
90	Delcan公司（Delcan Corp.）	加拿大	22.1	62
91	Beca Carter Hollings & Ferner Ltd.	新西兰	21.5	34
92	高锋宏道公司（High-Point Rendel）	英国	21.1	53
93	中国机械装备（集团）公司	中国	21.0	17
94	泰琴特建筑公司（Techint Compagnia Tecnica Internazionale）	意大利	21.0	52
95	NACO BV	荷兰	20.5	87
96	WATG公司（Wimberly Allison Tong & Goo (WATG)）	美国	20.1	46
97	Africon	南非	20.0	43
98	Gulf Interstate Engineering Co.	美国	19.4	27
99	日建设计集团（Nikken Sekkei Group）	日本	19.0	5
100	阿克里斯国际公司（Acres International）	加拿大	18.7	23

资料来源：美国《工程新闻记录》，2003年7月28日。

其他

1. 中国国民经济与社会发展总量指标表

指标	单位	1978年	1989年	1997年	2002年	2003年
人口						
年底总人口	万人	96 259	112 704	123 626	128 453	129 227
城镇人口	万人	17 245	29 540	39 449	50 212	52 376
乡村人口	万人	79 014	83 164	84 177	78 241	76 851
就业和工资						
就业人员数	万人	40 152	55 329	69 820	73 740	74 432
#职工人数	万人	9 499	13 742	14 668	10 558	10 492
职工工资总额	亿元	569	2 619	9 405	13 161	14 744
职工平均工资	元	615	1 935	6 470	12 422	14 040
国民经济核算						
国内生产总值	亿元	3 624	16 909	74 463	105 172	116 898
第一产业	亿元	1 018	4 228	14 211	16 117	17 092
第二产业	亿元	1 745	7 278	37 223	52 980	61 131
工业	亿元	1 607	6 484	32 412	45 975	52 963
建筑业	亿元	138	794	4 811	7 005	8 168
第三产业	亿元	861	5 403	23 029	36 075	38 675
#交通运输仓储邮电通信业	亿元	173	786	3 797	6 420	6 716
批发零售贸易餐饮业	亿元	266	1 687	6 160	8 477	9 028
支出法国内生产总值	亿元	3 606	16 466	74 894	107 514	121 104
#最终消费	亿元	2 239	10 557	43 579	62 365	67 051
资本形成总额	亿元	1 378	6 095	28 458	42 355	51 900
固定资产投资						
全社会固定资产投资总额	亿元		4 410	24 941	43 500	55 118
基本建设	亿元		1 552	9 917	17 667	22 729
更新改造	亿元		789	3 922	6 751	8 444
房地产开发	亿元		273	3 178	7 791	10 106
其他投资	亿元		1 797	7 924	11 292	13 839
财政和金融						
国家财政收入	亿元	1 132	2 665	8 651	18 904	21 691
国家财政支出	亿元	1 122	2 824	9 234	22 053	24 607
金融机构人民币各项存款余额	亿元	1 135	10 786	82 390	170 917	208 056
金融机构人民币各项贷款余额	亿元	1 850	14 360	74 914	131 294	158 996
货币和准货币(M_2)	亿元			90 995	185 007	219 227
狭义货币(M_1)	亿元			34 826	70 882	84 119

续表

指标	单位	1978年	1989年	1997年	2002年	2003年
流通中现金(M_0)	亿元	212	2 344	10 178	17 278	19 746
主要农业、工业产品产量						
粮食	万吨	30 477	40 755	49 417	45 706	43 070
棉花	万吨	217	379	460	492	486
油料	万吨	522	1 295	2 157	2 897	2 811
肉类	万吨			5 269	6 587	6 933
原煤	亿吨	6.2	10.5	13.7	13.8	16.7
原油	万吨	10 405	13 764	16 074	16 700	16 960
发电量	亿千瓦小时	2 566	5 848	11 356	16 540	19 108
钢	万吨	3 178	6 159	10 894	18 237	22 234
汽车	万辆	14.9	58.4	158.3	325.1	444.4
建筑业						
建筑业企业房屋施工面积	万平方米		40 650	128 680	215 609	263 467
建筑业企业房屋竣工面积	万平方米		19 723	62 244	110 217	118 259
交通和邮电						
货物周转量	亿吨公里	9 829	25 591	38 385	50 686	53 859
旅客周转量	亿人公里	1 743	6 075	10 055	14 126	13 811
沿海主要港口货物吞吐量	万吨	19 834	49 025	90 822	2E+05	201 126
邮电业务总量	亿元	34.1	123.5	1 773.3	5 695.8	7 281.8
本地电话年末用户	万户	193	568	7 031	21 422	26 331
移动电话用户	万户		1	1 323	20 601	26 869
国内商业和对外贸易						
社会消费品零售总额	亿元	1 559	8 101	27 299	42 027	45 842
进出口总额	亿美元	206.4	1 116.8	3 251.6	6 207.7	8 509.9
出口额	亿美元	97.5	525.4	1 827.9	3 256.0	4 382.3
进口额	亿美元	108.9	591.4	1 423.7	2 951.7	4 127.6
利用外资						
实际利用外资额	亿美元		100.6	644.1	550.1	561.4
#外商直接投资	亿美元		33.9	452.6	527.4	535.1
旅游						
入境过夜旅游者人数	万人次	72	936	2 377	3 680	3297
国内旅游人数	亿人次			6.4	8.8	8.7
国际旅游收入	亿美元	2.6	18.6	120.7	203.9	174.1
国内旅游总花费	亿元			2 112.7	3 878.4	3 442.3
教育、科技、文化、卫生						
学校数	万所	149	88	72	55	52
专任教师数	万人	872	937	1 041	1 145	1 164

续表

指标	单位	1978年	1989年	1997年	2002年	2003年
在校学生数	万人	21 351	17 652	21 360	22 557	22 706
研究与试验发展经费支出	亿元			509	1 288	1 520
技术市场成交额	亿元		82	351	884	1 085
图书总印数	亿册(张)	37.7	58.6	73.1	68.7	66.7
杂志总印数	亿册	7.6	18.4	24.4	29.5	29.5
报纸总印数	亿份	127.8	207.0	287.6	367.8	383.1
医院、卫生院数	个	64 421	61 929	67 911	63 858	62 968
医生数	万人	103.3	171.8	198.5	184.4	186.8
医院、卫生院床位数	万张	185.6	256.8	290.3	290.7	295.5
城市公用事业						
城市人工煤气和天然气供气总量	亿立方米	24.2	143.2	193.2	324.9	
城市公共交通客运总量	亿人次	132.3	272.3	279.1	372.8	
城市公共绿地面积	万公顷		5.3	10.8	18.9	

注：1. 由于计算误差的影响，按支出法计算的国内生产总值不等于按生产法计算的国内生产总值。

2. 本表价值量指标中，邮电业务总量2000年及以前按1990年不变价格计算，2001年及以后按2000年不变价格计算，其余按当年价格计算。

3. 社会消费品零售总额1989年及以前为社会商品零售总额，即包括农业生产资料零售额在内。

4. 1978年城市人工煤气和天然气供气量仅为城市人工煤气量。

2. 中国国民经济与社会发展速度指标表

指标	2003年为下列各年%				平均每年增长%		
	1978年	1989年	1997年	2002年	1979-2003年	1990-2003年	1998-2003年
人口							
年底总人口	134.2	114.7	104.5	100.6	1.2	1.0	0.7
城镇人口	303.7	177.3	132.8	104.3	4.5	4.2	4.8
乡村人口	97.3	92.4	91.3	98.2	−0.1	−0.6	−1.5
就业和工资							
就业人员数	185.4	134.5	106.6	100.9	2.5	2.1	1.1
#职工人数	110.5	76.3	71.5	99.4	0.4	−1.9	−5.4
职工工资总额	2 591.6	563.1	156.8	112.0	13.9	13.1	7.8
职工平均工资	438.9	305.9	201.1	112.0	6.1	8.3	12.3
国民经济核算							
国内生产总值	938.4	345.9	158.5	109.1	9.4	9.3	8.0
第一产业	300.4	169.1	118.2	102.5	4.5	3.8	2.8
第二产业	1 449.4	491.7	172.7	112.6	11.3	12.0	9.5
工业	1 505.8	510.4	174.7	112.6	11.5	12.3	9.7
建筑业	1 039.3	351.9	156.2	111.9	9.8	9.4	7.7
第三产业	1 088.4	306.8	158.4	106.6	10.0	8.3	8.0
# 交通运输仓储邮电通信业	1 078.3	393.8	173.5	107.0	10.0	10.3	9.6
批发零售贸易餐饮业	880.5	242.0	154.8	106.6	9.1	6.5	7.6
固定资产投资							
全社会固定资产投资总额		1 249.7	221.0	126.7		21.1	12.0
基本建设		1 464.8	229.2	128.7		22.5	12.9
更新改造		1 070.5	215.3	125.1		19.7	11.7
房地产开发		3 705.9	318.0	129.7		31.7	19.3
财政和金融							
国家财政收入	1 915.7	814.0	250.7	114.7	12.5	16.2	16.6
国家财政支出	2 192.9	871.4	266.5	111.6	13.1	16.7	17.7
金融机构人民币各项存款余额	18 339.0	1 928.9	252.5	121.7	23.2	23.5	16.7
金融机构人民币各项贷款余额	8 594.4	1 107.2	212.2	121.1	19.5	18.7	13.4
货币和准货币(M_2)			240.9	118.5			15.8
狭义货币(M_1)			241.5	118.7			15.8
流通中现金(M_0)	9 314.2	842.4	194.0	114.3	19.9	16.4	11.7
主要农业、工业产品产量							
粮食	141.3	105.7	87.2	94.2	1.4	0.4	−2.3
棉花	224.3	128.3	105.6	98.9	3.3	1.8	0.9
油料	538.7	217.0	130.3	97.0	7.0	5.7	4.5
肉类			131.6	105.3			4.7
原煤	269.7	158.2	121.4	120.8	4.0	3.3	3.3
原油	163.0	123.2	105.5	101.6	2.0	1.5	0.9

续表

	2003年为下列各年%				平均每年增长%		
	1978年	1989年	1997年	2002年	1979-2003年	1990-2003年	1998-2003年
发电量	744.6	326.7	168.3	115.5	8.4	8.8	9.1
钢	699.6	361.0	204.1	121.9	8.1	9.6	12.6
汽车	2 980.5	761.6	280.8	136.7	14.5	15.6	18.8
建筑业							
建筑业企业房屋施工面积		648.1	204.7	122.2		14.3	12.7
建筑业企业房屋竣工面积		599.6	190.0	107.3		13.6	11.3
交通和邮电							
货物周转量	548.0	210.5	140.3	106.3	7.0	5.5	5.8
旅客周转量	792.4	227.4	137.4	97.8	8.6	6.0	5.4
沿海主要港口货物吞吐量	1 014.0	410.3	221.5	120.7	9.7	10.6	14.2
邮电业务总量	28 668	7916.0	551.1	127.8	25.4	36.6	32.9
本地电话年末用户	13 675	4635.4	374.5	122.9	21.7	31.5	24.6
移动电话用户		2 741 735	2030	130.4		107.5	65.2
国内商业和对外贸易							
社会消费品零售总额	2 941.2	565.9	167.9	109.1	14.5	13.2	9.0
进出口总额	4 123.0	762.0	261.7	137.1	16.0	15.6	17.4
出口额	4 494.6	834.1	239.7	134.6	16.4	16.4	15.7
进口额	3 790.2	697.9	289.9	139.8	15.7	14.9	19.4
利用外资							
实际利用外资额		558.1	87.2	102.1		13.1	-2.3
#外商直接投资		1 577.5	118.2	101.5		21.8	2.8
旅游							
入境过夜旅游者人数	4 604.9	352.2	138.7	89.6	16.6	9.4	5.6
国内旅游人数			135.1	99.1			5.1
国际旅游收入	6 619.8	936.0	144.2	85.4	18.3	17.3	6.3
国内旅游总花费			162.9	88.8			8.5
教育、科技、文化、卫生							
学校数	34.9	59.1	72.2	94.5	-4.1	-3.7	-5.3
专任教师数	133.5	124.2	111.8	101.7	1.2	1.6	1.9
在校学生数	106.3	128.6	106.3	100.7	0.2	1.8	1.0
研究与试验发展经费支出			298.6	118.1			20.0
技术市场成交额		1 330.9	308.8	122.7		20.3	20.7
图书总印数	176.9	113.8	91.2	97.1	2.3	0.9	-1.5
杂志总印数	388.2	160.3	120.9	100.0	5.6	3.4	3.2
报纸总印数	299.8	185.1	133.2	104.2	4.5	4.5	4.9
医院、卫生院数	97.7	101.7	92.7	98.6	-0.1	0.1	-1.3
医生数	180.8	108.7	94.1	101.3	2.4	0.6	-1.0
医院、卫生院床位数	159.2	115.1	101.8	101.7	1.9	1.0	0.3

注：本表价值量指标中，除国内生产总值、邮电业务总量和平均工资按可比价格计算，其他按当年价格计算；平均每年增长速度除固定资产投资额按累计法计算外，其他按水平法计算。

3. 中国国内生产总值统计表

单位：亿元

年份	国内生产总值	第一产业	第二产业	第三产业	人均国内生产总值（元/人）
1978	3 624.1	1 018.4	1 745.2	860.5	379
1979	4 038.2	1 258.9	1 913.5	865.8	417
1980	4 517.8	1 359.4	2 192.0	966.4	460
“六五”时期	32 227.0	10 105.1	14 257.0	7 864.9	628
1981	4 862.4	1 545.6	2 255.5	1 061.3	489
1982	5 294.7	1 761.6	2 383.0	1 150.1	525
1983	5 934.5	1 960.8	2 646.2	1 327.5	580
1984	7 171.0	2 295.5	3 105.7	1 769.8	692
1985	8 964.4	2 541.6	3 866.6	2 556.2	853
“七五”时期	72 550.1	19 044.2	31 326.9	22 179.0	1 312
1986	10 202.2	2 763.9	4 492.7	2 945.6	956
1987	11 962.5	3 204.3	5 251.6	3 506.6	1 104
1988	14 928.3	3 831.0	6 587.2	4 510.1	1 355
1989	16 909.2	4 228.0	7 278.0	5 403.2	1 512
1990	18 547.9	5 017.0	7 717.4	5 813.5	1 634
“八五”时期	188 127.8	39 420.9	88 140.3	60 566.6	3 176
1991	21 617.8	5 288.6	9 102.2	7 227.0	1 879
1992	26 638.1	5 800.0	11 699.5	9 138.6	2 287
1993	34 634.4	6 882.1	16 428.5	11 323.8	2 939
1994	46 759.4	9 457.2	22 372.2	14 930.0	3 923
1995	58 478.1	11 993.0	28 537.9	17 947.2	4 854
“九五”时期	392 228.0	71 708.0	194 948.0	125 572.0	6 315
1996	67 884.6	13 844.2	33 612.9	20 427.5	5 576
1997	74 462.6	14 211.2	37 222.7	23 028.7	6 054
1998	78 345.2	14 552.4	38 619.3	25 173.5	6 308
1999	82 067.5	14 472.0	40 557.8	27 037.7	6 551
2000	89 468.1	14 628.2	44 935.3	29 904.6	7 086
“十五”时期					
2001	97 314.8	15 411.8	48 750.0	33 153.0	7 651
2002	105 172.3	16 117.3	52 980.2	36 074.8	8 214
2003	116 898.4	17 092.1	61 131.3	38 675.0	9 073

注: 1.本表按当年价格计算。

2.各时期人均国内生产总值为该时期各年的平均数。

4. 中国国内生产总值构成表

(国内生产总值=100)

年份	第一产业	第二产业	工业	建筑业	第三产业	#交通运输仓储邮电通信业	#批发和零售贸易餐饮业
1978	28.1	48.2	44.4	3.8	23.7	4.8	7.3
1979	31.2	47.4	43.8	3.6	21.4	4.6	5.5
1980	30.1	48.5	44.2	4.3	21.4	4.5	4.7
1981	31.8	46.4	42.1	4.3	21.8	4.3	5.3
1982	33.3	45.0	40.8	4.2	21.7	4.5	3.8
1983	33.0	44.6	40.0	4.6	22.4	4.5	3.9
1984	32.0	43.3	38.9	4.4	24.7	4.6	5.8
1985	28.4	43.1	38.5	4.6	28.5	4.5	9.8
1986	27.1	44.0	38.9	5.1	28.9	4.7	9.2
1987	26.8	43.9	38.3	5.6	29.3	4.6	9.7
1988	25.7	44.1	38.7	5.4	30.2	4.4	10.8
1989	25.0	43.0	38.3	4.7	32.0	4.6	10.0
1990	27.1	41.6	37.0	4.6	31.3	6.2	7.7
1991	24.5	42.1	37.4	4.7	33.4	6.5	9.7
1992	21.8	43.9	38.6	5.3	34.3	6.3	10.3
1993	19.9	47.4	40.8	6.6	32.7	6.1	8.9
1994	20.2	47.9	41.4	6.5	31.9	5.7	8.7
1995	20.5	48.8	42.3	6.5	30.7	5.2	8.4
1996	20.4	49.5	42.8	6.7	30.1	5.1	8.2
1997	19.1	50.0	43.5	6.5	30.9	5.1	8.3
1998	18.6	49.3	42.6	6.7	32.1	5.3	8.4
1999	17.6	49.4	42.8	6.6	33.0	5.4	8.4
2000	16.4	50.2	43.6	6.6	33.4	6.0	8.2
2001	15.8	50.1	43.5	6.6	34.1	6.1	8.1
2002	15.3	50.4	43.7	6.7	34.3	6.1	8.1
2003	14.6	52.3	45.3	7.0	33.1	5.7	7.7
“六五”时期	31.4	44.2	39.8	4.4	24.4	4.5	6.1
“七五”时期	26.2	43.2	38.2	5.0	30.6	5.0	9.4
“八五”时期	20.9	46.9	40.7	6.2	32.2	5.8	9.0
“九五”时期	18.3	49.7	43.1	6.6	32.0	5.4	8.3

注:本表按当年价格计算。

5. 中国黄金和国家外汇储备统计表

年份	黄金储备 (万盎司)	国家外汇储备 (亿美元)	年份	黄金储备 (万盎司)	国家外汇储备 (亿美元)
1978	1 280	1.67	1991	1 267	217.12
1979	1 280	8.40	1992	1 267	194.43
1980	1 280	−12.96	1993	1 267	211.99
1981	1 267	27.08	1994	1 267	516.20
1982	1 267	69.86	1995	1 267	735.97
1983	1 267	89.01	1996	1 267	1 050.29
1984	1 267	82.20	1997	1 267	1 398.90
1985	1 267	26.44	1998	1 267	1 449.60
1986	1 267	20.72	1999	1 267	1 546.75
1987	1 267	29.23	2000	1 267	1 655.70
1988	1 267	33.72	2001	1 267	2 121.65
1989	1 267	55.50	2002	1 929	2 864.07
1990	1 267	110.93	2003	1 929	4 032.51

6. 中国沿海主要港口货物吞吐量统计表

单位：万吨

港口	1990年	1995年	1999年	2000年	2001年	2002年
总计	48 321	80 166	105 162	125 603	142 634	166 628
大连	4 952	6 417	8 505	9 084	10 047	10 851
营口	237	1 156	1 945	2 268	2 520	3 127
秦皇岛	6 945	8 382	8 261	9 743	11 302	11 167
天津	2 063	5 787	7 298	9 566	11 369	12 906
烟台	668	1 361	1 646	1 774	2 190	2 689
青岛	3 034	5 103	7 257	8 636	10 398	12 213
日照	925	1 452	2 003	2 674	2 933	3 136
连云港	1 137	1 716	2 017	2 708	3 058	3 316
上海	13 959	16 567	18 641	20 440	22 099	26 384
宁波	2 554	6 853	9 660	11 547	12 852	15 398
福州	561	1 032	1 481	2 426	2 961	3 907
厦门	529	1 314	1 773	1 965	2 099	2 735
深圳		3 080	4 663	5 697	6 643	8 767
广州	4 163	7 299	10 157	11 128	12 823	15 324
湛江	1 557	1 885	1 751	2 038	2 205	2 627
海口	288	468	674	808	888	1 073
八所	431	275	380	378	342	343
三亚	37	42	27.3	48	71	49
其他港口	4 281	9 977	17 023	22 675	25 833	30 616

7. 2001年按国外资产排序的世界最大100家非金融类跨国公司名录表

2001年排名依据		2000年排名依据		公司名称	国别（地区）	行业	资产额（100万美元）		销售额（100万美元）		雇员数		跨国指数（%）
国外资产	跨国指数	国外资产	跨国指数				国外	总计	国外	总计	国外	总计	
1	13	1	15	沃达丰	英国	电信	187 792	207 458	24 602	32 744	56 430	67 178	83.2
2	83	2	73	通用电气	美国	电子和电气设备	180 031	495 210	39 914	125 913	152 000	310 000	39.0
3	15	7	24	英国石油	英国	石油开采 / 精炼 / 运输	111 207	141 158	141 225	175 389	90 500	110 150	80.5
4	36	4	42	威望迪	法国	多元化	91 120	123 156	29 652	51 423	256 725	381 504	66.3
5	82	-	-	德国电信	德国	电信	90 657	145 802	11 836	43 309	78 722	257 058	40.0
6	39	3	30	埃克森—美孚	美国	石油开采 / 精炼 / 运输	89 426	143 174	145 814	209 417	61 148	97 900	64.8
7	85	38	85	福特	美国	汽车	81 169	276 543	52 983	162 412	188 919	354 431	38.4
8	87	5	84	通用汽车	美国	汽车	75 379	323 969	45 256	177 260	148 000	365 000	29.8
9	48	6	46	壳牌	英国 / 荷兰	石油开采 / 精炼 / 运输	73 492	111 543	72 952	135 211	52 109	89 939	59.3
10	21	19	62	道达尔-菲纳-埃尔夫	法国	石油开采 / 精炼 / 运输	70 030	78 500	74 647	94 418	69 037	122 025	74.9
11	18	15	23	里昂苏伊士水务公司	法国	公用事业	69 345	79 280	29 919	37 975	128 750	188 050	78.2
12	47	8	80	丰田	日本	汽车	68 400	144 793	59 880	108 808	186 911	246 702	59.3
13	63	10	47	菲亚特	意大利	汽车	48 749	89 264	24 860	52 002	103 565	198 764	51.5
14	52	9	55	西班牙电信	西班牙	电信	48 122	77 011	14 303	27 775	93 517	161 527	57.3
15	51	12	23	大众	德国	汽车	47 480	92 520	57 426	79 376	157 579	324 413	57.4
16	57	13	93	雪佛龙-德士古	美国	石油开采 / 精炼 / 运输	44 943	77 572	57 673	104 409	35 569	67 569	55.3
17	38	14	52	和记黄埔	中国香港	多元化	40 989	55 281	6 092	11 415	53 478	77 253	65.6
18	11	17	11	新闻集团	澳大利亚	传媒	35 650	40 007	13 880	15 087	24 700	33 800	84.7
19	44	29	43	本田	日本	汽车	35 257	52 056	40 088	55 955	59 000	120 600	62.8
20	86	23	77	E.On	德国	公用事业	33 990	87 755	22 744	71 419	64 285	151 953	37.6
21	20	18	4	雀巢	瑞士	食品和饮料	33 065	55 821	34 704	50 717	223 324	229 765	75.0
22	81	61	86	莱茵集团	德国	公用事业	32 809	81 024	23 151	58 039	65 609	155 634	40.8

续表

2001年排名依据		2000年排名依据		公司名称	国别（地区）	行业	资产额（100万美元）		销售额（100万美元）		雇员数		跨国指数（%）
国外资产	跨国指数	国外资产	跨国指数				国外	总计	国外	总计	国外	总计	
23	65	11	57	国际商用机器	美国	电子和电气设备	32 800	88 313	50 651	85 866	173 969	319 876	50.2
24	3	24	3	ABB	瑞士	机械设备	30 586	32 305	18 876	19 382	148 486	156 865	95.6
25	35	37	49	联合利华	英国／荷兰	多元化	30 529	46 922	28 675	46 803	204 000	279 000	66.5
26	75	36	74	埃尼	意大利	石油开采／精炼／运输	29 935	55 584	19 437	43 861	26 570	80 178	43.8
27	60	21	51	宝马	德国	汽车	29 901	45 415	25 304	34 482	23 338	97 275	54.4
28	7	25	10	飞利浦电子	荷兰	电子和电气设备	29 416	34 070	27 598	28 992	157 661	188 643	88.4
29	45	45	41	家乐福	法国	零售	29 342	41 172	31 513	62 294	235 894	358 501	62.6
30	91	-	-	法国电力	法国	公用事业	28 141	120 124	12 468	36 502	38 066	162 491	27.0
31	69	20	87	雷普索尔	西班牙	石油开采／精炼／运输	27 028	45 575	13 752	39 135	16 455	35 452	47.0
32	53	22	48	索尼	日本	电子和电气设备	26 930	61 393	38 605	57 595	99 300	168 000	56.7
33	40	40	56	安万特	法国	制药	26 368	34 761	13 377	20 567	47 968	91 729	64.4
34	95	28	91	沃尔玛	美国	零售	26 324	83 451	35 485	217 799	303 000	1 383 000	23.2
35	97	16	93	戴姆勒-克莱斯勒	德国／美国	汽车	25 795	183 765	43 556	137 051	76 441	372 470	22.1
36	6	-	-	拉法基集团	法国	建筑材料	24 906	26 493	10 537	12 280	73 940	82 892	89.7
37	70	32	66	日产汽车	日本	汽车	24 382	54 113	29 078	47 091	37 417	125 099	45.6
38	24	63	50	埃伊斯发电	美国	公用事业	23 902	36 736	5 809	9 327	35 000	38 000	73.2
39	5	34	18	罗氏集团	瑞士	制药	22 794	25 289	17 156	17 463	55 451	63 717	91.8
40	54	33	37	巴斯夫	德国	化工	20 872	32 671	17 108	29 136	41 606	92 545	55.9
41	96	64	96	德国邮政	德国	运输和仓储	20 840	138 837	9 844	29 924	52 680	276 235	22.3
42	58	35	31	拜耳	德国	制药	20 297	32 817	15 778	27 142	52 300	116 900	54.9
43	29	70	53	葛兰素—史克	英国	制药	20 295	31 758	27 319	29 689	60 962	107 470	70.9
44	33	53	14	皇家控股公司	荷兰	零售	19 967	28 562	40 150	59 701	183 851	270 739	68.4

续表

2001年排名依据		2000年排名依据		公司名称	国别（地区）	行业	资产额（100万美元）		销售额（100万美元）		雇员数		跨国指数（%）
国外资产	跨国指数	国外资产	跨国指数				国外	总计	国外	总计	国外	总计	
45	27	57	33	圣—戈班	法国	建筑材料	19 961	28 478	19 091	27 245	130 000	173 329	71.7
46	26	-	-	必和必拓集团	澳大利亚	采矿	19 898	29 552	14 821	17 778	33 070	51 037	71.8
47	10	27	19	迪亚戈	英国	食品和饮料	19 731	26 260	13 747	16 020	59 868	62 124	85.8
48	55	95	67	美国大陆石油公司	美国	石油开采/精炼/运输	19 383	27 904	17 530	38 737	10 362	20 033	55.5
49	90	100	94	菲利普·莫里斯	美国	多元化	19 339	84 968	33 944	89 924	39 831	175 000	27.8
50	28	-	-	英国国家电力供应公司	英国	公用事业	19 080	24 839	3 829	6 308	10 154	13 236	71.4
51	59	-	-	PPR	法国	零售	18 285	30 991	13 627	24 921	54 231	107 571	54.7
52	68	43	59	辉瑞	美国	制药	18 160	39 153	12 327	32 259	54 000	90 000	48.2
53	62	55	69	摩托罗拉	美国	电信	18 116	33 398	16 051	30 004	57 720	111 000	53.2
54	72	41	79	德克萨斯公用事业公司	美国	公用事业	17 966	42 275	13 534	27 927	7 869	18 301	44.7
55	2	49	2	汤姆森	加拿大	出版印刷	17 815	18 402	7 086	7 237	43 338	44 000	97.7
56	12	-	-	北电网络	加拿大	电信	17 474	21 137	16 571	17 511	38 800	52 600	83.7
57	42	30	26	阿尔卡特	法国	机械设备	17 356	32 382	15 786	22 729	68 191	99 314	63.9
58	73	46	60	宝洁	美国	多元化	17 342	40 776	19 040	40 238	43 381	102 000	44.1
59	32	47	27	可口可乐	美国	食品和饮料	17 058	22 417	12 566	20 092	26 147	38 341	68.9
60	61	44	58	惠普	美国	电子和电气设备	17 007	32 584	26 393	45 226	44 992	86 200	54.2
61	1	-	-	NTL	美国	电信	16 815	16 834	3 699	3 699	19 178	19 200	99.9
62	77	-	-	MMO2	英国	电信	16 744	31 605	2 057	6 129	6 366	15 116	42.9
63	31	78	36	英国大东	英国	电信	16 659	23 258	4 955	8 472	27 750	35 561	69.4
64	88	96	90	三菱汽车	日本	汽车	16 556	61 087	15 821	100 553	18 779	44 034	28.5
65	22	69	28	沃尔沃	瑞典	汽车	15 928	24 449	17 011	18 322	47 463	72 031	74.6
66	25	26	8	Anglo American	英国	采矿	15 848	25 501	13 509	19 282	175 000	204 000	72.7

续表

2001年排名依据		2000年排名依据		公司名称	国别（地区）	行业	资产额（100万美元）		销售额（100万美元）		雇员数		跨国指数（%）
国外资产	跨国指数	国外资产	跨国指数				国外	总计	国外	总计	国外	总计	
67	74	62	78	松下	日本	电子和电气设备	15 712	57 204	26 815	52 263	142 984	267 196	44.1
68	37	-	-	新电信	新加坡	电信	15 594	19 108	1 362	4 054	17 574	21 535	65.6
69	78	-	-	杜邦	美国	制药	15 536	40 319	12 672	24 726	30 441	79 000	42.8
70	76	98	54	雷诺	法国	汽车	15 444	44 414	19 825	32 589	48 826	140 417	43.5
71	4	-	-	赫尔辛	瑞士	非金属矿产品	15 016	16 097	7 454	8 170	44 613	47 362	92.9
72	94	42	89	三井物产	日本	批发贸易	14 733	50 013	25 553	96 174	6 308	36 116	24.5
73	66	50	61	陶氏化学	美国	化工	14 508	35 515	16 080	27 805	26 161	52 689	49.4
74	71	-	-	蒂森克虏伯集团	德国	金属和金属制品	14 018	31 565	15 436	33 782	88 221	193 516	45.2
75	17	54	22	恩索纸业	芬兰	造纸	13 471	18 214	11 415	12 111	29 221	44 275	78.1
76	67	-	-	苏格兰电力	英国	公用事业	13 186	23 269	4 520	9 050	6 349	15 758	49.0
77	98	56	95	日立	日本	电子和电气设备	12 769	70 412	14 130	60 753	72 849	321 517	21.4
78	14	52	9	阿斯特拉—捷利康	英国	制药	12 762	17 985	15 508	16 480	42 400	52 600	81.9
79	49	67	39	麦当劳	美国	餐饮	12 755	22 535	8 535	14 870	251 023	395 000	59.2
80	43	-	-	贝塔斯曼	德国	传媒	12 755	21 028	11 834	17 015	48 426	80 296	63.5
81	30	76	40	墨西哥水泥	墨西哥	非金属矿产品	12 645	16 282	4 390	6 730	17 449	25 519	70.4
82	23	-	-	诺基亚	芬兰	电信	12 592	19 870	27 557	27 963	35 470	57 716	74.5
83	19	-	-	里德-爱尔西维尔	荷兰／英国	出版印刷	12 309	14 255	4 853	6 607	25 500	34 600	77.8
84	8	68	21	WPP Group	英国	商务服务	11 998	14 368	27 853	30 265	43 690	50 487	87.4
85	64	92	63	LG电子	韩国	电子和电气设备	11 561	20 304	10 009	22 528	21 017	42 512	50.3
86	16	75	17	达能	法国	食品和饮料	11 429	15 146	9 950	12 972	88 285	100 560	80.0
87	9	83	25	皮尔逊	英国	传媒	10 949	11 646	5 157	6 122	23 291	29 027	86.2
88	84	59	70	强生	美国	制药	10 891	38 488	12 800	33 004	50 645	101 800	38.9

续表

2001年排名依据		2000年排名依据		公司名称	国别（地区）	行业	资产额（100万美元）		销售额（100万美元）		雇员数		跨国指数（%）
国外资产	跨国指数	国外资产	跨国指数				国外	总计	国外	总计	国外	总计	
89	46	39	1	力拓	英国/澳大利亚	采矿	10 852	19 616	6 052	10 438	26 384	36 141	62.1
90	92	73	81	默克	美国	制药	10 750	44 007	7 803	47 716	27 700	78 100	25.4
91	56	-	-	阿拉美达-赫斯	美国	石油开采/精炼/运输	10 721	15 369	3 589	13 413	7 560	10 838	55.4
92	34	31	5	英美烟草公司	英国	烟草	10 355	16 403	11 613	17 352	59 358	81 425	67.7
93	80	-	-	雅培制药	美国	制药	10 286	23 296	6 036	16 285	31 537	71 426	41.8
94	41	-	-	路易威登轩尼诗公司	法国	奢侈品	10 208	21 115	8 907	10 963	34 095	53 795	64.3
95	100	58	100	弗莱森电讯	美国	电信	10 159	170 795	2 541	67 190	10 012	250 309	4.6
96	79	-	-	美国铝业	美国	金属和金属制品	9 966	28 355	7 859	22 859	72 500	129 000	41.9
97	99	-	-	贝尔加拿大	加拿大	电信	9 900	34 160	2 066	14 027	11 250	75 000	19.6
98	50	-	-	爱立信	瑞典	电信	9 742	24 130	17 461	22 442	47 870	85 198	58.1
99	93	60	99	迈朗	美国	公用事业	9 730	22 754	4 961	31 502	1 600	10 000	24.8
100	89	-	-	国际纸业公司	美国	纸业	9 536	37 158	5 808	26 363	37 000	100 000	28.2

跨国指数为以下三个比率的平均数：国外资产额／总资产额、国外销售额／总销售额、国外雇员数／总雇员数。

资料来源：联合国贸发会议（UNCTAD）《2003年世界投资报告》。

8. 2001年按国外资产排序的发展中国家（地区）最大50家非金融类跨国公司名录表

排名依据		公司名称	国别（地区）	行业	资产额（100万美元）		销售额（100万美元）		雇员数		跨国指数（%）
国外资产	跨国指数				国外	总计	国外	总计	国外	总计	
1	12	和记黄埔	中国香港	多元化	40 989	55 281	6 092	11 415	53 478	77 253	65.6
2	11	新电信	新加坡	电信	15 594	19 108	1 362	4 054	17 574	21 535	65.6
3	9	墨西哥水泥公司	墨西哥	非金属矿产品	12 645	16 282	4 390	6 730	17 449	25 519	70.4
4	22	LG电子	韩国	电子和电气设备	11 561	20 304	10 009	22 528	21 017	42 512	50.3
5	41	委内瑞拉石油公司	委内瑞拉	石油开采/精炼/运输	7 964	57 542	19 801	46 250	5 480	46 425	22.8
6	42	马来西亚石油公司	马来西亚	石油开采/精炼/运输	7 877	37 933	5 359	17 681	4 006	25 724	22.2
7	45	新世界发展	中国香港	多元化	4 715	16 253	565	2 933	800	26 100	17.1
8	4	海皇轮船	新加坡	运输和仓储	4 674	4 951	2 970	4 737	10 412	11 777	81.8
9	16	中信泰富	中国香港	多元化	4 184	7 798	1 109	2 212	7 354	11 733	55.5
10	14	怡和控股	中国香港	多元化	4 080	7 166	6 297	9 413	62 629	110 000	60.3
11	28	三星电子	韩国	电子和电气设备	3 840	41 692	25 112	37 155	23 953	73 682	36.4
12	2	粤海投资	中国香港	多元化	3 694	4 042	854	932	6 869	7 641	91.0
13	5	香格里拉（亚洲）有限公司	中国香港	酒店集团	3 606	4 565	458	560	13 033	16 500	79.9
14	10	南非浆纸工业公司	南非	造纸	3 463	4 504	3 223	4 184	10 429	18 231	70.4
15	46	现代汽车	韩国	汽车	3 210	33 216	6 943	33 199	5 516	91 958	12.2
16	8	伟创力	新加坡	电子和电气设备	2 983	4 115	5 363	6 691	50 734	70 000	75.0
17	13	城市发展有限公司	新加坡	酒店	2 870	6 454	857	1 302	11 457	14 337	63.4
18	44	三星	韩国	电子和电气设备	2 800	9 400	5 800	32 300		4 164	17.4
19	26	中国化工进出口总公司	中国	多元化	2 788	4 928	9 145	16 165	350	7 950	39.2
20	18	南非酿酒公司	南非	食品和饮料	2 785	4 399	2 433	4 364	15 450	33 230	55.2
21	34	América Móvil	墨西哥	电信	2 323	10 137	919	4 385	7 142	14 786	30.7
22	31	佩雷斯	阿根廷	石油开采/精炼/运输	2 154	6 244	471	1 655	1 182	3 427	32.5
23	3	越秀投资	中国香港	多元化	2 129	2 559	362	433	12 920	13 120	88.4

续表

排名依据		公司名称	国别（地区）	行业	资产额（100万美元）		销售额（100万美元）		雇员数		跨国指数（%）
国外资产	跨国指数				国外	总计	国外	总计	国外	总计	
24	49	台湾积体电路制造有限公司	中国台湾省	电子和电气设备	2 033	10 446		3 751		13 669	7.0
25	1	第一太平洋	中国香港	电子和电气设备	2 007	2 046	1 852	1 852	47 998	48 046	99.3
26	50	巴西石油公司	巴西	石油开采／精炼／运输	1 715	36 864	848	24 549	1 790	38 483	4.3
27	20	宏碁	中国台湾省	电子和电气设备	1 686	3 344	2 198	3 754	2 259	4 480	53.1
28	47	浦项制铁	韩国	金属和金属制品	1 589	18 164	1 378	10 497	1 949	28 619	9.6
29	33	圣米盖尔	菲律宾	食品和饮料	1 584	3 203	743	2 384	3 460	26 697	31.2
30	48	中电控股—中华电力有限公司	中国香港	公用事业	1 559	6 798	93	3 205	36	4 085	8.9
31	17	Panamco	墨西哥	食品和饮料	1 549	2 693	1 362	2 651	14 955	26 000	55.5
32	32	Gerdau冶金公司	巴西	金属和金属制品	1 488	4 379	988	2 495	3 774	16 000	32.4
33	39	联华电子股份有限公司	中国台湾省	电子和电气设备	1 462	9 140	966	2 081	1 007	8 543	24.7
34	40	吉宝	新加坡	多元化	1 422	6 332	661	3 283	4 507	16 223	23.5
35	19	Barloworld	南非	多元化	1 409	2 403	2 027	3 521	10 222	23 233	53.4
36	21	花沙尼有限公司	新加坡	食品和饮料	1 229	4 282	949	1 660	7 920	11 455	51.7
37	25	森那美集团	马来西亚	多元化	1 225	3 290	1 911	3 174	6 827	26 384	41.1
38	6	东方海外	中国香港	运输和仓储	1 170	2 136	2 290	2 379	4 017	4 686	78.9
39	15	格鲁玛	墨西哥	食品和饮料	1 118	1 828	1 205	1 889	8 664	15 585	60.2
40	27	Naspers	南非	传媒	979	1 470	332	1 059	1 523	10 706	37.4
41	43	智利石油公司	智利	石油开采／精炼／运输	969	6 432	1 118	3 577	754	8 367	18.4
42	7	Savia	墨西哥	多元化	961	1 585	635	683	5 983	8 085	75.9
43	30	Amsteel	马来西亚	多元化	959	3 171	585	1 480	8 084	26 745	33.3
44	38	Johnnic控股有限公司	南非	电信	839	2 606	336	1 687	2 138	9 408	24.9
45	35	Grupo Imsa	墨西哥	金属和金属制品	828	3 041	824	2 233	4 457	16 373	30.4
46	24	鹰君集团有限公司	中国香港	商务服务	781	3 721	177	343	1 613	2 656	44.4

续表

排名依据		公司名称	国别（地区）	行业	资产额（100万美元）		销售额（100万美元）		雇员数		跨国指数（%）
国外资产	跨国指数				国外	总计	国外	总计	国外	总计	
47	23	台达电子工业股份有限公司	中国台湾省	电子和电气设备	774	1 510	487	1 273	5 883	11 480	46.9
48	29	云顶有限公司	马来西亚	酒店	740	2 690	306	829	5 611	15 200	33.8
49	36	Grupo Bimbo SA De Cv	墨西哥	食品和饮料	738	2 443	883	3 588	21 448	71 000	28.3
50	37	日月光半导体制造股份有限公司	中国台湾省	电子和电气设备	732	3 038	271	1 096	4 870	15 681	26.6

跨国指数为以下三个比率的平均数：国外资产额／总资产额、国外销售额／总销售额、国外雇员数／总雇员数。

资料来源：联合国贸发会议（UNCTAD）《2003年世界投资报告》。

编　后　语

一、《中国对外经济贸易白皮书》是一部纪实与评述相结合，重点介绍中国对外经济贸易发展情况的连续出版物。

二、2004年版《中国对外经济贸易白皮书》由四部分组成，即“论坛篇”、“纪实篇”、“法规篇”和“统计篇”。

三、在“论坛篇”中，我们有选择地针对当今中国对外经济贸易领域广受各界关注的热点或重大问题，约请相关部门的学者和权威人士，在深入调查研究的基础上予以论述。参加本期“论坛篇”研究写作工作的主要人士有：单庆江、陈文敬、李刚、李俊、丹舟、李光辉、宋志勇、张威、袁波、王泺、徐兴峰等。参与本书其他内容写作的还有郭培兴、沈炳兴等同志。

四、“纪实篇”和“统计篇”的数据主要来源于全国的商务和海关系统。由于本书篇幅所限，读者需要了解更为详细的数据资料，可参阅同年度的《中国商务年鉴》。

五、编好《中国对外经济贸易白皮书》是我们和广大读者的共同愿望，各界人士若有对该书的改进意见和建议请登陆：www. yearbook. org.cn并留言，也可写信至：北京市安定门外东后巷28号，商务部国际贸易经济合作研究院白皮书编写组。

邮政编码：100710

咨询电话：（010）64246856

商务部国际贸易经济合作研究院

2004年8月